Kooperation

Stephan Gerhard Huber
Frederik Ahlgrimm
(Hg.)

Kooperation

Aktuelle Forschung zur Kooperation
in und zwischen Schulen sowie mit anderen Partnern

Waxmann 2012
Münster / New York / München / Berlin

Bibliografische Informationen der Deutschen Nationalbibliothek
Die Deutsche Nationalbibliothek verzeichnet diese Publikation in
der Deutschen Nationalbibliografie; detaillierte bibliografische
Daten sind im Internet über http://dnb.d-nb.de abrufbar.

ISBN 978-3-8309-2669-6

© Waxmann Verlag GmbH, 2012
Postfach 8603, 48046 Münster
Waxmann Publishing Co.
P.O. Box 1318, New York, NY 10028, USA

www.waxmann.com
order@waxmann.com

Umschlaggestaltung: Stephan G. Huber
Satz: Stoddart Satz- und Layoutservice, Münster
Druck: Hubert & Co., Göttingen

Gedruckt auf alterungsbeständigem Papier,
säurefrei gemäß ISO 9706

Inhalt

Stephan Gerhard Huber & Frederik Ahlgrimm

Zu diesem Buch

Von der Zusammenarbeit von Lehrkräften werden immer wieder positive Wirkungen angenommen: Sie soll der Entwicklung von Schulen und Unterricht dienen und somit zu verbesserten Lernbedingungen beitragen. Auch die Lehrkräfte selbst sollen von der Zusammenarbeit profitieren, Belastungen sollen verringert und das Lernen voneinander ermöglicht werden. Studien weisen jedoch darauf hin, dass Kooperation in Schulen vielfach als ambivalent wahrgenommen wird, nicht allein als entlastend und hilfreich, sondern auch als zeitraubend, belastend und ineffizient.

Für die Forschung ergibt sich daraus die Forderung nach Differenzierung in mehrerlei Hinsicht: nach einer besseren theoretischen Fundierung und begrifflichen Weiterentwicklung des Konstrukts Kooperation, nach einer differenzierten Betrachtung von Kontextbedingungen, nach einer Unterscheidung und entsprechender Analyse von Kooperationsanlässen und -formen und nicht zuletzt nach unterschiedlichen forschungsmethodischen Zugängen, die der Komplexität des Gegenstands und der verschiedenen Erkenntnisinteressen Rechnung tragen.

In den letzten Jahren gab es mehrere Forschungsprojekte und einige Publikationen im deutschsprachigen Raum, die die Kooperation von Lehrkräften innerhalb von Schulen und über Schulgrenzen hinweg thematisierten. Einen wichtigen Zwischenschritt für die Diskussion stellten die Beiträge in einem Themenheft der Zeitschrift für Pädagogik im Jahr 2006, herausgegeben durch Terhart und Klieme, dar. Auch wurden verschiedene Vorträge und Symposien auf den einschlägigen wissenschaftlichen Tagungen gehalten, es wurden einige Einzelbeiträge und Qualifikationsarbeiten (Dissertationen und eine Habilitationsschrift, auch diverse Masterarbeiten) sowie ein Sammelband zum Thema, herausgegeben von Maag Merki (2009), veröffentlicht. International liegen mehrere wichtige Arbeiten vor, so erschien 2010 ein Themenheft der Fachzeitschrift School Effectiveness and School Improvement mit Beiträgen aus England zum Thema Schulnetzwerke (mit Beiträgen von Muijs; Ainscow; Chapman, Lindsay, Muijs, Harris, Arweck & Goodall; Katz & Earl; West; Muijs, West & Ainscow).

Ausgehend von eigenen Forschungsprojekten, insbesondere im Zeitraum 2005 bis 2010 (u.a. Huber & Ahlgrimm, 2008) und einem Symposium, das im Jahr 2009 im Rahmen der Tagung der Arbeitsgruppe für Empirische Pädagogische Forschung (AEPF) in Landau von Huber und Ahlgrimm organisiert und durchgeführt wurde, sind im vorliegenden Band Beiträge von Wissenschaftlerinnen und Wissenschaftlern zusammengestellt, die sich in den vergangenen Jahren mit dem Thema Lehrerkooperation befasst haben.

So soll das vorliegende Buch Einblicke in wichtige aktuelle Forschungsergebnisse bieten und in gewissem Maß Diskussionsstränge bündeln. Dabei wurden bewusst Beiträge ausgewählt, die das Gebiet mit verschiedenen methodischen Zugängen erschließen und unterschiedliche Aspekte thematisieren. Implikationen für Forschung und Praxis erfahren besonderes Augenmerk; Konsequenzen für die Theoriebildung und empirische Arbeiten wie auch die schulpraktische Bedeutung werden reflektiert.

Im Folgenden werden die einzelnen Beiträge, die jeweils einen Review-Prozess durchlaufen haben, kurz vorgestellt.

Ahlgrimm/Krey/Huber: Kooperation – was ist das? Implikationen unterschiedlicher Begriffsverständnisse
Ahlgrimm, Krey und Huber analysieren in ihrem Grundlagenbeitrag verschiedene Begriffsdefinitionen von Kooperation und teilen sie gemäß ihrer konzeptionellen Grundlage den vier Gruppen Kooperation als Vertragsverhältnis, Kooperation als Einstellung, Kooperation als Arbeitsteilung und Kooperation als Strategie zu. Diese Begriffsauffassungen werden erläutert und diskutiert. Abschließend werden verwandte Begriffe von Kooperation unterschieden.

Steinwand: Kooperierende Lehrerinnen und Lehrer. Ein diskursanalytischer Blick auf die Narration über Lehrerkooperation in Zeitschriften für die pädagogische Praxis
Die Frage danach, wie im schulpädagogischen Diskurs über die Kooperation von Lehrerinnen und Lehrern spezifisches Wissen über gute und schlechte Schulen, Lehrer und pädagogische Praxis narrativ hervorgebracht wird, steht im Zentrum des Beitrags von Steinwand. Um aufzuzeigen, wie dies geschieht, wird eine Narration rekonstruiert, die in einzelnen Beiträgen zur Lehrerkooperation in Zeitschriften für die pädagogische Praxis je partiell in Erscheinung tritt. Unter diskursanalytischer Perspektive wird deutlich, wie vor dem Hintergrund eines Konflikts von Moderne und Tradition erzählt wird von der „notwendigen" Entwicklung nicht kooperierender und damit schlechter Lehrer, personifizierter Antihelden also, hin zu engagierten Teamarbeitern, den Helden der Narration, die die Qualität von Schule steigern, weil und insofern ihre Arbeit kooperativ organisiert ist. Sichtbar wird, dass das Wissen einerseits an der Dualität zwischen guter und schlechter pädagogischer Praxis, Moderne und Tradition entlang entfaltet und andererseits stark an einem Bild von Machbarkeit orientiert ist. Steinwand bilanziert, dass damit allerdings kaum Raum für Umdeutungen und Alternativen sowie kritische Anmerkungen eröffnet wird, die neue oder andere Wege der Schulentwicklung ermöglichen können.

Lomos/Hofman/Bosker: The concept of professional community and its relationship with student performance (Das Konzept der Professionellen Gemeinschaft und der Zusammenhang mit Schülerleistung)
Lomos, Hofman & Bosker beschreiben, dass seit etwa dreißig Jahren Ergebnisse qualitativer Studien darauf hinweisen, dass schulinterne Lehrerkooperation die Schülerleistungen verbessert und den Schulerfolg erhöht. Eine klare Definition dieses Konstrukts habe sich jedoch als durchaus schwierig erwiesen, insbesondere was eine eindeutige

Spezifizierung der Charakteristika der Lehrerkooperation und eine Abgrenzung der Zielsetzungen betrifft in Bezug auf die Verbesserung der Unterrichtskompetenz der Lehrkräfte und die Steigerung der Schülerleistungen. Die Autoren betonen die Notwendigkeit einer klaren Konzeptualisierung und Operationalisierung der schulinternen Lehrerkooperation. Dies stelle die Grundlage für die Entwicklung des Konzepts der „Professionellen Gemeinschaft" bzw. „Professionellen Lerngemeinschaft" dar. Seit den 1990er Jahren zielt die Schulwirksamkeitsforschung darauf ab, spezifische Faktoren auf Ebene der Schule, der Lehrkräfte und der Schüler zu identifizieren, die Schülerleistungen verbessern. Empirische Belege zeigen, dass die spezifischen Charakteristika der „Professionellen Gemeinschaft" in positiver Beziehung zu Schulerfolg (im Sinne von Schülerleistung im Primar- und Sekundarschulbereich) stehen.

Kullmann: Lesson Study – Eine konsequente Form unterrichtsbezogener Lehrerkooperation

Der Beitrag von Kullmann liefert zunächst eine theoretische Fundierung von Lehrerkooperation als Modus der Problemlösung an Schulen. Vorgestellt wird in diesem Kontext u.a. ein Modell zum Verlauf und den Wirkungen unterrichtsbezogener Lehrerkooperation, das die Artikulation gemeinsamer Ziele als Ausgangspunkt jeder Kooperation über mehrere Zwischenschritte mit den verbesserten Kompetenzen der Schülerinnen und Schüler als Erfolgskriterium der gemeinsamen Arbeit verknüpft. Im Hauptteil des Beitrags stellt Kullmann die Prinzipien von Lesson Studies vor. Diese bestehen vor allem in einer kooperativen und detaillierten Entwicklung des didaktischen Konzepts einer oder mehrerer Unterrichtsstunden. Die Lehrpersonen evaluieren den Verlauf und die Ergebnisse des Unterrichts und optimieren anschließend ihre Konzeption. Auch die von Lesson Studies erwarteten Effekte sowie empirische Befunde über ihre Wirksamkeit werden dargestellt. Aufgrund der besonderen Tradition sowie der Ausdifferenzierung von Lesson Studies in Japan wird das dortige System erläutert. Den Abschluss bilden Ausführungen zur bisherigen internationalen Rezeption sowie ein kurzer Ausblick auf die Implementierung und Erprobung von Lesson Studies in Deutschland.

Soltau/Berthe/Mienert: Das Autonomie-Paritäts-Muster. Der Lehrer im Spannungsfeld von kollegialer Norm und Entwicklungsanspruch

Das Autorenteam Berthe, Soltau und Mienert beschäftigt sich mit dem sog. Autonomie-Paritäts-Muster und diskutiert ein Lehrerbild im Spannungsfeld von kollegialer Norm und Entwicklungsanspruch. Hierzu wird zunächst das Autonomie-Paritäts-Muster erläutert, das die Schulforschung als ein Konstrukt beschreibt, welches Nicht Einmischung und Gleichheit der Lehrkräfte als in Schulkollegien zentrale Gruppennormen formuliert und zur Erklärung mangelnder Lehrerkooperation herangezogen wird. In einer Fragebogenstudie mit Hamburger Lehrkräften kann ein entsprechendes Einstellungsmuster allerdings nur bei einem knappen Drittel der Befragten identifiziert werden. Über zwei Drittel der teilnehmenden Lehrkräfte beschreibt sich dagegen eher als kooperationsbereit und scheint nur in geringem Ausmaß nach beruflicher Autonomie zu streben. Eine in Schulen dominante Kultur des Autonomie-Paritäts-Musters kann somit empirisch nicht bestätigt werden.

Vogt/Zumwald: Aufgabenteilung und Arbeitsorganisation beim Teamteaching –
Ergebnisse der Evaluation der Schweizer Basisstufe
In den Schweizer Basisstufen unterrichten zwei Lehrpersonen im Teamteaching und
führen die jahrgangsgemischte Klasse gemeinsam. Vogt und Zumwald beschreiben
zentrale Merkmale der Aufgabenteilung und Arbeitsorganisation dieser Kooperationsform und stellen Evaluationsergebnisse hierzu vor. Für die Aufteilung des Pensums
und der Aufgabenbereiche werden von den Lehrpersonen unterschiedliche Vorgehensweisen gewählt, die einerseits die gemeinsame Verantwortung ermöglichen wie
auch die jeweiligen individuellen Kompetenzen und Vorlieben berücksichtigen. Jedes
Basisstufenteam findet zudem eine für sie angemessene Balance zwischen gemeinsamem und arbeitsteiligem Arbeiten während der Vorbereitung und in der Durchführung des Unterrichts. Fragebogendaten, Wochenprotokolle, Unterrichtsbesuche und
Interviews der wissenschaftlichen Evaluation des Schulversuchs bilden die Datenbasis
für diese Analyse der Aufgabenteilung und Arbeitsorganisation beim Teamteaching.

Ihme/Schwartz/Möller: Kooperatives Lehren: Theoretische Annahmen und empirische
Befunde
Ihme, Schwartz und Möller beschäftigen sich mit Kooperativem Lehren und gehen in
ihrem Beitrag auf theoretische Annahmen und empirische Befunde hierzu ein: Die
Autoren betrachten die Annahme, dass gemeinsamer Vorbereitung und Durchführung von Unterricht durch eine Gruppe Lehrender positive Wirkung zukommt, aus
der Perspektive der sozialpsychologischen Forschung zur Leistung von Gruppen. Sie
analysieren, welche Prozesse in der Arbeit lehrender Gruppen zu einer Verbesserung
des Unterrichts führen könnten. Es wird ein experimenteller Forschungsansatz vorgestellt, in dem ein Team aus zwei Tutoren oder ein einzelner Tutor in einem Tutoring-Szenario anderen Probanden (Tutees) Wissen vermitteln sollen. Auf diese Weise
soll die Leistung kooperierender Lehrender mit der individuell arbeitender Lehrender
verglichen werden. Die Ergebnisse und der experimentelle Forschungsansatz werden
im Hinblick auf ihre theoretischen Grundlagen und Schlussfolgerungen für die Praxis diskutiert.

Idel/Baum/Bondorf: Wie Lehrkräfte kollegiale Kooperation gestalten. Potenziale einer
fallorientierten Prozessforschung in Lehrergruppen
Der Aufsatz von Idel, Baum und Bondorf stellt den Ansatz einer fallorientierten Prozessforschung vor, mit dem Kooperationsprozesse in sieben Lehrergruppen begleitet wurden. Ziel dieses Ansatzes ist die Verbindung von grundlagen- und anwendungsorientierten Elementen. Zum einen wird die etablierte Kooperationskultur in
den Gruppen empirisch rekonstruiert, es werden Strukturprobleme analysiert und
Entwicklungsmöglichkeiten bestimmt; zum anderen sollen über Daten- und Ergebnis-Rückspiegelungen in der wissenschaftlichen Begleitung Impulse für die weitere Entwicklung der Kooperation gesetzt werden. Die rekonstruktionslogisch angelegte Empirie zielt auf die Analyse des unmittelbaren Vollzugs der Interaktion unter den
kooperierenden Lehrkräften und auf deren subjektive Orientierungsrahmen zum eigenen Kooperationsgeschehen. Im Beitrag wird das Zusammenspiel von Fragen der
Konzeptualisierung des Gegenstands „Lehrerkooperation", der methodologischen Ver-

ortung und des methodischen Vorgehens beschrieben und exemplarisch an einem Fallbeispiel illustriert. Im Vordergrund steht die Darstellung der Potenziale, aber auch der blinden Flecken und Grenzen eines solchen Praxisbegleitung und Forschung verbindenden Ansatzes, der eine komplementäre Ergänzung anderer Zugänge der schulbezogenen Kooperationsforschung bietet.

Ahlgrimm: Wirkungen von Zusammenarbeit auf das Selbstbild und die professionelle Entwicklung von Lehrkräften

Durch Zusammenarbeit in Schulen verändert sich die berufliche Selbst- und Fremdwahrnehmung von Lehrkräften, was Auswirkungen auf die professionelle Entwicklung hat. Um die Veränderungen zu verstehen, die sich durch die Zusammenarbeit und insbesondere das gemeinsame Unterrichten ergeben, soll in diesem Beitrag zunächst ergründet werden, welche Bedeutung dem Kollegium und den Beziehungen zwischen den Kollegen überhaupt zukommt. Es zeigt sich dabei, dass die Kollegen in der Wahrnehmung der Lehrkräfte sehr präsent sind. Dabei unterscheiden die befragten Lehrkräfte zwar implizit, aber doch deutlich zwischen privaten und professionellen Rollen und dementsprechend auch zwischen privaten und professionellen Beziehungen untereinander. Insbesondere die professionellen Beziehungen scheinen dabei zunächst vielfach von Unsicherheit, Ängsten und Konkurrenz geprägt zu sein. Durch engere berufliche Beziehungen, die mit der Zusammenarbeit einhergehen, wachsen hingegen Sicherheit, Akzeptanz und Kollegialität; die Kollegen lernen die Partner ebenso wie sich selbst besser einzuschätzen und können voneinander profitieren, wie die Ergebnisse dieser Studie zeigen.

Reh/Breuer: Positionierungen in interprofessionellen Teams –
Kooperationspraktiken an Ganztagsschulen

Für Lehrerinnen und Lehrer stellt sich zunehmend die Aufgabe, auch mit anderen pädagogischen Berufsgruppen zusammenzuarbeiten. Eine Intensivierung der interprofessionellen Kooperation ist vor allem an ganztägigen Grundschulen beobachtbar, an denen sich vielerorts feste Lehrer-Erzieher-Teams mit gemeinsamer Verantwortung für eine Lerngruppe etabliert haben. Im Mittelpunkt des Beitrags von Reh und Breuer steht die Frage, wie Lehrer/innen und Erzieher/innen sich in konkreten Kooperationssituationen zueinander positionieren. Anhand der sequenzanalytischen Interpretation transkribierter Audioaufnahmen von Teamsitzungen arbeiten die Autorinnen heraus, wie sich die Professionellen gegenseitig auf bestimmte Art und als je Besondere adressieren und wie sie dabei ihre Zuständigkeiten im gemeinsamen Angebot aufteilen. Der Vergleich zweier stark kontrastierender Fälle zeigt, dass die Kooperationspraktiken in Lehrer-Erzieher-Teams durchaus differieren und jeweils verschiedene Möglichkeiten der interprofessionellen Zusammenarbeit eröffnen.

Boller: Multiprofessionalität als Weg der Schulentwicklung? Möglichkeiten und Grenzen berufsfeldübergreifender Zusammenarbeit in der Schule

Der Beitrag von Boller setzt sich mit dem Begriff Multiprofessionalität auseinander und verfolgt das Ziel, den Terminus für das Feld Schule und Schulentwicklung nutzbar zu machen. Auf den Versuch einer begrifflichen Verortung folgt ein Überblick exemplarischer Handlungsfelder, in denen Multiprofessionalität, also die Zusammenarbeit unterschiedlicher Berufsgruppen, eine Rolle spielt. Die Möglichkeiten und Grenzen von Multiprofessionalität werden für das Handlungsfeld Schule ausgelotet und anhand des Bielefelder Oberstufen-Kollegs, einer Versuchsschule des Landes Nordrhein-Westfalen, in der Schulforscher mit Lehrkräften im Feld der schulnahen Forschung kooperieren, rekonstruiert. Fallstricke, aber auch die Potenziale multiprofessioneller Zusammenarbeit in der Schule werden deutlich und lassen Gelingensbedingungen erkennen, die auch in anderen Bereichen der schulnahen Forschung Anwendung finden können.

Huber/Krey: Schulnetzwerke – empirische Untersuchungen
In diesem Beitrag werden Beispiele schulischer Netzwerkprojekte und deren empirische Untersuchungen beschrieben. Es sind die Projekte „Schulentwicklung im Netzwerk (SINET)", „Netzwerk innovativer Schulen (NIS)", „Gestaltung des Schullebens und Öffnung von Schule (GÖS)" und „Aufbau und Nutzung von Bildungsnetzwerken zur Entwicklung und Erprobung von Ausbildungsmodulen in IT- und Medienberufen (ANUBA)". Darüber hinaus werden die Studien von Wilbers (2004) und von Behr-Heintze und Lipski (2004) sowie die Literaturstudie von Bell et al. (2006) vorgestellt. Im Anschluss daran werden vergleichend Aspekte der methodischen Designs wie auch zentrale Ergebnisse dargestellt und diskutiert. Dazu gehören die Verbreitung institutioneller und persönlicher Kooperationsbeziehungen zwischen Schulen, Wirkungen und Nutzen der Netzwerkarbeit auf den Ebenen der Schule, der Lehrkräfte und der Schülerinnen und Schüler, Erfolgsfaktoren, Schwierigkeiten, Organisation und Steuerung sowie Transfer innerhalb der Schulen. Abschließend wird auf zwei der größten Projekte im Bereich der Schulentwicklung durch schulische Netzwerkarbeit eingegangen, die „Networked Learning Communities (NLC)" und die „City Challenges" in England und auf eine theoretische Verortung von Netzwerkarbeit im Bildungsbereich hingewiesen (Muijs, West und Ainscow, 2010).

West: Improving student outcomes in challenging contexts by school-to-school cooperation
Der Beitrag fokussiert Erfahrungen aus der Zusammenarbeit mit englischen Schulen aus innerstädtischen oder stadtnahen sozialen Brennpunktgebieten, deren Schüler überdurchschnittlich häufig aus bildungsfernen, sozial schwachen Elternhäusern mit einem hohen Anteil an ethnischen Minderheiten und sozialen Randgruppen kommen. Skizziert wird zunächst die wettbewerbsorientierte bildungspolitische Situation in England, in der solche Schulen unter beträchtlichem Druck stehen, die erforderlichen Leistungsstandards zu erfüllen, um dem Verdikt „Failing Schools" zu entgehen. Zu den Bemühungen, die Qualität von Unterricht und Lernen zu steigern und damit die Schülerleistungen zu verbessern, gehören seit einiger Zeit vielfältige Formen der Kooperation – mit anderen Schulen, mit außerschulischen Bildungsträgern und eben auch z.B. mit der Universität Manchester. Im Mittelpunkt des Beitrags stehen Ergebnisse einer Sekundäranalyse von Fallstudien von sechs solchen Kooperationsverbünden, die zeigen, dass diese Kooperationen unterschiedlich intensive, aber insgesamt

durchaus vielversprechende Wirkungen auf verschiedene Aspekte der Qualitätsentwicklung der Schulen haben.

Järvinen/Manitius/Otto: Arbeiten in schulischen Netzwerken –
das Beispiel Schulen im Team
Die Bedeutsamkeit von Netzwerken im Bildungsbereich ist angesichts der Vielzahl an entstandenen Netzwerkprojekten nicht mehr von der Hand zu weisen. Mit schulischen Netzwerken wird die Idee verknüpft, dass sie durch ihre Professionalisierungsfunktion für die in ihnen arbeitenden „Netzwerker" zur schulischen Qualitätsentwicklung beitragen. Dabei ist bislang jedoch noch kaum empirisch erforscht, was genau die Arbeitsprozesse in schulischen Netzwerken kennzeichnet und welche Modalitäten hier wichtige Funktionen für das Gelingen der Netzwerkarbeit erfüllen. Der Beitrag von Manitius, Järvinen und Otto setzt hier an und untersucht, inwiefern sich drei theoretisch angenommene Modalitäten der konkreten Netzwerkarbeit (Vertrauen, Tausch, Kooperation) auch empirisch relevant in den Netzwerkprozessen zeigen. Hierfür wird in einem ersten Schritt das zugrunde gelegte theoretische Rahmenmodell vorgestellt, bevor konkrete Befunde aus dem schulischen Vernetzungsprojekt Schulen im Team berichtet werden.

Huber/Schneider: Netzwerk Erfurter Schulen (NES) – Professionalisierung schulischer
Akteure und Schulentwicklung durch Kooperation
Das Netzwerk Erfurter Schulen (NES) war ein „Qualifizierungs- und Unterstützungsangebot für pädagogische Führungskräfte eigenverantwortlicher Schulen", an dem in der ersten Phase 15, in der zweiten Phase 14 Schulen in der Stadt und Region Erfurt beteiligt waren. Dieses kooperationsfördernde Schulnetzwerk wurde in Zusammenarbeit von Schulaufsicht und Wissenschaft initiiert, in der konkreten Ausgestaltung war es ein Verbundprojekt aus Schulen, Schulamt und Hochschule. Der Beitrag beschreibt zunächst die Zielsetzung des im Jahr 2006 initiierten Netzwerkes und geht auf dessen Akteure ein. Einen ersten inhaltlichen Schwerpunkt bilden die diskutierten idealtypischen Lernanlässe von wirksamen Fort- und Weiterbildungen (Fortbildungskurse, Selbststudium, Self-Assessment und Feedback, Professionelle Lerngemeinschaften und Netzwerke, Praxis sowie Portfolio), aus denen die verschiedenen Qualifizierungsformate für das Netzwerk abgeleitet wurden. Der zweite Teil des Beitrages widmet sich der Reflexion: Nach insgesamt fünfjähriger Projektarbeit werden anhand von Evaluationsergebnissen sowie Beobachtungen der wissenschaftlichen Netzwerkpartner zentrale Erfahrungen berichtet. Abschließend kommen drei in unterschiedlichen Funktionen im Netzwerk Beteiligte zu Wort.

Horstkemper/Killus/Gottmann/Carl: Wie kommen Innovationen in die Schule? –
Schulinterne und schulübergreifende Transferstrategien im Schulnetzwerk „Reformzeit"
In der Vernetzung mehrerer Schulen wird die Möglichkeit gesehen, dringende Reformanforderungen gemeinsam zu bewältigen und dabei gleichzeitig wichtige Impulse für die Professionalisierung von Lehrkräften sowie für die Entwicklung der ganzen Schule zu geben. Der Beitrag von Killus, Gottmann, Horstkemper und Carl bilanziert Erfahrungen aus dem Schulnetzwerk „Reformzeit", in dem über mehrere Jahre

hinweg Schulen dazu angeregt wurden, durch Erfahrungsaustausch und gemeinsame Entwicklungsarbeit tragfähige Konzepte für eine schüler- und anforderungsgerechte Individualisierung von Lernprozessen zu entwickeln. Im Beitrag wird daraufhin der Frage nachgegangen, welche Formen des schulinternen und schulübergreifenden Transfers von Innovationen zum Tragen kommen, wie beides aufeinander bezogen ist und in welchem Ausmaß sich die verschiedenen Transferstrategien bewähren. Die Ergebnisse werden vor dem Hintergrund des „Wellenmodells des Transfers in Schulentwicklungsprojekten" von Jäger (2004) reflektiert, um schlussfolgernd Hinweise abzuleiten, an welchen Schnittstellen steuernd in den Transfer- und Innovationsprozess eingegriffen werden kann.

Huber/Ahlgrimm/Hader-Popp: Kooperation in und zwischen Schulen sowie mit anderen Bildungseinrichtungen: Aktuelle Diskussionsstränge, Wirkungen und Gelingensbedingungen

Der Beitrag bündelt zentrale Aspekte zum Themenbereich Kooperation. Begründungen für Kooperation im schulischen Kontext werden referiert. Mögliche Differenzierungen von Kooperation nach Akteursgruppen bzw. Ebenen, Ausgestaltung und Intensität werden vorgestellt. Die aktuelle Diskussion zu verschiedenen Kooperationsformen wie professionellen Lerngemeinschaften, Schulnetzwerken und Bildungsregion/Bildungslandschaft sowie kooperativer Führung und System Leadership werden aufgegriffen. Der Schwerpunkt des Beitrags liegt auf der Wirksamkeit von Kooperation: Befunde zu den Effekten von kooperativem Lernen der Schüler, Teambildung im Kollegium und kollegialen Lernformen (professionellen Lerngemeinschaften), Schulkooperationen in Netzwerken mit außerschulischen Einrichtungen der Region, in Bildungsregionen bzw. Bildungslandschaften werden zusammengestellt. Weitgehend zeigt sich ein tendenziell positiver Zusammenhang von Kooperation und Netzwerkbildung mit dem Erreichen verbesserter Schülerleistungen und einer hohen Schulqualität. Gelingensbedingungen und Hemmnisse für die verschiedenen Formen der Zusammenarbeit werden gebündelt dargestellt. Doch sind auch nach wie vor klare Forschungsdesiderate zu nennen.

Abschließende Betrachtungen runden das Buch ab.

Mit den vorliegenden Kapiteln, die ein breites Spektrum des Themenbereichs entfalten, soll ein Beitrag zur aktuellen Diskussion um Kooperation in der Schule geleistet werden. Dabei sind die aktuellen Ergebnisse von Forschung sicherlich nicht nur gewinnbringend für die Wissenschaft, sondern auch für die Schulverwaltung und Schulaufsicht sowie für die Schulpraxis.

Prof. Dr. Stephan Gerhard Huber   Dr. Frederik Ahlgrimm

Literatur

Ainscow, M. (2010). Achieving excellence and equity: reflections on the development of practices in one local district over 10 years. *School Effectiveness and School Improvement, 21*(1), 75-92.

Chapman, C., Lindsay, G., Muijs, D., Harris, A., Arweck, E. & Goodall, J. (2010). Governance, leadership, and management in federations of schools, *School Effectiveness and School Improvement, 21*(1), 53-74.

Huber, S.G. & Ahlgrimm, F. (2009). *Symposium Kooperation in der Schule.* Tagung der Arbeitsgruppe für Empirische Pädagogische Forschung (AEPF) in Landau.

Huber, S.G. & Ahlgrimm, F. (2008). *Was hält Lehrkräfte davon ab, zusammenzuarbeiten?* Vortrag im Rahmen der Tagung der Arbeitsgruppe für Empirische Pädagogische Forschung (AEPF) in Kiel.

Katz, S. & Earl, L. (2010). Learning about networked learning communities. *School Effectiveness and School Improvement, 21*(1), 27-51

Maag Merki, K. (Hrsg.). (2009). *Kooperation und Netzwerkbildung. Strategien zur Qualitätsentwicklung in Schulen.* Seelze-Velber: Kallmeyer.

Muijs, D. (2010). A fourth phase of school improvement? Introduction to the special issue on networking and collaboration for school improvement. *School Effectiveness and School Improvement, 21*(1), 1-3.

Muijs, D., West, M. & Ainscow, M. (2010). Why network? Theoretical perspectives on networking. *School Effectiveness and School Improvement, 21*(1), 5-26.

Terhart, E. & Klieme, E. (Hrsg.). (2006). Kooperation im Lehrerberuf. Forschungsproblem und Gestaltungsaufgabe. *Zeitschrift für Pädagogik, 2*, 52.

West, M. (2010). School-to-school cooperation as a strategy for improving student outcomes in challenging contexts. *School Effectiveness and School Improvement, 21*(1), 93-112.

Frederik Ahlgrimm, Jens Krey & Stephan Gerhard Huber

Kooperation – was ist das?
Implikationen unterschiedlicher Begriffsverständnisse

Abstract

In diesem Beitrag werden unterschiedliche Konzeptionen des Begriffs Kooperation herausgearbeitet und voneinander unterschieden. Grundlage dafür sind über sechzig Begriffsdefinitionen verschiedener Disziplinen, die zu vier Gruppen zusammengefasst und gemäß ihrer konzeptionellen Grundlage wie folgt betitelt wurden: Kooperation als Vertragsverhältnis, als Einstellung, als Arbeitsteilung und als Strategie. Diese Begriffsauffassungen werden anhand beispielhafter Definitionen erläutert. Abschließend wird diskutiert, wie sich verwandte Begriffe von Kooperation unterscheiden lassen und welche Schlüsse sich für das Verständnis der Interaktionen von Lehrkräften in Schulen ableiten lassen.

Seit langem gibt es kritische Auseinandersetzungen mit verschiedenen, in der Praxis schulischer Arbeit gängigen Formen der Zusammenarbeit. Da an Bildungs- und Erziehungsaufgaben etliche unterschiedliche Akteure – Personen ebenso wie Institutionen – beteiligt sind, ist der Wunsch nach Abstimmung, Koordinierung und ggf. Zusammenarbeit ebenso naheliegend wie die Kritik an Reibungsverlusten, die durch unabgestimmtes und unter Umständen gegenläufiges Handeln entstehen. Dementsprechend verbreitet und selbstverständlich sind unterschiedliche Formen und Anlässe schulischer Kooperation, wie beispielsweise kooperatives Lernen der Schüler im Rahmen von Gruppenarbeiten, Lehrerkooperation in der Unterrichtsvorbereitung beim Austausch oder der gemeinsamen Entwicklung von Unterrichtsmaterialien sowie Formen der Kooperation einer Schule mit anderen Bildungspartnern, z.B. Lernortkooperationen zwischen berufsbildenden Schulen und Ausbildungsbetrieben im Rahmen der Berufsausbildung im Dualen System oder auch Schulnetzwerke, bei denen Schulen von- und miteinander lernen, z.B. durch schulübergreifende Bearbeitung von Themen, den Austausch von Informationen etc.

So zahlreich und unterschiedlich die Perspektiven der Akteure sind, so sehr unterscheiden sich auch die Vorstellungen und Erwartungen an Art und Umfang von Zusammenarbeit mit anderen. Dies mag einer der Gründe sein, weshalb Begriffe wie „Zusammenarbeit" und „Kooperation" in der Wissenschaft ebenso wie in der pädagogischen Praxis zwar vielerorts gebraucht, aber sehr unterschiedlich verstanden werden.

Im erziehungswissenschaftlichen Diskurs ist Kooperation sehr häufig assoziiert mit einem Erziehungsideal, so dass kooperatives Handeln und Arbeiten gerade in Schulen durchgehend gefordert wird. Rosenbusch (2005) fasst Kooperation auf als die freiwillige gemeinschaftliche Bündelung von individuellen Erfahrungen, Wissen und Verantwortlichkeiten und Gruppenaktivitäten auf ein gemeinsames Ziel hin. Dazu gehört, dass eine gemeinsame Zielsetzung vorliegt und ein zielgerichtetes und möglichst regelgeleitetes interaktives Miteinander stattfindet nach dem Prinzip der Übersummation: „Das Ganze ist mehr als die Summe seiner Teile." An der Schule sollte dieses kooperative Arbeiten vor allem auf den Erfolg der Zieltätigkeit von Schule, nämlich Erziehung und Unterricht, hin ausgerichtet sein. Kooperation im schulischen Kontext ist nicht nur eine Handlungsmöglichkeit mit eher instrumentellem Wert, sondern auch ein dezidiertes Erziehungs- und Bildungsziel.

In der wissenschaftlichen, v.a. in der inter- bzw. transdisziplinären Auseinandersetzung in der Bildungsforschung liegen viele und vielfältige Definitionen vor. Unterschiedliche Begriffsverständnisse in den Studien führen mitunter zu Missverständnissen im Diskurs. So ist nicht allein für die schulische Praxis, sondern ebenso für die wissenschaftliche Auseinandersetzung mit schulischen Kooperationsprozessen mehrfach konstatiert worden, dass es einerseits keinen Konsens über die Bedeutung und Abgrenzung zentraler Begriffe gibt und dass andererseits ein unspezifischer Gebrauch des Kooperationsbegriffs seine Bedeutung verwischt (vgl. u.a. Bauer, 2004; Friend, 2000; Friend & Cook, 2003; Smith et al., 1995).

Ziel dieses Beitrags ist es, Kooperationsdefinitionen ihrem Sinngehalt nach zu gruppieren und voneinander zu unterscheiden. Dabei soll nicht allein deutlich gemacht werden, dass, sondern vielmehr inwiefern sich Kooperationsverständnisse voneinander unterscheiden lassen. Um zu einer eigenen Systematik zu gelangen, wurden etwa sechzig Begriffsdefinitionen zu den meist synonym gebrauchten Schlagwörtern Kooperation und Zusammenarbeit sowie im Englischen *collaboration* und *cooperation* gesammelt. Die Quellen stammen aus der Literatur der Bereiche Pädagogik, Politologie, Soziologie, Organisationsforschung und -pädagogik sowie der Psychologie, insbesondere der Sozial-, Arbeits- und Organisationspsychologie. Außerdem wurden allgemeine Nachschlagewerke und Lexika herangezogen. Die ausgewählten Quellen stellen dabei selbstverständlich keineswegs eine vollständige Erfassung aller Definitionen dar; es scheint jedoch eine solche Sättigung erreicht zu sein, dass weitere Definitionen allenfalls nur noch Nuancen anders betonen, jedoch keine grundlegenden konzeptuellen Variationen darstellen.

Die Definitionen wurden analysiert und nach inhaltlicher Ähnlichkeit gruppiert. Dabei wurden grundlegende Auffassungen des Begriffs Kooperation extrahiert und voneinander unterschieden. Im Folgenden werden diese jeweils anhand eines Beispiels erläutert. Vorgeschlagen wird eine Gruppierung in vier zentrale Auffassungen des Begriffs. Dabei wird jeweils auch ein mögliches Antonym, also ein gegensätzlicher Begriff, zugeordnet, um das Verständnis zu verdeutlichen. Zum Schluss soll auf mit Kooperation verwandte Begriffe eingegangen werden.

1. Kooperation als Vertragsverhältnis

Insbesondere im wirtschaftlichen und politischen Bereich wird von Kooperationen institutioneller Partner, etwa von Unternehmen, Behörden oder Staaten, gesprochen, wenn eine Absicht zur Zusammenarbeit formuliert wird. Diese wird vielfach schriftlich in Form eines Kooperationsvertrags festgehalten:

> „Als zwischenbetriebliche K. wird die auf freiwilliger Basis beruhende, i.d.R. vertraglich geregelte Zusammenarbeit von rechtlich und wirtschaftlich selbstständigen Unternehmen bezeichnet, die diese eingehen, um ihre Leistungsfähigkeit zu steigern; sie kann bis zur Errichtung von Gemeinschaftsunternehmen für gemeinsame Projekte oder ausgegliederte Unternehmensbereiche führen." (Brockhaus, 2006, S. 514)

> „In den internationalen Beziehungen wird K. zuweilen als frühes Stadium von Integrationsprozessen bezeichnet, bei dem gemeinsame, arbeitsteilige Handlungen entwickelt werden." (Nohlen & Schultze, 2004, S. 332)

Welches Verhalten aus dieser Art der Kooperation resultiert, bleibt offen. So ist es auch möglich, dass im Rahmen einer Kooperation als bloße Absichtserklärung kaum oder kein abgestimmtes Handeln stattfindet. Dies kann der Fall sein, wenn Kooperationen vorrangig aus Gründen der Außenwirkung eingegangen werden: Indem die beteiligten Partner ihre Absicht zur Zusammenarbeit bekunden und schriftlich fixieren, wird einer äußeren Erwartung entsprochen und Genüge getan, was insbesondere im Sinne der Rechenschaftslegung nützlich sein kann – ein organisationales Verhalten, das sich im Sinne des Neo-Institutionalismus gut erklären lässt (vgl. dazu Schaefers, 2002). Durch das formelle Eingehen von Kooperationsbeziehungen beweisen Organisationen Modernität und gewinnen Legitimität, ohne zwangsläufig ihr Handeln verändern zu müssen. So kann es auch zu „Pseudokooperation" kommen: „Pseudokooperation geht von einer Gemeinsamkeit zwischen den Partnern aus, die de facto nicht oder nicht mehr vorhanden ist." (Spieß, 1996, S. 225)

In Schulen wird unter dem Begriff Kooperation vielfach ein solches vertragliches oder partnerschaftliches Verhältnis zu anderen Einrichtungen verstanden. Unter „Schulkooperationen" werden vor allem die Kooperationen der Schule mit anderen Partnern subsumiert; eine umfassende Darstellung von Kooperationen zwischen Schulen und ihren Partnern liefern etwa Behr-Heintze und Lipski (2005), empirische Befunde stellt u.a. Arnoldt (2007a, 2007b) dar.

Beispiele solcher vertraglich niedergelegten Kooperationsbeziehungen sind etwa die Zusammenarbeit mit anderen Schulen, Lernortkooperation berufsbildender Schulen mit Ausbildungsbetrieben, schulische Kooperationen mit Einrichtungen der Jugendhilfe, der Schulpsychologie oder polizeilichen Präventionsstellen.

Als Gegensätze zu einem derartigen Kooperationsverständnis können Ignoranz oder Rivalität verstanden werden: Ohne die vertraglich festgehaltene Kooperation nähmen die Parteien einander entweder nicht zur Kenntnis oder verfolgten gegensätzliche Ziele.

2. Kooperation als Einstellung

In diesem Begriffsverständnis wird Kooperation als internalisierte Einstellung und somit als „gelernte Handlungsdisposition" (Bierhoff & Herner, 2002, S. 55) einer Person oder Personengruppe konzipiert: Wenn jemand als „kooperativ" bezeichnet wird, ist damit die Erwartung verbunden, dass die Person sich als hilfsbereit und offen für Zusammenarbeit zeigt. Kooperation ist in diesem Sinne ein Personenmerkmal, das unabhängig von konkreten Situationen existiert. Mit dem gleichen Begriffsverständnis wurden auch Kulturen daraufhin untersucht, ob sie mehr oder weniger kooperativ sind (vgl. Mead, 1976). Eng verwandt ist dieses Konzept mit dem des Altruismus (dazu mehrere Beiträge in Derlega & Grzelak, 1982). In sozialpsychologischen Studien zu Kooperation und Wettbewerb werden fünf zentrale Einstellungen untersucht: 1. die individualistische Einstellung; 2. eine Wettbewerbsorientierung; 3. die kooperative Orientierung; 4. die altruistische Orientierung; 5. das Streben nach Gleichheit (siehe Spieß, 2004).

Kaum abzugrenzen vom Verständnis als Einstellung ist das Kooperationsverständnis als Verhalten – ein grundsätzliches Dilemma der psychologischen Forschung: Einstellungen, die als dauerhafte, situationsunabhängige Personenmerkmale *(global attitudes)* konzipiert werden, lassen sich nicht beobachten. Beobachten lässt sich hingegen das Verhalten *(behavior)* von Personen, das einerseits von den Merkmalen und Einstellungen der Person, andererseits durch die Situation bestimmt wird. Eine Trennung der beiden Konzepte voneinander scheint daher nicht möglich zu sein: „Defined as evaluative response tendencies, attitudes exert a dynamic and directive on behavior." (Ajzen, 1995, S. 52)

Im Gegensatz zur Kooperation als Einstellung und Verhalten steht der Egoismus, ebenfalls ein Konzept, das Personen als Eigenschaft zugeordnet wird.

In diesem Verständnis ist Kooperation ein keineswegs wertfreier Begriff. „Kooperation gilt zudem als eine sozialethische Norm", wie Spieß (2004, S. 196) feststellt. Wenngleich Kooperation im analytischen Sinn sicherlich kaum allein als ethischer Begriff verstanden wird, ist der Begriff vorwiegend positiv konnotiert. Kooperation wird, wenngleich diffus, als grundsätzlich wünschenswert betrachtet. Gerade im pädagogischen Diskurs, der an vielen Stellen normativ geprägt ist, werden mit Kooperation Gemeinsamkeit, Sympathie und gegenseitige Unterstützung assoziiert.

3. Kooperation als Arbeitsteilung

> „Die Form der Arbeit vieler, die in demselben Produktionsprozess oder in verschiedenen, aber zusammenhängenden Produktionsprozessen planmäßig neben- und miteinander arbeiten, heißt Kooperation." (Marx, 1867/1962, S. 344 f)

Im Marxschen Sinne ist also die Differenzierung von Aufgaben und Tätigkeiten gemeint, die mit umfangreichen und komplexen Prozessen einhergeht. Dabei hatte Marx die Bedingungen der industriellen Produktion im Blick, bei der Effizienzsteigerungen dadurch erzielt werden, dass Arbeiter spezialisierte Aufgaben im Produktionsprozess übernehmen und somit nur für einen Aufgabenteil Verantwortung tragen. In diesem Sinne kooperieren Akteure, die am selben Produkt arbeiten, ggf. ohne jemals unmittelbar miteinander in Kontakt zu geraten, etwa Fließbandarbeiter, die an unterschiedlichen Stellen der gleichen Produktionsstrecke arbeiten. Gemeinsam ist allein das Produkt, an dem gearbeitet wird. Die Koordinierung der Arbeit erfolgt von höherer Stelle aus. Die arbeitsteilige Kooperation ermöglicht dabei das Erreichen von Zielen, die ein Einzelner nicht erreichen könnte, sei es hinsichtlich des Umfangs oder der Komplexität einer Aufgabe. Unterschieden werden kann dabei die simultane bzw. sukzessive Art- und Mengenteilung (vgl. Hacker, 2005, S. 142 ff). Festzustellen ist:

> „Die Arbeitsteilung bedingt, dass einzelne Personen lediglich partialisierte und unvollständige Tätigkeiten erledigen. Für die Kooperation bedeutet dies, dass zusätzliche Anforderungen entstehen, um sich wechselseitig abstimmen zu können." (Spieß, 2004, S. 197)

Wie hier betont wird, erfordert die Arbeitsteilung Abstimmung unter den Beteiligten. Diese kann, wie erwähnt wurde, einerseits von übergeordneter Stelle geplant und koordiniert sein, andererseits von den Beteiligten selbst. In diesem Sinne kann Arbeit nicht allein geteilt, sondern auch gemeinsam verrichtet werden, was insbesondere bei komplexen Aufgaben erforderlich ist:

> „Unter Kooperation oder *kooperativer Tätigkeit* wird eine Tätigkeits- bzw. Aufgabenform verstanden, bei der mehrere einen Auftrag bzw. eine selbstgestellte Aufgabe gemeinschaftlich erfüllen, dazu gemeinsame Zielstellungen verfolgen, eine Ordnung ihres Zusammenwirkens aufweisen und in auftragsbezogener Kommunikation miteinander stehen." (Hacker, 2005, S. 149)

Am dichtesten am etymologischen Ursprung des Wortes (lat. *co-operari*: etwas gemeinsam verrichten) ist das Verständnis von Kooperation als abgestimmtes Handeln. Kooperation in diesem Sinn wird an anderer Stelle als Arbeitsstil verstanden:

> „Interpersonal collaboration is a style for direct interactions between at least two coequal parties voluntarily engaged in shared decision making as they work toward a common goal" (Friend & Cook, 2003, S. 5).

Ein Gegensatz zur Kooperation als Arbeitsteilung ist die ungeteilte oder ganzheitliche Arbeit, bei der jeweils eine Person allein für Verlauf und Ergebnis eines Prozesses verantwortlich ist. Mehrere Personen würden in einem „Raumverband" nebeneinander, ohne gemeinsame Ziele und in ungekoppelten Prozessen arbeiten (vgl. Hertel & Scholl, 2006, S. 182).

4. Kooperation als Strategie

In der Sozialpsychologie findet sich der Begriff der Kooperation vielfach verbunden oder gegenübergestellt mit dem der Konkurrenz: Je nach Situation und Aufgabenstellung richten Personen ihre Handlungsstrategien so aus, dass sie einander unterstützen oder gegeneinander agieren. Dabei wird davon ausgegangen, dass es einen sozialen Zusammenhang zwischen den Zielen der Beteiligten gibt: „Central to defining cooperation and competition is the concept of interdependence of outcomes." (Suls & Martin, 1995, S. 136) Dieses Verständnis geht auf die klassischen Publikationen von Deutsch (1949a, 1949b) zurück, der das Verhältnis von Kooperation und Wettbewerb sowohl logisch-deduktiv als auch empirisch untersucht. Deutsch unterscheidet „cooperative goals, where each individual's goal-oriented efforts contribute to others' goal attainment; competitive, where each individual's goal oriented efforts frustrate others' goal attainment; and individualistic, where individuals' goal oriented efforts have no consequences for others' goal attainment" (zit. bei Slavin, 1995, S. 16). Dabei räumt Deutsch ein:

> „It should, perhaps, be noted that there are probably few, if any, real-life situations which [...] are ‚purely' co-operative or competitive. Most situations of everyday life involve a complex set of goals and sub-goals. Consequently, it is possible for individuals to be promotively interdependent with respect to one goal and contriently interdependent with respect to another goal." (Deutsch, 1949a, S. 132f)

Im Gegensatz zur Kooperation als Strategie stehen Wettbewerb oder Konkurrenz. Avermaet unterscheidet zwei Traditionen, wie Kooperation und Wettbewerb ins Verhältnis gesetzt werden können:

> „the first perspective departs from the assumption that people strive towards the goal of maximizing their own absolute gains and that they will therefore use the strategy of cooperation or competition depending on which strategy best serves this goal. The second perspective views an own gain orientation as conceptually distinct from a cooperative and a competitive orientation. A cooperative orientation implies a striving towards the maximization of joint gain and a competitive orientation implies a tendency to maximize the difference between own and others' gain in one's own favor, independent of whether actions towards these goals do or do not yield the highest personal profit [...]. There is of course a good deal of overlap between these two approaches [...]." (Avermaet, 1995, S. 137)

Deutlich wird hier, dass Personen sich für Strategien von Kooperation oder Wettbewerb entscheiden je nachdem, welche Ziele sie verfolgen. Diese Ziele wiederum können in individuelle und Gruppenziele unterschieden werden – je nachdem, ob jede einzelne Person ein bestmögliches Ergebnis zu erzielen sucht oder ob die Gruppe ein gemeinsames Ziel erreichen muss.

Der Autor unterscheidet im Weiteren dyadische, Intragruppen- und Intergruppen-Settings, je nachdem, ob zwei Individuen, die Mitglieder einer Gruppe oder Mitglieder unterschiedlicher Gruppen miteinander kooperieren oder konkurrieren. Die Frage nach der Gruppenzugehörigkeit ist insofern besonders relevant, als grundsätzlich davon ausgegangen werden kann, dass Mitglieder der eigenen Gruppe gegenüber Nicht-Gruppenmitgliedern bevorzugt behandelt werden, selbst wenn es keinerlei Vorteil mit sich bringt *(ingroup favoritism)*.

> „Moreover, favoritism observed in an intergroup setting is often more pronounced than self-favoritism in 2-person situations. [...] At present there is still theoretical uncertainty with respect to the exact causes of these competitive and prejudicial behaviors and attitudes [...]. Further, the competitive orientation is partly tempered by fairness considerations. Still it remains most striking that even minimal social categorization conditions can produce these attitudes and behaviors." (Avermaet, 1995, S. 140)

Für die Untersuchung der Kooperation zwischen Lehrkräften können sowohl der Intra- als auch der Intergruppen-Ansatz relevant sein, sofern zumindest Kollegien als Gruppen betrachtet werden. So können einerseits der Zusammenhalt innerhalb von Kollegien mit der Bevorzugung von Gruppemitgliedern erklärt werden, andererseits Rivalitäten und Konkurrenz innerhalb von Schulen auch in Zugehörigkeiten zu Teilgruppen (etwa Fachgruppen etc.) ihre Ursachen haben. Entscheidend dafür, ob Gruppenmitglieder miteinander kooperieren oder konkurrieren, ist in jedem Fall die Art des Ziels, das diese verfolgen.

5. Verwandte Begriffe und ihre Bedeutung im schulischen Kontext

Mit dem Begriff der Kooperation sind andere Konstrukte eng verwandt. Zwischen ihnen gibt es Überlappungen und Abhängigkeiten, so dass trennscharfe Unterscheidungen kaum möglich sind. Zudem wird eine Differenzierung dadurch erschwert, dass auch hier Begriffe synonym oder gemeinsam verwendet werden, z.B. „Kommunikation und Kooperation" (Kündig, 1979) oder „Interaktion und Kommunikation" (Graumann, 1972). Sperka (1995, 1996) erläutert – ohne Anspruch auf Vollständigkeit – Begriffe, die mit dem der Kommunikation verwandt sind. Er nennt dabei neben Kooperation auch Interaktion, Koordination, Interrelation, Interdependenz, soziale Beeinflussung, soziale Macht sowie strukturelle Kopplung (Sperka, 1996, S. 19ff). Bedeutung gewinnt dieses Nebeneinander von Begriffen insbesondere dadurch, dass der Diskurs zum Thema Kooperation nicht allein unter dem expliziten Schlagwort Kooperation selbst vielfach widersprüchlich und unscharf geführt wird, sondern auch unter den verwandten Begriffen und – damit verknüpft – in unterschiedlichen Disziplinen. Vielfach wird Kooperation auch mit Konsens assoziiert und diskutiert (Aurin, 1993; Bergmann & Rollett, 2008; Eckert, 1993, 1997; Jerger, 1995).

Im Sinne begrifflicher und konzeptueller Genauigkeit ist eine Unterscheidung von Kooperation und verwandten oder angrenzenden Konstrukten notwendig. Im Schulkontext gilt dies besonders für die Begriffe Konsens, Kohäsionund Kollegialität – „terms which are frequently, and mistakenly, conflated" (McGregor, 2003, S. 115). So sollten insbesondere Kohäsion und Kollegialität einerseits und Kooperation andererseits als unterschiedliche Konstrukte unterschieden und diskutiert werden –Kelchtermans schreibt dazu:

> „In the literature teacher collaboration is often mentioned in the same breath together with (or even subsumed in) „collegiality". Although indeed closely connected, both terms are not identical. Whereas collaboration is a descriptive term, referring to cooperative actions, collegiality refers to the quality of the relationships among staff members in a school." (Kelchtermans, 2006, S. 220 f)

Bergmann und Rollett (2008) finden hoch signifikante Korrelationen zwischen der Häufigkeit und der Bewertung von Kooperation sowie dem kollegialen Konsens bzw. Zusammenhalt. Auch Gerecht et al. (2009) finden einen sehr engen Zusammenhang zwischen Kooperation, also der tatsächlich berichteten Zusammenarbeit, und Kohäsion, also engen Beziehungen im Sinne von „Zusammenhalt" unter den Kollegen, in Schulen. Eine mögliche Erklärung ist, dass dort, wo die Lehrkräfte eng zusammenarbeiten, auch die Beziehungen zwischen ihnen enger werden; ebenso ist es möglich, dass Lehrkräfte, die bereits ein enges Verhältnis haben, auch verstärkt zusammenarbeiten. Kollegialität kann also verstanden werden als eine Nähe, die die Zusammenarbeit fördert und durch Zusammenarbeit gefördert wird. Jedoch ist auch das Gegenteil denkbar: Je enger persönliche Beziehungen sind, umso wahrscheinlicher sind gegenseitige Rücksichtnahme, Vorsicht und gegenseitige Nichteinmischung in professionelle Angelegenheiten. Kollegialität kann in diesem Zusammenhang verstanden werden als ein sozialer Mechanismus, der in einer lose gekoppelten Expertenorganisation wie der Schule, insbesondere mit dem Institut der pädagogischen Freiheit, dazu führt, dass es im Rahmen der Professionalität zu keinem individuellen Autonomieverlust kommt, was Kooperation im Sinne einer Handlungskoordination und Zusammenarbeit zur Folge haben könnte. Kollegialität könnte sogar als sozial-gepflegte Kultur mit engen persönlichen Beziehungen zwischen Lehrkräften in professionelle Distanz münden:

> „A school's staff may be described as "close," offering large doses of camaraderie, sympathy, and moral support, but the texture of collegial relations is woven principally of social and interpersonal interests. Teacher autonomy rests on freedom from scrutiny and the largely examined right to exercise personal preference; teachers acknowledge and tolerate the individual preferences or styles of others. Independent trial and error serves as the principal route to competence. In all these ways, the modal conception of collegiality is both characteristic and reinforcing of a culture of individualism, presentism, and conservatism." (Little, 1990, S. 513)

Gute Beziehungen unter den Lehrkräften einer Schule scheinen folglich nicht zwangsläufig zu verändertem Verhalten und besseren Ergebnissen zu führen. Als Ergebnis der deutschen Zusatzbefragung zu PISA 2003 zeigt sich, dass „die tatsächliche Intensität der konkreten Kooperation von den Schulleitungen in allen Schulformen niedriger eingeschätzt wird als das Ausmaß der sozialen Integration. Am deutlichsten unterscheiden sich die diesbezüglichen Urteile der Gymnasialschulleitungen. Die Einschätzungen der Schulleitung lassen zwar auf einen generell guten sozialen Zusammenhalt in den Kollegien schließen, dieser scheint jedoch nicht gleichzeitig zu einer hohen Kooperation zu führen" (Senkbeil et al., 2004, S. 308). Auch muss die Kohäsion in Arbeitsgruppen keineswegs linear mit ihren Leistungen zusammenhängen:

> „Bei geringer Kohärenz verbrauchen die Mitglieder ihre Energie weitestgehend für die Schaffung, Aufrechterhaltung und Verbesserung ihres Status" und für andere Gruppenprozesse; für die Aufgabe selbst bleibt wenig. Bei mittleren Graden von Kohärenz werden viele Energien für die Sache freigesetzt. Bei hoher Kohärenz kann die Leistung wieder absinken; die Mitglieder haben sich einen Kaffee gekocht, spielen Skat und finden sich wahnsinnig nett." (Sader, 2000; zitiert nach Rosenstiel, 2005, S. 134)

Wichtig erscheint daher die Unterscheidung und Abgrenzung von Kohäsion und Kooperation insbesondere deshalb, da in zahlreichen Studien zum Schulklima auch Aspekte von Kohäsion erhoben wurden (etwa Eder, 1996; Janke, 2006; Oswald et al., 1989; Varbelow, 2003), die nicht mit Kooperation verwechselt werden sollten: „Kooperation sollte aber sowohl von „Kollegialität" unterschieden werden, die ein auf die Bewältigung von Interaktions-Anforderungen bezogenes Moment der Beziehung unter Professionellen darstellt, als auch von Selbstreflexion in kollegialer Kommunikation" (Kolbe & Reh, 2008, S. 801).

Bei Schulwirksamkeitsuntersuchungen sollte unterschieden werden, ob sich Unterschiede eher durch Kooperation oder Kohäsion im Kollegium erklären lassen. So schreibt Hargreaves:

> „What matters is not that there are many different kinds of collaboration and collegiality but that the characteristics and virtues of some kinds of collaboration and collegiality are often falsely attributed to other kinds as well, or perhaps to collaboration and collegiality in general." (Hargreaves, 1994, S. 188)

Fend (1998) kommt zum Ergebnis, dass „überraschenderweise [...] kooperatives Handeln unter Lehrern, gemeinsames Unterrichten und gemeinsames Sich-Besuchen im Unterricht sowie Materialaustausch weniger zwischen guten und schlechten Schulen differenzieren. Nichtsdestoweniger sind gerade gegenseitige Unterrichtsbesuche in guten Schulen wesentlich häufiger [...] als in Schulen mit schlechtem Klima [...]. Die am stärksten differenzierenden Items sind dann diejenigen, die die Kollegialität betreffen." (Fend, 1998, S. 122)

Festzuhalten ist: Kooperation und Kollegialität bzw. Kohäsion sind eng verwandte Konstrukte und scheinen einander zumindest teilweise zu bedingen; umso dringender erscheinen differenzierende Betrachtungen notwendig.

Fazit

Es konnte gezeigt werden, dass es kein einheitliches Verständnis des Begriffs Kooperation gibt. An dieser Stelle wurde versucht, vier grundlegende Konzeptionen des
Begriffs herauszuarbeiten, in denen Kooperation als Vertragsverhältnis, als Arbeitsteilung, als Einstellung oder als Strategie verstanden wird. Je nachdem, welches Verständnis bemüht wird, werden die Ursachen für Kooperation und Nichtkooperati-
on an unterschiedlichen Stellen verortet: Wenn Kooperationen auf vertraglicher Basis
eingegangen werden, können äußere Erfordernisse die Ursache sein. Wenn Kooperation als abhängig von den Einstellungen einer Person oder Gruppe betrachtet wird,
wird das Individuum für entscheidend erachtet: Kooperation wäre somit von einzelnen Akteuren abhängig. Wird Kooperation als Arbeitsteilung verstanden, wäre es eine
Frage der Arbeitsorganisation, ob und wie die Akteure kooperieren. Wenn Kooperation als handlungsleitende Strategie verstanden wird, werden die zugrunde liegenden
Ziel- oder Aufgabenstellungen für verantwortlich erachtet (s. Abb. 1).

Kooperationsverständnis: Kooperation als...	in Abhängigkeit von...
Vertrag	äußeren Erfordernissen
Einstellung	individueller Disposition
Arbeitsteilung	Arbeitsorganisation/-abstimmung
Strategie	Beschaffenheit von Zielen

Abbildung 1: Kooperationsverständnisse

Festzuhalten ist, dass ein gemeinsames Ziel oder ein gemeinsamer Auftrag Bestandteil fast aller Definitionen des Begriffs Kooperation ist. Vielfach wird außerdem betont, dass Kooperation intentional und/oder planvoll stattfindet. Bedeutet dies, dass
gemeinsame Tätigkeiten, die entweder ohne klares, gemeinsames Ziel, nicht intendiert
oder planlos erfolgen, *per definitionem* nicht als Kooperation verstanden werden können?

    Bezogen auf die Untersuchung von Kooperation in Schulen (und wohl auch in
anderen Organisationen) ist davon auszugehen, dass nicht eines der genannten Begriffsverständnisse allein alle beobachteten Phänomene erklären kann. Eine begriff-
lich schärfere Differenzierung kann jedoch helfen, bestehende Missverständnisse und
Widersprüche aufzuklären und zukünftiger Forschung eine stabilere Basis bieten. Wir
stimmen Inger (1993) darin zu, dass vor allem zwei Punkte für die Zusammenarbeit
von Lehrkräften in Schulen entscheidend sind: *interdependence*, das Angewiesen-Sein
auf andere bei gemeinsamen Aufgaben, und *opportunity*, die räumliche und zeitliche
Gelegenheit zur Zusammenarbeit. Beide Aspekte sollten im zukünftigen Diskurs um
Lehrerkooperation Berücksichtigung finden.

Literatur

Ajzen, I. (1995). Attitudes and Behavior. In A. S. R. Manstead & M. Hewstone (Hrsg.), *The Blackwell Encyclopedia of Social Psychology* (S. 52-57). Oxford: Blackwell.

Arnoldt, B. (2007a). Kooperationsformen – Bedingungen für gelingende Zusammenarbeit? In H. G. Holtappels, E. Klieme, T. Rauschenbach & L. Stecher (Hrsg.), *Ganztagsschule in Deutschland. Ergebnisse der Ausgangserhebung der „Studie zur Entwicklung von Ganztagsschulen" (StEG)* (S. 123-136). Weinheim [u.a.]: Juventa.

Arnoldt, B. (2007b). Öffnung von Ganztagsschule. In H. G. Holtappels, E. Klieme, T. Rauschenbach & L. Stecher (Hrsg.), *Ganztagsschule in Deutschland. Ergebnisse der Ausgangserhebung der „Studie zur Entwicklung von Ganztagsschulen" (StEG)* (S. 86-105). Weinheim [u.a.]: Juventa.

Aurin, K. (1993). *Auffassungen von Schule und pädagogischer Konsens: Fallstudien bei Lehrerkollegien, Eltern- und Schülernschaft von fünf Gymnasien.* Stuttgart: M und P, Verlag für Wissenschaft und Forschung.

Avermaet, E. v. (1995). Cooperation and Competition. In A. S. R. Manstead & M. Hewstone (Hrsg.), *The Blackwell Encyclopedia of Social Psychology* (S. 136-141). Oxford: Blackwell.

Bauer, K.-O. (2004). Lehrerinteraktion und -kooperation. In W. Helsper & J. Böhme (Hrsg.), *Handbuch der Schulforschung* (S. 813-831). Wiesbaden: VS.

Behr-Heintze, A. & Lipski, J. (2005). *Schulkooperationen. Stand der Zusammenarbeit zwischen Schulen und ihren Partnern.* Schwalbach/Ts.: Wochenschau-Verlag.

Bergmann, K. & Rollett, W. (2008). Kooperation und kollegialer Konsens bzw. Zusammenhalt als Bedingungen der Innovationsbereitschaft von Lehrerkollegien an Ganztagsschulen. In E. M. Lankes (Hrsg.), *Pädagogische Professionalität als Gegenstand empirischer Forschung* (S. 291-301). Münster: Waxmann.

Bierhoff, H.-W. & Herner, M. J. (2002). *Begriffswörterbuch Sozialpsychologie.* Stuttgart: Kohlhammer.

Brockhaus, F. A. (2006). *Brockhaus Enzyklopaedie, Band 15: Kind-Krus. 21. Auflage.* Leipzig, Mannheim: F.A. Brockhaus.

Derlega, V. J. & Grzelak, J. (Hrsg.). (1982). *Cooperation and Helping Behavior.* New York: Academic Press.

Deutsch, M. (1949a). A theory of cooperation and competition. *Human Relations, 2*(2), 129-152.

Deutsch, M. (1949b). An Experimental Study of the Effects of Co-Operation and Competition upon Group Process. *Human Relations, 2*(3), 199-231.

Eckert, T. (1993). *Erziehungsleitende Vorstellungen und Schulverständnis von Lehrern. Eine Studie zum pädagogischen Konsens in Lehrerkollegien von fünf Gymnasien.* Frankfurt am Main [u.a.]: Peter Lang.

Eckert, T. (1997). Mangelnde Kommunikation und mangelnder Konsens im Lehrerkollegium als Entwicklungsbedingungen zum „schlechten Lehrer". In B. Schwarz & K. Prange (Hrsg.), *Schlechte Lehrer/innen. Zu einem vernachlässigten Aspekt des Lehrerberufs* (S. 219-246). Weinheim: Beltz.

Eder, F. (1996). *Schul- und Klassenklima: Ausprägung, Determinanten und Wirkungen des Klimas an höheren Schulen. Studien zur Bildungsforschung & Bildungspolitik, Band 8.* Innsbruck [u.a.]: Studien-Verlag.

Fend, H. (1998). *Qualität im Bildungswesen.* Weinheim [u.a.]: Juventa.

Friend, M. (2000). Myths and Misunderstandings About Professional Collaboration. *Remedial and Special Education, 21*(3), 130-132,160.

Friend, M. & Cook, L. (2003). *Interactions: Collaboration skills for school professionals. 4th edition.* New York: Addison Wesley Longman.

Gerecht, M., Steinert, B. & Döbrich, P. (2009). Qualität von Schule erfassen. Schulevaluation am Beispiel der „Pädagogischen EntwicklungsBilanzen". In K. Maag Merki (Hrsg.), *Kooperation und Netzwerkbildung. Strategien zur Qualitätsentwicklung in Schulen* (S. 94-105). Seelze: Kallmeyer.

Graumann, C. F. (1972). Interaktion und Kommunikation. In C. F. Graumann (Hrsg.), *Sozialpsychologie (Bd. 2).* Göttingen: Hogrefe.

Hacker, W. (2005). *Allgemeine Arbeitspsychologie. Psychische Regulation von Wissens-, Denk- und körperlicher Arbeit. Schriften zur Arbeitspsychologie, Band 58. 2., vollständig überarbeitete und ergänzte Auflage.* Bern: Huber.

Hargreaves, A. (1994). *Changing teachers, changing times. Teachers' work and culture in the postmodern age. Teacher development.* London: Cassell.

Hertel, G. & Scholl, W. (2006). Grundlagen der Gruppenarbeit in Organisationen. In B. Zimolong & U. Konradt (Hrsg.), *Enyklopädie der Psychologie* (Bd. Ingenieurpsychologie, S. 181-216). Göttingen: Hogrefe.

Inger, M. (1993). *Teacher Collaboration in Secondary Schools. centerfocus 2.* National Center for Research in Vocational Education, University of California at Berkeley 1-4. Verfügbar unter: http://vocserve.berkeley.edu/centerfocus/CF2.html.

Janke, N. (2006). *Soziales Klima an Schulen aus Lehrer-, Schulleiter- und Schülerperspektive : eine Sekundäranalyse der Studie „Kompetenzen und Einstellungen von Schülerinnen und Schülern – Jahrgangsstufe 4 (KESS 4)".* Münster [u.a.]: Waxmann.

Jerger, G. (1995). *Kooperation und Konsens bei Lehrern: Eine Analyse der Vorstellungen von Lehrern über Organisation, Schulleitung und Kooperation.* Frankfurt am Main [u.a.]: Peter Lang.

Kelchtermans, G. (2006). Teacher collaboration and collegiality as workplace conditions. *Zeitschrift für Pädagogik, 52*(2), 220-237.

Kolbe, F.-U. & Reh, S. (2008). Kooperation unter Pädagogen. In T. Coelen & H.-U. Otto (Hrsg.), *Grundbegriffe Ganztagsbildung* (S. 799-808). Wiesbaden: VS Verlag.

König, E. (1991). Kooperation: Pädagogische Perspektiven für die Schulen. In J. Wissinger & H.S. Rosenbusch (Hrsg.), *Motivation durch Kooperation. Schulleiter-Handbuch Band 58.* Braunschweig: SL Verlag.

Kündig, H. (1979). *Kommunikation und Kooperation in der Schule. Analyse und Innovationsansätze im Bereich der Zürcher Volksschule. Dissertation.* Zürich: Juris Druck + Verlag.

Little, J. W. (1990). The persistence of privacy: Autonomy and initiative in teachers' professional relations. *Teachers College Record, 91*(4), 509-536.

Marx, K. (1867/1962). *Das Kapital, Band 1.* Berlin/DDR: Dietz Verlag.

McGregor, J. (2003). Collaboration in Communities of Practice. In N. Bennett & L. Anderson (Hrsg.), *Rethinking Educational Leadership.Challenging the Conversations* (S.113-130). London: Sage.

Mead, M. (1976). *Cooperation and competition among primitive people.* Boston: Beacon.

Nohlen, D. & Schultze, R.-O. (2004). *Lexikon der Politikwissenschaft.* Theorien, Methoden, Begriffe. München: Beck.

Oswald, F., Pfeifer, B., Ritter-Berlach, G. & Tanzer, N. (1989). *Schulklima: die Wirkungen der persönlichen Beziehungen in der Schule.* Wien: Universitäts-Verlag.

Rosenbusch, H. S. (2005). *Organisationspädagogik der Schule. Grundlagen pädagogischen Führungshandelns.* München: Wolters Kluwer.

Rosenstiel, L. v., Molt, W. & Ruttinger, B. (2005). *Organisationspsychologie. Grundriss der Psychologie.* Band 22, 9. vollst. überarb. und erw. Auflage. Stuttgart: Kohlhammer.

Sader, M. (2000). *Psychologie der Gruppe. 7. Auflage.* Weinheim: Juventa.

Schaefers, C. (2002). Der soziologische Neo-Institutionalismus. Eine organisationstheoretische Analyse- und Forschungsperspektive auf schulische Organisationen. *Zeitschrift für Pädagogik, 48*(6), 835-855.

Senkbeil, M., Drechsel, B., Rolff, H.-G., Bonsen, M., Zimmer, K., Lehmann, R. H. & Neumann, A. (2004). Merkmale und Wahrnehmungen von Schule und Unterricht. In M. Prenzel & PISA-Konsortium Deutschland (Hrsg.), *PISA 2003. Der Bildungsstand der Jugendlichen in Deutschland – Ergebnisse des zweiten internationalen Vergleichs* (S. 296-354). Münster [u.a.]: Waxmann.

Slavin, R. E. (1995). *Cooperative learning: Theory, research, and practice. 2nd ed.* Boston: Allyn & Bacon.

Smith, K. G., Carroll, S. J. & Ashford, S. J. (1995). Intra- and inter-organizational cooperation: Toward a research agenda. *Academy of Management Review, 38*(1), 7-23.

Sperka, M. (1995). *Organisationsinterne Kommunikation. Dissertation.* Universität Dortmund.

Sperka, M. (1996). *Psychologie der Kommunikation in Organisationen. Eine Einführung auf systemtheoretischer Grundlage.* Essen: Die Blaue Eule.

Spieß, E. (1996). *Kooperatives Handeln in Organisationen.* Theoriestränge und empirische Studien. München [u.a.]: Hampp.

Spieß, E. (2004). Kooperation und Konflikt. In H. Schuler (Hrsg.), *Enyklopädie der Psychologie, Band Organisationspsychologie – Gruppe und Organisation* (S. 193-250). Göttingen: Hogrefe.

Suls, J. & Martin, R. (1995). Social comparison. In A. S. R. Manstead & M. Hewstone (Hrsg.), *The Blackwell Encyclopedia of Social Psychology* (S. 540-544). Oxford: Blackwell.

Varbelow, D. (2003). *Schulklima und Schulqualität im Kontext abweichender Verhaltensweisen.* Marburg: Tectum.

Julia Steinwand

Kooperierende Lehrerinnen und Lehrer

Ein diskursanalytischer Blick auf die Narration über Lehrerkooperation in Zeitschriften für die pädagogische Praxis[1]

Abstract

Die Frage danach, wie im schulpädagogischen Diskurs über die Kooperation von Lehrerinnen und Lehrern spezifisches Wissen über gute und schlechte Schulen, Lehrer und pädagogische Praxis narrativ hervorgebracht wird, steht im Zentrum des Beitrags. Um aufzuzeigen, wie dies geschieht, wird eine – auf der Ebene des Diskurses liegende – Narration rekonstruiert, die in einzelnen Beiträgen zur Lehrerkooperation in Zeitschriften für die pädagogische Praxis der vergangenen zehn Jahre je partiell in Erscheinung tritt. Unter diskursanalytischer Perspektive wird deutlich, wie vor dem Hintergrund eines Konflikts von Moderne und Tradition erzählt wird von der „notwendigen" Entwicklung nicht kooperierender und damit schlechter Lehrer, personifizierter Antihelden also, hin zu engagierten Teamarbeitern, den Helden der Narration, die die Qualität von Schule steigern, weil und insofern ihre Arbeit kooperativ organisiert ist. Jenseits der Frage, ob das Wissen über Kooperation, das in diese Narration eingelassen ist, wahr oder falsch ist, wird sichtbar, dass es einerseits an der Dualität zwischen guter und schlechter pädagogischer Praxis, Moderne und Tradition entlang entfaltet und andererseits stark an einem Bild von Machbarkeit orientiert ist. Damit wird es aber, so das Fazit des Beitrags, der Komplexität seines Gegenstandes nicht gerecht und eröffnet kaum Raum für Umdeutungen und Alternativen sowie kritische Anmerkungen, die neue oder andere Wege der Schulentwicklung ermöglichen können.

Dass Lehrerinnen und Lehrer miteinander und mit anderen pädagogischen Professionellen kooperieren sollen, ist zunehmend Thema zahlreicher Beiträge in Zeitschriften für die pädagogische Praxis. Neben dem Befund, dass Lehrerkooperation in der schulischen Praxis häufig fehle oder nicht ausreichend praktiziert werde, wird vor allem die Erwünschtheit von Lehrerkooperation aus schulpädagogischer Sicht betont. In – meist kurzen – Geschichten über scheiternde und gelingende Kooperationsarbeit

---

1 Die nachstehenden Ausführungen sind auf der Grundlage meiner Magisterarbeit mit dem Titel „Kooperation von Lehrerinnen und Lehrern. Diskursanalytische Untersuchung zur Programmatik in Zeitschriften für die pädagogische Praxis (2000-2010)" (unveröffentlichtes Manuskript), eingereicht im August 2010 an der Technischen Universität Berlin unter der Betreuung von Prof. Dr. Sabine Reh, entstanden.

sowie die Entwicklung von Lehrerinnen und Lehrern von Scheiternden, Kooperationsunwilligen und isoliert Arbeitenden hin zu erfolgreich kooperierenden Gestaltern eines Schulentwicklungsprozesses wird das Thema aufgegriffen. In anderen Worten: In diesen Beiträgen wird *erzählend* Wissen über die Kooperation von Lehrerinnen und Lehrern, über deren Notwendigkeit und Ziele sowie über Konsequenzen fehlender Kooperation hervor gebracht. Mit einem Beispiel will ich diesen Zugang zum Thema „Lehrerkooperation" verdeutlichen. Dieses Beispiel und auch die im Folgenden dargestellten Textbeispiele dienen eher illustrierenden Zwecken, denn dass sie auf spezifische Beiträge aus dem Diskurs zur Lehrerkooperation verweisen sollen; sie sind in der Literaturliste den Beiträgen, denen sie entnommen sind, zugeordnet. Zu Beginn eines Zeitschriftenbeitrags zur Arbeit schulischer Steuergruppen findet sich folgender Absatz:

> „Im knapp 100-köpfigen Kollegium einer Gesamtschule findet eine Konferenz statt, die von der Steuergruppe vorbereitet und moderiert wird (...) Die Diskussion in der Konferenz folgt einem von der Steuergruppe vorbereiteten Verfahren (...) Nachdem die Steuergruppe die Anweisung für die Abstimmung erteilt hat, meldet sich eine Lehrerin zu Wort und kritisiert die Vorgehensweise einer Abstimmung (...) Wie reagiert die Steuergruppe darauf?" (Textbeispiel 1).

In diesem Zeitschriftenbeitrag wird eine Geschichte von in einer Steuergruppe kooperierenden Lehrerinnen und Lehrern erzählt, die sich im Rahmen der Schulentwicklungsarbeit mit einem Problem, genauer: Kritik aus dem Kollegium, konfrontiert sehen. Um die Fragen, wie es zu Problemen in der Schulentwicklungsarbeit kommt, wie diese vermieden werden und wie Steuergruppenmitglieder mit solchen Problemen umgehen (sollen), geht es im Laufe des Beitrags. Dieser endet schließlich mit einer Sequenz, die die anfangs begonnene Geschichte zu einem glücklichen Ende führt:

> „Was – um an den Anfang zurückzukehren – tut nun jene Steuergruppe gegenüber der Kritik der Kollegin? Sie setzt ihre Planung durch und lässt abstimmen (...) Sie nimmt ihre Verantwortung!" (Textbeispiel 2).

Das Wissen, das in solchen narrativen Passagen in Beiträgen des Diskurses über Lehrerkooperation hervorgebracht wird, – so lässt sich im Anschluss an die Terminologie Bröcklings (2007) formulieren – konstituiert ein „Kraftfeld" (Bröckling, 2007, S. 7), das ein spezifisches Anforderungsprofil in Bezug auf den Lehrerberuf generiert. Innerhalb dessen kann als *guter Lehrer* oder *gute Lehrerin* nur gelten, wer sich mit Überzeugung kontinuierlich kooperierend an einem Optimierungsprozess bezogen auf die Schule, den Unterricht, die Zusammenarbeit und die eigene Professionalität beteiligt und dabei die eigene Arbeit transparent, also evaluierenden und reflexiven Methoden der Effektivitätsüberprüfung zugänglich, gestaltet. Aus gouvernementalitätstheoretischer Perspektive werden im Rahmen dieses Anforderungsprofils, so folgert Lehmann-Rommel (2004), Lehrerinnen und Lehrer als „verantwortliche Subjekte im Zusammenhang mit zurechenbaren Leistungen und Normen der Qualitätsverbesserung konstruiert und zugleich in Gemeinschaften als zentralem Bezugspunkt persönlicher beruflicher Identität positioniert" (Lehmann-Rommel, 2004, S. 268).

Im Folgenden leitet mich die Frage, *wie* im schulpädagogischen Diskurs narrativ Wissen über die Kooperation von Lehrerinnen und Lehrern formiert wird, wie also diskursiv das „Kraftfeld" vom kooperierenden Lehrer entfaltet wird (vgl. auch Bröckling, 2007, S. 10, 23). Mit Bezug auf ausgewählte Textbeispiele, die im Sinne von „Diskursfragmenten" (Jäger, 1993, S. 193) des schulpädagogischen Diskurses über die Kooperation von Lehrerinnen und Lehrern diesen zugleich auch hervorbringen, stelle ich im Folgenden exemplarisch dar, welche Geschichte in Zeitschriftenbeiträgen für die pädagogische Praxis in den Jahren 2000 bis 2010 über Lehrerkooperation erzählt wird, nachdem ich zuvor das Verhältnis von Diskursen und Narrationen, wie es meinen Ausführungen zugrunde liegt, kurz skizziere.

1. Zum Verhältnis von Diskursen und Narrationen

Diskurse lassen sich – verkürzt dargestellt – verstehen „als (durch thematische Bezüge oder institutionell) abgrenzbare, *bedeutungskonstituierende Ereignisse* bzw. *Praktiken* des Sprach- und Zeichengebrauchs durch gesellschaftliche Akteure" (Keller, 2007, S. 62, Hervorhebung im Original). Methodisch lässt sich ein Zugang zu Diskursen bzw. dem Wissen, das in ihnen erzeugt wird, finden über deren Materialität, also über „Aussage- und Zeichensequenzen, die in diskursiven Praktiken entstehen und durch deren Wiederholung die Wirklichkeit der Welt konstituiert wird" (Keller, Hirseland, Schneider & Viehöver, 2001, S. 12); in diesem Sinne bilden Beiträge zur Kooperation von Lehrerinnen und Lehrern in Zeitschriften für die pädagogische Praxis den „empirisch greifbaren" (Schwab-Trapp, 2001, S. 271) Untersuchungsgegenstand der hier dargestellten diskursanalytischen Studie. Ich verstehe den Diskurs über Lehrerkooperation und Schulentwicklung als den „Kontext" (Reh, 2003, S. 66), innerhalb dessen die Beiträge zur Lehrerkooperation in Zeitschriften für die pädagogische Praxis entstanden sind und den sie – gewissermaßen mit ihrer Veröffentlichung – zugleich auch selbst produzieren. Ebenso wie Reh (2003) gehe ich demnach nicht davon aus, dass es „einen prinzipiellen Unterschied (...) zwischen einem anscheinend außerdiskursiven Wissen, etwa ‚wissenschaftlichen Informationen'" (Reh, 2003, S. 67) und dem Wissen, das in den von mir untersuchten Texten zum Ausdruck kommt, gibt.

Narrative Elemente innerhalb von Diskursereignissen macht die von Viehöver (2001, 2008) vertretene Narrative Diskursanalyse einer Analyse zugänglich. Narrationen, so Viehövers Vorschlag, können als – ein – diskursstrukturierendes Regelsystem betrachtet werden. Diesem Vorschlag liegt die Annahme zugrunde, dass „der Gebrauch narrativer Schemata zum Set der (kollektiven) kommunikativen Praktiken zu rechnen ist, mittels derer Akteure Bedeutung konstruieren und verändern, Sinn verstehen und ihre (individuelle) Identität konstituieren" (Viehöver, 2001, S. 179). Akteure formieren in dieser Perspektive Wissen über die Welt in Narrationen und tragen diese im öffentlichen Raum vor, so dass Diskurse damit auch als „Ensemble widerstreitender Narrationen" (Viehöver, 2008, S. 234) verstanden werden können. In der Wiederholung kollektiv geteilter (Problem-)Narrationen kann Wissen demnach stabilisiert oder transformiert werden, wenn Narrationen selektiv oder Sachverhalte konträr erzählt werden (vgl. Viehöver, 2001, S. 179). Im Akt des Erzählens, so könnte man sagen, vollzieht sich eine „sprachliche Bearbeitung und Reglementierung kontingenter Wirklichkeiten mittels narrativer Operationen" (Talaron, 1999, S. 149), indem Ereignisse sinnhaft aufeinander bezogen werden und so eine kohärente Form erlangen, die ihnen im Sinne historischer Daten nicht inhärent ist. Erzählungen haben damit einen erklärenden Charakter, denn sie antworten nicht nur auf die Frage: „Was ist passiert?", sondern auch auf Fragen, wie „Warum ist es passiert?" und „Wo führte das alles hin?" (vgl. White, 1975, S. 7). Narrationen schaffen unter der Prämisse ihrer schriftlichen Fixierung – und das erscheint mir an dieser Stelle von besonderer Bedeutung – „durch die indirekten und nicht-ostentativen Verweisungen" (Ricœur, 1972, S. 259) auf mögliche Welten auch Neues, wie man es im Anschluss an Ricœur formulieren könnte. Sie bilden demnach nicht Realität ab, sondern erschaffen diese in ihrer Sinnhaftigkeit erst, und in dem Maße, in dem Narrationen gesellschaftlichen Einfluss erlangen, werden sie zu Faktoren einer sozial geteilten Weltdeutung. So ist vorstellbar, dass Ereignisse dann kollektiv als Probleme wahrgenommen werden, wenn sie mit einer bestimmten Bedeutung versehen in Narrationen als Probleme dargestellt werden – also narrativ eine Welt erschaffen wird, in der sie als Probleme gelten (vgl. Viehöver, 2001, 2008; Hajer, 1993, 44).

Vorliegende Analyse im Diskurs hervorgebrachter Narrationen konzentriert sich dabei wie bereits angedeutet auf Fragmente des Diskurses, wie sie etwa in Beiträgen zur Kooperation von Lehrerinnen und Lehrern in Zeitschriften für die pädagogische Praxis vorliegen. Es wird nach der je spezifischen Ausformung der Narration auf Ebene des Diskurses in einzelnen Diskursbeiträgen gefragt, nach dem Personal der Erzählung und der Handlungsabfolge in verschiedenen Episoden. Dabei greift die Textanalyse heuristisch auf die der strukturalistischen Narrativen Semiotik entlehnten Modelle der Textgenese und der Aktantenkonstellation nach Greimas zurück: Narrationen werden demnach aus Einheiten jenseits der Satzebene konfiguriert, für deren Kombination spezifische Regeln gelten, und die Kombination dieser Einheiten, ihre Relationierung, erzeugt in Texten Bedeutung (vgl. Nöth, 2000, S. 115). Einheiten einer Tiefenstruktur, eines fundamentalen Wertesystems und einer „abstrakten elementaren Aktantenkonstellation" (ebd., S. 114) erscheinen auf der narrativen Ebene in Form von Funktionen konkretisiert und zueinander in Beziehung gesetzt, die bei Greimas von Aktanten übernommen werden. Auf der Ebene der Manifestation werden die „semantischen Werte, die aus der Tiefenstruktur kommen (...) den Aktanten der narrativen Oberflächensyntax zugewiesen" (ebd., S. 115) und so im Sinne von „konkreten Individuen in Zeit und Raum" (ebd., S. 115) in einem Text aktualisiert. Es sind in diesem Modell also narrative Strukturen, die zwischen der Tiefenebene und der Ebene der Manifestation vermitteln; sie „produzieren und organisieren (...) die Bedeutung der Oberflächenstruktur" (Titscher, Wodak, Meyer & Vetter, 1998, S. 163). In der Verknüpfung der foucaultschen Diskurstheorie mit einem der strukturalen Linguistik entlehnten Narrationsmodell erscheinen Diskurse demnach als – auch – durch narrative Schemata regulierte „institutionalisierte Aussagensysteme und Praktiken, wie sie in alltäglichen Gesprächen, akademischen Texten sowie in kontroversen öffentlich-politischen Interaktionen kommuniziert bzw. inszeniert werden" (Viehöver, 2001, S. 178).

Komplexe Narrationen sind als „themenbezogene Problemnarrationen" (Viehöver, 2001, S. 186), als Produkte „kollektiver, oft konflikthafter, diskursiver Prozeß(e)" (ebd.,

S. 200) auf der Ebene des Diskurses verortet und werden in von Akteuren produzierten Texten zwar in Teilen erzählt, treten jedoch in der Regel nicht vollständig in den untersuchten Beiträgen zur Kooperation von Lehrerinnen und Lehrern in Erscheinung (vgl. Viehöver, 2008, S. 239), so dass sich in einzelnen Beiträgen des Diskurses über Lehrerkooperation je Sequenzen einer Narration identifizieren lassen, das wurde eingangs bereits kurz skizziert, die in der Zusammenschau auf – in diesem Fall – eine stabile, geteilte Narration verweisen.

2. Wie von (nicht) kooperierenden Lehrerinnen und Lehrern erzählt wird ...

Im Folgenden stelle ich die Ergebnisse meiner Analyse von Beiträgen über Lehrerkooperation in Zeitschriften für die pädagogische Praxis der vergangenen zehn Jahre zusammenfassend dar und illustriere diese anhand ausgewählter Textsequenzen. Dabei zeichne ich zunächst die Rahmenerzählung nach, in welche die Narration über Lehrerkooperation eingebettet ist, und skizziere dann das Problem, von dem erzählt wird, mit seinen Ursprüngen und Konsequenzen sowie die Bestandteile der Narration, die von den Möglichkeiten der Lösung dieses Problems erzählen. Flankierend gehe ich dabei auf das Personal der Narration über Lehrerkooperation ein: Wie werden kooperierende und wie werden nicht (oder nicht ausreichend) kooperierende Lehrerinnen und Lehrer dargestellt? Welche Eigenschaften und Werte werden ihnen zugeordnet? Und nicht zuletzt – wie erscheinen die Autorinnen und Autoren der Beiträge über Lehrerkooperation selbst in der Narration?

Die Rahmung: Konflikt zwischen Tradition und Moderne

Der Topos einer sich rasch verändernden, modernen Welt, die die Menschheit vor neue Herausforderungen stellt, denen sie mit einer von Traditionen geprägten Weltsicht und den damit verbundenen Handlungsweisen nicht gewachsen ist, sondern die nur kooperierend erfolgreich gemeistert werden können, dient in den untersuchten Texten häufig der Rahmung ihres Themas – der Kooperation von Lehrerinnen und Lehrern. Folgendes Textbeispiel illustriert, wie mit der Anrufung dieses ‚Topos der Moderne' zugleich ein Verweis auf *allgemeines*[2] wie auf das Wissen einer anderen als der pädagogischen Disziplin verknüpft ist – nämlich: der *Wirtschaft*:

> „Die Notwendigkeit zur Arbeit in Teams ist in der Zwischenzeit allgemein anerkannt – zumindest außerhalb von Schulen, vor allem in Wirtschaftsunternehmen" (Textbeispiel 3).

Die Moderne, das hier und jetzt, verlangt von Lehrerinnen und Lehrern ebenso wie von in Wirtschaftsunternehmen Arbeitenden, *mit Traditionen zu brechen* und *im Team zu arbeiten*, um *erfolgreich* zu arbeiten, wie im folgenden Textbeispiel ebenfalls

---

2 Kursivschreibung verweist im Folgenden auf Begriffe, die den angeführten Textbeispielen entnommen sind.

mittels einer Analogiebildung verdeutlicht wird; ein an modernen Anforderungen orientiert geführtes *Wirtschaftsunternehmen* dient hier gewissermaßen als Vorbild für *Schulen*:

> „Die Firma Mettler-Toledo (...) hat mit fast allen Traditionen, die bisher einer erfolgreichen Unternehmensführung unabdingbar erschienen, gebrochen" (Textbeispiel 4).

Die *Notwendigkeit* einer Abwendung vom *bisherigen* Weltbild, vom *bisherigen* Wissen über *erfolgreiche* Arbeit und damit verknüpften *traditionellen*, nicht kooperativ organisierten Arbeiten, und die Hinwendung zu einem *allgemein anerkannten* neuen Wissen über den Zusammenhang von kooperativen Arbeitsformen und *Erfolg* werden in der Narration über Lehrerkooperation damit aus einem, wie man es im Anschluss an Foucault formulieren könnte, „Feld der Begleitumstände" (Foucault, 1981, S. 85) abgeleitet. Analogien und Modelle, die einerseits einer als Allgemeinwissen dargestellten Wissensordnung und andererseits einem Diskurs über die Notwendigkeit und das Zustandekommen wirtschaftlicher Leistungssteigerung entnommen sind, versehen damit die zentrale Forderung des Diskurses – Kooperation in der Schule – mit Legitimität. Insbesondere dem Verweis auf Allgemeinwissen scheint eine besondere Wirkungsmacht inne zu wohnen, da mit ihm auf einen Raum des Wahren verwiesen wird, der über disziplinäre Wissensordnungen (Schulpädagogik, Wirtschaft) hinaus reicht und damit gleichsam alternativlos ist und kein Außerhalb hat, in dem abweichende Aussagen getroffen werden könnten.

Diese Deutung der Welt, nach der Traditionen für Misserfolg verantwortlich sind und moderne Aufgaben nach modernen Arbeitsmethoden verlangen, verknüpft mit dem Wissen darum, dass Erfolg *in der Zwischenzeit* nur noch mit der *Arbeit in Teams* einher geht, rahmt die Problemdarstellung in der Narration über Lehrerkooperation: Auch *Schulen* sind von einem Konflikt der *Tradition* mit der Moderne gekennzeichnet, auch Lehrerinnen und Lehrer sind angehalten, kooperierend die mit der Moderne verbundenen Entwicklungsaufgaben zu meistern.

Das Problem: Lehrerinnen und Lehrer handeln an traditionellem Wissen orientiert

Beide Textbeispiele verweisen daneben auf das Problem, das in der Narration über Lehrerkooperation dargestellt wird: Während das Wissen um die Relevanz kooperativer Arbeitsorganisation *zumindest außerhalb von Schulen* bereits anerkannt ist, mangelt es innerhalb von Schulen an Akzeptanz dieses modernen Wissens. Verweise auf empirische Befunde, nach denen innerhalb schulischer Praxis noch zu wenig kooperiert werde, stützen diese Analyse. Vor dem Hintergrund des in der Rahmenerzählung formierten Wissens über *erfolgreiche* Arbeit erscheinen dabei mangelnde Entwicklungsbereitschaft und fehlende oder unzureichende kooperative Arbeitsweisen von Lehrerinnen und Lehrern in besonderer Weise problematisch – denn sie verhindern einen als *notwendig* dargestellten Prozess der *Weiterentwicklung* von Schule:

„Obwohl Schulen, die das TKM (TeamKleingruppenModell, JS.) eingesetzt haben, in der Regel sehr positiv darüber berichten, zeichnen sich die meisten Schulen durch eine von der Bürokratie und ihren mentalen Modellen geprägte Kultur aus. Kansteiner-Schänzlin (2002) (...) betont die Notwendigkeit der Weiterentwicklung hin zu stärker partizipativen Strukturen. Die Ursachen liegen einerseits in der Schultradition und andererseits in der Behördentradition" (Textbeispiel 5).

Auch im Bereich der Schule sind es demnach *Traditionen*, die überwunden werden müssen, um im Rahmen einer *partizipativ geprägten Arbeitsstruktur* adäquat auf die Herausforderungen der Moderne reagieren und *erfolgreich* arbeiten zu können.

Lehrerinnen und Lehrer, so scheint es, nehmen sich trotz empirischer Evidenz kein Beispiel an *positiven* Beispielen gelungener schulischer Kooperation (oder: *erfolgreicher Wirtschaftsunternehmen*), weil und indem sie schulischen *Traditionen* verhaftet sind. Die – katastrophalen – Folgen, die das Fortbestehen *traditionell organisierter schulischer Arbeit* angesichts moderner Herausforderungen für die Qualität von Schule mit sich bringt, erscheinen im Diskurs als empirisch belegte, defizitäre Schülerleistungen sowie Überforderung auf Seiten der Lehrkräfte:

„Eine Schule funktioniert eben auch dann, wenn die Zahl der Versetzungswünsche hoch ist, die KollegInnen die innere Kündigung längst hinter sich haben und zunehmend lange vor dem Erreichen des Pensionsalters krankheitshalber aus dem Dienst gehen. Darüber hinaus fängt die Gliederung des Schulsystems die Abfallprodukte auf: ca. 76.000 Sitzenbleiber, ca. 9.000 Schulwechsler" (Textbeispiel 6).

Die Akteure I: Antihelden arbeiten isoliert in schlechten Schulen

Die im Diskurs mit dem Begriffsfeld der *Tradition* verbundene Gruppe von Lehrerinnen und Lehrern kann der Greimas'schen Aktantenfunktion des Antihelden zugeordnet werden: Sie steht für überholte Werte und nicht mehr wahres Wissen, ihre Arbeit wirkt destruktiv und sie verweigert sich – indem sie sich kein Beispiel an *erfolgreicher* Praxis nimmt – den Anforderungen der Moderne.

Traditionelle Schulen werden dabei als hierarchisch organisiert dargestellt, in ihnen lenkt ein

„Schulleiter sozusagen als Spitze der Pyramide die Geschicke der anvertrauten Schule und der dort arbeitenden und lernenden Menschen" (Textbeispiel 7).

Lehrerinnen und Lehrer mit einem an weitgehender Autonomie in Bezug auf ihre pädagogische Praxis orientierten Berufsverständnis arbeiten *isoliert* nebeneinander her, sind zu einem anderen Vorgehen nicht *bereit*, und bieten lehrerzentrierten Unterricht an:

„Die mangelnde Bereitschaft, das Klassenzimmer zu öffnen und die Unterrichtsarbeit kooperativ zu gestalten, hängt zum einen an *individuellen* Faktoren (...) die Scheu, sich vor den Kollegen in seinen Schwächen und Stärken zu ‚outen' (...) das Bedürfnis, trotz struktureller Überforderung und hohem sozialen Stress die Fassade zu wahren (...) ein berufliches Selbstverständnis, das Vorstellungen von pädagogischer Autorität und pädagogischer Beziehung als Voraussetzung von Unterrichtsarbeit idealisiert" (Textbeispiel 8, Hervorhebung im Original).

Die *traditionell* arbeitenden, nicht oder nur unzureichend kooperierenden Lehrerinnen und Lehrer werden dabei als Akteure in einem Plot des zum Stillstand führenden Scheiterns arrangiert. Dieser Plot ist Gegenstand – meist kurzer – Geschichten, die Situationen des Scheiterns von Schulentwicklungsprozessen dokumentieren und deren Gründe erklären; teilweise sind solche Geschichten mit Titeln wie „Praxisbeispiel" oder „Stolperstein" überschrieben.

> „Und es ist auch in Deutschland nicht selten, dass die Unterrichtenden fordern, dass man sie unbehelligt unterrichten lassen sollte. Lasst uns mit den (sowieso verspäteten) Reformen endlich in Ruhe und unseren Unterricht halten. Die hohen Kosten dieser eingeimpften und eingeschliffenen Isolation wurden auch bei PISA offensichtlich." (Textbeispiel 9)

Als Antihelden verharren die Lehrer in einem Zustand *isolierten* Arbeitens und verweigern sich *notwendigen* Reformen, deren Legitimität sie darüber hinaus nicht anerkennen. Das Vorgehen dieser Akteursgruppe hat, wie oben bereits angedeutet, negative Folgen – diese Lehrerinnen und Lehrer sind damit gleichsam für schlechte Schülerleistungen (*PISA*) verantwortlich.

Ein anders gelagerter Plot ist Gegenstand folgender Textsequenz, die im Beitrag, in dem sie erscheint, als „Stolperstein" gekennzeichnet ist und die die Charakterisierung der Gruppe der Antihelden modifiziert:

> „Wenn die Steuergruppe zu einer Gesprächsgruppe wird, die ausschließlich der eigenen Entlastung und dem Austausch von Ideen dient, verliert sie ihre Funktion. Sie verspielt damit ihre Möglichkeit zur nachhaltigen Steuerung des Prozesses (der Schulprogrammentwicklung, JS.)" (Textbeispiel 10).

Nicht nur Lehrerinnen und Lehrer, die nicht kooperieren, sondern auch jene, die unzureichend oder falsch kooperieren, stehen einer *erfolgreichen* Bearbeitung *notwendiger* Schulentwicklungsaufgaben entgegen. Wird ihnen die kooperative Umsetzung von Schulentwicklungsvorhaben verordnet, dann sind sie der Aufgabenfülle, die damit verbunden ist, nicht gewachsen, denn ihnen fehlen der Wille und die nötigen Kenntnisse:

> „In der Diskussion wird dann allerdings klar, dass es der Steuergruppe bisher wohl nicht gelingt, das gesamte Kollegium ausreichend zu informieren. Dies hat offensichtlich zu Spekulationen geführt sowie Unsicherheit und Misstrauen erzeugt" (Textbeispiel 11).

Versuche, Schulentwicklungsvorhaben in *traditionell* organisierten Schulen umzusetzen, scheitern darüber hinaus an *strukturellen Rahmenbedingungen*, die in diesen Schulen etwa von Seiten der Schulleitung geschaffen werden:

> „Zum anderen gibt es eine Reihe *struktureller* Rahmenbedingungen, die den Aufbau echter Teamarbeit im Kollegium verhindern oder außerordentlich erschweren. Es fehlen Orte, Zeiten und Regeln" (Textbeispiel 12, Hervorhebung im Original).

In die Erzählungen von *traditionellen* Schulen und *traditionellen* schulischen Akteuren ist die Qualifizierung eines *traditionellen* Wissens über die Gestaltung schulischer Praxis eingelassen. Dieses Wissen erscheint als nicht mehr zeitgemäßes, nicht mehr wahres Wissen und wird so in ein „Erinnerungsgebiet" (Foucault, 1981, S. 86) der nicht mehr wahren Aussagen über nicht mehr *gute* schulische Praxis verbannt.

In der Darstellung der negativ konnotierten Akteure ist zugleich ein Gegenentwurf einer modernen, bereits kooperierend tätigen Gruppe von Lehrerinnen und Lehrern, die man im Greimas'schen Aktantenmodell dem Helden zuordnen würde, angelegt:

> „Doch wenn es um Schule geht, gibt es unserer Beobachtung nach unterschiedliche Wirklichkeiten (...) In dieser Arbeitssituation verbinden Lehrerinnen und Lehrer unterschiedliche Vorstellungen mit dem Teambegriff: Die einen assoziieren Zwang in der Gruppenzusammensetzung und zusätzliche Belastung durch überflüssige Absprachen und Planungen. Andere, die schon die Zusammenarbeit in einem guten Team erlebt haben, heben hervor, wie entlastend es sein kann, mit anderen gemeinsam Unterricht zu planen und sich gegenseitig zu unterstützen" (Textbeispiel 13).

Lehrerinnen und Lehrer, die *in der Zwischenzeit* mit der *Tradition gebrochen* haben, kooperieren auf der Grundlage eines modernen, wahren Wissens über *erfolgreiche* Arbeit in *guten Teams* und diese Arbeit wirkt *entlastend* und *unterstützend*.

Die Gegenüberstellung beider Akteursgruppen in der Narration über Lehrerkooperation formiert ein spezifisches Wissen über jene: Lehrerinnen und Lehrer sind nicht per se kooperationsunwillig oder -unfähig, sondern können erfolgreich *im Team arbeiten*, so sie die Organisation ihrer Arbeit denn auf der Grundlage eines wahren, weil modernen Wissens über *gute* Schulen gestalten. In dieses Wissen über Lehrerinnen und Lehrer ist gleichsam die Lösung des Problems der notwendigen, aber unzureichenden Einführung kooperativer Arbeitsformen in der Schule eingelassen, denn die Protagonisten der Erzählung selbst *müssen* sich entwickeln, sie *müssen* mit ihren *Traditionen brechen* und:

> „Manchmal müssen alte Lernbestände ‚gelöscht' bzw. ‚entsorgt' und durch neuere, erfolgversprechendere ersetzt werden" (Textbeispiel 14).

Die Lösung des Problems: Lehrerinnen und Lehrer erkennen modernes Wissen an

Von der Entwicklung ihrer Protagonisten wird in der Narration über Lehrerkooperation in der Episode der Lösung des Problems erzählt. Der Entwicklungsprozess wird dabei als von zwei Bedingungen abhängend dargestellt, von denen die eine technischer und die zweite weltanschaulicher Art ist.

> „Auch wenn man in einer Schule die Voraussetzungen für gelingende Ko-
> operation strukturell schaffen kann, so kann die Weiterentwicklung zum
> Team doch nicht verordnet werden. Teamarbeit ist mehr als nur die gemein-
> same Arbeit" (Textbeispiel 15).

Die erste Bedingung besagt, dass in Schulen die Voraussetzungen für gelingende Kooperation *strukturell* geschaffen werden müssen; diese Bedingung findet häufig nur in
Nebensätzen Erwähnung, hat damit gleichsam den Charakter einer Randbedingung
und wird als prinzipiell umsetzbar dargestellt. Die Entwicklung von *traditionell, isoliert* arbeitenden zu kooperierenden Lehrern, so wird hier deutlich, kann zwar *strukturell* ermöglicht, aber *nicht verordnet* werden. Vielmehr ist es nötig, dass die andere
Bedingung, eine weltanschauliche Neuorientierung der Akteure, erfüllt ist. Ein diese
Argumentationslinie variierender Standpunkt, der beide Bedingungen gewissermaßen
zirkulär miteinander verknüpft, wird in folgender Textsequenz vertreten:

> „Erst dann, wenn Teamarbeit für die Erreichung eines Ziels als in der Sache
> nutzbringend und für den einzelnen Lehrer auf Dauer entlastend erkannt
> wird, wird sie von den Beteiligten auch akzeptiert und erprobt und damit
> ‚gelernt' (...) Die beschriebenen Formen und Vorhaben entstehen nicht aus
> der Forderung an den Einzelnen, sein professionelles Selbstverständnis und
> seine Berufsroutinen zu ändern. Die Forderung nach einer neuen Form der
> Zusammenarbeit im Kollegium muss planvoll in konkrete *Strukturen* über-
> setzt werden, die eine Zusammenarbeit ermöglichen und befördern" (Text-
> beispiel 16, Hervorhebung im Original).

Das Wissen über die *Notwendigkeit* von Kooperation muss von Lehrerinnen und Lehrern an-*erkannt* werden; ein Appell an deren Professionalität allein – so wird in obi-
gem Textbeispiel erzählt – reicht nicht aus, um einen Entwicklungsprozess in Gang
zu bringen. Lehrer müssen vielmehr im Prozess des An-*Erkennens* dieses Wissen zur
Grundlage ihres Tuns machen, um die positiven Folgen, die mit *Teamarbeit* einhergehen, zu erfahren und das Wissen als wahres Wissen zu erkennen. Sie müssen – und
werden doch erst durch die An-*Erkennung* dieses Wissens dazu befähigt, eine Probleme engagiert angehende Sicht auf die Welt einzunehmen, um nicht *im Sumpf der Probleme zu versinken*:

> „In einer besonderen Situation sind Schulen in sozialen Brennpunkten. Sie
> haben in der Regel zwei Möglichkeiten: Entweder sie versinken mit den
> Schwierigkeiten ihrer Klientel im Sumpf der Probleme oder sie nehmen
> diese Probleme als eine gemeinsam zu gestaltende Aufgabe an" (Textbei-
> spiel 17).

Deutlich wird an dieser Stelle, dass es sich bei den in der Narration über Lehrerkooperation aufgerufenen Wissensbeständen um zwei sich diametral gegenüberstehen-
de handelt: Einem *traditionellen*, nicht mehr wahren Wissen über gute Schule, dessen Anwendung mit *hohen Kosten* auf Lehrer- und Schülerseite einhergeht, steht ein
modernes, *allgemein anerkanntes* und – etwa in wirtschaftlichen Betrieben oder guten

Schulen bereits zur Anwendung kommendes – Wissen über die Notwendigkeit von Teamarbeit sowie deren nutzbringende und entlastende Wirkung gegenüber.

Die Neuorientierung auf dieses moderne Wissen erscheint dabei als eine „Frage der Ehre", als Zeichen der *Professionalität* von Lehrerinnen und Lehrern, an die – wie im folgenden Textbeispiel von Seiten der Schulleitung – appelliert wird (vgl. die variierende Aufnahme des Themas „Appell an die Professionalität" im Textbeispiel 16):

> „Der Schulleiter stellte ausdrücklich fest, dass es sich um einen von der Mehrheit des Kollegiums beschlossenen Baustein einer systematischen Schulentwicklung handelt und es zum professionellen Lehrerhandeln gehört, sich aktiv an seiner Umsetzung zu beteiligen" (Textbeispiel 18).

Ähnlich wie die Situationen des Scheiterns werden auch Situationen der Entwicklung von Lehrerinnen und Lehrern in den untersuchten Beträgen in Form kurzer Geschichten mit Titeln wie „Praxisbeispiel" oder „Gelingensbedingung" erzählt; häufig wird auf sprachliche Mittel zurückgegriffen, die dem Stillstand des Scheiterns die Dynamik der Bewegung gegenüber stellen:

> „dabei geht es um die Überwindung von eingefahrenen Einzelkämpferroutinen und die dabei entstandenen Hürden im Kopf des Einzelnen" (Textbeispiel 19).

In diesen Geschichten werden traditionelle Lehrerinnen und Lehrer zunächst als Schulentwicklungsbemühungen boykottierend dargestellt und dann von der Notwendigkeit einer kooperativen Bearbeitung von Schulentwicklungsaufgaben überzeugt, so dass sie – mit dem Wechsel ihrer Weltanschauung – *einen Sinn darin sehen*, zu kooperieren und Reformvorhaben unterstützen:

> „So kann z.B. der kreative ‚Einzelkünstler', sofern er selbst einen Sinn darin sieht (und die entsprechende Hilfestellung erhält), zum überzeugten Kooperationspartner in einem gut funktionierenden Team werden" (Textbeispiel 20).

Ein zweiter Punkt, der den möglicherweise nicht (immer) ausreichend überzeugenden Appell an Professionalität im Prozess des An-*Erkennens* modernen Wissens unterstützt, ist die Explikation eines Modells der richtigen Bearbeitung von Schulentwicklungsaufgaben. Häufig tritt dieser Punkt im Zusammenhang mit der Erzählung von Fortbildungsmaßnahmen in Erscheinung und es ist die Übertragung dieses Modells auf konkrete Entwicklungsvorhaben, die in der Narration als überzeugend wirkend geschildert wird. Zur Illustration mag die folgende längere Textsequenz dienen, die die Geschichte eines Kollegiums erzählt, das – durch einen Appell an den Berufsethos sowie durch die überzeugende Darstellung kooperativen Vorgehens im Rahmen von Schulentwicklungsprozessen – einen Prozess der Neuorientierung in Bezug auf Kooperation durchläuft:

> „Während einer Lehrerkonferenz schlagen die Wellen hoch. Mit hohem Aufwand wurde in den letzten 14 Monaten ein Methodenkompetenztraining für die Stufe 5/6 entwickelt (...) Jetzt ist der Konflikt da. Beim ersten Durch-

gang in der Stufe 5 stellt die ‚Projektgruppe Methodenkompetenz' fest, dass
einige Kolleg(inn)en einzelne Bausteine nicht durchgeführt haben (...) Die
Vertreter der Projektgruppe befürchten jetzt einen Erosionsprozess und damit das langfristige Scheitern ihres Projekts. In einer gemeinsamen Sitzung
von Steuergruppe, Projektgruppe, Lehrerrat und Schulleitungsteam werden
Grundzüge einer Implementierungs- und Evaluationsstrategie erarbeitet (...)
In der nächsten Lehrerkonferenz stellt die Steuergruppe diese Vereinbarungen zur Sicherstellung der Nachhaltigkeit der Maßnahme in einer Ablaufpla-
nung mit Zeitplanung und Ausweisung von Verantwortlichkeiten dar. Der
Schulleiter stellte ausdrücklich fest, dass es sich um einen von der Mehrheit
des Kollegiums beschlossenen Baustein einer systematischen Schulentwicklung handelt und es zum professionellen Lehrerhandeln gehört, sich aktiv an
seiner Umsetzung zu beteiligen. In der anschließenden Diskussion wird die
Bereitschaft der absoluten Mehrheit des Kollegiums deutlich, aktiv zur Absi-
cherung der Wirksamkeit des Vorhabens beizutragen" (Textbeispiel 21).

Lehrerinnen und Lehrer überwinden, so erzählen kurze Geschichten wie die vor-
angegangene, eine *traditionelle* Einstellung, mit der ein Mangel an Entwicklungsbereitschaft, eine ablehnende Einstellung gegenüber Kooperation sowie eine Schulentwicklungsvorhaben boykottierende Arbeitshaltung verbunden sind, zugunsten einer
modernen Orientierung, die die Notwendigkeit einer kooperativen Entwicklung von
Schulen anerkennt, und entwickeln sich so vom Antihelden zum Helden der Narration über Lehrerkooperation.

Von den Wirkungen, die diese Entwicklung mit sich bringt, wird in der Beschreibung der Konsequenzen des Lösungsversuchs erzählt:

„Wer gute Schulen besucht, der bemerkt (...) recht schnell eine Gemeinsamkeit all dieser Schulen. Keine dauerhafte pädagogische Neuerung wäre vorstellbar ohne eine ausgeprägte Fähigkeit zur Zusammenarbeit des Kollegiums" (Textbeispiel 22).

Gute Schulen werden in der Narration über Lehrerkooperation als kooperativ organisierte dargestellt. In ihnen arbeiten Schulleitungsteams, Jahrgangs-, Klassen- oder
Hospitationsteams sowie Steuergruppen an gemeinsamen Zielen orientiert und auf
vielfältigen Wegen kommunizierend, kontinuierlich *zusammen* an der Entwicklung ihrer Schule, des Unterrichts, der Kooperationsstrukturen und der Professionalität der
Lehrerinnen und Lehrer:

„Eine Teamstruktur ist gekennzeichnet von vielfältigen horizontalen Kontak-
ten und einer Mehr-Weg-Kommunikation von oben und unten. Dabei geht es
(...) um die gemeinsame Diskussion und Einschätzung von Arbeitsressourcen,
-abläufen, -zielen und -strategien, um diese Ziele zu erreichen" (Textbeispiel 23).

Die Güte einer solchen Zusammenarbeit wird dabei als auf der Einhaltung einer spezifischen Abfolge von Arbeitsschritten beruhend dargestellt. Eine gemeinsame Zielsetzung, die Festlegung von Schritten zur Umsetzung dieser Ziele, die Reflexion der Um-

setzungsbemühungen (etwa auf der Grundlage von Feedbackgesprächen, kollegialen Unterrichtsbeobachtungen oder Dokumentation und Kontrolle der Umsetzung) und die Evaluation (Indikatoren zur Kontrolle der Wirksamkeit festlegen und erheben) in Bezug auf das Erreichen der Zielsetzung bzw. – wenn nötig – die Modifikation des Vorgehens erscheinen dabei – werden sie im Team und in der richtigen Reihenfolge vorgenommen – als Garanten der Bewältigung von Schulentwicklungsaufgaben. Beispielhaft steht dafür folgende Textsequenz, die mit „Gelingensbedingung" überschrieben ist:

> „Die Steuergruppe sichert die nachhaltige Prozesssteuerung, indem sie sich die zentralen Aufgaben vergegenwärtigt und im Rahmen einer regelmäßigen, gemeinsamen Reflexion Abweichungen erkennt und Korrekturen vornimmt" (Textbeispiel 24, Hervorhebung im Original).

Die Akteure II: Helden kooperieren in guten Schulen

Kooperierende Lehrerinnen und Lehrer werden demgemäß als sich für das Gelingen der Reformbemühungen *verantwortlich* fühlende Akteure konstruiert. Diese Lehrer ordnen sich in Teams ein und *outen* sich ihren Kollegen gegenüber in Bezug auf ihre Schwächen und Stärken, sie entwickeln gemeinsam Ziele in Bezug auf organisatorische Entwicklungsarbeit und in Bezug auf die eigene pädagogische Praxis, sie optimieren diese und gestalten dabei den Arbeitsverlauf transparent (also reflektierenden und evaluierenden Zielüberprüfungen zugänglich). Mithin bringen sie die eigene Professionalität voran, indem sie etwa ihren eigenen Wissensstand wie den der anderen Teammitglieder kontinuierlich überprüfen und Fortbildungsbedarf anmelden, wie folgende Fragen, die in einer „Checkliste zur Arbeit von Teams in der Schule" zusammengestellt sind, illustrieren:

> „a) Sind drei essenzielle Schlüsselqualifikationen tatsächlich oder potenziell im Team vorhanden (Sach-, Methoden-/Entscheidungs- und Sozialkompetenz)?
> b) Verfügt jedes Teammitglied in allen drei Kompetenzbereichen über genügend Potenzial um seine Fähigkeiten bis zu dem Niveau zu entwickeln, das der Existenzzweck des Teams und sein Arbeitsansatz erfordern? (...)
> b) Können sie eine ständige Fortschrittskontrolle durchführen und tun sie es auch?
> c) Fühlen sich alle Mitglieder für alle Maßnahmen verantwortlich?" (Textbeispiel 25).

Teamarbeit moderner Lehrerinnen und Lehrer in *guten Schulen* wird als *entlastend* und *unterstützend* sowie – gewissermaßen zwangsläufig – mit weiteren positiven Folgen einhergehend beschrieben:

„Der pädagogische *Nutzen* liegt auf der Hand: Durch eine effektivere Zusammenarbeit kann
- der Unterricht besser,
- die pädagogische Betreuung gefährdeter Schüler intensiver, weil abgestimmt,
- die Segmentierung der Bildung in isoliertes Fächerwissen überwunden
und
- die Vorbildwirkung der Lehrer auf die Schüler positiv sichtbar werden"
(Textbeispiel 26, Hervorhebung im Original).

Potenziell belastende Faktoren kommen hingegen kaum zur Sprache bzw. erscheinen
vor diesem Hintergrund als zu vernachlässigende, weil durch positive Folgen relati-
vierte, Merkmale kooperativer Arbeit; hier etwa aus der Perspektive eines Ich-Erzäh-
lers in biographischer Rede verifizierend erzählt:

„Seit vier Jahren praktiziere ich mit meinen Mitstreitern (...) ein Modell, das
sich in der Praxis bestens bewährt (...) Die erhöhte Anzahl der durch den
Schulleiter/die Schulleiterin zu erteilenden Stunden sowie ein hohes Maß an
Absprachen und Abstimmung innerhalb des Leitungsteams sind die beiden
einzigen ‚Nachteile' dieses Modells. Ansonsten bringt es enorme Vorteile"
(Textbeispiel 27).

In der Darstellung der Problemlösung wird demnach – etwa in der Beschreibung *guter Schulen* oder gelingender Entwicklungsarbeit – Wissen über eine moderne, *gute*
schulische Praxis, wie die richtige Organisation von Schule, die richtige Art und Weise
der Bearbeitung von Entwicklungsaufgaben und dem richtigen Berufsverständnis von
Lehrerinnen und Lehrern, hervor gebracht. Dieses Wissen wird dabei als empirisch
abgesichertes Erfahrungswissen gekennzeichnet, dessen Wahrheitsanspruch sich – gegenüber theoretischen Modellen – aus seiner Genese auf der Grundlage der Beobachtung (schulischer) Realität ableitet:

„Aufgrund dieser Definition (eines ‚echten' Teams, JS.), die aus ihrer empirischen Arbeit entstanden ist, haben sie dann eine Checkliste entwickelt,
von der ich einige wichtige und für Schulen relevante Fragen herausgegrif-
fen habe. Mit solchen Fragen lässt sich – bei ehrlicher und offener Beantwortung relativ rasch erkennen, ob ein ‚echtes Team' oder nur eine ‚Konferenz' oder eine ‚Arbeitsgruppe' vorliegt. Es lässt sich aber auch feststellen,
wo durch Veränderungen das Leistungsniveau eines Teams positiv verändert
werden kann" (Textbeispiel 28).

Das Wissen über Lehrerkooperation wird daneben auch als ein anwendungsorientier-
tes Wissen vorgestellt, das effektive und sichere Methoden der Analyse kooperativer
schulischer Praxis bereit stellt – etwa durch die Befragung kooperierender Lehrerinnen und Lehrer anhand von in *Checklisten* bereitgestellten Fragen. *Offenheit* und *Ehr-
lichkeit* erscheinen dabei als zentrale Bestandteile des Anforderungsprofils an moderne
Lehrer, die eine *rasche* und sichere Analyse der kooperativen Praxis erst ermöglichen.

Die narrativen Sequenzen, die der Illustration des Wissens über Lehrerkooperation dienen, werden explizit als Nach-Erzählen *realer* schulischer Praxis gekennzeichnet, was in besonderer Weise den Wahrheitsanspruch dieses Wissens betont:

> „Alle Zitate stammen aus realen Situationen oder aus Interviewgesprächen mit schulischen Steuergruppen in Hamburg und NRW" (Textbeispiel 29).

Die Akteure III: Autorinnen und Autoren helfen bei der Lösung des Problems

Als Vertreter dieses Wissens treten in der Narration über Lehrerkooperation die Autorinnen und Autoren der untersuchten Beiträge in Erscheinung, deren Expertise häufig durch Verweise auf eigene Praxiserfahrung Legitimität verliehen wird:

> „Die nachfolgenden Angaben beruhen auf Erfahrungswerten aus den allgemeinbildenden und berufsbildenden Pilotschulen. Die Beratungserfahrung wurde im Rahmen des Berliner Pilotprojektes (...) gewonnen und im Leitfaden (...) publiziert" (Textbeispiel 30).

Die Autoren stehen – so könnte man vor dem Hintergrund des Greimas'schen Narrationsmodells formulieren – für den Wert, der in der Narration über Lehrerkooperation vertreten wird (Schulentwicklung). Sie fördern – in der Aktantenrolle des Helfers – seine Realisierung, indem sie Wissen über *gute Schulen* und gute Lehrer sowie über die der gelingenden Bearbeitung von Schulentwicklungsaufgaben adäquaten Arbeitsform (*Teamarbeit*) zur Verfügung stellen, etwa in Form von Kopiervorlagen für Tagesordnungen in Steuergruppensitzungen, To Do-Listen für Teamsitzungen, Checklisten zur Selbstvergewisserung über die Qualität eines Teams etc..

Leerstellen: Was nicht erzählt wird

Das im Diskurs über Lehrerkooperation formierte Wissen weist jedoch Leerstellen über das oben bereits angedeutete Nicht-zur-Sprache-Bringen belastender Faktoren von Teamarbeit hinaus auf: So werden in den Beiträgen zur Lehrerkooperation Begriffe wie „Kooperation", „Teamarbeit", „Team-Kleingruppen-Modell", „Steuergruppenarbeit" etc. vielfach weitgehend synonym benutzt und so in Bezug auf unterschiedliche Qualitäten kooperativer Zusammenarbeit einzig zwischen guter Kooperation in *echten Teams*, scheiternden *Gesprächsgruppen* und dem Ausbleiben von Kooperation unterschieden. Wird explizit eine Begriffsklärung angestrebt, so bleibt diese häufig auf programmatischem Niveau mit nahezu gebetsmühlenartigem Charakter:

> „Damit erfordert die Tätigkeit schulischer Steuergruppen die Orientierung und Konzentration auf den Kern von Schulentwicklung – die Entwicklung und Verbesserung des Unterrichts und die Verbesserung der Lern- und Lebenschancen von Kindern und Jugendlichen. Dieser Orientierung sind die verschiedenen Maßnahmen und Vorhaben in einer Schule unterzuordnen und es ist die Steuergruppe, die diese Orientierung praktisch umsetzt, und es ist die Schulleitung, durch die diese Orientierung vorangetrieben wird" (Textbeispiel 31).

Klärungsversuche begrenzen sich ferner auf die Beschreibung bestimmter Merkmale, die Teams etwa im Unterschied zu Gruppen aufweisen, wie sie etwa in Checklisten zur Arbeit von Teams in der Schule (vgl. Textbeispiel 25) zu finden sind. Diese werden jedoch in der Regel nicht als präskriptive, programmatische Zielvorstellungen markiert, sondern – im Modus der nacherzählenden Beschreibung einer bereits empirisch zu beobachtenden Realität – als Deskription einer erfolgreich kooperierenden Steuergruppe etwa (vgl. das Beispiel am Beginn des Textes) dargestellt. „Deskription und Präskription fallen dabei zusammen" (Bröckling, 2007, S. 154), womit ihr „Verpflichtungscharakter sprachlich unkenntlich gemacht" (Lehmann-Rommel, 2004, S. 268) wird. In dieser Form der diskursiven Formation eines Anforderungsprofils an moderne Lehrerinnen und Lehrer werden spezifische Normen der Zusammenarbeit entworfen, die an einem „Bild von Machbarkeit" (Reh, 2008, S. 168) orientiert sind. Fragen danach jedoch, ob und wie Lehrerinnen und Lehrer diesem Bild entsprechen können, wie Kooperationszusammenhänge im Sinne von Interaktionssituationen gestaltet werden können, inwiefern dabei mit solchen Normen oder mit solchen Machbarkeitsbildern umgegangen werden kann, ob und wie diese erreichbar sind, werden nicht gestellt und bleiben unbeantwortet.

In Bezug auf Aufgaben, die im Rahmen von Schulentwicklungsprozessen kooperativ zu bearbeiten sind, lässt sich feststellen, dass diese zwar – wenn auch vage – benannt, dabei jedoch inhaltlich weitgehend ungefüllt und auf programmatischer Ebene bleiben: Wie die *Entwicklung und Verbesserung des Unterrichts und die Verbesserung der Lern- und Lebenschancen von Kindern und Jugendlichen* über die Orientierung an einem idealtypischen Vorgehen (im Sinne einer Abfolge spezifischer Arbeitsschritte wie der Erhebung eines Ist-Zustandes, der Reflexion und Evaluation des bisher Erreichten sowie gegebenenfalls der anschließenden Modifikation der Zusammenarbeit, vgl. Textbeispiel 24) oder an TOPs, die in als Kopiervorlage zu verwendenden Tagesordnungsplänen in Beiträgen zur Lehrerkooperation abgedruckt sind, zu bewerkstelligen ist, bleibt damit offen. Das, was *gute* pädagogische Praxis neben einer Orientierung an Zielen der Schulentwicklung und der *Arbeit im Team* ausmacht, wird also kaum expliziert – in einem Beitrag findet sich etwa folgende Formulierung:

> „Es ist nicht so sehr die Originalität der pädagogischen Ideen, sondern die Konsequenz der *gemeinsamen* Umsetzung dieser Ideen (an ‚guten Schulen', JS.), die überraschend und überzeugend wirkt" (Textbeispiel 32, Hervorhebung im Original).

Die (vermeintliche) Nach-Erzählung gelingender Kooperation im schulpädagogischen Diskurs über Lehrerkooperation antwortet so nicht auf die Frage, welche Formen kooperative Zusammenarbeit an Schulen annehmen und in Bezug auf welche Entwicklungsaufgaben wie vorgegangen werden kann, sondern verweist vielmehr darauf, dass Schulen dann zu *guten Schulen* werden, wenn kooperativ und an den oben skizzierten Arbeitsschritten der fortwährenden Evaluation und Korrektur orientiert gearbeitet wird. Auch hinsichtlich der zur kooperativen Schulentwicklung als nötig dargestellten Kenntnisse von Lehrerinnen und Lehrern lässt sich feststellen, dass diese zwar benannt werden (Moderationstechniken, Kenntnisse in Bezug auf Projektmanagement), nicht aber konkretisiert wird, was darunter zu verstehen ist, wie sie zu erlernen sind und wie diese Fähigkeiten im Rahmen von *Teamarbeit* zur Anwendung kommen. Es geht also weniger darum, wie *besserer Unterricht* entwickelt werden kann, sondern mehr darum, dass sich – infolge von Lehrerkooperation – der Unterricht verbessern wird (vgl. Textbeispiel 26) und dass sich – nicht als normative Forderungen markierte – Perspektiven auf pädagogische Praxis als handlungsleitend erweisen:

> „Es geht nicht um die Beeinflussung der Wissensspeicher, sondern um das ‚ganze Kind‘, das sich entwickeln darf. Sie (gemeint sind: die Schüler, JS.) müssen die für das 21. Jahrhundert erforderlichen Fähigkeiten erwerben und nicht bloß gute Tests schreiben" (Textbeispiel 33).

3. … und wie über Lehrerkooperation gesprochen werden kann

Die Narration über die Kooperation von Lehrerinnen und Lehrern, wie sie in Beiträgen in Zeitschriften für die pädagogische Praxis der vergangenen zehn Jahre in Erscheinung tritt, weist – das lässt sich an dieser Stelle zusammenfassend sagen – nur eine geringe Breite auf. Sowohl in synchroner Perspektive kann kein breit geführter Diskurs, wie er etwa über die Identifikation mehrerer konkurrierender Narrationen zu beschreiben wäre, als auch in diachroner Perspektive kaum eine Veränderung der Narration über den gewählten Zeitraum ausgemacht werden. Dies mag als Hinweis darauf gelten, dass die im schulpädagogischen Diskurs vertretene Deutung bzw. das Wissen in Bezug auf Lehrerkooperation stabil hervor gebracht ist und wird und dass sich das, was über Lehrerkooperation gesagt werden kann, innerhalb enger Grenzen bewegt. In der Narration über Lehrerkooperation werden also – über den untersuchten Zeitraum von zehn Jahren hinweg – stabile Ziele im Hinblick auf ihren Gegenstand formuliert, deren Erreichen als notwendig gilt: Mit der Übernahme einer modernen Weltsicht sollen Lehrerinnen und Lehrer als zentrale Aufgabe die Entwicklung ihrer Schulen sowie Kooperation als adäquate Arbeitsform anerkennen und ihre berufliche Praxis danach ausrichten, also kooperierend Schulentwicklungsaufgaben bearbeiten. Diese Zielformulierung wird in den untersuchten Texten jedoch nicht als eine präskriptive bzw. vorschreibende oder fordernde markiert, sondern deskriptiv im Sinne einer Beschreibung empirisch zu beobachtender, „realer" Situationen schulischer Praxis verfasst. So erscheint das Ausmaß der Forderungen, das „Kraftfeld", das in Bezug auf den Lehrerberuf diskursiv entfaltet wird, sprachlich verschleiert. Dabei sind es vor allem die narrativen Passagen in den Beiträgen zur Kooperation von Lehrerinnen und Lehrern, die Mögliches als Reales erzählen und so einen idealen Zielzustand als Wirklichkeit darzustellen vermögen. Indem erzählend zueinander in Beziehung stehende Akteure in spezifischen Handlungsverläufen arrangiert und mit spezifischen Eigenschaften ausgestattet werden, entsteht diskursiv eine Narration von der Art eines Entwicklungsromans, in deren Zentrum die Entwicklung nicht (ausreichend) kooperierender Lehrer, Repräsentanten der Aktantenfunktion des Antihelden, durch die Übernahme einer modernen Weltdeutung zu kooperierenden Lehrern, zum Helden also, steht. So wie und indem die Erzählung vom sich entwickelnden Lehrer in einzelnen Beiträgen des Diskurses in Erscheinung tritt, wird diskursiv ein spezifisches, wahres Wissen über gute und schlechte, weil traditionell organisierte, Schulen und gute und schlechte, weil nicht (ausreichend) kooperierende, Lehrerinnen und Lehrer hervor gebracht. Mit anderen Worten: In der Narration über Lehrerkooperation wird über die Konstitution der beiden Typen des kooperationsunwilligen bzw. ungenügend kooperierenden Lehrers und des kooperierenden Lehrers, also nicht über die Beschreibung einer „empirisch beobachtbare(n) Entität" (Bröckling, 2007, S. 46), ein spezifisches Anforderungsprofil in Bezug auf den Lehrerberuf generiert, innerhalb dessen als *guter* Lehrer oder *gute* Lehrerin nur gelten kann, wer sich dem oben skizzierten Wissen über gute bzw. schlechte schulische Praxis unterwirft.

Dieser Befund trifft mithin keine Aussage darüber, ob und inwiefern das Wissen, das im Diskurs zur Kooperation von Lehrerinnen und Lehrern hervor gebracht wird, wahr oder falsch ist und ob oder in welcher Weise es Einzug hält in Praktiken und Selbstverständnisse schulischer Akteure. Vielmehr verweist er auf die diskursive Konstitution des (allzu) Selbstverständlichen in Bezug auf Lehrerkooperation und damit auf mögliche Leerstellen: Diskursiv wird ein „Bild von Machbarkeit" entworfen, das die Verbesserung der Schulqualität und die Kooperation von Lehrern in einer Beziehung der kausalen Abfolge miteinander verknüpft. Weitgehend unerwähnt bleiben dabei Ambivalenzen, wie sie etwa jüngst im Fazit der empirischen Studie zur Kooperation an Zürcher Gymnasien von Halbheer & Kunz (2011) benannt werden. Deren vorsichtig zuversichtlich formuliertem Ergebnis, dass Kooperation und Arbeitsbelastung oder -unzufriedenheit in der Wahrnehmung von Lehrerinnen und Lehrern „nicht unbedingt" miteinander zusammenhängen, folgt der Hinweis darauf, dass in Bezug auf „Unterricht (...) kein systematischer Zusammenhang gefunden werden (konnte), welcher Kooperation einen günstigen Effekt auf die Qualität der Lernumwelt bescheinigen würde" (Halbheer & Kunz, 2011, S. 302). Als problematisch beschriebene pädagogische Praxis bzw. deren Folgen werden vielmehr in die Verantwortlichkeit der schulischen Akteure übertragen, während weitere – möglicherweise einflussreiche – Faktoren keine Berücksichtigung finden. Was genau unter „Kooperation" zu fassen ist, wie eine kooperative Bearbeitung von Schulentwicklungsaufgaben erlernt und in der Praxis sinnvoll zur Anwendung kommen kann, bleibt jenseits des Entwurfs eines normativen Anforderungskatalogs an Kooperierende weitgehend offen. Auch erscheint die Konstruktion der Stereotypen von traditionellen und modernen Lehrern in Bezug auf das Berufsfeld wenig ausdifferenziert. Zu fragen ist weiterhin, wie sich Merkmale und Potenziale von Lehrerkooperation analytisch über eine Operationalisierung in quantitativ Messbares hinaus fassen lassen. Welche Formen der Zusammenarbeit von Lehrerinnen und Lehrern sind jenseits der rekonstruierten Modelle möglich? Wie kann sich zu dem verhalten werden, was diskursiv als Anforderungsprofil an gute Lehrer nahe gelegt wird? Kann auch derjenige ein guter Lehrer sein, der – weil es sich in der eigenen pädagogischen Praxis möglicherweise nicht anbietet – nicht kooperiert? Welche Positionen werden Lehrerinnen und Lehrern eröffnet, wenn über Kooperation auch jenseits des Dualismus von Tradition und Moderne oder falsch und richtig gesprochen wird?

Literatur

Bastian, J. & Seydel, O, (2010), Teamarbeit und Unterrichtsentwicklung. Klärungen der Grundlagen und Hilfen für die Praxis. *Pädagogik, 62*(1), 6-9. Textbeispiele 8 (8), 12 (8), 16 (8), 17 (9), 19 (9), 22 (6), 26 (8), 32 (6).[3]

Bessoth, R. (2007). Teamarbeit. Das Herzstück einer Professionellen Lerngemeinschaft. In *Pädagogische Führung, 18*(2), 52-58. Textbeispiele 5 (52), 9 (52), 14 (57), 25 (55), 28 (56), 33 (54).

Bröckling, U. (2007). *Das unternehmerische Selbst*. Frankfurt am Main: Suhrkamp Verlag.

Foucault, M. (1981). *Archäologie des Wissens*. Frankfurt am Main: Suhrkamp Verlag.

Göndör, J. (2000). Wir arbeiten hier doch alle im Team – oder? Vom hierarchischen Unvermögen, Teamarbeit in der Schule einzuführen und zu unterstützen. *Schul-Management – die Zeitschrift für Schulleitung und Schulpraxis, 31*(6), 11-15. Textbeispiele 4 (11), 6 (12), 23 (15).

Grüne-Rosenbohm, R. & Müller, S. (2006). Schulprogrammarbeit. Stolpersteine und Praxishilfen. *Pädagogik, 58*(3), 20-25. Textbeispiele 11 (20), 18 (23), 21 (22-23).

Hajer, M. A. (1993). Discourse Coalitions and the Institutionalization of Practice. The Case of Acid Rain in Britain. In F. Fischer & J. Forester (Hrsg.), *The Argumentative Turn in Policy Analysis and Planning* (S. 43-76). London: University College London Press.

Halbheer, U. & Kunz, A. (2011). *Kooperation von Lehrerpersonen an Gymnasien. Eine qualitative und quantitative Analyse der Wahrnehmung von Lehrpersonen aus schul- und governancetheoretischer Perspektive*. Wiesbaden: VS Verlag.

Herrmann, J. (2006). Steuern oder Moderieren? Zu Problemen in der Arbeit schulischer Steuergruppen. *Pädagogik, 58*(3), 26-29. Textbeispiel 1: 26, Textbeispiel 2: 29. Textbeispiele 1 (26), 2 (29), 29 (29), 31 (29).

Jäger, S. (1993). *Kritische Diskursanalyse. Eine Einführung*. Duisburg: DISS.

Keller, R., Hirseland, A., Schneider, W. & Viehöver, W. (2001). Zur Aktualität sozialwissenschaftlicher Diskursanalyse – Eine Einführung. In Dies. (Hrsg.), *Handbuch sozialwissenschaftliche Diskursanalyse. Band 1: Theorien und Methoden*. Opladen: Leske + Budrich (Handbücher, 1), 7-27.

Keller, R. (2007). *Diskursforschung. Eine Einführung für SozialwissenschaftlerInnen. 3., aktualisierte Auflage*. Wiesbaden: VS Verlag.

Lehmann-Rommel, R. (2004). Partizipation, Selbstreflexion und Rückmeldung: gouvernementale Regierungspraktiken im Feld Schulentwicklung. In N. Ricken & M. Rieger-Ladich (Hrsg.), *Michel Foucault: Pädagogische Lektüren* (S. 261-283). Wiesbaden: VS Verlag.

Nilshon, I. & Schminder, C. (2004b). STEUERGRUPPE als „Drehscheibe" im Prozess der Schulprogrammentwicklung. *Grundschulunterricht, 51*(10), 5-7. Textbeispiele 10 (5), 24 (6), 30 (7).

Nöth, W. (2000). *Handbuch der Semiotik. 2., vollständig neu bearbeitete und erweiterte Auflage*. Stuttgart: Metzler Verlag.

Ratzki, A., Posse, N., Hilbig, I. & Schuld, G. (2000). Liebe Leserin, lieber Leser! Editorial. *Lernende Schule, 3*(9), 1. Textbeispiele 3 (1), 13 (1), 15 (1), 20 (1).

Reh, S. (2003). *Berufsbiographische Texte ostdeutscher Lehrer und Lehrerinnen als „Bekenntnisse". Interpretationen und methodologische Überlegungen zur erziehungswissenschaftlichen Biographieforschung*. Univ., FB Erziehungswiss., Habil.-Schr., Hamburg, 2002. Bad Heilbrunn/Obb.: Klinkhardt Verlag.

---

3 Die dargestellten Textbeispiele sind wie folgt aufgeschlüsselt: Nummer des Textbeispiels (Seite im angegebenen Beitrag).

Reh, S. (2008). „Reflexivität der Organisation" und Bekenntnis. Perspektiven der Lehrerkooperation. In W. Helsper, S. Busse, M. Hummrich & R.-T. Kramer (Hrsg.), *Pädagogische Professionalität in Organisationen. Neue Verhältnisbestimmungen am Beispiel der Schule* (S. 163-183). Wiesbaden: VS Verlag.

Ricœur, P. (1972). Der Text als Modell: hermeneutisches Verstehen. In W. Bühl. (Hrsg.), *Verstehende Soziologie. Grundzüge und Entwicklungstendenzen* (S. 252-283). München: Nymphenburger Verl.-Handlung.

Schwab-Trapp, M. (2001). Diskurs als soziologisches Konzept. Bausteine für eine soziologisch orientierte Diskursanalyse. In R. Keller, A. Hirseland, W. Schneider & W. Viehöver (Hrsg.), *Handbuch sozialwissenschaftliche Diskursanalyse. Band 1: Theorien und Methoden* (S. 261-283). Opladen: Leske + Budrich.

Talaron, S. (1999). Über die Funktionen der Narrativität in der Geschichtsschreibung. In J. Angermüller & M. Nonhoff (Hrsg.), *PostModerne Diskurse zwischen Sprache und Macht* (S. 143-153). Hamburg, Berlin: Argument-Verlag.

Titscher, S., Wodak, R., Meyer, M. & Vetter, E. (1998). *Methoden der Textanalyse. Leitfaden und Überblick*. Opladen: Westdeutscher Verlag.

Viehöver, W. (2008). Die Wissenschaft und die Wiederverzauberung des sublunaren Raumes. Der Klimadiskurs im Licht der narrativen Diskursanalyse. In R. Keller, A. Hirseland, W. Schneider & W. Viehöver (Hrsg.), *Handbuch sozialwissenschaftliche Diskursanalyse. Band 2: Forschungspraxis. 3., aktualisierte und erweiterte Auflage* (S. 233-269). Wiesbaden: VS Verlag.

Viehöver, W. (2001). Diskurse als Narrationen. In R. Keller, A. Hirseland, W. Schneider, & W. Viehöver (Hrsg.), *Handbuch sozialwissenschaftliche Diskursanalyse. Band 1: Theorien und Methoden* (S. 177-206). Opladen: Leske + Budrich.

White, H. (1975). *Metahistory. The historical imagination in nineteenth-century Europe*. Baltimore, Md.: Johns Hopkins Univ. Press.

Woerlein, H. (2007). Teamarbeit als vertrauensbildende Maßnahme und effektive Arbeitsform. Vorteile und Chancen. *Pädagogische Führung, 18*(2), 76-78. Textbeispiele 7 (76), 27 (77).

Catalina Lomos, Roelande H. Hofman & Roel J. Bosker

The concept of professional community and its relationship with student performance

Abstract

In the past thirty years, both quantitative and qualitative research has supported the no-tion that cooperation between teachers within their schools increases student achieve-ment and school success (e.g. Little, 1982; Louis & Marks, 1998; Newmann & Wehlage, 1995). However, especially with respect to a clear specification of the characteristics of teacher collaboration and the demarcation of the collective goals of improving teacher in-struction and enhancing student achievement, the construct has proven difficult to de-fine (Westheimer, 1999). This need for a clear conceptualization and operationalization of teacher collaboration within schools has formed the basis for the development of the concept of professional community or professional learning community. In the 1980s, re-searchers first started efforts to formulate a definition of professional community. After the 1990s, school effectiveness research aimed at identifying the specific school, teach-er and student level factors that enhance student achievement, building empirical proof that the specific characteristics of professional community have a positive relationship with school success reflected in student performance in primary and secondary educa-tion (Little, 1982; Louis & Marks, 1998; Rosenholtz, 1985; Visscher & Witziers, 2004).

1.   Introduction

In this article, we present a chronological literature review of the most relevant articles and reports published on the concept of professional community and its relationship with student achievement. We will first focus on the development of the concept, after which the empirical evidence of its relationships is dealt with. In this context, we for-mulated the following research questions:

1. How is the concept of professional community defined and operationalized?
2. Is there empirical evidence to support the positive relationship between profes-sional community and student achievement?

The term professional community refers to teachers reflecting on specific educational issues, monitor one another's classes for feedback, engage in cooperative practices and agree on the school's mission, all with a mutual commitment to student success.

In an attempt to provide an adequate picture of the development of the professional community concept and its multidimensional definition and to gain an insight into
its operationalization and relationship with student achievement, we will distinguish
between three consecutive periods, starting in the 1980s, namely: the *definition phase*
(1982-1994), the *operationalization and measurement phase* (1995-2004), and the *implementation and conditions phase* (2005-2009).

2. The development of the professional community concept

The definition phase (1982-1994)

First, the concept went through a stage of delimitation and theoretical conceptualization that started mainly around the 1980s with the work of Little (1982) and went
on until 1994. This first research period (1982-1994) includes qualitative and quantitative studies that focused on clarifying the concept of teachers' collaboration as part
of school reforms (e.g. Little, 1982; Nias, Southworth, & Yeomans, 1989). The development of the concept proceeded with a focus on its relationships with other teacher
variables, such as commitment and type or quality of instruction (Rosenholtz & Simpson, 1990). The term professional community was first formulated within this research
period, considering its significance for school improvement and innovation (e.g. Little
& McLaughlin, 1993; McLaughlin, 1992; McLaughlin & Talbert, 1993; Siskin, 1994).

The terms "collegiality", "norms of collegiality" and "workplace conditions" (Rosenholtz & Simpson, 1990) were used by Little (1982) to describe teacher collaboration.
Publications by Cohen (1981), and Glidewell, Tucker, Todt and Cox (1983), supported
another important study by Rosenholtz, Bassler and Hoover-Dempsey (1986). More
specifically, after a complex quantitative investigation and path analysis of data provided by more than 1200 teachers within 78 elementary schools, Rosenholtz, Bassler and
Hoover-Dempsey (1986) concluded that specific workplace conditions foster teacher
learning. These conditions included principal collegiality and evaluation practices, instructional coordination, school goal setting, and collaboration with colleague teachers.

Through these studies, important traits of the concept of teacher collaboration
were delimited, such as participating together in selecting instructional materials, giving and receiving help and advice on instruction, goal sharing at the school level, and
focusing on student conduct. To continue, Little (1992) identified additional traits of
such collaborative school environments, namely concrete conversation about teaching
with other teachers, observing one another's teaching and providing meaningful feedback and collaborating on planning instruction (Jackson & Tasker, 2002). In addition,
authors such as Senge (1990), Block (1993), Galagan (1994) and Whyte (1994) empha-
sized the importance of "supporting the collective engagement of staff in such activities as shared vision development, problem identification, learning, and problem resolution" (Hord, 1997, p. 12).

To conclude, at the end of the first research period, the traits presented previously,
such as *concrete conversation about teaching with other teachers, learning and seeking*

new ideas, observing one another and providing meaningful feedback on teaching, cooperating on planning instruction, school level focus on student achievement, instructional coordination, and school goal setting were associated with the concept of community and professional community (Hord, 1997; Siskin, 1994). Furthermore, Hord (1997) pointed out the need for specific arrangements at the school level for a good functioning of professional community, such as supportive and shared leadership, collective creativity, shared values and vision, colleagues observing one another's lessons, feedback on teaching, and a collective learning focus on effective solutions for students' needs (Hord, 1997).

The operationalization and measurement phase (1995-2004)

The second research period started around 1995, caused by a clear need to measure and operationalize the concept, and went on until 2004. During this period, significant quantitative investigations of the relationship between professional community and student achievement or other teacher variables were performed (e.g. Newmann & Wehlage, 1995; Lee & Smith, 1995, 1996; Darling-Hammond, 1995; Louis & Kruse, 1995; Louis, Marks, & Kruse, 1996; Newmann, Marks, & Gamoran, 1996; Marks & Louis, 1997; Louis & Marks, 1998; Bryk, Camburn, & Louis, 1999). As a general characteristic, this research period is essential for the process of defining and operationalizing the concept of professional community, as indicated next. However, qualitative studies were also performed within this research period, some to mention are Grossman, Wineburg and Woolworth (2001) and Achinstein (2002).

This second research period corresponds with the comprehensive school reform (CSR) program in the USA, starting 1990s, when many research reports, quantitative and qualitative studies were published on implementing professional communities within schools and their contribution to successful school reforms. Based on how professional community was operationalized in most of these studies (e.g. Bryk, Camburn, & Louis, 1999; Lee & Smith, 1995; Louis & Kruse, 1995; Louis, Marks, & Kruse, 1996; Louis & Marks, 1998; Newmann & Wehlange, 1995; Supovitz, 2002; Wiley, 2001) five main characteristics were found to measure the concept, namely *reflective dialogue, deprivatization of practice or feedback on instruction, collaborative activity, shared sense of purpose and a collective focus on student learning*. Around the year 2000, researchers explicitly started to use the term professional "*learning*" community (e.g. DuFour, 2004; DuFour & Eaker, 1998; DuFour & DuFour, 2002; Lieberman, 2000; Roberts & Pruitt, 2003; Mitchell & Sackney, 2001; Thompson, Gregg, & Niska, 2004; Townsend & Adams, 2004). By using this term, they wanted to emphasize professional community's additional focus on sustained learning activities meant for teachers within schools.

Summarizing the results of this important research period, the five characteristics of professional community appeared in various quantitative studies, but they do not represent the only applicable definition, considering the vast domain of professional community.

The implementation and conditions phase (2005–2009)

The third research period could be delimitated starting 2005, when the focus was more than before on the development and sustainability of effective professional communities (e.g. Bolam, McMahon, Stoll, Thomas, Wallace, et al., 2005; Lam, 2005; Ingvarson, Meiers, & Beavis, 2005; Goddard, Goddard, & Tschannen-Moran, 2007; Stoll et al., 2006; Stoll & Louis, 2007; Wahlstrom & Louis, 2008). In addition, this research period is characterized by a more comprehensive approach to the concept of professional *learning* community (Corrie & Hargreaves, 2006; A. Hargreaves, 2007; Sullivan & Glanz, 2005). During this time, new characteristics were added to the five dimensions previously identified, representing the school conditions required to support the effectiveness of the concept. For example, Jackson and Tasker (2002) added two more characteristics: supportive and shared leadership (i.e. shared power and decision-making and empowerment of teachers and student learning priorities) and supportive conditions (i.e. time and space for teachers to work together; available resources, fostered social cohesion and relationships). In addition, Bolam et al. (2005) introduced openness, networks and partnerships (i.e. staff engaged in external partnerships and learning networks, encouraging risk-taking and innovation), inclusive membership (a professional community should be large, involving staff across the school, as governors or school council members) and mutual trust, respect and support (the staff feels respected, trusted and competent).

A relatively new direction for research is formulated within this research period, by empirically investigating possible moderators and mediators of the relationship between professional community, teacher variables and student achievement (e.g. Bolam et al., 2005; Louis, Dretzke, & Wahlstrom, 2010; Ross & Gray, 2006; Wahlstrom & Louis, 2008). The indirect effect of professional community on student achievement became of interest, with studies performed by researchers such as Louis, Dretzke and Wahlstrom (2010), which pointed out specific moderating and mediating variables that could explain the relatively small effect of professional community on student achievement found in some studies (Lomos, Hofman, & Bosker, 2011). This indirect effects research perspective raises more questions regarding the concept of professional community, namely if characteristics such as trust, professional support for learning or shared leadership should be part of the concept's definition or considered necessary school facilitators, either internal or external.

A number of review studies on the concept of professional community and its relationships were published (e.g. Little, 2006; Stoll, Bolam et al., 2006; Lavié, 2006; Vescio, Ross, & Adams, 2008), indicating the focus of researchers on clarifying and organizing the theoretical and empirical evidence available.

3. Towards a definition of "professional community"

During the *operationalization and measurement research phase*, Kruse, Louis, and Bryk (1995) "designated five interconnected variables that describe what they called genuine professional communities in such a broad manner that they can be applied to diverse settings" (Toole & Louis, 2002, p. 249). In most quantitative studies these five dimensions were used to define, operationalize (e.g. Bryk, Camburn, & Louis, 1999; Lee & Smith, 1995; Louis & Kruse, 1995; Louis, Marks, & Kruse, 1996; Louis & Marks, 1998; Newmann & Wehlange, 1995; Supovitz, 2002; Wiley, 2001) and to measure the concept. They were labeled *reflective dialogue, deprivatization of practice* or *feedback on instruction, collaborative activity, shared sense of purpose* and *a collective focus on student learning*. We will give a definition of each of these sub concepts, based on Louis and Marks (1998).

Reflective dialogue refers to the extent to which teachers discuss specific educational issues with one another on a professional basis. *Deprivatization of practice* means that teachers monitor one another's classes for feedback purposes. *Collaborative activity* is a temporal measure of the extent to which teachers engage in cooperative practices. *Shared sense of purpose* refers to the degree to which the teachers agree with the school's mission and its operational principles. Finally, *collective focus on student learning* indicates the mutual commitment of teachers to student success.

The term "professional community" has been used interchangeably with the term "professional learning community", especially in *the implementation and conditions research phase*, ultimately focused on improving student achievement. In addition, the concept of "professional learning community" is broader and it refers also to the teachers' learning processes supported by specific school conditions (Stoll & Louis, 2007). In the present article, the theoretical focus was on clarifying the concept of professional community, but both concepts were taken into consideration when the relationship with student achievement was reviewed in the literature available.

There are also authors who defined and operationalized the professional community concept in a different manner, such as Westheimer (1999). He defined the concept from the social theory perspective, where it is characterized by shared beliefs, interaction and participation, interdependence, concern for individual and minority views, and a focus on meaningful relationships, collegiality and collaboration. In addition, other authors, such as Wenger (2000) introduced the *communities of practice* concept, as communities that share cultural practices focused on collective learning. In addition, Lieberman (2005) referred to the phenomenon of "networks" with external organizations or teachers. The distinction is that professional community is a characteristic of teachers' work within schools, focused mainly on students' learning, rather than on organizational learning (Leithwood, Leonard, & Sharratt, 1998).

4. Professional community, successful schools and high student performance

Considering the large applicability of *the concept of professional community*, the empirical evidence of the relationship with successful student performance was also organized on the three research periods identified, starting around 1982. Although this review specifically concentrates on the second research period (1995–2004) when most of the quantitative studies were published, we will also pay attention to some of the results obtained using quantitative, qualitative or mixed-methods research, published in the other two periods.

The definition phase (1982–1994)

This research period was mainly focused on successful schools and their specific characteristics. As indicated before, the work of Little (1982), Rosenholtz (1985), Bryk and Driscoll (1988) and McLaughlin (1992) was essential for introducing the concept of collegiality and relating it with successful schools. After having observed and interviewed 105 teachers and 14 administrators, Little (1982) concluded that in the successful schools identified in her study "teachers value and participate in norms of collegiality and continuous improvement (experimentation); they persuade a greater range of professional interactions with fellow teachers and administrators, including talk about instruction, structured observation and shared planning or preparation" (Little, 1982, p. 325). Moreover, she found that successful schools were also highly colleague-oriented organizations, where teachers frequently discussed topics such as classroom practices and student learning. Furthermore, the teachers worked together in developing new content, they shared teaching materials, they openly gave and received feedback, and they observed each other's practices and regularly participated in professional development opportunities.

With respect to effective schools, Rosenholtz, Bassler, and Hoover-Dempsey (1986) referred in a quantitative study to the similar findings, such as Armor et al. (1976), Bridges and Halliman (1978), Rutter, Maughan, Mortimore and Ouston (1979) and Venezky and Winfield (1979), arguing that "professional dialogue among colleagues is frequent, and analysis, evaluation, and experimentation set the conditions under which teachers improve instructionally" (Rosenholtz, Bassler, & Hoover-Dempsey, 1986, p. 93). During this research period, which was actually characterized by the qualitative investigation of the new concept of "collegiality" and "learning community", other examples of important studies on teacher collaboration and learning were Darling-Hammond and McLaughlin (1995) and Liebermann and McLaughlin (1992). However, most of these publications did not specifically investigate the relationship between professional community and successful student performance. Instead, they focused in a more general sense on the functioning of schools in maintaining high standards of learning and on the professionalization of teachers within the schools and departments in secondary/high schools (Siskin, 1994; Talbert & McLaughlin, 1994).

To continue, Newmann, Rutter, and Smith (1989) and Bryk and Driscoll (1988) developed and tested a community index as a representation of schools' sense of community as social organizations. According to Newmann, Rutter, and Smith (1989), a sense of community was associated with establishing close relations, cooperation and collegial assistance among the teachers, with the aim of boosting the student achievement levels. In their study, the authors investigated the importance of 10 organizational features of efficacy, community, and expectation in 353 public high schools. They concluded that the two most important conditions for countering teacher alienation were a general knowledge among the teachers of one another's courses and the willingness to help one another. Furthermore, Bryk and Driscoll (1988) integrated 23 indicators into a single index of "school communal characteristic" or "sense of community" (p. 28), and assessed in 357 schools the effect of teacher agreement on school goals, beliefs and values, as well as the impact of cooperation and organizational characteristics on different student and teacher characteristics. The authors concluded that within the schools that had strengthened their communal environment, there was a significant increase in the teachers' sense of efficacy, the teacher enjoyment in their work, their morale, and their involvement in one another's practices, as well as an improvement in students' behavior, their academic interest and their achievement.

The operationalization and measurement phase (1995–2004)

This research period is the most significant for the quantitative empirical studies focused on the relationship between professional community and successful student performance. The empirical studies published within this research period particularly dealt with professional community's relationships with teacher variables, such as authentic pedagogy (Newmann, Marks, & Gamoran, 1995), teacher responsibility for student learning (Louis, Marks, & Kruse, 1996) or teacher professional learning and experimentation (Bryk, Camburn, & Louis, 1999) and successful student performance. During this period, the process of operationalization started, which was based on the specific of professional community characteristics. The studies published represent sufficient evidence for professional community to become an important school level predictor of student success (e.g. King & Newmann, 2001; Mulford & Silins, 2003; Odden, Borman, & Fermanich, 2004; Smylie, Wenzel, et al., 2003; Supovitz, 2002; Supovitz & Christman, 2003; Tighe, Wang, & Foley, 2002; Visscher & Witziers, 2004; Wiley, 2001). Authors like Newmann and Wehlage (1995) found that "if schools want to enhance their organizational capacity to boost student learning, they should work on building a professional community that is characterized by shared purpose, collaborative activity, and collective responsibility among staff" (Newmann & Wehlage, 1995, p. 37).

More specific, Newmann and Wehlage (1995) published a book that synthesized five years of research (developed by the Center on Organization and Restructuring of Schools – CORS) in the USA, using data from four studies performed between 1990 and 1995; data focused on education reform programs, school organization and the quality of student learning. Two important publications on the effect of professional community on student achievement were the School Restructuring Study (SRS) and the National Education Longitudinal Study (NELS:88). In the SRS, 24 public elementary, middle, and high schools in 16 states covering 22 urban districts were investigated, while the NELS:88 study included a broad range of more than 800 schools, including more than 10,000 students (Newmann & Wehlage, 1995). The type of professional community considered in these studies was school-wide and had resulted from effective school restructuring measures. By comparing elementary, middle, and high schools in terms of the extent (low, average, or high) to which these organizations had adopted the professional community concept, Newmann and Wehlage (1995) found that schools which used professional community concept most intensively, showed high levels of student achievement in mathematics, sciences and social studies. Moreover, "professional community not only boosted student achievement gains, it also helped to make the gains more equitable among socioeconomic groups" (Newmann & Wehlage, 1995, p. 37).

Using the NELS:88 data (CORS), Lee and Smith (1995, 1996) investigated the effect of high school restructuring policies on student achievement and engagement in American high schools. Based on a nationally distributed sample of more than 10,000 students and 820 high schools, the effects of restructured school communities on student gains were examined. Some of the characteristics of the restructured school reflected an emphasis on issues such as staff solutions to school problems, interdisciplinary teaching teams, a cooperative learning focus, a school-within-a-school approach, teacher teams commonly sharing planning time, and flexible times for classes (Lee & Smith, 1995). A multivariate analysis of effects indicated that the schools which had implemented these types of restructuring measures, showed higher levels of student achievement in the subjects of mathematics, reading, history, science, as well as in terms of academic engagement (Lee & Smith, 1995).

Based on the SRS data (CORS), Louis, Marks, and Kruse conducted three quantitative studies. In 1996, they investigated the effect of professional community on teacher responsibility for student learning. Their study included in total 24 elementary, secondary, and high schools in the USA, in which relationships were examined by means of correlation analysis and hierarchical linear models (HLM). They found that school professional community was positively associated with responsibility for student learning (Louis, Marks, & Kruse, 1996). In 1997, Marks and Louis established that professional community was also positively related to student achievement. In this study, professional community served as the mediator of the effect of teacher engagement on student achievement. Performing a correlation analysis on the same sample, they concluded the following: "teacher empowerment affects pedagogical quality, student academic performance indirectly through school organization for instruction" (Marks & Louis, 1997, p. 245). Their third study, conducted in 1998 also with the aid of HLM, again confirmed that professional community positively relates with students' academic performance.

In 2002, in connection with the reform movement, Tighe, Wang, and Foley (2002) described the results of the evaluation of a reform agenda implemented between 1995 and 2001 in the public schools of Philadelphia in the US. This evaluation included both quantitative and qualitative investigation methods. The students in Philadelphia were asked to do a SAT-9 test in mathematics, reading and science. Based on an HLM analysis of the results obtained in primary schools and the qualitative results, the authors concluded that in schools with a stronger focus on teacher professional community approach the student results improved, which indicated that the concept was "significantly related to the rate of growth in children's achievement scores" (Tighe, Wang, & Foley, 2002, p. 23).

In the same reform-based context, Supovitz (2002) and Supovitz and Christman (2003) evaluated the effect of professional community on school climate- as well as the impact of teacher teaming on student achievement. They used multiple data sources from a 4-year evaluation of a reform process in Cincinnati and Philadelphia.

The schools were surveyed and visited three times between 1997 and 2001. More than 2000 teachers from 79 elementary, middle, and high schools in Cincinnati and around 50,000 students' of grades 3 to 8 took part in the study (Supovitz, 2002). However, not for all grades did Supovitz's HLM analysis identify a "clear pattern of statistical significant differences in student achievement between the team-based and non-team-based schools" (Supovitz, 2002, p. 1614). For some of the grades, like grade 6, Supovitz (2002) found a significant association between team group instructional practices and student's progress in mathematics, reading, science, and writing.

Smylie, Wenzel, et al. (2003) published another research report, which evaluated the success of a number of reform movements. The study included 365 elementary schools in Chicago. This quantitative evaluation was conducted between 1997 and 2001, when a sample of around 60,000 students and 8500 teachers was investigated. In the author's model, teacher professional community was depicted as an essential factor in the improvement of student learning, and defined by the items peer collaboration, reflective dialogue, focus on student learning, orientation toward innovation, and teacher commitment to the school (Smylie, Wenzel, et al., 2003). In general, the authors found no significant differences in student achievement between the schools that had implemented the reform agenda and those that had not.

In addition, Mulford and Silins (2003), who used the Leadership for Organizational Learning and Student Outcomes – LOLSO research data, evaluated the effects of reform initiatives on school practices and student learning. They found that schools' environments with a collaborative climate and a community focus had a positive effect on students' non-academic outcomes. For this study, the authors used survey data obtained from a sample of 2500 teachers and principals and 3500 students from 96 secondary schools in South Australia and Tasmania. Path analysis indicated that together with the influence of transformational leadership and teacher/team leadership, the collaborative efforts of the teachers had a significant effect on the students' academic self-concept, participation and engagement.

Regarding the qualitative studies as part of this research period, Newmann, King and Youngs (2000) created a complex model of student achievement predictors based on evaluating educational policies and programs, naming professional community as an important school capacity predictor. Furthermore, based on fieldwork in 9 American schools, the authors observed that professional community had a positive association with student achievement if the impact of the professional development programs were sustained. To continue, some qualitative studies compared low and high performing schools to identify the main factors that determine improvement. Caron and McLaughlin (2002), for example, examined 4 elementary and 2 middle schools and established that a strong sense of professional community and high expectations regarding all students, together with a culture of shared leadership and collaborative decision-making, were specific characteristics of successful schools. Strahan (2003) conducted a similar qualitative study, which investigated the dynamics of school culture in 3 elementary schools in North Carolina. These schools had succeeded in improving the achievements of low- income and minority students over a period of three years. One of Strahan's conclusions was that promoting a collaborative professional culture together with an emphasis on the professional development of the teaching staff was an efficient approach to improving student performance. Berry, Johnson and Montgomery (2005) investigated another school that had achieved significant improvements. They also concluded that the success of this school was achieved by building an efficient teacher community. Other examples of similar studies on successful schools are those of Hipp and Huffman (2003) and Phillips (2003).

Some studies applied a mixed-method research design to investigate the importance of professional community for student achievement. For example, in their survey on learning practice profiles, Thompson, Gregg and Niska (2004) used quantitative as well as qualitative methods, such as interviews with the principals and other staff members, as well as focus groups with the teachers. All interviews with the principals clearly indicated that a school culture focused on a shared vision and team learning, bring about a significant improvement in student achievement. Hollins, McIntyre, DeBose, Hollins and Towner (2004) conducted another mixed-methods study. Their research covered two years, focusing on a school in California, which had developed a self-sustaining learning community aimed at improving the achievements of low performing students. They found that the teachers' collaborative work significantly influenced the teaching practices and improved student learning. The authors concluded that in particular the subject professional communities for mathematics and English had a significant and positive relationship with student achievement in secondary and high schools.

Other quantitative studies which investigated professional community as a subject or department characteristic and its relationship with student achievement were Kuhlemeier and Van den Bergh (2000), Visscher and Witziers (2004) and Wiley (2001), while additional qualitative studies were published by Little (2002), Siskin (1997) and Talbert and McLaughlin (2002). Focusing mainly on mathematics department professional communities, most of these authors found a significant relationship of professional community with student achievement in secondary schools in countries like the Netherlands and the US.

The implementation and conditions phase (2005–2009)

During the third research period, starting around 2005, the focus of the studies investigating the relationships of professional community or professional learning community with student achievement diversified and became more oriented towards possible indirect effects.

In 2005, Bolam et al. (2005) published the results of a quantitative and qualitative research study performed in England. The principle objectives of this study were to identify the characteristics of effective professional learning communities as well as their enabling and inhibiting factors and to test their "collective purpose of enhancing pupil learning" (Bolam et al, 2005, p. 2). The sample contained 800 organizations: nursery, primary, secondary and special schools. On the basis of their correlation analysis the authors concluded that "the more fully a professional learning community expressed the characteristics, the more they impacted positively on pupil's attendance, interest in learning, and the actual learning, as well as on the individual and collective professional learning, practice and morale of teaching and support staff" (Bolam et al, 2006, p. iii).

A publication specifically representative of the third research period is the study of Ingvarson, Meiers and Beavis (2005), which investigate the features of professional development programs and their effect on teacher and student efficacy. In this research, the frequency of the professional community activities was considered a mediator of the effect of the professional development programs on teacher knowledge and practice and student learning and efficacy. No less than 3250 teachers in Australia who participated in eight different professional development programs were surveyed between 2002 and 2003. The findings indicated that the success of the professional development programs partly depended on the teachers' motivation and ability to strengthen the interaction and collaboration within their schools and, increase the frequency of the professional community activities (Ingvarson, Meiers, & Beavis, 2005). It is interesting to point out that – apart from Ingvarson, Meiers, and Beavis, (2005) – more studies have recognized the association between professional community and professional development programs and its effects on teacher learning (e.g. Cordingley, Rundell, Temperley, & McGregor, 2004; Little, 2006; Lumpe, 2007).

Examples of other teacher or school variables which have been considered to be related to professional community, successful schools and student performance are the following: shared leadership and school reform (Camburn, Rowan & Taylor, 2003), trust (Wahlstrom & Louis, 2008), teacher learning and experimentation (Bryk, Camburn, & Louis, 1999), teacher commitment (Hausman & Goldring, 2001; Rosenholtz & Simpson, 1990) and professionalism (Talbert & McLaughlin, 1994), collective efficacy (Goddard & Goddard, 2001), and teacher efficacy (Newmann, Rutter, & Smith, 1989). A very recent study is that of Louis, Dretzke and Wahlstrom (2010). Here path analysis has been used to investigate the effect of the variables trust, primary or secondary school, and shared and instructional leadership on student achievement, mediated by the effect of professional community. It was found that the effect of professional community on student achievement was significant but indirect, since it was mediated by the effect of focused instruction.

5. Conclusion and future research directions

In this paper, it was our objective to present the theoretical development of the professional community and give an outline of the empirical evidence of its relationship with student achievement.

During its conceptualization process, the concept evolved from "norms of collegiality" (Little, 1982, p. 325) and "teachers' collaboration with colleagues" (Rosenholtz, Bassler, & Hoover-Dempsey, 1986, p. 91) into "professional community" (Bryk, Camburn, & Louis, 1999, p. 751; Louis & Marks, 1998, p. 532) and "professional learning community" (Bolam et al., 2005, p. i). The most commonly applied definition of the concept indicates that a professional community is formed when teachers *jointly reflect together on instructional practices and the school's principles and mission, when they engage in cooperative practices and provide each other with feedback on their teach-*

ing activities and, specifically, when they focus their collaborative work on the improvement of student learning.

In the investigation of the relationships between professional community and successful student performance, a large spectrum of research methods has been used, such as quantitative, qualitative, and mixed-methods design. Most of these approaches have resulted in similar findings, which indicate a significant and positive connection. Moreover, most of the studies in the three research periods, presenting either one-time measurements or longitudinal research, and positioning professional community either as a direct predictor or as a mediator of other predictors of student success, have indicated that professional community is an important characteristic of successful schools as reflected in student achievement levels. Regardless of the fact that some of the results could not be generalized to all countries, considering that these studies mainly referred to USA, UK, the Netherlands or Australia, it can generally be concluded that professional community has a significant positive relationship with student performance in primary and secondary schools.

One of the most common limitations reported by the majority of the authors of the quantitative studies reviewed concerned the selectivity of the samples, which hindered the generalizability of the findings and their applicability to other school contexts. For example, some of the studies were limited to urban environments (Louis & Marks, 1998), while other publications only dealt with one particular state in the US (Supovitz, 2002). Another methodological limitation relates to the quality of the measurements used in the different studies. Furthermore, the type of statistical modeling technique used may have also influenced the results, especially in the case when no multilevel modeling techniques (Bosker & Scheerens, 1994) or longitudinal designs (Hofman & Dijkstra, 2010) were applied.

Future research directions

It has proved difficult to define professional community and differentiate the concept from other related constructs. This conclusion implies that a generally accepted definition may facilitate the measurement and investigation of the concept in future empirical studies. In addition, general agreement on a common operationalization framework would enable researchers to make comparisons among studies as well as among results, and summarize the effects through meta-analyses. On the other hand, Beck (1999) has pointed out the risk of oversimplification of the concept through an operationalization that is too strict.

Considering the chronological periods of empirical research, it may be concluded that both a comprehensive model of predictors and a multilevel modeling technique is required to obtain a fair estimation of the effects of professional community on successful schools or on student performance levels. Moreover, given the complex predictor models used for the school and student success constructs, an efficient method to be used in the future investigation of professional community and its relation with student performance could be the indirect effects approach (Witziers, Bosker, & Krüger, 2003).

To continue, especially when investigating the professional community in secondary/high schools it is important to specify whether the professional community activities are either school- or subject-related, considering the departmentalized organization of secondary/high schools. (Lomos, Hofman, & Bosker, 2011).

However, in most of the studies presented here, professional community formed part of a specific school reform program, which is why it was not investigated as the result of the regular efforts of teachers. This means that professional communities need to be stimulated and sustained by the school culture as a day-to-day practice. Once adopted and accepted by the teachers as a tool for interaction, professional community could become a common vehicle of communication for the teachers. Future research could therefore focus on the development and continuance of effective professional communities in primary or secondary/high schools. Finally, the long-term developments of the day-to-day practices of professional community and effects in terms of higher student performance levels could be examined via more longitudinal studies.

References

Achinstein, B. (2002). Conflict among community: The micropolitics of teacher collaboration. *Teachers College Record, 104*(3), 421-455.

Armor, D. J., Conry-Oseguera, P., Cox, M., King, N., McDonnell, L., Pascal, A., Pauly, E. & Zelhman, G. et al. (1976). *Analysis of the school preferred reading program in selected Los Angeles minority schools*. Santa Monica, CA: The Rand Corporation.

Beck, L. G. (1999). Metaphors of educational community: an analysis of the images that reflect and influence scholarship and practice. *Educational Administration Quarterly, 35*(1), 13-45.

Berry, B., Johnson, D. & Montgomery, D. (2005). The power of teacher leadership. *Educational Leadership, 62*(5), 56-60.

Bolam, R., McMahon, A., Stoll, L., Thomas, S., Wallace, M. (with Greenwood, A., Hawkey, K., Ingram, M., Atkinson, A. & Smith, M) (2005). *Creating and sustaining effective professional learning communities*. Retrieved from http://www/education.gov.uk/research/data/uploadfiles/rr637.pdf

Bridges, E. M. & Hallinan, M. T. (1978). Subunit size, work system interdependence, and employee absenteeism. *Educational Administration Quarterly, 14*(2), 24-42.

Block, P. (1993). *Stewardship: Choosing service over self-interest*. San Francisco, CA: Berret-Koehler Publishers.

Bosker, R. J. & Scheerens, J. (1994). Alternative models of school effectiveness put to the test. *International Journal of Educational Research, 21*(2), 159-180.

Bryk, A. S., Camburn, E. & Louis, K. S. (1999). Professional community in Chicago elementary schools: facilitator factors and organizational consequences. *Educational Administration Quarterly, 35*, 751-781.

Bryk, S. A. & Driscoll, M. E. (1988). *The high school as community: contextual influences and consequences for students and teachers*. Madison, WI: National Center on Effective Secondary Schools. Retrieved from: http://www.eric.ed.gov/ERICWebPortal/search/detailmini.jsp?_nfpb=true&_&ERICExtSearch_SearchValue_0=ED302539&ERICExtSearch_SearchType_0=no&accno=ED302539

Camburn, E., Rowan, B. & Taylor, J. (2003). Distributed leadership in schools: The case of elementary schools adopting comprehensive school reform models. *Educational Evaluation and Policy Analysis, 25*(4), 347-373.

Caron, E. A. & McLaughlin, M. J. (2002). Indicators of beacons of excellence schools: what do they tell us about collaborative practices. *Journal of Educational and Psychological Consultation, 13*(4), 285-314.

Cohen, E. G. (1981). Sociology looks at team teaching. *Research in Sociology of Education and Socialization, 2*, 163-193.

Cordingley, P., Rundell, B., Temperley, J. & McGregor, J. (2004). *From transmission to collaborative learning: best evidence in continuing professional development.* Paper presented at the International Conference for School Effectiveness and Improvement, ICSEI, Rotterdam, The Netherlands.

Corrie, G. & Hargreaves, A. (2006). The sustainability of innovative schools as learning organizations and professional learning communities during standardized reform. *Educational Administration Quarterly, 42*, 124-156.

Darling-Hammond, L. & McLaughlin, M. W. (1995). Policies that support professional development in an era of reform. *Phi Delta Kappan, 76*(8), 597-604.

DuFour, R. & Eaker, R. (1998). *Professional learning communities at work: Best practices for enhancing student achievement.* Bloomington, IN: Solution Tree.

DuFour, R. (2004). What is professional learning community? *Educational Leadership, 61*(8), 6-12.

Galagan, P. (1994). Reinventing the profession. *Training and Development, 48*(12), 20-28.

Glidewell, J. C., Tucker, S., Todt, M. & Cox, S. (1983). Professional support systems: The teaching profession. In A. Nadler, J. D. Fischer & B. M. DePaulo (Hrsg.), *New directions in helping: Applied* perspectives on help-seeking and receiving, *Vol. 3 (S. 189-212).* New York, NY: Academic Press.

Goddard, R. D. & Goddard, Y. L. (2001). A multilevel analysis of teacher and collective efficacy. *Teaching and Teacher Education, 17*, 807-818.

Goddard, Y. V., Goddard, R. D. & Tschannen-Moran, M. (2007). A theoretical and empirical investigation of teacher collaboration for school improvement and student achievement in public elementary schools. *Teachers College Record, 109*(4), 877-896.

Grossman, P. L., Wineburg, S. & Woolworth, S. (2001). Toward of theory of teacher community. *Teachers College Record, 103*(6), 942-1013.

Hargreaves, A. (2007). Sustainable professional learning communities. In L. Stoll & K. S. Louis (Hrsg.), *Professional learning communities: Divergence, depth and dilemmas* (S. 181-196). Maidenhead, UK: Open University Press.

Hausman, C. S. & Goldring, E. B. (2001). Sustaining teacher commitment: The role of professional communities. *Peabody Journal of Education, 76*(2), 30-51.

Hipp, K. K. & Huffman, J. B. (2003, January). *Professional learning communities: assessment-development-effects.* Paper presented at the International Congress for School Effectiveness and Improvement, ICSEI, Sydney, Australia. Retrieved from: http://www.eric.ed.gov/PDFS/ED482255.pdf

Hofman, R. H. & Dijkstra, B. J. (2010). Effective teacher professionalization in networks? *Teaching and Teacher Education, 26*, 1031-1040.

Hollins, E. R., McIntyre, L. R., DeBose, C., Hollins, K. S. & Towner, A. (2004). Promoting a self-sustaining learning community: investigating an internal model for teacher development. *International Journal of Qualitative Studies in Education, 17*(2), 247-264.

Hord, S. M. (1997). *Professional learning communities: communities of continuous inquiry and improvement.* Austin, TX: Southwest Educational Development Laboratory. Retrieved from: http://www.sedl.org/pubs/change34/4.html

Ingvarson, L., Meiers, M. & Beavis, A. (2005). Factors affecting the impact of professional development programs on teachers' knowledge, practice, student outcomes and efficacy. *Education Policy Analysis Archives, 13*(10), 1-28.

Jackson, D. & Tasker, R. (2002). *Professional Learning Communities.* Cranfield, UK: National College of School Leadership. Retrieved from www.ncsl.org.uk/nlc

King, M. B. & Newmann, F. M. (2001). Building school capacity through professional development: conceptual and empirical considerations. *International Journal of Educational Management, 15*(2), 86-93.

Kuhlemeier, H. & Van den Bergh, H. (2000).Departmental effectiveness in the third year of Dutch secondary education. *Studies in Educational Evaluation, 26*(4), 351-371.

Lam, Y. L. J. (2005). School organizational structures: Effects on teacher and student learning. *Journal of Educational Administration, 43*(4-5), 387-401.

Lavié, J. M. (2006). Academic discourses on school-based teacher collaboration: Revisiting the arguments. *Educational Administration Quarterly, 42*(5), 773-805.

Lee, V. E. & Smith, J. B. (1995). Effects of high school restructuring and size on early gains in achievement and engagement. *Sociology of Education, 68*(4), 241-270.

Lee, V. E. & Smith, J. B. (1996). Collective responsibility for learning and its effects on gains in achievement for early secondary school students. *American Journal of Education, 104*(3), 103-147.

Leithwood, K., Leonard, L. & Sharratt, L. (1998). Conditions fostering organizational learning in schools. *Educational Administration Quarterly, 34*(2), 243-276.

Lieberman, A. (2005). Networks as learning communities. *Journal of Teacher Education, 51*(3), 221.

Lieberman, A. (2000). Networks as learning communities. *Journal of Teacher Education, 51*(3), 221-228.

Lieberman, A. & McLaughlin, M. W. (1992). Networks for educational change: Powerful and problematic. *Phi Delta Kappan, 73*(9), 673-677.

Little, J.W. (1982). Norms of collegiality and experimentation: workplace conditions of school success. *American Educational Research Journal, 19*(3), 325-340.

Little, J. W. (1992). Teacher development and educational policy. In M. Fullan & A. Hargreaves (Hrsg.), *Teacher development and educational change* (S. 170-193). London, UK: Falmer Press.

Little, J. W. (2002). Professional community and the problem of high school reform. *International Journal of Educational Research, 37*(8), 693-714.

Little, J. W. (2006). *Professional community and professional development in the learning centered school.* Prepared for the National Education Association. Retrieved from http:// www.nea.org/assets/docs/mf_pdreport.pdf

Little, J. W. & McLaughlin, M. W. (1993). Perspectives on cultures and contexts of teaching. In J.W. Little & M.W. McLaughlin (Hrsg.), *Teachers' work: Individuals, colleagues, and contexts.* (S. 1-8). New York, NY: Teachers College, Columbia University.

Lomos, C., Hofman, R. H. & Bosker, R. J. (2011). Professional community and student achievement – a meta-analysis. *School Effectiveness and School Improvement, 22*(2), 121-148.

Louis, K. S. & Kruse, S. (1995). *Professionalism and community: perspectives on reforming urban schools.* Thousand Oaks, CA: Corwin Press.

Louis, K. S. & Marks, H. M. (1998). Does professional community affect the classroom? Teachers' work and student experience in restructuring schools. *American Journal of Education, 106*, 532-575.

Louis, K. S., Dretzke, B., & Wahlstrom, K. (2010). How does leadership affect student achievement? Results from a national US survey. *School Effectiveness and School Improvement, 21*(3), 315-336.

Louis, K. S., Marks, H. M. & Kruse, S. (1996). Teachers' professional community in restructuring schools. *American Educational Research Journal, 33,* 757-798.

Lumpe, A. T. (2007). Research-based professional development: Teachers engaged in professional learning communities. *Journal of Science Teacher Education, 18*(1), 125-128.

Marks, H. M. & Louis, K. S. (1997). Does teacher empowerment affect the classroom? The implications of teacher empowerment for instructional practice and student achievement. *Educational Evaluation and Policy Analysis, 19*(3), 245-275.

McLaughlin, M. W. (1992). *What matters most in teachers' workplace context?* Washington, DC: Office of Educational Research and Improvement (ED). Retrieved from: http://www.eric.ed.gov/ERICWebPortal/search/detailmini.jsp?_nfpb=true&_&ERICExt Search_SearchValue_0=ED342755&ERICExtSearch_SearchType_0=no&accno=ED 342755

McLaughlin, M. W. & Talbert, J. E. (2001). *Professional Communities and the work of high school teaching.* Chicago, IL: University of Chicago Press.

McLaughlin, M. W. & Talbert, J. E. (1993). *Contexts that matter for teaching and learning.* Stanford, CA: Center for Research on the Context of Secondary School Teaching, Stanford University.

Mitchell, C. & Sackney, L. (2001). Building capacity for a learning community. *Canadian Journal of Educational Administration and Policy, 19.* Retrieved from http://www.umanitoba.ca/publications/cjeap/articles/mitchellandsackney.html

Mulford, B. & Silins, H. (2003). Leadership for organisational learning and improved student outcomes – what do we know? *Cambridge Journal of Education, 33*(2), 175-195.

Newmann, F. M. & Wehlage, G. G. (1995). *Successful school restructuring: a report to the public and educators.* Madison, WI: Center on Organization and Restructuring of Schools. Retrieved from http://www.eric.ed.gov/ERICWebPortal/contentdelivery/servlet/ERICServlet?accno=ED387925

Newmann, F. M., King, M. B. & Youngs, P. (2000). *Professional development that addresses school capacity.* Paper presented at the annual meeting of the American Educational Research Association, New Orleans, LA. Retrieved from http://www.wcer.wisc.edu/archive/pdbo/default.htm

Newmann, F. M., Marks, H. M. & Gamoran, A. (1996). Authentic pedagogy and student performance. *American Journal of Education, 104*(4), 280-312.

Newmann, F. M., Rutter, R. A. & Smith, M. S. (1989). Organizational factors that affect school sense of efficacy, community, and expectations. *Sociology of Education, 62*(4), 221-238.

Nias, J., Southworth, G. & Yeomans, R. (1989). *Staff relationships in the primary school: a study of organizational cultures.* London, UK: Cassell.

Odden, A., Borman, G. & Fermanich, M. (2004). Assessing teacher, classroom, and school effects, including fiscal effect. *Peabody Journal of Education, 79*(4), 4-32.

Phillips, J. (2003). Powerful learning: Creating learning communities in urban school reform. *Journal of Curriculum and Supervision, 18*(3), 240-258.

Roberts, S. M. & Pruitt, E. Z. (2003). *Schools as professional learning communities: Collaborative activities and strategies for professional development.* Thousand Oaks, CA: Corwin.

Rosenholtz, S. J. (1991). *Teachers' workplace: The social organization of schools.* New York, NY: Teachers College Press.

Rosenholtz, S. (1985). Effective schools: Interpreting the evidence. *American Journal of Education, 93*(3), 352-388.

Rosenholtz, S. J. & Simpson, C. (1990). Workplace conditions and the rise and fall of teachers' commitment. *Sociology of Education, 63*(4), 241-257.

Rosenholtz, S. J., Bassler, O. & Hoover-Dempsey, K. (1986). Organizational conditions of teacher learning. *Teaching and Teacher Education, 2*(2), 91-104.

Ross, J. A. & Gray, P. (2006). School leadership and student achievement: The mediating effects of teacher beliefs. *Canadian Journal of Education, 29*(3), 798-822.

Rutter, M., Maughan, B., Mortimore, P. & Ouston, J. (1979). *Fifteen thousand hours: Secondary school and effects on children.* Cambridge, MA: Harvard University Press.

Senge, P. M. (1990). *The fifth discipline: The art and practice of the learning organization.* New York, NY: Currency Doubleday.

Siskin, L. S. (1994). *Realms of knowledge: Academic departments in secondary schools.* London, UK: The Falmer Press.

Siskin, L. S. (1997). The challenge of leadership in comprehensive high schools: school vision and departmental divisions. *Educational Administration Quarterly, 33*, 604-623.

Smylie, M. A., Wenzel, S. A. (with Allensworth, E., Fendt, C., Hallman, S., Luppescu, S. & Nagaoka, J.) (2003). *The Chicago Annenberg Challenge: successes, failures, and lessons for the future.* (Final technical report of the Chicago Annenberg research project). Chicago, IL: Consortium of Chicago School Research. Retrieved from http://ccsr.uchicago.edu/content/publications.php?pub_id=60

Strahan, D. (2003). Promoting a collaborative professional culture in three elementary schools that have beaten the odds. *The Elementary School Journal, 104*(2), 127-146.

Stoll, L. & Louis, K. S. (2007). Professional learning communities: Elaborating new approaches. In L. Stoll & K. S. Louis (Hrsg.), *Professional learning communities: Divergence, depth and dilemmas* (S. 1-13). Maidenhead, UK: Open University Press.

Stoll, L., Bolam, R., McMahon, A., Thomas, S., Wallace, M., Greenwood, A. & Hawkey, K. (2006). *What is a professional learning community? A summary.* Retrieved from http:// networkedlearning.ncsl.org.uk/knowledge-base/programme-leaflets/professional-learningcommunities/professional-learning-communities-04-summary.pdf

Sullivan, S. & Glanz, J. (2005). *Building effective learning communities: Strategies for leadership, learning, and collaboration.* Thousand Oaks, CA: Corwin Press.

Supovitz, J. A. (2002). Developing Communities of instructional practice. *Teachers College Record, 104*(8), 1591-1626.

Supovitz, J. A. & Christman, J. B. (2003). Developing communities of instructional practice: lessons for Cincinnati and Philadelphia. *CPRE Policy Briefs, 1–9,* Philadelphia, PA: University of Pennsylvania.

Talbert, J. E. & McLaughlin, M. W. (2002). Professional communities and the artisan model of teaching. *Teachers and Teaching: theory and practice, 8*(3/4), 325-343.

Talbert, J. E. & McLaughlin, M. W. (1994). Teacher professionalism in local school contexts. *American Journal of Education, 102,* 123-153.

Thompson, S. C., Gregg, L. & Niska, J. M. (2004). Professional learning communities, leadership, and student learning. *RMLE Online, 28*(1), 1-15.

Tighe, E., Wang, A. & Foley, E. (2002). *An analysis of the effect of children achieving on student achievement in Philadelphia elementary schools.* Philadelphia, PA: Consortium for Policy Research in Education.

Toole, J. C. & Louis, K. S. (2002). The role of professional learning communities in international education. In K. Leithwood & P. Hallinger (Hrsg.), *Second international handbook of educational leadership and administration* (S. 247-279). Dordrecht, NL: Kluwer Academic Publishers.

Townsend, D. & Adams, P. (2004). *Action research in Chinook's edge school division: Tracking the journey to a learning community.* Innisfail, AB: Chinook's Edge School Division.

Venezky, R. L. & Winfield, L. F. (1979). *Schools that succeed beyond expectations in teaching reading. Studies in education.* Newark, DE: University of Delaware.

Vescio, V., Ross, D. & Adams, A. (2007). A review of research on the impact of professional learning communities on teaching practice and student learning. *Teaching and Teacher Education, 24*(1), 80-91.

Visscher, A. J. & Witziers, B. (2004). Subject departments as professional communities? *British Educational Research Journal, 30*(6), 785-800.

Wahlstrom, K. L. & Louis, K. S. (2008). How teachers experience principal leadership: the roles of professional community, trust, efficacy, and shared responsibility. *Educational Administration Quarterly, 44,* 458-495.

Wenger, E. (2000). Communities of practice and social learning systems. *Organisation Articles, 7*(2), 225-246.

Westheimer, J. (1999). Communities and consequences: an inquiry into ideology and practice in teachers' professional work. *Education Administration Quarterly, 35*(1), 71-93.

Wiley, S. D. (2001). Contextual effects on student achievement: School leadership and professional community. *Journal of Educational Change, 2,* 1-33.

Witziers, B., Bosker, R. J., & Krüger, M. L. (2003). Educational leadership and student achievement: The elusive search for an association. *Educational Administration Quarterly, 39*(3), 398-425.

Whyte, D. (1994). *The heart aroused: Poetry and the preservation of the soul in corporate America.* New York, NY: Currency Doubleday.

Harry Kullmann

Lesson Study – Eine konsequente Form unterrichtsbezogener Lehrerkooperation

Abstract

Der Beitrag liefert zunächst eine theoretische Fundierung von Lehrerkooperation als Modus der Problemlösung an Schulen. Vorgestellt wird in diesem Kontext u.a. ein Modell zum Verlauf und den Wirkungen unterrichtsbezogener Lehrerkooperation. Das Modell verknüpft die Artikulation gemeinsamer Ziele als Ausgangspunkt jeder Kooperation über mehrere Zwischenschritte mit den verbesserten Kompetenzen der Schülerinnen und Schüler als zentralem, mehrgliedrigem Erfolgskriterium der gemeinsamen Arbeit.

Im Hauptteil des Beitrags werden die Prinzipien von Lesson Studies vorgestellt. Diese bestehen vor allem in einer kooperativen und detaillierten Entwicklung des didaktischen Konzepts einer oder mehrerer Unterrichtsstunden. Die Lehrpersonen evaluieren den Verlauf und die Ergebnisse des Unterrichts und optimieren anschließend ihre Konzeption. Dieser Zyklus wird mitunter mehrfach durchlaufen und die Ergebnisse publiziert, idealerweise inklusive der verworfenen didaktischen Alternativen sowie einer Begründung des (revidierten) Vorgehens.

Dargestellt werden ebenfalls die von Lesson Studies erwarteten Effekte zugunsten der beteiligten Lehrpersonen sowie empirische Befunde über ihre Wirksamkeit. Aufgrund der besonderen Tradition sowie der Ausdifferenzierung von Lesson Studies in Japan wird das dortige System ebenfalls erläutert. Den Abschluss bilden Ausführungen zur bisherigen internationalen Rezeption sowie ein kurzer Ausblick auf die Implementierung und Erprobung von Lesson Studies in Deutschland.

1. Einleitung

Bedeutsame Herausforderungen im Schulwesen müssen ihren Widerhall auf der Unterrichtsebene finden, bevor sie als bewältigt eingestuft werden können. Nur über eine veränderte Interaktion zwischen der Lehrperson und den Schülern[1] ist es möglich, letztere als eigentliche Zielgruppe zu erreichen. Dies gilt für die Einführung von Bildungsstandards ebenso wie für die Schulzeitverkürzung, für die Verlängerung des gemeinsamen Lernens in der Grundschule ebenso wie für eine stärkere Inklusion auf dem Weg zur Umsetzung der betreffenden UN-Konvention (VN-BRK, 2008).

---

[1] Zur Förderung der Lesbarkeit wird im Text hauptsächlich von der maskulinen Form Gebrauch gemacht. Eine Diskriminierung weiblicher Personengruppen ist damit nicht intendiert.

Während Unterricht ohnehin durch eine bedeutsame Komplexität der Ziele charakterisiert ist und der kontinuierlichen Optimierung bedarf, zeigen die gerade aufgeführten Beispiele, dass bestimmte Phasen der Schulentwicklung einen verstärkten Reformbedarf auf der Unterrichtsebene zur Folge haben. Diesem erfolgreich nachzukommen wird jedoch häufig von Seiten der Schuladministration nicht in adäquater Weise unterstützt. Die Schulen im Allgemeinen und die Lehrkräfte im Besonderen sind damit gefordert, ihre Probleme – denn als solche lassen sich in schultheoretischer Perspektive die zu bewältigenden Herausforderungen, die zu erreichenden Ziele, die zu erfüllenden Standards und die umzusetzenden Reformen verallgemeinern – mit den lokal verfügbaren Ressourcen zu lösen (vgl. Pfeiffer, 2009).

Der nachfolgende Abschnitt erläutert die Funktion der Kooperation zwischen Lehrkräften als einen Modus der Problemlösung an Schulen. Daran anschließend werden *Lesson Studies* als konsequente Form unterrichtsbezogener Lehrerkooperation charakterisiert.

2. Lehrerkooperation als Modus der Problemlösung in Schulen

2.1 Erfolgreicher Unterricht als von Lehrpersonen zu lösendes Problem

Unterricht lässt sich unter verschiedenen Perspektiven beschreiben und bewerten. Unter einer grundlegenden erziehungswissenschaftlichen Perspektive etwa ist der Begriff „Unterricht" für solche Situationen reserviert,

> „in denen (1) mit pädagogischer Absicht und in (2) planmäßiger Weise sowie (3) innerhalb eines bestimmten institutionellen Rahmens und (4) in Form von Berufstätigkeit eine Erweiterung des Wissens- und Fähigkeitsstandes einer Personengruppe angestrebt wird" (Terhart, 1997, S. 134, Aufzählung im Original).

Der Schulunterricht ist somit als häufig anzutreffende und daher charakteristische (Sonder-)Form des Unterrichts anzusehen. Er ist u.a. besonders gekennzeichnet durch die Arbeit mit Kindern und Jugendlichen, die begleitend zu der „Erweiterung des Wissens- und Fähigkeitsstandes" (ebd.) zentrale Persönlichkeitsentwicklungen zu bewältigen haben und über viele Jahre dem Schul- bzw. Unterrichtszwang unterworfen sind. Berücksichtigt man zudem, dass der Unterrichtsprozess in der Regel in Lerngruppen stattfindet, deren Individuen in ihren kognitiven, motivationalen und sozialen Lernausgangslagen heterogen sind, so dürfte deutlich werden, dass Unterricht durch eine Polytelie, eine Vielheit der Ziele gekennzeichnet ist. Nach Bromme (1997) zeichnet sich folglich der Lehrer als Experte vor allem durch die „situationsangemessene, stabil-flexible Verfolgung eines elaborierten Repertoires von Zielen" aus (ebd., S. 188).

Gemäß der Expertiseforschung unterscheiden sich Experten von Nicht-Experten dahingehend, dass erstere Probleme lösen können, die für letztere unüberwindbar sind (Stern, 2009). Für Lehrpersonen nun ist der Aus- und Fortbildungsweg auf dem

Weg zu einer Expertise im Sinne einer kontinuierlich erfolgreichen Unterrichtstätigkeit zwar nicht unüberwindbar, aber doch weitgehend unbestimmt. Dies lässt sich etwa daran ablesen, dass bislang anscheinend keine wissenschaftliche Studie existiert, die zeigen könnte, dass die Lernwirksamkeit des Unterrichts mit den Erfahrungsjahren einer Lehrperson steigt (ebd.). Und dies trotz allem formellen wie informellen *Learning-on-the-Job*. Gemäß der traditionellen Expertiseforschung wäre hingegen ein Höhepunkt der Leistungsfähigkeit nach rund zehn Berufsjahren zu erwarten (Ericsson, 2006). Rosenholtz (1991) legt sogar quantitativ-empirische Hinweise dazu vor, dass eine längere Berufszugehörigkeit einen signifikant negativen Zusammenhang zum Kompetenzerwerb im Bereich Lesen an Primarschulen aufweist. Zudem verweist die Autorin auf analoge Befunde aus vorhergehenden Studien (ebd., S. 100).

Einen Erklärungsansatz für dieses Phänomen liefert die Differenzierung in Routine- und Adaptive-Expertise nach Inagaki & Hatano (1986): Routine-Expertise ist demnach durch einen kompetenten Umgang mit komplexen, aber letztendlich wohldefinierten Problemen (*well-defined problems*) gekennzeichnet. Als Beispiel dafür erläutert Stern (2009) die Entfernung des Blinddarms durch einen Chirurgen. Ein Laie wäre damit grundsätzlich überfordert, auch wenn man ihm einen perfekt vorbereiteten Operationssaal anböte. Die Erfolgswahrscheinlichkeit wird nun – trotz der je individuellen Detailanatomie und Konstitution des Patienten – dadurch erheblich gesteigert, dass auch „alles Unerwartete im Rahmen des Bekannten" (ebd. S. 361) liegt, somit letztendlich ebenfalls wohl-definiert ist und im weitesten Sinne der Routinebildung zugeführt werden kann: Die Blinddarmentfernung wird zum „Routineeingriff".

Lehren hingegen ist aus der Perspektive der Problemlöseforschung ein schlecht-definiertes Problem (*ill-defined problem*, ebd.). Lampert (2001) etwa erläutert ausgehend vom sogenannten didaktischen Dreieck – d.h. dem gegenseitigen Einflussverhältnis von Unterrichtsgegenstand, Schüler und Lehrperson – in ausführlicher Weise die Komplexität des Unterrichtsunterfangens. Neben didaktischen Elementen kommen hierbei u.a. auch fachliche, erzieherische, soziale, historische, politische und kulturelle Einflüsse zum Tragen. Eine besondere Leistung stellt die Orchestrierung dieses Dreiecksverhältnisses dar, denn sein Charakter kann sich von Schüler zu Schüler, Lehrer zu Lehrer, Fach zu Fach, Tag zu Tag und sogar von Minute zu Minute ändern (Sizer, 1984, S. 151 f.). Laut Stern (2009) dürfte der Beruf des Lehrers kaum zu übertreffen sein, „was die Komplexität und Vielfalt der Aufgaben angeht" (ebd., S. 355).

In der Folge ist ein Technologiedefizit bzw. eine unvollständige Standardisierbarkeit der Unterrichtsarbeit auszumachen (Lortie, 1975; Luhmann & Schorr, 1979; Baumert & Kunter, 2006; Tenorth, 2006). Stark zugespitzt lässt sich festhalten, dass das Technologiedefizit seine wesentliche Ursache einerseits in der multiplen Bedingtheit der individuellen Kompetenzentwicklung auf Schülerseite und andererseits in der Komplexität der sozialen Interaktion in größeren Lerngruppen besitzt. Gerade im Hinblick auf diese Ebenen ist es die Aufgabe des Lehrers, Lerngelegenheiten sicherzustellen. Die Schüler ihrerseits sind aufgefordert, diese Angebote zu nutzen (vgl. Helmke, 2009). Baumert und Kunter (2006, S. 476 f.) sprechen in diesem Zusammenhang von einer „doppelten Kontingenz", welche der Erfolgsunsicherheit des Lehrerhandelns zugrundeliegt.

Das Technologiedefizit tangiert die Ausbildung der Lehrkräfte ebenso wie ihre Tätigkeit nach mehreren Jahren der Berufserfahrung unmittelbar (s.o.). Andererseits ist es als unstrittig anzusehen, dass der Lehrerberuf überhaupt so etwas wie eine interpersonal kommunizierbare Berufstechnologie kennt (Bromme, 1997; Baumert & Kunter, 2006; Grell & Grell, 2010). Der Mangel an einer hinreichenden Technologie ist nicht gleichzusetzen mit ihrer Abwesenheit.

2.2 Die Kooperation der Lehrpersonen als Modus der Problemlösung

Das beschriebene Technologiedefizit auf der Ebene der individuellen Lehrperson soweit wie möglich zu verringern bzw. allen Schülerinnen und Schülern hochwertige Unterrichtsprozesse zu sichern, ist ein idealtypischer Wunsch der Unterrichtsentwicklung ebenso wie der Lehrerbildung. Um diesem Ziel näher zu kommen bzw. das damit beschriebene Problem zu lösen, sind grundsätzlich mehrere Ansätze denkbar und in der Praxis in verschiedenen Facetten vertreten: individualistische wie kollektiv orientierte, auf Hierarchie beruhende ebenso wie solche, die allein auf der Basis der pädagogischen Lehrerautonomie gestaltet werden (können).

Autonomie bzw. Individualismus tolerierende Ansätze, nach denen Lehrkräfte im Anschluss an eine mehrjährige wissenschaftliche wie schulpraktische Ausbildung ihre Unterrichtsexpertise auf der Basis kurzwährender und ausschnitthafter Fortbildungen weiterentwickeln, haben sich nach Ansicht weiter Teile der Forschung zur Lehrerprofessionalität nicht bewährt (vgl. Lipowsky, 2004). Gemeint sind hier nicht Tendenzen einer „Verunmöglichung" des Lehrerberufs aus strukturtheoretischer Perspektive (vgl. Combe & Kolbe, 2008), wie sie etwa von Tenorth (2006) kritisiert wurden. Gemeint sind vielmehr Befunde wie der oben bereits genannte, wonach die Unterrichtswirksamkeit des Lehrerhandelns über die Zeit eben nicht steigt.

Gerade bei Lehrkräften kann anscheinend die Routinebildung problematisch werden, liegt eine gewisse Gefahr in der positiven Verstärkung des Handelns durch den eigenen Unterrichtserfolg: Automatisierte Verhaltensweisen werden mitunter auf unpassende Situationen übertragen, während sich umgekehrt Verhaltensabläufe zu wenig modifizieren lassen, auch wenn eine Situation dies erfordert (Stern, 2009). Zudem werden Vorgänge automatisiert, die eigentlich reflektiert werden müssten (ebd.).

Die Lehrerkooperation nun gilt als ein Modus, der in praktikabler und effektiver Weise geeignet erscheint, die gerade angesprochenen Defizite und Dilemmata auf lokaler Ebene zu lindern, bestenfalls zu beheben. Horster und Rolff (2001) etwa sehen in den Kolleginnen und Kollegen „die größte und meist ungenutzte Ressource der Lehrkräfte" (ebd., S. 206). Bauer und Kopka (1996) stellen heraus, dass „ohne Kooperation […] eine Professionalisierung der Lehrerarbeit nicht möglich [ist]" (ebd., S. 144).

Grundsätzlich ist unter Lehrerkooperation die konstruktive Zusammenarbeit mindestens zweier Lehrkräfte zur Erreichung gemeinsamer Ziele zu verstehen (vgl. Deutsch, 1949). Die beiden Interaktionsformen der Koordination sowie der Kommunikation werden mitunter als Synonyme für Kooperation verwendet, sie sind aber treffender als konstitutive Elemente zu identifizieren, ohne welche eine Kooperation unmöglich ist (vgl. Kullmann, 2010).

Der Ablauf einer kooperativen Professionalitätsentwicklung – wie er sich anhand der Ausführungen mehrerer Autoren theoretisieren lässt und in Abbildung 1 dargestellt ist – beginnt mit einer gemeinsamen Zielstellung bzw. einem zu lösenden Problem. Da die Lehrkräfte aufgefordert sind, ihre Kompetenzen fortlaufend zu evaluieren und bedarfsgerecht zu ergänzen (vgl. Terhart, 2001a), kann die Entwicklung einzelner oder mehrerer Facetten ihrer je individuellen Professionalität, z.B. im Hinblick auf den Umgang mit Heterogenität, dieses Ziel darstellen.

Auf der Handlungsebene wird bei kooperierenden Lehrkräften zunächst von einem offenen Austausch mit den Kolleginnen und Kollegen über die eigene Unterrichtspraxis bzw. berufseigene Problemlagen ausgegangen (vgl. Terhart, 2001b; Wellendorf, 1969). Um die zugehörige „kollegiale Kommunikation" (Terhart, 1987, S. 443) zu ermöglichen, müssen sich die Lehrkräfte gegenseitig Einblicke in ihre Tätigkeit gewähren, z.B. in Form von Unterrichtshospitationen, und somit eine De-Privatisierung des Unterrichts herbeiführen (Bonsen & Rolff, 2006; Kempfert & Ludwig, 2010).

Im Kommunikationsprozess wird das innerhalb der Kollegien insgesamt verfügbare professionelle Wissen für jede Lehrkraft zugänglich (Hiebert, Gallimore & Stigler, 2002). Erwartet wird zudem „ein angemessenes theoretisches Niveau durch die Expertendiskussion auf der Basis von – auch theoretischem – Spezialwissen" (Wellendorf, 1969, S. 103). Daraus resultiert – so die Annahme weiter – bei den Lehrkräften eine Intensität der Reflexion, welche ohne den kollegialen Austausch nicht zu erreichen ist (vgl. Huber, 1998). Es bilden sich Diskursgemeinschaften gemäß des Prinzips des situierten Lernens (vgl. Gräsel, Fußangel & Parchmann, 2006). Terhart et al. (1994) verweisen auf Befunde, wonach die „kollegiale Erfahrung im Gespräch und eventuell auch in der Übung" (ebd., S. 230) nach Aussage der Lehrkräfte selbst eine geeignete Methode ist, um pädagogische Kompetenz zu übermitteln (vgl. Abschn. 3.1).

Einer der ersten zentralen Erträge der unterrichtsbezogenen Lehrerkooperation besteht darin, dass subjektive Theorien über Unterricht bewusst gemacht und im Lauf der Diskussion verändert werden (Hiebert u.a., 2002). In diesem Prozess wird das „System handlungsleitender Kognitionen" (Patry, 1989, S. 107) modifiziert. Diese Kognitionen lassen sich als bestehend aus Fähigkeiten, Wahrnehmungsmustern, Erwartungen, Wertungen und Strategien interpretieren (ebd.). Nicht zuletzt an diesem entscheidenden Schritt ist das hier vorgestellte Modell der Lehrerkooperation anschlussfähig an jenes zum Lernen von Organisationen in Einfach- bzw. Doppelschleifen (Single- bzw. Double-Loop-Learning) nach Argyris & Schön (1996). Während ein Lernen in Einfachschleifen das Wertesystem der handlungsleitenden Theorien (values of the theory of action) unangetastet lässt, bewirkt das Lernen in Doppelschleifen eine Veränderung dieses Wertesystems selbst, so dass die weiteren Modifikationen und Innovationen – hier in Bezug auf die Unterrichtsarbeit – in einem veränderten System handlungsleitender Vorstellungen erfolgen. Auf der didaktisch-methodischen Makroebene z.B. wäre ein projektorientiertes und fächerübergreifendes Arbeiten in einem Drittel des Schuljahres nicht ohne die Modifikation jenes Systems denkbar, welches der Legitimation und Planung eines zuvor durchgängig praktizierten Plenumsunterrichts zugrundeliegt.

Alle bislang genannten Prozesse zielen ausschließlich auf das Planungshandeln der Lehrkräfte ab und helfen, die Interaktion mit den Schülerinnen und Schülern vorzubereiten. Der konkrete Unterricht ändert sich jedoch erst durch ein verändertes Interaktionshandeln (vgl. Bauer, Kopka & Brindt, 1996; Wahl, 1991). Damit angesprochen ist z.B. eine Veränderung „eingeschliffener Routinen" (Huber, 1998, S. 12 ff.). Um dieses Ziel zu erreichen, bedarf es intermittierender Übungs- und Reflexionsphasen auf der Basis des eigenen Unterrichts, damit latent vorhandene Wissensstrukturen verdichtet werden können (ebd., Wahl, 1991). Im Anschluss an diesen Prozess ist professionelles Handeln in den Unterrichtssituationen schneller und mit weniger Prozesskapazität möglich. Es verbleibt mithin eine zusätzliche Kapazität für situationsspezifische, zusätzliche Reflexionen oder – wo diese nicht benötigt werden – eine Entlastung in der mitunter aufreibenden Arbeit im Klassenraum.

Damit Lehrerkooperation einen messbaren Effekt auf die Schülerkompetenzen bewirkt, muss ihr Inhalt auf die unterrichtliche Schüler-Lehrer-Interaktion als operationalem Kern schulischer Arbeit ausgerichtet sein (Scheerens & Bosker, 1997). Vor dem Hintergrund der allerdings „häufig nicht hohe[n] Konsistenz und Stabilität schulischer Effekte" in Bezug auf den Leistungsaspekt stellt Ditton (2000) heraus, dass „konsistente und stabile Effekte […] dann zu erwarten [wären], wenn alle Lehrer einer Schule einheitlich und über die Zeit einen guten Unterricht gewährleisten. Dazu müsste vermutlich durch die Zusammenarbeit der Lehrer ein koordinierter und abgestimmter Unterricht sichergestellt werden" (ebd., S. 87).

Dieses Postulat von Ditton zielt ab auf eine synergetische, d.h. auf gezielte Breitenwirkung ausgerichtete Kooperation: Sie stellt in den betreffenden Fällen eine kollektive Leistung zugunsten aller Beteiligten dar und kann selbst mit erhöhtem Ressourceneinsatz von einer Person alleine nicht erreicht werden. Das unterscheidet sie von der additiven Kooperation, bei welcher lediglich einzelne Lehrkräfte oder höchstens ein Teil des Kollegiums und in der Folge auch nur ein Teil der Schülerschaft von den erzielten Kooperationsgewinnen profitieren (vgl. Kullmann, 2010). Absprachen, Standardisierungen und gegenseitige Adaptionen (*mutual adapations*) vielfältiger Art – etwa zu didaktischen Strategien, Hausaufgaben und Bewertungsmaßstäben (Gräsel, Fußangel & Pröbstel, 2006; Steinert & Klieme, 2003) –, lassen sich als synergetische Kooperation einstufen. Die gegenseitigen Adaptionen – im Sinne einer kollektiven Balancierung des Bewahrens und Veränderns bzw. einer reflektierten Übernahme zusätzlicher Elemente in das je eigene, professionelle Handlungsrepertoire – sind von zentraler Bedeutung vor dem Hintergrund, dass eine Erhöhung der Kohärenz durch Lehrerkooperation von einzelnen Lehrkräften mitunter als Beschränkung ihrer schulgesetzlich verbrieften, pädagogischen Autonomie aufgefasst werden kann. Vor allem im Rahmen der Implementierung von Innovationen gilt es somit für die Gemeinschaft der Lehrkräfte auszuhandeln, inwieweit die intendierten Neuerungen an die aktuellen Vorstellungen und Kontextbedingungen anzupassen bzw. zu rekontextualisieren sind (Fend, 2008; Gräsel et al., 2007).

Die Schritte 1) bis 4) in Abbildung 1 beziehen sich auf das Planungshandeln der Lehrkräfte, die Schritte 5a) bis 6) auf das Interaktionshandeln. Schritt 7) schließlich berücksichtigt in prägnanter Form die Effekte auf Schülerseite. Die Teilschritte 2a) und 2b) sowie 5a) bis c) repräsentieren zudem besonders dynamische und stark inter-

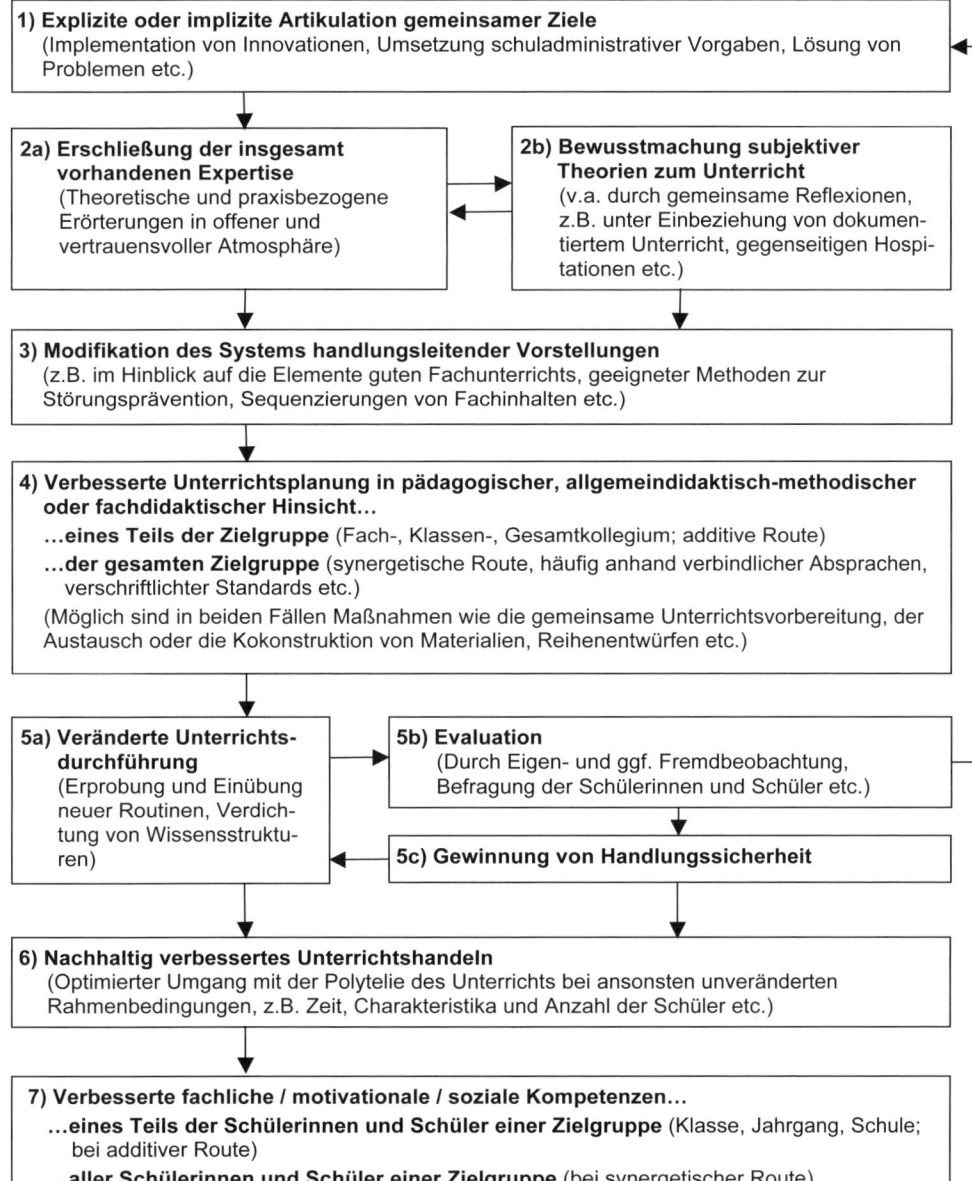

1) Explizite oder implizite Artikulation gemeinsamer Ziele
(Implementation von Innovationen, Umsetzung schuladministrativer Vorgaben, Lösung von Problemen etc.)

2a) Erschließung der insgesamt vorhandenen Expertise
(Theoretische und praxisbezogene Erörterungen in offener und vertrauensvoller Atmosphäre)

2b) Bewusstmachung subjektiver Theorien zum Unterricht
(v.a. durch gemeinsame Reflexionen, z.B. unter Einbeziehung von dokumentiertem Unterricht, gegenseitigen Hospitationen etc.)

3) Modifikation des Systems handlungsleitender Vorstellungen
(z.B. im Hinblick auf die Elemente guten Fachunterrichts, geeigneter Methoden zur Störungsprävention, Sequenzierungen von Fachinhalten etc.)

4) Verbesserte Unterrichtsplanung in pädagogischer, allgemeindidaktisch-methodischer oder fachdidaktischer Hinsicht…
…**eines Teils der Zielgruppe** (Fach-, Klassen-, Gesamtkollegium; additive Route)
…**der gesamten Zielgruppe** (synergetische Route, häufig anhand verbindlicher Absprachen, verschriftlichter Standards etc.)
(Möglich sind in beiden Fällen Maßnahmen wie die gemeinsame Unterrichtsvorbereitung, der Austausch oder die Kokonstruktion von Materialien, Reihenentwürfen etc.)

5a) Veränderte Unterrichtsdurchführung
(Erprobung und Einübung neuer Routinen, Verdichtung von Wissensstrukturen)

5b) Evaluation
(Durch Eigen- und ggf. Fremdbeobachtung, Befragung der Schülerinnen und Schüler etc.)

5c) Gewinnung von Handlungssicherheit

6) Nachhaltig verbessertes Unterrichtshandeln
(Optimierter Umgang mit der Polytelie des Unterrichts bei ansonsten unveränderten Rahmenbedingungen, z.B. Zeit, Charakteristika und Anzahl der Schüler etc.)

7) Verbesserte fachliche / motivationale / soziale Kompetenzen…
…**eines Teils der Schülerinnen und Schüler einer Zielgruppe** (Klasse, Jahrgang, Schule; bei additiver Route)
…**aller Schülerinnen und Schüler einer Zielgruppe** (bei synergetischer Route)

Abbildung 1: Verlauf und zentrale Wirkungen unterrichtsbezogener Lehrerkooperation

dependente Prozesse, die mitunter zeitlich parallel ablaufen. Diesem Umstand wurde durch ihre Zusammenfassung zu jeweils einem Schritt Rechnung getragen.

Wie sich aus der Verbindung von Schritt 5b) zu Schritt 1) des Weiteren ergibt, müssen große Teile des Prozesses mitunter mehrmals durchlaufen werden, bevor sich die individuelle wie auch die kollektive Adaption und die Verhaltenssicherheit soweit stabilisiert haben, dass sich ein nachhaltig verbessertes Unterrichtshandeln einstellt. Weil in der Regel alle von der Optimierung nicht betroffenen Ziele des Unterrichts in unveränderter Weise erreicht werden sollen, bleibt die Herausforderung der Polytelie ebenso erhalten wie die übrigen Rahmenbedingungen und Unterstützungsstrukturen auf der Unterrichts-, Schul- und Lehrerebene.

3. Lesson Studies als Form unterrichtsbezogener Kooperation

3.1 Ablauf, Begründung und antizipierte Effekte

Lesson Studies werden als geeignetes Verfahren eingestuft, um den Status des Lehrerberufs als Profession sowie die Professionalität ihrer Mitglieder auf lange Sicht zu erhöhen (Stigler & Hiebert, 1999; vgl. Reinisch, 2009). Explizit hervorgehoben wird in diesem Zusammenhang ebenfalls ihr Charakter als Problemlösungsprozess (Stigler & Hiebert, 1999, S. 112 sowie Abschn. 2.1). Das zugrundeliegende Prinzip ist einfach: Lehrkräfte erarbeiten kooperativ und detailliert das didaktische Konzept für eine Unterrichtsstunde. Sie evaluieren gemeinsam den Verlauf und die Ergebnisse der Lehr-Lern-Prozesse und optimieren anschließend ihre Konzeption, z.B. im Hinblick auf den Umgang mit Verständnisschwierigkeiten auf Seiten der Schülerinnen und Schüler. Sodann wird die überarbeitete Konzeption erprobt und evaluiert usw. Am vorläufigen Schluss des Prozesses steht idealerweise eine „didaktisch wertvolle", weil mehrfach erprobte und bewährte Unterrichtskonzeption, welche an andere Lehrkräfte weitergegeben werden kann. Alternativ denkbar sind empirisch gesättigte Schlussfolgerungen, die im Sinne konkreter (fach-)didaktischer Hilfestellungen formuliert und von den rezipierenden Lehrpersonen in adaptierender Form genutzt werden können.

In Abbildung 2 sind die zentralen Arbeitsschritte von *Lesson Studies* sowie die erwarteten Effekte und Produkte anhand des theoretischen Modells nach Lewis, Perry und Hurd (2009) dargestellt. Ihr zentrales theoretisches Fundament sehen die drei Autorinnen – ähnlich wie dies in Bezug auf die Lehrerkooperation allgemein anzusehen ist (vgl. Abschn. 2.2) – in der konstruktivistisch orientierten Theorie des Lernens sowie in der Theorie des situierten Lernens (ebd.). Während die Arbeitsschritte naheliegenderweise jenen aus Abbildung 1 ähneln, sind die Effekte gerade dieser Form der Lehrerkooperation in Abbildung 2 stärker aufgefächert.

Weil die gemeinsame Arbeit der Lehrkräfte im Rahmen von *Lesson Studies* deutlich über das gemeinsame Planungshandeln hinausgeht – welches in Schulen des deutschen Sprachraums aktuell selten auftritt (Kullmann, 2010, S. 71 ff.) – und auch die gemeinsame Evaluation des von einer Lehrperson stellvertretend durchgeführten Interaktionshandelns einschließt – was im heutigen Schulalltag so gut wie gar nicht

Arbeitsschritte der Lesson Studies	
1. Voruntersuchungen / Zielfindung	*3. Untersuchte Unterrichtsstunde*
a. Berücksichtigung der Charakteristika der Lerngruppe bzw. Schülerinnen und Schüler b. Berücksichtigung der langfristigen Ziele im Hinblick auf Entwicklung und Lernprozesse der Schülerinnen und Schüler c. Recherche zum Fachinhalt: Kernkonzepte, Curricula, Standards, empfohlene Sequenzen, Forschung	a. Durchführung der Unterrichtsstunde b. Mitglieder des Lesson-Study-Teams beobachten die Stunde und erheben Evaluationsdaten
2. Planung	*4. Reflexion*
a. Auswahl der zu studierenden Stunde(n) b. Antizipation der Schülerrückmeldungen und -beiträge durch Selbstversuch der Aufgaben c. Niederschrift des Stundenentwurfs inkl. der Lern- und Entwicklungsziele auf Schülerseite, antizipierte Schülerbeiträge und -rückmeldungen, Zeitpunkte zur Erhebung der Evaluationsdaten, grundlegendes Design der Stunde, Bezug zu langfristigen Zielen	a. Austausch und Diskussion in einem gemeinsamen *Colloquium* auf der Basis eigener Daten zur Stunde b. Ermittlung von Schlussfolgerungen durch Teammitglieder und ggf. Gäste im Hinblick auf eine Verbesserung der Stunde, gute Unterrichtspraxis allgemein, das Verständnis der Lernprozesse der Schüler sowie das eigene Verständnis der Fachinhalte c. Verfestigung des Gelernten durch eine schriftliche Zusammenfassung d. [Ggf. Änderung und wiederholtes Unterrichten der Stunde]

Denkprozesse werden transparent, gemeinsame Normen und Identitäten
entwickeln sich, Werkzeuge entstehen und das Gefühl der Teilhabe steigt.

Zwischeneffekte zugunsten von:	
1. Lehrerkompetenzen und -vorstellungen	*2. Professionelle Gemeinschaft*
a. Fachinhalte b. Pädagogik c. Verständnis über die Denkweise der Schüler d. Langfristige Entwicklung der Schülerkompetenzen und ihr Zusammenhang mit dem täglichen Unterricht	a. Motivation und Fähigkeit zur Verbesserung des Unterrichts sowie Förderung jener Normen, die eine kontinuierliche Verbesserung der Lehrerprofessionalität auf der Basis einer forschenden Orientierung betonen b. Sensibilisierung für die gemeinsame Verantwortung, einen hochwertigen Unterricht zu erteilen c. Gemeinsame langfristige Ziele zugunsten der Schüler d. Gemeinsame Sprache, Prozesse und Grundvorstellungen zur Analyse von Unterricht

3. Unterrichtsbezogene Materialien und Entwicklungswerkzeuge

a. Aufgaben zur Verdeutlichung der Denk- und Verarbeitungsprozesse der Schülerinnen und Schüler
b. Anleitungen zur Sammlung solcher Daten, mit denen sich die wichtigsten Elemente des Schülerlernens sowie der Unterrichtstätigkeit des Lehrers erfassen lassen
c. Werkzeuge, die einen produktiven Ideenaustausch zwischen den Lehrern befördern
d. Unterrichtsplanungen, die den Kompetenzerwerb der Schüler fördern

Letztendliche Effekte:	
1. verbesserter Unterricht	*2. höhere Schülerkompetenzen*

Abbildung 2: Arbeitsschritte und Effekte von *Lesson Studies* (nach Lewis, Perry & Hurd, 2009, leicht verändert und in der Übersetzung des Autors)

praktiziert wird (ebd. sowie S. 145 f.) –, lassen sich *Lesson Studies* als eine konsequente Form unterrichtsbezogener Lehrerkooperation identifizieren.

In ihnen wird jenseits einer didaktisch-methodischen Kokonstruktion des Unterrichts (Gräsel, Fußangel & Pröbstel, 2006) auch der kollegialen Hospitation (Kempfert & Ludwig, 2010) sowie der anschließenden Besprechung ein idealerweise gleich hoher Wert beigemessen (Tolle, 2010). Gerade die gemeinsam und live beobachtete Unterrichtsstunde und die unmittelbar darauf bezogene, gemeinsame Erörterung werden von erfahrenen Lesson-Study-Lehrkräften als wichtig angesehen (Murata, 2010). Diese beiden, unmittelbar der Lehrerpraxisforschung zuzuordnenden Elemente werden zudem als jene herausgestellt, welche *Lesson Studies* von anderen Modellen der Lehrerfortbildung abheben (ebd., Altrichter & Posch, 2007; Morita, 2005).

Alle mit dem deutschen Lehrerbildungssystem Vertrauten dürften durch die bisherigen Beschreibungen an jene Prinzipien erinnert fühlen, welche im Rahmen des Referendariats zur Anwendung kommen sollten. In dieser Ausbildungsphase sollen die künftigen Lehrpersonen anhand von selbstständig (ggf. unter Beratschlagung mit Peers, erfahrenen Kollegen oder Ausbildern / Mentoren / Koordinatoren) ausgearbeiteten Unterrichtsstunden – die live verfolgt und anschließend gemeinsam besprochen werden – ihre zum jeweiligen Zeitpunkt vorhandene Expertise unter Beweis stellen. Zugleich entwickeln sie ihre Kompetenzen im Kontext der Vorbereitung, Ausarbeitung und Nachbesprechung einer Lehrprobe gezielt weiter und dies womöglich – vor dem Hintergrund der sehr intensiven Planungs- und Reflexionstätigkeit – mit einem größeren Effekt als es im Kontext der alltäglichen Stunden des Ausbildungsunterrichts bereits der Fall ist (Böhner, 2009).

Ein besonderes Potenzial für die Lehrerbildung im deutschsprachigen Raum erhalten *Lesson Studies* vor diesem Hintergrund *nicht* aufgrund ihres innovativen Gehaltes i.e.S. Eine Wertschätzung beziehen sie vielmehr durch die in den Abbildungen 1 und 2 verdeutlichten Teilprozesse, welche die Lehrer gemeinsam durchlaufen sowie die dadurch erwarteten Effekte zugunsten ihrer eigenen Kompetenz und Professionalität. Diese Effekte gilt es, ein Berufsleben lang anzustreben: Wenn es einerseits stimmt, dass die Lernwirksamkeit des Unterrichts mit den Erfahrungsjahren der Lehrperson im Schnitt nicht zunimmt (s. Abschn. 2.1) und andererseits die Lehrkompetenz während des Referendariats eine besonders steile Entwicklung nimmt (Böhner, 2009), so erscheint es plausibel, das hier skizzierte Element der zweiten Ausbildungsphase in berufsbegleitender Form zu verstetigen, nunmehr getragen und gestaltet von den Lehrpersonen selbst.

Können dann durch *Lesson Studies* jene Fortschritte in der Lehrerprofession erreicht werden – vor allem in Bezug auf die Qualität und Lernwirksamkeit des Unterrichts –, die gemäß der Expertiseforschung eigentlich zu erwarten wären? Die hier formulierte Erwartungshaltung ist ohne Zweifel hoch. Sie entspricht aber zumindest den Überlegungen von Stigler und Hiebert (1999), welche diese unter Bezug auf Japan ableiten und damit anhand einer Referenz zu jenem Land, in welchem *Lesson Studies* seit mehreren Jahrzehnten eine hohe Wertschätzung erfahren (s. Abschn. 3.3) und welches insbesondere in den mathematisch-naturwissenschaftlichen Fächern im internationalen Vergleich kontinuierlich zur Spitzengruppe gehört (Klieme et al., 2010).

Der betreffende Begründungszusammenhang, dem auch die Ergebnisse der Fallstudie von Linn et al. (2000) sowie die Ausführungen von Schubert (2003) entsprechen, lässt sich wie folgt rekapitulieren:

1. Die Langsamkeit, mit der sich eine Entwicklung der individuellen Professionalität nur einstellen kann, wenn man in einer kollegialen Gruppe für die Dauer z.B. eines Schuljahres mit „dem Studium" einzelner Unterrichtsstunden zubringt, ist womöglich alternativlos vor dem Hintergrund, dass Unterrichten eine komplexe, kulturelle Aktivität darstellt (Stigler & Hiebert, 1999, S. 120f.). Änderungen in kulturellen Aktivitäten vollziehen sich langsam, graduell und auf der Basis bereits vorhandener Routinen (ebd., vgl. Abschn. 2.2). Das eigentliche Problem ist somit nicht die Langsamkeit des tiefgreifenden Lernens auf Lehrerseite – ihre grundsätzliche Bereitschaft und Fähigkeit zum kooperativen Lernen einmal vorausgesetzt (vgl. Kullmann, 2010, S. 18ff.) –, sondern die Ermöglichung und Verstetigung eines solchen Lernsystems auf organisatorischer Ebene (vgl. Huber, Hader-Popp & Ahlgrimm, 2009).

   Murata (2010) betont in diesem Zusammenhang, dass im Rahmen von *Lesson Studies* alle zentralen Elemente und Phasen des Unterrichts in gemeinsamer Arbeit auf den Prüfstand gestellt werden. Dies unterscheidet sie von vielen anderen Fortbildungsprogrammen, welche Impulse zur Verbesserung einzelner Methoden bieten, ohne die Gesamtheit der Bedingungen für erfolgreichen Unterricht zu berücksichtigen.

2. Im Mittelpunkt des „studierten Unterrichts" steht idealerweise der Lernerfolg der Schüler. Ihn zu erreichen oder anhand einer gemeinsamen Evaluation zu bestimmen, warum dieser nicht in größtmöglicher Weise eingetreten ist, muss der Dreh- und Angelpunkt der gemeinsamen Arbeit sein. Diese Ausrichtung teilen Lesson-Study-Gruppen mit den sogenannten Professionellen Lerngemeinschaften (Bonsen & Rolff, 2006).

   Stigler und Hiebert (1999, S. 121) illustrieren das hier Gemeinte anhand eines Kontrasts: Als guter Lehrer sollte nicht jener eingestuft werden, der jene Unterrichtsmethoden am perfektesten einsetzt, die gerade *en vogue* sind. Vielmehr sollte der Fokus auf den Lernergebnissen der Schülerinnen und Schüler liegen.

3. *Lesson Studies* ermöglichen einen Abgleich der Unterrichtsexpertise zwischen den beteiligten Personen. Lehrpersonen können sich an den Kompetenzen anderer orientieren, ohne sich jedoch – vor dem Hintergrund der *Lesson Study* als gemeinsamer Unternehmung – zu stark einer individuellen Kritik aussetzen zu müssen. Zugleich ermöglicht das Verfahren in Bezug auf bestimmte, innerhalb der Gruppe geäußerte didaktische Präferenzen Kritik zu äußern. Die didaktische Debatte, nicht die Überzeugung einzelner Personen, steht im Mittelpunkt (ebd., S. 125).

4. Das im Vollzug aufwendige Verfahren der *Lesson Studies* vermindert bzw. eliminiert den Gegensatz zwischen Unterrichtsforschung und Unterrichtspraxis, denn die Lehrergruppe ist eine (Lehrer-)Forschergruppe. Ihr zentraler Gegenstand ist die „echte" Unterrichtsstunde im jeweils gegebenen Kontext mit all ihren komplexen Anforderungen und Kontingenzen (s.o.). Die durch *Lesson Studies* gewonnenen Erkenntnisse über einen kleinen, aber präzise zu beschreibenden Teil des Unterrichts besitzen nach Stigler und Hiebert (1999, S. 122) aufgrund ihrer Gene-

rierung *aus der Praxis für die Praxis* eine hohe ökologische Validität. Zugleich wird durch *Lesson Studies* die einzelne Unterrichtsstunde als Referenzelement einer Entwicklung der Lehrerprofessionalität wertgeschätzt: Jede Stunde zählt und pädagogisch-didaktische Verbesserungen müssen an ihr geprüft werden (ebd., S. 111).
In der Folge sehen die Autoren – zumindest mittel- bis langfristig und ausgehend von der Situation in Japan – eine bemerkenswerte Entwicklung: Demnach begreifen sich die Lehrpersonen mit der Zeit als vollwertige Mitglieder einer bzw. ihrer Profession (*true professionals*). Sie sehen sich als Teilhabende *und aktiv Beitragende* zu jenem speziellen Wissen, das ihre Profession ausmacht. Diese Haltung wird bzw. ist dann Teil ihres Selbstverständnisses als Lehrerin oder Lehrer (ebd., S. 126 f, Terhart, 2011).

Freilich ist das Prinzip der *Lesson Studies* nicht ohne Kritik geblieben. Unbeantwortet ist z.B. die Frage, ob Lehrpersonen in der Lage sind, ihre Professionalität selbstständig zu entwickeln bzw. inwiefern es hierzu zusätzlicher Expertise von außen bedarf (Lewis, Perry & Hurd, 2009; Schubert, 2003). Auch dass das Prinzip der *Lesson Studies* den Erfolg des japanischen Schulsystems nicht alleine erklärt, wird durch vertiefende Analysen deutlich. Beispielhaft zu nennen wäre etwa die besonders ausgeprägte Kultur der Selbstverantwortlichkeit auf Seiten der Schülerschaft, z.B. im Hinblick auf die Sicherung der Unterrichtsbedingungen sowie die Organisation des Schullebens (ebd.).
Der nachfolgende Abschnitt widmet sich einer – hier notwendigerweise knappen – Beschreibung von Ergebnissen empirischer Studien über die Wirkungsmächtigkeit von *Lesson Studies*.

3.2 Ausgewählte Befunde zur Wirksamkeit von Lesson Studies

Die erste hier zu rekapitulierende Studie bezieht sich auf das in Abbildung 2 dargestellte Modell. Lewis, Perry & Hurd (2009) konnten im Rahmen ihrer qualitativ-empirischen Untersuchung – durchgeführt auf der Basis umfangreichen Datenmaterials über die Arbeit einer Gruppe von sechs Lehrpersonen – die Hypothese aus Abbildung 2 stützen, wonach die dort genannten Zwischeneffekte (*Intervening Changes*) durch *Lesson Studies* erzielt werden. Im Kontext dieser Studie ergab sich zudem, dass die Anzahl richtiger Antworten in einem Evaluationstest in jener Klasse höher war, die auf der Basis der überarbeiteten *Study Lesson* unterrichtet wurde. Vor dem Hintergrund, dass hier zwei vergleichbare Klassen derselben Schule zu einem ähnlichen Zeitpunkt unterrichtet wurden – die Überarbeitung der Konzeption erfolgte im Rahmen eines zweiwöchigen Workshops –, sehen die insgesamt 15 Beobachter der beiden Stunden keine gleichwertige Alternativerklärung zu jener, dass sich hier Effekte zugunsten der Unterrichtsqualität durch das spiralförmige Durchlaufen des Lesson-Study-Zyklus ergeben haben (ebd., S. 300 sowie Abb. 2).
Viele Studien, die konkrete Lesson-Study-Gruppen untersuchen, gehen ähnlich vor und kommen, vor allem was die Zwischeneffekte angeht, zu analogen Ergebnissen. Das zugrundeliegende Datenmaterial besteht u.a. aus transkribierten Audiomitschnitten der Vorbereitungs- und Auswertungstreffen, Unterrichtsvideografien oder

Beobachtungsbögen, verschriftlichten Unterrichtsplanungen sowie Interviews mit Lehrpersonen oder Schülern (z.B. Pang, 2006; Sims & Walsh, 2009). Erste positive Erfahrungen aus Deutschland werden für den Versuch berichtet, *Lesson Studies* bereits in den schulpraktischen Studien der ersten Ausbildungsphase zu erproben (Gervé, 2007, s. Abschn. 3.4). Im internationalen Kontext liegen genau hierzu indes skeptische Berichte vor (Parks, 2009).

Auch stärker quantitativ orientierte Arbeiten sind zu verzeichnen. Podhorsky und Fisher (2007) etwa unterstreichen auf der Basis einer Befragung von 30 Lehrkräften die Annahme, dass *Lesson Studies* besonders viele und weiterführende Anlässe zur Reflexion über den eigenen Unterricht bieten. Als größten Kritikpunkt identifizierten die befragten Lehrkräfte die zur Erarbeitung der *Study Lesson* benötigte Zeit (ebd.). Nach Morita (2005) betrachten japanische Lehrkräfte die *Lesson Studies* als nützliches Trainingskonzept, welches auf die Qualität ihres Unterrichts einen förderlichen Einfluss hat (s. Abschn. 3.3). Die betreffende Schlussfolgerung resultiert u.a. aus einer Befragung von 1200 Lehrpersonen. Die Bedeutsamkeit von *Lesson Studies* wird von den Befragten höher eingeschätzt als Faktoren, welche die individuellen Bemühungen der Lehrkräfte umschreiben oder staatliche Angebote betreffen (ebd.).

Interessant ist in Bezug auf *Lesson Studies* des Weiteren das Unterrichtexperiment von Meyer, Klingenberg und Wilde (2010). Die Autoren haben im Fach Biologie die Lernwirksamkeit von „Normalunterricht" mit jenem einer „idealisierten Lehrprobenstunde" verglichen (vgl. Abschn. 3.1). Je zwei fünfte Klassen einer Gesamtschule bildeten die Experimental- bzw. Kontrollgruppe (N_{Gesamt} = 112 Schüler). Der erzielte Lernzuwachs war in beiden Gruppen bedeutsam, in der Experimentalgruppe jedoch bedeutsam und signifikant höher als in der Kontrollgruppe (ebd.). Analoge Unterschiede ergaben sich zugunsten der Experimentalgruppe zudem im Hinblick auf die intrinsische Motivation sowie ein lernförderliches Unterrichtsklima (ebd.). Der in der Experimentalgruppe eingesetzte Materialaufwand an Arbeitsblättern, Laptops und lebenden Zwergmäusen ist zwar im Vergleich zu den Arbeitsblättern des „Normalunterrichts" hoch, bei entsprechender Ausstattung der Schulen und einer erleichterten Unterrichtsvorbereitung durch das Vorliegen einer ausgearbeiteten Planung andererseits grundsätzlich zu bewältigen. Gerade solche Begründungen und Dokumentationen zu den einzelnen Stunden, wie sie für Lehrprobenstunden ebenso wie *Lesson Studies* obligatorisch sind, können dem Anspruch genügen, professionstypisches Lehrerwissen so zu sammeln und zu archivieren, dass es allgemein zugänglich ist und von einer Lehrergeneration an die nächste weitergegeben werden kann (ebd.; Terhart, 2003). Vor diesem Hintergrund ist es erstaunlich, dass es in Deutschland noch kein (Online-)Archiv für gut oder sehr gut benotete und praktisch erprobte Unterrichtskonzeptionen aus Ersten und/oder Zweiten Staatsexamina gibt.

Unter der Perspektive auf *Lesson Studies* als berufsbegleitende Lehrerfortbildung wird deutlich, dass diese viele Bedingungen erfüllen, welche sich in der betreffenden Forschung als relevant herausgestellt haben. So entsprechen sie den Schlussfolgerungen von Hiebert, Gallimore und Stigler (2002), wonach eine Entwicklung der Professionalität der Lehrkräfte vor allem dann erfolgreich ist, wenn sie langfristig, schulintern und kooperativ erfolgt, auf die Lernprozesse der Schüler ausgerichtet ist und einen curricularen Bezug aufweist. Analoge Ausführungen im Kontext noch umfangreicherer Kataloge finden sich etwa bei Huber (2009) sowie Lipowsky (2004). Die Angaben beider Autoren zum Modus der Professionalitätsentwicklung überschneiden sich zudem in weiten Teilen mit jenen Elementen, die oben bereits im Kontext der Lehrerkooperation bzw. der *Lesson Studies* beschrieben wurden. So plädiert Lipowsky u.a. auf der Basis mehrerer Untersuchungen dafür, die inhaltliche Auseinandersetzung auf Fortbildungen gemäß des Mottos „Weniger ist Mehr" zu vertiefen (ebd., S. 473).

Ein wichtiges Element von Lehrerfortbildungen, dem *Lesson Studies* nur unter bestimmten Umständen gerecht werden, ist eine *mehrfache* eigentätige Praxis- bzw. Erprobungsphase *jeder* beteiligten Lehrperson (Lipowsky, 2004). Durch ihren Einsatz in Parallelklassen und eine flexible Verteilung der Unterrichtsthemen für die einzelnen Lerngruppen kann jedoch auch dies ermöglicht werden. Insgesamt ist auf den Umstand zu verweisen, dass für *Lesson Studies* alle Befunde zu den Ausprägungen und Effekten, den Ge- und Misslingensbedingungen sowie den Desiderata und relativierenden Betrachtungen von Relevanz sind, die im Hinblick auf die Lehrerkooperation identifiziert wurden (vgl. z.B. Ahlgrimm, 2010; Kullmann, 2010; Parks, 2009; Soltau & Mienert, 2010).

Aufgrund der herausgehobenen Position des japanischen Systems in der Diskussion um *Lesson Studies* soll die dortige Tradition im Folgenden etwas näher vorgestellt werden. Den Abschluss bilden Ausführungen zur Rezeption sowie ein Ausblick auf die Implementierung und Erprobung von *Lesson Studies* in Deutschland.

3.3 Formen und Bedeutung von Lesson Studies in Japan

Japan gilt als Ursprungsland der *Lesson Studies* als berufsbegleitender Lehrerpraxisforschung. Diese Studien haben dort eine über hundertjährige Tradition und ihre Bedeutung erklärt sich u.a. aus der Tatsache, dass lokale, eher informelle Strukturen der Lehrerausbildung über viele Jahrzehnte die einzige Form der Praxisausbildung im Anschluss an das Studium darstellten (Schubert, 2003). Nach Stigler und Hiebert (1999, S. 109) haben *Lesson Studies* wesentlich dazu beigetragen, die Wirksamkeit des japanischen (Mathematik-)Unterrichts in einem Jahrzehnte währenden Prozess zu verbessern (vgl. Abschn. 3.1).

Heute finden japanische *Lesson Studies* in verschiedenen Formen und mit verschiedenen Funktionen statt. In Einzelschulen dienen sie der lokal orientierten, gemeinsamen Verbesserung des Unterrichts in einer Reihe von Fächern (Murata, 2010). Üblich scheint dabei zu sein, dass bei der Durchführung der überarbeiteten Stunden das gesamte Kollegium zu Hospitation und Diskussion eingeladen wird (Schubert, 2003). Auf Landes- und Bezirksebene reisen die Lehrpersonen zum Teil von weit an. Sie beobachten mitunter in zweistelligen Teilnehmerzahlen den Unterricht und diskutieren anschließend ihre Beobachtungen und Schlussfolgerungen. Nicht selten wird den Lehrkräften zudem eine Auswahl an Fächern und Klassenstufen geboten, deren Unterricht sie an einem Tag „studieren" können (Murata, 2010).

Interessanterweise sind *Lesson Studies* in Japan nicht Teil des formellen, von Seiten der Schulverwaltung konzipierten Lehrerfortbildungsangebots. Obwohl ihre Durchführung somit nicht obligatorisch ist, werden sie von zahlreichen Lehrpersonen gegenüber anderen Veranstaltungen bevorzugt (Morita, 2005). Vor diesem Hintergrund entscheiden auch die Lehrkräfte selbst, inwiefern externe Expertise in die Vorbereitung oder Auswertung der *Study Lessons* einfließt (ebd.). Illustriert werden kann die Verbreitung von *Lesson Studies* anhand von Beispieldaten aus dem Jahr 2003 für die Präfektur Osaka. Demnach fand dort mindestens eine *Lesson Study* pro Schuljahr an 98,4% der Grundschulen (Klasse 1 bis 6) und 77,3% der Schulen mit Junior-Oberstufe (Klasse 7 bis 9) statt. Das Gros der Grundschulen (55,5%) führte im betreffenden Zeitraum vier und mehr *Lesson Studies* durch. An 64,1% der Schulen mit Junior-Oberstufe wurden zwischen einem und drei Studierzyklen durchlaufen (ebd.). An Sekundarschulen (ab Klasse 10) werden *Lesson Studies* in Japan anscheinend nur selten durchgeführt (Alvine et al., 2007).

In Japan dienen *Lesson Studies* unter anderem dazu, unterrichtsbezogene Innovationen anhand der Praxis zu testen und zu evaluieren (vgl. Abschn. 3.1). Eine bedeutsame Funktion kommt in diesem Zusammenhang speziellen Praktikumsschulen zu, die an Universitäten angegliedert sind. Ebenfalls möglich ist, dass sich Schulen im Anschluss an landesweite Ausschreibungen des Bildungsministeriums, von Stiftungen oder Verbänden um bestimmte Entwicklungs- und Evaluationsaufgaben auf der Basis von *Lesson Studies* bewerben (Lewis, 2002; Lewis, Perry & Murata, 2006). Häufig sind es somit Schulen, die unterrichtsbezogene Probleme von nationaler Bedeutung innerhalb von *Lesson Studies* erproben und ihre Ergebnisse berichten. In Kombination mit anderen Vorgaben resultiert so in Japan eine weltweit vielleicht einmalige Verschränkung der *top-down-* sowie der *bottom-up*-orientierten Unterrichtsentwicklung (ebd.).

3.4 Rezeption von Lesson Studies: Regionen, Fächer, Ausbildungsgänge

In allen Ländern und Regionen außerhalb Japans sind *Lesson Studies* ein verhältnismäßig neues Instrument zur kontinuierlichen bzw. berufsbegleitenden Entwicklung der Lehrerprofessionalität. Soweit sie aktiv rezipiert werden, sind sie in einem relativ frühen Stadium der Adaption an ihre je lokalen Gegebenheiten, so dass vielfältige Modifikationen und Versionen zu erwarten sind (Murata, 2010). Aufgegriffen wurde das Konzept bislang vor allem in asiatischen Ländern (Marsigit, 2007; Paine & Ma, 1993; Pang, 2006) und den USA, aber auch in Europa und Süd-Afrika (Davies & Dunnill, 2008; Ono & Ferreira, 2010; Voetmann Christiansen, Klinke & Nielsen, 2007). Die USA blicken bereits auf eine über zehnjährige Tradition und *Lesson Studies* werden bzw. wurden dort an über 400 Schulen betrieben (Lewis, Perry & Hurd, 2009; Murata, 2010, www.lessonresearch.net). Organisatorisches Herzstück der internationalen Bewegung ist die asiatisch dominierte *World Association of Lesson Studies* (WALS, www.worldals.org). Diese gibt seit Frühjahr 2012 das *International Journal for Lesson and Learning Studies* heraus, dessen Chief editor John Elliott, der Nestor der Lehrerpraxisforschung, ist.

Unter den Fächern, in denen *Lesson Studies* bislang durchgeführt wurden, dominiert außerhalb Japans deutlich die Mathematik (Murata, 2010). Dies mag seine Ursache darin haben, dass die ersten Veröffentlichungen in den USA, die eine Durchführung von *Lesson Studies* empfahlen, im Nachgang zur Diskussion um die TIMS-Studie erschienen und sich wesentlich auf dieses Fach bezogen (Stigler & Hiebert, 1999). Zumindest einzelne Berichte finden sich mittlerweile für eine Reihe von Lernbereichen, etwa die Naturwissenschaften (Lo, 2009; Marble, 2006), die Wirtschaftskunde (Davies & Dunnill, 2008; Pang, 2006), das Fach Design und Technologie (Davies & Dunnill, 2008), den Sachunterricht (Lewis, 1995) sowie den Schriftspracherwerb (Parks, 2009). Auch im Rahmen der universitären Lehre für angehende Pharmazeuten und somit als Fortbildungsmethode für Hochschuldozenten wurden *Lesson Studies* erprobt (Voetmann Christiansen, Klinke & Nielsen, 2007).

Aus deutscher Perspektive wurden *Lesson Studies* des Weiteren im Hinblick auf ihre möglichen Beiträge zur Politikdidaktik (Kuhn, 2006) sowie im Abgleich zur „Lehrkunst" diskutiert (Berg & Grammes, 2006). Letztere teilt mit *Lesson Studies* die Eigenschaft, dass Lehrpersonen gemeinsam Unterrichtsentwürfe entwickeln, ausprobieren und dokumentieren. Bei der Lehrkunstdidaktik steht jedoch nicht eine optimale Gestaltung der Lernprozesse sämtlicher Schülerinnen und Schüler und in Bezug auf grundsätzlich alle Lerngegenstände im Vordergrund. Vielmehr wird hier eine bildungstheoretisch gesättigte Umsetzung sorgfältig ausgewählter curricularer Elemente angestrebt, die abschließend in Form schulliterarisch ansprechender „Unterrichtsreportagen" aufbereitet werden (vgl. Grammes, 2004).

Wie bereits in Abschnitt 3.1 dargelegt, ist eine Durchführung in den unterrichtspraktischen Studien der Universität (Gervé, 2007; Alvine et al., 2007; Sims & Walsh, 2009) oder im Referendariat – bzw. einem *Initial Teacher Training* – besonders naheliegend (Davies & Dunnill, 2008). Jedoch ist in diesen Kontexten eine erneute Erprobung der überarbeiteten Entwürfe häufig nicht möglich und das Verfahren erfolgt nicht in einem egalitären Team, sondern unter deutlicher Führung von Dozentinnen bzw. Dozenten oder Ausbildungskoordinatorinnen bzw. -koordinatoren (Gervé, 2007).

Ihr Potenzial einer symbiotischen Entwicklung von Unterricht und Lehrerprofessionalität wird in der deutschsprachigen Literatur regelmäßig angesprochen (Baumert & Kunter, 2006; Helmke, 2009; Wellenreuther, 2009), jedoch wurden *Lesson Studies* selten eingehend beschrieben (Gervé, 2007; Kuhn, 2006) und wohl noch seltener praktisch umgesetzt (Gervé, 2007). Operationalisiert wurde das Konzept zumindest im Rahmen eines baden-württembergischen Lehrerfortbildungsprojekts (Koderisch, 2008), jedoch scheinen hierzu weder formative noch summative Evaluationen vorzuliegen.

Ein Anschluss an die internationale Debatte ist von deutscher Seite ebenfalls bereits zu verzeichnen (Gervé & Kehder-Mürrle, 2006) und den Autoren ist wohl nur beizupflichten, wenn sie resümierend festhalten, dass eine Implementierung von *Lesson Studies* hierzulande nur Aussicht auf Erfolg hat, wenn sie professionell organisiert und von Seiten der Schulforschung begleitet wird (ebd., S. 237). Eine Erprobung von *Lesson Studies* im Kontext der Lehrerpraxisforschung – und somit zugleich in der dritten Phase der Lehrerbildung – findet zum Zeitpunkt der Fertigstellung dieses Beitrags an der Laborschule bzw. der Wissenschaftlichen Einrichtung Laborschule an der Universität Bielefeld statt. Unter dem Titel „Positive Beispiele zu negativen Zahlen – Unterrichtsstudien zum Mathematikunterricht" widmet sich dort ein multiprofessionelles Team von drei Lehrpersonen, zwei Mathematikdidaktikern und einem Bildungswissenschaftler der fachdidaktischen Entwicklungsforschung sowie der kooperativen Entwicklung der Lehrerprofessionalität (Althoff et al., 2012).

Literatur

Ahlgrimm, F. (2010). *„Für mich persönlich hat sich wahnsinnig viel geändert". Untersuchungen zur Kooperation in Schulen.* Dissertation. Erfurt: Universität Erfurt.

Althoff, P. G., Friedli, R., Hattermann, M., vom Hofe, R., Kullmann, H. & Viehmeister, F. (im Erscheinen): Positive Beispiele zu negativen Zahlen – Unterrichtsstudien zum Mathematikunterricht. In: N. Freke, B. Koch, H. Kullmann, A. Textor, D. Timmermann & T. Zenke (Hrsg.): *Laborschulforschung 2012: Berichte und Anträge zum Forschungs- und Entwicklungsplan.* Bielefeld: Wissenschaftliche Einrichtung Laborschule an der Universität Bielefeld.

Altrichter, H. & Posch, P. (2007). *Lehrerinnen und Lehrer erforschen ihren Unterricht. 4. Auflage.* Bad Heilbrunn: Klinkhardt.

Alvine, A., Judson, T. W., Schein, M. & Yoshida, T. (2007). What graduate students (and the rest of us) can learn from Lesson Study. *College Teaching, 55*(3), 109-113.

Argyris, C. & Schön, D. A. (1996). *Organizational learning II.* Reading: Addison-Wesley.

Bauer, K.-O., Kopka, A. & Brindt, S. (1996). *Pädagogische Professionalität und Lehrerarbeit.* Weinheim: Juventa.

Baumert, J. & Kunter, M. (2006). Stichwort: Professionelle Kompetenz von Lehrkräften. *Zeitschrift für Erziehungswissenschaft, 9*(4), 469-520.

Berg, H. C. & Grammes, T. (2006). Lehrkunst (Teaching Art): a German version of Lesson Study? In M. Matoba, K. Crawford & M. Sarkar Arani (Hrsg.), *Lesson Study. International Perspectives on Policy and Practice* (S. 239-256). Beijing: Educational Science Publishing.

Böhner, M. M. (2009). Wirkungen des Vorbereitungsdienstes auf die Professionalität von Lehrkräften. In O. Zlatkin-Troitschanskaia u.a. (Hrsg.), *Lehrprofessionalität* (S. 439-449). Weinheim: Beltz.

Bonsen, M. & Rolff, H.-G. (2006). Professionelle Lerngemeinschaften von Lehrerinnen und Lehrern. *Zeitschrift für Pädagogik, 52*(2), 167-184.

Bromme, R. (1997). Kompetenzen, Funktionen und unterrichtliches Handeln des Lehrers. In Weinert, F. E. (Hrsg.), *Psychologie des Unterrichts und der Schule* (S. 177-212). Göttingen: Hogrefe.

Combe, A. & Kolbe, F.-U. (2008). Lehrerprofessionalität: Wissen, Können, Handeln. In W. Helsper (Hrsg.), *Handbuch der Schulforschung* (2. Auflage, S. 857-875). Wiesbaden: VS.

Davies, P. & Dunnill, R. (2008). ‚Learning Study' as a model of collaborative practice in initial teacher education. *Journal of Education for Teaching, 34*(1), 3-16.

Deutsch, M. (1949). A theory of co-operation and competition. *Human Relations, 2*(2), 129-152.

Ditton, H. (2000). Qualitätskontrolle und Qualitätssicherung in Schule und Unterricht. *Zeitschrift für Pädagogik, 41. Beiheft* (46), 73-93.

Ericsson, K. A. (2006). The influence of experience and deliberate practice on the development of superior expert performance. In K. A. Ericsson, N. Charness, P. J. Feltovich & R. R. Hoffman (Hrsg.), *The Cambridge Handbook of Expertise and Expert Performance* (S. 683-703). New York: Cambridge University Press.

Fend, H. (2008). *Neue Theorie der Schule. Einführung in das Verstehen von Bildungsprozessen. 2. Auflage.* Wiesbaden: VS.

Gervé, F. (2007). Lesson-Study als Modell für die schulpraktischen Studien. In D. Flagmeyer & M. Rotermund (Hrsg.), *Mehr Praxis in der Lehrerbildung – aber wie?* (S. 115-130). Leipzig: Universitätsverlag.

Gervé, F. & Kehder-Mürrle, A. (2006). Lesson Study: Impulses for teacher education and in-service training in Germany. In M. Matoba, K. Crawford & M. Sarkar Arani (Hrsg.), *Lesson Study. International Perspectives on Policy and Practice* (S. 218-238). Beijing.

Grammes, T. (2004). Lehrkunst und Lesson Study – ein didaktisches joint venture? *Journal für sozialwissenschaftliche Studien und ihre Didaktik, 1,* 1-11.

Gräsel, C., Fußangel, K. & Parchmann, I. (2006): Lerngemeinschaften in der Lehrerfortbildung. Kooperationserfahrungen und -überzeugungen von Lehrkräften. *Zeitschrift für Erziehungswissenschaft, 9*(4), 545–561.

Gräsel, C., Fußangel, K. & Pröbstel, C. (2006). Lehrkräfte zur Kooperation anregen – eine Aufgabe für Sisyphos? *Zeitschrift für Pädagogik, 52*(2), 205-219.

Gräsel, C., Stark, R., Sparka, A. & Herzmann, P. (2007). Schulische Kooperationsmuster und die Implementation eines Programms zur Förderung der Lesekompetenz. In D. Euler, G. Pätzold & S. Walzik (Hrsg.), *Kooperatives Lernen in der beruflichen Bildung* (S. 93-107). Stuttgart: Franz Stein.

Grell, J. & Grell, M. (2010). *Unterrichtsrezepte. 12. Auflage.* Weinheim: Beltz.

Hatano, G. & Inagaki, K. (1986). Two courses of expertise. In H. Stevenson & K. Hakuta (Hrsg.), *Child Development and Education in Japan* (S. 262-272). New York: Freeman.

Helmke, A. (2009). *Unterrichtsqualität und Lehrerprofessionalität.* Seelze: Klett.

Hiebert, J., Gallimore, R. & Stigler, J. W. (2002). A knowledge base for the teaching profession: What would it look like and how can we get one? *Educational Researcher, 31*(5), 3-15.

Horster, L. & Rolff, H.-G. (2001). *Unterrichtsentwicklung.* Weinheim: Beltz.

Huber, G. L. (1998). *Kooperation von Lehrkräften: Kooperatives Lernen kooperativ lernen. Universität Tübingen.* Online unter: http://blk.mat.uni-bayreuth.de/material/ipn.html am 16.04.2004.

Huber, S. G. (2009). Wirksamkeit von Fort- und Weiterbildung. In O. Zlatkin-Troitschanskaia et al. (Hrsg.), *Lehrprofessionalität* (S. 451-463). Weinheim: Beltz.

Huber, S. G., Hader-Popp, S. & Ahlgrimm, F. (2009). Kooperation in der Schule. In S. G. Huber (Hrsg.), *Handbuch für Steuergruppen* (S. 211-239). Köln: Wolters Kluwer.

Kempfert, G. & Ludwig, M. (2010). *Kollegiale Unterrichtsbesuche. 2. Auflage.* Weinheim: Beltz.

Klieme, E., Artelt, C., Hartig, J., Jude, N., Köller, O., Prenzel, M., Schneider, W. & Stanat, P. (Hrsg., 2010). *PISA 2009.* Münster: Waxmann.

Koderisch, L. (2008). *Kooperative Lernbeobachtung und Unterrichtsentwicklung – Qualitätsentwicklung an Schulen.* Online unter: www.kluq.de am 18.10.2009.

Kullmann, H. (2010). *Lehrerkooperation – Ausprägung und Wirkungen am Beispiel des naturwissenschaftlichen Unterrichts an Gymnasien.* Münster: Waxmann.

Lampert, M. (2001). *Teaching problems and the problems of teaching.* New Haven: Yale University Press.

Lewis, C. C. (1995). *Educating hearts and minds. Reflections on Japanese preschool and elementary education.* New York: Cambridge University Press.

Lewis, C. C. (2002). *Lesson Study: A handbook of teacher-led instructional change.* Philadelphia: Research for Better Schools.

Lewis, C. C., Perry, R. R. & Hurd, J. (2009). Improving mathematics instruction through lesson study: a theoretical model and North American case. *Journal of Mathematics Teacher Education, 12*(4), 285-304.

Lewis, C., Perry, R. & Murata, A. (2006). How should research contribute to instructional improvement? The case of Lesson Study. *Educational Researcher, 35*(3), 3-14.

Linn, M. C., Lewis, C., Tsuchida, I. & Songer, N. B. (2000). Beyond fourth-grade science: why do U.S. and Japanese students diverge? *Educational Researcher, 29*(3), 4-14.

Lipowsky, F. (2004). Was macht Fortbildungen für Lehrkräfte erfolgreich? *Die Deutsche Schule, 96*, 462-479.

Lortie, D. C. (1975). *Schoolteacher. A sociological study.* Chicago: University of Chicago Press.

Luhmann, N. & Schorr, K. E. (1979). Das Technologiedefizit der Erziehung und die Pädagogik. *Zeitschrift für Pädagogik, 25*(3), 345-365.

Marble, S. T. (2006). Learning to teach through lesson study. *Action in Teacher Education, 28*(3), 86-95.

Marsigit (2007). Mathematics teachers' professional development through Lesson Study in Indonesia. *Eurasia Journal of Mathematics, Science & Technology Education, 3*(2), 141-144.

Meyer, A., Klingenberg, K. & Wilde, M. (2010). Viel hilft viel! Sind „idealisierte" Lehrprobenstunden besonders motivierend und lernwirksam? *MNU, 63*(2), 105-110.

Morita, E. (2005). Lesson Study: Kooperative Lehrerweiterbildung in Japan. *Beiträge zur Lehrerbildung, 23*(5), 398-409.

Murata, A. (2010). Teacher Learning with Lesson Study. In P. L. Peterson (Hrsg.), *International encyclopedia of education 3. Auflage.* (S. 575-581). Amsterdam: Elsevier.

Ono, Y. & Ferreira, J. (2010). A case study of continuing teacher professional development through lesson study in South Africa. *South African Journal of Education, 30*(1), 59-74.

Paine, L. & Ma, L. (1993). Teachers Working together: A dialogue on organizational and cultural perspectives of Chinese teachers. *International Journal of educational research, 19*(8), 675-718.

Pang, M. F. (2006). The use of learning study to enhance teacher professional learning in Hong Kong. *Teaching Education, 17*(1), 27-42.

Parks, A. N. (2009). Collaborating about What? An instructor's look at preservice lesson study. *Teacher Education Quarterly, 36*(4), 81-97.

Patry, J.-L. (1989). Warum hat die Erziehungswissenschaft so wenig Einfluss auf die Erziehung? *Die Realschule, 97*(3), 107-113.

Pfeiffer, H. (2009). Möglichkeiten und Grenzen der Gestaltungsfreiheit der Einzelschule. In S. Blömeke et al. (Hrsg.), *Handbuch Schule* (S. 560–563). Bad Heilbrunn: Klinkhardt.

Podhorsky, C. & Fisher, D. (2007). Lesson study: an opportunity for teacher led professional development. In T. Townsend & R. Bates (Hrsg.), *Handbook of teacher education* (S. 445-456). Dordrecht: Springer.

Reinisch, H. (2009). „Lehrprofessionalität" als theoretischer Term. In O. Zlatkin-Troitschanskaia et al. (Hrsg.), *Lehrprofessionalität* (S. 33-43). Weinheim: Beltz.

Rosenholtz, S. J. (1991). *Teachers' workplace: The social organization of schools.* New York: Teachers College Press.

Scheerens, J. & Bosker, R. J. (1997). *The foundations of educational effectiveness.* Oxford: Elsevier.

Schubert, V. (2003). Lehren lernen in einer Lernkultur. Bildung und Weiterbildung von Lehrerinnen und Lehrern in Japan. *Die Deutsche Schule, 7. Beiheft* (95), 99-114.

Sims, L. & Walsh, D. (2009). Lesson Study with preservice teachers: Lessons from lessons. *Teaching & Teacher Education, 25*(5), 724-733.

Sizer, T. R. (1984). *Horace's compromise. The dilemma of the American high school.* Boston: Houghton Mifflin.

Soltau, A. & Mienert, M. (2010). Unsicherheit im Lehrerberuf als Ursache mangelnder Lehrerkooperation? Eine Systematisierung des aktuellen Forschungsstandes auf Basis des transaktionalen Stressmodells. *Zeitschrift für Pädagogik, 56*(5), 761-778.

Steinert, B. & Klieme, E. (2003). *Levels of teacher cooperation as levels of school development: A criterion-referenced approach to school evaluation.* Vortrag auf der European Conference on Educational Research, 17.09.2003. Hamburg.

Stern, E. (2009). Implizite und explizite Lernprozesse bei Lehrerinnen und Lehrern. In O. Zlatkin-Troitschanskaia et al. (Hrsg.), *Lehrprofessionalität* (S. 355-364). Weinheim: Beltz.

Stigler, J. W. & Hiebert, J. (1999). *The teaching gap. Best ideas from the world's teachers for improving education in the classroom.* New York: Free Press.

Tenorth, H.-E. (2006). Professionalität im Lehrerberuf. Ratlosigkeit der Theorie, gelingende Praxis. *Zeitschrift für Erziehungswissenschaft, 9*(4), 580–597.

Terhart, E. (1987). Kommunikation im Kollegium. *Die Deutsche Schule, 79*(4), 440–450.

Terhart, E. (1997). Unterricht. In D. Lenzen (Hrsg.), *Erziehungswissenschaft – Ein Grundkurs* (S. 133-158). Reinbek: Rowohlt.

Terhart, E. (2001a). Gymnasiallehrer: Zwischen Fachanspruch und Erziehungsanspruch. In E. Terhart (Hrsg.), *Lehrerberuf und Lehrerbildung* (S. 115-129). Weinheim: Beltz.

Terhart, E. (2001b). Lehrerberuf und Schulautonomie. In E. Terhart (Hrsg.), *Lehrerberuf und Lehrerbildung* (S. 146-162). Weinheim: Beltz.

Terhart, E. (2003). Lehrerbildung nach PISA. Welche Konsequenzen kann man aus den aktuellen Leistungsvergleichsstudien für die Lehrerbildung ziehen? In H. Merkens (Hrsg.), *Lehrerbildung in der Diskussion* (S. 167-177). Opladen: Leske + Budrich.

Terhart, E. (2011): Lehrerberuf und Professionalität: Gewandeltes Begriffsverständnis – neue Herausforderungen. In: *Zeitschrift für Pädagogik, 57.* Beiheft, 202–224.

Terhart, E., Czerwenka, K., Ehrich, K., Jordan, F. & Schmidt, H. J. (1994). *Berufsbiographien von Lehrerinnen und Lehrern.* Frankfurt/Main: Peter Lang.

Tolle, P. P. (2010). Lesson Study: Still a work in progress in America. *Mathematics Teacher, 104*(3), 181-185.

VN–BRK (2008): Gesetz zu dem Übereinkommen der Vereinten Nationen vom 13. Dezember 2006 über die Rechte von Menschen mit Behinderungen. Bundesgesetzblatt Teil II Nr. 35, ausgegeben zu Bonn am 31. Dezember 2008, S. 1419–1457.

Voetmann Christiansen, F., Klinke, B. & Nielsen, M. W. (2007). Lesson study as a format for collaborative instructional change. *Pharmacy Education, 7*(2), 183-185.

Wahl, D. (1991). *Handeln unter Druck. Der weite Weg vom Wissen zum Handeln bei Lehrern, Hochschullehrern und Erwachsenenbildern.* Weinheim: Verlag Deutscher Studien.

Wellendorf, F. (1969). Formen der Kooperation von Lehrern in der Schule. In C.-L. Furck (Hrsg.), *Zur Theorie der Schule* (S. 91-113). Weinheim: Beltz.

Wellenreuther, M. (2009). *Forschungsbasierte Schulpädagogik.* Baltmannsweiler: Schneider.

Andreas Soltau, Sarah Berthe & Malte Mienert

Das Autonomie-Paritäts-Muster
Der Lehrer im Spannungsfeld von kollegialer Norm und Entwicklungsanspruch

Abstract

Mit dem sog. Autonomie-Paritäts-Muster wird in der Schulforschung ein Konstrukt beschrieben, welches Nicht-Einmischung und Gleichheit der Lehrkräfte als in Schulkollegien zentrale Gruppennormen formuliert und zur Erklärung mangelnder Lehrerkooperation herangezogen wird. In einer Fragebogenstudie mit 170 Hamburger Lehrkräften kann ein entsprechendes Einstellungsmuster allerdings nur bei 26 % der Befragten identifiziert werden. Über zwei Drittel der teilnehmenden Lehrkräfte beschreibt sich dagegen eher als kooperationsbereit und scheint nur in geringem Ausmaß nach beruflicher Autonomie zu streben. Eine in Schulen dominante Kultur des Autonomie-Paritäts-Musters kann somit empirisch nicht bestätigt werden.

1. Einleitung

Empirische Studien erregen vor allem dann viel Aufmerksamkeit, wenn sie mit seit längerer Zeit akzeptierten Erkenntnissen brechen und den Leser[1] zwingen, lieb gewonnene Hypothesen zu überdenken. Für die Annahme aber, dass Lehrkräfte als Einzelkämpfer nebeneinander her arbeiten, hält die empirische Forschung wenig Überraschendes bereit. Statt zum Umdenken zu zwingen, wird diese Hypothese für deutsche Schulen immer wieder aufs Neue bestätigt (vgl. Baumert et al., 2001; Bos et al., 2003, 2004; Helmke & Jäger, 2002; Holtappels, 1999; Kanders & Rösner, 2006; Soltau & Mienert, 2009; Steinert et al., 2006).

Zusammenfassend ist Pröbstel (2008) zuzustimmen, wenn er konstatiert, „dass der Austausch von Unterrichtsmaterialien, beruflichen Informationen und Meinungen zwischen Lehrkräften die Regel sind, während zeitintensivere Formen der Kooperation selten stattfinden" (S. 23). Da allerdings mit einer intensiveren Lehrerkooperation nach Kullmann (2009) die Hoffnung auf Professionalisierung von Lehrkräften sowie auf eine Verbesserung ihrer psycho-emotionalen Gesundheit einher geht, ist das Interesse der Bildungsforschung darauf gelenkt, zu überprüfen, „unter welchen organisato-

---

1 In diesem Beitrag werden zur besseren Lesbarkeit des Textes nur die männlichen Formulierungen verwendet, solange nicht geschlechtsspezifische Unterschiede beschrieben werden. Die Autoren bitten hierfür um Verständnis.

rischen, situativen und personenbezogenen Konstellationen" (Terhart & Klieme, 2006, S. 165) Lehrkräfte zusammenarbeiten. Je nach Forschungsrichtung wird dabei aus unterschiedlichen Perspektiven versucht, mögliche Ursachen für den Mangel an Lehrerkooperation zu identifizieren. Soltau (2008) differenziert in diesem Zusammenhang die Ebenen der Schulorganisation, Interaktionen und Normen innerhalb der Lehrergruppe sowie den Bereich der einzelnen Individuen und ordnet diesen drei Ebenen verschiedene in der Forschungsliteratur beschriebene Einflussfaktoren auf Lehrerkooperation zu (vgl. Tabelle 1).

Tabelle 1: Zusammenfassung der Einflussfaktoren auf Lehrerkooperation

Faktoren auf Ebene der Schulorganisation	• Zelluläre Organisationsstruktur • Arbeitszeitgestaltung • Aufstiegsmöglichkeiten • Entlohnungsmodalitäten
Gruppenprozesse innerhalb des Kollegiums	• Autonomie-Paritäts-Muster • Konkurrenz um Schüleranerkennung und Funktionsposten • Vertrauenskultur • Gemeinsame pädagogische Zielvorstellungen
Faktoren auf Ebene des Individuums	• Dienstalter • Geschlecht • Berufliche Unsicherheit von Lehrkräften • Soziale und kommunikative Kompetenzen • Autonomiestreben • Bewertung der Nützlichkeit und Anwendbarkeit von Kooperationsformen

Anmerkungen. Tabelle angelehnt an Soltau (2007, S. 40).

Mit dem sog. Autonomie-Paritäts-Muster wird in diesem Beitrag ein möglicher Einflussfaktor fokussiert, der seit den soziologischen Arbeiten von D. C. Lortie (1975) immer wieder in Publikationen zur Lehrerkooperation Erwähnung findet (vgl. Altrichter, 1996, 2000; Fussangel, 2008; Kullmann, 2009; Gräsel, 2010). Zu der Frage, ob dieser Faktor allerdings dreißig Jahre nach Lortie im deutschsprachigen Raum tatsächlich noch Relevanz besitzt, liegen bis auf eine Studie von Altrichter und Eder (2004) an österreichischen Berufsschullehrern keine empirischen Daten vor.

2. Das Autonomie-Paritäts-Muster in Lehrerkollegien

Ein Lehrerkollegium ist zunächst einmal eine Zwangsgruppe, „der die Lehrer/innen – von Wunschversetzungen abgesehen – behördlicherseits zugewiesen werden" (Ulich, 1996, S. 149). Wie in allen Gruppen entwickeln sich auch innerhalb eines Lehrerkollegiums Normen und Regeln, die auf vielfältige Art und Weise den direkten Umgang miteinander bestimmen. Dieses Regelwerk muss von neuen Lehrern im Laufe eines Sozialisationsprozesses erlernt werden, Verstöße dagegen werden durch die Gruppe sanktioniert. Historisch hat sich mit dem Autonomie-Paritäts-Muster in dieser Kultur nach Lortie (1975) ein Normenmuster entwickelt, das für die berufsbezogene Interaktion von besonderer Bedeutung ist und im Schulalltag eine wichtige Funktion erfüllt. Nach Altrichter (2000) dient es dem Zweck, die sog. endemische Unsicherheit von Lehrkräften berufskulturell zu bannen. Der Begriff „endemisch" (Griechisch: einheimisch) wird in der Biologie oder Medizin verwendet, um das Vorkommen von bestimmten Tierarten oder Krankheiten in einem begrenzten Gebiet zu bezeichnen. Lortie (1975) setzt diesen Begriff ein, um bestimmte Rahmenbedingungen, die sich in dieser Kombination und Ausprägung nur im Lehrerberuf finden lassen, zu beschreiben. Er identifiziert diese, indem er den beruflichen Alltag von Lehrkräften mit anderen Professionen vergleicht. So sind im Lehrerberuf weder das Ziel (z.B. die Vermittlung von Fachinhalten) noch die hierfür notwendigen Zwischenprodukte so konkret beschreibbar wie z.B. in Handwerksberufen. Weil es im Lehrerberuf nicht den einen richtigen Weg zum Ziel gibt, kann es auch keine allgemeingültige Blaupause geben, anhand derer Lehrkräfte ihr aktuelles Handeln abgleichen können. Bleibt man in diesem Bild, besteht im Lehrerberuf außerdem nicht unbedingt Konsens darüber, ob das Endprodukt eher einem Tisch oder einem Stuhl ähnlich sein soll. Über das was Schule im moralischen, ästhetischen und wissenschaftlichen Bereich vermitteln und erreichen soll, wird nach Lortie (1975) in den meisten Gesellschaften kontrovers diskutiert. Weiterhin ist es für Lehrer schwierig einzuschätzen, welchen Anteil sie selbst zum Gesamtprodukt beigesteuert haben, da vielfältige weitere Faktoren die Lernleistungen der Schüler beeinflussen. „These circumstances do not favor monitoring and self-assessment" (Lortie, 1975, S. 136-137) und erzeugen nach Altrichter (2000) bei Lehrkräften „ein tief sitzendes Gefühl der Ungewißheit über beruflichen Erfolg" (Altrichter, 2000, S. 103).

Eine denkbare Bewältigungsform für diese endemische Unsicherheit bestünde nach Altrichter (2000) darin, „sich mit KollegInnen und KlientInnen über berufliche Normen zu verständigen und Selbstevaluationen einzuholen" (S. 104). Durchgesetzt habe sich stattdessen allerdings das durch folgende informelle Regeln definierte Autonomie-Paritäts-Muster (vgl. Altrichter & Eder, 2004, S. 195), welches die Unsicherheit berufskulturell bannen soll:
1. Kein Erwachsener soll in den Unterricht des Lehrers eingreifen.
2. Lehrer sollen als gleichberechtigt betrachtet und behandelt werden.
3. Lehrer sollen im Umgang miteinander zuvorkommend sein und nicht in die Angelegenheiten des Kollegen intervenieren.

Bewältigt werden die endemischen Unsicherheiten dabei insofern, als die normativ gesetzte Gleichheit der Lehrkräfte einer leistungsbezogenen und damit externen Bewertung des Unterrichts erforderlich machenden Hierarchie im Kollegium vorbeugt. Die Norm der Autonomie oder Nicht-Einmischung (vgl. Ulich, 1996) garantiert zusätzlich, dass die endemisch ungenauen Erfolgskriterien nicht durch andere Personen fremdbestimmt werden. „Wenn das Erfolgsgefühl so schwer zu erlangen und so wenig vorausberechenbar ist, dann soll die Beurteilung zumindest beim Individuum bleiben" (Altrichter, 1996, S. 138).

Während das Autonomie-Paritäts-Muster endemische Unsicherheiten zu reduzieren hilft, verhindert es nach Altrichter (1996) gleichzeitig eine intensivere Zusammenarbeit in Kollegien und stünde damit wichtigen Schulentwicklungsprozessen im Wege. Aber ist dieses in den 70er Jahren der amerikanischen Schulforschung beschriebene Normenmuster tatsächlich ein Konstrukt, welches auch heutzutage in deutschen Schulkollegien noch wirksam ist? Eine empirische Untersuchung über die Stärke der Verbreitung des Autonomie-Paritäts-Musters in verschiedenen Kollegien berufsbildender Schulen von Altrichter und Eder (2004) kann in Übereinstimmung mit einer Reihe von qualitativ ausgerichteten Studien (vgl. Altrichter & Posch, 1999; Eckert, 1992) bei einer Gruppe von Lehrern dieses Muster identifizieren. Darauf basierend entwickeln die Autoren ein Instrument zur Messung der drei Komponenten Autonomie, Parität und Ablehnung von Kooperation. Mittels Cluster-Analyse können Altrichter und Eder (2004) eine Personengruppe identifizieren, welche sich durch eine starke Betonung der genannten Komponenten auszeichnet und deren Einstellungen als Autonomie-Paritäts-Muster interpretiert werden. Von den befragten 499 Lehrkräften lassen sich bei der von den Autoren vorgeschlagenen drei Cluster Lösung allerdings nur 35 % der Stichprobe diesem Cluster zuordnen. Altrichter und Eder (2004) kommen basierend auf diesen Daten zu dem Schluss, dass das Autonomie-Paritäts-Muster insgesamt „nicht jene generelle Verbreitung auf[weist], die man aufgrund von Lorties (1972) ursprünglicher Formulierung vermuten würde" (S. 218). Der Rest der befragten Lehrkräfte verteilt sich auf die Cluster „berufliche Einzelkämpfer/innen" mit Betonung der Komponenten Autonomie und Ablehnung von Kooperation sowie den Cluster „Teamorientierung" mit geringeren Ausprägungen auf allen drei Komponenten.

3. Studie an Hamburger Lehrkräften

3.1 Fragestellungen

Motiviert und eingebettet ist die hier vorgestellte Studie in die Suche nach möglichen Ursachen für den Mangel an Lehrerkooperation in deutschen Schulen. Theoretisch müssten Formen der Zusammenarbeit, welche in die Privatsphäre des Unterrichts eingreifen, als direkter Verstoß gegen solch ein Normenmuster wahrgenommen und abgewehrt werden. Entsprechende Reaktionen sind dabei nicht nur bei Kooperationsformen wie gegenseitigen Unterrichtsbesuchen oder Teamteaching zu erwarten. Selbst der Austausch von Unterrichtsmaterialien ermöglicht Lehrern dezidierte Rückschlüsse darüber, wie die Kollegen ihren Unterricht thematisch und didaktisch ausrichten und müsste damit die Nicht-Einmischungsnorm verletzen. Für die Intensivierung von Kooperationsformen in Schulen wäre es deshalb wichtig zu wissen, ob das Autonomie-Paritäts-Muster nach wie vor in Lehrerkollegien verbreitet ist. Die Untersuchung von Altrichter und Eder (2004) liefert hierzu erste Daten und scheint die Annahme eines Autonomie-Paritäts-Musters als dominante Norm in Kollegien berufsbildender Schulen eher nicht zu stützen. Die vorliegende Untersuchung überprüft dieses Ergebnis für Lehrkräfte aus allgemeinbildenden Schulen.

> Forschungsfrage A.: Wie verbreitet ist das Autonomie-Paritäts-Muster unter Lehrkräften an allgemeinbildenden Schulen?

Neben der Verteilung des Autonomie-Paritäts-Musters in der untersuchten Stichprobe sind für diese Studie ursächliche oder aufrechterhaltende Bedingungen dieses Normenmusters von zentralem Interesse. Dabei soll vor allem auf die endemische Unsicherheit fokussiert werden, als deren Bewältigungsform das Autonomie-Paritäts-Muster von Altrichter und Eder (2004) beschrieben wird.

> Forschungsfrage B: Gehen Einstellungen, die dem Autonomie-Paritäts-Muster entsprechen, mit einer verstärkt empfundenen endemischen Unsicherheit der einzelnen Lehrkräfte einher?

Neben der Hypothese, dass das Autonomie-Paritäts-Muster Lehrerkooperation verhindert, soll im Folgenden ebenfalls überprüft werden, inwieweit entsprechende Einstellungen mit der Bereitschaft zu außerunterrichtlichem Engagement der Lehrkräfte einhergehen. Dahinter steht der Gedanke, dass Schulentwicklungsmaßnahmen, wie z.B. die Arbeit in Steuergruppen, einzelne Lehrkräfte aus dem Gesamtkollegium herausheben und damit gegen die Paritäts-Norm verstoßen. Weiterhin erarbeiten Fach- oder Steuergruppen Konzepte, die auch in den Unterricht ihrer Kollegen hineinreichen (zum Beispiel Schulcurricula etc.) und damit gegen die Autonomie- bzw. Nichteinmischungs-Norm verstoßen. Um diesen Zusammenhang zwischen Autonomie-Paritäts-Muster und Engagement in der Schulentwicklung zu überprüfen, soll abschließend folgende Forschungsfrage beantwortet werden:

> Forschungsfrage C: Fühlen sich Lehrer, die das Autonomie-Paritäts-Muster vertreten, für Aufgaben verantwortlich, die über das Unterrichten der eigenen Schüler hinausgehen?

3.2 Durchführung der Erhebung

Methodisch orientiert sich diese Untersuchung an der Studie von Altrichter und Eder (2004)[2]. Erhoben wurden die hier zu Grunde liegenden Daten mithilfe eines Onlinefragebogens, der auf freiwilliger Basis von Hamburger Schulleitern an ihre Lehrkräfte weitergeleitet wurde. Aufgrund von rechtlichen Schwierigkeiten konnten nur 38 aller Hamburger allgemeinbildenden Schulen kontaktiert werden. 22 Schulleiter teilten mit, an wie viele Kollegen sie den Fragebogen weitergeleitet hatten. Insgesamt konnten auf diesem Weg 648 Lehrkräfte kontaktiert werden, von denen 170 den Fragebogen ausfüllten (Rücklaufquote: 26%). Es ist allerdings zu erwarten, dass deutlich mehr Lehrer den Link zu der Online-Befragung erhalten haben, da möglicherweise einige Schulleiter das Anschreiben weiterleiteten, ohne dies zurückzumelden. Da somit keine exakten Angaben über die Anzahl der „verteilten" Fragebögen gemacht werden kann, ist auch die berechnete Rücklaufquote nur ein vorsichtiger und wahrscheinlich eher optimistischer Schätzwert.

---

2   Wir danken Prof. Dr. Herbert Altrichter für die Bereitstellung der Autonomie-Paritäts-Muster Skalen.

3.3 Stichprobe

Tabelle 2 zeigt die Zusammensetzung der befragten Stichprobe hinsichtlich der Variablen Schulform und Geschlecht. Am stärksten vertreten sind in dieser Stichprobe Lehrkräfte aus Grundschulen (36%), gefolgt von Sonderschulen und Integrationsschulen (23%). Lehrerinnen (80%) sind im Vergleich zu ihren männlichen Kollegen deutlich überrepräsentiert.

Tabelle 2: Zusammensetzung der Hamburger Stichprobe (N=170) hinsichtlich der Variablen Schulform und Geschlecht

| | Geschlecht | | |
Schulform	weiblich	männlich	Gesamt
Grundschulen	51	10	61
Haupt- und Realschulen	16	4	20
Gesamtschulen	13	8	21
Gymnasien	18	11	29
Sonderschulen/ Integrationsschulen	39	-	39
Gesamt	137	33	170

Der Median der Variable Alter liegt bei 46-50 Jahren. Die aus der Geschlechter- und Schulformverteilung möglicherweise resultierenden Stichprobenverzerrungen müssen bei der Interpretation der Ergebnisse besonders berücksichtigt werden.

3.4 Eingesetzte Erhebungsinstrumente

Hauptbestandteil des für diese Untersuchung zusammengestellten Fragebogens sind die von Altrichter und Eder (2004) entwickelten drei Skalen zur Messung des Autonomie-Paritäts-Musters:

- Skala Autonomie (*„Die Schulleitung soll Rahmenbedingungen dafür schaffen, dass Lehrer in Ruhe unterrichten können, sich aber selbst nicht in die Unterrichtsarbeit einmischen“*),
- Skala Parität (*„Engagierte Lehrer sollten auch mehr verdienen als Kollegen, die nur eine Mindestleistung erbringen.“* [-])
- Skala Ablehnung von Kooperation (*„Lehrer sollten sich regelmäßig wechselseitig im Unterricht besuchen, um voneinander zu lernen“* [-])

Für die vorliegende Untersuchung kommt eine modifizierte Version des Autonomie-Paritäts-Muster-Fragebogens zum Einsatz. Die Skala Autonomie, welche ursprünglich 10 Items umfasst, wird um vier Items gekürzt. Bei der Skala Parität werden zwei von ursprünglich sieben Items gestrichen. Als Auswahlkriterium dienen hierbei die Trennschärfeberechnungen von Altrichter und Eder (2004), welche diese für die vorliegende Untersuchung zur Verfügung gestellt haben. Für die Stichprobe der 170 Hamburger Lehrkräfte ergeben sich Cronbachs Alpha-Werte von: α=.77 für Autonomie, α=.62 für Parität sowie α=.67 für die Skala Ablehnung von Kooperation.

Die von Lehrkräften individuell empfundene endemische Unsicherheit wird durch zwei Skalen operationalisiert, die im Rahmen eines Forschungsprojektes zur beruflichen Unsicherheit von Lehrkräften zusammengestellt wurden (vgl. Soltau & Mienert, 2010). Die Skala Rollenambiguität von Starnaman und Miller (1992) erfasst, wie verunsichert Lehrkräfte bezogen auf die Ziele und Aufgaben ihres Berufes sind (*„Mir ist unklar, was der Aufgabenbereich meines Berufes alles beinhaltet"*). Die ursprünglich vier Items umfassende Skala wird basierend auf den Trennschärfewerten von Starnaman und Miller (1992) um ein Item gekürzt und erreicht in der vorliegenden Stichprobe eine interne Konsistenz von $\alpha = .65$. Neben der Unsicherheit über die eigenen Aufgaben spielt laut Lortie (1975) ebenfalls die Ungewissheit über den eigenen Einfluss auf das Lernen der Schüler eine wichtige Rolle für das berufliche Selbstbild. Zur Operationalisierung dieser Variablen werden vier von sieben Items der Skala Teaching Efficacy von Gibson und Dembo (1984), basierend auf den von den Autoren angegebenen Trennschärfewerten ausgewählt und ins Deutsche übersetzt (*„Verglichen mit der Bedeutung des häuslichen Umfeldes, hat mein Unterricht nur einen geringen Einfluss auf die Schüler"*). Für diese Skala ergibt sich in der Hamburger Stichprobe eine interne Konsistenz von $\alpha = .71$.

Wie bereits geschrieben, bezieht sich Forschungsfrage C auf den Zusammenhang zwischen dem Autonomie-Paritäts-Muster und der Bereitschaft zu außerunterrichtlichem Engagement der Lehrkräfte. Um den Grad dieser Verantwortungsübernahme zu erfassen, wurde für die vorliegende Studie eine Skala aus verschiedenen Messinstrumenten zusammengestellt, da kein geeignetes Instrument zur Verfügung stand. Wie bei Berthe (2010) im Detail beschrieben, wurden insgesamt sieben Items aus der Skala Schulisches Engagement von Ehmke, Senkbeil und Bleschke (2004) sowie der Skala Elternarbeit von Ramm et al. (2006) ausgewählt. Eine Explorative Faktorenanalyse zeigt, dass diese Items auf zwei Dimensionen laden, die als „Verantwortungsübernahme für innerschulische Aufgaben" ($\alpha = .75$) sowie als „Verantwortungsübernahme für die Außenwirkung der eigenen Schule" ($\alpha = .59$) bezeichnet werden können. Aufgrund der internen Konsistenzen wird zur Beantwortung der Forschungsfrage C nur die aus drei Items bestehende Skala Verantwortungsübernahme für innerschulische Aufgaben herangezogen (*„Ich arbeite regelmäßig bei einem innerschulischen Gremium mit"*). Tabelle 3 zeigt die in dieser Untersuchung verwendeten Skalen im Überblick.

Tabelle 3: Verwendete Skalen der Erhebung

Skalen	Anzahl Items	Interne Konsistenz	Skalierung
Autonomie	6	α=.77	„stimmt nicht" (1) bis „stimmt genau" (5)
Parität	5	α=.62	„stimmt nicht" (1) bis „stimmt genau" (5)
Ablehnung von Kooperation*	4	α=.67	„stimmt nicht" (1) bis „stimmt genau" (5)
Rollenambiguität	3	α =.65	„nie" (1) bis „immer" (4)
Ungewissheit über den eigenen Einfluss auf das Lernen der Schüler	4	α =.71	„trifft nie zu" (1) bis „trifft immer zu" (4)
Verantwortungsübernahme für innerschulische Aufgaben	3	α=.75	„trifft nicht zu" (1) bis „trifft voll zu" (4)

Anmerkungen. * für Clusteranalyse umkodiert

3.5 Ergebnisse

3.5.1 Verbreitung des Autonomie-Paritäts-Musters

Um Daten über die Verbreitung des Autonomie-Paritäts-Musters zu erhalten, fokussieren Altrichter und Eder (2004) nicht auf die deskriptiven Werte der drei Einzelskalen, sondern überprüfen per Clusteranalyse, ob sich Gruppen von Lehrkräften hinsichtlich dieser drei Skalen unterscheiden und ob eine dieser Gruppen als Autonomie-Paritäts-Muster interpretiert werden kann. Zur Vereinheitlichung der Ergebnisdarstellung wird für die folgenden Berechnungen die Skala Ablehnung von Kooperation umkodiert. Damit können niedrige Werte auf allen drei Skalen als geringes Streben nach Autonomie, Parität bzw. Kooperation und hohe Werte als starkes Streben nach den entsprechenden Komponenten interpretiert werden.

Nach einer Z-Standardisierung der Aggregatvariablen Autonomie, Parität und Kooperation erfolgt die anschließende Gruppierung der Stichprobe in zwei Schritten. Zunächst werden mittel Single-Linkage-Verfahren mögliche Ausreißer identifiziert und aus der weiteren Untersuchung ausgeschlossen (vgl. Backhaus, 2003). Die Stichprobe für die folgende Clusteranalyse sowie anschließende Untersuchungen umfasst somit 152 Personen. Anschließend erfolgt eine weitere Clusteranalyse nach dem Ward-Verfahren. Die deutlichste Erhöhung der Fehlerquadratsumme zeichnet sich beim Übergang von einer 7-Cluster- in eine 6-Clusterlösung ab. Weitere Anstiege des Heterogenitätsmaßes sind bei den Übergängen von einer 6- in eine 5-Clusterlösung, von der 4- zur 3-Clusterlösung sowie von der 3- zur 2- Clusterlösung zu erkennen. Rechnerisch ist die 7-Clusterlösung zu wählen, da sich an dieser Stelle der erste Knick in der Entwicklung des Heterogenitätsmaßes befindet. Problematisch an dieser Lösung ist allerdings, dass diese Arbeit auf einen Vergleich mit den Ergebnissen von Altrichter und Eder (2004) abzielt, die eine 3-Clusterlösung beschreiben. Hinzu kommt, dass die 7-Clusterlösung inhaltlich kaum interpretierbar ist. Ein Cluster, das als Autonomie-Paritäts-Muster gelesen werden kann, findet sich erst bei der 4-Clusterlösung. Da

Cluster 4 allerdings eine sehr geringe Anzahl von Objekten aufweist und sehr dem Verlauf des Clusters 3 ähnelt, wird diese Variante für die weitere Untersuchung verworfen. Die 3-Clusterlösung dagegen zeigt deutliche Unterschiede zwischen den Clustern 2 und 3, deren Fusion zu einem erheblichen Anstieg des Heterogenitätsmaßes auf der Stufe der 2-Clusterlösung führt. Da zudem die drei Cluster aufgrund ihrer Unterschiedlichkeit gut interpretierbar sind und diese Lösung den angestrebten Vergleich mit den Ergebnissen von Altrichter und Eder (2004) erlaubt, wird von einer weiteren Fusion abgesehen und die 3-Clusterlösung den weiteren Untersuchungen zugrunde gelegt. Abbildung 1 zeigt für diese Lösung die Mittelwerte der drei Lehrergruppen für die z-standardisierten Aggregatvariablen Autonomie, Parität und Kooperation.

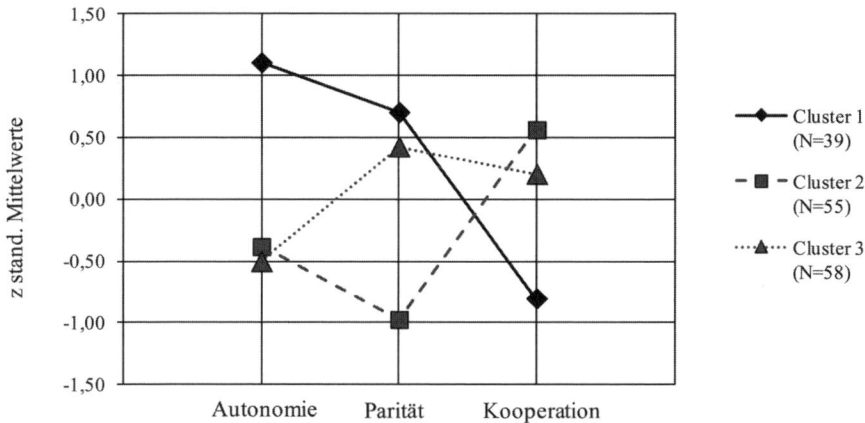

Abbildung 1: Darstellung der 3-Cluster-Lösung für die Hamburger Stichprobe (*N*=152)

Das Cluster 1 (*N*=39) entspricht in seinen Komponenten dem von Altrichter und Eder (2004) identifizierten Cluster des Autonomie-Paritäts-Musters. Die Lehrer der Hamburger Stichprobe, die diesem Cluster 1 zugeordnet wurden, streben stark nach Autonomie und Parität und lehnen die Kooperation mit ihren Kollegen ab. Cluster 2 und Cluster 3 unterscheiden sich dagegen von denen bei Altrichter und Eder (2004) beschriebenen Lehrergruppen der 3-Clusterlösung. Kennzeichnend für Cluster 2 (*N*=55) ist in der Hamburger Stichprobe die starke Bereitschaft zu kooperieren bei geringem Streben sowohl nach Autonomie als auch nach Parität. Diese ausgesprochen teamorientierten Lehrkräfte bestehen nicht auf ihre unterrichtsbezogene Autonomie und widersprechen einer leistungsunabhängigen Gleichbehandlung aller Lehrkräfte. Möglicherweise handelt es sich bei dieser Gruppe um Lehrer, die sich intensiv in Teamstrukturen engagieren und dafür auch besondere Anerkennung erwarten.

Die Bedeutung der Paritäts-Norm stellt wiederum den wichtigsten Unterschied zwischen den Lehrkräften aus Cluster 2 und Cluster 3 dar. Wie in Abbildung 1 gut erkennbar, unterscheiden sich beide Gruppen nur geringfügig hinsichtlich ihrer Einstellung zur Autonomie und Kooperation. Cluster 3 umfasst allerdings Lehrkräfte, die trotz grundsätzlicher Teamorientierung an dem Gleichheitsprinzip festhalten. Schulleiter, die Lehrkräfte aus dieser Gruppe gegenüber dem Kollegium besonders hervorheben und loben, würden ihnen damit im Gegensatz zu den Cluster 2 Lehrkräften vermutlich keinen Dienst erweisen.

Zusammenfassend kann eine allgemeine Gültigkeit des Autonomie-Paritäts-Musters, basierend auf den vorliegenden Untersuchungsergebnissen, nicht bestätigt werden. Das mittels Ward-Verfahren identifizierte Cluster besteht aus 39 Personen. Ausgehend von dieser Gruppierung weisen somit lediglich 25.7% (N=152) der Lehrkräfte Einstellungsmuster auf, die mit dem genannten Normenmuster übereinstimmen. Ein derartiges Ergebnis verweist nach Altrichter und Eder (2004) darauf, dass das Autonomie-Paritäts-Muster keine allgemein gültige Umgangsnorm in Lehrerkollegien ist. Auf eine schulformspezifische Betrachtung der unterschiedlichen Cluster muss aufgrund der relativ geringen Zahl an Lehrkräften je Schultyp verzichtet werden.

3.5.2 Endemische Unsicherheit und das Autonomie-Paritäts-Muster

Zur Beantwortung der Forschungsfrage nach möglichen Zusammenhängen zwischen Autonomie-Paritäts-Muster und endemischer Unsicherheit werden die Mittelwerte der Skalen „Rollenambiguität" sowie „Ungewissheit über den eigenen Einfluss auf das Lernen der Schüler" zwischen den drei Lehrerclustern verglichen. Beide Variablen können Ausprägungen von eins (nicht verunsichert) bis vier (stark verunsichert) annehmen. Tabelle 4 zeigt die Mittelwerte der beiden Aggregatsvariablen im Vergleich.

Tabelle 4: Mittelwertvergleich der Cluster bezüglich der Variablen Rollenambiguität und Ungewissheit über den eigenen Einfluss auf das Lernen der Schüler

Cluster	Rollenambiguität		Ungewissheit über den eigenen Einfluss auf das Lernen der Schüler		
	M	*SD*	*M*	*SD*	*N*
Cluster 1 (APM)	1.79	0.49	2.82	0.51	39
Cluster 2	1.64	0.55	2.56	0.39	51
Cluster 3	1.64	0.44	2.55	0.57	58

Zunächst fällt auf, dass sich die befragten Lehrkräfte hinsichtlich ihrer beruflichen Rolle eher nicht verunsichert fühlen. Alle Mittelwerte der drei Cluster liegen unterhalb der theoretischen Mitte der Skala von 2.5. Dagegen scheint Ungewissheit darüber, welchen Einfluss man als Lehrer auf das Lernen der eigenen Schüler hat, in allen drei Lehrergruppen eine Rolle zu spielen. Eine einfaktorielle Varianzanalyse zeigt, dass zwischen den drei Einstellungskategorien hinsichtlich der Aggregatvariablen Rollenambiguität keine signifikanten Mittelwertsunterschiede bestehen: $F(2, 152) = 1.55$, $p = .22$. Die tendenziell etwas höhere Rollenambiguität bei Lehrkräften aus Cluster 1, deren Einstellungen dem Autonomie-Paritäts-Muster entsprechen, kann somit nicht als überzufällig interpretiert werden. Dagegen zeigen sich theoriekonforme und signifikante Mittelwertunterschiede bezogen auf die Aggregatsvariable Ungewissheit über den eigenen Einfluss auf das Lernen der Schüler: $F(2, 147)=5.79$, $p<.01$. Nach Scheffé-Test unterscheidet sich der Mittelwert von Cluster 1 signifikant sowohl von Cluster

2 (p=.01) als auch von Cluster 3 (p=.01). Für diese wiederum liegt kein signifikanter Mittelwertsunterschied vor (p>.99). Es ist somit bei einer Irrtumswahrscheinlichkeit von 5% festzuhalten, dass Lehrer, deren Einstellungen dem Autonomie-Paritäts-Muster entsprechen, hinsichtlich ihres Einflusses auf den Lernerfolg der Schüler stärker verunsichert sind als solche, die anderen Einstellungsmustern folgen. Dies kann als ein Hinweis darauf interpretiert werden, dass das Autonomie-Paritäts-Muster, wie von Altrichter (1996) vermutet, eine Bewältigungsform bestimmter endemischer Unsicherheitsfaktoren darstellt. Kausal kann dieser Zusammenhang allerdings aufgrund des Querschnittsdesigns der Untersuchung nicht interpretiert werden. Bei Betrachtung der bivariaten Korrelationen der Einzelskalen fällt auf, dass die signifikanten Mittelwertunterschiede zwischen den Clustern vor allem auf die Zusammenhänge zwischen der Autonomie- und Kooperationsskala mit der Skala Ungewissheit über den eigenen Einfluss auf das Lernen der Schüler zu erklären sind (vgl. Tabelle 5).

Tabelle 5: Bivariate Korrelationen zwischen den Skalen des Autonomie-Paritäts-Musters und den endemischen Unsicherheiten des Lehrerberufs

	Autonomie	Parität	Kooperation
Rollenambiguität	.13	.11	-.13
Ungewissheit über den eigenen Einfluss auf das Lernen der Schüler	.32*	.14	-.24*

Anmerkungen: *p<.001

Lehrkräfte, die sich unsicher sind, ob sie grundsätzlich Einfluss auf ihre Schüler ausüben können, befürworten stärker Unterrichtsautonomie und lehnen deutlicher Kooperation ab, als Kollegen, die sich ihres eigenen Einflusses sicher sind. Bei der Paritätsnorm dagegen zeigt sich ein solcher Zusammenhang nicht.

3.5.3 Autonomie-Paritäts-Muster und außerunterrichtliches Engagement

Nach Altrichter (2000) stellt das Autonomie-Paritäts-Muster für Maßnahmen der Schul- und Qualitätsentwicklung ein Hindernis dar. Lehrkräfte, die diesem Einstellungsmuster folgen, konzentrieren ihre Aufmerksamkeit hauptsächlich auf den eigenen Unterricht, da sie sich nicht in Belange ihrer Kollegen einmischen oder durch besonderes Engagement gegen die Paritäts-Norm verstoßen wollen. Die einfaktorielle Varianzanalyse bestätigt diese Hypothese und zeigt, dass sich die Einstellungs-Cluster hinsichtlich der Skala Verantwortungsübernahme für innerschulische Aufgaben signifikant unterscheiden, F (2, 150) =4.76, p=.01. Der Mittelwert des Cluster 1, welches dem Autonomie-Paritäts-Muster entspricht, ist wie erwartet niedriger als die der Cluster 2 und 3 (vgl. Tabelle 6).

Tabelle 6: Mittelwertvergleich der Cluster bezüglich der Variable Verantwortungsübernahme für innerschulische Aufgaben

Cluster	Verantwortungsübernahme für innerschulische Aufgaben		
	M	*SD*	*N*
Cluster 1 (APM)	3.03	0.71	39
Cluster 2	3.46	0.58	55
Cluster 3	3.32	0.72	58

Signifikant ist dabei nach Scheffé-Test nur der Mittelwertunterschied zwischen Cluster 1 und Cluster 2 ($p=.01$). Eine Prüfung der Korrelationen zwischen der Skala Verantwortungsübernahme für innerschulische Aufgaben und den drei Komponenten Autonomie, Parität und Kooperation zeigt jeweils signifikante Korrelationen. Hohe Werte in der Skala Verantwortungsübernahme für innerschulische Aufgaben gehen mit niedrigen Werten der Skala Autonomie ($r=-.21$, $p<.01$) sowie niedrigen Paritätswerten ($r=-.22$, $p<.01$) und hohen Werten in der Skala Kooperationsstreben ($r=.26$, $p<.001$) einher.

4. Diskussion

Wenn Menschen organisierter Arbeit nachgehen, bilden sich im sozialen Miteinander unter den Kollegen informelle Regeln aus. Das Autonomie-Paritäts-Muster wird als ein Muster solch informeller Regeln beziehungsweise Normen des Umgangs in der Forschungsliteratur genannt. Um das Muster genauer zu explorieren, folgt die aktuelle Forschung einer dimensionalen Betrachtung. Die Stärke der Ausprägung des Strebens nach Autonomie und Parität sowie der Grad der Ablehnung von Kooperation werden von Altrichter und Eder (2004) als Indizien dafür aufgefasst, dass das Autonomie-Paritäts-Muster von der jeweiligen Person als Normenmuster verinnerlicht wurde. Dies ermöglicht eine quantitative Erfassung des Musters und ist daher auch Grundlage der vorliegenden Erhebung.

Anhand einer Stichprobe von Hamburger Lehrkräften aus allgemeinbildenden Schulen kann gezeigt werden, dass die Mehrheit der Befragten dem Autonomie-Paritäts-Muster nicht zustimmt. Über zwei Drittel der Befragten (Cluster 1 und Cluster 2) zeigen sich stattdessen im Schnitt als kooperationsbereit und streben nur wenig nach beruflicher Autonomie. Von einer Kultur des Autonomie-Paritäts-Musters ist somit nicht auszugehen, wobei Stichprobenverzerrungen nicht ausgeschlossen werden können. Kritisch ist weiterhin anzumerken, dass die von Altrichter und Eder (2004) konzipierten Skalen Einstellungen erfassen. Die Einstellungen einer Person müssen jedoch nicht mit den gelebten Normen übereinstimmen. Somit sind die vorliegenden Untersuchungsergebnisse lediglich als Hinweis auf mögliche Normen zu werten. Nichtsdestotrotz lässt sich eine Gruppe von Lehrkräften identifizieren, für die das Autonomie-Paritäts-Muster zumindest auf der Ebene bewusster Einstellungen bestätigt werden kann. Diese Lehrer übernehmen in geringerem Umfang schulische Aufgaben, die über ihre Unterrichtsarbeit hinausgehen; gleichzeitig zweifelt diese Gruppe an ihrem Einfluss auf das Lernen der Schüler. Eine derartige Gruppe identifizierten bereits Altrichter und Eder (2004). Ebenso wie deren Ergebnisse legen die vorliegenden Daten den Schluss nahe, dass das Autonomie-Paritäts-Muster Entwicklungsarbeit an Schulen sowie Lehrerkooperation erschweren kann. Es ist jedoch weitere Forschung mit größeren Stichproben nötig, um den hier identifizierten Zusammenhang zu überprüfen. Derartige Forschung sollte von einer Gruppenbildung durch die einzelnen Komponenten Autonomie, Parität und Kooperation absehen. Das Clusteranalyse-Verfahren wurde in der vorliegenden Arbeit eingesetzt, um die Verbreitung des Autonomie-Paritäts-Musters quantifizieren zu können und Vergleiche mit der Studie von Altrichter und Eder (2004) zu ermöglichen. Um jedoch die für die Praxis relevanten Auswirkungen der Einstellungen zu untersuchen, ist eine derartige Gruppenbildung nicht notwendig.

Literatur

Altrichter, H. (1996). Der Lehrerberuf: Qualifikationen, Strukturelle Bedingungen und Professionalität. In W. Sprecht & J. Thonhauser (Hrsg.), *Schulqualität. Entwicklungen, Befunde, Perspektiven* (S. 97-172). Innsbruck, Wien: Studien Verlag.

Altrichter, H. (2000). Konfliktzonen beim Aufbau schulischer Qualitätssicherung und Qualitätsentwicklung. *41. Beiheft der Zeitschrift für Pädagogik. Qualität und Qualitätssicherung im Bildungsbereich: Schule, Sozialpädagogik, Hochschule*, 93-110.

Altrichter, H. & Eder, F. (2004). Das „Autonomie- Paritätsmuster" als Innovationsbarriere? In H. G. Holtappels (Hrsg.), *Schulprogramme – Instrumente der Schulentwicklung. Konzeption, Forschungsergebnisse, Praxisempfehlungen* (S. 195-221). Weinheim: Juventa.

Altrichter, H. & Posch, P. (1999). *Wege zur Schulqualität*. Innsbruck: Studienverlag.

Backhaus, K., Erichson, B., Plinke, W. & Weiber, R. (2003). *Multivariate Analysemethoden. Eine anwendungsorientierte Einführung*. Berlin: Springer.

Baumert, J., Klieme, E., Neubrand, M., Prenzel, M., Schiefele, U., Schneider, P. S., Tillmann, K.-J., Weiß, M. (Hrsg.). (2001). *PISA 2000. Basiskompetenzen von Schülerinnen und Schülern im internationalen Vergleich*. Opladen: Leske & Budrich.

Berthe, S. (2010). *Das Autonomie-Paritätsmuster. Eine Untersuchung zu Normen in Lehrerkollegien*. Unveröffentlichte Diplomarbeit, Universität Bremen.

Bos, W., Lankes, E.-M., Prenzel, M., Schwippert, K., Valtin, R. & Walther, G. (Hrsg.). (2004). *IGLU. Einige Länder der Bundesrepublik Deutschland im nationalen und internationalen Vergleich*. Münster: Waxmann.

Bos, W., Lankes, E.-M., Prenzel, M., Schwippert, K., Walther, G. & Valtin, R. (Hrsg.). (2003). *Erste Ergebnisse aus IGLU. Schülerleistungen am Ende der vierten Jahrgangsstufe im internationalen Vergleich*. Münster: Waxmann.

Eckert, T. (1992). *Erziehungsleitende Vorstellungen und Schulverständnis von Lehrern*. Frankfurt/M.: Lang.

Ehmke T., Senkbeil M. und Bleschke M. (2004). Typen von Lehrkräften beim schulischen Einsatz von neuen Medien. In Schumacher, F. (Hrsg.). *Innovativer Unterricht mit neuen Medien, Ergebnisse wissenschaftlicher Begleitungen von SEMIK-Einzelprojekten* (S. 35-66). Grünwald: FWU.

Fussangel, K. (2008). *Subjektive Theorien von Lehrkräften zur Kooperation. Eine Analyse der Zusammenarbeit von Lehrerinnen und Lehrern in Lerngemeinschaften.* Dissertation, Bergische Universität Wuppertal.

Gibson, S. & Dembo, M. H. (1984). Teacher efficacy: A construct validation. *Journal of Educational Psychology, 76,* 569-582.

Gräsel, C. (2010, September). *Professionelle Kooperation von Lehrkräften: Erwartungen und empirische Ergebnisse.* Vortrag an der Fachtagung Kollegiale Kooperation in der Schule, Mainz.

Helmke, A. & Jäger, R. S. (2002). *Das Projekt MARKUS. Mathematik-Gesamterhebung Rheinland-Pfalz: Kompetenzen, Unterrichtsmerkmale, Schulkontext.* Landau: Empirische Pädagogik.

Holtappels, H. G. (1999). Neue Lernkultur – veränderte Lehrerarbeit. In U. Carle & S. Buchen (Hrsg.), *Jahrbuch für Lehrerforschung* (S. 137-151). Weinheim: Juventa.

Kanders, M. & Rösner, E. (2006). Das Bild der Schule im Spiegel der Lehrermeinung – Ergebnisse der 3. IFS-Lehrerbefragung 2006. In W. Bos, H. G. Holtappels, H. Pfeiffer, H. Rolff & R. Schulz-Zander (Hrsg.), *Jahrbuch der Schulentwicklung. Daten, Beispiele und Perspektiven* (Band 14, S. 11-48). Weinheim: Juventa.

Kullmann, H. (2009). *Lehrerkooperation an Gymnasien – Eine explorative Untersuchung zu Ausprägung und Wirkungen am Beispiel des naturwissenschaftlichen Unterrichts.* Dissertation, Universität Duisburg-Essen.

Lortie, D. C. (1975). *Schoolteacher: A sociological study.* Chicago: University of Chicago Press.

Pröbstel, C. H. (2008). *Lehrerkooperation und die Umsetzung von Innovationen. Eine Analyse der Zusammenarbeit von Lehrkräften aus Perspektive der Bildungsforschung und der Arbeits- und Organisationspsychologie.* Angewandte Stress- und Bewältigungsforschung: Bd. 3. Berlin: Logos.

Ramm, G., Prenzel, M., Baumert, J., Blum, W., Lehmann, R., Leutner, D., Neubrand, M., Pekrun, R., Rolff, H. G., Rost, J. & Schiefele, U. (2006). *PISA 2003. Dokumentation der Erhebungsinstrumente.* Münster: Waxmann.

Soltau, A. & Mienert, M. (2009). Teamorientierung und Einstellungen zur Lehrerkooperation bei Lehrkräften. *Psychologie in Erziehung und Unterricht, 58*(3), 213-223.

Soltau, A. & Mienert, M. (2010). Unsicherheit im Lehrerberuf als Ursache mangelnder Lehrerkooperation? Eine Systematisierung des aktuellen Forschungsstandes auf Basis des transaktionalen Stressmodells. *Zeitschrift für Pädagogik, 56*(1), 761-778.

Soltau, A. (2007). *Zusammenarbeit in Schulkollegien. Teamorientierung und Einstellungen zu Formen der Lehrerkooperation bei Bremer Lehrkräften.* Unveröffentlichte Diplomarbeit. Universität Bremen

Soltau, A. (2009, Januar). *Unsicherheit im Lehrerberuf: Validierungsstudie der Skala „Angst vor negativer Bewertung durch Kollegen/-innen" (ANB-K).* Vortrag im Kolloquium der DiplomandInnen der Arbeitsgruppe für Entwicklungs- und Pädagogische Psychologie, Universität Bremen.

Starnaman, S. M. & Miller, K. I. (1992). A test of a causal model of communication and burnout in the teaching profession. *Communication Education, 41,* 40-53.

Steinert, B., Klieme, E., Maag Merki, K., Döbrich, P., Halbheer, U. & Kunz, A. (2006). Lehrerkooperation in der Schule: Konzeption, Erfassung, Ergebnisse. *Zeitschrift für Pädagogik, 52*(2), 185-204.

Terhart, E. & Klieme, E. (2006). Kooperation im Lehrerberuf: Forschungsproblem und Gestaltungsaufgabe. *Zeitschrift für Pädagogik, 52*(2), 163-166.

Ulich, K. (1996). *Beruf: Lehrer/in. Arbeitsbelastungen, Beziehungskonflikte, Zufriedenheit.* Weinheim: Beltz.

Franziska Vogt & Bea Zumwald

Aufgabenteilung und Arbeitsorganisation beim Teamteaching – Ergebnisse der Evaluation der Schweizer Basisstufe

Abstract

In den Schweizer Basisstufen unterrichten zwei Lehrpersonen im Teamteaching und führen die jahrgangsgemischte Klasse gemeinsam. Eine Lehrperson mit Ausbildung für den Kindergarten und eine Primarlehrperson teilen sich 150 Stellenprozente. Für die Aufteilung des Pensums und der Aufgabenbereiche werden unterschiedliche Vorgehensweisen gewählt, die einerseits die gemeinsame Verantwortung ermöglichen wie auch die jeweiligen individuellen Kompetenzen und Vorlieben berücksichtigen. Auch für die Gestaltung der zwölf Unterrichtsstunden pro Woche, bei denen beide Lehrpersonen anwesend sind, werden vielfältige Formen des Teamteachings eingesetzt. So unterrichten beide Lehrpersonen die ganze Klasse gemeinsam (Co-Teaching) oder begleiten alle Kinder. Sie teilen die Klasse in zwei Gruppen auf, oder eine der Lehrpersonen nimmt eine kleinere Gruppe zu sich, während die andere den Rest der Klasse unterrichtet. Die verschiedenen Teamteachingformen und die Aufteilung der Klasse werden je nach Themenbereich unterschiedlich gelöst. Jedes Basisstufenteam findet zudem eine für sie angemessene Balance zwischen gemeinsamem und arbeitsteiligem Arbeiten während der Vorbereitung und in der Durchführung des Unterrichts. Fragebogendaten, Wochenprotokolle, Unterrichtsbesuche und Interviews der wissenschaftlichen Evaluation des Schulversuchs bilden die Datenbasis für diese Analyse der Aufgabenteilung und Arbeitsorganisation beim Teamteaching.

Seit 2004 wird in neun Schweizer Kantonen das neue Schuleingangsmodell der Basisstufe erprobt. In rund 170 Projektklassen werden 4- bis 8-jährige Kinder in altersheterogenen Klassen von zwei Lehrpersonen im Teamteaching unterrichtet. Das Ziel des Schulversuchs liegt darin, pädagogische Kontinuität in der Bildung der 4- bis 8-Jährigen zu schaffen. Das Modell realisiert dabei einen Zusammenschluss von Kindergarten und Primarschule. In der Konzeption der Basisstufe (EDK, 1997, 2000) wurde vorgeschlagen, dass sich eine ehemalige Kindergarten- und eine ehemalige Primarlehrperson 150 Stellenprozente pro Klasse teilen. So konnte das je spezifische Wissen und die Kompetenzen der beiden Professionen für die Basisstufe fruchtbar gemacht werden. Teamteaching in der Basisstufe bedeutet demnach eine gemeinsame Verantwortung für die Führung der Klasse und etwa 12 Unterrichtsstunden pro Woche gemeinsames Unterrichten im Teamteaching.

Das Projekt wurde wissenschaftlich begleitet und summativ sowie formativ evaluiert (Moser & Bayer, 2010; Vogt, Zumwald, Urech & Abt, 2010). Die über fünf Jahre angelegte Längsschnittstudie vergleicht ca. 530 Kinder in den Versuchsklassen mit knapp 400 Kindern, die im herkömmlichen Modell in Kindergarten und Primarschule beschult werden. An der Evaluation nahmen in kleineren Kantonen mit geringerer Anzahl Basisstufenklassen alle Klassen teil, in größeren Kantonen oder solchen, die später mit Projektklassen begonnen hatten, umfasste die Evaluation eine zufällig ausgewählte Teilstichprobe. Die summative Evaluation misst die Leistungen der Kinder zu fünf Testzeitpunkten.

Die formative Evaluation umfasst zu drei Testzeitpunkten Fragebogen an die Eltern und die Lehrpersonen, Gruppeninterviews mit den Lehrpersonen und den Kindern, videobasierte Unterrichtsbeobachtung und Unterrichtsprotokolle, sowie Fragebogen an die Lehrpersonen, die die Kinder im Anschluss an die Basisstufe unterrichten. Wir beschreiben zunächst auf der Grundlage der Fragebogendaten die organisatorische Gestaltung des Teamteachings in Bezug auf Pensen und Ausbildungshintergrund. Danach wird diskutiert, inwiefern durch das Teamteaching die verschiedenen Berufskulturen des Kindergartens und der Primarschule zusammenspielen. Anschließend wenden wir uns der Unterrichtsgestaltung im Teamteaching zu: Wie nutzen die beiden Lehrpersonen die Möglichkeiten, eine altersgemischte, integrative Klasse gemeinsam zu unterrichten?

1. Methoden

In diesem Beitrag werden Daten der formativen Evaluation vertiefter analysiert (Vogt et al., 2010). Wir beziehen uns dabei zunächst auf die Fragebögen an die Lehrpersonen, welche zu Beginn des Projektes, nach zwei Jahren sowie nach drei oder vier Jahren ausgefüllt wurden. Für die Basisstufenlehrpersonen wurden einerseits in einem Teamfragebogen Aspekte der Rahmenbedingungen und Organisation erfragt. Dieser wurde, wenn möglich, von den Lehrpersonen gemeinsam ausgefüllt. Jede Lehrperson der Basisstufe füllte zudem unabhängig davon einen individuellen Fragebogen aus, in dem um persönliche Einschätzungen und Meinungen zur Basisstufe, zum Lehr-/Lernverständnis, zur Unterrichtsgestaltung sowie zum Teamteaching gebeten wurde. Zu jedem Testzeitpunkt nahmen etwa 180 Basisstufenlehrpersonen in 89 Basisstufenklassen in 9 Deutschschweizer Kantonen teil. Der Rücklauf betrug bei den Fragebögen durchschnittlich 91 Prozent.

Die Basisstufenklassen, die bei der Evaluation teilnahmen, wurden alle einmal von einer Evaluatorin besucht. Dabei wurde der Unterricht beobachtet und videografiert. Anschließend wurde mit den beiden Lehrpersonen anhand ausgewählter Sequenzen aus den Aufnahmen ein Interview geführt (Video-Recall). Bei 26 Klassen protokollierten die Lehrpersonen zusätzlich die Teamteaching- und Unterrichtsorganisation der aktuellen Woche. Dabei erfasst wurden unter anderem Aspekte wie Lerngruppenbildung, Teamteaching-Form, Zuständigkeiten der Lehrpersonen für alle Unterrichtssequenzen im Teamteaching in den entsprechenden Wochen.

2. Teamteaching für eine Verbindung von Kindergarten und Schule

In der deutschsprachigen Schweiz stellt der Übertritt vom Kindergarten in die 1. Klasse der Primarschule eine erste Hürde im Sinne der Selektion dar. Regional unterschiedlich, je nach bildungspolitischen Regelungen und vermutlich auch abhängig vom jeweiligen Angebot (Lischer, 2004), werden bis zu 20 Prozent der Kinder nach dem regulären Kindergartenbesuch nochmals ein Jahr im Kindergarten behalten, in eine sonderpädagogische Kleinklasse (Einführungsklasse) oder in eine Sonderschule eingeschult. Dies führt später jedoch häufig zu weniger erfolgreichen Bildungslaufbahnen. Zudem werden Kinder mit Migrationshintergrund überproportional nicht regulär eingeschult (Kronig, Haeberlin & Eckhart, 2000; Lischer, 2004). Diese Zusammenhänge führten zu einer zunehmend kritischen Beurteilung der selektiven Logik der frühen Förderung. Es wurde mit integrativen Konzepten versucht, möglichst viele Kinder in den Regelklassen zu beschulen: Die Basisstufe integriert alle Kinder, es ist explizit vorgesehen, dass Kinder die Basisstufe je nach ihrer Entwicklung eine kürzere oder längere Zeit besuchen.

Auch auf der Ebene der Gestaltung der Lernangebote wurden Wege gesucht, um diesen Übergang vom Kindergarten zur ersten Klasse zu optimieren (Zumwald, 2010). Obwohl in der Schweiz der Kindergarten zur Volksschule gehört und die Kindergarten-Lehrpersonen Mitglieder der Teams in den Primarschulhäusern sind, ist die Zusammenarbeit zwischen Kindergarten und Primarschule im Bereich des Unterrichts gering. Der Kindergarten orientiert sich an anderen pädagogischen Traditionen als die Primarschule, die Einrichtungen der Räume, die didaktischen Konzepte und die inhaltliche Ausrichtung der Lernziele unterscheiden sich stark, auch wenn eine Annäherung ausgemacht werden kann (Wannack, 2004). Damit mit der Basisstufe eine neue Verbindung von Kindergarten und Primarschule geschaffen werden kann und die anspruchsvollen Ziele der integrativen und individuellen Förderung erreicht werden können, werden die Klassen in der Basisstufe im Teamteaching geführt.

Die 89 evaluierten Basisstufenteams setzen sich in Bezug auf die Ausbildung wie folgt zusammen: Je knapp die Hälfte der Lehrpersonen verfügen über eine Ausbildung für den Kindergarten oder für die Primarschule, 8 Prozent haben beide Ausbildungen. Für die große Mehrheit der Teams fließen also die spezifischen Kompetenzen des Kindergartens und der Primarschule in das jeweilige Team ein. Das Teamteaching wurde bewusst als Mittel zur Verbindung der Berufskulturen des Kindergartens und der Primarschule zur neuen Basisstufe eingesetzt (EDK, 1997).

Das Teamteaching der Basisstufe umfasst 140 – 150 Stellenprozent. Die Regelungen unterscheiden sich zwischen den Kantonen und z.T. auch Gemeinden z.B. darin, ob zum Teamteaching im Unterricht noch zusätzliche Vorbereitungslektionen vergütet werden oder nicht oder ob die heilpädagogische Förderung darin eingeschlossen ist oder zusätzliche Stunden dafür zur Verfügung sind (EDK-Ost 4 bis 8, 2010). Sehr häufig arbeiten darum Lehrpersonen an der Basisstufe nicht Vollzeit. Etwa 40 Prozent arbeiten in einem Beschäftigungsumfang von 61 bis 80 Prozent, etwa 30 Prozent im Umfang von 81 bis 100 Prozent und etwa 20 Prozent im Umfang von 41 bis 60 Prozent – gemessen an einer Vollzeitbeschäftigung. Es gibt keine Unterschiede in Bezug auf den Ausbildungshintergrund, d.h., Kindergarten-Lehrpersonen und Primar-Lehrpersonen erhielten in der neuen Basisstufe gleich große Anteile der zu vergebenden Unterrichtspensen.

3. Zufriedenheit mit Teamteaching und weitere Aspekte

Zur Erfassung der wahrgenommenen Qualität der Zusammenarbeit wurde eine Skala zur Einschätzung der Zusammenarbeit gebildet, welche die folgenden Items umfasst: Wir kommen gut miteinander aus; Wir ergänzen einander; Wir haben ähnliche pädagogische Vorstellungen von Unterricht; Unsere Arbeitsaufteilung ist fair; Ich arbeite gern im Teamteaching (Cronbach's Alpha α t1 = .608, t2 = .814, t3/4 = .807). Diese Aussagen wurden auf einer vierstufigen Skala von ‚trifft nicht zu' bis ‚trifft zu' eingeschätzt. Die Zustimmung ist über alle Testzeitpunkte sehr hoch, bei 3.6 und 3.7, in Bezug auf die Einstellung zum Teamteaching gibt es keine Unterschiede zwischen den Basisstufenlehrpersonen.

Auch die Zusammensetzung der Teams wird sehr positiv beurteilt: 73 Prozent der Basisstufenlehrpersonen sind zufrieden mit ihrer Teamzusammensetzung, 20 Prozent eher zufrieden, nur 7 Prozent geben an, eher unzufrieden oder unzufrieden zu sein. Auch hier unterscheiden sich Basisstufenlehrpersonen mit Ausbildungshintergrund Kindergarten bzw. Primarschule nicht. In den drei oder vier Jahren der Evaluation hatten 41 Prozent einen Wechsel im multiprofessionellen Team. Die Mehrheit der Lehrpersonen hatte eine gewisse Mitsprache bei der Zusammensetzung der Teams. Bei den Teams, welche sich in den drei oder vier Jahren des Schulversuchs veränderten, gaben 85 Prozent an, dass sie bei der Stellenbesetzung beteiligt wurden, sei es, indem sie wichtige Kriterien angaben, bei der personellen Auswahl angehört wurden oder selber ebenfalls nach Personen suchten. Interessanterweise besteht kein Zusammenhang zwischen der Zufriedenheit mit der Zusammensetzung und der Beteiligung, es ist jedoch ein starker Wunsch der Lehrpersonen festzustellen, bei der Teamzusammensetzung beteiligt zu werden.

Die Struktur der Basisstufe (Teamteaching einer Basisstufenklasse mit insgesamt 150 Stellenprozenten) bedeutet, dass nicht beide Lehrpersonen ein volles Pensum an der einen Basisstufenklasse unterrichten können. Die Gestaltung der Pensen stellt sich folglich sehr unterschiedlich dar: Während die einen Teams mehr oder weniger halbieren und somit durchschnittlich 75 Prozent arbeiten, ist in andern Teams die Aufteilung so, dass eine Lehrperson ein größeres Pensum in der Klasse arbeitet, die andere entweder in einem geringeren Beschäftigungsumfang arbeitet oder aber ihr Pensum mit Lektionen oder Pensenanteilen in anderen Klassen ergänzt.

Ausgehend von diesen Befunden und Diskussionen soll nun überprüft werden, ob die Größe des Pensums mit andern Aspekten zusammenhängt. Es wäre denkbar, dass Lehrpersonen, die nur wenige Stunden an der Basisstufe unterrichten, das Teamteaching und die Idee der Basisstufe anders beurteilen als diejenigen, welche intensiver involviert sind. Zur Überprüfung wurden vier Gruppen (Quartile) gebildet: Lehrpersonen mit weniger als 14 Lektionen an der Basisstufe, mit 14-17 Lektionen, mit 18-21 Lektionen und mit 22 und mehr Lektionen. Diese vier Gruppen unterscheiden sich nicht in Bezug auf die Einschätzung des Teamteachings, weder in Bezug auf ihre Einstellung zu den pädagogischen Möglichkeiten des Teamteachings (Skala Teamteaching) noch in Bezug auf die Zufriedenheit mit der Zusammensetzung des Teams. Eine nicht signifikante Tendenz zeigt, dass Lehrpersonen mit geringerem Pensum zur Grundidee der Basisstufe etwas kritischer eingestellt sind (Anova Sum of Square 3.806 df = 3 Mean Square 1.269, F=2.563, p=.056) (Tabelle 1).

Tabelle 1: Pensum an der Basisstufe und Einschätzung zur Basisstufe grundsätzlich in Prozenten

		Einschätzung Basisstufe grundsätzlich				
		sehr negativ %	eher negativ %	unent- schieden %	ziemlich positiv %	sehr positiv %
Pensen- zusammen- setzung an Basisstufe zu Testzeitpunkt 2 (Quartile)	weniger als 14 Lektionen (n = 45)	0	4	16	33	46
	14-17 Lektionen (n = 31)	0	0	3	26	61
	18 – 21 Lektionen (n=56)	0	0	7	27	66
	22 Lektionen oder mehr (n=64)	0	0	6	34	56

4. Berufskulturen des Kindergartens und der Primarschule

Durch das Teamteaching wie auch durch die Zusammenführung von vier bis achtjährigen Kindern in einer altersgemischten Klasse werden die Berufskulturen des Kindergartens und der Primarschule zusammengebracht. Diese weisen Gemeinsamkeiten und viele Unterschiede auf.

Kindergartenlehrpläne sind häufig auf eine Didaktik der Stufe ausgerichtet, während für die Primarschule die Ausrichtung an den Fachdidaktiken über die Stufen hinweg kennzeichnend ist. Wannack (2004) fand in ihrer Analyse Gemeinsamkeiten der Lehrpläne in Bezug auf das Bildungsziel, jedoch Unterschiede, die sie für den Kindergarten mit dem Begriff ‚Leitmotiv Entwicklung‘ und für die Primarschule mit dem ‚Leitmotiv Lernen‘ umschreibt. Um den abrupten Übergang vom Kindergarten in die Schule zu entschärfen, wird nach einem entwicklungsgemäßen, flexiblen Wechsel zwischen Lernen im Spiel und aufgabenorientiertem Lernen gesucht. Aus den Daten der formativen Evaluation konnten Gemeinsamkeiten und Unterschiede bei den Lehrpersonen mit Ausbildungshintergrund Kindergarten bzw. Primarschule im Bereich des Lehr-/Lernverständnisses und des Spielverständnisses gefunden werden (Vogt, 2009, 2010). Basisstufenlehrpersonen mit Ausbildung Primarschule haben eine stärkere Orientierung an einem konstruktivistischen Lehr-/Lernverständnis als jene mit Ausbildung Kindergarten, Basisstufenlehrpersonen sind jedoch insgesamt stärker konstruktivistisch eingestellt. Ein kognitivistisches Lehr-/Lernverständnis wird insgesamt eher abgelehnt, am stärksten von Basisstufenlehrpersonen mit Ausbildungshintergrund Primarschule (Vogt, 2010).

Im Rahmen der Evaluation Basisstufe wurden die Lehrpersonen im Einzelfragebogen danach gefragt, wie sie Bereiche und Verantwortungen aufteilen. Dafür wurden 18 Bereiche aufgeführt, welche in Didaktiken des Kindergartens und der Unterstufe genannt werden, es wurde jedoch auf die Orientierung am Fächerkanon der Primarschule verzichtet, z.B. Sprachentwicklung und Entwicklung der Lesefertigkeit anstelle des Faches ‚Sprache'. Zudem wurden auch Aufteilungen der Kindergruppe (jüngere versus ältere Kinder) als Möglichkeit angeboten, da sich aus ersten Beobachtungen ergeben hatte, dass möglicherweise einige Teams die Klasse stärker in Kindergarten und Unterstufe einteilen würden, während andere diese Aufteilung als den Prinzipien der Basisstufe entgegengesetzt einschätzten. Die Basisstufenlehrpersonen mit Ausbildung Kindergarten sehen sich insgesamt am stärksten für die Angebote für jüngere Kinder, die Spielangebote, die Ziele des Erziehungsplanes des Kindergartens sowie für die Förderung der Motorik zuständig und geben an, ihre Teamteachingpartnerin oder ihr Teamteachingpartner sei stärker für den Erwerb der Lesefertigkeit, für Schreiben, für die Lernziele der Primarschule und für Angebote für ältere Kinder sowie für das aufgabenorientierte Lernen zuständig. Die Basisstufenlehrpersonen mit Ausbildung Primarschule geben die gleiche Aufteilung an. Für die Bereiche sozialer Umgang, die heilpädagogische Förderung und logopädische Probleme sowie Sprachentwicklung, Hochdeutsch, Graphomotorik und den Zahlbegriff sind häufig beide Basisstufenlehrpersonen verantwortlich. Im Verlauf der Zeit verschieben sich diese Zuständigkeiten über alle Teams hin nicht wesentlich. Zu fast allen Bereichen gibt es ausbildungshintergrund-untypische Antworten, so Basisstufenlehrpersonen mit Ausbildungshintergrund Kindergarten, welche für die primarschultypischen Bereiche zuständig sind und umgekehrt. Es zeichnet sich bei dieser Analyse ab, dass die Aufteilung der Bereiche mehrheitlich den vom Ausbildungshintergrund mitgebrachten Kompetenzen entspricht, die einzelnen Teams jedoch wiederum für sie passende, sehr verschiedene Umsetzungen finden.

Die Lehrpersonen geben im Mittel bei etwa der Hälfte der 18 Bereiche an, sie seien beide gemeinsam dafür verantwortlich (Mediane: 9 Bereiche bei T1, 10 Bereiche bei T2 und T3). Abbildung 1 zeigt die Verteilung der Anzahl gemeinsamer Bereiche nach den Angaben der Lehrpersonen. 6 Lehrpersonen geben an, beide seien für alles verantwortlich; möglicherweise wollen sie damit unterstreichen, dass die Verantwortung nicht auf zwei Personen verteilt werde, sondern, dass zwei Lehrpersonen beide voll verantwortlich seien, eine Aussage, die in Interviews gemacht wurde.

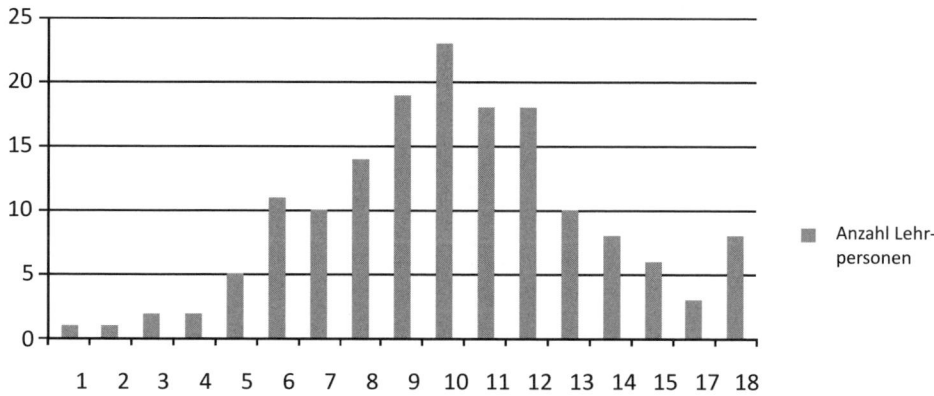

Abbildung 1:   Summe der gemeinsam verantworteten Bereiche nach den Antworten der Lehrpersonen zu Testzeitpunkt 3, maximal 18 Bereiche wurden erfragt.

Es wurde statistisch geprüft, ob es einen Zusammenhang zwischen der Pensenverteilung und dem Umfang der gemeinsamen Verantwortung gibt. Die Hypothese wäre, dass Lehrpersonen mit sehr kleinen oder sehr großen Pensen-Anteilen in einer Basisstufe eher weniger gemeinsame Verantwortung aufweisen würden, während diejenigen Lehrpersonen, welche sich die 150 Stellenprozente gleichmäßig aufteilen und deshalb ein mittleres Pensum haben, eher vermehrt Verantwortung gemeinsam tragen. Diese Hypothese konnte jedoch für keinen der Testzeitpunkte bestätigt werden. In den Interviews und in der Unterrichtsbeobachtung wurden die Lehrpersonen detailliert über die Gestaltung des Teamteachings befragt. Im Weiteren soll darum dargestellt werden, wie die Lehrpersonen das Teamteaching im Unterricht umsetzen und mit welchen Begründungen sie eher arbeitsteilig oder gemeinsam arbeiten.

5.   Unterrichten im Teamteaching

Ein Aspekt der Zusammenarbeit im Teamteaching ist die Anwendung verschiedener Teamteaching-Formen im Unterricht. Um die in der Literatur aufgezeigte Vielfalt handhabbar zu machen, wurde diese für die Evaluation reduziert auf fünf Formen (Tabelle 2):

Tabelle 2: Teamteachingformen

Form 1: Alle Kinder, beide Lehrpersonen gemeinsam: Co-Teaching	Lp1 Lp2	a Beide Lehrpersonen unterrichten gemeinsam. b Lehrperson 1 führt, Lehrperson 2 beobachtet. c Lehrperson 1 führt, Lehrperson 2 unterstützt.
Form 2: Lehrperson 1 Klasse Lehrperson 2 Gruppe/ einzeln	Lp1 Lp2	a Lehrperson 1 betreut Klasse, Lehrperson 2 Gruppe b Lehrperson 1 betreut Klasse, Lehrperson 2 einzelnes Kind
Form 3: Aufteilung in 2 Gruppen	Lp1 Lp2	
Form 4: Beide Lehrpersonen begleiten	Lp1 Lp2	Begleitung von Einzel-, Partner- und Gruppenarbeit, Freispiel, Planarbeit etc.
Form 5: Jede Lehrperson Gruppe, Rest der Klasse selbstständig	Lp2 Lp1	

(Synthese aufgrund Literaturanalyse aus: Delihasani, Göldi & Gsell, 1998; Dieker, 2009; Frommherz & Halfhide, 2003; Halfhide, Frei & Zingg, 2002; Heilig, 2006; Huber, 2000; Pannos & Rutte, 2001; Sträuli Aslan & Wülser Schoop, 1999; Theiler, 2006)

Im Co-Teaching (Teamteaching-Form 1) unterrichten beide Lehrpersonen gleichzeitig im gleichen Raum. Es lässt sich unterscheiden zwischen tatsächlichem gemeinsamem Unterrichten mit ungefähr gleichem Sprechanteil und Gestaltungseinfluss oder einer Aufteilung, bei der die eine Person unterrichtet, die andere entweder gezielt beobachtet oder unterstützt. Die Unterstützung kann sich auf ein oder mehrere Kinder oder auf den Inhalt beziehen. Im videobasierten Teaminterview äußern sich die Lehrpersonen dazu, wie sie diese Teamteaching-Form planen und durchführen. Am häufigsten scheint die eine Lehrperson zu führen, die andere zu unterstützen. In vielen Fällen ist es so, dass die beiden Lehrpersonen einmal pro Woche gemeinsam vorbereiten und die Verantwortlichkeiten aufteilen, aber nicht alles im Detail absprechen. Eine Lehrperson leitet die Sequenz hauptsächlich, die andere schaltet sich nach Bedarf ein, ergänzt oder übernimmt. Dieses Ineinanderfließen wird mehrheitlich geschätzt, ja sogar im Vertrauen auf das Mitdenken der Teamkollegin/des Teamkollegen erwartet. Gute Ideen seien jederzeit willkommen, so das Ergebnis der Interviews, müssten aber – oftmals durch Blickkontakt – abgeglichen werden. Hierbei vertrauen viele Lehrpersonen auf das gegenseitige Feingefühl: „Man merkt auch schnell, z.B. sie weiß nicht mehr weiter, und dann übernimmt man das halt einfach." Einige Teams bereiten aber auch die gesamte Sequenz täglich detailliert gemeinsam vor, andere schauen am Abend vorher, wer was übernimmt. Vereinzelt wird nur der Inhalt geplant, und die Verantwortlichkeiten werden spontan während des Unterrichts übernommen. Es gibt auch einzelne Teams, bei denen in Bezug auf die Durchführung dieser Teamteaching-Form Unsicherheiten bestehen und sich die Lehrpersonen nicht einzubringen wagen, wenn die Teamkollegin oder der Teamkollege die Sequenz führt. Rückblickend auf die ersten ein bis zwei Jahre berichten die meisten Grund-/Basisstufen-Teams, dass sie sich nun, nach dieser Erfahrungszeit, sicherer fühlten, die Zusammenarbeit einfacher und klarer geworden sei und lockerer gehandhabt werden könne. Absprachen seien effizienter und weniger differenziert geworden.

In der Teamteaching-Form 2 führt die eine Lehrperson die Klasse, die andere unterrichtet bzw. fördert ein einzelnes Kind oder eine Gruppe. Teamteaching-Form 3 beschreibt Sequenzen, in denen die Klasse in zwei Gruppen aufgeteilt und von den beiden Lehrpersonen in unterschiedlichen Räumen unterrichtet wird. Teamteaching-Form 4 bezeichnet eine gemeinsame Begleitung der Kinder, die in Einzel- oder Gruppenarbeit tätig sind. Als weitere Möglichkeit beschreibt die Teamteachingform 5 Sequenzen, in denen jede Lehrperson eine Gruppe unterrichtet und der Rest der Klasse selbständig arbeitet.

Je nach Klasse werden zwischen 17 und 67 Prozent der protokollierten Unterrichtsminuten im Teamteaching genutzt, um aufgeteilt in zwei oder drei Gruppen zu arbeiten (Teamteaching-Formen 2 und 3), und zwischen 33 und 83 Prozent, um mit allen Kindern und beiden Lehrpersonen gemeinsam zu unterrichten (Teamteaching-Formen 1 und 4). Die Unterschiede zwischen den Klassen sind also recht groß. Der Durchschnitt liegt bei 43 Prozent „aufgeteilt" und 57 Prozent „gemeinsam".

6. Arbeitsorganisation

Die beiden für eine Klasse verantwortlichen Lehrpersonen müssen miteinander entscheiden, wie sie die Aufgabe, zu zweit eine Klasse mit drei oder vier Jahrgängen zu unterrichten, lösen. Es gibt ein breites Spektrum von Möglichkeiten zwischen gemeinsamer Arbeitsgestaltung und Arbeitsteilung nach bestimmten Kriterien. Welche Strategie in welchen Bereichen aus welchen Gründen gewählt wird, unterscheidet sich zwar zwischen den Teams und trotzdem lassen sich gewisse Muster beobachten. Die folgende Beschreibung zielt darauf ab, im Sinne von Prototypen pointiert verschiedene Umsetzungspraktiken mit den dahinter liegenden Begründungen herauszuschälen. Dies führt zu einer Akzentuierung der Unterschiede – und birgt die Gefahr, dass die Teams trennschärfer beschrieben werden, als sie es vielleicht in Wirklichkeit sind. Trotz der Entwicklung fixer Routinen verändern sich die Handlungsstrategien in den Klassen über die Zeit und werden aktuellen Gegebenheiten angepasst. Eine Differenzierung der Zusammenarbeitsformen zeigt sich vor allem in den von den Lehrpersonen als alters- und curriculumrelevant wahrgenommenen Bereichen Sprache, Mathematik und Spiel, während in anderen Bereichen, z.B. im musisch-gestalterischen

Bereich oder im Sachunterricht die Zusammenarbeit ähnlicher verläuft. Deshalb bezieht sich die unten vorgeschlagene Unterscheidung von *vier Mustern* vor allem auf den Umgang mit dieser Verschiebung vom spielerischen Lernen zum aufgabenorientierten Lernen in Sprache und Mathematik. Dabei gilt es zu unterscheiden zwischen Unterrichtsvorbereitung und der Lernprozessbegleitung während des Unterrichts, es sind demnach vier Kombinationen von arbeitsteiliger und gemeinsamer Unterrichtsvorbereitung und Durchführung möglich (Tabelle 3).

Die Teams wurden aufgrund der Interviews bezüglich der Unterrichtsvorbereitung eingeteilt, da zur Unterrichtsvorbereitung keine Beobachtungsdaten zur Verfügung standen. Für die Zuordnung bezüglich der Lernprozessbegleitung wird im Sinne einer fallbezogenen Feincodierung der Grad der gemeinsamen Lernprozessbegleitung aufgrund dieser Wochenprotokolle berechnet. Tabelle 3 zeigt die Zuteilung der 26 untersuchten Teams.

Tabelle 3: Arbeitsteilige und gemeinsame Unterrichtsvorbereitung und -durchführung

		Unterrichtsvorbereitung	
		arbeitsteilig	gemeinsam
Lernprozessbegleitung während des Unterrichts	arbeitsteilig	13 Klassen	6 Klassen
	gemeinsam	5 Klassen	2 Klassen

Die Ergebnisse der Fragenbogenanalyse bestätigen damit die bereits aufgrund der Protokolle gewonnene Einsicht: Circa die Hälfte der Teams orientieren sich relativ stark an einer herkömmlichen Aufteilung und Verantwortungsübernahme nach Kindergarten und Schule.

Im Folgenden werden die vier Muster definiert und genauer beschrieben:

6.1 Arbeitsteilung in Unterrichtsvorbereitung und Lernprozessbegleitung während des Unterrichts

Sowohl die Unterrichtsvorbereitung als auch die Lernprozessbegleitung während des Unterrichts geschieht arbeitsteilig, d.h. die Zuständigkeit wird aufgeteilt, die Arbeiten werden in eigener Verantwortung mehr oder weniger unabhängig von der andern Lehrperson durchgeführt.

Die Hälfte der Teams wählt eine arbeitsteilige Form der Zusammenarbeit in den Bereichen Sprache, Mathematik und Spiel. Die Zuteilung der Verantwortung erfolgt entweder nach Alter bzw. Lernstand der Kinder, nach Fach, nach einer Mischung von Alter bzw. Lernstand und Fach, nach Wochentag oder nach Tätigkeit. Hier wird nun die Wahl der Aufteilungskriterien genauer beleuchtet:

Zuständigkeit nach Alter bzw. Lernstand

In 7 der 13 Klassen, in denen die Lehrpersonen sowohl in der Unterrichtsvorbereitung als auch in der Lernprozessbegleitung während des Unterrichts primär arbeitsteilig arbeiten, werden die Zuständigkeiten nach Alter bzw. Lernstand der Kinder gemäß Ausbildungshintergrund der Lehrpersonen aufgeteilt: Die Lehrperson mit Kindergartendiplom ist zuständig für die jüngeren Kinder, bzw. diejenigen mit niedrigerem Lernstand, die Lehrperson mit Primarschuldiplom sorgt für die älteren bzw. diejenigen mit höherem Lernstand. Die Begründungen für diese Aufteilung beziehen sich auf drei Argumentationsstränge. Es werden Pensengröße und Teamsituation genannt: Die Lehrperson mit dem größeren Pensum sei verantwortlich für Mathematik und Sprache, was in vielen Klassen der ehemaligen Primarlehrperson entspreche. Teilweise wurde die Aufteilung nach einem Lehrpersonenwechsel von der Vorgängerin übernommen. Zudem sei eine solche Aufteilung bei einem Neueinstieg einfacher. Dieses Modell werde bei häufigen Lehrpersonenwechseln und schwierigen Teamsituationen bevorzugt.

Weiter wird häufig mit dem unterschiedlichen Ausbildungshintergrund für Arbeitsteilung argumentiert:

> „Ich denke einfach, dass ich hauptsächlich mit diesen Kindern im Vorschulalter arbeite, ist schon eben die Herkunft: Ich bin Kindergärtnerin, aus irgendeinem Grund habe ich das ja auch gelernt oder lernen wollen. Ich habe ja vorher auch als Kindergärtnerin gearbeitet, das liegt mir auch mehr." (Klasse 9)

Der dritte Argumentationsschwerpunkt ist die durch Aufteilung erhoffte Entlastung, Verhinderung von Überforderung oder Zeiteinsparung:

> „Wir finden es so halt einfacher, wenn klar aufgeteilt ist, wer für was zuständig ist. Es braucht ein bisschen weniger Absprachen, man kann ein bisschen Zeit einsparen." (Klasse 1)

Zuständigkeit nach Fach

Die Lehrpersonen, die die Unterrichtsvorbereitung und -durchführung nach Fach aufteilen, also eine Lehrperson als zuständig für Mathematik, die andere für Sprache erklären, zielen damit auf eine Auflösung der traditionellen Stufen:

> „Wir wollten das bewusst so, weil wir finden, dass wir jetzt Grundstufenlehrerinnen [entspricht Basisstufenlehrerinnen] sind. Das ist ein anderer Beruf. Das beinhaltet das ja, dass man eben nicht mehr so trennen sollte nach der Altersstufe. Wir wollen eigentlich beide bei beiden aktiv sein und Einblick haben, wie es läuft." (Klasse 13)

Einige Lehrpersonen geben auch explizit an, dass sie Interesse an der andern Stufe hätten und dies eine Möglichkeit sei, mit der ganzen Altersspanne zu arbeiten. Andere geben an, dass sie mit einer Aufteilung nach Fach ihren Vorlieben und Stärken gemäß unterrichten könnten. Zudem könne dadurch die Gleichberechtigung der beiden

Lehrpersonen in der Wahrnehmung der Eltern und der Kinder leichter erreicht werden:

> „Ja, erstens haben die Kinder dann immer sie [die andere Lehrperson] angesprochen, sie ist die Lehrerin und ich habe kaum etwas zu ihnen sagen können. Die Eltern sind immer alle zu ihr gegangen, also zur Lehrerin. Ich bin quasi zweite Geige und ich habe einfach gefunden, das ist doof." (Klasse 24)

Auch Entlastung und Zeitersparnis werden häufig als Grund genannt: Zwar werde die Bildung einer neuen Stufe angestrebt, aber trotzdem müsse zur Entlastung eine Form von Aufteilung gefunden werden – wofür sich diejenige nach Fach anbiete. Positiv wird auch gesehen, dass dadurch beide Lehrpersonen alle Kinder kennen würden und leichter im Austausch bleiben könnten, weil beide alle Kinder unterrichteten.

Manche Lehrpersonen mischen ihre Aufteilung zudem nach Alter bzw. Lernstand und Fach. Dies kann zum Beispiel bedeuten, dass die eine Lehrperson Mathematik für die älteren Kinder und Sprache für die jüngeren übernimmt. Oder die eine Lehrperson unterrichtet die jüngeren Kinder und den Schriftspracherwerb des 3. Jahrganges, während die andere sich um Mathematik der „Schulkinder" und Sprache des 4. Jahrganges kümmert.

Absprachen und Sicherung der gegenseitigen Information trotz Arbeitsteilung
Auch die getrennte Verantwortung für Unterrichtsvorbereitung und -durchführung bedingt Absprachen, zum Beispiel zur Strukturierung der Unterrichtszeiten im Laufe der Woche. Manche Methoden fordern auch bei arbeitsteilig gehandhabter Verantwortung eine gewisse Koordination oder ein Zusammentragen des arbeitsteilig Erarbeiteten. Zum Beispiel erstellen manche Teams Fächerpläne gemeinsam oder bereiten die in Kisten zur individuellen Bearbeitung durch die Kinder präsentierten Fachinhalte (z.B. für Mathematik) während der Ferien gemeinsam auf. Im Gegensatz zu diesen einmalig notwendigen Präparationen werden in drei Klassen, die z.B. fächerweise getrennt erarbeiteten, Inhalte wöchentlich in einem gemeinsamen Wochenplan zusammengetragen oder die Lehrpersonen wechseln sich für die Erstellung des Wochenplans ab.

Die Lehrpersonen geben an, dass sie teilweise wenig Ahnung davon hätten, wo die Kinder im Bereich stehen, der nicht in ihre Zuständigkeit falle:

> „Also ich habe keine Ahnung, wirklich keine Ahnung, wo sie in der Mathe stehen, das muss ich also wirklich ehrlich sagen, wenn M. ausfällt, dann ja, dann fällt sie halt aus, dann machen wir halt alles andere aber … und umgekehrt wird es wahrscheinlich gleich sein, du hast wahrscheinlich auch keine Ahnung." (Klasse 16)

Eine wechselseitige Unterstützung der unterschiedlichen Lerngruppen wird damit erschwert. Viele der arbeitsteilig organisierten Lehrpersonen sind sich deshalb einig, dass trotz Arbeitsteilung sichergestellt werden muss, dass gewisse Informationen ausgetauscht werden.

6.2 Gemeinsame Unterrichtsvorbereitung und Lernprozessbegleitung während des Unterrichts

> Unterrichtsvorbereitung und Lernprozessbegleitung während des Unterrichts werden gemeinsam durchgeführt.

Es sind nur zwei Teams, die sowohl die Unterrichtsvorbereitung als auch die Lernprozessbegleitung gemeinsam durchführen. Beide wählen dazu ein Unterrichtsformat, für welches in einer einmaligen Aktion Unterrichtsmaterial so aufbereitet wird, dass nachher während des Schuljahres nur noch Feinanpassungen bzw. die Wochenplanerstellung im Sinne einer individuellen Aufgabenzuteilung an die Kinder notwendig sind. Es kann auf den bereits strukturierten Stoff zurückgegriffen werden. In der einen Klasse handelt es sich dabei um Kisten, in denen der mathematische und der sprachliche Stoff aufbereitet sind. In der anderen Klasse werden die Arbeitsaufträge, die den gesamten Stoff abdecken, in Gestellen präsentiert und jeweils den Kindern zur Erarbeitung in einem Wochenplan individuell zugeteilt.

Für die Begleitung während des Unterrichts wendeten die Kinder sich jeweils spontan an die Lehrperson, die gerade nichts zu tun habe. Umgekehrt berichten die Lehrpersonen, die Kinder zu beobachten und wo nötig zu unterstützen. So ergeben sich auch in der gemeinsam verantworteten Zuständigkeit kurzfristige, niederschwellige, eher zufällige Aufteilungen.

Für die gemeinsame Verantwortungsübernahme führen die Lehrpersonen verschiedene Gründe an: Wird die Klasse von einer Kindergarten- und einer Primarlehrperson geführt, ergänze sich in der engen Zusammenarbeit das jeweilige stufenspezifische Wissen – wichtig sei aber auch, dass die Lehrpersonen sich in die andere Stufe einarbeiten würden. Ein wichtiges Argument für die Wahl dieser Zusammenarbeitsform liegt in der weitaus größeren Ideenvielfalt, die diese Form der Kooperation eröffnet.

Außerdem spielt die Pensenaufteilung eine Rolle für die Wahl dieser Zusammenarbeitsform. Wenn beispielsweise die Kindergartenlehrperson mehr Stellenprozente habe, bedinge dies automatisch, dass sie sich auch um den Schulstoff kümmern müsse: Erstens unterrichte die Kindergartenlehrperson unter diesen Bedingungen manchmal auch dann, wenn nur die älteren Kinder anwesend seien und die Lektionen für Mathematik und Sprache genutzt werden sollten, zweitens könnte bei einer Trennung nach Kindergarten – Schule die Primarlehrperson in ihren (wenigen) Lektionen nur schulischen Stoff unterrichten, was diese auch nicht möchte. Gemeinsame Verantwortungsübernahme sei daher in diesen Fällen einer Trennung nach Alter bzw. Lernstand vorzuziehen. Zudem seien durch die gemeinsame Arbeit der Austausch und die gegenseitige Information gesichert.

Eine wichtige Motivation für eine gemeinsame Arbeitsweise ist das Interesse an der anderen Stufe:

> „Dass ich einen Einblick bekomme in Fächer, zu denen ich vorher gefunden habe: ‚Ja ich komme jetzt vom Kindergarten, ich bin noch nicht solange in der Basisstufe wie sie, ich kenne das noch gar nicht'. Am Anfang war es

für mich normal, dass ich vom Stoff her nicht auf ihr Level kommen konnte. Mit der Zeit habe ich gemerkt, wie spannend es ist und wie gerne ich das auch machen würde. Wo andere vielleicht sagen: ‚Du machst nur Kindergarten oder du machst nur das mit den Älteren, aber keine Mathematik'. Das fände ich sehr schade. Weil ich finde es sehr spannend verschiedene Dinge zu tun, ich möchte nicht ein Jahr nur für Deutsch verantwortlich sein." (Klasse 11)

Die Lehrpersonen berichten von der Absicht, eine neue Stufe zu entwickeln und äußern die Annahme, dass in diesem Alter der Kinder mathematisches, sprachliches und thematisches Lernen nicht getrennt werden könne.

Das gemeinsame Übernehmen der Verantwortung wird von den Lehrpersonen trotz der Vorteile als arbeitsaufwändig erlebt.

6.3 Gemischte Arbeitsorganisation

> Die Teams entscheiden sich für eine Kombination von Zusammenarbeit und Arbeitsteilung:
> - Die Unterrichtsvorbereitung wird arbeitsteilig gestaltet und die Lernprozessbegleitung gemeinsam durchgeführt.
> - Die Lehrpersonen bereiten gemeinsam vor, begleiten die Kinder aber arbeitsteilig in ihren Lernprozessen.

Fünf Teams bereiten arbeitsteilig vor, führen den Unterricht jedoch gemeinsam durch, bei sechs Teams ist es umgekehrt. Warum entscheiden sich manche Teams für eine Kombination von Zusammenarbeit und Arbeitsteilung? Es sind Teams, die nach einer Balance suchen zwischen effizienter Arbeitsweise durch Nutzen von Ressourcen einerseits und sinnvoller Entlastung *und* gleichzeitiger Weiterentwicklung, Neugestaltung und Austausch andererseits. Sie betonen den Aspekt der Entlastung durch Arbeitsteilung bei gleichzeitigem Wunsch nach enger Zusammenarbeit stärker als die Teams, die alles gemeinsam verantworten.

„Ja, also ich denke jetzt, erstens einmal haben wir hundertfünfzig Anstellungsprozente. Wir haben also wesentlich mehr Anstellungsprozente als jetzt eine Klassenlehrkraft, die für alles zuständig ist. Ich bin nicht immer für das NMM [den Sachunterricht] zuständig. Das ist eine riesige Entlastung. Es nimmt mir viel Zeit weg, dann kann ich dafür, wenn ich dann diese Zeit investiere für die Kinder, die ich jetzt im Deutsch betreue, dann gebe ich halt viel Zeit nachher dort hinein und dann, wenn ich halt das NMM auch noch habe, dann habe ich halt dann gerade ein bisschen viel zu tun, aber das ist dann nicht das ganze Jahr. – Also mich dünkt, also, wenn man wirklich sich es gut aufteilt, ist das zeitlich machbar. Und wenn ich mir vorstelle, ich müsste für alle Kinder Deutsch und Mathe und NMM machen, das würde ich nie schaffen. Aber weil wir es ja können, geteiltes Leid ist halbes Leid, das ist einfach anders." (Klasse 21)

Die von diesen Teams geäußerten Argumente gleichen den oben bereits genannten, sie werden an dieser Stelle nicht mehr wiederholt. Gemischte Arbeitsorganisation bedingt generell eine engere Verknüpfung und mehr Austausch, als dies bei ausschließlicher Arbeitsteilung der Fall ist. Dies kann sehr unterschiedlich gesichert werden. Die Teams haben eine enge gemeinsame Wochenstrukturierung, enger als wenn arbeitsteilig funktionierende Teams kurz die jeweiligen Zeitgefäße im Wochenablauf zuteilen. Oft machen die Lehrpersonen eine gemeinsame Grob- und Halbfeinplanung, teilen jedoch für die Erledigung der Detailaufgaben die Verantwortlichkeit zu. Teilweise werden gewisse Abmachungen getroffen, wie zum Beispiel, wer für die Hausaufgaben zuständig ist oder wer die Tagesverantwortung übernimmt.

Bei arbeitsteiliger Unterrichtsvorbereitung und gemeinsamer Lernprozessbegleitung während des Unterrichts werden bereits während der Vorbereitung trotz getrennter Verantwortung Austauschprozesse beschrieben, was seltener der Fall ist, wenn die Durchführung auch arbeitsteilig gestaltet ist:

> „Ja, wenn ich irgend eine Idee habe, also manchmal finde ich irgendetwas in meinen Unterlagen, und dann gebe ich ihr das (...) ‚schau dir das mal an, das ist eher für die Kleinen‘, oder du bringst Ideen, aber es kommt auch vor, dass ich für die Kleinen etwas bereit mache, weil ich das gerade kenne und ich gerade weiß, wie das funktioniert. Und du hast auch jetzt Arbeitsblätter, wo du gerade das Material hattest, also das vermischt sich recht." (Klasse 15)

Die arbeitsteilige Vorbereitung wirke als Entlastung, sei aber für die Kinder nicht durchschaubar:

> „Die Kinder merken das [wer wofür verantwortlich ist] ja gar nicht. Weil es geht ja einfach darum um das Vorbereiten und so die Materialien bereit stellen. Es ist ja nicht so, dass T. nachher nur Mathe macht, oder." (Klasse 21)

Hinter der gemeinsamen Lernprozessbegleitung steckt die Idee, dass jeweils die Lehrperson ein Kind unterstützt, die gerade präsent ist und Zeit hat. Die Kinder würden sich ohnehin spontan an beide Lehrpersonen wenden.

Durch die getrennte Vorbereitung kennt jeweils eine Lehrperson einen Teil des gemeinsam durchgeführten Unterrichts besser. Falls nötig wird das Kind während des Unterrichts zur Partnerin geschickt, die adaptiver reagieren kann oder es findet eine minimale gegenseitige Einführung statt:

> „Deutsch bereite ich jeweils vor, Mathe bereitet C. vor. (…) Das machen wir relativ selbständig. Die andere Lehrperson instruieren wir soweit, dass sie einem Kind auch etwas korrigieren oder an einem Ort helfen kann. Weitere Aufgabenblätter geben oder so, dass das dann trotzdem funktioniert. Einfach weil die Vorbereitung aufgeteilt ist." (Klasse 18)

In vielen Klassen etablieren sich doch gewisse Zuständigkeiten innerhalb der gemeinsamen Verantwortung für die Lernprozessbegleitung der Kinder, beispielsweise im Hinblick auf:

- die Verantwortung für kurze Einführungen im verantworteten Bereich
- die Betreuung einzelner Kinder mit besonderem Förderbedarf
- die Aufteilung der Betreuung einzelner Kinder nach Arbeitsplätzen im Raum
- die Kontrolle und das Aufgeben der Hausaufgaben
- die Kontrolle von Elternbüchlein

Bei gemeinsamer Unterrichtsvorbereitung und arbeitsteiliger Lernprozessbegleitung während des Unterrichts wird der Vorteil der Ideenvielfalt bei der Vorbereitung betont. Als Nachteil wird die Aufwändigkeit erwähnt. Entsprechend werden Möglichkeiten der Effizienzsteigerung gesucht, zum Beispiel durch Arbeitsteilung eben in der Durchführung oder auch bereits im Kleinen während der Vorbereitung.

In vielen Klassen wird die Zuständigkeit für die arbeitsteilige Durchführung flexibel und zufällig gestaltet:

> I: Also war das heute ein Zufall, dass du als Primarlehrerin mit den großen Kindern gearbeitet hast? Das hättest auch du sein können?
>
> Beide Lehrpersonen: Ja genau. (Klasse 4)

Manchmal geschieht die Aufteilung nach Tätigkeit oder nach Wochentag:

> „Ich arbeite zum Beispiel am Montagnachmittag mit dem zweiten Kindergarten. Und am Donnerstagmorgen hat sie den Kindergarten. Oft sage ich ihr dann zum Beispiel: ‚Lara kann das und das noch nicht machen, könntest du noch ein bisschen mit ihr daran arbeiten?' Deshalb wissen wir genau, was alle Kinder wo machen und noch lernen müssen." (Klasse 3)

Die Lehrpersonen geben an, dass durch die gemeinsame Planung ein fließender, arbeitsteiliger Unterrichtsablauf besser gewährleistet sei:

> „Und dann wäre ich wie, ich würde überall hineinplatzen [wenn sie nicht mit vorbereitet hätte]. Ich könnte die Kinder ja gar nicht richtig begleiten." (Klasse 23)

Auch bei klarer Zuständigkeit in Bezug auf die Verantwortung ist aufgrund der gemeinsamen Vorbereitung eine flexible Verantwortungsübernahme möglich. Es ist anzunehmen, dass dies leichter möglich ist, als wenn nicht gemeinsam vorbereitet würde:

> „Wir haben unsere Ressourcen so abgeklärt, dass wir nicht alle alles machen. Wir haben einfach P., der Mathe hütet und die L., die die Sprache hütet, und ich, die den Dialekt und die Kleinen, die Spiele hüte. Aber nachher teilen wir es beim Besprechen manchmal natürlich auch anders auf." (Klasse 7)

6.4 Teamteaching-Formen und Arbeitsorganisation

Wie hängen nun die Teamteaching-Formen mit der Arbeitsorganisation zusammen? Tabelle 4 zeigt die zeitlichen Anteile der Teamteaching-Formen in allen Fächern insgesamt in den verschiedenen Mustern der Arbeitsorganisation.

Tabelle 4: Prozentanteile (Anteile des gesamten Teamteaching-Unterrichts) Teamteachingformen bezüglich der Formen der Arbeitsorganisation für das aufgabenorientierte, mathematische und sprachliche Lernen (n= 26 Klassen)

	Vorbereitung und Lernprozessbegleitung arbeitsteilig	Vorbereitung gemeinsam, Lernprozessbegleitung arbeitsteilig	Vorbereitung arbeitsteilig Lernprozessbegleitung gemeinsam	Vorbereitung und Lernprozessbegleitung gemeinsam
Co-Teaching	18%	19%	24%	31%
beide Lehrpersonen begleiten	17%	13%	45%	40%
zwei Gruppen	58%	41%	27%	17%
1 Lehrperson Klasse, 1 Lehrperson Gruppe	5%	24%	1%	1%
Jede Lehrperson Gruppe, Rest allein	2%	3%	3%	11%

Die Tabelle bestätigt die plausible Annahme, dass bei gewissen Formen der Arbeitsorganisation die Teams gewisse Teamteachingformen bevorzugt anwenden. Da diese Formen sich jedoch v.a. auf die Gestaltung des Übergangs zwischen spielerischem und aufgabenorientiertem, mathematischem und sprachlichem Lernen beziehen, ist zu erwarten, dass in anderen Fächern auch andere, für das jeweilige Arbeitsorganisationsmuster auf den ersten Blick weniger typische Teamteachingformen zum Zuge kommen.

Die beiden Beispiele von arbeitsteiliger und gemeinsamer Arbeitsorganisation werden im Folgenden genauer illustriert. Die Teams, die gemeinsam vorbereiten und arbeitsteilig durchführen, haben in groben Zügen ein ähnliches Muster wie diejenigen, die sich arbeitsteilig organisieren und diejenigen, die arbeitsteilig vorbereiten und gemeinsam durchführen, wenden ähnliche Formen an wie diejenigen mit gemeinsamer Arbeitsorganisation.

Erwartungsgemäß teilen die *Teams, die sich arbeitsteilig organisieren*, bei etwa 60 Prozent des Unterrichts die Klasse in zwei Gruppen auf. Insgesamt während gut einem Drittel der Zeit arbeiten sie jedoch auch zusammen im Co-Teaching oder indem beide Lehrpersonen die Kinder im Lernprozess begleiten. Abbildung 2 zeigt die detaillierte Aufgliederung der Teamteachingformen nach Bereichen.

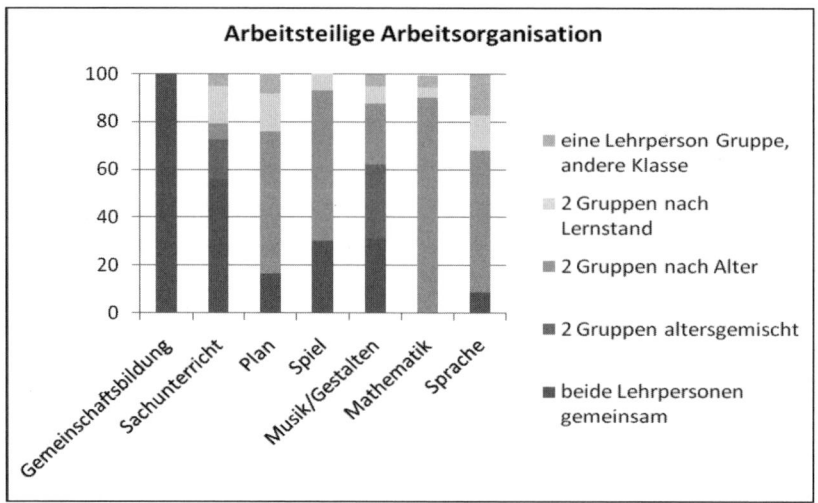

Abbildung 2: Teamteachingformen nach Bereichen: arbeitsteilige Arbeitsorganisation

Ausschließlich gemeinsam in Co-Teaching und Begleitung unterrichtet wird im Bereich der Gemeinschaftsbildung. Gut die Hälfte des Sachunterrichts und je ein knappes Drittel von Spiel und Musik/Gestalten werden ebenfalls gemeinsam unterrichtet. Wird die Klasse in zwei Gruppen aufgeteilt, was mehr als die Hälfte der Zeit in fast allen Fächern umfasst, wird häufig eine Aufteilung nach dem Alter vorgenommen. Einzig in Musik und Gestalten und im Sachunterricht werden auch altersgemischte Gruppen gebildet. Und zwar wird in diesen Fächern doppelt so häufig altersgemischt als altershomogen in Gruppen unterrichtet. In den andern Fächern werden zwei Gruppen nach Alter oder Lernstand aufgeteilt. Mathematik und Sprache werden fast ausschließlich getrennt unterrichtet – mit jeweils kurzen altersgemischten Sequenzen, die sich inhaltlich dafür als eignen.

Teams, die *gemeinsam vorbereiten und durchführen*, begleiten zu 40 Prozent die Kinder gemeinsam und unterrichten zu 30 Prozent im Co-Teaching – dies macht insgesamt 70 Prozent gemeinsamen Unterrichts. Der Anteil des Unterrichtens in zwei Gruppen ist mit weniger als 20 Prozent kleiner als bei arbeitsteiliger Vorbereitung und gemeinsamer Durchführung. Auffällig ist der große Zeitanteil, in der beide Lehrpersonen je eine Gruppe unterrichten und der Rest der Kinder selbstständig beschäftigt ist. Vor allem in Mathematik geschieht dies häufig.

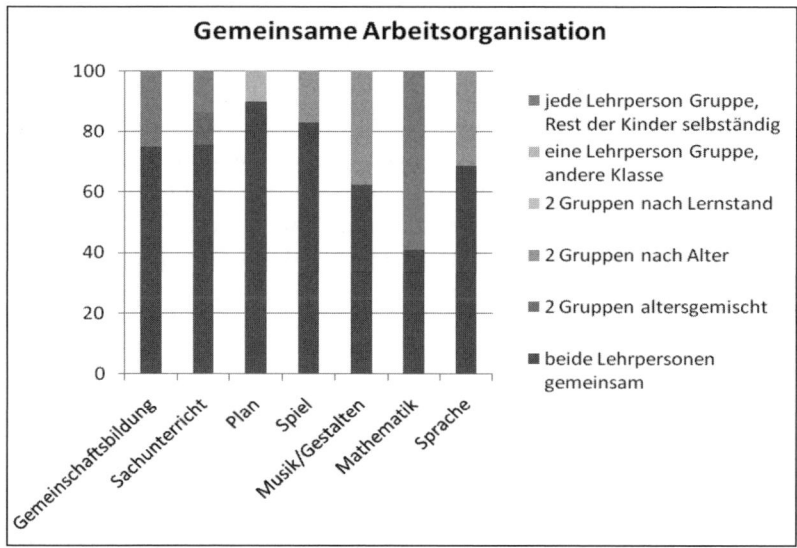

Abbildung 3: Teamteachingformen nach Bereichen: gemeinsame Arbeitsorganisation

Bezüglich der Fächerverteilung sind die Anteile gemeinsamer Durchführung bei Planarbeit, Spiel, Sachunterricht, Gemeinschaftsbildung und Deutsch mit zwischen 90 Prozent und 75 Prozent etwas höher als in den übrigen Fächern. Teams, die gemeinsam vorbereiten und gemeinsam durchführen, haben erwartungsgemäß auch über alle Fächer gesehen höhere Anteile im Unterricht, bei denen alle Kinder von beiden Lehrpersonen unterrichtet werden. Einzig in Mathematik ist der Anteil gemeinsamen Unterrichts geringer, dafür unterrichten die Lehrpersonen oft zwei Gruppen, während die restlichen Kinder selbständig arbeiten. Inhaltlich beschränken sich die arbeitsteiligen Sequenzen in der gemeinsamen Organisationsform auf stundenplanbedingte Trennungen, wenn zum Beispiel die älteren Kinder zum Schwimmen gehen oder es sich um Angebote handelt, bei denen die Kinder wählen können.

4. Fazit

Mit dem Schulversuch der Basisstufe wird eine Verbindung von Kindergarten und Primarschule angestrebt, welche eine entwicklungsgemäße, integrative Förderung der Kinder ermöglichen soll. Dies wird durch das Teamteaching von zumeist zwei Lehrpersonen, welche je die berufliche Orientierung des Kindergartens und der Primarschule einbringen, realisiert. Die Lehrpersonen geben in der Evaluation der Basisstufe über mehrere Jahre hinweg eine sehr positive Einschätzung des Teamteachings.

Die Umsetzung des Teamteachings in den verschiedenen Basisstufenklassen zeigt ein sehr breites Spektrum verschiedener Varianten. Diese sind einerseits abhängig von Rahmenbedingungen wie Pensengrößen und Ausbildungshintergrund, entstehen andererseits auch aus der Gestaltungsfreiheit der Lehrpersonen. Insgesamt haben Lehrpersonen mit Ausbildungshintergrund Kindergarten und mit Ausbildungshintergrund Primarschule gleich große Pensen erhalten, in fast jedem Team fließen beide beruflichen Kompetenzen ein. Entsprechend sind die Lehrpersonen auch häufig für diejenigen Bereiche zuständig, welche dem Berufsbild der Lehrperson des Kindergartens (z.B. Spielangebote, Angebote für jüngere Kinder) und der Lehrperson der Primarschule (Lesefertigkeit, Angebote für ältere Kinder) entsprechen. Die Teams finden jedoch sehr unterschiedliche Lösungen, die von verschiedenen Faktoren abhängen. Es wurden vier prototypische Formen der Arbeitsorganisation beschrieben, die sich in den Klassen beobachten lassen und zu denen sich die Teams zuordnen lassen, die Arbeitsorganisation der Teams bleibt jedoch fließend und veränderlich. Für sich arbeitsteilig organisierende Teams sind strukturell-organisatorische und teambezogene Überlegungen bei der Wahl der Organisationsform primär relevant. Sie orientieren sich stark an ihren jeweiligen Grundausbildungen als Kindergarten- bzw. Primarlehrperson, wollen ihre entsprechenden Kompetenzen und Stärken nutzen können. Von der Arbeitsteilung versprechen sie sich Effizienz und Entlastung sowie Flexibilität, den Unterricht so zu gestalten, wie sie wollen. Arbeitsteilig organisierte Teams, die statt nach Alter bzw. Lernstand nach Fach verantwortlich zeichnen, streben zusätzlich eine Aufweichung des traditionellen Stufenbildes an – dies bei gleichzeitig starkem Bedürfnis nach Entlastung durch Arbeitsteilung. Die Teams, die gemeinsam vorbereiten und durchführen, gewichten die Auflösung des traditionellen Stufenbildes, betonen den intensiven Austausch, fokussieren den Lernprozess der Kinder und gehen davon aus, dass dieser so optimal strukturiert und unterstützt werden kann. Teams mit gemischter Arbeitsorganisation, die entweder arbeitsteilig vorbereiten und gemeinsam durchführen oder gemeinsam vorbereiten und arbeitsteilig durchführen, ist es wichtig, in der Zusammenarbeit Entlastung zu finden und gleichzeitig den Austausch und die Ergänzung durch die beiden Stufen (Kindergarten und Primarschule) zu sichern.

Zusammenfassend realisieren die Lehrpersonen im Teamteaching eine Arbeitsorganisation, die Pensen- und Teamfaktoren gerecht wird, allenfalls unterschiedliche Prioritätensetzungen der Teampartnerinnen berücksichtigt, als machbar bezüglich Aufwand und Zeit erlebt wird und einen Weg findet zwischen Einbringen und Aufweichen der Berufstraditionen von Kindergarten und Primarschule. Die Vielfalt der realisierten Zusammenarbeitsformen ist grundsätzlich wertzuschätzen, ermöglicht sie doch ein adaptives Reagieren auf lokale und personelle Gegebenheiten. Bestehendes, Wissen und Können werden weiterentwickelt und neuen Vorstellungen und Erkenntnissen vom Lernen von Kindern im Alter von 4-8 Jahren gegenübergestellt. Das bestehende, an der Einzeltätigkeit ausgerichtete Berufsverständnis wird durch neue kooperative Arbeitsformen ergänzt und ersetzt. Die Lehrpersonen schätzen das Teamteaching und die vielfältigen Möglichkeiten der Umsetzung sehr.

Literatur

Delihasani, H., Göldi, C. & Gsell, B. (1998). *„Teammodell": Teamteaching und direkte Integration neueingewanderter Kinder. Schlussbericht über den Versuch mit dem Teammodell (Regelklasse plus Sonderklasse E / Mischform) in den Schuljahren 1995/96 bis 1997/98.* Zürich: Kreisschulpflege Zürich-Limmattal, Begleitkommission und Team der Lehrpersonen

Dieker, L. (2009). *Teacher Tools: Collaboration. Cooperative Teaching.* www.specialconnections.ku.edu/cgi-bin/cgiwrap/specconn/main.php?cat=collaborations&section=teacher tools.

EDK-Ost 4bis8. (2010). *Projektschlussbericht. Erziehung und Bildung in Kindergarten und Unterstufe im Rahmen der EDK-Ost und Partnerkantone.* Bern: Schulverlag.

EDK. (1997). *Bildung und Erziehung der vier- bis achtjährigen Kinder in der Schweiz. Dossier 48A.* Bern: Schweizerische Konferenz der kantonalen Erziehungsdirektoren.

EDK. (2000). *Erste Empfehlungen zur Bildung und Erziehung der vier- bis achtjährigen Kinder in der Schweiz. 31. August 2000.* Bern: Schweizerische Konferenz der kantonalen Erziehungsdirektoren.

Frommherz, B. & Halfhide, T. (2003). *Teamteaching an Unterstufenklassen der Stadt Zürich.* Zürich: Universität ZH, Pädagogisches Institut.

Halfhide, T., Frei, M. & Zingg, C. (2002). *Teamteaching. Wege zum guten Unterricht.* Zürich: Lehrmittelverlag des Kantons Zürich.

Heilig, B. (2006). *Schulentwicklungsprojekt Pestalozzi, Rorschach, Evaluation Teamteaching. Bericht.* Rorschach: Schulhaus Pestalozzi.

Huber, B. (2000). *Team-Teaching. Bilanzen und Perspektiven.* Frankfurt am Main: Peter Lang. Europäischer Verlag der Wissenschaften.

Kronig, W., Haeberlin, U. & Eckhart, M. (2000). *Immigrantenkinder und schulische Selektion. Pädagogische Visionen, theoretische Erklärungen und empirische Untersuchungen zur Wirkung integrierender und separierenden Schulformen in den Grundschuljahren.* Bern: Haupt.

Lischer, R. (2004). *Bildungssystem Schweiz: ausgewählte Indikatoren. Schlüsselstellen des Bildungserfolgs – ein kantonaler Vergleich.* Neuchatel: Bundesamt für Statistik (bfs).

Moser, U. & Bayer, N. (2010). *Schlussbericht der summativen Evaluation: Lernfortschritte vom Eintritt in die Eingangsstufe bis zum Ende der 3. Klasse der Primarschule.* Bern: Schulverlag.

Pannos, J. & Rutte, V. (2001). *Team/Teambildung – Teamarbeit/Teamteaching.* Klagenfurt: Zentrum für Schulentwicklung.

Sträuli Aslan, B. & Wülser Schoop, G. (1999). *Vielsprachige Kindergruppen. Teamteaching und Sprachförderung am Beispiel Kindergarten. Begleitbericht zum Gemeindeversuch im Kindergarten Schlieren.* Zürich: Bildungsdirektion Zürich.

Theiler, P. (2006). *Projekt Basisstufe Luzern 2005-2011: Dienststelle Volksschulbildung Kanton Luzern.*

Vogt, F. (2009). Lehrpersonen-Einstellungen zu Spiel und Lernen, *SGL-Tagung Entwicklung und Lernen junger Kinder.* St.Gallen.

Vogt, F. (2010). Das Lehr-Lernverständnis von Basisstufenlehrpersonen. *Jounal für Lehrerbildung, 10*(1), 23-26.

Vogt, F., Zumwald, B., Urech, C. & Abt, N. (2010). *Schlussbericht der formativen Evaluation: Grund-/Basisstufe: Umsetzung, Unterrichtsentwicklung und Akzeptanz bei Eltern und Lehrpersonen.* Bern: Schulverlag.

Wannack, E. (2004). *Kindergarten und Grundschule zwischen Annäherung und Abrenzung.* Münster, New York, München, Berlin: Waxmann.

Zumwald, B. (2010). Die Basisstufe – ein Schulversuch zur Neugestaltung der Eingangsstufe in der Schweiz. In S. Oehlmann & Y. Manning-Chlechowitz & M. Sitter (Hrsg.), *Frühpädagogische Übergangsforschung. Von der Kindertagesstätte in die Grundschule* (S. 143-158). Weinheim und München: Juventa.

Toni Alexander Ihme, Katja Schwartz & Jens Möller

Kooperatives Lehren:
Theoretische Annahmen und empirische Befunde

Abstract

Verschiedene Autoren schreiben gemeinsamer Vorbereitung und Durchführung von Unterricht durch eine Gruppe Lehrender positive Wirkung zu. Die Grundannahme hierbei ist, dass Kooperation Lehrender die Qualität des Unterrichts verbessere, was wiederum eine lernförderliche Wirkung entfalte (Hargreaves, 1994). Das folgende Kapitel betrachtet diese Annahme aus der Perspektive der sozialpsychologischen Forschung zu Leistung von Gruppen. Es wird analysiert, welche Prozesse in der Arbeit lehrender Gruppen zu einer Verbesserung des Unterrichts führen könnten.

Es wird ein experimenteller Forschungsansatz vorgestellt, in dem eine Dyade oder ein einzelner Student als Tutoren in einem Tutoring-Szenario anderen Probanden (Tutees) Wissen vermitteln sollen. Auf diese Weise soll die Leistung kooperierender Lehrender mit der individuell arbeitender Lehrender verglichen werden. Es zeigen sich erhöhte Lernzuwächse kooperativ unterrichteter Tutees. Diese Ergebnisse und der experimentelle Forschungsansatz werden im Hinblick auf ihre theoretischen Grundlagen und Schlussfolgerungen für die Praxis diskutiert.

1. Einleitung

Führt man sich eine klassische Unterrichtssituation vor Augen, so denkt man gewöhnlich nicht an ein Team von Lehrenden, das den Unterricht gemeinsam gestaltet, sondern an einen einzelnen Lehrer[1], der den Unterricht eigenverantwortlich durchführt. In der empirischen Bildungsforschung geht man davon aus, dass „die Kooperation von Lehrern eine wichtige, und für die Gegenwart kann man vielleicht sagen: eine zunehmend wichtigere Rolle" spielt (Terhart & Klieme, 2006, S. 163). So deuten etwa empirische Befunde darauf hin, dass Kooperation ein Merkmal wirksamer Schulen ist (Steinert et al., 2006). Verstärkt wird gefordert, dass Lehrer ihr Einzelgängerdasein aufgeben und enger zusammenarbeiten um ihren Unterricht zu verbessern (Gräsel, Fußangel & Pröbstel, 2006). Wenig berücksichtigt wurde bislang, dass die Zusammenarbeit von Lehrenden eine komplexe Gruppensituation darstellt. Es existiert nur wenig Theoriebildung dazu, wie Kooperation beispielsweise dem Unterricht der Lehrenden zugutekommen kann. Ist Kooperation von Lehrenden unter dem Aspekt

---

[1] Im Folgenden wird immer das generische Maskulinum benutzt. Sofern nicht anders vermerkt, bezieht sich der jeweilige Begriff selbstverständlich sowohl auf Männer als auch auf Frauen.

der Unterrichtsentwicklung überhaupt sinnvoll? Verbessert sie die Qualität von Unterricht und das Lernen der Unterrichteten?

Die Sozialpsychologie ist der grundlagenorientierte Forschungsbereich, der sich damit auseinandersetzt, was geschieht, wenn Menschen in Gruppen zusammenarbeiten. Häufig werden dort hochstandardisierte Laborstudien mit Gruppen durchgeführt, die auf den ersten Blick wenig mit der Kooperation in der Schule gemein haben. Auf der anderen Seite ermöglichen insbesondere experimentelle Ansätze kausale Schlussfolgerungen und Aussagen darüber, mit welchen Prozessen und Ergebnissen zu rechnen ist, wenn Menschen gemeinsam in Gruppen arbeiten.

Es stellt sich nun die Frage, wie es möglich ist, theoretische Ansätze und experimentelle Verfahrensweisen aus dem Bereich der sozialpsychologischen Forschung zur Leistung von Gruppen auf den Bereich des kooperativen Lehrens anzuwenden. Welche Annahmen kann man aus der Sozialpsychologie für das gemeinsame Lehren ableiten? Wie kann man die Effekte kooperativen Lehrens kontrolliert im Labor untersuchen und dabei Erkenntnisse gewinnen, die für schulisches und universitäres Lehren eine Bedeutung haben?

Im vorliegenden Kapitel definieren wir zunächst, was wir genau unter dem Konzept des kooperativen Lehrens verstehen. Anschließend gehen wir auf sozialpsychologische Theorien zur Leistung von Gruppen ein. Wir geben schließlich einen Überblick über die quasiexperimentelle Forschung auf diesem Gebiet und stellen unseren eigenen experimentellen Ansatz vor. Erstmals wurde dabei in verschiedenen experimentellen Studien gezeigt, dass Lernende mehr lernen, wenn sie von zwei Personen statt von einer Einzelperson unterrichtet wurden. Diskutiert wird, inwiefern sich unsere Ergebnisse auf den Schulkontext übertragen lassen.

2. Kooperatives Lehren: Definition

Das vorliegende Kapitel gibt einen Überblick über die theoretischen Annahmen und empirischen Befunde auf dem Gebiet der kooperativen Lehre. Dabei bezeichnet dieses Konzept nicht generell jede beliebige Absprache zwischen Lehrkräften. Vielmehr ist es genau definiert als die gemeinsame Planung, Durchführung und Optimierung der Wissensvermittlung an andere (Ihme, 2011; Ihme, Möller & Pohlmann, 2009). Um von einer kooperativen Lehrsituation sprechen zu können, ist es somit entscheidend, dass zwei oder mehr Personen gemeinsam anderen Personen Lernangebote (im Sinne des Angebots-Nutzungs-Modells von Helmke, 2009) machen. Für das Konzept kooperativen Lehrens stehen die Qualität der Lehre und der Lernerfolg der Zuhörenden im Zentrum. Die Qualität der Lehre umfasst, der Terminologie Helmkes (2009) folgend die Prozessqualität des Unterrichts und die Qualität der Lehrmaterialien. Der Lernerfolg der Zuhörenden wiederum stellt nach Helmke (2009) die angestrebte Wirkung von Unterricht dar. Dies unterscheidet es von Konzepten wie dem kooperativen Lernen, das den Lernerfolg der Vortragenden betont. Kooperatives Lehren ist in unterschiedlichen Kontexten möglich. So schließt die Definition *Team Teaching*, das gemeinsame Unterrichten von Lehrern vor einer Schulklasse, genauso ein wie das gemeinsame Vorbereiten und Halten eines Referats durch Studierende oder das gemeinsame Halten eines Vortrages auf einer Fachtagung. In all diesen Varianten ist kooperatives Lehren eine Gruppenaufgabe, in der die Lehrenden interagieren und ihre individuellen Leistungen koordinieren müssen.

Sozialpsychologische Theorien aus der Gruppenforschung geben wichtige Hinweise auf die Frage, was geschieht, wenn Menschen in Gruppen zusammenarbeiten. Der folgende Abschnitt stellt diesen Forschungsbereich überblicksartig vor.

3. Theoretische Annahmen

3.1 Gruppenleistung

Untersuchungen zur Leistung von Gruppen gehören zum Kern der Sozialpsychologie. Die Forschung und Theoriebildung auf diesem Gebiet ist weit vorangeschritten und umfangreich. Ziel des vorliegenden Kapitels kann es somit nur sein, schlaglichtartig den aktuellen Kenntnisstand zu beleuchten. Im Folgenden gehen wir zunächst allgemein auf mögliche Leistungsverluste und -gewinne bei Gruppenprozessen ein. In einem nächsten Schritt stellen wir das Aufgabenschema von Steiner (1972) vor. Nach diesem Schema werden Gruppenaufgaben klassifiziert, um daraus Annahmen über mögliche Verluste oder Gewinne abzuleiten. Anschließend ordnen wir das kooperative Lehren in dieses Schema ein und analysieren diese Gruppenaufgabe genauer. Basierend auf den theoretischen Überlegungen kommen wir zu dem Schluss, dass kooperatives Lehren das Potenzial birgt, sich positiv auf die Qualität der Lehre und damit das Lernen der Zuhörenden auszuwirken.

Die Annahme, dass es beim Arbeiten in Gruppen zu leistungsförderlichen Prozessen und Synergieeffekten kommt, ist weit verbreitet. Begründet wird diese Annahme in erster Linie damit, dass Gruppen über mehr Ressourcen – beispielsweise kognitiver Art – verfügten als Individuen und somit das Ergebnis der Gruppenarbeit dem der individuellen Arbeit überlegen sei (Schulz-Hardt, Greitemeyer, Brodbeck & Frey, 2002). Differenzierte Analysen der Gruppensituation unterscheiden allerdings neben verschiedenen Formen von Prozessgewinnen auch Prozessverluste (Schulz-Hardt & Brodbeck, 2008). Gewinne und Verluste können motivationsbezogen und fertigkeitsbezogen sein (Kerr & Tindale, 2004; Schulz-Hardt & Brodbeck, 2008). Zudem können koordinationsbezogene Verluste auftreten. Hinsichtlich der motivationsbezogenen Prozesse konnte vielfach nachgewiesen werden, dass die Motivation sich für ein Ziel einzusetzen absinkt, wenn Menschen in Gruppen zusammenarbeiten. Indikativ für ein Absinken der Motivation ist aus Sicht der Sozialpsychologie ein Auftreten von Leistungsverlusten. Unterschieden werden drei abgrenzbare Phänomene: Soziales Faulenzen (Latané, Williams & Harkins, 1979), Soziales Trittbrettfahren (Kerr & Bruun, 1983) und der Gimpel- oder Trottel-Effekt (Kerr & Bruun, 1983).

Auf der anderen Seite sprechen empirische Ergebnisse dafür, dass es unter bestimmten Rahmenbedingungen zu verschiedenen Arten von Motivationsgewinnen im Gruppenkontext kommen kann (Hertel, Niemeyer & Clauss, 2008; Kerr, Messé, Park & Sambolec, 2005; Weber & Hertel, 2007; Williams & Karau, 1991). So kann es sein, dass Gruppenmitglieder ihre Anstrengungen erhöhen, um andere Gruppenmitglieder zu übertreffen (sozialer Wettbewerb; Stroebe, Diehl & Abakoumkin, 1996), schwächere Gruppenmitglieder zu kompensieren (soziale Kompensation; Williams & Karau, 1991) oder um nicht für ein schlechtes Gesamtergebnis verantwortlich zu sein (Köhler-Effekt; Hertel, Kerr & Messé, 2000; Köhler, 1926; Witte, 1989).

Wovon hängt es ab, ob Gruppenarbeit zu Motivationsgewinnen oder Motivationsverlusten führt? Nach Hertel (2002) kommt es darauf an, wie wichtig den Teammitgliedern die einzelnen Ziele der Gruppe sind (Valenz) und für wie wichtig die Teammitglieder ihren persönlichen Beitrag erachten (Instrumentalität). Darüber hinaus ist es entscheidend, wie zuversichtlich die Teammitglieder sind, der Aufgabe des Teams gewachsen zu sein (Selbstwirksamkeit) und wie hoch das Vertrauen der Teammitglieder untereinander ist (Trust/Vertrauen).

Arbeiten Menschen in Gruppen zusammen, hat dies nicht nur Auswirkungen auf ihre Motivation, sondern auch auf ihre individuellen Fertigkeiten. Auch hier kann die Arbeit in Gruppen negative wie positive Auswirkungen haben.

So kann die Gruppensituation dazu führen, dass sich die Gruppenmitglieder kognitiv negativ beeinflussen: Wenn beispielsweise die Interaktion in Gruppen dazu führt, dass nur eine bestimmte Art von Vorschlägen und Ideen in Betracht gezogen wird, kann dies die Leistung der Gruppe als Ganzes beeinträchtigen. Rücken bestimmte Ideen und Lösungsansätze in den Fokus der Gruppenaufmerksamkeit, mag es sein, dass alternative Ansätze unbeachtet bleiben oder in ihrer Bedeutung unterschätzt werden (Schulz-Hardt & Brodbeck, 2008).

Auf der anderen Seite kann die Zusammenarbeit aber auch dazu führen, dass sich die Gruppenmitglieder gegenseitig kognitiv anregen (Nijstad, Stroebe & Lodewijkx, 2002). Bringt ein Gruppenmitglied beispielsweise eine Idee vor, mag dies bei einem anderen Gruppenmitglied zu einer weiteren Idee führen, die in Einzelarbeit nicht entstanden wäre. Dieser Effekt wird als kognitive Stimulation bezeichnet (Schulz-Hardt & Brodbeck, 2008). Treffen unterschiedliche Meinungen und Sichtweisen verschiedener Gruppenmitglieder zu einem Gegenstand aufeinander, können sozio-kognitiven Konflikte (Doise & Mugny, 1984) auftreten. Diese bezeichnen das Aufeinandertreffen von unterschiedlichen Meinungen in der Interaktion mit Anderen zum selben Thema (Doise & Mugny, 1984). Sozio-kognitive Konflikte können dazu führen, dass die Individuen neue Informationen berücksichtigen und ihren eigenen Standpunkt noch einmal überdenken. Bei Lösung des sozio-kognitiven Konflikts und gelungener Integration unterschiedlicher Sichtweisen werden Inhalte tiefergehend elaboriert und verstanden.

Schließlich ist es entscheidend zu bedenken, dass beim kooperativen Lehren, ebenso wie in allen anderen Arbeitsgruppensituationen, die Einzelbeiträge der Mitglieder koordiniert werden müssen. Per Definition kann es hier nur zu Verlusten kommen, da eine theoretisch optimale Koordination lediglich Koordinationsverluste ausschließt. Da nahezu jede Gruppe darauf angewiesen ist, die Beiträge ihrer Mitglieder zu koordinieren, treten Koordinationsverluste sehr häufig auf. Hinzu kommen außerdem Reibungsverluste durch soziale Dynamiken wie relationale Konflikte, wie etwa die Aushandlung des Rederechts, Rangordnungskonflikte und dergleichen. Relationale Konflikte stehen im Gegensatz zu epistemischen oder sozio-kognitiven Konflikten, die eher eine leistungsförderliche Wirkung haben (Buchs & Butera, 2004).

Das Auftreten von Prozessverlusten und -gewinnen wird unter anderem davon bestimmt, welche Art von Aufgabe an eine Gruppe gestellt wird. Im folgenden Abschnitt wird daher das Aufgabenschema von Steiner (1972) vorgestellt, das es ermöglicht Gruppenaufgaben zu spezifizieren und daraus Annahmen über Prozessverluste oder Prozessgewinne abzuleiten. Anschließend ordnen wir die Gruppenaufgabe des kooperativen Lehrens in dieses Schema ein.

Steiner (1972) klassifiziert Aufgaben hinsichtlich verschiedener Dimensionen. Zunächst unterscheidet er Aufgaben danach, ob sie in qualitativ unterschiedliche Teilaufgaben untergliederbar sind oder nicht. Die zweite Dimension fragt, ob Maximierung (Menge oder Geschwindigkeit der Arbeit) oder Optimierung (Qualität der Arbeit) eine Rolle spielt. Die dritte Dimension beschreibt auf welche Weise die Leistungen der Gruppenmitglieder zusammenwirken. Auf dieser Dimension unterscheidet Steiner zwischen disjunktiven (das Gruppenergebnis entspricht dem des besten Gruppenmitglieds), konjunktiven (das Gruppenergebnis entspricht dem des schlechtesten Gruppenmitglieds) und additiven (das Gruppenergebnis entspricht der Summe aller Einzelergebnisse). Neben diesen drei klassischen Kategorien gibt es diskretionäre Aufgaben Diese Kategorie zeichnet sich dadurch aus, dass die Einzelbeiträge der Mitglieder auf unterschiedliche Weise kombiniert werden können. So können sie sowohl additive, disjunktive als auch konjunktive Anteile beinhalten. Zahlreiche komplexere Aufgaben, wie zum Beispiel Gruppenlernen bei Schülern, erfordern verschiedene immer neu anzupassende Vorgehensweisen und fallen damit in die Kategorie diskretionärer Aufgaben. Die Schüler können sich entscheiden, einzelne Teile des Themas allein aufzuarbeiten und ihre Erkenntnisse zu kombinieren (additive Vorgehensweise). Alternativ könnte ein Schüler das Thema „optimal" aufarbeiten und seinen Mitschülern erklären (disjunktive Vorgehensweise).

Je nach Art der zu bearbeitenden Aufgaben, ist mit bestimmten Prozessgewinnen und Prozessverlusten zu rechnen. Während beispielsweise bei additiven Aufgaben die Einzelleistungen aufgrund ihrer Aufsummierung zum Gruppenprodukt als solche an Bedeutung verlieren, spielt bei disjunktiven und konjunktiven Aufgaben nur die beste beziehungsweise schlechteste Einzelleistung die entscheidende Rolle. Diese Feststellung der besten oder schlechtesten Leistung fördert den sozialen Vergleich. Ein solcher sozialer Vergleich ermöglicht sozialen Wettbewerb als Quelle von Motivationsgewinnen. Im Gegensatz dazu ist soziale Kompensation am stärksten bei additiven Aufgaben wirksam, denn nur hier können die stärkeren Mitglieder die Leistung der schwächeren kompensieren, ohne allein für das Gruppenprodukt verantwortlich zu sein. Bei diskretionären Aufgaben ist es schwerer, Annahmen über mögliche Prozessverluste und Prozessgewinne abzuleiten, da die Einzelbeiträge je nach bearbeitender Gruppe auf völlig unterschiedliche Art kombiniert werden können.

Im nächsten Abschnitt soll das kooperative Lehren in diese Typologie eingeordnet werden. Des Weiteren werden Prozesse identifiziert, die im kooperativen Lehren Prozessgewinne hervorrufen können.

3.2 Kooperative Lehre als Gruppenaufgabe

In Anlehnung an Hargreaves (1994) sowie Schulz-Hardt und Brodbeck (2008) haben wir unsere theoretischen Annahmen in einem Arbeitsmodell des kooperativen Lehrens zusammengefasst. Dabei gehen wir davon aus, dass wie bei den meisten Gruppenaufgaben zunächst auch beim kooperativen Lehren mit Prozessverlusten auf den drei Ebenen Motivation, Fertigkeiten und Koordination zu rechnen ist. Aber birgt die kooperative Lehrsituation das Potenzial diese Verluste auszugleichen? Überwiegen vielleicht sogar Prozessgewinne? Laut Hargreaves (1994) führt die Kooperation von Lehrenden zu erhöhten Lernzuwächsen bei Schülern. Danach soll Kooperation von Lehrenden die Qualität des Unterrichts erhöhen und sich diese Qualitätssteigerung positiv auf das Lernen der Zuhörenden auswirken. Das bedeutet, kooperative Lehre hat zwei Auswirkungen: *direkt* verbessert es den von den Lehrern gehaltenen Unterricht und *indirekt* – vermittelt über die Verbesserung des Unterrichts – hilft es dem Lernen der jeweiligen Zielgruppe. Abbildung 1 veranschaulicht diese Sichtweise und verknüpft sie mit den oben dargestellten Prozessen. Diese Beziehung ist selbstverständlich nicht deterministisch zu verstehen. Vielmehr wird davon ausgegangen, dass ein Lernangebot höherer Qualität von den Lernenden eher wahrgenommen wird beziehungsweise eher wahrgenommen werden kann.

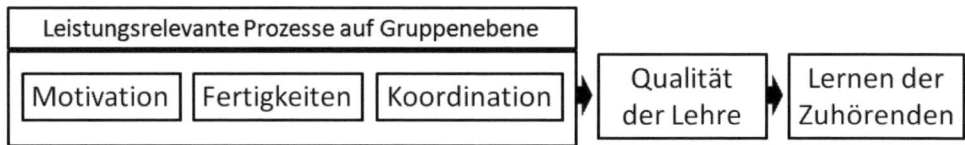

Abbildung 1: Arbeitsmodell des kooperativen Lehrens

Um Aussagen hinsichtlich möglicher Prozessgewinne – und damit dem Eintreten der eben skizzierten Folgen – treffen zu können, ist es allerdings zunächst sinnvoll, die Aufgabe des kooperativen Lehrens in das von Steiner (1972) vorgeschlagene Schema einzuordnen. Beim kooperativen Lehren können die Beteiligten selbst entscheiden, auf welche Weise sie vorgehen und wie genau sie die erbrachten Beiträge zusammenführen. Beispielsweise mögen in einem Falle die Lehrenden einzelne Teile eines Stoffgebietes getrennt voneinander bearbeiten und dann abwechselnd präsentieren. Dies entspräche zum größten Teil einer additiven Vorgehensweise. Andererseits mag es sein, dass zwei Lehrpersonen verschiedene Vorgehensweisen und Methoden offen diskutieren und dann einen Konsens finden, der auch umgesetzt wird. Je nach Art der Diskussionsführung enthielte diese Umsetzung additive und disjunktive Elemente. Diese beiden Beispiele machen deutlich, dass es keine aufgabeninhärente Vorgehensweise beim kooperativen Lehren gibt. Somit kann kooperatives Lehren dem diskretionären Aufgabentyp zugerechnet werden. Inwiefern diese Kategorisierung für die theoretische Einschätzung der Leistungsfähigkeit lehrender Gruppen von Bedeutung ist, wird im folgenden Abschnitt erläutert.

Im Zusammenhang mit kooperativer Lehre werden, häufig implizit, folgende Wirkmechanismen diskutiert: positive Interpendenz (Johnson & Johnson, 2006), soziale Konstruktion von Wissen (Doise & Mugny, 1984) und das *Peer Monitoring* (Fraser, Diener, Beaman & Kelem, 1977). Positive Interdependenz bedeutet, dass die beteiligten Personen sich als positiv abhängig voneinander wahrnehmen: ohne Zusammenarbeit kann keiner der Beteiligten die bestehende Aufgabe bewältigen oder ein optimales Resultat bei der Bearbeitung erzielen (Johnson & Johnson, 2006). Das Konzept der sozialen Konstruktion von Wissen (Doise & Mugny, 1984) beschreibt die qualitative Aufwertung oder Neukonstruktion kognitiver Inhalte durch soziale Interaktion. *Peer Monitoring* (Fraser et al., 1977) als drittes Konzept wird definiert als die gegenseitige Überwachung und Kontrolle der Tätigkeiten und Leistung von Mitgliedern der eigenen Gruppe.

Grundsätzlich zeichnen sich Aufgaben oder Situationen, in denen Personen auf ein gemeinsames Ziel hinarbeiten, durch positive Interdependenz aus. Sie ist eine notwendige Grundvoraussetzung für die Produktivität der Gruppen, da weder die bloße Zugehörigkeit zur arbeitenden Gruppe noch interpersonale Interaktionen für höhere Produktivität oder Leistung sorgen. Gerade für diskretionäre Aufgaben ist die Wahrnehmung gegenseitiger Abhängigkeit entscheidend, da ansonsten eventuell dysfunktionale Bearbeitungsweisen angewandt werden. So könnten die Lehrenden eine reine additive Vorgehensweise wählen und damit die Möglichkeiten der sozialen Wissenskonstruktion oder des *Peer Monitorings* ungenutzt lassen. Weiterhin kann positive Interdependenz laut Johnson und Johnson (2006) auch die Motivation der Beteiligten erhöhen. So bedingt sie die Instrumentalität der individuellen Beiträge der Gruppenmitglieder und fördert damit, wie im VIST-Modell beschrieben, die Motivation. Da im Rahmen kooperativer Lehre die Lehrenden sich gemeinsam vorbereiten und den Unterricht gemeinsam präsentieren, sind sie im Hinblick auf die gegenseitige Nutzung ihrer Ressourcen (zum Beispiel ihr Wissen und ihre Erfahrungen) und ihre Ziele (zum Beispiel Wissensvermittlung) positiv interdependent. Daher ist positive Interdependenz eine Quelle möglicher motivationsbezogener Prozessgewinne. Die Lehrenden fühlen sich einander verpflichtet und bemühen sich daher qualitativ hochwertige Beiträge zur Planung und Durchführung des Unterrichts zu leisten.

Die soziale Konstruktion von Wissen setzt voraus, dass die Beteiligten – ganz im Sinne einer diskretionären Aufgabe – die Möglichkeit haben, ihre jeweiligen Beiträge auf flexible Art und Weise zu kombinieren. Auf dem Konzept der sozialen Konstruktion von Wissen (Doise & Mugny, 1984) fußt die Annahme, dass die Kooperation Lehrender dazu führt, dass die Lehrenden das Material intensiver zu verarbeiten. Diese gemeinsame Auseinandersetzung mit dem Lehrstoff und möglichen Lehrmethoden sollte den Lehrenden ermöglichen, ihr Unterrichtskonzept, ihr Lehrmaterial und die Präsentation des Stoffs zu verbessern. Entsprechende Überlegungen äußern sowohl Carpenter II., Crawford und Walden (2007) als auch Gräsel et al. (2006). Letztere sprechen in diesem Zusammenhang von Kokonstruktion. Diese liegt dann vor, wenn die Lehrenden sich intensiv hinsichtlich ihres Unterrichts austauschen. Dabei beziehen sie ihr individuelles Wissen aufeinander und entwickeln so gemeinsame Unterrichtskonzepte. Da die soziale Konstruktion von Wissen nach diesen Überlegungen einen direkten Einfluss auf die Qualität der Lehrvorbereitung hat, ist sie als Quelle fertigkeitsbezogener Prozessgewinne zu betrachten. So vorbereiteter Unterricht und Unterrichtsmaterialien sollte weniger Fehler aufweisen, besser auf die erwarteten Fähigkeiten der Lernenden abgestimmt sein und besser strukturiert sein als individuell vorbereiteter Unterricht.

Wählen die Teammitglieder im Rahmen einer diskretionären Aufgabe einen Arbeitsmodus, der die Anwendung von *Peer Monitoring* ermöglicht, sollte es zu einer Reduktion von Fehlern und zur Steigerung der Leistung der Gruppe beitragen (Marks & Panzer, 2004). Positive Effekte des *Peer Monitoring* konnten bereits für verschiedene Aufgabenbereiche wie zum Beispiel kooperatives Schülerlernen (Fraser et al., 1977) oder komplexe Simulationsaufgaben (Marks & Panzer, 2004) dokumentiert werden. Allgemein führt es zu besseren Gruppenleistungen und weniger Fehlern, was es als Quelle möglicher fertigkeitsbezogener Prozessgewinne kennzeichnet. Gerade die Reduzierung von Fehlern, sei es im Lehrmaterial oder im Lehrvortrag, könnte dem Lernen zuträglich sein. Neben den positiven Effekten auf Seiten der individuellen Fertigkeiten ist mit motivationsbezogenen Prozessen zu rechnen. Die gegenseitige Transparenz der Beiträge der einzelnen Gruppenmitglieder birgt das Potenzial, motivationsbezogenen Prozessverlusten wie Sozialem Faulenzen entgegenzuwirken. Gleichzeitig mag die gegenseitige Überwachung und Feedbackgabe auch das Auftreten des Köhler-Effekts wahrscheinlicher machen.

Zusammengefasst gehen wir davon aus, dass die kooperative Lehre das Potenzial birgt, sich positiv auf Unterricht auszuwirken indem es die Qualität der Lehre verbessert. Allerdings ist fraglich, ob die möglichen Prozessgewinne oder die möglichen Prozessverluste überwiegen. Der folgende Abschnitt fasst die empirischen Befunde zum kooperativen Lehren zusammen.

4. Empirische Befunde

In Quasiexperimenten wie auch in Experimenten zum kooperativen Lehren werden die Auswirkungen kooperativer Lehre auf Variablen der Unterrichtsqualität und Motivation sowie die Leistung entsprechend unterrichteter Schüler beobachtet. Quasiexperimente untersuchen bestehende Gruppierungen von Probanden; ein typisches Beispiel sind Schulklassen. Die Verwendung von Schulklassen ermöglicht zwar eine ökonomische und realitätsnahe Versuchsdurchführung. Durch die fehlende Randomisierung (zufällige Zuordnung der Schüler zu den Bedingungen) lassen sich aber keine kausalen Schlüsse ziehen. Die Kontrolle von Störfaktoren ist nicht uneingeschränkt möglich, da die Schulklassen sich auf einer Vielzahl von Variablen voneinander unterscheiden könnten, die nichts mit der Art der Lehre zu tun haben, sich aber auf die Lernleistungen auswirken könnten. Beispiele hierfür sind die im Angebots-Nutzungs-Modell (Helmke, 2009) aufgeführten Kontextfaktoren sowie das Lernpotenzial der Unterrichteten. Kontextfaktoren umfassen unter anderen Klassenzusammensetzung, kulturelle Rahmenbedingungen und Schulform. Das Lernpotenzial der Lernenden beinhaltet beispielsweise ihre Intelligenz, Anstrengungsbereitschaft und Vorkenntnisse.

Experimente untersuchen dagegen randomisierte Gruppen von Probanden, das heißt, die Probanden werden den jeweiligen Versuchsgruppen zufällig zugeordnet. Das Experiment ermöglicht zuverlässige Kausalaussagen, da die Randomisierung eine gleiche Verteilung von Störfaktoren ermöglicht. Experimente sind jedoch aus praktischen Gründen in Schulen vielfach nicht durchführbar.

4.1 Quasiexperimentelle Forschung

In der empirischen Forschung zu den Effekten des kooperativen Lehrens dominieren bislang quasiexperimentelle Studien. Das Lernen und die Motivation der unterrichteten Personen sind in diesen Studien die häufigsten untersuchten Variablen. Zur Verdeutlichung dieses quasiexperimentellen Vorgehens sei auf folgende Studien beispielhaft verwiesen.

Die Auswirkungen kooperativen Lehrens auf das Mathematiklernen untersuchte Jang (2006) in seiner Vergleichsstudie an taiwanesischen Schülern der achten Klasse. Die unter der kooperativen Lehrbedingung von zwei Lehrpersonen unterrichteten Probanden erzielten bessere Mathematikleistungen als die Schüler in der Kontrollgruppe. Außerdem bevorzugten die Probanden der kooperativen Lehrbedingung das kooperative Lehren gegenüber herkömmlichem Unterricht. Schwierigkeiten ergaben sich für die teilnehmenden Lehrenden allerdings hinsichtlich des Zeitaufwandes der gemeinsamen Vorbereitungen.

Die Zufriedenheit und Leistung von Studierenden ($N = 166$) in psychologischen und geisteswissenschaftlichen Seminaren untersuchten Wadkins, Miller und Wozniak (2006). Hierbei unterrichtete jeder der $N = 3$ Dozierenden insgesamt zwölf Seminargruppen. Dies taten sie sowohl allein als auch in Zusammenarbeit mit einem der anderen beiden Lehrenden. Die Autoren fanden keine Wirkung von kooperativem Lehren auf die wahrgenommene Qualität des Unterrichts und die Leistung der Lernenden, kamen aber zu dem Schluss, dass der Aufwand kooperativen Lehrens trotzdem gerechtfertigt sei. Zum einen zeigte die Kooperation der Lehrenden keine negativen Wirkungen. Zum anderen förderte kooperatives Lehren Interesse und Enthusiasmus der Studierenden. Die Autoren wiesen auf die methodischen Probleme des von ihnen genutzten Ansatzes hin. So war die Anzahl der teilnehmenden Lehrenden nur gering, und sie waren sich der Bedingungen und Hypothesen der Untersuchung bewusst. Auch in der quasiexperimentellen Studie von Carpenter II. et al. (2007) wurde ein kooperativ durchgeführtes mit individuell durchgeführten Seminaren verglichen. Die Lehrenden-Stichprobe in dieser Untersuchung war ebenso wie in der Studie von Wadkins et al. (2006) klein. Es wurden keine Leistungsunterschiede zwischen den individuell und den durch ein Team unterrichteten Seminaren gefunden. Der einzige Unterschied ergab sich für das von den Studierenden berichtete Interesse an der unterrichteten Materie. Die kooperativ unterrichteten Studierenden gaben ein höheres Interesse an, als die Studierenden, die individuell unterrichtet worden waren.

Insgesamt zeigen einige Untersuchungen zum kooperativen Lehren Leistungsgewinne der Lernenden. Die Befundlage ist jedoch uneinheitlich und die Anzahl der Untersuchungen zum kooperativen Lehren gering. Zudem sind nahezu alle vorhandenen Untersuchungen quasiexperimenteller Art. Daher ist bei den gefundenen Effekten nicht klar, ob sie auf den spezifischen Umständen in der untersuchten Klasse oder auf

Eigenschaften der ausführenden Lehrpersonen beruhen, da die nicht randomisierte Zuteilung von Probanden in Quasiexperimenten keinen Kausalschluss zulässt.

4.2 Experimentelle Forschung

Im folgenden Abschnitt möchten wir einen eigenen Forschungsansatz zur Untersuchung der Wirksamkeit von kooperativem Lehren vorstellen, in dem kooperatives Lehren erstmals experimentell untersucht wird (Ihme, 2011; Ihme et al., 2009).

Da kooperatives Lehren nicht auf schulische Wissensvermittlung beschränkt ist, wurden peer-tutoring-Szenarien als experimentelles Setting gewählt. In einem solchen Szenario unterrichtet üblicherweise ein Tutor eine oder mehrere andere Personen (die Tutees) zu einem bestimmten Thema (McCarthy & McMahon, 1992). Hierbei besitzt der Tutor einen Wissensvorsprung und agiert als Lehrer, jedoch besitzt er in der Regel keine formale Qualifikation (Goodlad & Hirst, 1990). Gerade an Universitäten ist diese Form der Wissensvermittlung sehr verbreitet, beispielsweise durch universitäre Tutoren oder studentische Referenten in Seminaren.

Das Ziel unserer Forschung ist die Untersuchung lehrender Gruppen im Vergleich zu lehrenden Individuen. Sowohl Tutoren als auch Tutees werden den Versuchsbedingungen zufällig zugewiesen.

Tabelle 1 stellt den grundlegenden Ablauf unseres Tutoring-Experiments dar. Zunächst wird durch Zufall bestimmt, ob ein Proband als Tutor oder als Tutee teilnimmt. Die Aufgabenstellung variiert darin, ob die Aufgabe von den Lehrenden allein zu bewältigen ist (individuelle Lehre vs. kooperative Lehre). Daher wird im nächsten Schritt zufällig bestimmt, ob die Tutoren in der kooperativen oder der individuellen Bedingung lehren. In der kooperativen Bedingung erarbeiten und halten sie zusammen die Lehreinheit, wohingegen sie in der individuellen Bedingung allein lehren. Die lehrenden Probanden erhalten Quellenmaterial zu dem von ihnen zu vermittelnden Thema. Jeder Lehrende – unabhängig von der Versuchsbedingung – arbeitet das Material allein durch um sich mit dem Thema vertraut zu machen und eine Wissensbasis zu schaffen. Danach erhalten die Probanden die Aufgabenstellung, ein Referat vorzubereiten und dieses vor einem lernenden Probanden zu halten.

Für die Vorbereitung von Referat und Unterrichtsmaterialien (etwa Poster oder Power Point Präsentation) steht ein fester Zeitrahmen zur Verfügung. Die genaue Bearbeitungszeit wird als mögliche Kovariate festgehalten. Teilnehmer in der Rolle des Lernenden füllen inzwischen in einem separaten Raum einen Vortest zum Thema des kommenden Referats aus. Nach dem Referat (und der Bearbeitung einiger anderer Fragebögen) bearbeiten die Lernenden einen Nachtest zur Feststellung ihres Lernerfolgs.

Tabelle 1: Versuchsablauf der experimentellen Laborstudien

Zeitleiste	Tutoren	Tutees
Min 0 bis 10	• randomisierte Zuteilung auf eine der beiden experimentellen Bedingungen. • allein oder im Team betreten die Teilnehmenden die Laborräume.	
Min 10 bis 20	• Einverständniserklärung • Fragebogen zu demografische Daten. • Erhebung des Vorwissens zum Thema der Tutoring-Sitzung	
Min 20 – 60	• die Studierenden lesen einzeln einen Text zum Thema der Tutoring-Sitzung	
Min 60 – 120	• Vorbereitung von Referat und Unterrichtsmaterial	• Einverständniserklärung • Fragebogen zu demografische Daten. • Erhebung des Vorwissens zum Thema der Tutoring-Sitzung • Wartezeit
Min 120 – 135	• Tutor(en) und Tutee werden einander vorgestellt	
Min 135 – 155	• Referat	
Min 155 – 165	• Fragebögen zu Motivation und Einschätzung der Zusammenarbeit	• Fragebögen zu Motivation und Beurteilung des Vortrags
Min 165 – 175	• Tutor(en) und Tutee bearbeiten parallel einen Wissenstest zum Thema der Tutoring-sitzung	
Min 175 – 180	• Aufklärung und finanzieller Ausgleich für alle Probanden	

Die Leistung der Tutoren wird an durch verschiedene Variablen gemessen. Zum einen wird der Lernzuwachs der von den Tutoren unterrichteten Probanden gemessen. Weiterhin werden auch verschiedene mögliche Indikatoren der Unterrichtsqualität wie Strukturiertheit des Lehrvortrages sowie Qualität und Fehlerfreiheit des Lehrmaterials ermittelt. Die Grundannahme ist, dass kooperierende Tutoren eine Unterweisung gestalten, der sich – im Sinne der Begrifflichkeiten des Angebots-Nutzungs-Modells (Helmke, 2009) – durch höhere Prozessqualität des Unterrichts und eine höhere Qualität des Lehr-Lern-Materials auszeichnet. Die Motivation der beteiligten Tutoren und Tutees bildet eine dritte Gruppe erhobener Variablen. Sie wird erhoben, um zu überprüfen, ob positive motivationale Effekte der Gruppenarbeit mit Leistungsgewinnen einhergehen. Die Motivation der Lernenden ist auch indikativ für die Nutzung der angebotenen Unterweisung. Sie gibt Auskunft darüber, wie sehr die Lernenden motiviert sind, der Unterweisung zu folgen und sich mit ihr auseinanderzusetzen.

In den Studien zeigten sich durchgehend höhere Leistungen der Tutees, die kooperativ unterrichtet worden waren. Diese Befunde blieben stabil, auch wenn Vorbereitungszeit, Vorwissen der beteiligten Probanden und Merkmale der Tutoren wie sozialbezogene Angstauslösung oder Erfahrung mit Referaten kontrolliert wurden (s. Abbildung 2 zur Darstellung der Lernergebnisse in zwei Studien).

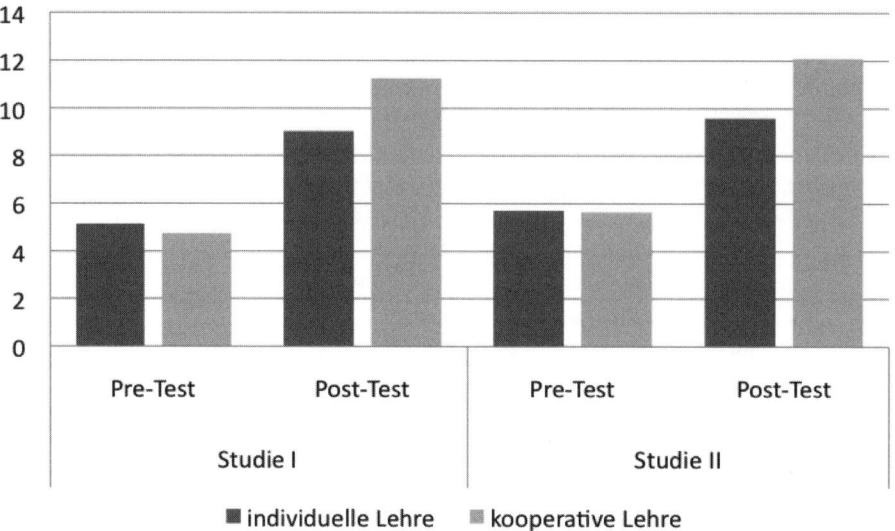

Abbildung 2: Vorwissen und Lerntestergebnisse der unterrichteten Probanden in den Studien I und II

Zudem produzierten die kooperativ lehrenden Probanden Lehrmaterial mit weniger Fehlern als individuell lehrende Probanden. Dieser Befund spiegelt Ergebnisse vorheriger Studien zur Qualität von Lehrmaterial wider (Ihme et al., 2009). Die Untersuchung der Motivation erbrachte widersprüchliche Befunde. In einer Studie zeigten kooperativ arbeitende Tutoren eine höhere Motivation, in der anderen fehlte dieser Befund. Ein direkter Nachweis von Motivationsgewinnen bleibt aufgrund dieser Befunde aus.

Insgesamt scheint also kooperatives Lehren zu einer Leistungssteigerung der Lernenden zu führen. Allerdings steht es noch aus, die höheren Lernzuwächse auf eine gesteigerte Unterrichtsqualität durch die Kooperation zurückzuführen. In den bisherigen Versuchen ließen sich keine Vorteile der kooperativen Lehre hinsichtlich der Qualität der erstellten Hilfsmittel (Poster & Power-Point-Präsentationen) oder der Qualität der Referate nachweisen. Dementsprechend bleibt unklar, über welche Faktoren der positive Lerneffekt vermittelt wurde.

5. Fazit

Im vorliegenden Kapitel sind wir der Frage nachgegangen, ob die Forderung nach mehr Kooperation in der Lehre experimentalpsychologisch untermauert werden kann. Abschließend wollen wir unseren experimentellen Ansatz diskutieren und der Frage nachgehen, inwiefern sich die Ergebnisse für die Praxis nutzen lassen.

5.1 Diskussion des experimentellen Forschungsansatzes

In unseren experimentellen Studien zeigte sich, dass Lernende, die von einer Dyade unterrichtet wurden, mehr hinzulernten als Lernende, die von einer Einzelperson unterrichtet wurden. Bislang ist unklar, worüber dieser Effekt vermittelt wird. Die postulierte Vermittlung des Effekts der Kooperation über die Qualität des Lernangebotes auf den höheren Lernzuwachs ließ sich bisher nicht aufzeigen, da die höheren Post-Test-Ergebnisse der kooperativ unterrichteten Probanden nicht mit besserer Bewertung der kooperativen Referate oder qualitativ höheren Unterrichtsmaterialien einhergingen. Allerdings fehlen bislang auch gut geeignete Verfahren zur Erfassung der Qualität von Referaten.

Den theoretischen Grundannahmen folgend, wie sie in Abschnitt 3.2 dargelegt wurden, schlägt sich die Verbesserung des Unterrichts in einem verbesserten Lernen der unterwiesenen Personen nieder. Aufgrund der fehlenden Unterschiede hinsichtlich der Qualitätsvariablen (abgesehen von der Fehleranzahl in den Unterrichtsmaterialien) und der widersprüchlichen Befunde zu den motivationalen Variablen können jedoch Alternativerklärungen für die Leistungsunterschiede der Tutees in den individuellen und den kooperativen Bedingungen nicht ausgeschlossen werden. So mag beispielsweise die Präsenz zweier Lehrender – völlig unabhängig von den postulierten Effekten kooperativer Vorbereitung – eine positive Wirkung auf das Lernen der Zielpersonen haben. Gründe hierfür könnten eine anhaltende Aufmerksamkeit der Lernenden durch Sprecherwechsel oder Vorteile durch zwei verschiedene Vortragsstile der Lehrenden sein. Um derartige Erklärungen auszuschließen, sind Experimente notwendig, die die Vorbereitung der Lehre von ihrer Durchführung trennt. Dies kann im Experiment dadurch realisiert werden, dass zwei „Lehrende" ein Referat präsentieren, dass sie zwar trainiert, aber nicht selbst vorbereitet haben. Die Vergleichsbedingung wäre ein einzelner Lehrender, der ein Referat auf genau derselben Basis hält. Alternativ wäre es hier möglich, die beiden vorher gemeinsam referierenden Probanden das Referat auch jeweils einzeln halten zu lassen. Durch den Vergleich einer Stichprobe gemeinsam vortragender und allein vortragender Probanden ließe sich ermitteln, ob die bloße Präsenz zweier Lehrender bereits verbessertes Lernen bewirkt.

Darüber hinaus können zum momentanen Zeitpunkt noch keine klaren Aussagen über die Auswirkungen des kooperativen Lehrens auf den einzelnen Prozessebenen (Motivation, Fertigkeiten und Koordination) getroffen werden. Zwar konnten wir einen Vorteil des kooperativen Lehrens gegenüber dem individuellen Lehren aufzeigen, doch kann noch nicht abgeleitet werden, ob dieser Effekt motivations- und/oder fertigkeitsbezogen vermittelt wurde. Ebenso ist noch nicht klar, wie hoch Koordinationsverluste beim kooperativen Lehren tatsächlich ausfallen.

Nicht zuletzt muss berücksichtigt werden, dass es sich bei unserem Vorgehen um eine zwar lebensnahe, aber doch hochstandardisierte Laborstudie handelte. Das bedeutet auch, dass eventuelle langfristige Möglichkeiten der Anwendung kooperativer Lehre, die über die Gestaltung von Unterricht hinausgehen nicht berücksichtigt werden können. Beispiele hierfür wären verbessertes Training von Lehrerhandeln, Unterrichtsentwicklung und Hospitation (Helmke, 2009).

Nichtsdestotrotz ist der vorgefundene Vorteil kooperativen Lehrens keineswegs als trivial zu bewerten: Zur Einschätzung der Befunde ist vielmehr noch einmal auf die Umstände im Experiment zu verweisen. Die Förderung des Lernens der unterrichteten Probanden kam zustande, obwohl in den vorliegenden Studien nur ad-hoc-Gruppen in einem eng begrenzten Rahmen zusammenarbeiteten. Faktoren wie der weitere Unterrichtskontext oder Überlegungen, wie dieses einzelne Thema in ein entsprechend größeres Unterrichtskonzept (z.B. für ein gesamtes Semester) lernförderlich eingearbeitet werden könnte, kamen nicht zum Tragen. Auch hier könnte Kooperation weitere lernförderliche Wirkungen entfalten. Des Weiteren setzte die experimentelle Situation neben dem inhaltlichen auch einen engen zeitlichen Rahmen, um sich aufeinander abzustimmen und zu einer effektiven Arbeitseinheit zu werden. Derartige durch die Versuche selbst entstehenden Beschränkungen gelten als eine Ursache für das häufig schlechtere Abschneiden von Gruppen gegenüber Individuen in experimentellen Laborstudien (Schulz-Hardt & Brodbeck, 2008), da die Gruppen häufig auf einem niedrigen organisatorischen und kohäsiven Niveau operieren (Johnson & Johnson, 2006). Es ist anzunehmen, dass es in den ad-hoc zusammengesetzten und nur für kurze Zeit bestehenden Gruppen nur zu einer mangelhaften Kohäsion gekommen ist. Dies mag ebenso eine Ursache für die widersprüchlichen Befunde hinsichtlich der Auswirkungen kooperativen Lehrens auf die Motivation der Lehrenden sein. Im Rahmen der begrenzten Zeit konnten die einander fremden Probanden nicht zu einer kohäsiven Gruppe werden, was die Motivation beeinträchtigte und so zu den inkonsistenten Ergebnissen führte. Wenn also unter derartigen Bedingungen Gruppen zum Teil bessere Leistungen erbringen als Individuen, so sind diese Leistungen umso höher einzuschätzen und lassen eine praktische Anwendbarkeit unserer Befunde vermuten. Aus diesem Grund möchten wir im folgenden Abschnitt daher auf mögliche Implikationen für die Praxis eingehen.

5.2 Praktische Implikationen

Unsere experimentellen Studien unterstützen insgesamt die Forderung nach mehr Kooperation in der Lehre. Allerdings birgt die Kooperation von Lehrenden auch die Gefahr eines erhöhten Koordinationsaufwands. Auch auf motivations- und fertigkeitsbezogener Ebene sind Verluste zunächst wahrscheinlich. So ist zum jetzigen Stand der Forschung davon auszugehen, dass kooperative Lehre in der Praxis nur dann von Vorteil ist, wenn diese Risiken bedacht werden und ihnen begegnet wird. Die Vorteile des kooperativen Lehrens sind somit an Voraussetzungen geknüpft. Den kooperierenden Lehrpersonen muss beispielsweise bewusst sein, dass ohne Zusammenarbeit ihre Leistung nur unzureichend sein kann. Diese positive Interdependenz (Johnson & Johnson, 2006) äußert sich sowohl in dem gemeinsam verfolgten Ziel der hochqualitativen Unterrichtsgestaltung und -durchführung als auch der gegenseitigen Abhängigkeit im Austausch von Erfahrungen und Wissen. Allerdings muss es tatsächlich auch zu einem Austausch über Wissensinhalte und Lehrmethoden kommen. Nur die mehrperspektivische kognitive Auseinandersetzung ermöglicht eine vertiefte Verarbeitung und damit eine qualitative Aufwertung vorhandenen Wissens und vorhandener

Vorgehensweisen (soziale Konstruktion von Wissen, s. Doise & Mugny, 1984). Und schließlich ist es erforderlich, dass ein kooperatives Arbeitsklima vorherrscht, das *Peer Monitoring* – also die gegenseitige Überwachung und Kontrolle der Tätigkeiten und Leistung – erlaubt (Fraser et al., 1977).

Nach Einschätzung von Terhart und Klieme (2006, S. 163) wird, wie eingangs bereits genannt, „die Kooperation von Lehrern eine wichtige, und für die Gegenwart kann man vielleicht sagen: eine zunehmend wichtigere Rolle" spielen. Auch die Forschung zum kooperativen Lehren wird daher wohl an Bedeutung gewinnen. Noch steht sie an ihrem relativen Anfang und bietet eine Vielzahl von spannenden Fragestellungen.

Literatur

Buchs, C. & Butera, F. (2004). Socio-cognitive conflict and the role of student interaction in learning. *New Review of social Psychology*, 3, 80-87.

Carpenter II., D. M., Crawford, L. & Walden, R. (2007). Testing the efficacy of team teaching. *Learning Environment Research*, 10, 53-65.

Doise, W. & Mugny, G. (1984). *The Social Development of the Intellect*. Oxford: Pergamon Press.

Fraser, S. C., Diener, E., Beaman, A. L. & Kelem, R. T. (1977). Two, three, or four heads are better than one: Modification of college performance by peer monitoring. *Journal of Educational Psychology*, 69, 101-108.

Goodlad, S. & Hirst, B. (1990). Explorations in peer tutoring. In S. Goodlad & B. Hirst (Hrsg.), *Explorations in peer tutoring* (S. 1-25). Oxford: Blackwell.

Gräsel, C., Fußangel, K. & Pröbstel, C. (2006). Lehrkräfte zur Kooperation anregen – eine Aufgabe für Sisyphos? *Zeitschrift für Pädagogik*, 52, 205-219.

Hargreaves, A. (1994). *Changing teachers, changing times: Teachers' work and culture in the postmodern age*. London: Cassell.

Helmke, A. (2009). *Unterrichtsqualität und Lehrerprofessionalität: Diagnose, Evaluation und Verbesserung des Unterrichts*. Seelze-Velber: Klett Kallmeyer.

Hertel, G. (2002). Motivation in Gruppen: Kann Teamarbeit die Arbeitsmotivation zusätzlich steigern? *Wirtschaftspsychologie*, 2, 15-21.

Hertel, G., Kerr, N. L. & Messé, L. A. (2000). Motivation Gains in Performance Groups: Paradigmatic and Theoretical Development on the Köhler Effect. *Journal of Personality and Social Psychology*, 79, 580-601.

Hertel, G., Niemeyer, G. & Clauss, A. (2008). Social Indispensability or Social Comparison: The Why and When of Motivation Gains of inferior Group Members. *Journal of Applied Social Psychology*, 38, 1329-1363.

Ihme, T. (2011). *Lernförderliche Effekte kooperativen Lehrens und deren Unterstützung durch Maßnahmen der Gruppensynchronisation*. Dissertationsschrift, Christian-Albrechts-Universität zu Kiel.

Ihme, T., Möller, J. & Pohlmann, B. (2009). Effekte von Kooperation auf die Qualität von Lehrmaterial. *Zeitschrift für Pädagogische Psychologie*, 23, 259-263.

Jang, S.-J. (2006). Research on the effects of team teaching upon two secondary school teachers. *Educational Research*, 48, 177-194.

Johnson, D. W. & Johnson, F. P. (2006). *Joining together. Group theory and group skills*. Boston: Allyn and Bacon.

Karau, S. J. & Williams, K. D. (1993). Social loafing: A meta-analytic review and theoretical integration. *Journal of Personality and Social Psychology, 65*, 681-706.

Kerr, N. L. & Bruun, S. (1983). The dispensability of member effort and group motivation losses: Free rider effects. *Journal of Personality and Social Psychology, 44*, 78-94.

Kerr, N. L., Messé, L. A., Park, E. S. & Sambolec, E. J. (2005). Identifiability, Performance Feedback and the Köhler Effect. *Group Processes & Intergroup Relations, 8*, 375-390.

Kerr, N. L. & Tindale, R. S. (2004). Group performance and decision making. *Annual Review of Psychology, 55*, 623-655.

Köhler, O. (1926). Kraftleistung bei Einzel- und Gruppenarbeit. *Industrielle Psychotechnik, 3*, 274-282.

Latané, B., Williams, K. & Harkins, S. (1979). Many hands make light the work: The causes and sonsequences of social loafing. *Journal of Personality and Social Psychology, 37*, 822-832.

Marks, M. A. & Panzer, F. J. (2004). The influence of team monitoring on team processes and performance. *Human Performance, 17*, 25-41.

McCarthey, S. J., & McMahon, S. (1992). From convention to invention: Three approaches to peer interactions during writing. In R. Hertz-Lazarowitz, & N. Miller (Hrsg.), *Interaction in cooperative groups. The theoretical anatomy of group learning* (S. 17-35). Cambridge: University Press.

Nijstad, B. A., Stroebe, W., & Lodewijkx, H. F. M. (2002). Cognitive stimulation and interference in groups: Exposure effects in an idea generation task. *Journal of Experimental Social Psychology, 38*, 535-544.

Schulz-Hardt, S. & Brodbeck, F. C. (2008). Group performance and leadership. In M. Hewstone, W. Stroebe & G. M. Jonas (Hrsg.), *Introduction to Social Psychology: A European Perspective* (S. 264-289). Oxford: Blackwell.

Schulz-Hardt, S., Greitemeyer, T., Brodbeck, F. C. & Frey, D. (2002). Sozialpsychologische Theorien zu Urteilen, Entscheidungen, Leistung und Lernen in Gruppen. In D. Frey, & M. Irle (Hrsg.), *Theorien der Sozialpsychologie. Band II: Gruppen-, Interaktions-und Lerntheorien* (S. 13-46). Bern: Huber.

Steiner, I. D. (1972). *Group processes and productivity*. New York: Academic Press.

Steinert, B., Klieme, E., Maag Merki, K., Döbrich, P., Halbheer, U. & Kunz, A. (2006). Lehrerkooperation in der Schule: Konzeption, Erfassung, Ergebnisse. *Zeitschrift für Pädagogik, 52*, 185-204.

Stroebe, W., Diehl, M. & Abakoumkin, G. (1996). Social compensation and the Köhler Effect: Toward a theoretical explanation of motivation gains in group productivity. In E. Witte & J. Davis (Hrsg.), *Understanding group behavior: Consensual action by small groups* (Bd. 2, S. 37-65). Mahwah, NJ: Erlbaum.

Terhart, E. & Klieme, E. (2006). Kooperation im Lehrerberuf: Forschungsproblem und Gestaltungsaufgabe. *Zeitschrift für Pädagogik, 52*, 163-166.

Wadkins, T., Miller, R. L. & Wozniak, W. (2006). Team teaching: Student satisfaction and performance. *Teaching of Psychology, 33*, 118-120.

Weber, B. & Hertel, G. (2007). Motivation gains of inferior group members: A meta-analytic review. *Journal of Personality and Social Psychology, 93*, 973-993.

Williams, K. D. & Karau, S. J. (1991). Social loafing and social compensation: The effects of expectations of co-worker performance. *Journal of Personality and Social Psychology, 61*, 570-581.

Witte, E. H. (1989). Köhler rediscovered: The anti-Ringelmann effect. *European Journal of Social Psychology, 19*, 147-154.

Till-Sebastian Idel, Elisabeth Baum & Nadine Bondorf

Wie Lehrkräfte kollegiale Kooperation gestalten

Potenziale einer fallorientierten Prozessforschung in Lehrergruppen

Abstract

Der Aufsatz stellt den Ansatz einer fallorientierten Prozessforschung vor, mit dem Kooperationsprozesse in sieben Lehrergruppen begleitet wurden. Ziel dieses Ansatzes ist die Verbindung von grundlagen- und anwendungsorientierten Elementen. Zum einen wird die etablierte Kooperationskultur in den Gruppen empirisch rekonstruiert, es werden Strukturprobleme analysiert und Entwicklungsmöglichkeiten bestimmt; zum anderen sollen über Daten- und Ergebnis-Rückspiegelungen in der wissenschaftlichen Begleitung Impulse für die weitere Entwicklung der Kooperation gesetzt werden. Die rekonstruktionslogisch angelegte Empirie zielt auf die Analyse des unmittelbaren Vollzugs der Interaktion unter den kooperierenden Lehrkräften und auf deren subjektive Orientierungsrahmen zum eigenen Kooperationsgeschehen. Grundlage der empirischen Rekonstruktionen sind aufgezeichnete Gespräche der Teams, die teilnehmend beobachtet wurden, und Gruppendiskussionen mit allen Gruppenmitgliedern. Im Beitrag wird das Zusammenspiel von Fragen der Konzeptualisierung des Gegenstands ‚Lehrerkooperation', der methodologischen Verortung und des methodischen Vorgehens beschrieben und exemplarisch an einem Fallbeispiel illustriert. Im Vordergrund steht die Darstellung der Potenziale, aber auch der blinden Flecken und Grenzen eines solchen Praxisbegleitung und Forschung verbindenden Ansatzes, der eine komplementäre Ergänzung anderer Zugänge der schulbezogenen Kooperationsforschung bietet.

1. Einleitung

Im Diskurs um Unterrichts- und Schulentwicklung ist das Thema Lehrerkooperation in den letzten zehn Jahren zu einem zentralen Topos avanciert (Bauer, 2008). Bereits die Schulqualitätsforschung der 1980er und die Schulentwicklungsforschung der 1990er Jahre identifizierten Lehrerkooperation – abstrakt verstanden als strukturiertes ziel- und aufgabenbezogenes Zusammenhandeln von Lehrkräften, das über den zufälligen informellen Austausch ebenso hinausreicht wie über die etablierten Selbstverwaltungsformen von Einzelschulen (etwa das Konferenzwesen) – als einen zentralen Faktor für gute Schulen und eine hohe Entwicklungsfähigkeit der Einzelschule (Terhart & Klieme, 2006). In der aktuellen Diskussion wird die Kooperation von Lehrkräften in Teams als eine wesentliche Gelingensbedingung von Unterrichtsentwicklung gesehen (Rothland, 2007). Dem fachlichen Austausch unter Kollegen und Kolleginnen werden enorme Professionalisierungspotenziale zugeschrieben. Es wird davon ausgegangen, dass die kollegiale Reflexion der Praxis die Entwicklung pädagogischer Professionalität voranzutreiben vermag (Bastian, Combe & Reh, 2002). Diesbezüglich gilt die Unterstellung, dass je enger und je näher die Kooperation auf den Unterricht bezogen ist, desto wertvoller sie auch sei (Gräsel, Fussangel & Pröbstel, 2006). Im Kontext des neuen Steuerungsparadigmas der evidenzbasierten Bildungspolitik – gesteigerte Selbstorganisationszumutungen bei gleichzeitiger Standardisierung, externer Evaluation und Outputorientierung – wachsen aber auch die Erfordernisse, auf der Ebene von Organisationsentwicklung, Schulmanagement und Schulprofilbildung zusammen zu arbeiten (Feldhoff u.a., 2008). Empirisch ist die im normativen Schulentwicklungsdiskurs als Ideal postulierte Form der Lehrerkooperation in sog. schulinternen oder auch Lehrkräfte mehrerer Schulen übergreifenden „professionellen Lerngemeinschaften" (Bonsen & Rolff, 2006) bzw. *Communities of Practice* (Wenger, 1998) ein Randphänomen (Gräsel, Fussangel & Pröbstel, 2006). Erfahrene Professionelle wertschätzen die Kooperation, aber sie praktizieren sie selten, und zwar umso seltener, je mehr sich die Kooperation dem eigenen Unterricht nähert. Theoretisch erklärt wird dieser strukturelle Mangel an Lehrerkooperation unter Rückgriff auf die Organisationstheorie Weicks (1976) mit der gefügeartigen Organisationsstruktur und dem damit assoziierten Autonomie-Paritätsmuster, d.h. der impliziten Übereinkunft wechselseitiger Nicht-Einmischung und Anerkennung als Gleiche unter Professionellen (Altrichter & Eder, 2004). Diese kollegiale Haltung ist sowohl in der genannten organisationsstrukturellen Spezifik der Schule als *Loosely Coupled System* (Weick, 1976) als auch in der berufskulturellen Habitusformation der Lehrerarbeit verankert.

Eine eigene empirische Kooperationsforschung, die das Phänomen Lehrerkooperation nicht als einen Faktor unter vielen berücksichtigt, sondern systematisch in den Mittelpunkt der empirischen Analyse stellt, ist in Reaktion auf die zunehmende Bedeutung von Lehrerkooperation als Vehikel von Schul- und Unterrichtsentwicklungs- sowie Professionalisierungsprozessen in der letzten Dekade entstanden (ZfPäd, 2006; Fussangel & Gräsel, 2011). Das Gros dieser Forschung ist arbeits- und organisationspsychologisch sowie quantitativ ausgerichtet. Die Daten werden durch Befragungen von schulischen Akteuren gewonnen. Wer mit wem wie oft über was in welcher Form zusammenarbeitet und wie dieses Zusammenhandeln eingeschätzt und bewertet wird, gerät über das Medium der Selbstauskünfte von mehr oder weniger kooperierenden Lehrkräften in den Blick. Nicht der Vollzug von Kooperation wird also fokussiert, sondern die durch Fragen angeregte Einschätzung der Kooperation sowie die Selbstwahrnehmung der Akteure (etwa ihr Belastungsempfinden, ihre subjektiven Theorien zur Kooperation etc.), und dieses wird dann mit spezifizierten inneren und äußeren Rahmenbedingungen der Kooperation in Verbindung gebracht und auf Wirkungsanalysen bezogen, um Formen und Ausmaß der Kooperation sowie ihre Qualität und die entscheidenden Gelingensbedingungen abschätzen zu können. Was also in der Forschung eher außer Acht gelassen wird, ist die Analyse der kommunikativen Herstellung von Kooperation in Lehrergruppen (vgl. Breuer & Reh, 2010); die performative

Konstruktion des Zusammenhandelns in der Praxis im Rahmen verschiedener institutioneller Formen von Lehrerkooperation ist nach wie vor ein zentraler blinder Fleck der Kooperationsforschung. An diesem Forschungsdesiderat setzt der in diesem Beitrag skizzierte Ansatz einer *qualitativen fallorientierten Prozessforschung* zu Lehrerteams an, der dem an der Universität Mainz angesiedelten ,Projekt Lehrerkooperation' (Baum & Bondorf, 2008; Baum u.a., 2007; Baum u.a., 2010) zugrunde lag und an Forschungsdesigns verschiedener Projekte der fallorientierten Schulbegleitforschung anschließt (Arnold u.a., 2000; Bastian, Combe & Reh, 2002; Kolbe, 2004; Reh, 2004; Reh & Schelle, 2004; Idel, 2010). Sieben Lehrerteams unterschiedlicher Sekundarschulformen in staatlicher und freier Trägerschaft mit unterschiedlicher Aufgabenstellung sowie institutioneller Befestigung und Mandatierung (Schulsteuerung, methodisch-didaktische Entwicklungsarbeit, Jahrgangskoordination, Fachgemeinschaft, pädagogische Reflexion) wurden über einen Zeitraum von anderthalb Jahren wissenschaftlich mit Methoden der qualitativen Forschung begleitet. Im Folgenden sollen der konzeptionelle bzw. methodologische Ansatz und das konkrete Design des Mainzer Projekts dargestellt und an einem Fallbeispiel demonstriert werden. Der Beitrag zielt also weniger darauf, die materialen Ergebnisse des Projekts zusammenzufassen, als vielmehr die Idee dieser Spielart einer qualitativen Kooperationsforschung zu umreißen und an der Begleitung einer Lehrergruppe zu illustrieren. Unsere grundlegende These ist, dass sich dieser Ansatz in besonderer Weise dazu eignet, die fallspezifische kommunikative Praxis von Lehrerkooperation auf der Grundlage von in-situ-Daten zu rekonstruieren und Strukturprobleme bestimmter Kooperationsformen zu abstrahieren, um die Forschungsfrage, „was genau die Qualität der Interaktion in der Kooperation mit Kolleg(inn)en auszeichne und was daran vorteilhaft sei" (Kolbe & Reh, 2008, S. 816), in ersten Annäherungen zu klären. Außerdem sehen wir in diesem Ansatz die Möglichkeit einer konstruktiven professionstheoretisch fundierten Praxisbegleitung durch Wissenschaft, die sich als Alternative zur Handlungsforschung und auch zu Interventionsstudien anbietet.

2. Fallorientierte Prozessforschung in Lehrerteams

Hauptbezugspunkt einer fallorientierten Prozessforschung ist die Beobachtung des unmittelbaren prozessualen Vollzugs von Kooperation im Feld und über einen längeren Zeitraum hinweg durch teilnehmende Beobachtung und Aufzeichnung der Teamgespräche unter den kooperierenden Professionellen sowie durch flankierende Gruppendiskussionen mit ihnen. Die Analyse bezieht sich also auf das interne Geschehen in den Gruppen. Daraus resultiert auch der entscheidende immanente blinde Fleck dieser Begrenzung, weil mit der Fokussierung auf die Binnenperspektive die Prozesse in der Umgebung der Gruppen und die Auswirkungen der Kooperation – in der Organisation oder auf der Ebene des professionellen Handelns der Beteiligten, im Unterricht und auf Seiten der Schüler/innen – wenn, dann nur durch die Berichte der kooperierenden Akteure, also ihre besondere Perspektive zugänglich sind.

Dem Ansatz liegt ein systemtheoretisches Verständnis von Kommunikation und Organisation zugrunde (Luhmann, 2000). Die Interaktion von Lehrkräften in Gruppen kann als Keimzelle von Kooperation in der Organisation Einzelschule bezeichnet werden. Im Medium der „Kommunikation unter Anwesenden" (Kieserling, 1999), die selbst auf dem allgemeinen Kooperationsprinzip menschlicher Kommunikation beruht (Grice, 1993) – also der stillschweigenden Voraussetzung der Teilnehmer/innen, die Kontingenzen der Kommunikation durch die pragmatische Unterstellung zu verringern, dass die Handlungspartner/innen verständlich miteinander in einem Raum geteilter Intentionalität und wechselseitiger Aufmerksamkeit kooperieren wollen – verhandeln und reflektieren Lehrkräfte Problem- und Aufgabenstellungen, formulieren Ziele und treffen Entscheidungen über Folgehandlungen. Im Unterschied zu einem handlungstheoretischen Verständnis, das Sozialität als Verkettung absichtsvoller kommunikativer Handlungsakte konzeptualisiert, geht das systemtheoretische Konzept davon aus, dass soziale Kommunikation als Erzeugungsmechanismus des Sozialen eigensinnig und kontingent prozessiert. Die intentionalen Handlungen bzw. Motive, die die an der Kommunikation teilnehmenden Akteure sich wechselseitig als für die Kommunikation ursächlich unterstellen, sind demgegenüber nur Derivate der rekursiven Kommunikation, gewissermaßen symbolische Konstruktionen der Teilnehmer/innen, die als „einheitsstiftender Modus der Beobachtung" (Reh & Schelle, 2004, S. 253) fungieren. Für die empirische Rekonstruktion von kooperativer Interaktion in Lehrergruppen hat dies den Vorteil, den Bedeutungsgehalt der vollzogenen Sprechakte in ihrer rekursiven Verknüpfung zu untersuchen, und nicht das, was die Akteure selbst intentional im Sinne haben, meinen oder sich nachträglich als handlungsleitende Orientierungen zuschreiben.

Lehrergruppen – seien dies Steuergruppen, Fachgemeinschaften, Klassen- oder Jahrgangsteams etc. – sind mehr oder weniger abgegrenzte Interaktionssysteme in der gefügeartigen Organisation der Einzelschule. Sie operieren als kollektive Akteure im mikropolitischen Raum im Widerstreit mit anderen relevanten Akteurskonstellationen und leisten so ihren Beitrag zur „Rekontextualisierung" (Fend, 2008) des Bildungsprogramms im Raum der Einzelschule. Lehrergruppen werden durch von der Organisation bereitgestellte Ressourcen und durch organisatorisch verfügte Regelungen gerahmt und erhalten so Optionen, einen gemeinsamen Handlungsraum einzurichten. Auf diese Weise werden Möglichkeiten von Lehrergruppen bzw. -teams durch die Organisation eröffnet und zugleich limitiert, ohne diese allerdings zu determinieren (Reh & Schelle, 2004). Wie die Gruppe die ihr gewährten Optionen nutzt, obliegt ihrer relativen Autonomie im präfigurierten Gestaltungsraum. Zudem eröffnen die Entscheidungen, die in den Lehrergruppen getroffen werden, wiederum Möglichkeiten für die Organisation. Organisation und Kooperationsgruppen stehen demzufolge in einem Wechselverhältnis: Sie stellen sich Gelegenheiten zur Verfügung und beschränken sich dadurch auch wechselseitig, weil mit jeder eröffneten Option andere ebenfalls mögliche ausgeschlossen werden. Wie diese wechselseitige Strukturierung und Limitierung sich konkret ausprägt, ist eine nur durch empirische Analyse zu beantwortende Frage.

Die zentrale Perspektive der Untersuchung der aufgezeichneten Gespräche in den Lehrerteams richtet sich auf die Strukturmerkmale und Bezugsprobleme in der Kommunikation (Schneider, 2009). Jede Gruppe, so die grundlegende Annahme, verfügt über eine je spezifische Kooperationskultur, die sich dadurch etabliert, dass die Gruppe die konstitutiven Elemente ihrer Kommunikationsstruktur wiederholt und dadurch eine jeweils spezifische Form eines mehr oder weniger fragilen und spannungsreichen kollegialen Bündnisses unter Professionellen errichtet. Wiederholung bedeutet nicht Reproduktion des Immergleichen. Versteht man Wiederholung als Iteration (itera bedeutet im Sanskrit „anders"), dann ist Entwicklung in ihrem Vollzug ein zugleich reproduktives und transformatives Geschehen (Butler, 1998, S. 215), das in der Prozessforschung nachgezeichnet wird. Es wird also davon ausgegangen, dass Gruppen über die Zeit durch die Form, in der sie kooperieren, ein besonderes Muster ausbilden, in dem sie miteinander über etwas sprechen, sich wechselseitig als Akteure adressieren und miteinander verbinden, eine konkrete Art und Weise, mit der sie Herausforderungen und Probleme wahrnehmen, diese im kommunikativen Austausch thematisieren und zu Aufgaben definieren, sich Ziele setzen und bestimmte Wege der Problembearbeitung entwickeln. Dieses Muster wiederholt sich gewissermaßen als Einheit der Kommunikation in der Zeit, ohne aber immer identisch zu sein, es bildet Variationen und es kann sich auch ändern, bspw. dadurch, dass andere Aufgaben definiert werden, neue Mitglieder in die Gruppe eintreten, neue Bedingungen, Ressourcen und Regeln durch die Organisation formuliert werden, etc. Dabei kann die Beschäftigung mit dem Einzelfall bzw. seine Durchdringung, so die Grundannahme einer fallrekonstruktiven qualitativen Forschung, die Komplexität der Konstellationen sozialer Praxen, d.h. hier der jeweiligen kooperierenden Lehrergruppe in jeweils bestimmten Schulmilieus, adäquat erfahren und darstellen. Denn der einzelne untersuchte Fall wird aus der Perspektive rekonstruktiver Forschung als ein eigenlogischer Zusammenhang verstanden. Zentral ist das innere Gefüge verschiedener Faktoren der konkreten Kooperationspraxis, deren Struktur auch fallübergreifende Gesetzmäßigkeiten aufweist: „Der rekonstruierte Fall bringt in seiner Besonderheit zugleich fallübergreifende Gesetzmäßigkeiten (auch des umgebenden Milieus) zum Ausdruck, *weil* das rekonstruierte konkrete Sprechen und Handeln der Person[en] zugleich als Antwort auf eine allgemeine Problemlage (z.B. eines Berufes) angesehen werden kann" (Hericks, 2005, S. 5; Hervorhebung im Original). Die sich wiederholende Struktur des Einzelfalls bzw. seiner konkreten Praxis nimmt damit immer auch den Status von Allgemeingültigkeit ein (ebd.).

Die zentrale Frage in der Analyse der Kooperationspraxis in den jeweiligen Teams lautet, wie diese Gruppen im Binnengeschehen ihrer Kommunikation funktionieren, auf welche Weise sie ihren Kommunikationsprozess formal (hinsichtlich der Gesprächsorganisation) und thematisch (hinsichtlich der konstruierten Bezugsprobleme und Aufgaben der Kooperation) strukturieren, d.h., was von wem wie zum Thema gemacht wird und wie sich die Gruppe im Prozess organisiert. Zusammenfassend fragen wir: Wie werden welche Entscheidungen getroffen?

Das Ziel dieses Ansatzes besteht über den Beitrag zur Kooperationsforschung, der durch eine Analyse der Struktur- und Entwicklungsprobleme von unterschiedlichen Lehrerteams zu leisten versucht wird, hinaus in einer formativen Praxisbegleitung. Das in den Fallrekonstruktionen generierte Wissen über die Strukturlogik der jeweiligen Gruppe hat den Status eines *lokalen Wissens*. Es ist ein Strukturwissen, das nicht abgehoben vom Fall erzeugt wurde, sondern im Fall selbst situiert ist, aber dennoch als methodisch kontrolliertes und im Medium von theoretischen Referenzen hervorgebrachtes Wissen über die Selbstbeschreibung der Praxis hinausreicht. Damit eröffnet es der jeweiligen Gruppe neue Möglichkeiten der Selbstbeschreibung. Die

Forscher/innen nehmen eine „besondere Reflexionsrolle" (Reh, 2004, S. 84) ein, sie beziehen die Position von Beobachter/innen zweiter Ordnung, die die Organisation bzw. die Akteure mit ihren Beobachtungen und Beschreibungen systematisch irritieren können. Die Produktivität dieses Ansatzes liegt also gerade in dieser Differenz, dem Sachverhalt, dass der Beobachtende nicht in die Organisation integriert ist und Daten über Strukturen und Prozesse generieren kann, die die Beteiligten selbst nicht erstellen können. Dieses Wissen stellt ein Reflexionsangebot dar, das von den Akteuren im Feld eigenständig genutzt wird bzw. werden kann. Die Beobachtungen aus dem Forschungsprozess werden gespiegelt, über deren Verwendung befinden die Lehrkräfte in den Gruppen. Im besten Falle wird so die Selbstthematisierung der Gruppen, die Kommunikation über sich selbst intensiviert. Dies ist Voraussetzung dafür, dass die Gruppen neue Beschreibungen ihres Kooperationsalltags produzieren, Neues sehen bzw. das Alte und Bewährte anders einschätzen und bewerten. Mit diesen neuen Selbstbeschreibungen werden neue Entscheidungen wahrscheinlicher, die die Gruppe weiterbringen bzw. neue Effekte in der innerschulischen Umwelt zeitigen und insofern innovativ sein könnten.

Es sollte deutlich geworden sein, dass im Hintergrund dieses Ansatzes einer fallorientierten Prozessforschung ein Differenzmodell steht, das von der Trennung zwischen Wissenschaft bzw. Forschung und Praxis ausgeht. Dieses setzt sich zum einen vom Modell einer einfachen Wissensübertragung von wissenschaftlichem Wissen in die Praxis ab, wie es etwa in der Interventionsforschung verfolgt wird, die über eine Veränderung von Bedingungen der Praxis etwa durch Implementierung neuer Konzepte im Rahmen von Fortbildungen die Veränderung von Praxis befördern will. Zum anderen grenzt sich dieses Verständnis von der Aktionsforschung ab, die grundsätzlich ein Bündnis zwischen Wissenschaft und Praxis errichten will, das gerade die Differenz zwischen den Rollen einebnet und mit der Gefahr verbunden ist, dass sich Wissenschaft in unproduktiver Weise affirmativ mit Praxis identifiziert und eigene Qualitätsstandards unterschreitet. Dagegen vertreten wir – im Anschluss an Befunde der Wissensverwendungsforschung (Beck & Bonß, 1989) und an professionstheoretische Überlegungen zur Kontingenz und relativen Autonomie professioneller Handlungspraxis (Oevermann, 1996; Helsper, 2003) – die These, dass der Wissenstransfer keine einfache Übertragung von Erkenntnissen ist und auch nicht eine einfache Übersetzung, die dann eine produktive Übernahme von wissenschaftlichem Wissen durch die Praxis garantieren würde. Praxisforschung stellt eine Offerte zur Selbstthematisierung dar, sie verdoppelt nicht lediglich die Selbstbeschreibung der Praktiker, sondern stellt in Rückspiegelungen alternative Sichtweisen zur Verfügung. Diese können nur dann im Forschungsprozess entdeckt werden, wenn die Balance zwischen beratender Teilnahme und reflexiver Distanzierung der Forscher/innen im Prozess aufrechterhalten wird. Es werden so die Potenziale einer distanzierten und auch normativ enthaltsamen Fremdbeschreibung durch Wissenschaft hervorgehoben. Es geht in der Begleitung nicht darum, der Praxis abstrakte Modelle einer gelungenen Pädagogik bzw. Kooperation überzustülpen oder das Feld normativ zu informieren. Vielmehr soll die Verfasstheit der Praxis und ihre jeweils fallspezifischen Formen beschrieben und analysiert werden. Die Entwicklung der Praxis liegt in der professionellen Verantwortung der Lehrkräfte; sie kann weder en détail verordnet noch sozialtechnologisch linear implementiert werden. Das Ziel von Praxisforschung ist es, die Reflexivität als zentrales Moment pädagogischer Professionalität anzuregen. Es sollen in Rückspiegelungen Anschlussmöglichkeiten an die wissenschaftliche Perspektive geschaffen werden, um die Sichtweisen der Gruppen auf sich selbst zu vervielfältigen und so Impulse für kreative Weiterentwicklungen zu setzen (Reh & Schelle, 2004).

3. Forschungspraxis

Der Zugang zum Feld erfolgte im Jahr 2006 über das rheinland-pfälzische Ministerium für Bildung, Wissenschaft, Jugend und Kultur, indem Schulleitungen von Gymnasien und Integrierten Gesamtschulen auf die Möglichkeit der Teilnahme am Projekt hingewiesen wurden. Das Ministerium erklärte sich bereit, für das Projekt Lehrerkooperation als Gatekeeper zu fungieren, auch wenn das Projekt unabhängig von ministeriellen Intentionen agierte und nicht als Auftragsevaluation des Ministeriums oder anderer offizieller Institutionen zu sehen ist. Die Teilnahme der Gruppen am Forschungsprozess war dementsprechend freiwillig.[1] Konstitutives Merkmal des entstandenen Samples ist neben der Freiwilligkeit der Teilnahme die Vielfalt der Gruppenstrukturen sowie ihrer Arbeitsfelder. Die Gruppen unterscheiden sich auf vielfache Weise – hinsichtlich ihres Formalisierungsgrades, ihrer Themen und Aufgaben oder ihrer Funktionen in der Schule. Ihnen ist allen zugleich die Strukturbedingung gemein, dass sie sich mehr oder weniger und jeweils auf spezifische Weise im Spannungsverhältnis von Kollegialität und Kooperation bewegen. Dahinter steht die professionstheoretische Überlegung, dass die Gruppen in je eigener Form einerseits den Autonomieansprüchen ihrer Mitglieder Rechnung tragen und andererseits aber auch als Gemeinschaften tragfähige soziale Bündnisse sich wechselseitig anerkennender Professioneller, also gelingende Kooperationsbeziehungen aufbauen müssen, um den Ertrag der Kooperation für die Einzelnen und für die Schule sicher zu stellen. Dazu gehört dann auch, dass sich das Strukturprinzip der relativen professionellen Autonomie auf der Ebene der Gruppe als kollektivem Akteur fortsetzt: Auch sie beansprucht gegenüber der Schule als Organisation einen Freiraum zur verantworteten Selbstgestaltung.

Es kann davon ausgegangen werden, dass sich nur die Gruppen zur Teilnahme entschlossen bzw. zunächst von ihren Schulleitungen ausgewählt und vorgeschlagen wurden, die ihre eigene Kooperation als erfolgreich einschätzten. Sie alle präsentierten sich aus der Perspektive der *Best Practice*, so dass ein spezifisch selektiertes Sample begleitet werden konnte. Dies hat Auswirkungen auf die Beobachtung und Analyse von Gelingensbedingungen von Kooperation sowie der Selbstdarstellung der Gruppen gegenüber dem Forschungsprojekt. Für die Gruppen bedeutete die Teilnahme am Projekt auch, dass sie in der Schule aufgrund ihrer wissenschaftlichen Begleitung stärker wahrgenommen wurden, was sich u.a. an der Teilnahme der Schulleitungen in den

---

1   Diese Form des Feldzugangs kann selbstverständlich auf das Feld zurück wirken, denn die Gruppen könnten das Projekt mit dem Ministerium im Rücken wahrnehmen, auch wenn dies nicht der Fall war. In der Analyse der Prozesse der Gruppen und ihre Selbstdarstellung gegenüber den Projektmitarbeiter/innen muss dieser Umstand entsprechend berücksichtigt werden.

Rückspiegelungen zeigte. Das Interesse zeugt ebenfalls von der Bedeutung, die sowohl den Gruppen als auch dem Projekt in den jeweiligen Schulen zugemessen wurde. Relevant ist in diesem Zusammenhang der Prominenz der Gruppen in ihren Schulen auch das Verhältnis von Selbst- und Fremdwahrnehmung, das durch ihre Selbstdarstellung sowohl in den regulären Gruppensitzungen als auch in den von Projektseite initiierten Gruppendiskussionen zu beobachten und zu analysieren ist. Neben der Teilnahmebereitschaft aller Gruppenmitglieder war bei der Auswahl der Gruppen von Seiten des Projektes auch eine regelmäßige Kooperation der Lehrkräfte zentral, d.h. Sitzungen in zeitnahen Abständen. Nur so konnte eine verdichtete, vielfältige Aspekte der Kooperation durchdringende Begleitung der Gruppen erfolgen.

Mit folgenden sieben Gruppen an ebenso vielen unterschiedlichen Schulen (Gymnasien, Integrierte Gesamtschulen sowie eine Freie Waldorfschule) wurde schließlich die Begleitung durch das Projekt Lehrerkooperation vereinbart:[2]

- Steuergruppe/Gymnasium: ein breites Gremium, das die Steuerung der Schule verfolgte und sich aus Lehrkräften sowie Eltern- und Schülerschaft zusammensetzte, was einen besonderen Balanceakt der Zusammenarbeit darstellte.
- Steuerungsteam/Gymnasium: ebenfalls ein auf Schulsteuerung ausgelegtes Gremium, in dem nur Lehrkräfte inklusive der erweiterten Schulleitung mitarbeiteten und das im Unterschied zur Steuergruppe durch Mandatierung fest in der Schule verankert war.
- Mittelstufenteam/Gymnasium: eine Gruppe, die ein Methodentraining für die Mittelstufe der Schule entwickelte und deren Dauer durch eine abschließende, terminierte Präsentation auf dem schulinternen Studientag von Anfang an begrenzt war.
- Arbeitskreis Unterrichtsentwicklung und -praxis/Gymnasium: ein nur lose an die Schule angebundenes Gremium, das informell tagte und sich mit Themen der Unterrichtsgestaltung auseinandersetzte, wobei gegenüber der Schulgesamtheit keine Berichtspflicht o. ä. zu seiner Arbeit vorlag.
- Jahrgangsstufenteam/Integrierte Gesamtschule: ein Team eines achten bzw. neunten Jahrgangs an einer Integrierten Gesamtschule, das obligatorisch alle zwei Wochen tagte und sich durch eine hohe Vertrautheit innerhalb der Gruppe auszeichnete.
- Fachkonferenz Mathematik/Integrierte Gesamtschule: ein formelles Gremium mit verbindlicher Teilnahme, das sich mit der Gestaltung des Mathematikunterrichts in der Schule und der Adaption externer Anforderungen befasste.
- Mandatsgruppe Unterrichtsorganisation: Das Gremium setzte sich aus Geschäftsführer, Vorstandsmitgliedern und Lehrkräften einer Freien Waldorfschule zusammen und zeichnete für die Planung und Organisation des Einsatzes des pädagogischen Personals nach den pädagogischen und finanziellen Vorgaben verantwortlich.

Das gewonnene Sample bietet eine große kontrastive Bandbreite in Bezug auf die Gruppenstrukturen und Anforderungsausrichtungen, weil die Art der Strukturierung der Gruppen von einem traditionalen Gremium wie der Fachkonferenz bis zu inno-

---

2 Es wurden Gespräche mit neun Gruppen geführt, zwei der Gruppen sagten die Teilnahme ab – auch dies war möglich, weil es sich eben nicht um eine verpflichtende Evaluationsmaßnahme handelte. Es zeigt, dass es auch Gruppen gab, die sich nicht bereit fanden, sich für Externe zu öffnen und Einblick zu gewähren in die Formen der Zusammenarbeit.

vativen bzw. in der Schule „neuen" Gruppen wie den Steuergruppen reicht. Die unterschiedlichen Schulformen erweitern die Vielfalt; sie spielen eine Rolle bei der Analyse, wenn es zum Beispiel um schulformtypische Gruppen wie das Jahrgangsteam einer Integrierten Gesamtschule oder die Gruppe einer Freien Waldorfschule geht, die die Selbstverwaltung der Schule organisiert. Nur durch die längerfristige Teilnahme am Gruppengeschehen und die Orientierung an der Kooperationspraxis war es möglich, die Gruppen angemessen zu begleiten und durch einen mikroskopischen Blick die Komplexität und Dynamik des Feldes zu erfassen. Sie ermöglichte es, Entwicklungsprozesse zu verfolgen, die sich bspw. bei personellen Veränderungen innerhalb der Gruppen oder durch die Thematisierung eigener Effekte der Gruppen in der Schule entfalteten.

Zur Gewinnung der Daten wurden im oben genannten Zeitraum die regulären Sitzungen der Gruppen besucht und audiographisch aufgezeichnet. Darüber hinaus wurde jeweils eine von Projektseite initiierte Gruppendiskussion sowie eine Rückspiegelung der Untersuchungsergebnisse an die Gruppen durchgeführt und ebenfalls audiographisch verdatet. In transkribierter Form dienten die Aufzeichnungen als Grundlage der Auswertung. Die Gruppendiskussionen sollten einen Anstoß zur Reflexivität geben und zielten auf die Selbstthematisierung der Gruppe durch ihre Mitglieder ab. Sie beinhaltete Themen wie Geschichte der Gruppe, Aufgaben und Funktionen, Selbstverständnis, Zukunftsvorstellungen. In der Rückspiegelung, die die Begleitungsphase abschloss, wurde das im Forschungsprozess gewonnene Bild der Gruppe und ihrer Arbeit in Bezug auf die interne Struktur der Gruppe, die Struktur innerhalb der Schule sowie die Gruppenprozesse rückgemeldet; dem schloss sich eine Rückfragen- und Diskussionsphase an. Ziel war es, vorsichtige Anregungen zu geben und durch die rückgemeldeten Eindrücke Kommunikations- und Reflexionsprozesse zu initiieren.

Diesen Ansatz teilnehmender Forschung zeichnet insbesondere die Position der Forschenden in der Gruppe aus. Durch regelmäßige Teilnahme an den Gruppensitzungen, die mit dem Einsatz eines Aufzeichnungsgeräts verbunden war, wurden erste Kommunikations- und Selbstthematisierungsprozesse in den Gruppen angestoßen. Die Reaktionen auf die anwesenden Forscherinnen waren in den einzelnen Gruppen verschieden und so gestalteten sich auch die Relationen zwischen Feld und Forschung, die Positionierungen der Forscherinnen im Feld und durch das Feld unterschiedlich. Dazu ließen sich drei Strukturvarianten rekonstruieren:

- *Duldung:* Die Mitglieder der Fachkonferenz Mathematik duldeten die Wissenschaftlerin in ihren Sitzungen und zeigten zugleich eine Skepsis gegenüber dem Projekt und seinen Effekten. In der Gruppendiskussion wurde nur äußerst zurückhaltend auf die Fragen der Forschenden geantwortet und Wissen über die Gruppe preisgegeben; Informationen zu Sitzungen und Terminen wurden zögerlich und meist nur auf Nachfrage herausgegeben. Die Gruppe hatte sich zwar zur Teilnahme bereiterklärt, zeigte aber stets Grenzen auf, die die Forschenden nicht überschreiten sollten.
- *Annäherung:* Im Jahrgangsstufenteam wurde die zuständige wissenschaftliche Mitarbeiterin zunächst ebenfalls als Externe betrachtet, rückte aber mit der Zeit immer mehr in den Kreis der Gruppenmitglieder vor, so dass ihr von den Teammitglie-

dern schließlich das Du angeboten wurde. Eine derartige Entwicklung verdeutlicht, dass in manchen Gruppenzusammenhängen erst ein Maß an Vertrauen aufgebaut werden muss, dann aber die teilnehmenden Forschenden in die Gruppenprozesse und soziale Kontaktformen integriert werden und diese Nähe dann wiederum auszubalancieren haben.

- *Vergemeinschaftung:* In der Mandatsgruppe Unterrichtsorganisation wurde das Maß an Assoziierung der Wissenschaftlerin noch gesteigert – sie wurde in solch einer hohen Intensität vergemeinschaftet, dass von den Gruppenmitgliedern in den Sitzungen der Wunsch geäußert wurde, sie auch inhaltlich einzubinden, was wiederum mit besonderen Distanzierungsanforderungen für die begleitende Forscherin verbunden war.

Bereits diese Erfahrungen der Teilnahme im Feld lassen Rückschlüsse auf die Struktur der jeweiligen Gruppe zu, d.h. als wie geschlossen sie sich wahrnimmt, wie sie Gruppenzugehörigkeit definiert, inwieweit ein fremder Blick von außen zugelassen wird usw. Bei einer begleitenden Prozessforschung wie dieser bleibt die Position des Forschenden stets durch eine Ambivalenz gekennzeichnet, die sich daraus ergibt, dass einerseits Vertrauen auf Seite der Gruppe sowie der Forschenden bestehen muss, um in die Gruppe eingelassen zu werden. Andererseits bleiben die Forschenden in ihrer Position in der Gruppe unsicher; um den Forschungsprozess nicht zu behindern, erhalten sie eine Distanz aufrecht, die Instrumentalisierungen z.B. innerhalb der Schule erschweren soll.

Die Analyse der Daten hatte zum Ziel, den konjunktiven Erfahrungsraum und das Strukturproblem der jeweiligen Gruppe herauszuarbeiten. Deutungsmuster der kooperierenden Akteure, ihr Wissen über sich selbst und über das institutionelle Umfeld, in dem sie sich bewegen, kristallisierten sich so heraus. Die Aufbereitung und Strukturierung des aufgezeichneten Audiomaterials erfolgte in Form der Formulierenden Interpretation angelehnt an das Verfahren der Dokumentarischen Methode (Bohnsack, 2003). Auf diesem Wege wurden zentrale Passagen des Materials identifiziert und zur weiteren Bearbeitung transkribiert. Ausgewählt wurden hierzu solche Stellen, die aufgrund ihrer hohen kommunikativen Dichte und einer thematischen Ausrichtung aufschlussreich für eine eingehende Untersuchung in Hinblick auf die Kommunikationsprozesse der Gruppe und ihrer Strukturprobleme schienen. Die Analyse des Materials vollzog sich zum einen nach dem Verfahren der Dokumentarischen Methode, zum anderen auf Grundlage der Objektiven Hermeneutik. Die beiden methodischen Verfahren wurden ausgewählt, um sowohl das Besondere des Einzelnen herauszuarbeiten („Fallerkenntnis") und zugleich eine Abstraktionsleistung im Sinne des Erkennens des Generellen zu vollziehen („Gesetzeserkenntnis"). So wurden einerseits gemeinsame Orientierungsrahmen der Akteure sowie andererseits latente Sinnstrukturen aufgedeckt und schließlich jeweils eine grundlegende These zur Fallstruktur der jeweiligen Gruppe aus dem Datenmaterial heraus entwickelt. Die Auswahl rekonstruktiver sozialwissenschaftlicher Methoden zur Auswertung beruhte also auf dem Erkenntnisinteresse an kollektiven Orientierungsmustern innerhalb der Gruppen und ihrer jeweiligen Fallstrukturen.

Die Ergebnisse der Fallanalysen dienten als Grundlage für die Rückspiegelung und ermöglichten eine systematische Kontrastierung der Fälle auf minimaler wie maximaler Ebene. Die Rückspiegelung sollte der begleiteten Gruppe Eindrücke der Forscher mit einem „fremden Blick", d.h. aus einer problemlastenten Außenperspektive, aufzeigen. Sie sollte Anregungen geben und Irritationen auslösen sowie Reflexions- und Kommunikationsprozesse innerhalb der Gruppen in Gang setzen. Dabei wurde die Gruppe in ihrem Sinnzusammenhang der Einzelschule betrachtet. In der Rückspiegelung wurden der Gesamteindruck der Gruppe, ihre interne Struktur, die Struktur innerhalb der Schule sowie Prozesse der Gruppe behandelt. Die Rückmeldungen aller Gruppen auf den Begleitungsprozess und insbesondere auf die Rückspiegelung lassen darauf schließen, dass diese Form der Praxisforschung Effekte in den Gruppen auslöst. Neben der formellen Rückspiegelung zum Ende der Begleitungsphase wurden von den Gruppen verschiedene Formen der Rückmeldung gewünscht, die deutlich machen, dass Bedarf an längerfristiger Begleitung und Beobachtung sowie des Feedbacks der Eindrücke und Erkenntnisse besteht. An die Rückspiegelung schlossen sich stets Diskussionsphasen an, in denen insbesondere die aufgezeigten Strukturprobleme der Gruppen thematisiert wurden. Die kritische Auseinandersetzung der Lehrkräfte mit den rückgemeldeten Eindrücken erfolgte auf zwei Ebenen: einerseits in Bezug auf die Beschreibung der eigenen Gruppe, andererseits zwischen den Lehrkräften in Perspektive auf die Projektmitarbeiter/innen und ihre Ergebnisse. Einige Erkenntnisse wurden bestätigt, andere abgelehnt bzw. diskutiert.

4. Unterrichtsentwicklung im Mittelstufenteam – ein Fallbeispiel

Das gymnasiale Mittelstufenteam ‚Methodentraining', deren spezifische Lösung des Kooperationsproblems wir hier nur zusammenfassend darstellen können, steht exemplarisch für eine ad hoc für einen bestimmten Zeitraum eingesetzte Gruppe, deren Aufgabe es war, das curriculare Konzept für ein in der gesamten Mittelstufe zu implementierendes Methodentraining zu entwickeln. Die Spezifik dieser Gruppe zeigt sich bereits in ihrer Installierung. Das Mittelstufenteam wurde von der Schulleitung eingesetzt, die Mitglieder des Teams erfüllten eine Stabsfunktion, ohne dabei vom Kollegium mandatiert zu sein. Das Team wurde also „top down" initiiert, um über die curriculare Entwicklungsarbeit das Kollegium mit einer Dienstleistung zu entlasten, die bei Anwendung zugleich potenziell ziemlich weit den Gestaltungsraum der Professionellen tangiert. Als Unterrichtsentwicklungsteam kommt die Gruppe der im normativen Schulentwicklungsdiskurs als Ideal postulierten Kooperationsform der *Community of Practice* (Wenger, 1998) sehr nahe, und eine entsprechende Anspruchshaltung fand sich auch in den Erwartungen, die von der kollegialen Umwelt und von der Schulleitung an die Gruppe adressiert wurden. Mit dieser strukturellen Lagerung innerhalb der Schule bzw. des Kollegiums ist der prekäre Status der Entwicklergruppe innerhalb der Schule verdeutlicht. Ihre Aufgabe war kein randständiges Projekt, vielmehr hatte diese für das Profil des stark expandierten Gymnasiums (weit über 1.000

Schüler/innen und über 100 Lehrkräfte) eine besondere Relevanz. Für die Unter- und Oberstufe existierte bereits ein Methodentraining. Die Gruppe sollte das noch für die Mittelstufe ausstehende Curriculum ausarbeiten und damit die Lücke im Schulprofil schließen. Im Vergleich zu anderen Gruppen des Forschungssamples wird deutlich, dass sich das Mittelstufenteam besonders durch seinen klaren Arbeitsauftrag sowie die zeitliche Begrenzung auszeichnet. Die übrigen Gruppen stehen in diesem Zusammenhang vor verschiedenen Entwicklungsherausforderungen: Während zum Beispiel die Fachkonferenz Mathematik zwar als dauerhaftes traditionales Gremium besteht, müssen sich seine Mitglieder auf eine gemeinsame fachliche Orientierung einigen. In anderen Teams wie den Steuergruppen ist wiederum die Aushandlungsnotwendigkeit über Dauer, Aufgaben sowie Mandatierung zentrales Thema, weil jede Schule bzw. jede Gruppe ihren Gestaltungsspielraum auf ihre Weise nutzt und in vielen Fällen keine klaren Strukturierungsvorgaben bestehen.

Der Zugang des Forschungsprojekts zur Gruppe war eher außergewöhnlich: Das Mittelstufenteam wurde bereits als zu begleitende Gruppe vorgeschlagen, als es noch gar nicht existierte. Es konstituierte sich erst mit dem Beginn des Forschungsprozesses, der Feldzugang fiel in die konstituierende Sitzung. In allen anderen Gruppen wurde die Zustimmung der Mitglieder im Vorfeld eingeholt, bevor eine Teilnahme und Aufnahme der Sitzungen erfolgte. Im vorliegenden Fall wurde das Forschungsteam sozusagen mit in die Konstitutionsproblematik der Gruppe hineingezogen. Diese besondere Zugangsweise, d.h. die mangelnde Möglichkeit, das Einverständnis aller Beteiligten einzuholen, galt es in der Begleitung stets zu berücksichtigen. Es wird vermutet, dass es in dieser spezifischen Situation einer stärkeren Klärung bedurft hätte, welche Rolle die anwesenden Forscher für die Interaktion in der Gruppe spielen bzw. gespielt haben, als es in anderen Gruppensitzungen der Fall war. Im Laufe der Begleitung, die sich auf alle der insgesamt vier abgehaltenen Teamsitzungen erstreckte, zeigte sich eine positionale Anerkennung der anwesenden fremden Person als Wissenschaftlerin: Einerseits erhielt sie alle wichtigen Informationen und Materialien, die innerhalb des Gruppengeschehens relevant wurden; andererseits fühlten sich die Gruppenmitglieder jedoch nicht dafür verantwortlich, sie in sämtliche Aspekte ihres konjunktiven Erfahrungsraums einzuführen. Damit wurde ihr als Wissenschaftlerin und Schulforscherin eine gewisse Feldkenntnis zugeschrieben, die entsprechende Ausführungen nicht als notwendig erscheinen ließen. Der Umgang des Mittelstufenteams mit der Forscherin war der einer respektvollen Würdigung mit *leichten* Elementen der Vergemeinschaftung, wie etwa das Duzen im Laufe der Begleitung und der Wunsch nach Beteiligung der Forscherin am Prozess der Veröffentlichung der Gruppenergebnisse auf dem Studientag der Schule;[3] es gab also durchaus Tendenzen einer Nutzung der wissenschaftlichen Begleitung für das Agieren der Gruppe in der mikropolitischen Arena der Schulöffentlichkeit.

Interessant für die Spezifik der Kooperation in dieser Gruppe ist nun, dass sich – so die grundlegende Strukturhypothese zu Kooperationsstruktur und -prozess – die für Schule typische gefügeartige Struktur innerhalb der Gruppe reproduzierte und

---

3 So wurde auch die Terminfindung des Mittelstufenteams an der Verfügbarkeit der Forscherin ausgerichtet und mit ihr gemeinsam vereinbart. In keiner anderen Gruppe des Forschungssamples ist auf diese Weise verfahren worden.

dieses Nebeneinanderarbeiten durch einen ziemlich mächtigen, von der Schulleitung bestimmten Gruppensprecher und eine mit seinem Tun wesentlich verbundene methodisch professionelle Gesprächsorganisation (Moderationsmethode) gefördert wurde. Damit verbunden waren in der Selbstwahrnehmung der Gruppe zwei Probleme: Zum einen erschien die Kooperation als eine, die aus einer Addition von Einzelleistungen besteht. Partiell erfolgte eine Identifizierung mit der Aufgabe; insgesamt blieb die Gruppe jedoch fragmentiert. Es geschah wenig Wechselwirkung und letztlich verblieb jede Lehrkraft in ihrem eigenen Handlungsfeld und ließ die Autonomie des jeweils anderen unberührt. Diese Freistellung von einer engeren kokonstruktiven Aufgabenbearbeitung, die ebenfalls durchaus möglich gewesen wäre, durch eine strukturierte Entkopplung (Zuteilung von modularen Elementen) wurde positiv bilanziert: „dadurch dass ich meinen eigenen Baustein hatte mit dieser Naturwissenschaft, ( ) kam ich mir auch relativ autark vor", so ein Gruppenmitglied in der Rückspiegelung. Zwar brachten die einzelnen Akteure ihre individuell ausgearbeiteten Methodenbausteine in das Gruppengeschehen ein, jedoch erfolgte keine methodisch-didaktisch Diskussion darüber, sondern lediglich ein „Abnicken" der einzelnen Ausführungen. Zum anderen erlebten die Gruppenmitglieder aber auch die Verluste dieser Kooperationsstruktur, wenn sie Intransparenz bemängelten: „und umgekehrt kann ich mich auch an eine Sitzung erinnern ( ) wo ich da saß und irgendwann dachte, ( ) samma ( ) wovon redet er überhaupt grade?". Dies wiederum hatte auch mit dem Führungsstil des eingesetzten Gruppensprechers zu tun. Er agierte in einer dominanten Rolle und managte die Kooperation. Dabei vollzog er gewissermaßen eine Methodisierung der Kooperation insofern, als er – begünstigt durch außerschulisch erworbene Moderationskompetenzen – bereichsfremde Methoden der Kooperation anwendete. Die damit implementierte Form der Kooperationstechnik führte auf der Oberfläche zu einer Strukturierung der Zusammenarbeit und der zuvor skizzierten arbeitsteiligen Vorgehensweise.

Im Gegensatz zu dieser durch eine dominant realisierte Leitungsrolle und die Anwendung von Moderationsmethoden geprägten Kooperation im Mittelstufenteam nehmen die Leitungspersonen der anderen Gruppen des Forschungssamples ihre Rolle eher zögerlich bis gar nicht wahr. Bei den meisten Lehrergruppen lassen sich in Bezug auf die Kommunikation in einem schulischen Gremium sowie die Erörterung pädagogisch-professioneller Fragestellungen bzw. entscheidungsrelevanter Steuerungsaufgaben nur wenig passende Gesprächsformate identifizieren. Nicht vorrangig das Fehlen entsprechender Verhandlungstechniken erscheint ursächlich zu sein, sondern insbesondere eine Unsicherheit der Beteiligten hinsichtlich der strukturellen Unterschiedlichkeit der Kooperationssituation zur Unterrichtssituation. So finden sich häufig unterrichtsnahe Kommunikationsformate in der kollegialen Kooperation. Von entscheidender Bedeutung ist auch die schulalltägliche Positionierung der Akteure, die sich unweigerlich auf die Kooperation auswirkt. Insbesondere die Beteiligung oder Nicht-Beteiligung von Schulleitungsmitgliedern wirkt sich entsprechend auf die Ausgestaltung der Zusammenarbeit, ihre Dynamik, ihre Kontinuität und nicht zuletzt die Position der Gruppe innerhalb der Schule aus. Das Mittelstufenteam ist seitens der Schulleitung implementiert worden und hat mit dem von der Schulleiterin als Leiter eingesetzten didaktischen Koordinator ein direktes Bindeglied zur Schulleitung. Die

direkte Anbindung und der Arbeitsauftrag von der Schulleitung tragen neben der zeitlichen Begrenzung der Zusammenarbeit zu einer aufgaben- und ergebnisorientierten
Arbeitsweise des Mittelstufenteams bei.

Die starke Leitung der Gruppe und das ergebnisorientierte Arbeiten waren zwei
zentrale Aspekte, die an das Mittelstufenteam rückgespiegelt wurden. Zugleich wurde
der Impuls geliefert, sich mit der Frage auseinanderzusetzen, inwieweit in der Konsequenz der genannten Aspekte die Möglichkeit bestand, dass sich alle Akteure gleicher-
maßen mit ihren individuellen Bedürfnissen in die Kooperation einbringen konnten.
Von Interesse war, ob die Mitglieder die dominante Rolle des Gruppenleiters ausschließlich oder vornehmlich als Entlastung erlebt oder evtl. auch eine Unzufriedenheit diesbezüglich entwickelt hatten. Wurden trotz der sehr fokussierten Zusammenarbeit das Engagement der Einzelnen und ihre jeweiligen Ideen und Überlegungen
berücksichtigt und gewürdigt?

Die Analyse der handlungsleitenden kollektiven Orientierungsrahmen in der
Rückspiegelung bietet möglicherweise eine Erklärung, warum diese Gruppe bei aller
auch ambivalenten Erfahrung des Kooperationsprozesses keine weitergehende diskursive und sachbezogene kooperative Entwicklungsarbeit zu etablieren vermochte. Die
Mitglieder der Gruppe distanzierten sich explizit in ihrer eigenen Arbeit von dem in
Gesamtkonferenzen erfahrenen „Gelaber und Gewaber" und konstruierten ihr eigenes
Team im Verhältnis dazu als besonders effektiven Gegenentwurf. Die strikte Führung
im Mittelstufenteam erlebten sie in erster Linie als Entlastung. Die Methodisierung
und Strukturierung der Zusammenarbeit erschien ihnen sinnvoll. In diesem gemeinsamen negativen Orientierungsrahmen erlebten sie ihre eigene Zusammenarbeit wiederum trotz der genannten Kritik, trotz Unklarheiten und gelegentlichen Spannungen als gelingend. Darüber hinaus spielte das Zeitregime eine wichtige Rolle, denn die
arbeitsteilige Abarbeitung des Gruppenauftrags und die strukturierte Moderation der
Gruppensitzungen ermöglichten es, unter Zeitdruck ein Produkt hervorzubringen, das
in der Gesamtkonferenz präsentiert werden konnte. Die Gruppe konnte sich so als effizient und produktiv erleben, und dies war bereits ein aus der eigenen Perspektive
wesentliches Qualitätsmerkmal ihrer Kooperation.

Die Rückspiegelung der Eindrücke des Forschungsteams hat auf Seiten des hier
dargestellten Mittelstufenteams auch zu weiteren konzeptionellen Denkprozessen geführt. Erst in diesem Zusammenhang tauschten sich die Teammitglieder zum Beispiel
darüber aus, inwieweit sie sich dafür zuständig fühlten, die tatsächliche Umsetzung
der von ihnen erarbeiteten Methodenbausteine zu überprüfen und ob entsprechend
eine weitere Zusammenarbeit der Gruppe notwendig sei. Aus der Rückspiegelung er-
wuchs also eine Reflexion des eigenen Kooperationsprozesses, in dem die Formulierung einer Entwicklungsaufgabe für die zukünftige Kooperation zumindest ansatzweise in Angriff genommen und gedankenexperimentell Alternativen zum erlebten
Verlauf und seiner Struktur durchgespielt wurden. Die Akteure konnten sich so selbst
dafür sensibilisieren, dass sie zwar einerseits ergebnisorientiert in recht kurzer Zeit
ein respektables Produkt hervorgebracht hatten, dass aber durchaus auch unausge-
schöpfte Möglichkeiten vorhanden waren, die Anregungen für zukünftige gemeinsame
Entwicklungsprozesse liefern konnten. Dass die Art und Weise, wie sie ihre Kooperation organisiert hatten, wesentlich aus dem Zusammenspiel eines negativen Gegenho-

rizonts der Kooperationserfahrungen im Kollegium, einer darauf bezogenen Professionalisierung der eigenen Kooperation durch Methodisierung sowie eine spezifische Gruppenführung und einer damit wiederum verbundenen weitgehenden Vermeidung sachbezogener Aushandlungen entstanden war, die den Übergang von einer arbeitsteiligen zu einer kokonstruktiven Kooperationsform (Gräsel, Fussangel & Pröbstel, 2006) verhinderte, wurde in der Rückspiegelung allerdings nicht in dem Maße reflexiv eingeholt. Dies beschreibt wiederum eine systematische Grenze der Begleitung: Die theoretisch motivierte Form der Fremdbeschreibung war nur in Teilen den Praktikern plausibel, sie war aber auch nicht vollständig erforderlich, um den eigenen Kooperationsprozess aus der normativen Praxisperspektive kritisch Revue passieren zu lassen und sich Veränderungen für späteres Kooperieren vorstellen zu können.

Die theoretische Abstraktion der Kooperationsproblematik muss sich als Beitrag zur Forschung messen lassen und im Rahmen der Kooperationsforschung kritisch diskutiert werden. An dem Fall, so unsere generalisierende These, kann exemplarisch gezeigt werden, wie die Herausforderung zu einer gemeinsamen Entwicklungsarbeit in einem wenig etablierten und auch nicht in der Institutionsverfassung organisationsstrukturell fixierten Kooperationsformat bewältigt wurde. Der Fall weist darauf hin, wie wirkmächtig stabile kollektive Orientierungsrahmen (in diesem Fall in der Funktion von Gegenhorizonten) sein können und wie das Vakuum einer fehlenden Professionalisierung zu einer diskursiven Entwicklungsarbeit unter Gleichen, wie sie im Konzept der professionellen Lerngemeinschaften angestrebt wird, dazu führt, auf schematisierte Formen einer Methodisierung des professionellen Austauschs durch Moderationstechniken zurück zu greifen. Kehrseitig dazu wird hier das Professionalisierungsdesiderat deutlich, das darin besteht, Formen einer anspruchsvollen sachbezogenen Entwicklungsarbeit zu finden, die für sich Reflexionspausen und die dafür notwendigen organisationalen Ressourcen reklamiert.

5. Fazit

Der von uns hier in groben Linien methodologisch skizzierte und an einem Fallbeispiel illustrierte Ansatz einer fallorientierten Prozessforschung ist eine Variante qualitativer Forschung zur Lehrerkooperation, die zum einen grundlegende Beiträge zur Empirie der Lehrerkooperation leisten und zum anderen die Entwicklung von Kooperation in konkreten Fällen unterstützen möchte. Insofern werden in diesem Ansatz Grundlagen- und Anwendungsorientierung miteinander verbunden. Abschließend seien die wesentlichen Möglichkeiten, aber auch Grenzen dieses Zugangs für beide Zielsetzungen zusammengefasst.

Im Zentrum der empirischen Rekonstruktion von Lehrerkooperation steht in diesem Ansatz die Frage danach, wie sich im Kooperationsprozess in der jeweiligen Gruppe eine spezifische Kooperationskultur etabliert: Wie werden Bündnisse zwischen sich wechselseitig anerkennenden Professionellen errichtet, die eine wesentliche Grundlage für die kooperative Bearbeitung gemeinsamer Aufgaben und Ziele sind? Mit welchen Aufgaben und Problemen beschäftigen sich die Gruppen, wie koordinieren sie ihr Zusammenhandeln und wie versuchen sie, selbst formulierte und/

oder vorgegebene Ziele zu erreichen? Bezugspunkt hierfür sind die Aufzeichnungen der Gespräche zwischen den Beteiligten im Rahmen der Teamsitzungen. Diese Daten bieten einen exklusiven empirischen Zugriff auf den Vollzug des Zusammenhandelns, der mit Verfahren der quantitativen Forschung nicht zu leisten ist. Die Analyse dieses interaktiven Vollzugs der Kooperation wird ergänzt durch die Rekonstruktion der subjektiven Deutungen der Beteiligten auf ihr Zusammenhandeln, die in den Gruppendiskussionen zum Gegenstand erhoben werden. Die aufeinander bezogene, gewissermaßen triangulierte Analyse dieser beiden Datensätze wird, so sollte am Fallbeispiel deutlich geworden sein, auf die Frage nach den spezifischen Konstellationen, Strukturproblemen und Entwicklungsmöglichkeiten der Kooperation in der jeweiligen Gruppen zugespitzt. Eine solche Analyse liefert zunächst einmal Wissen zum Verständnis der Funktionsweise der einzelnen Gruppen. Durch die Kontrastierung der Fälle ist es aber zudem möglich, die Beobachtungen dergestalt zu systematisieren, dass allgemeine, gruppenübergreifende Probleme der Kooperation ebenso sichtbar werden wie solche Befunde, die mit dem spezifischen Setting einer Gruppe zu tun haben. Den substanziellen Beitrag zur Kooperationsforschung sehen wir darin, dass über solche Kontrastierungen theoretische Überlegungen zur Lehrerkooperation bereichert und Hypothesen zur weiteren Forschung generiert werden können. So könnte etwa ausgehend vom oben skizzierten Fallbeispiel den Kooperationsformen und Problemen okkasioneller Ad-hoc-Gruppen in Folgestudien detaillierter und konzentrierter nachgegangen werden. Wir verstehen dieses Vorgehen als eigenständige und zugleich komplementäre Ergänzung zur quantitativen Kooperationsforschung. Unser Blick fokussiert die Prozessformen und -muster, das innere Betriebsgeschehen in den Gruppen, die im Rahmen spezifischer einzelschulischer Mikropolitiken arbeiten. Verschlossen bleiben unserem Ansatz durch die Konzentration auf das Innenleben der Gruppen allerdings Wirkungen (auf kollegiale Beziehungen außerhalb der Gruppen, auf die Veränderung des Unterrichts, auf die Leistungsentwicklung der Schüler/innen etc.), die die Kooperation zeitigt.

Die Anregung von Kooperationsprozessen durch Rückspiegelung sehen wir ebenso als eine ergänzende Möglichkeit zu anderen Formen einer Beförderung von Lehrerkooperation durch bzw. im Rahmen von Forschung, etwa durch Maßnahmen, die an fachbezogenen Fortbildungen ansetzen und direkt auch auf die Vermittlung von Kooperationskompetenzen abzielen. Unser Ansatz setzt weniger auf Wissenstransfer im Sinne von Vermittlung und Anleitung, sondern eher indirekt auf eine Anregung der Reflexivität und des Problembewusstseins hinsichtlich der eigenen Kooperationspraxis. Die Rückspiegelungen bewegen sich dabei im Grenzbereich zwischen einem reinen Feedback selektierter, d.h. bereits mit Bezug auf Relevanzsetzungen der Forscher ausgewählter Daten, der Konfrontation mit aus den Analysen gewonnenen (Hypo-) Thesen zu Strukturproblemen der Gruppen und teilweise auch Anregungen zur Formulierung zukünftiger Entwicklungsaufgaben. Insofern bewegt sich dieser Ansatz am Übergang zur Organisationsberatung. Die Balance zu halten zwischen einer Konfrontation mit wissenschaftlichen Fremdbeschreibungen der Begleitforschung auf der einen und den darauf in unterschiedlicher Form (kritisch-konstruktiv, ablehnend, affirmativ etc.) bezogenen Selbstbeschreibungen der kooperierenden Lehrkräfte auf der anderen Seite ist nicht leicht und markiert eine besondere Anforderung an die Gestaltung des Verhältnisses zwischen Wissenschaft und Schulpraxis, die im Prozess der wissenschaftlichen Begleitung stets mitgedacht werden muss.

Literatur

Altrichter, H. & Eder, F. (2004). Das „Autonomie-Paritäts-Muster" als Innovationsbarriere. In H. G. Holtappels (Hrsg.), *Schulprogramme – Instrumente der Schulentwicklung. Konzeptionen, Forschungsergebnisse, Praxisempfehlungen* (S. 195-221). Weinheim: Juventa.

Arnold, E., Bastian, J., Combe, A., Schelle, C. & Reh, S. (2000). *Schulentwicklung und Wandel der pädagogischen Arbeit*. Hamburg: Bergmann und Helbig.

Bastian, J., Combe, A. & Reh, S. (2002). Professionalisierung und Schulentwicklung. *Zeitschrift für Erziehungswissenschaft, 5*(5), 417-435.

Bauer, K.-O. (2008). Lehrerinteraktion und –kooperation. In J. Böhme & W. Helsper (Hrsg.), *Handbuch Schulforschung* (S. 839-856). Wiesbaden: VS Verlag für Sozialwissenschaften.

Baum, E. & Bondorf, N. (2008). Wie Lehrkräfte kooperieren. Zur Bedeutung von Kooperation im Kontext von Schul- und Unterrichtsentwicklung. *SchulVerwaltung Hessen/ Rheinland-Pfalz, 11*, 304-306.

Baum, E., Bondorf, N. & Hamburger, F. (2007). „und da wir ja gerne effektiv arbeiten" – über Strukturprobleme der schulischen Selbststeuerung. In G. Graßhoff, D. Höblich, T.-S. Idel, K. Kunze & B. Stelmaszyk (Hrsg.), *Reformpädagogik trifft Erziehungswissenschaft* (S. 297-308). Mainz: Logophon.

Baum, E., Bondorf, N. & Ullrich, H. (2010). Kooperation in Steuergruppen – Wanderungen auf schmalem Grat. Zwei Fallstudien über Chancen und Grenzen der Lehrerkooperation. *Die Deutsche Schule (DDS), 102*(2), 139-150.

Beck, U. & Bonß, W. (1989). *Weder Sozialtechnologie noch Aufklärung*. Frankfurt am Main: Suhrkamp.

Bohnsack, R. (2003). Dokumentarische Methode. In R. Bohnsack, W. Marotzki & M. Meuser (Hrsg.), *Hauptbegriffe Qualitative Sozialforschung* (S. 40-44). Opladen: Verlag Barbara Budrich (UTB).

Bonsen, M. & Rolff, H.-G. (2006). Professionelle Lerngemeinschaften von Lehrerinnen und Lehrern. *Zeitschrift für Pädagogik, 52*(2), 167-184.

Breuer, A. & Reh, S. (2010). Zwei ungleiche Professionen? *Soziale Passagen, 2*, 29-46.

Butler, J. (1998). *Hass spricht. Zur Politik des Performativen*. Frankfurt am Main: Suhrkamp.

Fend, H. (2008). *Schule gestalten. Systemsteuerung, Schulentwicklung und Unterrichtsqualität*. Wiesbaden: VS Verlag für Sozialwissenschaften.

Feldhoff, T., Kanders, M. & Rolff, H.-G. (2008). Kooperation im Kollegium. In H. G. Holtappels, K. Klemm & H.-G. Rolff (Hrsg.), *Schulentwicklung durch Gestaltungsautonomie* (S. 167-173). Münster: Waxmann.

Fussangel, K. & Gräsel, C. (2011). Forschung zur Kooperation im Lehrerberuf. In E. Terhart, H. Bennewitz, & M. Rothland (Hrsg.), *Handbuch der Forschung zum Lehrerberuf* (S. 667-682). Münster u.a.: Waxmann.

Gräsel, U., Fussangel, K. & Pröbstel, C. (2006). Lehrkräfte zur Kooperation anregen – eine Aufgabe für Sisyphos. *Zeitschrift für Pädagogik, 52*(2), 205-219.

Grice, H. P. (1993). Logik und Konversation. In G. Meggle (Hrsg.), *Handlung, Kommunikation, Bedeutung* (S. 243-265), Frankfurt am Main: Suhrkamp.

Helsper, W. (2003). Ungewissheit im Lehrerhandeln als Aufgabe der Lehrerbildung. In W. Helsper, R. Hörster & J. Kade (Hrsg.), *Ungewissheit – pädagogische Felder im Modernisierungsprozess* (S. 142-161). Weilerswist: Velbrück.

Hericks, U. (2005). *Und ich glaub die Schüler ertragen den Unterricht – Unterrichtskonzepte von Lehrerinnen und Lehrern in der Berufseingangsphase.* Beitrag für das Forschungskolloquium im Rahmen des Promotionsprogramms „Fachdidaktische Lehr-Lernforschung – Didaktische Rekonstruktion" an der Universität Oldenburg. (http://www2.erzwiss.uni-hamburg.de/personal/hericks/BeitragOldenburg.pdf, 04.02.2005; Zugriff am 02.02.2011)

Idel, T.-S. (2010). Fallstudien und Hermeneutisch-rekonstruktive Schulforschung. In T. Bohl, W. Helsper, H.-G. Holtappels & C. Schelle (Hrsg.), *Handbuch Schulentwicklung* (S. 138-140). Stuttgart: UTB/Klinkhardt.

Kieserling, A. (1999). *Kommunikation unter Anwesenden. Studien über Interaktionssysteme.* Frankfurt am Main: Suhrkamp.

Kolbe, F.-U. (2004). Schulentwicklungsforschung als Prozessforschung. Ein Beitrag zur rekonstruktiven empirischen Bildungsforschung am Beispiel der Einführung ganztägiger Schulangebote. *sozialer sinn, 5*(3), 477-505.

Luhmann, N. (2000). *Organisation und Entscheidung.* Opladen/Wiesbaden: Westdeutscher Verlag.

Oevermann, U. (1993). Die objektive Hermeneutik als unverzichtbare methodologische Grundlage für die Analyse von Subjektivität. Zugleich eine Kritik der Tiefenhermeneutik. In T. Jung & S. Müller-Dohm (Hrsg.), *„Wirklichkeit" im Deutungsprozess. Verstehen und Methoden in den Kultur- und Sozialwissenschaften (S. 106-189).* Frankfurt am Main: Suhrkamp.

Reh, S. (2004). Welches Wissen benötigt die „pädagogische Praxis"? In U. Popp & S. Reh (Hrsg.), *Schule forschend entwickeln. Schul- und Unterrichtsentwicklung zwischen Systemzwängen und Reformansprüchen* (S. 75-87). Weinheim u.a.: Beltz Juventa.

Reh, S. & Schelle, C. (2004). Fallorientierte Schulentwicklungsforschung – Was Schulen dabei über sich erfahren können. In H. Ackermann & S. Rahm (Hrsg.), *Kooperative Schulentwicklung* (S. 249-267). Wiesbaden: VS Verlag für Sozialwissenschaften.

Rothland, M. (2007). Wann gelingen Unterrichtsentwicklung und Kooperation? In G. Becker, A. Feindt, H. Meyer, M. Rothland, L. Städel, E. Terhart (Hrsg.), *Guter Unterricht. Maßstäbe & Merkmale – Wege & Werkzeuge* (S. 90-94). Seelze: Friedrich Jahresheft XXV 2007.

Schneider, W.-J. (2009). *Grundlagen der soziologischen Theorie. Bd. 3: Sinnverstehen und Intersubjektivität – Hermeneutik, funktionale Analyse, Konversationsanalyse und Systemtheorie.* Wiesbaden: VS Verlag für Sozialwissenschaften.

Terhart, E. & Klieme, E. (2006). Kooperation im Lehrerberuf – Forschungsprobleme und Gestaltungsaufgabe. *ZfPäd, 52*(2), 163-166.

Weick, K. E. (1976). Educational Organizations as Loosely Coupled Systems. *Administrative Science Quarterly, 21*, 1-19.

Wenger, E. (1998). *Communities of Practice: Learning, Meaning, and Identity.* Cambridge: Cambridge University Press.

Zeitschrift für Pädagogik (2006). Schwerpunktthema: Kooperation im Lehrberuf, 52. Jg., H. 2

Frederik Ahlgrimm

Wirkungen von Zusammenarbeit auf das Selbstbild und die professionelle Entwicklung von Lehrkräften

Abstract

Durch Zusammenarbeit in Schulen verändert sich die berufliche Selbst- und Fremd-wahrnehmung von Lehrkräften, was Auswirkungen auf die professionelle Entwicklung hat. Um die Veränderungen zu verstehen, die sich durch die Zusammenarbeit und ins-besondere das gemeinsame Unterrichten ergeben, soll zunächst ergründet werden, wel-che Bedeutung dem Kollegium und den Beziehungen zwischen den Kollegen überhaupt zukommt. Es zeigt sich dabei, dass die Kollegen in der Wahrnehmung der Lehrkräfte sehr präsent sind. Dabei unterscheiden die befragten Lehrkräfte zwar implizit, aber doch deutlich zwischen privaten und professionellen Rollen und dementsprechend auch zwi-schen privaten und professionellen Beziehungen untereinander. Insbesondere die profes-sionellen Beziehungen scheinen dabei zunächst vielfach von Unsicherheit, Ängsten und Konkurrenz geprägt zu sein. Durch engere berufliche Beziehungen, die mit der Zusam-menarbeit einhergehen, wachsen hingegen Sicherheit, Akzeptanz und Kollegialität; die Kollegen lernen die Partner ebenso wie sich selbst besser einzuschätzen und können von-einander profitieren, wie die folgenden Ergebnisse zeigen.

Die folgenden Überlegungen[1] sind Ergebnis einer Studie, in der die Kollegien von 15 Schulen einer deutschen Großstadt mittels Fragebögen sowie in Interviews befragt wur-den (vgl. Huber, Woike, Ahlgrimm, Inthorn & Kluge, 2006; Huber & Ahlgrimm, 2008; Huber, Ahlgrimm, Inthorn & Woike, 2008; Huber, Ahlgrimm, Baumeler, Inthorn, Lus-si & Woike, 2009; Huber & Lussi, 2010; Huber, Lussi, Heeb, Lehmann, & Schneider, 2010). Die dargestellten Ergebnisse fußen insbesondere auf der Analyse offener bzw. teilstrukturierter Interviews mit Lehrkräften und Schulleitungsmitgliedern an 14 Schu-len. Es wurden dabei in den Jahren 2007 und 2008 insgesamt 47 Personen in Einzel- und Gruppeninterviews befragt. Die Interviews wurden vollständig transkribiert und im Rahmen qualitativer Inhaltsanalysen ausgewertet (vgl. dazu Mayring, 2008; Steigle-der, 2008). Detaillierter beschrieben ist das methodische Vorgehen an anderer Stelle (vgl. dazu Ahlgrimm, 2010).

---

1   Dieser Beitrag basiert auf gekürzten und überarbeiteten Teilen der Dissertation des Verfassers (Ahlgrimm, 2010).

1. Bedeutung des Kollegiums

Befragt zur Wahrnehmung ihrer Schule, messen Lehrkräfte ihrem Kollegium grundsätzlich sehr große Bedeutung zu. So gaben in den Fragebögen durchschnittlich vier von fünf der Befragten auf die Frage, was ihnen an ihrer Schule gefällt, eine Antwort, die mit dem pädagogischen Personal zu tun hatte: Durchschnittlich 66% nannten konkret das Kollegium; das Arbeitsklima wurde im Mittel von 22% genannt. An zweiter Stelle wurden mit 41% die Schüler genannt. Dabei unterscheiden sich die Anteile der Nennungen zwischen den einzelnen Schulen erheblich: Die folgende Abbildung 9 zeigt, welcher Anteil der Lehrkräfte auf die offen formuliert Frage, was ihnen an ihrer Schule besonders gefällt, Antworten gab, die sich auf das Kollegium und das Arbeitsklima bezogen; zum Vergleich ist auch angeführt, welcher Anteil jeweils die Schüler erwähnte. Während an einer Schule nur 45% der Lehrkräfte angaben, das Kollegium gefalle ihnen, waren es anderswo 94%. Das Arbeitsklima wurde teilweise gar nicht, andernorts von 40% der Befragten genannt (vgl. Lussi, 2007, S. 48ff). Damit wird deutlich, dass die Beziehung und das Verhältnis zu den Kollegen für Lehrkräfte großes Gewicht hat.

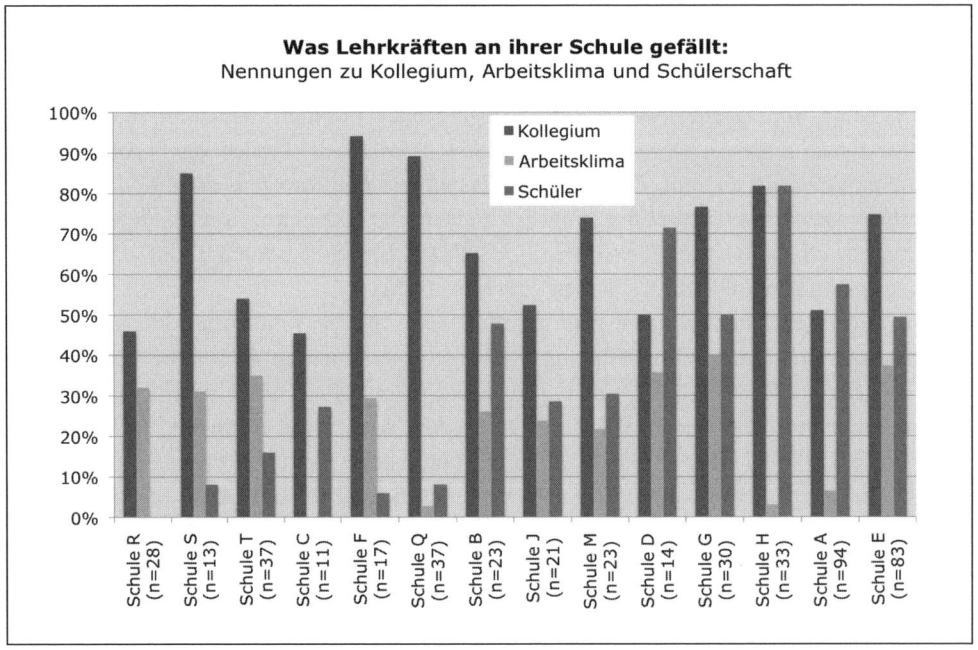

Abbildung 1: Was Lehrkräften an ihrer Schule gefällt

Wenn Lehrkräfte in den Interviews über ihre Schulen berichteten, wurde dabei ebenfalls vielfach auf das Verhältnis zu den Kollegen eingegangen. Dabei wurden Begriffe wie „Schulklima", „Atmosphäre", „Kollegialität", „Wohlfühlen", „Zusammenhalt", „Zusammengehörigkeitsgefühl" oder „Gemeinschaft" erwähnt, insbesondere dann, wenn die Befragten diese als besonders positiv hervorheben wollten. Von negativen Wahrnehmungen der Kollegen war in den Interviews nicht die Rede; mehrfach wurde das

Verhältnis zu den Kollegen jedoch gar nicht thematisiert. Mögliche Erklärungen dafür könnten sein, dass Aspekte des Arbeitsklimas nur dann wahrgenommen werden, wenn es gut ist. Darüber hinaus ist jedoch zu vermuten, dass die Befragten sich in Gegenwart der Schulleitungspersonen, die bei den bei Interviews anwesend waren, nicht über negative Aspekte des Klimas äußern oder als Schulleitungsmitglieder selbst nicht Negatives über die eigene Schule berichten wollten.

In vielen Fällen wurde jedoch betont, die Lehrkräfte fühlten sich an der Schule wohl. Bekräftigt wurde dies mehrfach mit der Aussage, dass Lehrkräfte die jeweilige Schule nicht freiwillig und nur unter Zwang verließen, um an andere Schulen zu wechseln. Neben dem Lehrer-Lehrer-Verhältnis, das etwa durch Austausch und Offenheit gekennzeichnet sei, wurde auch das Lehrer-Schüler- sowie das Schüler-Schüler-Verhältnis als Gründe für das Wohlfühlen genannt. Erklärt wurde mehrfach, es gebe an der jeweils eigenen Schule im Gegensatz zu anderen keine Cliquen und Grabenkämpfe.

2. Private und professionelle Beziehungen zwischen Lehrkräften

So deutlich es wird, dass die Beziehungen der Lehrkräfte zueinander große Bedeutung haben, so unklar bleibt zunächst, welcher Art diese Beziehungen sind:

> „Die Spannweite reicht von Freundschaft bis Zwangsgemeinschaft oder so."

An einer Stelle wird berichtet, dass die enge Zusammenarbeit und das gute Verhältnis der Kollegen einander bedingen:

[LK5] „Es bedingt sich ja auch gegenseitig, also ich will ja auch jemandem helfen, weil ich den gern hab, und ich hab den gern, weil ich mit dem viel zusammenarbeite, und weil ich viel zusammenarbeite, will ich dem ja auch helfen... Also es ist so ein...

[LK4] Teufelskreis.

[LK5] Wahnsinn. Nein, aber so ist es doch, oder. Also, ich meine, wenn mir die Leute egal wären aus dem Jahrgang würde ich sagen, ist mir doch schnurz. Na und, dann Susanne halt, dann hat sie halt ihren Schüler, der da halt so doof ist, aber da es mir nicht egal ist, sage ich, ich komm mal kurz schnell mit rein, bis du dann kommst, und ..., das macht man ja sonst auch nicht unbedingt."

An dieser Stelle sind privates und berufliches Verhältnis kaum auseinanderzuhalten: sich zu mögen und einander zu helfen geht miteinander einher. In einigen Interviews wird deutlicher zwischen der Rolle der Lehrperson im bzw. außerhalb des Unterrichts unterschieden. Diese Rollen werden im Weiteren als privaten und beruflichen Rollen bezeichnet; zu erläutern ist, dass „privat" hier eine Rolle meint, die außerhalb des Unterrichts, durchaus aber im professionellen Kontext der Schule eingenommen wird. Die Lehrkräfte sind teilweise selbst überrascht, wie groß die Unterschiede sind, die sie bei anderen Personen zwischen den beiden Rollen wahrnehmen:

„Also das gibt es ja auch, dass man den Kollegen so als Mensch ganz anders wahrnimmt, als er eigentlich als Lehrerpersönlichkeit vor der Klasse steht und dann das überhaupt nicht zusammenkriegt. Da ist dann die Frage, was zählt denn jetzt mehr: den Menschen, den man so kennt, oder diese Lehrerpersönlichkeit."

Gerade in ihrer professionellen Rolle, im Unterricht vor einer Klasse, kennen die Kollegen einander gar nicht oder kaum:

„Weil es ist ja wirklich, Lehrer, ja total schizophren, sage ich mal aus der Sicht des... ja, wirklich! Ich habe Lehrer wirklich im Unterricht gesehen, wo ich dachte: kenne ich gar nicht, diesen Menschen kenne ich nicht, wenn ich ihn dann privat erlebe oder so was. Da merkt man auch, wie wichtig es ist, dass Lehrer sozusagen mit sich selbst übereinkommen. Deshalb ist es so wichtig, so einen Aufbruch zu machen, finde ich, also sich zu öffnen, wirklich im wahrsten Sinne des Wortes."

Hier wird die Diskrepanz mit Schizophrenie verglichen, also in den Bereich des Krankhaften gerückt, und als überwindenswert wahrgenommen: Lehrer sollten „mit sich übereinkommen". Eine andere Lehrkraft möchte ihre professionelle Rolle von der privaten unterschieden wissen:

„[...] also wenn ich irgendeinen Lehrer zu mir einlade, sicherlich dann lade ich den ein, weil ich auch ein gewisses Vertrauen zu ihm habe und natürlich von dem erwarte, dass der mich nicht abstempelt oder bei jeder Gelegenheit meine Person nicht mit dem verwechselt, was ich da vorne jetzt im Unterricht bin oder zeige an der Stelle."

Hier wird also die Rolle im Unterricht als die unnatürliche betrachtet, von der sich die Person an dieser Stelle distanzieren möchte. Die differenzierte Betrachtung der beiden Rollen erschwert es den Lehrkräften wiederum, ein klares Verhältnis zueinander einzunehmen. Klar unterschieden wird zwischen den Bewertungen der beiden Rollen:

„Das ist im Lehrerzimmer auch so, dass die Person oder der Mensch an und für sich überhaupt nicht in die Kritik gerät. Wenn es dann heißt: Ach, mit dem muss ich zusammenarbeiten – bloß nicht! Aber Kaffeetrinken geht wunderbar. Also das ist auch so, zusammensitzen, Weihnachten feiern und Weihnachtsgeschenkchen rübergeben, aber direkt mit ihm in eine Klasse, nee, das möchte ich dann doch nicht."

Wie deutlich wird, existieren die beiden Rollen und die damit verbundenen private und professionellen Beziehungen fast unabhängig voneinander; obwohl, wie hier beschrieben, die professionelle Beziehung gestört ist, nimmt die private Beziehung keinen Schaden. Bei der Untersuchung von Beziehungen zwischen Lehrkräfte sollte daher unbedingt eine Differenzierung vorgenommen werden. So schlägt Kelchtermans (2006) vor, Kollegialität und Kooperation voneinander zu unterscheiden.

3. Selbstwahrnehmung der Lehrkräfte

Der vorgestellte Rollenkonflikt ist allerdings nicht allein auf die Außenansicht von Lehrkräften beschränkt. Am folgenden Beispiel wird deutlich, dass einer Lehrperson in der Introspektion ihre eigene berufliche Rolle in bestimmten Momenten so ausgesprochen peinlich sein kann, dass sie überhaupt nicht darin beobachtet werden möchte. Eine Lehrerin schildert, wie unangenehm es ihr ist, wenn eine Unterrichtsstunde völlig schief geht, obwohl es einzelne Schüler sind, die für Unruhe sorgen:

[LK] „Man kann die besten didaktischen Vorbereitungen in der Tasche haben und man kriegt gar keinen... in der eigenen Klasse keinen Fuß in die Tür, weil gerade der Schüler durchdreht, der noch zwei Stunden vorher ganz gut lief, aber im Moment gerade seinen Rappel kriegt oder, es sind so viele äußere Umstände, eine Stunde auch kaputt machen können oder Schülerumstände, sage ich mal, ne. Wenn eine Schwänzerin um halb elf durch die Tür kommt mit ihrem Täschchen und sagt: Ach, ich bin jetzt da!, und die ganze Klasse freut sich, ist die Stunde gelaufen. Und wenn so eine Stunde von mir jemand bewerten sollte von außen, egal wie, würde er wenig Positives finden, obwohl ich eigentlich in der Lage bin, ne Stunde ordentlich zu halten und da ist so dieser, diese Schere, man denkt von sich, man ist in der Lage, eine Stunde ordentlich zu halten, aber es gibt so viele kleine Sachen, die sie kaputt machen können.

[Stv] Wobei das natürlich nicht das Problem sein muss, wenn man sich gegenseitig hospitiert, bleibt das ja, sage ich mal, anonym...

[LK] Trotzdem möchte man so nicht gesehen werden.

[Stv] ...bzw. im eigenen Haus, es geht ja nicht nach draußen. Ich glaube, da ist auch eine unterschwellige Angst, dass das irgendwo noch rausgetragen wird oder was da passiert an anderer Stelle.

[LK] Man möchte einfach nicht gesehen werden, von irgendjemandem, nicht mal von meinem Mann möchte ich so in der Situation wirklich gesehen werden, ja."

Gerade in dieser Konfliktsituation wird also ein Rückzug geschildert: Weder „jemand von außen" noch die Kollegen noch der eigene Ehemann sollen die problematische Situation miterleben. Die Situation wird schließlich auf die eigene Person und somit als individuelles Versagen attribuiert, obwohl eingangs eindeutig betont wurde, äußere oder „Schülerumstände" hätten das wahrgenommene Scheitern ausgelöst. Das beruflich bedingte und im Beruf auftretende Problem wird hier nicht im professionellen Kontext thematisiert und zu lösen versucht, sondern als persönliche, private Angelegenheit betrachtet. Dadurch gehen zweierlei Chancen verloren: zum einen die mögliche Entlastung der einzelnen Lehrkraft, zum anderen die Möglichkeit, gemeinsame, übergreifende Strategien zu erarbeiten, um mit ähnlichen Situationen umzugehen, von denen sowohl die einzelnen Kollegen als auch die Schule als Ganzes profitieren könnten.

An der gleichen Schule wird erläutert, dass es den Schülern vorbehalten ist, die Lehrkräfte in ihrer Lehrerrolle zu erleben. Vor Kollegen und Eltern haben dieselben Personen Hemmungen, etwas zu präsentieren oder vorzutragen:

[SL] „Und das liegt einfach daran, dass wir es halt nicht gelernt haben. Und dieses Wir-präsentieren-uns-als-Lehrer: Wir präsentieren uns immer Leuten, die uns unterlegen sind. Es sind immer Schüler.

[LK] Die auf uns angewiesen sind.

[SL] Die auf uns angewiesen sind, die uns in der Regel intellektuell nicht gewachsen sind gewachsen sind und wenn es denn Gymnasiasten in der 13. Klasse sind, dann fehlt das Lebensalter, da haben wir immer noch den Vorteil, dass wir halt alt sind und viel mehr Erfahrungen haben. Aber es sind immer Leute, die uns in irgendeiner Form unterlegen sind. Wenn aber jetzt ein Kollege mit reingeht, das ist Augenhöhe, das ist was anderes."

Offensichtlich gehört zur Lehrerrolle die asymmetrische Beziehung zwischen Lehrkräften und Schülern: Lehrer verfügen über Macht, Schüler sind von ihnen abhängig. Wo diese hierarchische Beziehung nicht existiert, verlieren manche Lehrpersonen ihre Souveränität. Etwas vor Kollegen zu präsentieren, kann für dieselben Personen hoch problematisch sein. Als Grund wird hier zum einen angeführt, man habe es nie gelernt, zum anderen, dass es ungewohnt sei, auf Augenhöhe wahrgenommen zu werden.

Insgesamt wird deutlich, dass Lehrkräfte einander in ihren privaten Rollen oftmals recht gut kennen und vielfach echte Freundschaften existieren. In ihren professionellen Rollen, also als Lehrkräfte im Unterricht, erleben die Lehrkräfte an den meisten Schulen ihre Kollegen sehr selten – mit dem Resultat, dass sie sich in dieser Rolle weitestgehend fremd sind, was wiederum zu Unsicherheiten im Umgang miteinander und zu Hemmungen bezüglich möglicher Kooperation führen kann.

4. Kollegialität und Konkurrenz

Das Verhältnis der Lehrkräfte untereinander ist, wie im Folgenden erläutert werden soll, von zwei grundsätzlichen Beziehungsmerkmalen geprägt, nämlich von Kollegialität einerseits und von Konkurrenz bzw. sozialem Vergleich andererseits. Hargreaves (Hargreaves, 1991, 2000) spricht in diesem Zusammenhang von „contrived collegiality". Dabei scheint es nicht so zu sein, dass entweder allein Kollegialität oder Konkurrenz das Verhältnis prägt; eher treten beide zugleich und miteinander auf.

Kollegialität

Unterstützung und der Rückhalt der Kollegen werden als wichtige Hilfe und Erleichterung wahrgenommen. Dazu gehört auch, offen von eigenen Schwierigkeiten berichten zu können. Eine entlastende Wirkung entsteht aus der Wahrnehmung heraus, nicht mit seinen Problemen allein zu sein, wie an einer Schule berichtet wird, wo die Lehrkräfte einander häufig beim gemeinsames Unterrichten erleben:

> „Ach Gott, wenn der Ruf erst ruiniert ist … Also jeder weiß von dem anderen hier, dass er auch Probleme hat im Unterricht, das ist ein schwieriges Klientel. Also dass man hier nicht eine Woche lang sagt, äh: Ich habe nur noch einen Bombenunterricht gemacht, die Schüler haben mich gemocht, es ist alles toll gewesen. Das ist keinem von uns hier je passiert, es wird wahrscheinlich auch nie jemandem hier passieren. Das weiß jeder. Insofern ist es kein Problem zu sagen: Es war ein totaler …, hilf mir mal, was würdest du machen. Meistens kriegt man auch gar keinen heißen Tipp, sondern man kriegt halt nur ein: Ja, doch, kenne ich, ist mir auch schon so gegangen.“

Die Öffnung und das Preisgeben von Schwierigkeiten im eigenen Unterricht kann also offenbar beruhigend und unterstützend wirken. Es ermöglicht die Vergewisserung, wie man selbst im Vergleich zu den anderen dasteht: Ein Signal wird ausgesandt („Es war ein totaler …“) und die Reaktion abgewartet, die auch prompt erfolgt: „Ja, doch, kenne ich, ist mir auch schon so gegangen“ bzw. „Ach, du ooch“. Damit kann derjenige, der das Signal ausgesandt hat, davon ausgehen, dass seine Situation von den Kollegen als tolerabel, sogar normal angesehen wird, was eine entlastende und beruhigende Wirkung hat.

Sozialer Vergleich, Isolation und Konkurrenz

Lehrkräfte in Schulen vergleichen sich miteinander. Wenn dieser Vergleich dazu genutzt wird, eine Rangfolge herzustellen, in der es darum geht, besser dazustehen als andere, kann man von Konkurrenz sprechen, von der an mehreren Schule berichtet wird:

[LK2] „Aber wir haben schon ziemlich Konkurrenzkampf auch im Kollegium, das muss man schon sagen.

[SL] Klar. […] Gut und wie jedes Tier wird es Hackordnung geben, so versucht natürlich jeder, nicht von allen gebissen zu werden, also geht das los und man sucht seine Nischen. Und so entsteht das. Das ist denke ich mal menschlich. Die Frage ist, wie trägt man es aus, man kann also wirklich diffamierend und böse miteinander umgehen.“

Die Schulleitungsperson führt hier an, dass es ein menschliches Bedürfnis gebe, sich in eine Hierarchie oder „Hackordnung“ einzureihen. Thematisiert wird in diesem Kontext auch, worum Lehrkräfte eigentlich konkurrieren, nämlich um Anerkennung und Beliebtheit sowohl bei den Schülern als auch im Kollegium:

> „Es ist ganz wichtig, ich nenne es auch das Buhlen um Liebe, also man will doch eigentlich von seinen Schülern gemocht werden, und da finden die Lehrer unterschiedliche Wege, sei es über Noten, sei es über kameradschaft-

liches Verhältnis, was weiß ich, aber es ist immer das Gleiche. Und was wir voneinander wissen, das weiß ich gar nicht genau."

Als zweiter Vergleichs- und Konkurrenzpunkt wird die Leistung der Schüler angeführt – Lehrkräfte vergleichen sich miteinander anhand der Leistungen ihrer Schüler, sofern ein Vergleich möglich ist. Diese Konkurrenz anhand der Schülerleistungen habe jedoch keine negativen Auswirkungen auf das Verhältnis der Beteiligten. Dennoch versuchen viele Lehrkräfte, der Konkurrenz bzw. dem Vergleich auszuweichen, indem sie möglichst wenig über ihren Unterricht nach außen dringen lassen. Hemmungen gegenüber Team Teaching werden aus der Vermeidung von Konkurrenz erklärt:

[SL]   „Naja, dass die anderen denken könnten, ich bin ein schlechter Lehrer. Ich glaube das ist so ganz banal, oder dass jemand überhaupt mitkriegt, was ich mache. Dass ich eben nicht die Klassentür zumache und dann ist das also mein Ding, was ich da drin mache, sondern dass da plötzlich jemand mich beobachtet. Und das führt zu einer Verunsicherung.

[Stv]   Oder, die Schüler haben plötzlich noch einen zweiten, ich bin nicht mehr so wichtig. Vielleicht mögen sie den noch viel mehr und ich bin jetzt nur noch so, dann geht es so: böser Lehrer, guter Lehrer. Also ich muss jetzt plötzlich die Rolle des bösen Lehrers übernehmen, die ist so toll, die wollen alle nur bei der Unterricht haben und wenn ich was sage, ziehen die alle eine Flappe, oder... Also so ein Konkurrenzding kommt ganz, ganz stark."

Hier wird eine Art von Revierbildung und Abschottung nach außen geschildert: Um die Autarkie im eigenen Bereich zu erhalten, müssen gewissermaßen Eindringlinge ferngehalten werden. Offensichtlich sind sich die hier geschilderten Lehrkräfte ihrer eigenen Leistung so unsicher, dass sie befürchten, von Kollegen für schlechte Lehrer gehalten zu werden. Damit verbunden ist die Sorge, Schüler könnten zum Teampartner „überlaufen", wodurch die eigene Bedeutung und Beliebtheit in Frage gestellt würde.

Warum gibt es derlei soziale Vergleiche und daraus resultierend ggf. auch Konkurrenz unter Lehrkräften? Laut etablierten sozialpsychologischen Theorien haben Menschen ein Bedürfnis nach Orientierung an anderen durch soziale Vergleiche, insbesondere dann, wenn objektive Kriterien fehlen:

„Der Mensch vergleicht sich selbst mit anderen, wenn kein objektiver Maßstab existiert, an dem er sich orientieren kann, und wenn er bezüglich des eigenen Selbst auf einem bestimmten Gebiet Unsicherheit verspürt [...]. Anders ausgedrückt: Wenn man sich nicht sicher ist, wie gut man bei einer Aktivität ist oder wie man sich gerade tatsächlich fühlt, wird man sich mit anderen Menschen vergleichen" (Aronson et al., 2004, S. 175).

Der soziale Vergleich ist somit notwendig zur Konstruktion und Aufrechterhaltung des Selbstbildes:

„Nach Festinger (1954) brauchen wir bei fehlende[n] objektive[n] Kriterien den sozialen Vergleich, um uns selbst in der Relation zu anderen zu anderen einschätzen zu können. Ohne die Gesellschaft anderer fiele es uns schwer, uns selbst einzuordnen und ein konsistentes Selbstbild aufzubauen" (Forgas, 1995, S. 188).

Für Lehrkräfte kann grundsätzlich angenommen werden, dass objektive Maßstäbe zur Einordnung des eigenen Handelns fehlen: Weder gibt es objektive Kriterien noch deren Messung, um Lehrkräften ein Feedback über ihre Leistungen zu geben; daraus resultiert Unsicherheit, die verschiedentlich geschildert wird:

„Das darf man ja auch nicht vergessen, der einzelne Lehrer für sich gesehen, der schwimmt ja manchmal ein bisschen, nicht wenig: ist sein Anforderungsniveau richtig, zu hoch, zu niedrig, wie geht er mit Fehlzeiten um, da gibt es dann ganz strenge Lehrer, ganz weiche Lehrer, aber jeder sucht irgendwo so seinen Standpunkt, seinen Standort, was ihn aber wiederum, wenn er nicht gerade sehr gefestigt ist, auch wieder unsicher macht."

Diese Unsicherheit hat eine Ursache darin, dass in der Schule kaum Vergleiche mit anderen möglich sind. Die Unsicherheit, die hier thematisiert wird, erstreckt sich sowohl auf die Dimensionen (Was macht einen guten Lehrer aus?) als auch auf den Maßstab bzw. die Indikatoren (Woran erkennt man einen guten Lehrer?). Little verweist in diesem Kontext auf Lorties Diskussion der endemischen Unsicherheiten im Klassenraum (vgl. Lortie, 1975), der argumentiert, dass vorhandene Unsicherheiten durch gemeinsame Aktivitäten besonders herausgestellt werden:

„Group settings more readily reveal the uncertainties of the classroom. Although the promise of praise and recognition is greater, so too is teachers exposure to criticism and conflict. Will more collective involvement reduce the uncertainties of the classroom – or only serve to expose them?" (Little, 1990, S. 530f).

Unsicherheit entsteht vor allem aus einem Mangel an Kriterien zur Bewertung der eigenen Leistung. Angesprochen wurden als Kriterien sowohl die „Reaktion der Schüler" als auch die Schülerleistungen bzw. deren Noten, die jedoch nicht als belastbar gelten können:

„Naja, das ist so das eine … Also dieses nach außen hin so zu tun, als würde ich klarkommen. Dahinter steckt ja auch immer, ich bin ein guter Lehrer, das ist immer ein ganz wichtiger Aspekt. Zum Beispiel bei Klassenarbeiten, wenn eine Klassenarbeit schlecht ausfällt, schlechte Noten, dann schließen ja einige daraus, jetzt könnte die Schulleitung ja denken, ich bin ein schlechter Lehrer, also diese Angst davor, als schlechter Lehrer dazustehen, die ist unglaublich groß. Deshalb werden …, ich glaube das einige Kollegen auch ihre Bewertungsmaßstäbe für Klassenarbeiten unglaublich flexibel gestalten, und wenn eine Arbeit nicht so gut ist, sind aber trotzdem die Zweien und Dreien da und da ist das ganze Bild in Ordnung nach außen. Also woher das letztendlich kommt, weiß ich nicht."

Hier wird deutlich, dass Lehrkräfte die Noten so geben, dass schlechte Ausfälle bei Klassenarbeiten nicht auf sie selbst zurückfallen, da sie sonst die Klassenarbeiten von der Schulleitung genehmigen lassen müssten. Ob man ein „guter Lehrer" sei, werde außerdem am Kriterium der Disziplin im Klassenraum gemessen:

> „Aber woran wird denn ein Lehrer gemessen: dass die Klasse ruhig ist. Und man geht am Klassenraum vorbei, die schmeißen keine Tische und Stühle aus den Fenstern, sondern die arbeiten."

Offensichtlich wird, dass es keine klaren Maßstäbe dafür gibt, wie gut Lehrkräfte ihre beruflichen Aufgaben erfüllen. Für den Einzelnen kann daraus Unsicherheit in der beruflichen Selbstwahrnehmung resultieren.

5. Rückmeldungen an Lehrkräfte

Um Orientierung zu gewinnen und größere Sicherheit zu erlangen, suchen Lehrkräfte Rückmeldung und stellen ihrerseits soziale Vergleiche an, um sich selbst einordnen zu können. Bei den Lehrkräfte, aber auch den Erziehern und Sozialpädagogen besteht ein Bedürfnis nach Rückmeldung darüber, wie sie in ihrer professionellen Rolle wirken; eine Schulleitungsperson formuliert: „Und ist gerade für Lehrer natürlich ein Problem, ja, dass sie also die Erfolge ihrer Arbeit nicht wirklich sehen". Schülerfeedback erfolgt nur selten, und dann vor allem durch Ehemalige, teilweise über Einträge auf der Website der Schule, gelegentlich vermittelt durch Eltern. Nichtsdestotrotz werden die Rückmeldungen von Schülern gesucht und ernst genommen:

> „Man muss einfach gucken, wie reagiert der Schüler oder was zeigt er oder was findet er toll. Und dann kann man daran arbeiten und dann kriegt man eigentlich auch ein bestimmtes Feedback. Das hat sich aber schon alles gebessert, sage ich mal, mit dieser Kritikfähigkeit unter den Kollegen."

An einer Schule wird geschildert, dass es regelmäßige Rückmeldungen der Schüler an die Lehrkräfte durch Fragebögen und anschließende Gespräche gibt, die dazu geführt haben, dass die Lehrkräfte sich einerseits auch darüber hinaus, etwa im Rahmen von Unterrichtsbesuchen, geöffnet haben und andererseits mit der Zeit eine gewisse Sicherheit hinsichtlich ihrer eigenen Rolle gewonnen haben, so dass sie von den Rückmeldungen nicht mehr überrascht werden. Die institutionalisierten Rückmeldegespräche führten überdies dazu, dass Probleme sich nicht mehr aufstauen. Als weiterhin hilfreich werden die kollegialen Unterrichtshospitationen wahrgenommen: „Da kommt für jeden schon was raus". So können der Austausch mit und die Rückmeldung von Seiten der Kollegen als hilfreich und entlastend wahrgenommen werden. Nichtsdestotrotz werden soziale Vergleiche auch zu vermeiden gesucht, insbesondere dann, wenn diejenige Person erwartet, schlecht bewertet zu werden:

> „Irgendwo hat man ja schon Ahnung von den eigenen Schwächen. Das ist die Frage, inwieweit man das vor sich selbst zugeben kann und sagen kann aha, daran muss ich jetzt arbeiten. Aber wenn jetzt noch meine Schwächen,

die ich auch gar nicht so gern vor mir selber zugebe, auch noch von anderen bestätigt bekomme, wenn ich weiß, ich neige in bestimmten Situationen zu, was weiß ich, zu einer Haltung, die zu Konflikten in der Klasse führt, und man sagt mir das auch noch, oder jemand sagt: Du kannst dich nicht durchsetzen. Oder jemand sagt, deine Körperhaltung ist falsch, so wie du in die Klasse hereinkommst, also das ist ja auch, das muss man ja auch aushalten können. Das muss man ja auch aushalten können. Dann heißt es Verunsicherung, was mache ich stattdessen, wie ändere ich das, und das heißt ja auch, ich habe mir im Laufe der Jahre auch sicherlich auch ein Repertoire angeschafft, wie ich trotzdem mit den Schülern klarkomme, das heißt, das muss ich ja vielleicht auch aufgeben, dass heißt, vielleicht Angst vor Machtverlust, ich muss also gewinnen in der Klasse, da hängt ja ein ganzer psychologischer Schwanz dran. Das heißt, der Teppich wird mir unter dem Boden weggezogen, ich habe nicht mehr meine herkömmlichen Methoden, mit denen ich immer einigermaßen Erfolg hatte."

Hier wird, wie an vielen anderen Stellen auch, die Befürchtung geäußert, dass jemand, der den Unterricht beobachtet, Schwächen aufdecken und diese jedenfalls ansprechen wird. Dass derselbe Beobachter möglicherweise auf Stärken achten und eine positive Rückmeldung geben könnte, wird vielfach nicht erwogen. In der Konsequenz ist der Gedanke daran, im Unterricht beobachtet zu werden, bei vielen Lehrkräften mit Ängsten besetzt.

6. Unsicherheit und Ängste

In den meisten der Interviews wurde wiederholt von Angst oder Ängsten der Lehrkräfte im Zusammenhang mit der Öffnung des Unterrichts im Rahmen der Zusammenarbeit gesprochen. Häufig wird beim Thema Angst betont, man selbst habe keine, aber die anderen hätten Probleme damit, sich öffnen zu. In den Interviews kommt zum Ausdruck, dass es unterschiedliche Befürchtungen sind, die die Lehrkräfte beschäftigen. Beschrieben wurden verschiedentlich Ängste vor Kontroll- bzw. Autonomieverlust, Angst vor Gesichtsverlust sowie Angst vor Bewertung bzw. Beurteilung.

Die Angst vor Kontroll- oder Autonomieverlust wird so beschrieben, dass die exponierte Stellung der Lehrperson, die die Klassensituation allein und nach eigenem Gutdünken bestimmt, eingeschränkt wird, wenn eine andere Person – etwa eine andere Lehrkraft oder ein Elterteil – hinzutritt, die über eigene Rechte und Autorität verfügt:

[SL] „Und dann kommt hinzu, wenn ich als Lehrer vor einer Klasse stehe, da bin ich der King. Ich bin ja sozusagen der Einäugige unter den Blinden. Aber wenn ich eben mit Eltern zu tun habe, dann, dann ist ja diese Hierarchie aufgehoben, oder mit Kollegen ist die Hierarchie aufgehoben. Deshalb, denke ich, sind auch Kollegen im Unterricht anders, also sie sonst auch in der Öffentlichkeit auftreten. Viel unsicherer in der Öffentlichkeit, als sie vor ner Klasse sind.

> [I]   Das heißt, so etwas wie Kontrollverlust, Machtverlust in dieser Situation?
>
> [SL]   Genau, so kann man das bezeichnen. Da sage ich Ihnen nichts Neues, das wissen Sie auch so, denke ich."

Die Worte „King" und „Hierarchie" deuten an, dass es hier um eine Machtfrage geht: Die ansonsten uneingeschränkte Macht und Autonomie der einzelnen Lehrperson im Unterricht wird durch eine weitere Autoritätsperson im Klassenraum hinterfragt oder eingeschränkt.

Als Angst vor Gesichtsverlust kann verstanden werden, dass das Bild, das Kollegen von einer Lehrperson haben, leiden könnte, wenn jemand anderes den Unterricht beobachtet. Solange es nicht überprüft wird, könnten Lehrkräfte nach außen hin suggerieren oder behaupten, sie hätten keinerlei Probleme und machten guten Unterricht, wie hier ironisch erklärt wird:

> „Na ja, wie sagte mal Hartwig, na ja, der sagt allen Leuten immer: Ich bin ein guter Lehrer, und nach 30 Jahren haben wir es geglaubt."

Wenn es jedoch dazu kommt, dass andere den Unterricht beobachten, kann die Außenwirkung nicht aufrechterhalten werden: Kollegen erfahren von Schwierigkeiten, was allerdings verpönt ist. Ein Hilfebedürfnis zu äußern oder um Hilfe zu bitten, ist nicht üblich. Geschildert wird, dass Lehrkräfte, die Schwierigkeiten im Unterricht haben, ihre Schwächen zwar möglicherweise „im Unterbewusstsein" kennen, sie aber weder sich selbst und erst recht nicht gegenüber anderen eingestehen, weil das Eingeständnis von Schwäche als Unfähigkeit ausgelegt werden könnte. Wie die Schulleitungsperson hier andeutet, braucht es Sicherheit und Stärke, um Schwächen eingestehen und darüber sprechen zu können. Außerdem klammerten sich Einzelne in ihrer Unsicherheit ggf. an dysfunktionale Praktiken und Routinen, die sie kennen und jahrelang genutzt haben, weil durch die Veränderungen diese Routinen in Frage gestellt würden, was wiederum Ungewissheit mit sich brächte.

Die geschilderte Angst vor Gesichtsverlust kommt besonders zum Tragen, wenn es darum geht Schwächen vor Vorgesetzten zu verbergen. Dieser Respekt vor Vorgesetzten ist vielfach verbunden mit der Angst davor, kontrolliert und vor allem bewertet zu werden, eine Aufgabe, die den Schulleitungspersonen in ihrer Funktion als Dienstvorgesetzte zukommt:

> [LK2] „Also da fühlt sich keiner gestört, wenn man in den Unterricht reinkommt. Es ist vielleicht anderes, wenn der Schulleiter kommt, weil man immer gleich ein schlechtes Gewissen hat, aber...,
>
> [I]   Wieso?
>
> [SL]   Ist ja auch ne andere Situation.
>
> [LK2] Na ja, weil es ja doch der Dienstherr ist, der doch einen beurteilt, ja, ist anders, als wenn ein Kollege von nebenan kommt."

Die Angst vor Bewertung wird geschürt einerseits durch die vielfach schlechten Erfahrungen damit im Rahmen des Vorbereitungsdienstes, andererseits durch die täglichen Erfahrungen der Lehrkräfte selbst bei der Beurteilung:

„Und wir sind ja wirklich diejenigen, die täglich und stündlich benoten oder bewerten, ja. Meistens in Form von Noten und da wir selber wir wissen wahrscheinlich, wie subjektiv so etwas ist, wollen wir uns da ein Stück weit abgrenzen, benotet zu werden. Das ist die eigene Angst vor dem, was man tagtäglich selber dem anderen antut."

Man kann hier geradezu von einer systemischen Problematik sprechen: Die Lehrkräfte wissen um die Unzulänglichkeiten des Systems von Bewertung und Notenvergabe, das sie selbst täglich anwenden. Aus diesem Wissen heraus haben sie, wie hier geschildert wird, selbst Angst davor, ebenso ungerecht beurteilt zu werden. Das Bewertungssystem ist assoziiert mit einer defizitorientierten Sichtweise; es geht nicht darum, Stärken zu entdecken und zu fördern, sondern Schwächen und Fehler zu suchen, die wiederum zu einer Abwertung zu führen:

„Die Angst der Kollegen. Also es gibt keine Feedbackkultur in der [...] Schule, gibt es einfach nicht, gibt es nirgendwo. Vielleicht haben einzelne Schulen sich die aufgebaut, aber als [...] Wert gibt es Feedbackkultur nicht. Und Kollegen haben einfach Probleme damit, mit, dass Feedback positiv ist. Sie haben Angst davor, da geht jetzt einer in den Unterricht und der guckt und der sagt: oh Gott, hast du einen Scheißunterricht gemacht. Und nicht dieses andere, das habe ich gesehen, war gut und jenes war Klasse und da war... Das gibt es nicht."

An einer anderen Schule wird ebenfalls beschrieben, wie durch die Beobachtung gewissermaßen der Spieß umgedreht wird:

[LK3]   „Ich habe jetzt die ganze Zeit darüber nachgedacht. Ich gehöre eigentlich zu denen, muss ich sagen, die es nur ungern haben, wenn da jemand mit bei ist. Und habe gerade überlegt, woran das jetzt so liegt, ne. Man ist als Lehrer derjenige, der vorn steht und kontrolliert, ne. Und sobald...

[SL]   Die Situation kontrolliert.

[LK3]   Richtig. Und sobald jemand drin ist, dann fühle ich mich, als werde ich kontrolliert. Bis jetzt ist ja auch immer jemand gekommen, der mich kontrollieren möchte.

[SL]   Richtig, genau.

[LK3]   Aber so. Dann wägt man 300%-ig ab, wie man formuliert, wie man spricht, das ist vor der Klasse dann, wobei ich auch vorher überlege, was ich sagen will, aber dann trotzdem ist man, ich persönlich bin dann lockerer. So.

[LK4]   Wenn keiner drin ist.

[LK3]   Ja. So, und dann stellt man sich auch mal vorn hin und flachst mit den Schülern, die Situation ergibt sich ja nun auch, wenn jemand jetzt als Eltern kommen würde, dann würde ich mich dann wahr-

scheinlich mehr zurücknehmen, wenn die da kucken wollen, insofern fühlt man sich dann selbst auch kontrolliert. Und dann tritt
man anders auf, als wenn man nur – Kontrolle. So sehe ich das
jetzt."

Die Lehrperson wird also aus der gewohnten Rolle dessen, der die Kontrolle hat und
damit andere kontrolliert, in die Rolle des Kontrollierten gezwungen – eine gravierende Verschiebung der Machtverhältnisse, die viele Lehrkräfte tunlichst zu vermeiden suchen.

7. Professionelle Entwicklung durch Kooperation

Unsicherheit kann, wie gezeigt wurde, einerseits das Bedürfnis nach Orientierung an
anderen und somit nach sozialen Vergleichen verstärken. Andererseits können aus der
Unsicherheit Ängste entstehen, aufgrund derer Lehrkräfte versuchen zu vermeiden,
dass sie von anderen im Unterricht beobachtet werden. Wenn es aber keine gegenseitigen Beobachtungen gibt, bleibt die Unsicherheit bestehen oder wird sogar verstärkt.
Neben den negativen Auswirkungen für den Einzelnen wird dadurch außerdem die
professionelle Entwicklung erheblich erschwert:

„In der Inspektion [...] kam ich einmal zu einem Lehrer in den Unterricht
[...] und dann sagte der: mein erster Unterrichtsbesuch seit 32 Jahren! Und
das ist kennzeichnend, das ist eigentlich ein Skandal, weil [...] ohne eine professionelle Auseinandersetzung und Kommunikation werden die Lehrer ja
völlig alleine gelassen und können sich ja auch gar nicht entwickeln, wenn
kein Austausch stattfindet. Oder es ist ein reiner Zufall, wenn sich da jemand trotzdem noch entwickelt. Der muss aber sehr viel Kraft dann auf-
bringen, das zu leisten."

Dort, wo Lehrkräfte eng zusammenarbeiten, wird eine valide Orientierung an anderen ermöglicht, wodurch die Unsicherheit verringert wird. In der Folge wird wiederum
die Öffnung gegenüber Kollegen wahrscheinlicher, was eine Zusammenarbeit unterstützt:

„Also, durch die Integrationsklassen, wo also zwei Lehrer in den I-Klassen
zum großen Teil drin sind kann man auch nicht mit verdeckten Karten arbeiten, es ist ja immer ein zweiter Mann mit drin und dann sieht man ja die
Stärken und Schwächen, fachlicher Art oder auch wie man mit den Schülern
…, also da kann man sich nicht verstecken."

Wie verschiedentlich berichtet wird, empfinden es die Lehrkräfte zwar zunächst als
unangenehm, im Unterricht zusammenzuarbeiten und beobachtet zu werden, insgesamt aber als entlastend und befreiend:

„Nein, ich meine das wirklich so, es ist so, man sagt es, man frisst es nicht in
sich hinein, man sagt es und überlegt sicherlich, wie man es sagt, klar me-

ckern wir auch, aber man sagt es offen, und das bringt ja schon … fehlerfrei ist ja niemand und das bringt dann schon eine andere Atmosphäre, wenn man wirklich auch darüber spricht."

Entscheidend scheint die Dichte der professionellen Beziehung zu sein: Je genauer man die anderen kennt (und umgekehrt die anderen einen selbst kennen), desto einfacher und klarer ist der (notwendige) soziale Vergleich, aus dem letztlich eine klare Orientierung und Selbstsicherheit entstehen. Dabei geht es nicht darum, sich genauso zu verhalten wie andere, sondern aus dem Vergleich mit anderen ein verlässlicheres Selbstbild zu konstruieren. Der Vergleich mit Kollegen kann helfen, die eigene Rolle im Unterricht zu reflektieren und zu akzeptieren, um sich schließlich darin wohlzufühlen. So kann aus der Zusammenarbeit eine veränderte Wahrnehmung sowohl der Kollegen als auch der eigenen Rolle resultieren:

> [LK2] „[Das Unterrichten im Team] hat uns oder mich persönlich auch ganz viel weitergebracht, also viele Erkenntnisse auch über mich selber auch gebracht zum Beispiel
>
> [I] Was würden sie sagen, was bringt das einem, oder was bringt das Ihnen?
>
> [LK2] Äh … also mich bereichert es in jeder Beziehung, also es ist jetzt schwer, wie gesagt, es jetzt so, so auf den Punkt zu bringen, weil die Kollegin hat …, in vielen Sachen sind wir uns sehr einig oder sehr ähnlich, in vielen Sachen sehr sehr unterschiedlich und da können wir enorm voneinander lernen, denke ich. Also, ich, jetzt. Ja. Also, ich finde das total toll, völlig neu und schwierig und, aber auch toll, bereichernd."

Hier wird deutlich, wie gravierend die Wahrnehmung durch das Team Teaching beeinflusst wird. Diese Veränderung ist offenbar nicht einfach, wird aber letztlich als Herausforderung, Chance und Bereicherung gesehen. Unweigerlich zwingt die enge Beziehung beim gemeinsamen Unterrichten zu Offenheit, was wiederum die Kooperation mit anderen erleichtert. Durch engere Zusammenarbeit hingegen schwinden Hemmungen, es entsteht Vertrauen, aus dem heraus auch Kritikfähigkeit und die Bereitschaft zu Veränderungen resultieren:

> „Und es löst sich ja auch die Absolutheit auf. Das heißt, ich bin ja noch groß geworden mit vielen Kollegen, die sich für absolut hielten: Jetzt aber Tür zu und ich bin der Größte, habe aber Angst vor dem anderen. Das wird natürlich durch diese Zusammenarbeit so ein bisschen aufgelöst, dieses Vertrauen schaffen und es sind auch schon Versuche gelaufen mit Team Teaching, wo also zwei Leute im Unterricht drin sind, zwei Kollegen drin sind, das heißt, dass also schon eine gewisse Offenheit da sein muss, um so etwas zu praktizieren und es wird auch begünstigt, sich auf den anderen zu verlassen in diesen Situationen und eben nicht mehr sein Handeln als absolut immer zu sehen. Ich denke auch, dass da Kritikfähigkeit zunimmt und so weiter. All das sind so Dinge, die noch lange Zeit mit dem Lehrerbild nicht so vereinbar waren."

Wenn Lehrkräfte hingegen nicht zusammenarbeiten und somit ihre Kollegen nicht aus der eigenen Beobachtung kennen, muss das Bedürfnis nach Vergleich hingegen über indirekte, wenig valide und verlässliche Kanäle, etwa das Abschneiden bei Leistungsvergleichen oder das Hörensagen über Kollegen, bedient werden:

> „Und die anderen Kollegen erfahren es ja eh, weil die Schüler erzählen es ja doch weiter. Was man im Unterricht gemacht hat, also die kommen schon zu mir und sagen: die hat uns da wieder Runden rumgeschickt und ist gar nicht mitgelaufen. Ich weiß schon, wie der Unterricht da abläuft."

Diese indirekte Art des Vergleichs verstärkt die Verunsicherung möglicherweise sogar – was wiederum dazu führt, dass Vergleiche gescheut werden und die Beziehungen distanziert sind. Bei distanzierten professionellen Beziehungen kommt es zum viel beklagten Einzelkämpfertum, das wiederum der Zusammenarbeit im Wege steht:

> „Aber, also dieses Sich-Öffnen, dieses Sich-ein-bisschen-in-die-Karten-gucken-Lassen, dieses Sich-Öffnen, um vielleicht zusammen, manche nennen das auch Teamentwicklung, im Team was zu machen, was gemeinsam zu entwickeln – ganz schwer. Sich allein so etwas Simples, ich gehe davon aus, man würde sagen, das ist eine Selbstverständlichkeit, sich auf ein Lehrbuch zu verständigen, ganz schwer."

Hier zeigt sich auch, dass die distanzierten Beziehungen Schwierigkeiten erzeugen, sich in pädagogischen und didaktischen Fragen zu einigen. Andererseits kann die Abstimmung und gemeinsame Planung große Bedeutung sowohl für die Unterrichtsqualität als auch für die Professionalisierung der Lehrkräfte: Wenn Unterricht im Team geplant und entwickelt wird, kann im Rahmen des Austauschs ein Wissenstransfer stattfinden, der ansonsten in Schulen nicht selbstverständlich ist. Bei der gemeinsamen Planung wird das Lernen von Kollegen ermöglicht und unterstützt. Eine ähnliche Bedeutung für den professionellen Austausch kommt Fort- und Weiterbildungen zu, insbesondere, wenn diese nicht individuell, sondern im Team stattfinden oder deren Inhalte im Team zumindest weitergegeben werden. Diese Art der Anregung, das Lernen von und mit Kollegen, wird teils als sehr positiv wahrgenommen:

> „Es ist ja auch ganz erfrischend, sich außerhalb des normalen Unterrichts mit Sachen zu befassen, um da wieder einen neuen Input zu bekommen und wieder neue Ideen zu entwickeln und nicht einfach in seinem eigenen Saft zu schmoren die ganze Zeit."

Selbst dort, wo Unterrichtsvorbereitungen von Kollegen übernommen und in parallelen Klassen oder in folgenden Jahrgängen genutzt werden, dient dies nicht allein der Arbeitserleichterung, sondern auch dem professionellen Lernen. So werden viele Materialien von Kollegen angepasst und überarbeitet, was im besten Fall auch zu verbesserten Lehr-Lern-Arrangements beiträgt. Es kann angenommen werden, dass jeweils besonders erfolgreiche Unterrichtsmaterialien und -konzepte kopiert und weiterentwickelt werden; so wird durch den Austausch nicht nur eine individuelle, sondern eine geradezu kollektive Weiterentwicklung von Lehr-Lern-Affangements ermöglicht und unterstützt.

8. Diskussion

Es wurde gezeigt, dass die Kollegen von Lehrkräften als ausgesprochen wichtig wahrgenommen werden. Die Beziehungen unter den Lehrkräften stellen sich dabei zunächst als sehr heterogen dar; es konnte jedoch herausgearbeitet werden, dass deutlich zwischen persönlichen bzw. privaten und beruflichen Rollen unterschieden werden kann; analog muss auch zwischen privaten und beruflichen Beziehungen differenziert werden, die gegebenenfalls miteinander in Konflikt geraten können. Goffee und Jones (1998) diskutieren diese unterschiedlichen Beziehungen in Organisationen, indem sie zwischen *sociability* und *solidarity* unterscheiden. Nichtsdestotrotz gibt es einen Zusammenhang: Ein gutes berufliches Verhältnis unterstützt eine gute persönliche Beziehung und umgekehrt. Das berufliche Verhältnis von Lehrkräften kann dabei sowohl von gegenseitiger kollegialer Unterstützung als auch von Konkurrenz geprägt sein; beide schließen einander keineswegs aus.

Im Lehrerberuf gibt es nur wenige objektive Anhaltspunkte, anhand derer das eigene Verhalten beurteilt werden und der eigene Erfolg gemessen werden kann:

> „Die Lehrerarbeit steht unter doppelter Erfolgsungewißheit […] Der Lehrerberuf zeichnet sich durch Tendenzen der Selbstüberforderung aus […] die Arbeitssituation ist durch soziale Isolation gekennzeichnet" (Hübner & Werle, 1997, S. 205f).

So fehlt es Lehrkräften auch Möglichkeiten, die Qualität des eigenen Handeln einzuschätzen und ggf. zu verbessern:

> „It is hardly surprising that teacher effectiveness varies considerably within schools when the teachers themselves are not able to judge if they are getting better or worse results than their colleagues. Teachers in parallel classes are in a much better position to synchronise the outcomes of their teaching efforts" (Luyten, 2003, S. 46).

Je weniger objektive Kriterien zur Einschätzung des eigenen Verhaltens vorhanden sind, desto größere Bedeutung gewinnen soziale Vergleiche mit Kollegen, um ein professionelles Selbstbild zu konstruieren. In vielen Schulen sind direkte Vergleiche der Lehrkräfte miteinander aufgrund der isolierten Arbeitsweise jedoch kaum möglich. In solchen eher distanzierten professionellen Beziehungen können Vergleiche daher nur indirekt und anhand wenig zuverlässiger Informationen angestellt werden, was wiederum Unsicherheit und Distanziertheit befördert. Statt eigene Schwierigkeiten offen anzusprechen und Hilfe zu suchen, findet eine Abschottung statt, die Frey und andere als Selbstwertschutzstrategien bezeichnen:

> „So zeigen sich Selbstwertschutzstrategien umso stärker, je mehr Wettbewerb vorhanden ist, je angstbehafteter das Arbeits- und allgemein das Interaktionsklima ist

oder je unklarer und undurchsichtiger die Kommunikation und Interaktion insgesamt verläuft (Dauenheimer et al., 2002). Sind dagegen äußere Bedingungen gegeben, die ermöglichen, dass Personen ihren Selbstwert wahren können und sich bestätigt fühlen, so kommt es insgesamt weniger häufig und intensiv zu solchen Schutzreaktionen" (Frey et al., 2004, S. 22).

So kann sich ein sich selbst verstärkender Effekt einstellen: Je stärker isoliert Lehrkräfte arbeiten, desto weniger Rückmeldung erfahren sie über ihr eigenes Handeln. Daraus wiederum entsteht Unsicherheit, die wiederum in Abschottungstendenzen mündet, die dem Selbstwertschutz dienen sollen, was wiederum die Zusammenarbeit erschwert; es kann sich eine regelrechte Abwärtsspirale entwickeln:

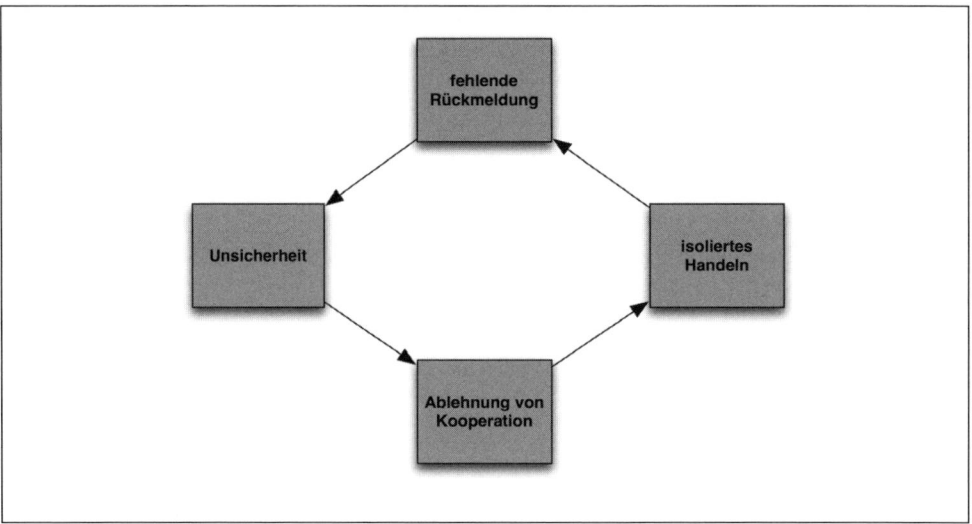

Abbildung 2: Zusammenhänge von Isolation und Unsicherheit im Beruf

Diese Kombination aus Isolation und Unsicherheit führt zu Stress und Angst, die sich wiederum negativ auf die Leistungsfähigkeit und zwischenmenschliche Beziehungen auswirken und dauerhafte psychische und physische Schäden hervorrufen können, wie Johnson und Johnson schreiben:

> "Social interdependence not only affects the amount of stress that will be experienced but also the type and effectiveness of the coping strategies used to deal with the resulting anxiety. Anxiety is one of the most pervasive barriers to productivity and positive interpersonal relationships. Anxiety generally leads to an egocentric preoccupation with oneself, disruption of cognitive reasoning, and avoidance of the situation one fears. This can mean skipping school or work, cutting classes or taking long breaks, or avoiding challenging learning and work situations. A continued experience of even moderate levels of anxiety over a number of years, furthermore, can produce psychological and physiological harm" (Johnson, D. W. & Johnson, 1989, S. 73).

Dabei stellen Unsicherheit und negative Atmosphäre das Haupthindernis für kreative Zusammenarbeit dar (vgl. Eteläpelto & Lahti, 2008). Das größte Potenzial gegen die Unsicherheit, das laut Rosenholtz in den Kollegien liegt, bleibt auf diese Weise ungenutzt:

> „While uncertainty is endemic to teaching, even under the best of circumstances, norms of self-reliance in isolated schools leave teachers more uncertain about a technical culture and instructional practice. Ironically, as they contemplate the enormous challenges before them and how and whether they should confront them, perhaps the best weapon they could wield against uncertainty lies in colleagues, particularly teacher leaders, within their own schools" (Rosenholtz, 1989, S. 69).

Viele Lehrerinnen und Lehrer nehmen wahr, stark belastet oder überlastet zu sein. Daraus folgt vielfach die reflexhafte Reaktion vieler Lehrkräfte gegenüber der Zusammenarbeit mit Kollegen: „Wann soll ich denn auch das noch machen?" Solange also die Wahrnehmung von Überlastung bei vielen Lehrkräften vorhanden ist und dominiert, wird Zusammenarbeit möglicherweise tendenziell abgelehnt werden. Es zeigt sich an dieser Stelle das eingangs beschriebene Phänomen, dass in Schulen vielfach die Belastungen als Grund dafür genannt werden, weshalb nichts gegen die Ursachen der Belastung unternommen werden kann. Andererseits gibt es auch Beispiele von Schulen, in denen Lehrkräfte erfolgreich und eng zusammenarbeiten; dabei wird die Zusammenarbeit fast durchgängig als positiv und hilfreich wahrgenommen. Insbesondere Lehrkräfte, die in Teams unterrichtet haben, wollen diese Erfahrung zumeist nicht mehr missen (vgl. Vogt et al., 2008).

Analog zu der geschilderten Abwärtsspirale können also auch Aufwärtsspiralen beobachtet werden: Je enger und offener das berufliche Verhältnis ist, desto klarere Orientierung und größere Sicherheit kann aus dem Vergleich gewonnen werden, was wiederum die Bereitschaft zur Öffnung wachsen lässt:

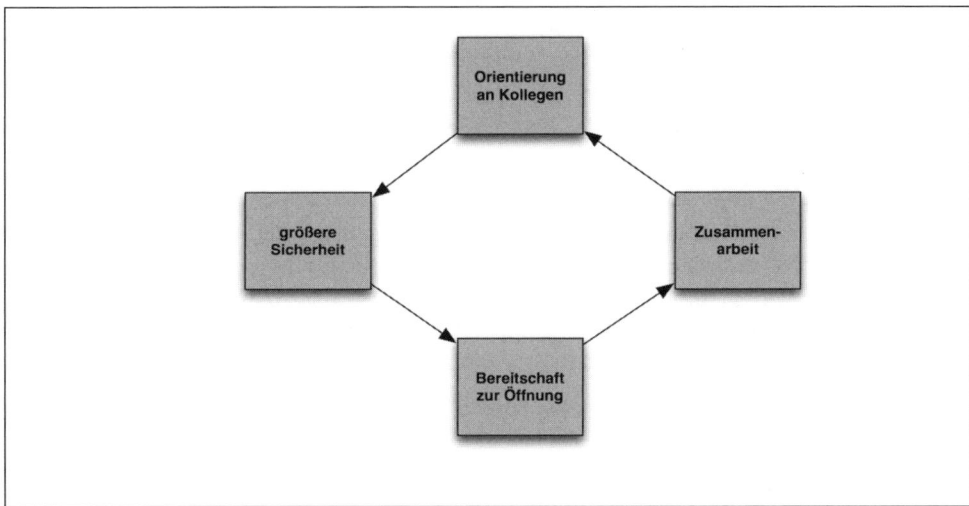

Abbildung 3: Zusammenhänge von Zusammenarbeit und Sicherheit im Beruf

Wo bereits Offenheit existiert, scheint Kooperation umso leichter zu fallen, und wo kooperiert wird, wächst wiederum die Offenheit, wie an einer Schule geschildert wird:

> „Wenn ich so in ein Kollegium komme, da wurde ich auch sehr herzlich aufgenommen, und da wird einem auch was angeboten, also man kommt so rein und ist nicht alleingelassen, sondern da kommt jemand und nimmt dich so ein bisschen an die Hand, dann ist dieser Schritt zur Teamarbeit einfach viel kürzer, also es geht viel leichter, als wenn ich irgendwo reinplatze und stehe im Grunde für mich und bleib da isoliert. Ich glaube, das ist auch ein Stück weit das Geheimnis, warum das hier ganz gut funktioniert, weil alle eigentlich offen sind und auch einen Schritt auf jemanden zugehen."

Damit sich eine klarere Orientierung für die Lehrkräfte und eine daraus resultierende Entlastung ergeben kann, ist es nötig, dass die Lehrkräfte einer Schule zusammenarbeiten. Als Hinderungsgrund werden dabei gelegentlich fehlende Gemeinsamkeiten und pädagogische Differenzen genannt: Man müsse sich erst einig sein, damit man dann zusammenarbeiten könne. Es lässt sich jedoch begründet argumentieren, dass gemeinsame Ansichten nicht Voraussetzung für, sondern Folge von Kooperation sind, wie McGregor schreibt: „it is through such shared activities that the existence of common values are explored, negotiated and agreed" (McGregor, 2003, S. 123). Ähnlich formulieren Fullan, Hill and Crevola: „shared vision and ownership are less a precondition for success than they are an outcome of a quality process" (Fullan et al., 2006, S. 88).

So hat sich einerseits in Schilderungen aus den Interviews gezeigt, dass auch Teams, die ohne oder gegen den Wunsch der Beteiligten zusammengestellt wurden, mit der Zeit gut zusammenarbeiten können. Es zeigt es sich in anderen Studien, dass die Beteiligten durch die Zusammenarbeit letztlich unter Umständen eine größere Übereinstimmung in pädagogischen Fragen wahrnehmen, als tatsächlich vorhanden ist (siehe Vogt et al., 2008). Die beiden beobachteten Mechanismen bestätigen das von Deutsch formulierte „crude law of social relations: the characteristic processes and effects elicited by a given type of social relationship (cooperative or competitive) tend also to elicit that type of relationship" (Deutsch, 1973, S. 365).

Auch in einer zweiten Hinsicht hat die Zusammenarbeit in Schulen enorme Bedeutung: Lehrkräfte erhalten in der Regel sehr wenig qualifizierte und in der Regel keine systematische Rückmeldung zu ihren Leistungen. Lediglich von Schülerseite gibt es Reaktionen auf das Lehrerhandeln; diese sind jedoch systematisch und vielfach verzerrt. So stellt van Dick als Ergebnis dreier Lehrerbefragungen fest, dass die Rückmeldung von bedeutsamen Anteilen der Befragten als unzureichend eingestuft wird; dies gilt insbesondere für die Rückmeldung durch die Schulleitung (van Dick, 2006, S. 262). Nido und andere kommen in einer Schweizer Studie zu ähnlichen Ergebnissen; laut ihren Ergebnissen erhalten die Lehrpersonen am meisten Anerkennung von den Kolleginnen und Kollegen sowie von Schülerinnen und Schülern (Nido et al., 2008, S. 36).

Dass es zu wenig Rückmeldung für Lehrkräfte gibt, ist insofern hoch problematisch, als Feedback und Anerkennung für das menschliche Selbstwertgefühl und Wohlergehen grundsätzlich große Bedeutung haben (vgl. Leary & Baumeister, 2000;

Denissen et al., 2008). Selbstwertgefühl entsteht aus sozialer Interaktion: „Self-esteem tends to be derived from interacting with other people to achieve goals" (Johnson, D. W. & Johnson, 1989, S. 154) und hängt unmittelbar davon ab, in welchem Maß sich eine Person sich von anderen anerkannt fühlt. Dabei ist die Quantität der Interaktionen mit weniger engen Bekannten ebenso bedeutsam wie die Qualität der Beziehungen mit engen Partnern wie Familiemitgliedern, Freunden und Liebespartnern (vgl. Denissen et al., 2008).

Bauer (2006) postuliert sogar, dass Kooperation das zentrale Moment in der Evolution darstellt und Menschen neurobiologisch bedingt vor allem durch soziale Interaktionen motiviert werden:

> „Wir sind – aus neurobiologischer Sicht – auf soziale Resonanz und Kooperation angelegte Wesen. Kern aller menschlichen Motivation ist es, zwischenmenschliche Anerkennung, Wertschätzung, Zuwendung oder Zuneigung zu finden oder zu geben" (Bauer, 2006, S. 21).

Die Suche nach Anerkennung stelle das wichtigste Motiv menschlichen Handelns dar und sei sogar wichtiger als das bloße Überleben. So heißt es an anderer Stelle:

> „Alle Ziele, die wir im Rahmen unseres normalen Alltags verfolgen, die Ausbildung oder den Beruf betreffend, finanzielle Ziele, Anschaffungen etc., haben aus Sicht unseres Gehirns ihren tiefen, meist unbewussten ‚Sinn' dadurch, dass wir damit letztendlich auf zwischenmenschliche Beziehungen zielen, das heißt, diese erwerben oder erhalten wollen. Das Bemühen des Menschen, als Person gesehen zu werden, steht noch über dem, was wir landläufig als Selbsterhaltungstrieb bezeichnen" (Bauer, 2006, S. 37).

Fehlen Austausch und vor allem Anerkennung, die zu den menschlichen Grundbedürfnissen zählen, oder erfolgen sie in unzureichendem Umfang, leiden Selbstwertgefühl und Wohlergehen; möglicherweise ist hierin eine Erklärung für die hohe gesundheitliche Gefährdung im Lehrerberuf zu sehen. Über die Quellen von Rückmeldungen für Lehrkräfte schreibt Kelchtermans (1992, S. 266):

> „Sie [die Berufszufriedenheit] leitet sich vor allem aus den erreichten Schulleistungen der Kinder und der damit verbundenen Anerkennung durch die Eltern ab, da hierin Möglichkeiten zur Feststellung der eigenen Kompetenz gesehen werden. Auch die Freundschaftsbande mit den Kollegen, mit denen man oft jahrelang zusammenarbeitet, spielen hier genauso wie die Unterstützung des Schulleiters eine wichtige Rolle. Diese Zufriedenheit mit den Sozialkontakten wird oft beschrieben als das Gefühl zu einem Team zu gehören, ohne daß man als Lehrer die Autonomie in der Klasse verliert."

Durch gezielte, gemeinsame Aktivitäten im Rahmen von Kooperation ergeben sich nicht allein häufigere Interaktionen und vermehrter Austausch. Zwangsläufig kommen Rückmeldungen über die geleistete Arbeit hinzu, die im besten Fall mit Anerkennung einhergehen, durchaus aber auch Konfliktpotenzial bieten (vgl. Achinstein, 2002; Johnson, B., 2003). Resonanz von Seiten der Kollegen kann damit zu einer wichtigen

Quelle für Wertschätzung werden und hat neben der Anerkennung von Seiten der Schulleitung die größte Bedeutung (vgl. Schaarschmidt, 2004; van Dick, 2006; Nido et al., 2008; Unterbrink et al., 2008). Die Akzeptanz von Rückmeldungen auf kollegialer Ebene dürfte besonders groß sein, da die Beziehungen nicht durch hierarchische Anteile überlagert werden wie etwa bei der Schulleitung. Zudem können von Teampartnern und anderen Kollegen deutlich häufiger und detaillierter Rückmeldungen erfolgen als etwa durch die Schulleitung.

Einen dritten, bedeutsamen Effekt von intensivierter Zusammenarbeit der Lehrkräfte, insbesondere des gemeinsamen Unterrichtens, stellen Veränderungen der professionellen Wahrnehmung sowohl der Kollegen als auch der eigenen Person dar. Die besondere Bedeutung des professionellen Selbstkonzepts von Lehrkräften betont Nias:

> „The teacher as a person is held by many within the profession and outside it to be at the centre of not only the classroom but also the educational process. By implication, therefore, it matters to teachers themselves, as well as for their pupils, who and what they are. Their self-image is more important to them as practitioners, than is the case in occupations where the person can easily be separated from the craft" (Nias, 1989, S. 202f).

Zu dessen Beschaffenheit schreibt Kelchtermans in seiner berufbiografischen Studie, das berufliche Selbstverständnis sei „ein komplexes, multidimensionales und dynamisches System von Deutungen, das sich allmählich entwickelt und die Interaktionen der Person mit seiner[sic] Umgebung mitbestimmt" (Kelchtermans, 1992, S. 265). Austausch und Vergleich mit anderen sowie die Reflexion des eigenen Handelns stellen dabei die Grundlagen für dieses professionelle Selbstbild dar, das wiederum über die Handlungen einer Person bestimmt. Reflexion und Veränderungen dieses Handeln stellen eine wichtige Voraussetzung für Verbesserungen in der schulischen Praxis dar. So bietet die Zusammenarbeit letztlich ein erhebliches Potenzial für die Professionalisierung der Lehrkräfte innerhalb der Organisation, das wiederum entscheidend für die Qualität und Entwicklung der Schule ist. Kooperation ermöglicht die professionellen Entwicklung der Lehrkräfte durch Selbstreflexion einerseits und durch das Lernen von und mit Kollegen andererseits:

> „teachers learn more from each other than from an authorized person such as a content expert or an education specialist" (Park et al., 2007).

Zusammenfassend lässt sich festhalten: Die Kooperation der Lehrkräfte kann sich plausibler Weise nicht unmittelbar, wohl aber mittelbar auf die Qualität der Schule auswirken. Der Kritik von Goddard et al. (2007), es würde zwar vielfach untersucht, welche Bedeutung die Zusammenarbeit für die Lehrkräfte selbst, nicht aber für die Schülerinnen und Schüler habe, kann entgegnet werden: Nur wenn Kooperation für das Lehrerhandeln bedeutsam ist und etwas verändert, können letztlich die Schülerinnen und Schüler davon profitieren. Wie aufgezeigt wurde, bietet Kooperation aus dreierlei Gründen ein besonderes Potenzial für Lehrkräfte: Zum einen können durch Zusammenarbeit die endemische Unsicherheit im Lehrerberuf und resultierende Ängste reduziert werden. Es werden Belastungen reduziert und Ressourcen geschaffen. Darüber hinaus ergeben sich verstärkt kollegiale Interaktionen und Rückmeldeprozesse, die zu einem Zugehörigkeits- und Selbstwertgefühl gestärkt werden. An dritter Stelle ist zu nennen, dass die Zusammenarbeit zur Professionalisierung beiträgt: Durch den Austausch und die Arbeit mit anderen wird das professionelle Selbstbild beeinflusst, Kollegen lernen voneinander und verändern ihr Handeln. Wie auch Park et al. (2007) feststellen, kann die Kooperation kann somit erheblich zur Professionalisierung der Lehrkräfte in der Schule beitragen. Es werden damit Ergebnisse bestätigt, die Johnson (2003) aus einer Studie mit vier Schulen berichtet; er führt als wahrgenommene Vorteile von Kooperation die kollegiale Unterstützung, größeres Engagement sowie das Lernen der Lehrkräfte voneinander an. Als Nachteile nennt er Mehrarbeit, Autonomieeinbußen und die Zunahme zwischenmenschlicher Konflikte und Cliquenbildung genannt. Insgesamt zeigt sich, dass nur eine Minderheit der Lehrkräfte die Zusammenarbeit mit Kollegen ablehnt, der weitaus größte Teil sie jedoch begrüßt.

Literatur

Achinstein, B. (2002). Conflict amid community: The micropolitics of teacher collaboration. *Teachers College Record, 104*(3), 421-455.

Ahlgrimm, F. (2010). *„Für mich persönlich hat sich wahnsinnig viel geändert." Untersuchungen zur Kooperation in Schulen. Dissertation*. Universität Erfurt.

Aronson, E., Wilson, T. D. & Akert, R. M. (2004). *Sozialpsychologie. 4., aktualisierte Auflage*. München: Pearson Studium.

Bauer, J. (2006). *Prinzip Menschlichkeit. Warum wir von Natur aus kooperieren*. Hamburg: Hoffmann und Campe.

Dauenheimer, D., Stahlberg, D., Frey, D. & Petersen, L.-E. (2002). Die Theorie des Selbstwertschutzes und der Selbstwerterhöhung. In D. Frey & M. Irle (Hrsg.), *Theorien der Sozialpsychologie, Band III: Motivations-, Selbst- und Informationsverarbeitungstheorien* (S. 159-190). Bern: Huber.

Denissen, J. J. A., Penke, L., Schmitt, D. P. & Aken, M. A. G. v. (2008). Self-Esteem Reactions to Social Interactions: Evidence for Sociometer Mechanisms Across Days, People, and Nations. *Journal of Personality and Social Psychology, 95*(1), 181-196.

Deutsch, M. (1973). *The resolution of conflict: Constructive and destructive processes*. New Haven, CT: Yale University Press.

Eteläpelto, A. & Lahti, J. (2008). The Resources and Obstacles of Creative Collaboration in a Long-Term Learning Community. *Thinking Skills and Creativity, 3*(3), 226-240.

Festinger, L. (1954). A theory of social comparison processes. *Human Relations, 7*, 117-140.

Forgas, J. P. (1995). *Soziale Interaktion und Kommunikation. Eine Einführung in die Sozialpsychologie. 3. Auflage*. Weinheim: Beltz, Psychologie-Verl.-Union.

Frey, D., Schuster, B. & Brandstätter, V. (2004). Sozialpsychologische Grundlagen der Organisationspsychologie: Was kann die Organisationspsychologie von der Sozialpsychologie lernen? In H. Schuler (Hrsg.), *Organisationspsychologie – Gruppe und Organisation* (S. 3-54). Göttingen: Hogrefe.

Fullan, M., Hill, P. & Crevola, C. (2006). *Breakthrough*. Thousand Oaks: Corwin.

Goddard, Y. L., Goddard, R. D. & Tschannen-Moran, M. (2007). A Theoretical and Empirical Investigation of Teacher Collaboration for School Improvement and Student Achievement in Public Elementary Schools. *Teachers College Record, 109*(4), 877-896.

Goffee, R. & Jones, G. (1998). *The character of a corporation. How your company's culture can make or break your business*. New York: Harper Business.

Hargreaves, A. (1991). Contrived collegiality: The micropolitics of teacher collaboration. In J. Blase (Hrsg.), *The politics of life in schools. Power, conflict, and cooperation* (S. 1480-1503). London: Sage.

Hargreaves, A. (2000). Contrived collegiality: The micropolitics of teacher collaboration. In S. J. Ball (Hrsg.), *Sociology of Education. Major Themes* (Bd. III, „Institutions and Processes", S. 1480-1503). London: Routledge.

Huber, S.G., Woike, J.K., Ahlgrimm, A., Inthorn, J. & Kluge, K. (2006). *Veränderungsprozesse in der Schule und die Rolle der Schulleitung – eine qualitativ und quantitativ angelegte Wirksamkeitsstudie*. Vortrag im Rahmen der Tagung der Deutschen Gesellschaft für Erziehungswissenschaft (DGfE) vom 20.-22. März 2006 in, Frankfurt am Main, Deutschland.

Huber, S.G. & Ahlgrimm, F. (2008). *Was hält Lehrkräfte davon ab, zusammenzuarbeiten?* Vortrag im Rahmen der Tagung der Arbeitsgruppe für Empirische Pädagogische Forschung (AEPF) vom 25. bis 27. August 2008, Kiel, Deutschland.

Huber, S.G., Ahlgrimm, F., Inthorn, J. & Woike, J.K. (2008). *Change Processes in Schools and the Role of School Leadership*. Vortrag im Rahmen der European Conference on Educational Research (ECER) vom 8.-9. September 2008, Göteborg, Schweden.

Huber, S.G., Ahlgrimm, F., Baumeler, C., Inthorn, J., Lussi, I. & Woike, J.K. (2009). *Change Processes in Schools and the Role of School Leadership*. Vortrag beim Annual Congress der American Educational Research Association (AERA) vom 13.-17. April 2009, San Diego, USA.

Huber, S.G. & Lussi, I. (2010). *Change Processes in Schools and the Role of School Leadership*. Vortrag beim European Congress der European Educational Research Association (EERA) vom 23.-27. August 2010, Helsinki, Finnland.

Huber, S.G., Lussi, I., Heeb, A., Lehmann, M. & Schneider, N. (2010). *Veränderungsprozesse an Schulen und die Rolle der Schulleitung: Ergebnisse einer quantitativen Studie von 15 Schulen und von Fallstudien von 5 ausgewählten Schulen*. Vortrag beim Congrès International de l' Actualité de la Recherche en Education et Formation (AREF) – Congrès SSRE vom 13.-16 . September 2010, Genf, Schweiz.

Hübner, P. & Werle, M. (1997). Arbeitszeit und Arbeitsbelastung Berliner Lehrerinnen und Lehrer. In S. Buchen, U. Carle, P. Döbrich, H. D. Hoier & H. G. Schönwälder (Hrsg.), *Jahrbuch für Lehrerforschung* (Bd. 1, S. 203-226). Weinheim: Beltz.

Johnson, B. (2003). Teacher Collaboration: good for some, not so good for others. *Educational Studies*, *29*(4), 337-350.

Johnson, D. W. & Johnson, R. T. (1989). *Cooperation and Competition: Theory and Research*. Edina, Minnesota: Interaction Book Company.

Kelchtermans, G. (1992). Lehrer, ihre Karriere und ihr Selbstverständnis. Eine biographische Perspektive. *Zeitschrift für Sozialisationsforschung und Erziehungssoziologie*, *12*(9), 250-271.

Kelchtermans, G. (2006). Teacher collaboration and collegiality as workplace conditions. *Zeitschrift für Pädagogik*, *52*(2), 220-237.

Leary, M. R. & Baumeister, R. F. (2000). The nature and function of self-esteem: sociometer theory. In M. P. Zanna (Hrsg.), *Advances in experimental social psychology* (Bd. 32, S. 1-62). San Diego: Academic Press.

Little, J. W. (1990). The persistance of privacy: Autonomy and initiative in teachers' professional relations. *Teachers College Record*, *91*(4), 509-536.

Lortie, D. C. (1975). *Schoolteacher. A sociological study*. Chicago: The University of Chicago Press.

Lussi, I. (2007). *Veränderungen an Schulen aus Sicht der Lehrkräfte. Masterarbeit.* Universität Luzern.

Luyten, H. (2003). The Size of School Effects Compared to Teacher Effects: An Overview of the Research Literature. *School Effectiveness and School Improvement, 14*(1), 31-51.

Mayring, P. (2008). *Qualitative Inhaltsanalyse. Grundlagen und Techniken. 10., neu ausgestattete Auflage.* Weinheim [u.a.]: Beltz.

McGregor, J. (2003). Collaboration in Communities of Practice. In N. Bennett & L. Anderson (Hrsg.), *Rethinking Educational Leadership. Challenging the Conversations* (S. 113-130). London [u.a.]: Sage.

Nias, J. (1989). *Primary teachers talking. A study of teaching as work.* London [u.a.]: Routledge.

Nido, M., Ackermann, K., Ulich, E., Trachsler, E. & Brüggen, S. (2008). *Arbeitsbedingungen, Belastungen und Ressourcen von Lehrpersonen und Schulleitungen im Kanton Aargau 2008. Ergebnisse der Untersuchung im Auftrag des Departements Bildung, Kultur und Sport (BKS, Kanton Aargau).* Aarau: Departement Bildung, Kultur und Sport.

Park, S., Oliver, J. S., Johnson, T. S., Graham, P. & Oppong, N. K. (2007). Colleagues' roles in the professional development of teachers: Results from a research study of National Board certification. *Teaching and Teacher Education, 23*(4), 368-389.

Rosenholtz, S. J. (1989). *Teachers' workplace: The social organization of schools.* New York: Longman.

Schaarschmidt, U. (Hrsg.). (2004). *Halbtagsjobber? Psychische Gesundheit im Lehrerberuf – Analyse eines veränderungsbedürftigen Zustandes.* Weinheim [u.a.]: Beltz.

Steigleder, S. (2008). *Die strukturierende qualitative Inhaltsanalyse im Praxistest. Eine konstruktiv kritische Studie zur Auswertungsmethodik von Philipp Mayring.* Marburg: Tectum.

Unterbrink, T., Zimmermann, L., Pfeifer, R., Wirsching, M., Brähler, E. & Bauer, J. (2008). Parameters influencing health variables in a sample of 949 German teachers. *International Archives of Occupational and Environmental Medicine, 82*(1), 117-123.

van Dick, R. (2006). *Stress und Arbeitszufriedenheit bei Lehrerinnen und Lehrern: zwischen "Horrorjob" und Erfüllung. 2., leicht veränd. Auflage.* Marburg: Tectum Verlag.

Vogt, F., Zumwald, B., Urech, C., Abt, N., Bischoff, S., Buccheri, G. & Lehner, M. (2008). *Zwischenbericht formative Evaluation Grund-/Basisstufe im Auftrag der EDK-Ost. St. Gallen.* Institut für Lehr- und Lernforschung, Pädagogische Hochschule St. Gallen. Verfügbar unter: http://www.phsg.ch/forschung.

Sabine Reh & Anne Breuer

Positionierungen in interprofessionellen Teams – Kooperationspraktiken an Ganztagsschulen

Abstract

Für Lehrerinnen und Lehrer stellt sich zunehmend die Aufgabe, auch mit anderen pädagogischen Berufsgruppen zusammenzuarbeiten. Eine Intensivierung der interprofessionellen Kooperation ist vor allem an ganztägigen Grundschulen beobachtbar, an denen sich vielerorts feste Lehrer-Erzieher-Teams mit gemeinsamer Verantwortung für eine Lerngruppe etabliert haben. Im Mittelpunkt des Beitrags steht die Frage, wie Lehrer/innen und Erzieher/innen sich in konkreten Kooperationssituationen zueinander positionieren. Anhand der sequenzanalytischen Interpretation transkribierter Audioaufnahmen von Teamsitzungen arbeiten wir heraus, wie sich die Positionierung im Interaktionsgeschehen zweier Kooperationssituationen vollzieht: Wie adressieren die Professionellen sich gegenseitig auf bestimmte Art und als je Besondere und wie teilen sie dabei ihre Zuständigkeiten im gemeinsamen Angebot auf? Der Vergleich zweier stark kontrastierender Fälle zeigt, dass die Kooperationspraktiken in Lehrer-Erzieher-Teams durchaus differieren und jeweils verschiedene Möglichkeiten der interprofessionellen Zusammenarbeit eröffnen.

Die Kooperation von PädagogInnen wird im schulpädagogischen Diskurs nicht selten als Lösung für unterschiedliche pädagogische und didaktische Probleme angesehen. Etwas nüchterner lässt sich feststellen, dass Kooperationen – je institutionalisierter, desto expliziter – neue Räume für Gespräche über pädagogische Angebote, über die Arbeit der anderen KollegInnen und über die SchülerInnen eröffnen. Darüber hinaus werden Teams als „neue Orte des Hervorbringens von Entscheidungen" wichtig (Kolbe & Reh, 2008, S. 817). Generell kann jedoch gelten: Je näher am Unterricht, desto schwieriger scheint Kooperation zu werden, aber für desto wichtiger wird sie unter PraktikerInnen und im erziehungswissenschaftlichen Diskurs gehalten (vgl. Reh, 2008, S. 165). Bisher gibt es jedoch nur wenige Untersuchungen, die den Fokus auf das direkte Kooperationsgeschehen in solchen unterrichtsnahen Teams richten. Diese Lücke zeigt sich auch in der Grundschulforschung, und das, obwohl hier die Zusammenarbeit – insbesondere von GrundschullehrerInnen und ErzieherInnen – mehr und mehr Relevanz gewinnt und durch verschiedene Schulreformbestrebungen auch zunehmend „erzwungen" wird. In diesem Beitrag wird der Frage nachgegangen, wie sich Kooperationsprozesse zwischen Angehörigen dieser beiden Berufsgruppen gestalten. Der folgenden Untersuchung liegen Audioaufnahmen von 17 Teamsitzungen an einer

Berliner und drei Brandenburger Grundschulen zugrunde. Diese Daten wurden im Rahmen des vom BMBF und dem Europäischen Sozialfonds geförderten Forschungsprojektes „Lernkultur- und Unterrichtsentwicklung an Ganztagsschulen" (LUGS) – geleitet von Fritz-Ulrich Kolbe und Sabine Reh – erhoben und werden im Rahmen des Dissertationsvorhabens von Anne Breuer ausgewertet. Innerhalb des Gesamtprojektes wurden an zwölf Ganztagsschulen unterschiedlicher Schulform in Berlin, Brandenburg und Rheinland-Pfalz fallorientiert Prozesse der Unterrichts- und Angebotsentwicklung beobachtet, audiographiert und videographiert (vgl. Reh u.a., 2012). Zum jetzigen Zeitpunkt liegen Fallrekonstruktionen zu sechs verschiedenen Teams vor. Zusätzlich zu den Teamsitzungen hat Anne Breuer an den vier Schulen Gruppendiskussionen mit ErzieherInnen einerseits und LehrerInnen andererseits geführt.

Vor dem Hintergrund einer kurzen Skizzierung der Ergebnisse aus empirischen Forschungen zur Kooperation zwischen verschiedenen pädagogischen Professionen an Schulen werden im Hauptteil des Beitrags zwei Kooperationssituationen, die sich in unterschiedlichen Teams an zwei verschiedenen Schulen ereignet haben, rekonstruiert. In den beiden Teams arbeiten jeweils eine Grundschullehrerin und eine Erzieherin intensiv zusammen, insbesondere im Hinblick auf gemeinsam zu gestaltende Wochenplanarbeitsphasen. Die analysierten Kooperationssituationen unterscheiden sich anhand der Positionen, die von den Pädagoginnen jeweils eingenommen werden. Die Teilnehmerinnen der Teamgespräche positionieren sich zueinander, indem sie sich gegenseitig auf bestimmte Art und als je Besondere ansprechen, sich also gegenseitig adressieren. Dabei wird in den analysierten Kooperationssituationen sehr häufig das Thema der Zuständigkeiten in gemeinsam durchzuführenden Angeboten bearbeitet. In Bezug auf die thematische Dimension „Zuständigkeiten" und die Art und Weise der Bearbeitung gerade dieses Themas – mit dem nämlich immer auch implizit professionelle Selbstbeschreibungen vorgenommen werden – unterscheiden sich die analysierten Fälle von Kooperationssituationen. Die beiden von uns hier skizzierten Fälle wurden ausgewählt, weil sie im Hinblick auf die angesprochene Kontrastierungsdimension als stark polarisierende Eckfälle gelten können. Was welche Art zu kooperieren, was welche Kooperationspraktik ermöglicht oder gegebenenfalls verschließt und welche Konsequenzen damit unter Umständen verbunden sein können, werden wir im Schlussteil diskutieren.

1. Ergebnisse empirischer Forschungen: Kooperation zwischen verschiedenen pädagogischen Professionen

Empirische Forschungen zu Kooperation an Schulen fokussierten lange Zeit vor allem die Lehrer-Lehrer-Kooperation. Die Kooperation unterschiedlicher pädagogischer Berufsgruppen war zunächst Thema in den Forschungen zur Zusammenarbeit zwischen Schule und Jugendhilfe (z.B. Speck, 2007; Oelerich, 2007; Olk, Bathke & Hartnuß, 2000) und der integrationspädagogischen Forschung (z.B. Jacobs, 2004; Wessel, 2005). Die Zusammenarbeit zwischen LehrerInnen und ErzieherInnen wird zunehmend in Forschungsarbeiten zur Übergangsgestaltung vom Elementar- zum Primarbereich (z.B. Colberg-Schrader & Krug, 1999; Dippelhofer-Stiem, 2000; Diehm, 2004;

Fritzsche, Rabenstein & Reh, 2005; Carle & Samuel, 2007) sowie in Studien zur flexiblen Schulanfangsphase (z.B. Carle & Berthold, 2004; Faust, 2008, EDK-Ost 4-8, 2010) thematisiert. In diesen Studien deutet sich an, dass die inter- oder multiprofessionelle Kooperation nicht frei von Problemen zu sein scheint. Die ausgemachten Problemfelder beziehen sich im Wesentlichen auf vier verschiedene Aspekte: Benannt werden Unklarheiten im Bezug auf Zuständigkeiten, Fragen der Aufrechterhaltung von Autonomie, unterschiedliche Vorstellungen von Bildungsprozessen und deren Gestaltung sowie potenzielle Konflikte im Zusammenhang mit Statusunterschieden.

Zum Teil kommen diese Problemfelder der interprofessionellen Kooperation auch in der sich intensivierenden Ganztagsschulforschung zur Sprache. Fels und Krieg (1995) thematisieren beispielsweise in einer frühen Studie an Ganztagsschulen in Sachsen-Anhalt und Nordrhein-Westfalen die verschiedenen Vorstellungen von LehrerInnen und ErzieherInnen sowie die Bedeutung von Statusunterschieden. LehrerInnen würden sich von den ErzieherInnen vor allem „Entlastung im unterrichtlichen Bereich, bei der Betreuung und Förderung einzelner Schülerinnen und Schüler oder Schülergruppen" wünschen, ErzieherInnen würden hingegen eine „Änderung des Unterrichtsstils und eine sozialpädagogischere Sichtweise der Kinder" als wichtig erachten (Fels & Krieg, 1995, S. 81f.). Was den Status beider Berufsgruppen betrifft, führten die unterschiedlichen beruflichen Ausbildungen neben den unterschiedlichen sozialen Absicherungen auch zu verschiedenen professionellen Selbstverständnissen (a.a.O., S. 81; ähnlich auch Beher et al., 2007; Stöbe-Blossey, 2010).

Innerhalb der bundesweiten „Studie zur Entwicklung von Ganztagsschulen" (StEG) gibt es Hinweise darauf, dass das weitere pädagogisch tätige Personal (darunter werden mehrere Berufsgruppen, also neben ErzieherInnen auch SozialpädagogInnen, SozialarbeiterInnen sowie externe Anbieter zusammengefasst, vgl. Holtappels et al., 2008) sich an Ganztagsschulen „nicht besonders stark eingebunden fühlt" (Dieckmann, Höhmann & Tillmann, 2008, S. 184). Auch in der Studie zur „Ganztagsorganisation im Grundschulbereich" (GO) wird festgestellt, dass die Kooperation zwischen Lehrkräften und ErzieherInnen in Berliner und Nordrhein-Westfälischen Ganztagsgrundschulen „hauptsächlich auf informellem Wege" stattfindet und laut Selbstaussage der Lehrkräfte „nur zu einem geringen Ausmaß im schulischen Alltag verankert" ist (Bellin & Tamke, 2009, S. 118; vgl. ähnlich auch Schützler & Pröbstel, 2009, S. 148). Für Brandenburg zeigt sich, dass in der interprofessionellen Kooperation vor allem Absprachen der Hausaufgaben und sozialerzieherische Probleme thematisiert werden, die unterrichtliche Kooperation ist relativ wenig ausgeprägt (vgl. Wegner & Mücke 2009, S. 128f.). Was die Zuständigkeiten beider Berufsgruppen betrifft, sind die Lehrkräfte vornehmlich für den Unterricht am Vormittag, ErzieherInnen für den Nachmittagsbereich, insbesondere für Hausaufgabenbetreuung, Arbeitsgemeinschaften und „freies Spiel" verantwortlich (Wegner & Tamke, 2009, S. 164). An den gebundenen Ganztagsschulen würden die ErzieherInnen darüber hinaus auch am Vormittag, „bei längeren Zeiteinheiten" sowie dem Förderunterricht vor allem im Fach Deutsch, zusätzlich zu den Lehrkräften eingesetzt (vgl. a.a.O.).

Bezüglich der Frage nach den jeweiligen Zuständigkeiten und Positionierungen der Professionellen in gemeinsam durchgeführten Angeboten gibt es im erziehungswissenschaftlichen Diskurs unterschiedliche Positionen. Zum Teil zeigen sich Tendenzen, eine Entdifferenzierung der pädagogischen Tätigkeit zu fordern, wenn davon ausgegangen wird, dass die Aufgaben von LehrerInnen und pädagogischen Fachkräften sich an Ganztagsschulen stärker angleichen sollen (vgl. z.B. Fels & Krieg, 1995; Knauf, 1995; Maykus, 2009). Vor dem Hintergrund empirisch-qualitativer professionstheoretisch informierter Forschung wird dagegen die These formuliert, dass die pädagogische Tätigkeit sich in einem verstetigenden Ausdifferenzierungsprozess befindet (vgl. Bastian et al., 2000; Bastian, Combe & Reh, 2002; Reh, 2004, 2008) und die „Weichzeichnung" der Lehrerprofession ein Problem darstellt (vgl. Rabenstein & Rahm, 2009). Eine Angleichung der Rollen von LehrerInnen und anderen pädagogischen Berufsgruppen an Ganztagsschulen sei demzufolge nicht erstrebenswert, stattdessen das Herausbilden spezifischer Aufgabenfelder für die verschiedenen Berufsgruppen notwendig, da es nur um Kooperation auf der Basis von Differenz gehen könne (vgl. Bolay, Gutbrod & Flad, 2005; Kolbe & Reh, 2008; auch Helsper, 2001; Helsper et al., 2008).

2. Rekonstruktionen von Kooperationssituationen verschiedener Teams

Die Teams, die sich an den vier untersuchten Ganztagsgrundschulen etabliert haben, sind in ihrer Zusammensetzung sehr unterschiedlich. Auf Klassen- oder Lerngruppenebene bestehen in der Regel Zweier- oder Dreierteams. An zwei der Schulen gibt es darüber hinaus Jahrgangsteams oder auch „Flur-Teams", an denen sechs bis acht PädagogInnen beider Berufsgruppen beteiligt sind. Im Folgenden wird der Fokus auf zwei verschiedene Zweier-Teams gerichtet und anhand einzelner Kooperationssituationen und eines anschließenden Vergleichs rekonstruiert, welche unterschiedlichen Kooperationspraktiken erkennbar werden. Anhand eines sequenzanalytischen (an die Objektive Hermeneutik angelehnten, vgl. Oevermann et al., 1996; Wernet, 2000) und subjektivationstheoretisch fundierten Interpretationsverfahrens, wie es Ricken & Reh (2012) vorschlagen, können Prozesse der Konstitution des pädagogischen Professionellen als eines besonderen Subjekts in den Fokus gerückt werden. Gefragt wird danach, wie jemand sich als professionell tätiger Pädagoge konstituiert, indem er bzw. sie in ein bestimmtes Verhältnis zu sich selbst, zu den Kindern und den anderen Professionellen gesetzt wird und sich auch selbst in ein bestimmtes Verhältnis dazu setzt. Die Ergebnisse solcher Fallrekonstruktionen sind als Beitrag zu einer empirisch-qualitativen Professionsforschung zu verstehen, der direkte Kooperationen als ein konstituierendes Adressierungsgeschehen zwischen Professionellen vor dem Hintergrund spezifischer Normen, hier etwa Normen, wie sie der pädagogische Diskurs transportiert, analysiert.

2.1 Team A und die Verständigung über Ressourcenfragen: Die Kontrolle der Arbeitsergebnisse im Wochenplanunterricht

Das Team A besteht aus einer Lehrerin und einer Erzieherin. Die Pädagoginnen sind gemeinsam für den Wochenplanunterricht einer Klasse im dritten Schuljahr zuständig, der an dieser Schule nach dem Muster des „Individuellen Lernplans" (IL) gestaltet wird. Die Kooperationsgespräche dieses Teams beziehen sich inhaltlich auf dieses gemeinsame Angebot und werden in der Regel eher kurz gehalten. Sie dauern nie länger als zehn Minuten. Der ausgewählte Fall ist ein Beispiel für eine solche Planungssituation, in der über den Einsatz von Ressourcen im Wochenplanunterricht gesprochen wird. Die Lehrerin eröffnet das Gespräch und erläutert die Tätigkeit, die sie für die Erzieherin vorgesehen hat:

> L: besprechung IL (.) so (.) pass auf und zwar bei den matheaufgaben wäre dit toll wenn die kinder zu dir kommen
> E: ja
> L: und kontrollieren lassen dass du den namen aufschreibst und dahinter dann wie viel fehler *sie beim ersten mal hatten* (gleichzeitig)
> E: *wie viel fehler klar* (gleichzeitig) beim ersten mal
> L: damit ich auch n guten überblick habe
> E: mh

Betrachtet man zunächst die Sequenz „besprechung IL", erscheint die Situation als eine, die unter ein bestimmtes Thema gestellt, der eine Überschrift gegeben wird. Die Lehrerin benennt das Thema, den „Individuellen Lernplan" (IL), um das es im Folgenden gehen soll und nimmt damit die Position derjenigen ein, die definiert, worum es geht. Sie fordert die Erzieherin auf, ihr zuzuhören. Mit der Formulierung „so pass auf" verleiht sie ihren folgenden Worten Bedeutsamkeit und adressiert ihre Gesprächspartnerin ähnlich wie einen Schüler oder ein Kind, das mit Nachdruck zur Aufmerksamkeit gerufen werden muss. Als Anschluss an diesen Imperativ ist mit einer klaren Aussage, vielleicht einer weiteren Anweisung, zu rechnen. Tatsächlich formuliert die Lehrerin höflich einen Wunsch und schwächt damit ihren anweisenden Ton ab („und zwar bei den matheaufgaben wäre dit toll"); allerdings bleibt die Frage, ob oder unter welchen „Kosten" die Angesprochene diese als Bitte getarnte Aufforderung ablehnen kann. Die Lehrerin würde es begrüßen, wenn die SchülerInnen sich bezüglich dieser Aufgaben an die Erzieherin wenden und ihre Ergebnisse von ihr kontrollieren ließen.

Die Erzieherin stimmt diesem Vorschlag zu. Im ersten Fall scheint sie zu wissen, was die Lehrerin sagen will und spricht, fast parallel zu ihr, die gleichen Worte („wie viel fehler klar"); den Zusatz, den die Lehrerin vorsieht – die Fehler, die „beim ersten mal" auftreten – wiederholt die Erzieherin, ebenfalls fast synchron. Das gleichzeitige Sprechen der beiden Pädagoginnen kann als eine Art „Echostruktur" gelesen werden und könnte darauf hindeuten, dass die Pädagoginnen innerhalb ihrer Praktiken eingespielt sind und sich nur kurz bestätigend über den Ablauf verständigen müssen. Als Begründung für ihren Vorschlag, die Kontrolle der Mathematikaufgaben der Erzieherin zu übergeben, führt die Lehrerin ihr eigenes Interesse an: Die Listen, auf denen den Schülernamen die Anzahl der jeweiligen Fehler zugeordnet sind, würden ihr einen guten Überblick verschaffen. Erneut bestätigt die Erzieherin die Lehrerin.

In den folgenden fünf Minuten gehen die Pädagoginnen die weiteren Aufgaben des Wochenplans durch. Dabei zeigt sich wiederholt folgendes Muster: Die Lehrerin macht jeweils den Anfang und benennt, was sie von den SchülerInnen und der Erzieherin erwartet. Die Erzieherin stimmt meistens zu, nur an wenigen Stellen stellt sie Nachfragen, die von der Lehrerin häufig verneint und um weitere auf den Ablauf bezogene Instruktionen ergänzt werden. Etwa in der Mitte des Gesprächs äußert die Erzieherin eine Unsicherheit, die sich auf die Kontrolle der schriftlichen Schülertexte im Fach Deutsch bezieht:

> E: und zur kontrolle dann wieder am besten du ne (?)
> L: ja und
> E: weil mit dem schreiben da weiß ich dann immer nicht *ob die dit nochmal*
> (gleichzeitig)
> L: *ähm ich habe schon* (gleichzeitig) n chef bestimmt
> E: ach so
> L: ich hab dit nämlich Louis
> E: ja
> L: erklärt
> E: jut
> L: der weiß wie es funktioniert der steht schon dranne ne (?)

Die Frage „und zur kontrolle dann wieder am besten du ne?" macht deutlich, dass die Erzieherin auf den bekannten Ablauf, ein bekanntes Vorgehen rekurriert. Mit dieser anscheinend rhetorischen Frage – als sei eine Vergewisserung über die üblichen Routinen kaum nötig – fordert sie die Lehrerin auf, sie zu bestätigen. In der Rede der Erzieherin gerät die Kontrolle der Schülerergebnisse zu einem formal-bürokratischen, eher unpersönlichen Prozess, für den es einen Zuständigen geben soll. Als die Lehrerin die Nachfrage bejaht, fährt die Erzieherin fort und scheint ihre Nachfrage nun als wirkliche Frage qualifizieren und rechtfertigen zu wollen: Der Grund dafür, dass sie die Kontrollfunktion gerne der Lehrerin überlassen würde, liege in ihrer eigenen Unsicherheit in Bezug auf die Aufgabenstellungen bei den anzufertigenden Texten („weil mit dem schreiben da weiß ich dann immer nicht ob die dit noch mal"). Sie äußert, in dem geforderten Verfahren nicht kompetent genug zu sein, womöglich sind ihr die Leistungsanforderungen, die Art und Weise, wie die Texte der SchülerInnen schließlich aussehen sollen, nicht transparent.

Die Lehrerin könnte auf diese geäußerte Unsicherheit unterschiedlich reagieren: Sie könnte eine Nachfrage stellen oder versuchen, die Unsicherheit zu beheben, indem sie ihren Erwartungshorizont in Bezug auf die Aufgabe erklärt. Stattdessen gibt sie bekannt, dass sie schon einen „Chef" bestimmt habe. Mit dieser Aussage übergeht sie einerseits die geäußerte Hilflosigkeit der Erzieherin inhaltlich. Scheinbar ist es nicht problematisch, dass die Erzieherin diese Art von Aufgaben nicht kontrollieren will (und kann), denn die Kontrollfunktion hat die Lehrerin ohnehin bereits, wie sich dann herausstellt, einem Schüler übergeben: „der weiß wie es funktioniert". Sie macht damit andererseits deutlich, dass sie der Erzieherin im Gegensatz zu einzelnen Schülern nicht zutraut, die Aufgaben verstehen und kontrollieren zu können. Damit stellt sie den Schüler als der Erzieherin überlegen dar; das kommt einer expliziten Abwertung der Erzieherin gleich.

Die Erzieherin reagiert dementsprechend etwas irritiert („ach so"), woraufhin die Lehrerin mit einer Erläuterung fortfährt. Sie nennt den Namen des ausgewählten Schülers, dem sie das Kontrollieren zugewiesen und dessen Namen sie bereits – für alle sichtbar – an die Tafel geschrieben habe. Die Erzieherin wird lediglich noch in Kenntnis über diese Entscheidung gesetzt und der Vorschlag von ihr angenommen („ja", „jut"); eine Begründungsverpflichtung scheint weder aus Sicht der Lehrerin zu bestehen, noch wird sie von der Erzieherin eingefordert.

Am Ende des Gesprächs vergewissern sich die Pädagoginnen, ob sie alle Aufgaben besprochen haben und kommen abschließend noch auf einen Schüler zu sprechen, der die Anforderungen bisher nicht gut erfüllt habe. Diese Situation ist eine der wenigen, in denen innerhalb der Sitzungen dieses Tandems über einzelne SchülerInnen gesprochen wird.

> L: so wat fehlt uns noch (?) hier
> E: schönschreiben
> L: schönschreiben. haben nur n paar angekreuzt
> E: ja
> L: ne (?) hauptsächlich Steven und Katharina
> E: und Steven hat schon das erste mal nicht gelesen fand ich schon sehr interessant
> L: was hat er nicht gelesen (?)
> E: na die nummer eins die ham wa erst mal schön
> L: (lachen)
> E: überlesen (leises lachen)
> L: (lachend) gerade er muss ja
> E: jaja
> L: das ganze wort erst mal nachschreiben ne (?) (lachen)
> E: (lachen)
> L: fällt mir noch wat ein (?) ach so (...)

Wieder ist es die Lehrerin, die einen neuen Gedanken anführt und laut überlegt, ob alle Aufgaben besprochen wurden. Die Erzieherin liefert ihr das Stichwort „schönschreiben", das die Lehrerin wiederholt und zu erläutern beginnt. Diese Aufgabe hätte sie nur zwei Schülern angekreuzt. Die Erzieherin nimmt den Namen des Jungen auf und berichtet von einer Beobachtung, die sie gemacht habe: Steven habe die Aufgabe beim letzten Mal nicht korrekt bearbeitet bzw. sich geweigert, die Aufgabenstellung aufmerksam genug zu lesen. Die Lehrerin zeigt sich zunächst irritiert und fragt nach, woraufhin die Erzieherin fortfährt: Der Schüler habe diese Aufgabe „erst mal schön überlesen". Begleitet von einem Lachen beider Pädagoginnen scheint sich das Gespräch zu einem Abwertungsdiskurs über den Schüler zu entwickeln, den die Erzieherin in ironisch-distanzierter Weise anstößt und in den die Lehrerin einsteigt. So betont diese, dass gerade der in Frage stehende Schüler es nötig habe bzw. zunächst einmal einzelne Wörter abzuschreiben hätte. Das Gespräch über den Schüler wird jedoch nicht fortgesetzt, die Lehrerin wechselt das Thema, beginnt wieder laut nachzudenken, ob sie auch alle Dinge bedacht habe und fährt mit der nächsten Aufgabenstellung fort.

Unter subjektivationstheoretischer Perspektive lassen sich in einem zweiten Schritt die Adressierungen als spezifische Selbst- und Fremdpositionierungen herausarbeiten:

1. Die von der Lehrerin eingeleitete Situation wird von ihr als „Briefing" definiert, als asymmetrische Situation, in der sie ihre Planung darstellt und der Erzieherin Aufgaben überträgt. Die fungierenden Normen lauten daher: Die Lehrerin ist die Zuständige für Planung und Durchführung des Wochenplanangebots, sie „managt" das schulische Angebot, die Erzieherin bekommt davon abgeleitete Aufgaben zugewiesen.

2. Die Lehrerin adressiert die Erzieherin als eine Art „Hilfslehrerin". Die vorgesehenen Zuarbeiten dienen der Lehrerin als Entlastung von formal-bürokratischen Aspekten der Lehrerarbeit (Mathematikaufgaben kontrollieren und eine Liste über Fehler führen). Auf mögliche professionseigene Kompetenzen der Erzieherin rekurriert die Lehrerin nicht.

3. Damit zeigt die Lehrerin sich selbst als Hauptverantwortliche für das gemeinsame Angebot und als diejenige, die im Gespräch darüber die Impulse setzt.

4. Die Lehrerin macht die Erzieherin zu einer Art „Befehlsempfängerin", die zwar bestimmte Parts der Lehrerarbeit übernehmen darf, jedoch über kompliziertere Fragen – welche Kriterien bspw. im Fach Deutsch anzulegen sind – nicht Bescheid zu wissen braucht. Vom Kontrollieren der schriftlichen Texte enthebt sie die Erzieherin und weist diese Aufgabe stattdessen einem Schüler zu. Das kommt – und so scheint es auch von der Erzieherin rezipiert worden zu sein – einer starken Abwertung der Erzieherin nicht nur als Professionelle, sondern auch als Person, die selbst einmal die Schule durchlaufen hat, gleich.

Dass die Erzieherin, wie im Verlauf der Situation deutlich wird, sich gegenüber diesen Anforderungen angepasst verhält bzw. die Lehrerin als „Weisungsbefugte" adressiert und sich damit selbst in ein Verhältnis des Zuarbeitens auf Anweisung setzt, bekräftigen die Interpretation der Kooperationssituation. Die Asymmetrie in der Position der Sprecherinnen und die Differenzierung der Zuständigkeiten in eine Hauptverantwortung und zuarbeitende Tätigkeiten zeigen innerhalb dieser Kooperationssituation eine ‚Positionierung entlang der Allzuständigkeit der Lehrkraft'.

2.2 Team B und die Problematisierung der pädagogischen Praxis: Fallgespräch über einen Schüler

Die Besprechung in diesem Team – einem Tandem aus einer Lehrerin und einer Erzieherin einer jahrgangsübergreifenden Klasse mit Schülern aus der 4. bis 6. Klasse – beginnt nach einer kurzen Terminabsprache mit einem Fallgespräch über einen Schüler. Auf dieses Gespräch haben sich beide, wie sie sagen, anhand von stichpunktartigen Aufzeichnungen vorbereitet. Im Kern geht es dabei um die Frage, woran insbesondere die Erzieherin mit Milan in der nächsten Zeit arbeiten soll. Dieser Schüler habe aufgrund seiner geringen Deutschkenntnisse große „Lernschwierigkeiten". Ein Auszug vom Anfang des insgesamt dreißigminütigen Gesprächs:

> E: dass wir da wieder weitermachen und ich hab gestern ihn das auch wirklich noch mal abschreiben lassen (.) wie siehst du das jetzt (?) ich denke das ist wichtig dass er das noch mal abschreibt
> L: genau dass man bei Milan jetzt auch wirklich erstmal den schwerpunkt auf also mathe und deutsch legt und dass man projektunterricht hinten anstellt
> E: denk ich auch

Beide Pädagoginnen kennen Milan offensichtlich schon länger; das zeigt sich, indem die Erzieherin an etwas Vorausgegangenes anschließt („dass wir da wieder weitermachen"). Die Betonung, dass sie ihn „wirklich" noch einmal etwas hat abschreiben lassen, kann zum einen darauf hindeuten, dass dieser Vorschlag die Lehrerin überraschen könnte. Vermutlich würde diese Maßnahme bei einem anderen Schüler dieser Lerngruppe nicht angewandt werden. Zum anderen signalisiert die Erzieherin, dass sie dafür Sorge tragen will, dass etwas, eine spezielle Aufgabe – in diesem Fall das Abschreiben eines Textes – auch tatsächlich vom Schüler durchgeführt wird. Sie übernimmt die Verantwortung dafür, dass Milan „wirklich" tut, was ihm – vielleicht von beiden Pädagoginnen in Absprache miteinander, vielleicht von der Lehrerin – aufgetragen wurde. Sie sorgt dafür, dass konsequent erzieherisch gehandelt wird, also etwa nicht nur Aufträge bzw. Aufgaben erteilt werden, die dann aufgrund mangelnder Präsenz, mangelnden Kontaktes nicht ausgeführt werden, als würden sie im leeren Raum verhallen. Das scheint bei Milan in besonderer Weise nötig, möglicherweise ein besonderer Aufwand. Ihre Einschätzung trägt die Erzieherin mit Nachdruck vor („ich denke das ist wichtig dass er das noch mal abschreibt") und vergewissert sich bei der Lehrerin, ob diese ihrem Vorgehen zustimmt.

Die Lehrerin bestätigt die Aussage der Erzieherin und betont im Anschluss, dass der Schwerpunkt auf Mathematik und Deutsch zu legen und Projektunterricht zunächst nicht günstig für diesen Schüler sei. Sie verwendet das unpersönliche „man", so als würde sie sich der Verantwortung entziehen: Wer ist zuständig? Die Lehrerin begründet die „Sonderbehandlung" des Schülers im Folgenden mit dem Umstand, dass die aktuellen Aufgaben für die gesamte Lerngruppe, eine Arbeitsmappe zur Stadt Berlin zu bearbeiten, für Milan noch zu schwer seien. Die von ihr gestalteten Einführungen solle er mitmachen, dann aber mit Unterstützung der Erzieherin besondere Aufgaben erhalten. Für das Fach Deutsch habe sie für Milan einen „Leseordner" und ein „Wortschatzerweiterungs-Spiel" vorgesehen. Über diese Aufgaben wird sehr detailliert gesprochen. Im Verlauf des Gesprächs äußern beide Pädagoginnen jedoch wiederholt diagnostische Unsicherheiten und Bedenken über die Wirksamkeit ihres geplanten Vorgehens.

> L: so und dann erstmal diese sachen klären und dann an den inhalt überhaupt erst rangehn weil da sind ganz oft irgendwelche lücken die wir jetzt gar nicht so erahnen
> E: nee mh und er versteht ja viele wörter auch nich ne (?)

Wie die Erzieherin mit Milan lesen üben und sich dabei vor allem auf dessen Text-verständnis konzentrieren soll, erläutert die Lehrerin nun. Als Begründung für dieses kleinschrittige Vorgehen führt sie die Defizite („Lücken") des Schülers an, die schwer zu diagnostizieren seien. Angesprochen wird dafür zunächst nur das, was beiden Pä-dagoginnen ohnehin schon deutlich ist, was sie bereits als pädagogische Antwort auf Milans offensichtliche Schwierigkeiten, den schulischen Anforderungen zu entspre-chen, entwickelt haben. Das, was die Lehrerin der Erzieherin in diesem Gespräch nahe legt, wie sie konkret mit Milan lesen und rechnen üben soll, ist für jene bereits selbstverständlich. Die Erzieherin bestätigt die von der Lehrerin geäußerten Beden-ken („und er versteht ja viele wörter auch nich ne?"), weist darauf hin, dass das glei-che Material bereits im letzten Schuljahr bei Milan zum Einsatz gekommen sei und bisher keine wesentlichen Lernerfolge bewirkt habe. Abschließend fasst sie das disku-tierte Vorgehen zusammen:

> E: wir müssen unten weitermachen da wo wir im letzten jahr eigentlich auf-gehört haben da da könn wa eigentlich auch wieder wiederholen ne (?)
> L: es is manchmal ganz schwer zu sagen was er eigentlich versteht und was nicht
> E: also ich auch- das gefühl dass er nicht wirklich n fortschritt gemacht hat (.) seh ich nicht wirklich bei ihm ne (?) und ich weiß jetzt auch nich wir hatten doch mit der mutter abgesprochen dass Milan äh mathe zu hause viel macht aber ich glaub da passiert auch nich viel die mutti ist selbstän-dig die hat auch ganz ganz ganz ganz wenig zeit ne (?)
> L: und er bringt auch jetzt seine materialien nich mehr so richtig die mathe sachen hat er zum teil dann auch zu hause aber ich seh eben nich ob er was gemacht hat weil ers *nich mit hat* (gleichzeitig)
> E: *mh wir müssen* (gleichzeitig) einfach ma wieder eintragen dass die mutti einfach nochmal wieder kommt ne (?)

Die am Ende des Gesprächs formulierte Strategie besteht darin, dass das Vorgehen aus dem letzten Schuljahr fortgesetzt, das gleiche Material eingesetzt und Dinge wieder-holt werden. Erneut gesteht die Lehrerin ein, dass sie z. T. sehr unsicher sei in Bezug auf Milans Verständnisschwierigkeiten. Die Krise innerhalb der pädagogischen Pra-xis wird manifest, als die Erzieherin nun ganz explizit benennt, dass die bisherige Ar-beit mit Milan nicht zu Lernfortschritten bei ihm geführt habe. Ihr Lösungsvorschlag deutet darauf hin, dass sie das Problem als ein Erziehungsproblem definiert: Es sei wichtig, die Mutter des Schülers stärker einzubeziehen und ein Elterngespräch zu füh-ren. Die Tragweite der Krise wird im Laufe des Gesprächs immer größer, die Erziehe-rin formuliert die Befürchtung, dass Milan nicht in die fünfte Klasse versetzt werden könne. Das Tandem entscheidet sich schließlich dafür, die Mutter nicht nur einmal, sondern von nun an regelmäßig zu Gesprächen einzuladen. Am Ende des Gesprächs erwähnt die Lehrerin die Möglichkeit einer zusätzlichen Deutsch-als-Zweitsprache-Förderung (DaZ) und markiert damit, dass sie das Problem über ein Erziehungspro-blem hinaus auch als ein Lernproblem einschätzt und es eigentlich einer spezialisier-ten Behandlung für bedürftig hält.

L: und dann könn wa halt sehn vielleicht kann er doch nochmal irgendwelche DaZ-stunden kriegen wenns noch ne neue kollegin gibt

E: mh aber wir- ich muss dazu sagen im letzten jahr hatte er immer die Karin sogar also er hat das nicht genutzt was ihm angeboten wurde muss man so sagen (...) frau Hirschberg die immer bei uns an der schule ist die wird da uns auch nicht denk ich weiterhelfen sie hat genug kleinere und Milan muss jetzt auch einfach selber mal

L: ab nem bestimmten- irgendwann gibts ja auch keine DaZ-stunden mehr ne (?)

E: nee (.) na gut

L: okay

E: denn hatte ich noch was

L: genau

E: Paul und Tilman (...)

Der Lösungsvorschlag der Lehrerin wird eher zaghaft vorgebracht und von der Erzieherin tendenziell zurückgewiesen, da der Schüler das DaZ-Angebot in der Vergangenheit nicht entsprechend genutzt habe. Als Fazit stellt die Erzieherin fest, dass Milan sich nun selbst stärker anstrengen müsse („Milan muss jetzt auch einfach selber mal"). Die Verantwortung für den Lernerfolg wird also letztendlich dem Schüler zugeschrieben bzw. es zu einer erzieherischen Aufgabe gemacht, ihm Verantwortung zu übergeben. Vor diesem Hintergrund erscheint die Strategie, die Mutter stärker einzubinden, durchaus naheliegend. Hier deutet sich an, wie eine Lösung der beobachteten Krise beruflichen Handelns im „multiprofessionellen" Herangehen gedacht werden kann. Vorstellbar wäre es etwa, dass die beiden Pädagoginnen ein Fallgespräch mit verschiedenen Experten initiieren. Möglicherweise könnte die Lehrerin an dieser Stelle ihre professionelle Verantwortung für das Erlernen der Techniken des Lesens und Schreibens stärker wahrnehmen, indem sie eine fachspezifische Expertise im Sinne der Lerndiagnostik bzw. logopädischer Förderung einbezöge. Eine solche Lösung könnte dazu führen, das Problem, das hier mit dem Schüler Milan für die beiden Pädagoginnen entstanden ist, sowohl als ein erzieherisches als auch als eines, das den Erwerb grundlegender Kompetenzen des Lesens und Schreibens etwa betrifft, zu bearbeiten.

In einer subjektivationstheoretischen Analyse zeigen sich erneut die Adressierungen als spezifische Selbst- und Fremdpositionierungen:

1. Die von der Erzieherin eingeleitete Situation wird von ihr als Absprache-Situation definiert, in der sie sich mit der Lehrerin über das bisherige und zukünftige Vorgehen im Hinblick auf einen bestimmten Schüler verständigen möchte. Die fungierenden Normen lauten daher: Über einzelne Schüler muss gesondert gesprochen werden, um ein adäquates Angebot zu machen. Innerhalb dieser Fallgespräche bringen die Vertreterinnen der beiden Professionen ihre Einschätzungen ein und führen Aushandlungsprozesse.

2. Die Erzieherin adressiert die Lehrerin als jemanden, der eine Vorstellung davon hat, wie das Angebot gestaltet werden kann und mit dem sie sich in einem profes-

sionellen, d.h. pädagogisch begründeten Gespräch auf ein abgestimmtes Vorgehen einigen will.

3. Die Erzieherin zeigt sich selbst als jemand, der auf einen großen Erfahrungsschatz zurückgreifen kann, Beobachtungen macht, daraus Schlussfolgerungen ziehen und diese diskutieren kann und möchte. Sie bietet an, eine stärker erzieherische Aufgabe wahrzunehmen, mit dem Schüler weiterhin in einen engen Kontakt zu treten, bestimmte schulische Anforderungen ihm gegenüber durchzusetzen und die Beziehung zu ihm trotz Schwierigkeiten nicht aufzugeben.

4. Dadurch macht die Erzieherin die Lehrerin zu derjenigen, die das Rahmenangebot für die gesamte Lerngruppe bereitstellt und sich weniger stark um die Förderung einzelner SchülerInnen – in diesem Fall Milan – kümmern muss.

Es zeigt sich, dass die Lehrerin, wie im weiteren Geschehen deutlich wird, sich entsprechend dieser Adressierung positioniert; sie bestätigt die Nachfragen der Erzieherin bzw. äußert fachdidaktische Vorschläge und treibt damit das interprofessionelle Fallgespräch voran. Die eher symmetrische Adressierung der Pädagoginnen und eine Differenzierung in nebengeordnete, verschiedene Fachlichkeiten zeigen innerhalb dieser Kooperationssituation eine ‚Positionierung entlang professionsspezifischer Zuständigkeiten‘.

3. Positionierungen im Team – Zwei Kooperationsmuster im Vergleich

Im Sample der bisher rekonstruierten Fälle können diese beiden Kooperationssituationen im Hinblick auf die thematische Dimension ‚Zuständigkeiten‘ und die Art und Weise der Bearbeitung dieses Themas als stark polarisierende Eckfälle gelten. Das Kooperationsmuster, das wir im ersten Fall, einer Kooperationsszene aus dem Team A, rekonstruiert haben, nennen wir ‚Positionierung entlang der Allzuständigkeit der Lehrkraft‘. Das Muster des zweiten Falles, eine Kooperationsszene aus dem Team B, verstehen wir als eine ‚Positionierung entlang professionsspezifischer Zuständigkeiten‘.

Im ersten Fall positionieren sich die Pädagoginnen zueinander, indem sie sich eher asymmetrisch adressieren und in eine Haupt- und zuarbeitende Zuständigkeit unterscheiden. Die an die Berufe geknüpften Positionszuweisungen scheinen relativ festgeschrieben zu sein: Die Lehrerin hat die Verfahrenshoheit, sowohl die Planung des Angebots, die Kontrolle der Schülerergebnisse als auch die Führung der Kooperationsgespräche betreffend. Die Kooperationssituation lässt sich als eine Art ‚Briefing‘ der Erzieherin durch die Lehrerin deuten, in der die Erzieherin eher ergänzend agiert, nur Teilverantwortungen übertragen bekommt und kaum eigene Impulse liefert. Ihre Zuarbeiten beziehen sich im rekonstruierten Fall auf Lehrerpraktiken, wie das Kontrollieren, Korrigieren und Dokumentieren der Schülerergebnisse. Auf etwas, das eine professionsspezifische Kompetenz der Erzieherin sein könnte, wird in dieser Besprechung nicht rekurriert. Eher wird sie als eine Art „Hilfslehrerin" adressiert und setzt sich auch selbst in ein entsprechendes Verhältnis zur Lehrerin: Zuarbeiten auf Anweisung.

Im zweiten Fall entfaltet sich das Adressierungsgeschehen auf andere Weise. Hier ist es die Erzieherin, die den Auftakt macht und ein Gespräch über einen bestimmten Schüler initiiert. Auf diese Weise zeigt sie, dass sie mit der Lehrerin ein pädagogisch begründetes Gespräch über einen Schüler führen möchte und dieses auch vorantreibt. Die Norm scheint hier darin zu bestehen, von Seiten beider Professionen eine gemeinsame ,Arbeit am Kind' (eine Formulierung, die der Schulleiter der Schule oft gebraucht) zu vollziehen, zur Lösung spezieller, im Zusammenhang mit einem Kind auftretender Schwierigkeiten Zuarbeit zu leisten und sich – entsprechend der je eigenen Beobachtungen und Erfahrungen – im Team über diese Praxis und deren (Miss-)Erfolge bzw. zukünftige Perspektiven zu verständigen. Eine Positionierung entlang als professionsspezifisch gedeuteter Zuständigkeiten drückt sich hier darin aus, dass die Pädagoginnen sich tendenziell symmetrisch adressieren, eine Differenzierung in gleichgeordnete, verschiedene Fachlichkeiten vornehmen. Die professionsspezifische Zuständigkeit der Lehrerin zeigt sich in der Zuständigkeit für das Einbringen des didaktischen Materials, an dem die Erzieherin mit dem Schüler arbeiten könnte. Die Erzieherin zeigt sich bezüglich der Wirksamkeit der Materialien jedoch skeptisch, da der Schüler durch das bisherige Vorgehen kaum Lernfortschritte gemacht habe. Sie deutet die Situation mehr und mehr als Krise bzw. misslungene pädagogische Praxis, sieht sich aber nicht für alternative Ideen zuständig. Trotz dieser Deutung kippt die Situation nicht, es kommt nicht zu einem Rechtfertigungsdiskurs auf Seiten der Lehrerin, wie wir ihn bspw. in anderen Kooperationssituationen finden, in denen Kritik geäußert wird (vgl. dazu Breuer 2010; Breuer & Reh 2010; Breuer & Steinwand 2012). Beide denken weiter gemeinsam über mögliche Problemlösungen nach. Auch die Lehrerin äußert, dass die Lernprobleme des Schülers bei ihr Unsicherheiten auslösen, offensichtlich ist es in diesem Fall schwer, eine Diagnose zu treffen. Diese Krise verweist im Kern auf das, was pädagogisches Handeln als professionelles Handeln kennzeichnet: Pädagogische Problemlösungsmuster – die bekannt sein müssen – sind aber eben nicht auf jeden Fall subsumptionslogisch anwendbar. Trotz dieser auftretenden Schwierigkeiten lassen die beiden Pädagoginnen nicht von dem Anspruch ab, Strategien entwickeln zu wollen und nach Lösungen zu suchen, die je nach professionsspezifischer Fachlichkeit und Erfahrung unterschiedlich konstruiert werden, zueinander aber vermittelbar bleiben: Die Erzieherin deutet die Situation als erzieherisches Problem, die Lehrerin zusätzlich als ein Lernproblem. Schließlich einigen sie sich darauf, dass zunächst weiter verfahren werden soll wie bisher und die Erzieherin sich nach wie vor für erzieherische Aufgaben in Bezug auf diesen Schüler verantwortlich sieht. Erzieherische Aufgaben bestehen hier darin, Sorge dafür zu tragen, dass bestimmte (Förder-)Maßnahmen auch durchgesetzt werden und eine enge und kontinuierliche erzieherische Beziehung zu ihm garantiert bleibt.

Welche Möglichkeiten, sich in interprofessionellen Teams zu verständigen, Entscheidungen zu treffen und Dinge zu problematisieren werden innerhalb der verschiedenen Kooperationsmuster eröffnet? Die ,Positionierung entlang der Allzuständigkeit der Lehrkraft' scheint für die Teammitglieder die Möglichkeit zu bieten, sich zügig und pragmatisch zu verständigen und Ressourcenfragen relativ einvernehmlich abzuhandeln; Die Atmosphäre ist gut, die Teampartnerinnen wirken eingespielt. Jedoch wird offensichtlich genau das verhindert, was immer wieder als ein Vorteil von Kooperation genannt wird: Vervielfältigung von Perspektiven und Erweiterung der Handlungsmöglichkeiten. Es kommt – wie hier rekonstruiert – nicht zu einem Gespräch, in dem Infragestellungen von pädagogischen Einschätzungen, Positionen und Entscheidungen möglich sind, in dem ein pädagogisch begründetes gemeinsames Nachdenken über den Gegenstand, bspw. über Effekte bestimmter Vorgehensweisen oder auch mögliche Lernprobleme der Schüler, stattfinden kann. Stattdessen deutet sich an, dass die abwertende Haltung gegenüber der Erzieherin offenbar über die Abwertung von SchülerInnen zu regulieren versucht wird. Es wäre zu prüfen, ob die rekonstruierte Adressierung solche „Abwertungs-Spiralen" begünstigt: Der Abwertung der Erzieherin durch die Lehrerin folgt diejenige der SchülerInnen durch die Erzieherin – so als würde diese sich selbst durch Abwertung anderer wieder aufwerten können (vgl. dazu Reh & Scholz 2007).

Im zweiten Fall, wo wir das Muster der ‚Positionierung entlang professionsspezifischer Zuständigkeiten' analysierten, scheint das Potential der Situation – sich professionell, d.h. fallbezogen und pädagogisch begründet auszutauschen – größer zu sein; hier geht das Gespräch über die Verständigung zu Ressourcenfragen und geplanten Abläufen hinaus. Die Pädagoginnen führen mit Rückgriff auf ihre jeweiligen Beobachtungen ein Fallgespräch, in dem Praktiken der individuellen Förderung relevant gemacht und über die bisherige Praxis reflektiert wird. Die insbesondere von der Erzieherin geäußerte Skepsis wird produktiv nutzbar, die weitgehend gleichberechtigte Positionierung und die Kritik scheinen hier sowohl die Fallorientierung als auch die Differenzierung von verschiedenen Fachlichkeiten zu befördern, so dass es zu einer situationsspezifischen und pädagogisch begründeten Bearbeitung des konkreten Problems – der geringen Lernfortschritte eines Schülers – kommen kann. Zwar wäre darüber hinaus eine stärker „multiprofessionelle" Bearbeitung des Problems vorstellbar, indem anstelle der Eltern die Expertise und diagnostische Kompetenz anderer Professionen (bspw. Logopäden, Sprachheilerzieher, Deutsch-als-Zweitsprache-Lehrer) einbezogen würde. Doch es zeigt sich hier, wie es möglich ist, Krisen zu thematisieren, sie als Motor für Entwicklung zu nutzen und dadurch vermutlich für den Schüler oder die Schülerin geeignetere Lösungen zu entwickeln, als es in individuell verantworteten Entscheidungen der Fall sein mag.

Literatur

Bastian, J., Combe, A. & Reh, S. (2002). Professionalisierung und Schulentwicklung. *Zeitschrift für Erziehungswissenschaft*, 5(3), 417-435.

Bastian, J., Helsper, W., Reh, S. & Schelle, C. (Hrsg.). (2000). *Professionalisierung im Lehrerberuf. Von der Kritik der Lehrerrolle zur pädagogischen Professionalität.* Opladen: Leske u. Budrich.

Beher, K., Haenisch, H., Hermens, C., Nordt, G., Prein, G. & Schulz, U. (Hrsg.). (2007). *Die offene Ganztagsschule in der Entwicklung. Empirische Befunde zum Primarbereich in Nordrhein-Westfalen.* Weinheim und München: Juventa.

Bellin, N. & Tamke, F. (2009). Ganztagsschule in Berlin. In H. Merkens, A. Schründer-Lenzen & H. Kuper (Hrsg.), *Ganztagsorganisation im Grundschulbereich*. Münster u.a.: Waxmann, 101-118.

Bolay, E., Gutbrod, H. & Flad, C. (2005). Schulsozialarbeit – Impulse für die Ganztagsschule. In A. Spies & G. Stecklina (Hrsg.), *Die Ganztagsschule. Keine Chance ohne Kooperation – Handlungsformen und institutionelle Bedingungen (2. Band)*. Bad Heilbrunn: Klinkhardt, 22-42.

Breuer, A. (2010). Wie Lehrer(innen) und Erzieher(innen) zusammenarbeiten. Teams an ganztägigen Grundschulen. *Die Grundschulzeitschrift, 24*(235/236), 20-23.

Breuer, A. & Reh, S. (2010). Zwei ungleiche Professionen? Wie LehrerInnen und ErzieherInnen in Teams zusammenarbeiten. *Soziale Passagen. Journal für Empirie und Theorie Sozialer Arbeit, 2*(1), 29-46.

Breuer, A. & Steinwand, J. (2012). Die Reflexion pädagogischer Praxis in Team- und Steuergruppensitzungen an Ganztagsschulen. In S. Reh, B. Fritzsche, T.-S. Idel & K. Rabenstein (Hrsg.), *Lernkulturen. Rekonstruktion pädagogischer Praktiken an Ganztagsschulen*. Wiesbaden: VS Verlag für Sozialwissenschaften (im Erscheinen).

Carle, U. & Berthold, B. (2004). *Schuleingangsphase entwickeln. Leistung fördern. Wie 15 Staatliche Grundschulen in Thüringen die flexible, jahrgangsgemischte und integrative Schuleingangsphase einrichten*. Hohengehren: Schneider.

Carle, U. & Samuel, A. (2007). *Frühes Lernen – Kindergarten und Grundschule kooperieren*. Hohengehren: Schneider.

Colberg-Schrader, H. & Krug, M. (1979). *Arbeitsfeld Kindergarten*. Pädagogische Wege, Zukunftsentwürfe und berufliche Perspektiven. Weinheim: Beltz.

Dieckmann, K., Höhmann, K. & Tillmann, K. (2008). Schulorganisation, Organisationskultur und Schulklima an ganztägigen Schulen. In H.-G. Holtappels, E. Klieme, Th. Rauschenbach & L. Stecher (Hrsg.), *Ganztagsschule in Deutschland. Ergebnisse der Ausgangserhebung der „Studie zur Entwicklung von Ganztagsschulen" (StEG) (2. Aufl.)*. Weinheim und München: Juventa, 164-185.

Diehm, I. (2004). Kindergarten und Grundschule – Zur Strukturdifferenz zweier Erziehungs- und Bildungsinstitutionen. In W. Helsper & J. Böhme (Hrsg.), *Handbuch der Schulforschung*. Wiesbaden: VS Verlag für Sozialwissenschaften, 527-547.

Dippelhofer-Stiem, B. (2000). Bildungskonzeptionen junger Erzieherinnen: Längsschnittliche Analysen zu Stabilität und Wandel. *Empirische Pädagogik, 14*(4), 327-342.

Erziehungsdirektoren-Konferenz der Ostschweizer Kantone und des Fürstentums Liechtenstein (EDK-Ost) (Hrsg.). (2010). *Projektschlussbericht. Erziehung und Bildung in Kindergarten und Unterstufe im Rahmen der EDK-Ost und Partnerkantone*. Herisau: Schulverlag plus AG.

Faust, G. (2008). Die Entwicklung der flexiblen Eingangsphase im Land Brandenburg im Vergleich der Bundesländer. In Liebers, K., Prengel, A. & Bieber, G. (Hrsg.), *Die flexible Schuleingangsphase. Evaluationen zur Neugestaltung des Anfangsunterrichts*. Weinheim und Basel: Beltz, 20-29.

Fels, S. & Krieg, E. (1995). Kooperation von Lehrkräften und sozialpädagogischen Fachkräften in der ganztägigen Grundschule. In H.-G. Holtappels (Hrsg.), *Entwicklung von Schulkultur. Ansätze und Wege schulischer Erneuerung*. Neuwied u.a.: Luchterhand, 73-88.

Fritzsche, B., Rabenstein, K. & Reh, S. (2006). *Bedingungen der Kooperation von ErzieherInnen und GrundschullehrerInnen. Eine Expertise zum Vergleich professioneller Deutungsmuster*. Manuskript Technische Universität Berlin.

Helsper, W. (2001). Die sozialpädagogische Schule als Bildungsvision? Eine paradoxe Entparadoxierung. In G. Becker & H. Schirp (Hrsg.), *Jugendhilfe und Schule. Zwei Hand-*

lungsrationalitäten auf dem Weg zu einer?. bsj-Jahrbuch 1999/2000. Münster: Votum Verlag, 20-44.

Helsper, W., Busse, S., Hummrich, M. & Kramer, R.-T. (Hrsg.). (2008). *Pädagogische Professionalität in Organisationen. Neue Verhältnisbestimmungen am Beispiel der Schule.* Wiesbaden: VS Verlag für Sozialwissenschaften.

Holtappels, H.-G., Klieme, E., Rauschenbach, T. & Stecher, L. (Hrsg.). (2008). *Ganztagsschule in Deutschland. Ergebnisse der Ausgangserhebung der „Studie zur Entwicklung von Ganztagsschulen" (StEG).* Weinheim und München: Juventa.

Jacobs, S. (2004). *Integrative Prozesse bei der Teamarbeit im Gemeinsamen Unterricht. Qualitative Studie aus der Innenperspektive eines Teams an einer integrierten Gesamtschule.* Hamburg: Dr. Kovac.

Knauf, T. (1995). Kooperation von Lehrer/innen und sozialpädagogischen Fachkräften im Rahmen ganztägiger Gestaltung des Schullebens. In H.-G. Holtappels (Hrsg.), *Entwicklung von Schulkultur. Ansätze und Wege schulischer Erneuerung.* Neuwied u.a.: Luchterhand, 145-157.

Kolbe, F.-U. & Reh, S. (2008). Kooperation unter Pädagogen. In T. Coelen & , H.-U. Otto (Hrsg.), *Grundbegriffe Ganztagsbildung. Das Handbuch.* Wiesbaden: VS Verlag für Sozialwissenschaften, 815-824.

Maykus, S. (2010). Kooperation: Mythos oder Mehrwert? Der Nutzen multiprofessioneller Kooperation der Akteure schulbezogener Jugendhilfe. In Prüß, F., Kortas, S. & Schöpa, M. (Hrsg.), *Die Ganztagsschule: Von der Theorie zur Praxis. Anforderungen und Perspektiven für Erziehungswissenschaft und Schulentwicklung.* Weinheim und München: Juventa, 307-321.

Oelerich, G. (2007). Ganztagsschulen und Ganztagsangebote in Deutschland. Schwerpunkte, Entwicklungen und Diskurse. In F. Bettmer, S. Maykus, F. Prüß, F. & S. Richter (Hrsg.), *Ganztagsschule als Forschungsfeld. Theoretische Klärungen, Forschungsdesigns und Konsequenzen für die Praxisentwicklung.* Wiesbaden: VS Verlag für Sozialwissenschaften, 13-42.

Oevermann, U., Allert, T., Konau, E. & Krambeck, J. (1979). Die Methodologie einer „objektiven Hermeneutik" und ihre allgemeine forschungslogische Bedeutung in den Sozialwissenschaften. In H.-G. Soeffner (Hrsg.), *Interpretative Verfahren in den Sozial- und Textwissenschaften.* Stuttgart, 352-434.

Olk, T., Bathke, G.-W. & Hartnuß, B. (2000). *Jugendhilfe und Schule. Empirische Befunde und theoretische Reflexionen zur Schulsozialarbeit.* Weinheim u. München: Juventa

Rabenstein, K. & Rahm, S. (2009). Ganztagslehrer/innen – auf dem Weg zu einem neuen Professionsverständnis? *Journal für Lehrerinnen- und Lehrerbildung, 9*(1), 15-20.

Reh, S. (2004). Abschied von der Profession, von Professionalität oder vom Professionellen? Theorien und Forschungen zur Lehrerprofessionalität. *Zeitschrift für Pädagogik, 50*(3), 358-372.

Reh, S. (2008). „Reflexivität der Organisation" und Bekenntnis. Perspektiven der Lehrerkooperation. In W. Helsper, S. Busse, M. Hummrich & R.-T. Kramer (Hrsg.), *Pädagogische Professionalität in Organisationen. Neue Verhältnisbestimmungen am Beispiel der Schule.* Wiesbaden: VS Verlag für Sozialwissenschaften, 163-183.

Reh, S. & Scholz, J. (2007). Verachtungserfahrungen in der Selbstthematisierung der Profession und der Professionellen. Zu einer Geschichte beruflicher Identitätsentwürfe. In N. Ricken (Hrsg.), *Über die Verachtung der Pädagogik. Analysen – Materialien – Perspektiven.* Wiesbaden: VS Verlag für Sozialwissenschaften, 293-311.

Reh, S., Fritzsche, B., Idel, T.-S. & Rabenstein K. (Hrsg.). (2012). *Lernkulturen. Rekonstruktion pädagogischer Praktiken an Ganztagsschulen.* Wiesbaden: VS Verlag für Sozialwissenschaften (im Erscheinen).

Reh, S. & Ricken, N. (2011). Das Konzept der Adressierung. Zur Methodologie einer qualitativ-empirischen Erforschung von Subjektivation. In Miethe, I. & Müller, H.-R. (Hrsg.), *Qualitative Bildungsforschung und Bildungstheorie*. Opladen u.a.: Budrich, 35-56.

Schützler, L. & Pröbstel, C. H. (2009). Ganztagsschule in Nordrhein-Westfalen. In H. Merkens, A. Schründer-Lenzen & H. Kuper (Hrsg.), *Ganztagsorganisation im Grundschulbereich*. Münster u.a.: Waxmann, 135-150.

Speck, K. (2007). *Schulsozialarbeit. Eine Einführung*. München: Ernst Reinhardt.

Stöbe-Blossey, S. (2010). *Kindertagesbetreuung im Wandel. Perspektiven für die Organisationsentwicklung*. Wiesbaden: VS Verlag für Sozialwissenschaften.

Wegner, B. & Mücke, S. (2009). Ganztagsschule im Land Brandenburg. In H. Merkens, A. Schründer-Lenzen & H. Kuper (Hrsg.), *Ganztagsorganisation im Grundschulbereich*. Münster u.a.: Waxmann, 121-132.

Wegner, B. & Tamke, F. (2009). Organisationsmodelle und ihre Umsetzung. In H. Merkens, A. Schründer-Lenzen & H. Kuper (Hrsg.), *Ganztagsorganisation im Grundschulbereich*. Münster u.a.: Waxmann, 151-165.

Wernet, A. (2000). *Einführung in die Interpretationstechnik der Objektiven Hermeneutik*. Opladen: Leske + Budrich.

Wessel, J. (2005). *Kooperation im Gemeinsamen Unterricht. Die Zusammenarbeit von Lehrern in der schulischen Integration hörgeschädigter Kinder und Jugendlicher*. Münster: Verlagshaus Monsenstein und Vannerdat.

Sebastian Boller

Multiprofessionalität als Weg der Schulentwicklung?
Möglichkeiten und Grenzen berufsfeldübergreifender Zusammenarbeit in der Schule

Abstract

Der Beitrag setzt sich mit dem Begriff Multiprofessionalität auseinander und verfolgt das Ziel, den Terminus für das Feld Schule und Schulentwicklung nutzbar zu machen. Auf den Versuch einer begrifflichen Verortung folgt ein Überblick exemplarischer Handlungsfelder, in denen Multiprofessionalität, also die Zusammenarbeit unterschiedlicher Berufsgruppen, eine Rolle spielt. Die Möglichkeiten und Grenzen von Multiprofessionalität werden für das Handlungsfeld Schule ausgelotet und anhand eines Fallbeispiels rekonstruiert: Im Bielefelder Oberstufen-Kolleg, einer Versuchsschule des Landes Nordrhein-Westfalen, kooperieren Schulforscher mit Lehrkräften im Feld der schulnahen Forschung. Anhand qualitativer Mikroanalysen werden die Fallstricke, aber auch die Potenziale multiprofessioneller Zusammenarbeit in der Schule verdeutlicht. Die unterschiedlichen Handlungslogiken, Wertmaßstäbe, Erwartungen und Sprachformen der Beteiligten führen in der Zusammenarbeit zwar gelegentlich zu Spannungen und Dilemmata; gleichwohl lassen sich für diese Kooperationsform Gelingensbedingungen definieren, die auch in anderen Bereichen der schulnahen Forschung Anwendung finden können.

1. Multiprofessionalität: Versuch einer begrifflichen Verortung

Mit Bezug zur Organisationsentwicklung in Rehabilitationseinrichtungen stellen Schmid-Ott, Wiegand-Grefe, Jacobi u.a. (2008) fest, „dass im Rahmen der Klinikorganisation und -struktur im Sinne einer Multiprofessionalität verschiedene Berufsgruppen in ihrem therapeutischen Feld qualifiziert tätig sind" (ebd., S. 166). Ausgehend von dieser organisations- und aufgabenbedingten Notwendigkeit definiert die Bundesvertretung der Medizinstudierenden in Deutschland Multiprofessionalität umfassend als „koordinierte Zusammenarbeit aller Gesundheitsberufe, welche mit umfassendem Verständnis füreinander, klar definierten Kompetenzbereichen und Rahmenbedingungen den bestmöglichsten Einsatz aller Ressourcen ermöglicht" (Bundesvertretung der Medizinstudierenden in Deutschland e.V.). Diese allgemeinen und zunächst pragmatisch erscheinenden Begriffsdefinitionen lassen sich mit Siebolds & Risse (2002) konkretisieren und auf ein erstes wesentliches Umsetzungsproblem von Multiprofessionalität zuspitzen:

> „Das Problem des Begriffes der Multiprofessionalität liegt darin, im Handlungsalltag die Professionalität mehrerer Berufsgruppen in einem Handlungsfeld zu vereinen. Die Schwierigkeit entsteht durch das den Mitgliedern in der Regel nicht bewusste Vorliegen verschiedener Professionalitätskonzepte der unterschiedlichen Berufsgruppen" (Siebolds & Risse, 2002, S. 153).

Als weitere potenzielle Problembereiche werden die jeweils unterschiedlichen Berufssozialisationen und -identitäten sowie die unterschiedlichen Formen des Erfahrungswissens genannt. Dementsprechend differenzieren die Autoren zwischen Multiprofessionalität und Interprofessionalität. Interprofessionalität entstehe während eines längerfristigen Prozesses in einem Team, „in dem alle Professionen aus dem gemeinsamen Handeln heraus einen Professionalitätsbegriff für ihr Gruppenhandeln bilden" (ebd., 154). Im Sinne vermuteter Synergieprozesse wird bei beiden Begriffen pauschal unterstellt, dass die Zusammenarbeit unterschiedlicher Berufsgruppen durch die dabei entstehende Mehrperspektivität und Kompetenzerweiterung „immer mehr als die Summe der Einzelprofessionen" (ebd.) ergebe.

Bereits an dieser Stelle zeigt sich, dass neben dem Begriff Multiprofessionalität andere Termini synonym verwendet werden und die Unterscheidung zwischen Profession und Disziplin nicht immer eingehalten wird.

2. Handlungsfelder von Multiprofessionalität: Versuch einer Positionsbestimmung

Ausgehend von dieser explorativen Annäherung an ein erstes Begriffsverständnis werden im Folgenden Begründungen und Handlungsfelder für Multiprofessionalität erläutert und diskutiert, u.a. werden exemplarische Felder im schulischen Bereich für multiprofessionelle Kooperation identifiziert.

2.1 Multiprofessionelle Kooperation in unterschiedlichen Professionen

Multiprofessionalität gehört nicht zum gängigen Begriffsinventar des schulpädagogischen Diskurses in Deutschland. Dies mag daran liegen, dass Schule bislang in erster Linie als monoberufliche Organisation gedacht und konzipiert wurde (vgl. Tacke, 2005). Die systematische Zusammenarbeit mit ‚berufsfremden' Experten anderer Professionen im Handlungsfeld Schule war lange Zeit undenkbar und als nicht notwendig erachtet worden. Erst mit den umfassenden Veränderungen seit den 1990er Jahren – als Stichworte seien Schulprogrammarbeit, interne/externe Evaluation, Bildungsstandards, Leistungsvergleichsstudien, Umgang mit Heterogenität und Schulinspektion genannt – sieht sich Schule mit einer veränderten Ausgangslage konfrontiert: Zur Bewältigung der komplexer werdenden pädagogischen und organisationalen Aufgaben sind in zunehmendem Maße Diagnose-, Förderungs-, Moderations- und Führungs- sowie Teamkompetenzen gefragt (vgl. Bauer, 2004). Auch die Veränderung des Bildes von Schule – von der lehrenden zur lernenden Organisation – erfordert verstärkte Kooperation und macht Kooperation zur professionsrelevanten und zu professionalisierenden Lehrerkompetenz (vgl. Esslinger, 2002; Terhart, 2001). In dem Maße, wie sich Schule ihrem Umfeld öffnete, mit neuen Anforderungen konfrontiert wurde und neue Zuständigkeiten für Schule (z.B. durch die Auseinandersetzung mit den Ergebnissen der empirischen Bildungsforschung) entstanden, stieg der Druck, sich für externe Experten zu öffnen. Besonders im Zuge von PISA und der damit verbundenen öffentlichen Debatte stellte sich die Frage nach der Deutungshoheit und den Wegen, über die Ergebnisse der empirischen Bildungsforschung in der Schule implementiert werden. Von der Forderung nach einer multiprofessionellen Zusammenarbeit wurde dabei jedoch nicht gesprochen.

Wie Kapitel 1 andeutet, stellt sich die Situation in anderen Disziplinen etwas differenzierter dar: Die Suchmaschine Google listet beim Schlagwort Interprofessionalität 190.000 Treffer, das Schlagwort „Multiprofessionalität" ca. 67.000, die Kombination „Multiprofessionalität+Schule" etwa 6.000 Einträge. Inhaltliche Bezüge lassen sich aus den Treffern v.a. zu den Bereichen Humanmedizin/Gesundheitswesen (Operationstechniken, Intensivmedizin, Prozessgestaltung), Pflege/Gesundheitswissenschaften (Hospizarbeit, Rehabilitation), Soziale Arbeit (Jugendhilfe, Hilfeplanentwicklung, Fallmanagement), Psychologie/Psychotherapie/Psychiatrie (z.B. Suchttherapie) herstellen. Das Feld Schule wird durch Bezüge zu den Themen Offene Ganztagsschule, inklusive Grundschule und Sonderpädagogik konstituiert. Trotz dieser vereinzelten Bezüge zum Feld der Erziehungswissenschaft ist der Begriff Multiprofessionalität in den einschlägigen erziehungswissenschaftlichen Handwörterbüchern und Lehrbüchern (noch) nicht gelistet. Abbildung 1 gibt einen ersten grafischen Überblick zur Verwendung des Terminus in verschiedenen Disziplinen, ohne Anspruch auf Vollständigkeit und Repräsentativität erheben zu wollen.

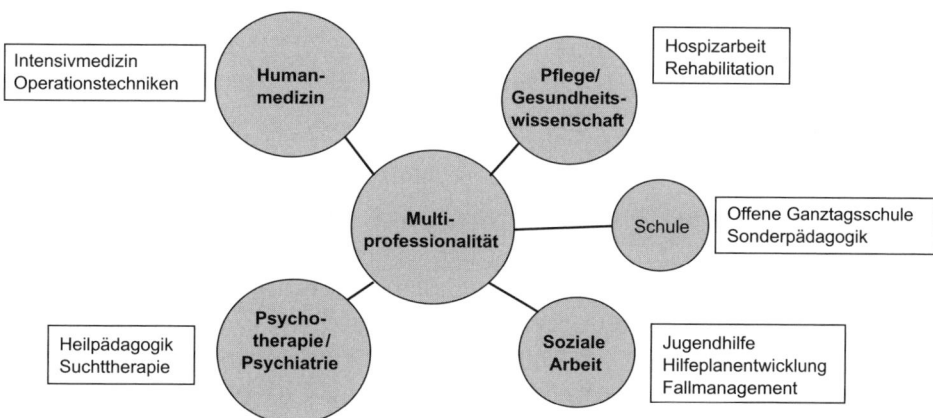

Abbildung 1: Exemplarische Handlungsfelder multiprofessioneller Kooperation

Bereits hier zeigt sich, dass der Begriff Multiprofessionalität zum Standardrepertoire anderer Disziplinen gehört – allen voran Humanmedizin, Pflege/Gesundheitswissenschaften und Soziale Arbeit – er in der Schulpädagogik jedoch bislang nicht etabliert ist bzw. dort nur selten verwendet wird. Unabhängig von dieser den pädagogischen Diskurs betreffenden Feststellung finden berufsfeldübergreifende Kooperationen in der Schulpraxis bereits in unterschiedlichen Bereichen und Ausprägungen statt, wie anhand der folgenden Beispiele gezeigt wird.

2.2 Handlungsfelder multiprofessioneller Kooperation in der Schule

Grundsätzlich bietet der *Diskurs um Heterogenität und individuelle Förderung* in der Schule vielfältige Anknüpfungspunkte für eine stärkere Einbeziehung schulexterner Expertise in schulische Erziehungs- und Bildungsprozesse (vgl. Obolenski, 2007). Die öffentlich geführte Debatte um Selektivität und ungenutzte Bildungsreserven führt zu einem gestiegenen Heterogenitätsbewusstsein und erhöht die Sensibilität von Lehrern, Politikern und Eltern. Individuelle Förderung, Lernprozessbegleitung, Beratung und innere Differenzierung, verbunden mit der Diagnose und Dokumentation von Lernentwicklungen unter Einbeziehung alternativer Leistungsbewertungskonzepte werden als Möglichkeiten gesehen, die Heterogenität der Lerngruppen produktiv zu nutzen und die im Schulsystem gegebenen sozialen Disparitäten abzuschwächen. Individuelle Förderung ist nach diesem Verständnis „Teil der Unterrichtskultur, keine Sondermaßnahme für Betroffene" (Oelkers, 2006, S. 102) und bietet Möglichkeiten zur Einbeziehung von Nachbardisziplinen in die unterrichtliche Praxis, in erster Linie der (Schule-) Psychologie und der (Schul-) Sozialarbeit.

Besonders im Bereich der *Ganztagsschule* wird inzwischen auf Bildungspartnerschaften zwischen Jugendhilfe, Sozialpädagogik, Schulpsychologie, externen Pädagogen, Vereinen aus Sport, Kultur und Kunst sowie Wirtschaftsunternehmen gesetzt (vgl. Holtappels, Klieme, Rauschenbach u.a., 2007). Solche „multiprofessionellen Konzeptionen" (Maykus & Schulz, 2007, S. 260) fördern den berufsfeldübergreifenden Austausch und tragen zu einem vielfältigen pädagogischen Angebot bei, stellen jedoch Lehrer auch vor die Aufgabe einer verstärkten intraprofessionellen und interprofessionellen Kooperation, z.B. mit Diplom- und Sozialpädagogen und Ehrenamtlichen (vgl. Kolbe & Reh, 2008).

Ein weiteres Feld für multiprofessionelles Handeln in der Schule stellt die *Schulinspektion* dar: Seit den 1990er Jahren werden Lehrkräfte und Schulaufsichtspersonen zu externen Schulentwicklungsberatern fortgebildet (vgl. Ender, Schratz & Steiner-Löffler, 1996). Hierdurch ist ein expandierender Markt für die Kooperation von Schule und freien Organisations- bzw. Schulentwicklungsberatern entstanden (vgl. Dedering, Goecke, Rauh u.a., 2010). Schulinspektionen stellen Lehrkräfte und Schulleitungen vor die Aufgabe, intensiver als bisher mit der schulischen Umwelt resp. mit Schulaufsichtsbeamten, Bildungsplanern, Akteuren der Wirtschaft etc. zusammenzuarbeiten. Dabei stellt sich in besonderem Maße die Frage nach der Zusammensetzung der Inspektionsteams (vgl. Böttcher & Kotthoff, 2007). Die Hamburger Schulinspektion setzt z.B. auf multiprofessionelle Inspektionsteams, die aus hauptamtlichen Inspektoren (Schulleitern), Wissenschaftlern und Wirtschaftsvertretern bestehen (vgl. Behörde für Bildung und Sport, 2006), während die Inspektionsteams in anderen Bundesländern i.d.R. monoprofessionell zusammengesetzt sind.

Auch in *Lehrerausbildung, schulnaher Forschung und beim forschenden Lernen* kooperieren Lehrkräfte in längerfristig angelegten Projekten mit Wissenschaftlern, Lehramtsanwärter und Studierenden (vgl. Fichten & Gebken, 2004). Derartige Konzepte stehen in der Tradition früher Formen der Praxisforschung, mit denen v.a. versucht wurde, die Kluft zwischen (universitärer) Theorie und (pädagogischer) Praxis im Sinne eines demokratischen und wechselseitig ertragreichen Verhältnisses zu überbrücken.

Ein weiteres Handlungsfeld für Multiprofessionalität ist die *schulische Personalentwicklung*. Beim Schulleitungs-Coaching (vgl. Warschburger, 2009) handelt es sich etwa um ein multiprofessionell ausgerichtetes Konzept, das Pädagogik und Psychologie in der professionellen Begleitung von Schulleitern in engen Kontakt bringt. Auch hier werden die besonderen Herausforderungen – z.B. Überschneidung und Abgrenzung von Arbeitsfeldern –, aber auch die sich bietenden Chancen diskutiert.

Diese und ähnliche Beispiele verdeutlichen – zumindest auf programmatischer Ebene – die Entwicklung von Schule von einer eher individualistischen und bürokratischen, von Einzelkämpfern verwalteten Organisation, in Richtung einer lernenden Organisation, in der multiprofessionelle Kooperation und Teamarbeit Synergieeffekte und die Lösung komplexer Aufgaben versprechen. Der Begriff „kooperative Schulentwicklung" (vgl. Ackermann & Rahm, 2004) bringt das darin angelegte Bild von Schule als multiprofessionelle Organisation auf den Punkt: Ein solches Organisationsverständnis bietet „Chancen für die mehrperspektivische Bearbeitung von gemeinsamen Themen und Problemfeldern" (Ackermann & Rahm, 2004, S. 8). Arbeitet Schule z.B. mit Vereinen, Universitäten, Schulaufsicht, Forschungsinstituten, Stiftungen, Wirtschaftsunternehmen und (Lehrer-) Bildungseinrichtungen zusammen, profitiert sie bei gelingender Kooperation von der entstehenden Mehrperspektivität und der Expertise dieser Akteure. Die im Vermittlungsprozess zwischen den unterschiedlichen Funktionssystemen entstehenden Widersprüche, Dilemmata und Unwägbarkeiten werden dabei weniger als unerwünschte Störungen, sondern vielmehr als notwendige Prozesse bei der Lösung komplexer schulischer Problemlagen betrachtet (vgl. Rahm, Mammes & Schratz, 2006).

3. Möglichkeiten und Grenzen multiprofessioneller Zusammenarbeit in der Schule: Die Kooperation von Schulforschern und Lehrkräften im Oberstufen-Kolleg Bielefeld

Multiprofessionell angelegte Forschungs- und (Schul-)Entwicklungsprojekte, die unterschiedliche Status- und Berufsgruppen in engen und längerfristigen Kontakt bringen, sind konzeptionell und organisatorisch anspruchsvoll und stellen hohe Anforderungen an die beteiligten Akteure. Die Potenziale, aber auch die Restriktionen multiprofessioneller Zusammenarbeit werden im Folgenden exemplarisch am Beispiel der Zusammenarbeit von Lehrkräften und Schulforschern im Kontext der Bielefelder Schulprojekte dargestellt.

3.1 Ein multiprofessionelles Kooperationsmodell

Das Oberstufen-Kolleg war von 1974 bis 2006 zentrale Wissenschaftliche Einrichtung der Universität Bielefeld. Nach der Trennung von Versuchsschule und Wissenschaftlicher Einrichtung existiert seit 2007 eine universitäre Wissenschaftliche Einrichtung, welche gemeinsam mit der Versuchsschule und in Zusammenarbeit mit der Fakultät für Erziehungswissenschaft und weiteren Fakultäten und Einrichtungen der Universität Bielefeld die Projekte der Versuchsschule vorbereitet, methodisch und strukturell berät und evaluiert. Die grundlegende Aufgabe von Versuchsschule und Wissenschaftlicher Einrichtung ist die Entwicklung, Erprobung und Erforschung innovativer pädagogischer Konzepte, u.a. zum Übergang Schule-Universität, zu Basiskompetenzen, zum Portfolioeinsatz oder zur individuellen Förderung. In diesem Konzept arbeiten die Lehrkräfte der Versuchsschule mit Schulforschern der universitären Wissenschaftlichen Einrichtung über jeweils zwei Jahre in einem so genannten Forschungs- und Entwicklungsplan zusammen. In dem in Abbildung 2 illustrierten Kooperationsmodell wird ein durchschnittlich fünfköpfiges Lehrerteam von einem bzw. maximal zwei Schulforschern begleitet und ggf. von studentischen Hilfskräften unterstützt (vgl. Keuffer, 2008). Bei den Schulforschern handelt es sich in der Regel um Diplom-Soziologen, Diplom-Psychologen und Diplom-Pädagogen.

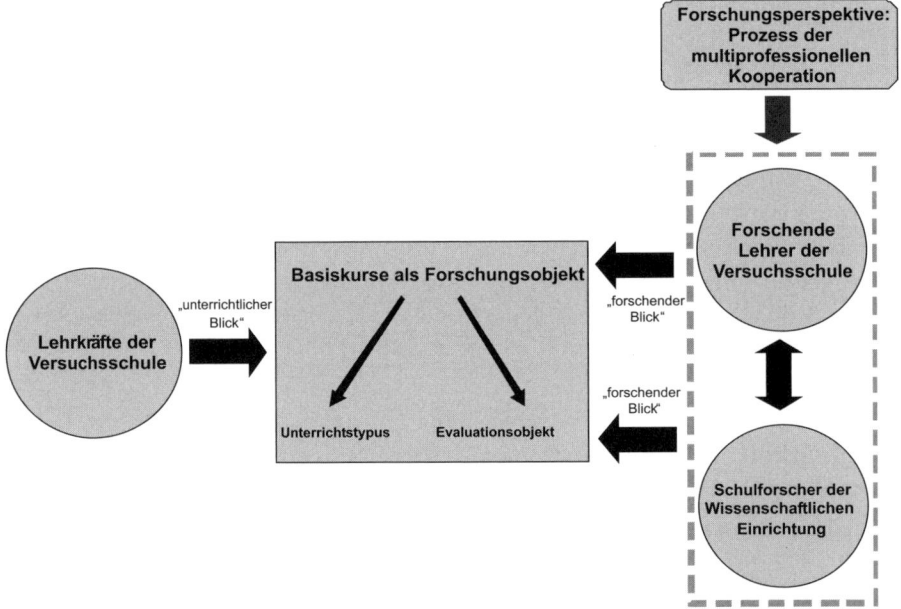

Abbildung 2: Das Modell multiprofessioneller Kooperation an der Versuchsschule Oberstufen-Kolleg

Die multiprofessionelle Zusammenarbeit beider Kooperationspartner wurde in den Jahren 2005 und 2006 qualitativ erforscht. Es handelte sich zum Untersuchungszeitpunkt – und das ist ein wichtiger Hinweis – um eine für beide Seiten verpflichtende Kooperation. Die Untersuchung nahm die Sichtweisen von Schulforschern und Lehrern, die mit Evaluationsaufgaben betraut waren, in den Blick.

Im Sinne der o.g. Charakteristika multiprofessioneller Kooperation bearbeiten beide Akteursgruppen zwar eine gemeinsame Aufgabe – Erforschung und Evaluation einer neuen Unterrichtsart, so genannte Basiskurse[1] –, bringen dabei jedoch unter-

---

1   Bei den Basiskursen handelt es sich um eine Unterrichtsform in den Jahrgängen 11 und 12, die der Vermittlung grundlegender Kompetenzen in den Bereichen Deutsch, Englisch, Mathematik und Computer Literacy dienen.

schiedliche Kompetenzen und Sichtweisen ein: Die Lehrkräfte der Versuchsschule betrachten sich als Experten für Unterricht, Unterrichtsorganisation und (Fach-)Didaktik. Durch ihre Mitwirkung in den Forschungs- und Entwicklungsprojekten wird ihr Unterricht zum Gegenstand von Forschung, Reflexion und Entwicklung. Viele Lehrer arbeiteten in der Vergangenheit als Lehrerforscher und waren ihrem Status nach Wissenschaftliche Mitarbeiter der Universität Bielefeld. Im Laufe der über 35-jährigen Geschichte der Versuchsschule entwickelten sie ein eigenständiges Berufsverständnis, viele von ihnen definierten sich primär als Fachwissenschaftler bzw. Fachdidaktiker. Mit personellen und strukturellen Veränderungen wandelte sich dieses Selbstverständnis jedoch zunehmend. Heute verfügen die Lehrkräfte des Oberstufen-Kollegs zwar über mehr Forschungs-, Entwicklungs- und Evaluationserfahrung als ihre Kollegen an Regelschulen, die Struktur des alltagspraktischen Handelns ist jedoch vergleichbar und der Kernbereich ihrer Professionalität wird weiterhin maßgeblich durch den Unterricht bestimmt.

Aufgabe der Schulforscher der Wissenschaftlichen Einrichtung ist es, in Kooperation mit den Lehrkräften Forschungsfragen und methodische Designs, die auf Praxisprobleme der Versuchsschule sowie aktuelle schulpädagogische Fragestellungen zugeschnitten sind, zu entwickeln. Sie begleiten und strukturieren den Forschungsprozess und sorgen für die Anbindung an wissenschaftliche Diskurse. Da sie nicht in der Versuchsschule unterrichten, können sie zum pädagogischen Prozess die erforderliche Distanz herstellen. Nach dem Verständnis der Lehrerforschung anglistischer Prägung erfüllen sie die Funktion so genannter *Faciliators* (vgl. Legutke & Thomas, 1991), d.h. sie können die Projekte als Experten für Forschungsmethoden, Fortbildner, kritische Freunde, Moderatoren und Prozessberater unterstützen. Im Gegensatz zu anderen Modellen schulnaher Forschung sind Schulforscher und Lehrkräfte im Forschungsmodell des Oberstufen-Kollegs gleichberechtigte Projektpartner, d.h. beide Akteursgruppen können die Projekte aktiv (mit-)gestalten und dabei eigene Forschungs- und Entwicklungsinteressen verfolgen.

3.2 Multiprofessionelle Kooperation in der Praxis: Wie gestaltet eine Versuchsschule die eigene institutionelle Entwicklung?

Aus der Vorstellung des Kooperationsmodells wird deutlich, dass aus der Aufgabe zur gemeinsamen Entwicklung und Erforschung einer neuen Unterrichtsform für Lehrer und Schulforscher weit reichende Anforderungen an die Anbahnung und Ausgestaltung der innerschulischen Kooperationsprozesse resultieren. In einer qualitativen Studie (vgl. Boller, 2009) wurde anhand von zwei Forschungs- und Entwicklungsprojekten aus dem Oberstufen-Kolleg untersucht, wie eine Versuchsschule die eigene institutionelle Entwicklung gestaltet und welche Rolle dabei Kooperationsprozesse in multiprofessionellen Teams spielen. Zentrale Untersuchungsfragen waren:

- Wie lassen sich unter den gegebenen institutionellen Ausgangsbedingungen multiprofessionelle Kooperationsprozesse realisieren?
- Auf welche Weise bearbeiten die Akteure die in diesem Kooperationsmodell erhöhte soziale und strukturelle Komplexität?

- Welche Bedingungen sind notwendig, damit multiprofessionelle Kooperationen gelingen?

Für die Studie wurden schulische Dokumente ausgewertet und Lehrkräfte der Versuchsschule und Schulforscher der Wissenschaftlichen Einrichtung in problemzentrierten Interviews befragt. Die Datenerhebung erfolgte im Schuljahr 2005/06, zwei Jahre, nachdem das neue Kooperationsmodell im Oberstufen-Kolleg implementiert worden war. Die Auswertung der Daten erfolgte in Kombination aus (1) Dokumentenanalyse (Felderschließung/Generierung von Vorwissen), (2) Inhaltsanalyse (Strukturierung des Textkorpus und kategoriengeleitete, querschnittlich-thematische Zusammenfassung) und (3) Dokumentarischer Methode (formulierende und reflektierende Interpretation durch sequenzanalytische Rekonstruktion des immanenten Sinngehalts metaphorisch dichter Passagen). Der Forschungsprozess gestaltete sich im Detail wie folgt:

1) Zur Vorbereitung der Feldphase wurden zunächst untersuchungsrelevante schulische Dokumente gesammelt, hinsichtlich ihres Entstehenszusammenhangs beschrieben und kategoriengeleitet zusammengefasst. Auf der Basis des so generierten Vorwissens wurden problemzentrierte Interviews mit Lehrern und Schulforschern geführt und zunächst zu Einzelfallanalysen (Dossiers) verdichtet. Anschließend wurden aus dem Textkorpus induktiv und deduktiv Kategorien gebildet und mit Ankerbeispielen beschrieben.

2) Bei der anschließenden thematischen Zergliederung des Textkorpus durch die Zuordnung einzelner Textpassagen zu induktiv und deduktiv gebildeten Kategorien entstand ein Kategoriensystem, das im Laufe des Auswertungsprozesses ständig weiterentwickelt und auf Konsistenz geprüft wurde. Anschließend wurde das thematisch sortierte Textmaterial durch die Schritte Paraphrasierung, Generalisierung und Reduktion sukzessive abstrahiert, verallgemeinert und reduziert (vgl. Mayring, 2003). Auf diese Weise konnten alle von den Interviewpartnern angesprochenen, forschungsrelevanten Themen querschnittlich beschrieben und einzelfallübergreifend verglichen werden. Am Ende des inhaltsanalytischen Auswertungsschritts zeigte sich, dass die Rahmenbedingungen der multiprofessionellen Kooperation für die befragten Akteure einen hohen Stellenwert besitzen und in äußerst unterschiedlichen Facetten und Thematisierungsformen behandelt wurden.

3) Der sich anschließende Schritt bestand in einer vertiefenden sequenzanalytischen Analyse: Anhand längerer Textpassagen aus einzelnen Interviews wurden fallspezifische Strukturmuster des Kooperationsprozesses rekonstruiert. In Anlehnung an die Dokumentarische Methode wurden hierfür solche Textstellen ausgewählt, die sich durch hohe metaphorische Dichte, Interaktivität und Relevanz für die Forschungsfragen auszeichnen (vgl. Bohnsack, 2000). Diese Textstellen wurden dann einer formulierenden Interpretation unterzogen, d.h. Verlauf und Themen der jeweiligen Sequenzen wurden rekonstruiert. Bei der anschließenden reflektierenden Interpretation wurde darauf geachtet, wie bestimmte Sachverhalte von den Interviewpartnern bearbeitet wurden. Ziel dieses Schrittes war es, zentrale Orientierungsrahmen, innerhalb derer die Befragten bestimmte Themen abhandeln, zu

identifizieren und miteinander in Beziehung zu setzen. Am Ende des Rekonstruktionsprozesses wurden beide Fälle miteinander verglichen.

3.2.1 Kurzbeschreibung der Fälle

Fall 1: wechselseitige Perspektiv- und Kompetenzerweiterung als Erfolgsfaktor
Das Projektteam in Fall 1 besteht aus fünf z.T. promovierten Lehrern unterschiedlicher Fakultas (Deutsch, Biologie, Religion, Philosophie) und zwei Diplom-Psychologen, die die Lehrer als Schulforscher seit etwa zwei Jahren intensiv unterstützen. Das Lehrerteam arbeitet bereits seit Mitte der 1990er Jahre nach dem Lehrer-Forscher-Modell an Projekten zur Förderung der Deutschkompetenzen, zu Beginn jedoch ohne kontinuierliche Unterstützung durch Schulforscher. Das Ziel der Lehrkräfte, sprachliche und schriftsprachliche Basiskompetenzen in allen Fächern zu fördern und dies als übergreifende Querschnittsaufgabe in der Schule zu institutionalisieren, stellt eine wichtige normative Leitlinie der Zusammenarbeit der Lehrkräfte dar und beeinflusste den Verlauf der Zusammenarbeit mit den Schulforschern.

Die Rekonstruktion des Kooperationsprozesses zeigt, dass die Aufgabe für die Schulforscher zu Beginn der Zusammenarbeit in erster Linie darin bestand, eine tragfähige und vertrauensvolle Kooperationsbasis zu dem institutionalisierten Lehrerteam herzustellen. Gleichzeitig lag die Herausforderung für das Lehrerteam darin, die neu hinzukommenden Schulforscher, welche zunächst Gruppenidentität, eingespielte Rollen, Routinen und pädagogische Autonomie zu bedrohen schienen, zu integrieren und dabei als profiliertes Team mit eigener Teamkultur fortzubestehen. Besonders die vertiefende Auswertung zeigt, dass die Findungsphase infolge unterschiedlicher Perspektiven, Interessen und Ziele von Konkurrenzgefühlen, Fremdheitserfahrungen, Misstrauen, Zuschreibungen, Positionierungs- und Rollenkonflikten geprägt war. Als Folge des zunächst spannungsreichen Kooperationsverhältnisses wurde in regelmäßigen Teamsitzungen sehr viel Zeit auf die Aushandlung von Projektzielen, methodischen Designs, Rollen und strategischen Zielsetzungen verwandt.

Die querschnittlich-thematische Auswertung macht deutlich, dass im weiteren Verlauf der Zusammenarbeit ein beidseitiges Bedürfnis bestand, Status- und Perspektivunterschiede durch die Herstellung von Konsens und die Suche nach gemeinsamen Arbeitsbereichen einzuebnen. Durch die behutsame Öffnung für die jeweils ‚fremde' Sichtweise und die Abschwächung von Rollenasymmetrien gelang eine Öffnung für die zunächst jeweils fremd erscheinende Perspektive: Den Lehrern gelang es, sich an das Terrain sozialwissenschaftlicher Forschungsmethoden anzunähern, ihre anfängliche Skepsis gegenüber der Empirie abzulegen und diese als Werkzeug zur Verbesserung der pädagogischen Praxis zu akzeptieren. Die Schulforscher konnten im Gegenzug die positive Erfahrung machen, dass ihre Arbeit praxisrelevant werden und Selbstreflexionsprozesse bei Lehrern und Schülern anregen und unterstützen kann.

Erste positive Ergebnisse der Zusammenarbeit (z.B. Publikationen, Teilnahme an Tagungen, Akzeptanz im Kollegium) führten zu einer Festigung der Kooperation und die Beteiligten begannen, den unmittelbaren Nutzen der Kooperation für das Gesamtprojekt zu erkennen und eingangs vorhandene Vorbehalte zurückzustellen. Von dem sich hierdurch einstellenden Praxisnutzen profitierten beide Seiten: Die Lehrkräfte konnten ihre fachliche und fachdidaktische Kompetenz und ihr Erfahrungswissen ins Projekt einbringen und berichten von Professionalisierungsaspekten (z.B. Entwicklung einer forschenden Haltung, Kompetenz im Bereich Forschungsmethoden, veränderte Unterrichtspraxis). Den Schulforschern gelang es durch ihren eher distanzierten Blick auf das Unterrichtsgeschehen, die andere Art des Fragens und die intensive Auseinandersetzung mit der unterrichtspraktischen Perspektive der Lehrer, Reflexionsanlässe zu schaffen und ihre forschungsmethodische Kompetenz in die Kooperation einfließen zu lassen. Voraussetzung für die erfolgreiche Zusammenarbeit war die Relativierung der eigenen Rolle als Lehrer bzw. Schulforscher und die damit verbundene Perspektive.

Fall 2: separierende Kooperationsstrukturen als Hemmfaktoren einer kooperativen Teamkultur

Wie in Fall 1 besteht auch in Fall 2 das Ziel der Zusammenarbeit in der Entwicklung, Erprobung und Evaluation einer neuen Unterrichtsart, der Basiskurse Mathematik. Die Schulforscher treffen auch hier auf ein institutionell bereits verankertes Lehrerteam mit eigener Vorgeschichte. Im Gegensatz zu Fall 1, bei dem das Lehrerteam aus Lehrkräften unterschiedlicher Fakultas zusammengesetzt ist, besteht es hier ausschließlich aus promovierten Mathematikern und Physikern. Auch unterscheiden sich die strukturellen Ausgangsbedingungen, Teamkulturen und Kooperationsmuster von den Bedingungen in Fall 1.

Wie die Auswertung der Interviews zeigt, bestehen die Aufgaben der Schulforscher in Fall 2 vorrangig in der organisatorischen Unterstützung der Lehrkräfte; mit inhaltlich-konzeptionellen Aufgaben, wie sie die Schulforscher in Fall 1 erfüllen (z.B. Mitarbeit an der Design- und Materialentwicklung), wurden sie nicht beauftragt. Vielmehr wurden ihre Einsatzbereiche und das Ausmaß des *Involvements* von den Lehrkräften bestimmt, was dazu führte, dass die methodische Kompetenz der Schulforscher kaum in das Projekt einfließen konnte. Zudem bestand zwischen Lehrern und Schulforschern kein kontinuierlicher fachlicher Austausch, beide Gruppen arbeiteten nebeneinander anstatt miteinander, gemeinsame Teamtreffen fanden nicht statt und Kommunikationsprozesse liefen indirekt ab. Durch die separierende Kooperationsstruktur konnte sich eine kooperative Teamkultur nur schwer entwickeln.

Ein wesentliches Charakteristikum des Falls besteht in dem hohen Stellenwert des Kriteriums Fachlichkeit. Fachliche bzw. fachdidaktische Kompetenz fungierte für die Lehrkräfte als Unterscheidungsmerkmal gegenüber Schulforschern und Lehrkräften anderer Fakultas. Hiervon abgrenzend definieren sich die Schulforscher im Gegenzug durch ihre methodischen Kompetenzen und die strukturelle Nähe zum universitären Wissenschaftssystem. Die hieraus resultierenden Folgen für die Entwicklung der Teamkultur liegen auf der Hand: Keine der beiden Akteursgruppen berichtet von ertragreichen oder auf gemeinsamen Aushandlungs-, Reflexions- und Diskussionsprozessen basierenden Erkenntnissen. Gemäß dem in Fall 2 rekonstruierten Orientierungsrahmen Abgrenzung führte die zellulare Struktur der Arbeitsorganisation v.a. auf Seiten der Lehrer zu einer in Fachlichkeit geeinten Gruppe von Einzelkämpfern. Der Bearbeitung von Irritationen und Vorbehalten fehlten sowohl eine klare Teamstruktur als auch die erforderlichen Bereitschaften und Kompetenzen zur Relativierung der eigenen Perspektive.

3.2.2 Typische Aspekte der multiprofessionellen Kooperationspraxis: zwei Beispielsequenzen

Im Folgenden werden anhand von Sequenzen aus Fall 1 markante Aspekte des multiprofessionellen Kooperationsprozesses rekonstruiert. Da eine Darstellung der Gesamtstruktur der Daten an dieser Stelle nicht möglich ist, werden hier zwei Sequenzen präsentiert, die typische Aspekte der Kooperationspraxis exemplarisch verdeutlichen. Am Material wird deutlich, dass sich in der Zusammenarbeit zwischen den beiden Berufsgruppen typische Konfliktlinien manifestieren. Diese zeigen sich in erster Linie in der thematischen Gewichtung der Projekte, in den unterschiedlichen Erkenntnisinteressen und Zielen der Akteure sowie in den Rollenaushandlungsprozessen.

Die folgende Passage stammt aus dem ersten Drittel des Interviews mit einem Lehrer der Versuchsschule. Vor dieser Passage hatte der Interviewpartner die Entstehensgeschichte der Lehrergruppe geschildert und dabei das gemeinsame Wertesystem der Gruppenmitglieder erläutert. Der Interviewpartner hebt hervor, dass es seiner Meinung nach eine äußerst erfolgreiche und produktive Zusammenarbeit innerhalb der Lehrergruppe und zwischen Lehrkräften und Schulforschern gegeben habe. Im Vorfeld der Passage hatte der Lehrer ferner erklärt, dass der gemeinsamen Korrektur der Klausuren durch Lehrer und Schulforscher eine wichtige Funktion im Kooperationsprozess beizumessen sei:

I: Ja. Du hast gesagt, die Evaluatoren [resp. Schulforscher] haben [die Klausuren] dann auch selbst korrigiert. Warum war das so wichtig?

B: Ja, wir kommen ja, oder kamen alle, oder kommen, kann man sagen, aus der Gruppe stärker aus so einer – hermeneutischen Tradition, also auch einer hermeneutischen Wissenschaftstradition. Und jetzt kommt plötzlich so ein empirischer Blick da rein. Das ist erstmal *fremd*, aber es erweitert ja auch. Es erweitert die Perspektive.

I: Ja.

B: Und es wird dann fruchtbar, wenn es nicht quasi zu der Übernahme von der einen Perspektive kommt, sondern wenn man sagt, „OK, was ist jetzt der *Gewinn* daran, wenn man etwa jetzt mit so einer hermeneutischen Perspektive dann doch auch fragt, was ist denn wirklich passiert?" und umgekehrt, „Was ist der Gewinn, wenn man den Empirikern sagt, so einfach, wie ihr euch das vorstellt, Schablone drauflegen, vergleichen, ist die Welt nun mal nicht, sondern die hat ganz viele Facetten und das ist auch gut so, dass sie das hat!". Das finde ich sozusagen auch auf der Metaebene das Interessante daran.

I: Ja, ja. Und in welchem Maße hast Du denn von dieser Zusammenarbeit profitiert? – Jetzt Du als Person.

B: *Ich* als Person. - - Ich habe eine bestimmte Art des Fragens gelernt. Also, ich als Person, das hat mich wirklich neugierig gemacht auch das, was jetzt M. und V. [die Schulforscher] gemacht haben, ist für mich erstmal was, wo man von profitiert, wenn andere etwas anders machen und es macht mich neugierig und es hat mir neue Fragen eröffnet. - - Zum Beispiel auch die Frage / also, dass man sich vor diesen objektivierbaren Ergebnissen nicht ganz drücken kann, also, dass sie schon auch *beachtet* werden müssen. - - Und es hat mir auch ein bisschen, glaube ich, *Schrecken* genommen, dass das alles so furchtbar kompliziert ist, sondern ich fand dann zum Beispiel bei unserem / ja, wir haben ja bei unseren Vergleichuntersuchungen / wir haben ja mit mehreren Gymnasien und Gesamtschulen und Hauptschulen und Realschulen auch Vergleiche gemacht, da fand ich dann die Auswertung so, dass ich dachte, „Ja, *jetzt* kommt die Interpretationsarbeit und die kann ich auf der Grundlage dieser Daten auch tatsächlich selber machen". Ich würde *immer noch* das Gewicht stärker selber bei der Interpretation setzten und weniger stark bei dem reinen Datenmaterial. Wir haben auch gemerkt, wenn ich so die Ergebnisse von V., der da ja wahnsinnig viel aufgeschrieben hat und Daten und Tabellen und Grafiken und fleißig und sonst was, dann hat mich das / dann habe ich das ganz oft so *überschlagen* und gedacht „Na, das ist das und jetzt muss ich noch mal anfangen!". *So war auch oft* unsere Diskussion: „Jetzt geht es eigentlich los und jetzt müssen wir damit was machen!". Und *das* war dann auch immer *unser* Interesse, dann wirklich zu sagen, „So, was heißt das jetzt und was bedeutet das jetzt für die Weiterentwicklung?". Also, wir waren schon immer als Gruppe auch die, die dann immer wieder gesagt haben, „So, und jetzt müssen wir daraus aber auch die Konsequenzen ziehen!". *Das* war vermutlich dann auch wiederum die Anregung oder konnte die Anregung für Evaluatoren [Schulforscher] sein.

Auf Nachfrage des Interviewers nach dem Stellenwert des gemeinsamen Korrekturverfahrens erklärt der Lehrer zunächst, dass es in der Kooperation zwei unterschiedliche methodologische und methodische Sichtweisen gegeben habe: die der „Empiriker", d.h. der sozialwissenschaftlich ausgebildeten Schulforscher, und die der einer „hermeneutischen Wissenschaftstradition" entstammenden Lehrkräfte. Insgesamt, so lässt sich mit Blick auf das im Zitat zutage tretende Forschungsverständnis festhalten, wird zwischen hermeneutisch-interpretativen Ansätzen und quantitativ-hypothesenprüfenden Verfahren ein Unterschied gesehen. Während quantitative Forschung dazu neige, „Schablonen" von der Wirklichkeit herzustellen und hierdurch unzulässige Vereinfachungen vornehme, seien hermeneutische Verfahren eher geeignet, zu vertiefter Erkenntnis zu gelangen.

Die Konfrontation mit der anderen, zunächst jeweils „fremd" erscheinenden „Perspektive" habe auf Seiten der Lehrkräfte zunächst Irritation erzeugt, jedoch auch perspektiverweiternd gewirkt – v.a. dann, wenn es nicht zu einer „Übernahme" (also Dominanz) der einen durch die andere Perspektive kommt. Auf Nachfrage des Interviewers, ob die Lehrperson persönlich von der Zusammenarbeit mit den Schulforschern profitiert habe, entfaltet diese eine Reihe potenziell professionalisierungsrelevanter Aspekte: So sind dem Lehrer im Projektverlauf z.B. Relevanz und

Konsequenzen der ‚empirischen Wende' in der Erziehungswissenschaft und die daraus resultierende Bedeutsamkeit für die eigene Arbeit an einer Reformschule bewusst geworden. Durch Neugier und eine „bestimmte Art des Fragens" konnte ein neuer Blick auf die eigene Tätigkeit entstehen. Obwohl die Zusammenarbeit bei ihm zu einem offeneren und angstfreieren Umgang mit empirischen Daten geführt und er gelernt hat, dass er sich selbst etwas zutrauen kann, legt er – entsprechend seines „hermeneutischen" Selbstverständnisses – den Interessensschwerpunkt auf die Interpretation der Evaluationsergebnisse und auf die daraus abzuleitenden Entwicklungsvorhaben. Die von einem Schulforscher ausführlich dokumentierten Projektergebnisse habe er daher zwar gewürdigt, jedoch stets in ihrer Relevanz für die Weiterentwicklung der eigenen Praxis betrachtet. Von diesem stark an das Bielefelder Lehrer-Forscher-Modell angelehnten Selbstverständnis, der unauflösbaren Einheit aus Forschung und Entwicklung, könnten im Gegenzug auch die Schulforscher im Projekt profitieren.

Unter Berücksichtigung weiterer Interviewpassagen lassen sich die Aussagen des Lehrers im Sinne einer Perspektivenerweiterung interpretieren: Nach einer Phase der gegenseitigen Abgrenzung konnten durch die Zusammenarbeit mit den Schulforschern neue und bereichernde Sichtweisen auf den Lehrberuf und die eigene Arbeit entstehen. Außerdem zeigt sich, dass das Thema Evaluation für den Lehrer eine zunehmend wichtigere Rolle spielte, Interesse und Offenheit für Neues wachsen konnte und die Notwendigkeit der Berücksichtigung von Evaluation in der Schulpraxis stärker gesehen wurde. Durch die Zusammenarbeit wird es also möglich, die eigene Arbeit neu zu entdecken und Kompetenzerfahrungen (z.B. im Umgang mit selbst erhobenen Daten) zu machen. Angesichts des durch den Interviewpartner gezeichneten Bildes eines insgesamt ertragreichen Kooperationsprozesses könnte man die Aussagen in Form eines persönlichen Entwicklungsprozesses interpretieren, d.h. Evaluation wurde als Teilbereich der Lehrertätigkeit erkannt und – zumindest partiell – in das professionelle Selbstverständnis integriert.

Eine andere Facette der Zusammenarbeit wird durch das Zitat eines Schulforschers aus der Wissenschaftlichen Einrichtung angesprochen:

> I: *Ich möchte noch mal auf die Kooperation im Team zurückkommen. Es haben da ja letztenendes unterschiedliche Akteure zusammengearbeitet mit unterschiedlichen fachlichen Hintergründen auch. Gab es da so eine Arbeitsteilung beziehungsweise eine Verteilung von Kompetenzen, die dann im Team zusammengekommen sind?*

> B: (-). Hm. Ja *schon*, also, ich meine, einfach so, dass die Lehrenden immer stärker die pädagogische Perspektive eingenommen haben so, was da vertretbar ist und was da sinnvoll ist und ich sicherlich stärker so eine forschungsmethodische Perspektive so irgendwie, weißt Du, wenn man diese oder jene Aussagen treffen will, was man dann halt beachten kann, oder ich sage mal, meine Rolle war stark besehen / ja, genau, eher so zu definieren, „Wenn man diese Aussage treffen möchte, müsste man aber eigentlich dieses oder jenes beachten, wenn man jetzt aber aus anderen Gründen das nicht so *mechanisch* oder so gestalten will aus pädagogischen Gründen, dann schränkt das das halt in der und der Hinsicht ein." ((Unverständlich: So grob halt?)). Perspektiventeilung.

I: *Perspektiventeilung.*

B: Ja. Wobei sich das natürlich angepasst hat über die Zeit, weil man einfach ja, ich denke, so soll es auch sein, schon die andere Perspektive stärker *kennen* lernt oder (-).

I: *Gibt es da Erfahrungen, wie die jeweils andere Perspektive mit der anderen Perspektive umgegangen ist, also, wie sind die Lehrenden mit Deiner Perspektive umgegangen und wie bist Du mit der Perspektive der Lehrenden umgegangen?*

B: Ja, anfangs war das halt stark *konfrontiert*, also, ich denke, das war immer eine Gruppe, (-) ja, wo man wohlgesonnen miteinander umgegangen ist aber trotzdem weiß ich noch, das habe ich irgendwann auch mal gesagt, dass ich das / dass mir das auf die *Nerven* geht, also, es war aber mit Sicherheit auch ein persönliches Ding, dass ich das nicht gut haben kann und dass dann immer so „Ja *ihr* mit eurem hm, hm, hm!" gesagt wurde oder / und. Also am Anfang, ja, hat das bestimmt stärker so zu einer, häufig zu Abgrenzungen geführt, dass man *eher* dann auch in die *Verteidigung* gegangen ist, also, entweder die pädagogische Perspektive zu verteidigen oder die, ich nenne sie jetzt mal die forschungsmethodische Perspektive ((lacht)) zu verteidigen und dann würde ich halt immer sagen, das bringt halt nichts, weil beides ist ja anscheinend *gewollt* im Haus (-), das war zumindest immer der *Ausgangspunkt*, ja, das ist für mich halt schon immer die wichtige grundlegende Frage, es war, finde ich, immer wichtig / es war immer die Annahme auch, wir müssen hier zusammenarbeiten, so, das beides ist hier anscheinend gewollt, also, gerade auch diese sehr spezielle forschungsmethodische Sicht, *weil* wir müssen einen Rechenschaftsbericht ablegen.

In dieser Passage thematisiert der Schulforscher seine insgesamt ambivalenten Erfahrungen mit den unterschiedlichen Perspektiven von Lehrern und Schulforschern in der multiprofessionellen Kooperation. Dabei wird deutlich, dass er die Perspektiven und Erkenntnisinteressen beider Akteursgruppen besonders zu Beginn der Zusammenarbeit als stark kontrastiv wahrgenommen hat. Durch das konstruktive Klima im Team, eine sich nach und nach einstellende „Perspektiventeilung" und eine übergeordnete, gemeinsame und von externem Druck gestützte Zielperspektive („Rechenschaftsbericht") habe sich die Situation für die Zusammenarbeit im Laufe der Zeit jedoch verbessert. Den Frageimpuls des Interviewers zu möglichen Rollen- bzw. Funktionsteilungen im Team aufgreifend und bestätigend erklärt er, dass die Kooperanden im Evaluationsprozess unterschiedliche Perspektiven eingebracht hätten, und führt seine eigene sozialwissenschaftliche bzw. „forschungsmethodische" Sicht weiter aus, wobei er sie von der „pädagogische[n] Perspektive" der Lehrkräfte abgrenzt. Durch das Kennenlernen der jeweils anderen Perspektive im Laufe des Projekts sei es – an dieser Stelle zieht er, eher überraschend, in Bezug auf die Zusammenarbeit in der Gruppe ein positives Fazit – zu einer „Perspektiventeilung" gekommen. Als Reaktion auf die Wiederholung des von ihm eingebrachten Begriffs durch den Interviewer erklärt er genauer, was er hierunter versteht und bekräftigt damit die Gültigkeit seiner spontanen Wortschöpfung: Der generierte Begriff bezeichnet seiner Ansicht nach den

Prozess der Annäherung unterschiedlicher Perspektiven im Zeitverlauf, wobei er offenbar – obgleich er diesbezüglich unsicher zu sein scheint, da der Satz nicht zu Ende geführt wird – davon ausgeht, dass eine solche „Perspektiventeilung" in einem normativen Sinne durch das Forschungskonzept des Oberstufen-Kollegs intendiert bzw. „gewollt" sei. Auf die direkte Nachfrage des Interviewers nach dem Umgang der unterschiedlichen Perspektiven nimmt er auf den Beginn der Zusammenarbeit Bezug und verleiht seiner Abneigung gegenüber Zuschreibungsprozessen von Seiten der Lehrer („Ja *ihr* mit eurem hm, hm, hm!"), die er in der Gruppe offen angesprochen habe, Ausdruck. Gleichzeitig spricht er sich selbst von Zuschreibungen und einem latenten Abgrenzungsverhalten nicht frei: *Beiden* Seiten, den Lehrkräften und ihm als Schulforscher, sei es anfangs wichtig gewesen, die Charakteristika der eigenen Position der jeweils anderen Gruppe deutlich zu machen und sich gegenüber kritischen Einwänden zu verteidigen. Letztendlich habe jedoch die gemeinsame Erkenntnis der Gruppe, dass beide Perspektiven eine Daseinsberechtigung hätten und – dieser Aspekt scheint für ihn eine besondere Relevanz zu besitzen – die Zusammenarbeit primär eine umzusetzende institutionelle Vorgabe sei, zu einem positiven Verlauf der Kooperation beigetragen.

In den Aussagen des Interviewpartners fällt ferner auf, dass er seine Argumentation stark auf der institutionellen Vorgabe zur Kooperation und die damit verbundenen Zielsetzungen stützt. Mit dieser Aussage fordert er gewissermaßen die Unterordnung von Partikular- und Einzelinteressen unter Leitziele von Projekt und/oder Institution. In der Interviewpassage wird darüber hinaus deutlich, dass der Schulforscher Konfrontation, Polarisierung und Zuschreibung nicht als adäquate Mittel einer konstruktiven Zusammenarbeit betrachtet. Vielmehr sieht er in der Orientierung an übergeordneten Leitzielen, institutionellen Vorgaben, Transparenz und wechselseitigem Verständnis die Grundlage interdisziplinärer Zusammenarbeit. Mit dieser gewissermaßen diplomatischen Sichtweise bringt er gleichzeitig indirekt seine Bereitschaft zum Ausdruck, die eigene „forschungsmethodische Perspektive" einer kritischen Überprüfung zu unterziehen und sie – sofern es der Erreichung der mit dem Projekt intendierten Ziele dienlich ist – zurückzustellen.

Im ersten Absatz wird deutlich, wie er seine eigene Rolle definiert: Er scheint sich gewissermaßen weniger als Forscher in einem universitären Sinne denn als evaluationsbezogener Berater der Lehrer zur Klärung methodischer Fragen von Machbarkeit, Ertrag und potenziellen Problembereichen zu betrachten und legt damit einerseits eine kompromissbereite und diplomatische Haltung an den Tag. Andererseits jedoch zieht sich der Schulforscher auf die methodische Position zurück und ernennt sich im Sinne des sozialisierten universitären Wissenschaftsverständnisses zum ‚Wächter' über das methodisch Machbare und wissenschaftlich Vertretbare, was der Aufrechterhaltung der eigenen beruflichen Identität dient.

4. Multiprofessionalität als Weg der Schulentwicklung? Fazit und Perspektiven

Die hier nur in Grundzügen wiedergegebenen Analysen zeigen, dass multiprofessionelle Kooperationen von den Beteiligten als spannungsreich und ambivalent, insgesamt jedoch auch als fruchtbar und erkenntnisträchtig beschrieben werden. Die Erfahrungen am Oberstufen-Kolleg deuten darauf hin, dass von den interdisziplinären Evaluationsteams Impulse auf die Unterrichtsentwicklung und die bildungstheoretische Verankerung unterrichtsrelevanter Fragestellungen ausgegangen sind. Der Mehrwert der multiprofessionellen Herangehensweise lag (v.a. in Fall 1) in einer wechselseitigen Perspektiv- und Kompetenzerweiterung, die durch eine umfassende, theoretisch reflektierte Problemanalyse erreicht werden konnte. Durch die Verzahnung der Kompetenzen von Lehrkräften und Schulforschern und die damit verbundene Schaffung bruchloser institutioneller Übergänge konnten praxistaugliche Problemlösungen geschaffen und kooperativ umgesetzt werden. Gleichwohl geht die wechselseitige Erweiterung der Perspektiven von Lehrkräften und Schulforschern in der Praxis nicht reibungslos vonstatten, sondern ist von Widersprüchen und potentiell konflikthaften Dynamiken gekennzeichnet.

Die vertiefenden Analysen zeigen auch, dass Möglichkeiten und Grenzen dieser kooperativen Entwicklungs- und Implementationsstrategie von den strukturellen und kommunikativen Ressourcen der Teammitglieder ebenso abhängen wie von deren Wertmaßstäben, Kommunikationsstilen, subjektiven Theorien und Professionsverständnissen. Irritationen durch die Einbeziehung anderer Berufsgruppen in die monoberufliche Struktur von Schule können sich als produktiv erweisen und die professionelle Entwicklung der Beteiligten unterstützen (vgl. Fall 1); bestehen jedoch unüberbrückbare Kommunikationsbarrieren, unklare Rollenkonstellationen, ein unreflektierter Umgang mit (Mehr-) Perspektivität, subjektiven Theorien und unterschiedlichen Wissensformen, so wird die Nutzung der Potenziale multiprofessioneller Teamprozesse behindert und es entstehen Ingroup-Tendenzen (vgl. Fall 2).

Divergierende Handlungsmotive lassen sich folglich nicht aus Kooperationsprozessen heraushalten; sie wirken vielmehr als „Kommunikationsverzerrungen" und verweisen damit auf die „gesellschaftlichen Wurzeln der Trennung von Theorie und Praxis" (Radtke, 1978, S. 336). Die im Schul- und Wissenschaftssystem vorherrschenden Handlungslogiken und Sachzwänge sowie die bei der Berufssozialisation wirksamen normierenden Verhaltensmuster beeinflussen Ausmaß, Formen und Bereitschaften kooperativen Handelns und damit verbundene Interessen, Kommunikationsstile und alltagsweltliche Deutungen. Die angesprochenen Dilemmata sind folglich der Preis, der für die Mehrperspektivität des Kooperationsprozesses zu zahlen ist. Es zeigt sich, dass kooperatives Handeln dann erfolgreich ist, wenn die gemeinsame Suche nach Themen, Zielen und Arbeitsvorhaben und die Herstellung einer funktionsfähigen Kommunikations- und Organisationsstruktur gelingen. Außerdem kommt es darauf an, dass die Beteiligten in der Kooperation nicht nur einen thematisch-fachlichen, sondern auch einen sozialen Zugang zueinander finden, d.h. der ‚Beziehungsfaktor' gewinnt bei der Zusammenarbeit unterschiedlicher Status- und Berufsgruppen im Schulkontext an Bedeutung (Gather Thurler & Schley, 2004; Popp, 1998).

Die Ergebnisse der Analysen stellen zudem das vielfach strapazierte Bild von Schulentwicklung als ausschließlich technisch-rationalem Prozess in Frage: „das Los von Innovationsprozessen wird eng von der Qualität der Beziehungen zwischen den beteiligten Personen bestimmt, von der Art und Weise, wie diese persönlich zum Prozess stehen und gleichzeitig auch die Haltung ihrer Kolleginnen und Kollegen wahrnehmen, interpretieren und verstehen" (Gather Thurler & Schley, 2004, S. 6f). Ein Grund für das Scheitern vieler Schulentwicklungsprojekte liegt somit in der ausschließlich sozialtechnologischen Verkürzung organisationaler Veränderungsprozesse, der Negierung ihrer sozialen Folgewirkungen und dem auf Akteursseite – z.B. durch populäre Modelle – entstehenden Erwartungsdruck. Die Ergebnisse der Studie sprechen folglich für eine stärkere Berücksichtigung der normativen, sozialen und emotionalen Orientierungen und Einstellungen der an Schulentwicklung Beteiligten.

Schließlich sei darauf hingewiesen, dass Reflexivität, gegenseitige Anerkennung und Wertschätzung entscheidende Voraussetzungen für eine gelingende Kooperation sind. Zudem sind institutionelle Verankerung und Steuerung der Arbeit berufsfeldübergreifender Teams eine Gelingensbedingung: Die Teams müssen sich innerhalb eines klar definierten organisationalen Rahmens bewegen und mit ausreichenden zeitlichen und personellen Ressourcen ausgestattet sein.

Obwohl es sich bei dem hier skizzierten Kooperationsmodell um eine Sonderform schulnaher kooperativer Forschung handelt, lassen sich aus der problemorientierten Bestandsaufnahme Gelingensbedingungen ableiten, die auch bei anderen multiprofessionellen Kooperationsprozessen eine Rolle spielen können:

Projektmanagement
- Schaffung und Sicherung eines angemessenen Organisations- und Ressourcenrahmens für die Arbeit multiprofessioneller Teams;
- Fortbildung in den Bereichen Projektmanagement, Forschungsmethoden, Teamentwicklung und Selbstmanagement;
- Entwicklung gemeinsamer Normen, Ziele und Visionen;
- prozessbegleitendes Feedback, Controlling und Rechenschaftslegung.

Schaffung förderlicher struktureller Rahmenbedingungen
- Gewährung zeitlicher und organisationaler Freiräume für die Arbeit multiprofessioneller Teams;
- Vermeidung von (Selbst-)Überforderung durch Schwerpunktsetzungen und Rhythmisierung;
- Austausch mit anderen schulinternen und -externen Projekten (Ziel: professioneller und reflexiver Dialog).
- Einbindung der Projekte in regionale Schulentwicklungs- und Forschungsnetzwerke.

Kommunikationsmanagement und Reflexionsfähigkeit
- Berücksichtigung und Reflexion von Emotionalität, Subjektivität und sozialen Konstruktionen;
- Rollenklärung, Rollenbewusstheit und Rollenempathie;
- Bewusstmachung und Thematisierung der Vorerfahrungen und subjektiven Theorien der Kooperanden.

Die Stärke des hier vorgestellten Modells besteht darin, Lehrkräfte mit Schulforschern in längerfristig angelegten Projekten in Kontakt zu bringen und die dabei entstehenden Synergien für die Schulentwicklung nutzbar zu machen. Die Weiterentwicklung des in Fall 1 vorgestellten Projekts zeigt die mit diesem Anspruch verbundenen Möglichkeiten: Am Oberstufen-Kolleg erhobene Schulleistungsdaten werden mit der Hamburger Stichprobe der Studie „Aspekte der Lernausgangslage und der Lernentwicklung" (LAU) verknüpft. Mit der Rückmeldung der Ergebnisse an Schüler, Lehrer und Gremien der Versuchsschule wird gezeigt, dass die angewandten Instrumente auch zur Diagnose und individuellen Rückmeldung von Lernentwicklungen geeignet sind. Mit der Nutzung von Leistungsdaten für die Schul- und Unterrichtsentwicklung weist das Projekt über die Möglichkeiten herkömmlicher Large-Scale-Studien hinaus.

Literatur

Ackermann, H., Rahm, S. (Hrsg.). (2004). *Kooperative Schulentwicklung*. Wiesbaden: VS Verlag für Sozialwissenschaften.

Bauer, K.-O. (2004). Lehrerinteraktion und -kooperation. In W. Helsper &, J. Böhme (Hrsg.), *Handbuch der Schulforschung* (S. 813-831). Wiesbaden: VS Verlag für Sozialwissenschaften.

Behörde für Bildung und Sport (2006). *Schulinspektion in Hamburg. Gute Schule bilden. Informationen für Lehrkräfte, Schulleitungen, Schülerinnen und Schüler, Eltern und alle, die sich für Schule interessieren*. Online: http://www.schulinspektion.hamburg.de/index. php (abgerufen am 29.07.2012).

Bohnsack, R. (2000). *Rekonstruktive Sozialforschung. Einführung in die Methodologie und Praxis qualitativer Forschung*. Opladen: Leske und Budrich.

Boller, S. (2009). *Kooperation in der Schulentwicklung. Interdisziplinäre Zusammenarbeit in Evaluationsprojekten*. Wiesbaden: VS Verlag für Sozialwissenschaften.

Böttcher, W. & Kotthoff, H.-G. (2007). Schulinspektion zwischen Rechenschaftslegung und schulischer Qualitätsentwicklung: Internationale Erfahrungen. In W. Böttcher & H.-G. Kotthoff (Hrsg.). *Schulinspektion: Evaluation, Rechenschaftslegung und Qualitätsentwicklung* (S. 9-20). Münster u.a.: Waxmann.

Bundesvertretung der Medizinstudierenden in Deutschland e.V. (2008): *Positionspapier zu Kooperation und Kompetenz – zukunftsorientierte Zusammenarbeit in der Patientenversorgung*. Online: http://bvmd.de/presse/positionspapiere (neue Fassung 2011, abgerufen am 29.07.2012)

Dedering, K., Goecke, M., Rauh, M. & Höfer, C. (2010). *Externe Schulentwicklungsberatung in Nordrhein-Westfalen. Grundinformationen*. Online: http://www.uni-bielefeld. de/erziehungswissenschaft/ag4/dokumente/Externe-Schulentwicklungsberatung-NRW. pdf (abgerufen am 29.07.2012).

Ender, B., Schratz, M. & Steiner-Löffler, U. (Hrsg.). (1996). *Beratung macht Schule. Schulentwicklung auf neuen Wegen*. Innsbruck: Studienverlag.

Esslinger, I. (2002). *Berufsverständnis und Schulentwicklung: ein Passungsverhältnis? Eine empirische Untersuchung zu schulentwicklungsrelevanten Berufsauffassungen von Lehrerinnen und Lehrern*. Bad Heilbrunn: Klinkhardt.

Fichten, W. & Gebken, U. (2004). Teamforschung als Beitrag zur kooperativen Schulentwicklung. In H. Ackermann & S. Rahm (Hrsg.), *Kooperative Schulentwicklung* (S. 269-292). Wiesbaden: VS Verlag für Sozialwissenschaften.

Gather Thurler, M. & Schley, W. (2004). Subjektivität und Emotionalität. Editorial. *Journal für Schulentwicklung, 3,* 4-9.

Holtappels, H. G., Klieme, E., Rauschenbach, T. & Stecher, L. (Hrsg.). (2007). *Ganztagsschule in Deutschland. Zusammengefasste Ergebnisse der „Studie zur Entwicklung von Ganztagsschulen" (StEG).* Weinheim/München: Juventa.

Keuffer, J. (2008). Forschung und Entwicklung in der Erziehungswissenschaft. Möglichkeiten und Grenzen einer Kombinatorik von Forschungstypen am Beispiel der Schulforschung. In U. Frost, G. Mertens, W. Böhm, & V. Ladenthin (Hrsg.), *Handbuch der Erziehungswissenschaft. Grundlagen Allgemeine Erziehungswissenschaft* (S. 109-121). Paderborn: Ferdinand Schöningh.

Kolbe, F.-U. & Reh, S. (2008b). Kooperation unter Pädagogen. In H.-U. Otto & T. Coelen (Hrsg.), *Grundbegriffe der Ganztagsbildung. Das Handbuch* (S. 815-824). Wiesbaden: VS Verlag für Sozialwissenschaften.

Legutke, M. & Thomas, H. (1991). *Process and experience in the language classroom.* London u.a.: Longman.

Maykus, S. & Schulz, U. (2007). Transferprozesse: Von der Ganztagsschulforschung zur Ganztagsschulentwicklung. In F. Bettmer, S. Maykus, F. Prüß & A. Richter (Hrsg.), *Ganztagsschule als Forschungsfeld. Theoretische Klärungen, Forschungsdesigns und Konsequenzen für die Praxisentwicklung* (S. 239-369). Wiesbaden: VS Verlag für Sozialwissenschaften.

Mayring, P. (2003). *Qualitative Inhaltsanalyse. Grundlagen und Techniken.* Weinheim u.a.: Beltz-Verlag.

Obolenski, A. (2007). Kooperation von Pädagoginnen und Pädagogen als Bestandteil professionellen Handelns. In A. Spies & D. Tredop (Hrsg.), *„Risikobiografien". Benachteiligte Jugendliche zwischen Ausgrenzung und Förderprojekten* (S. 267-280). Wiesbaden: VS Verlag für Sozialwissenschaften.

Oelkers, J. (2006). *Gesamtschule in Deutschland. Eine historische Analyse und ein Ausweg aus dem Dilemma.* Weinheim u.a.: Beltz-Verlag.

Popp, S. (1998). Bedingungen kollegialer Kooperation in der Schule. Empirische Befunde und mögliche Konsequenzen. In S. Popp (Hrsg.), *Grundrisse einer humanen Schule. Festschrift für Rupert Vierlinger* (S. 357-383). Innsbruck u.a.: Studienverlag.

Radtke, F.-O. (1978). Strukturelle Probleme in der Kooperation von Lehrern und Wissenschaftlern. *Soziale Welt, 4,* 324-342

Rahm, S., Mammes, I. & Schratz, M. (Hrsg.). (2006). *Schulpädagogische Forschung. Organisations- und Bildungsprozessforschung. Perspektiven innovativer Ansätze.* Innsbruck u.a.: Studienverlag.

Schmid-Ott, G., Wiegand-Grefe, S., Jacobi, C., Paar, G. H., Meermann, R. & Lamprecht, F. (Hrsg.). (2008). *Rehabilitation in der Psychosomatik. Versorgungsstrukturen, Behandlungsangebote, Qualitätsmanagement.* Stuttgart: Schattauer.

Siebolds, M. & Risse, A. (2001). *Erkenntnistheoretische und systemtheoretische Aspekte in der modernen Diabetologie.* Berlin: De Gruyter.

Tacke, V. (2005). Schulreform als aktive Deprofessionalisierung? Zur Semantik der ‚lernenden Organisation' im Kontext der Erziehung. In Klatetzki, T. & Tacke, V. (Hrsg.), *Organisation und Profession* (S. 165-198). Wiesbaden: VS Verlag für Sozialwissenschaften.

Terhart, E. (2001). *Lehrerberuf und Lehrerbildung. Forschungsbefunde, Problemanalysen, Reformkonzepte.* Weinheim u.a.: Beltz-Verlag.

Warschburger, P. (Hrsg.). (2009). *Beratungspsychologie.* Berlin u.a.: Springer.

Stephan Gerhard Huber & Jens Krey

Schulnetzwerke – empirische Untersuchungen

Abstract

In diesem Beitrag werden Beispiele schulischer Netzwerkprojekte und deren empirische Untersuchungen beschrieben. Es sind die Projekte „Schulentwicklung im Netzwerk (SI-NET)", „Netzwerk innovativer Schulen (NIS)", „Gestaltung des Schullebens und Öffnung von Schule (GÖS)" und „Aufbau und Nutzung von Bildungsnetzwerken zur Entwicklung und Erprobung von Ausbildungsmodulen in IT- und Medienberufen (ANUBA)". Darüber hinaus werden die Studien von Wilbers (2004) und von Behr-Heintze und Lipski (2004) sowie die Literaturstudie von Bell et al. (2006) vorgestellt. Im Anschluss daran werden vergleichend Aspekte der methodischen Designs wie auch zentrale Ergebnisse dargestellt und diskutiert. Dazu gehören die Verbreitung institutioneller und persönlicher Kooperationsbeziehungen zwischen Schulen, Wirkungen und Nutzen der Netzwerkarbeit auf den Ebenen der Schule, der Lehrkräfte und der Schülerinnen und Schüler, Erfolgsfaktoren, Schwierigkeiten, Organisation und Steuerung sowie Transfer innerhalb der Schulen. Abschließend wird auf zwei der größten Projekte im Bereich der Schulentwicklung durch schulische Netzwerkarbeit eingegangen, die "Networked Learning Communities (NLC)" und die „City Challenges" in England und auf eine theoretische Verortung von Netzwerkarbeit im Bildungsbereich hingewiesen (Muijs, West und Ainscow, 2010).

Lehrerkooperation und voneinander Lernen stellen wichtige Bedingungen für erfolgreiche Personal- sowie Unterrichtsentwicklung an Schulen dar. Das belegen Ergebnisse der Schulwirksamkeits- und Schulentwicklungsforschung, wie in anderen Beiträgen in diesem Band ausführlich dargestellt wird. Bereits Rosenholtz (1991) konnte beispielsweise in ihrer in den USA durchgeführten Studie „Teachers' Workplace" die zentrale Bedeutung von kollegialer Zusammenarbeit von Lehrerinnen und Lehrern und dabei insbesondere des Lernens voneinander für die Weiterentwicklung von Schulen empirisch nachweisen. Ebenso konnte sie mit ihren Daten belegen, dass Schulen mit lernenden Lehrern bessere Schülerleistungen erzielten.

Entwicklungen in vielen Bildungssystemen international sind gekennzeichnet durch Bestrebungen, im Rahmen von Dezentralisierungen und New Public Management Schulen mehr Entscheidungsmöglichkeiten zu geben. In diesem Kontext wird im Zusammenhang mit neuen Steuerungsmechanismen und Professionalisierungsmaßnahmen der Gedanke von Netzwerken propagiert. Netzwerke bilden kooperative Arbeitskontexte mit einem institutionalisierten Charakter. Sie basieren auf Prinzipien wie Anwendungsorientierung und Praxisnähe und bringen Impulse für Weiterentwicklungen ein, denn sie sind durch persönlichen Know-how-Austausch idealer Fundus für die Initiierung, Implementierung und Institutionalisierung von Innovationen. Eine starke Bedarfsorientierung verspricht dabei eine effiziente Nutzenorientierung; erfolgreiche Schulnetzwerke scheinen die Chance eines günstigen Aufwand-Nutzen-verhältnisses zu bieten. Dabei werden unterschiedliche Formen der Vernetzung realisiert, die sich u.a. hinsichtlich der Funktion (Zielsetzung), der Bedingungen und der Intensität der Zusammenarbeit unterscheiden.

Viele Schulnetzwerke entstehen im Rahmen von Modellvorhaben. So erlebten sich viele Schulleitungen und Steuergruppenmitglieder der Schulen im Berliner „Modellvorhaben Eigenverantwortliche Schule" (MES) als zu einem Netzwerk gehörig, obgleich dies nicht explizit konzeptionell angedacht war (Huber, 2007; Huber, Ahlgrimm & Gördel, 2007). In anderen deutschen Modellvorhaben wie beispielsweise „Schulentwicklung im Netzwerk (SINET)" und „Netzwerk innovativer Schulen (NIS)" ist die Vernetzung der Schulen Ausgangspunkt für die Arbeit der Schulentwicklung. Die Schulen arbeiten für eine begrenzte Zeitdauer zusammen und werden durch einen Träger unterstützt. Darüber hinaus existieren Schulnetzwerke, die konzeptionell als Unterstützungselement in Schulentwicklungsprojekte integriert werden. Ein Beispiel hierfür ist das Schweizer „Netzwerk Luzerner Schulen". Hier haben sich 46 Schweizer Schulen freiwillig dazu verpflichtet, ihre Arbeit zu spezifischen untereinander vereinbarten Themen gemeinsam zu reflektieren und weiterzuentwickeln. Auch schließen sich Schulen für gegenseitige Hospitationen zusammen, um auf diese Weise Anregungen und Feedback für die eigene Schulentwicklung zu bekommen. Ein Beispiel hierfür ist das Projekt „Blick über den Zaun". Hier haben sich sehr unterschiedliche Schulen aller Schularten in staatlicher wie in freier Trägerschaft zusammengefunden. Was diese Schulen eint, sind gemeinsame pädagogische Grundüberzeugungen und der Wunsch, Schulentwicklung als gemeinsamen kooperativen Prozess vieler unterschiedlicher Schulen zu verstehen. Besonders interessant ist hierbei, dass es sich um eine bundesweite Initiative handelt. Das Programm der Robert Bosch Stiftung in Zusammenarbeit mit den Kultusministerien Bremen und Mecklenburg-Vorpommern (mit Unterstützung der Bremer Unternehmerverbände) „Lehrer im Team – Qualitätsentwicklung an der Schule" unterstützt zwölf Schulen, die die Qualität ihres Unterrichts durch den Aufbau einer wirksamen Teamarbeit im Kollegium nachhaltig weiterentwickeln wollen. Übergeordnetes Ziel des Projekts „Qualitätsentwicklung in Netzwerken" in Niedersachsen war die Erprobung einer systematischen Qualitätsentwicklung und -sicherung, die die Schule als Ganzes in den Blick nehmen möchte. Innere und äußere Schulentwicklung sollten miteinander verzahnt werden, indem alle schulbezogenen Systemebenen des Bundeslandes Niedersachsen (Einzelschulen, das Niedersächsische Landesamt für Lehrerbildung und Schulentwicklung (NiLS), Schulbehörden, das Kultusministerium) in den Schulversuch einbezogen wurden. Konkretes Ziel der teilnehmenden Schulen war die Verbesserung ihrer Unterrichts- und Erziehungsarbeit sowie die Steigerung ihrer Leistungsfähigkeit insgesamt. Herausgefunden werden sollte mit dem Projekt auch, inwieweit Netzwerkarbeit den Schulentwicklungsprozess unterstützen kann und wie die vorhandene Steuerung und Unterstützung der schulischen Arbeit verändert werden muss, um eine höhere Selbstwirksamkeit zu erreichen (vgl.

Knorn, 2005; Döbrich, 2005; Berkemeyer & Holtappels, 2005, 2007; Rolff, 2005; Kiper et al., 2005).

Bei dem Schulnetzwerk „Reformzeit – Schulentwicklung in Partnerschaft" ging es nicht um die Realisierung extern entwickelter pädagogischer Innovationen an Schulen, sondern die Lehrkräfte der teilnehmenden Schulen arbeiteten gemeinsam im Sinne eines Bottom-up-Ansatzes aus den Schulen heraus an der Entwicklung und Umsetzung von pädagogischen Innovationen. Ziel der Kooperation war die Entwicklung nachhaltiger Konzepte für eine Individualisierung von Lernprozessen, die sowohl schüler- wie auch anforderungsgerecht sind, und deren Transfer in die Breite. Das netzwerkbasierte Schulentwicklungsprojekt „Schulen im Team – Unterricht gemeinsam entwickeln" in Nordrhein-Westfalen zielt darauf ab, durch schulinterne Kooperation eine innovative fachbezogene Unterrichtsentwicklung in der Einzelschule anzuregen. Dazu soll eine systematische Vernetzung von Schulen mit dem Ziel des Austauschs von entwickelten Materialien und Unterrichtsmethoden sowie der wechselseitigen Fortbildung verhelfen. Eine weitere Form der Zusammenarbeit praktizierten Schulen im Schuljahr 2005/2006 im Rahmen des Fortbildungsangebots „Qualitätsmanagement – Erweiterung der Kompetenzen von pädagogischen Führungskräften für eine eigenverantwortliche Schule", kurz „Netzwerk Erfurter Schulen". Hier arbeiteten die Schulleitungsteams, die im Prozess der Schulentwicklung an ihren jeweiligen Schulen Führungsaufgaben übernehmen, im Rahmen von thematischen Ganztagsveranstaltungen, kollegialen Beratungen, Gesprächsrunden und gegenseitigen Hospitationen zusammen. Die Zusammenarbeit zielte dabei auf eine nachhaltige Qualifizierung zur Verbesserung der Handlungssicherheit, bezogen auf die Führung und Steuerung der Schulen, ab. Diese drei Netzwerke werden in diesem Band in eigenen Beiträgen vorgestellt.

Letztendlich verbinden Schulnetzwerke – manchmal sogar länderübergreifend – einzelne nationale Netzwerke miteinander. Bekannte Beispiele sind INIS (Internationales Netzwerk innovativer Schulsysteme), oder das OECD-Projekt ENSI (Environment and School Initiatives), eine Verbindung von nationalen Schulnetzwerken, die Umweltinitiativen durchführen (seit 1986 sind über 100 Schulen in 20 Ländern beteiligt). Im IQEA-Netzwerk (Improving the Quality of Education for All) werden seit seiner Entstehung vor zehn Jahren weltweit 1.000 Schulen (vgl. http://www.iqea.com/) betreut.

Über die genannten Beispiele formalisierter Realisierungen schulischer Netzwerkarbeit hinaus existieren unterschiedliche Formen informeller Netzwerke von Schulleitern, Lehrkräften und Steuergruppenmitgliedern. Beispielsweise lernen sich Lehrkräfte über Aus- bzw. Fortbildung kennen, machen gute Erfahrungen in kooperativen Arbeitskontexten miteinander, sind sich sympathisch und entdecken Anknüpfungspunkte für eine weitere Zusammenarbeit. Oder es haben sich Schulleiterinnen und Schulleiter persönlich auf Tagungen, Fortbildungen oder in einem früheren gemeinsamen Arbeitskontext an einer Schule kennengelernt und tauschen sich regelmäßig aus. Die Motivation, die derartige informelle Netzwerke am Leben erhält, sind gemeinsame Erfahrungen, in denen Kooperation als hilfreich erlebt wird. Das Ziel ist immer ein persönlicher Nutzen bzw. ein Nutzen für die eigene Professionalisierung oder die eigene Schule. Durch kooperative Arbeit mit anderen erhofft man sich die Verbesserung von Prozessen und Ergebnissen. Die positiven Erfahrungen auf individueller Ebene sollen auf eine organisationale/institutionelle Ebene gebracht werden.

Netzwerke stellen eine besondere Form der Zusammenarbeit dar. Sie können als eine endliche Menge von Knoten, die untereinander in Relationen stehen, definiert werden, wobei die Knoten durch Verbindungen miteinander verknüpft sind (Sailmann, 2005). Die „Knoten" können sowohl Personen, Gruppen, Institutionen, Organisationen als auch PCs sein. In der Soziologie wird der Begriff verwendet, um zwischenmenschliche Beziehungen in einem gesellschaftlichen System zu erklären und mit Hilfe von Punkten (Netzwerkelementen) und Linien (Beziehungen der Netzwerkelemente zueinander) grafisch darzustellen. Der Netzwerkbegriff wird in gesellschaftlichen Kontexten sehr breit verwendet (vgl. Sailmann, 2005) und umfasst sehr heterogene Beispiele von Netzwerken, was deren Akteure und Funktionen betrifft.

Allerdings kann nicht jede Zusammenarbeit zwischen Personen als Netzwerkarbeit bezeichnet werden. Gegenüber zufälliger, situativ entstehender und gelegentlicher Zusammenarbeit stellt eine systematische und geregelte Kooperation hinsichtlich gemeinsamer Ziele das entscheidende Merkmal für ein Netzwerk dar. Dementsprechend definieren Hameyer und Ingenpaß den Begriff wie folgt:

> „Netzwerke sind Unterstützungssysteme auf Gegenseitigkeit. Die Beteiligten tauschen sich aus, kooperieren im Rahmen gemeinsamer Angelegenheiten, Ziele, Schwerpunkte oder Projekte. Sie lernen voneinander und miteinander." (Ministerium für Bildung, Wissenschaft, Forschung und Kultur des Landes Schleswig-Holstein, 2003, S. 10)

Ähnlich ist auch die Definition von Kirchhöfer (2004), der jedoch zusätzlich mögliche Beteiligte differenziert und den Daseinszweck des Netzwerks um angestrebte Hilfs- und Innovationsprozesse erweitert.

> „Netzwerke bezeichnen relativ dauerhafte Informations-, Interaktions- und Kooperationsstrukturen zwischen Individuen, Institutionen und Organisationen, die in einem Funktionszusammenhang entstehen oder konstruiert werden und Unterstützungs-, Hilfs- und Innovationsprozesse auslösen sollen. Sie sind durch das Zusammenwirken von formellen und informellen sozialen Beziehungen gekennzeichnet und bedürfen eines vereinbarten Regulariums." (Kirchhöfer, 2004, S. 96)

Für Schulnetzwerke lässt sich formulieren: „Schulnetzwerke sind interessensgebundene Kooperationen, die eine abgestimmte Strategie zur Durch- und Umsetzung inhaltlicher und pädagogischer Ziele verfolgen." (Minderop & Solzbacher, 2007, S. 4) Im Netzwerk sollen vielfältige Fragestellungen gemeinsam mit Partnern geklärt werden, die im komplexen Geschehen des Schulalltags einer Einzelschule oft nicht beantwortet werden können.

Im Folgenden werden empirische Untersuchungen ausgewählt, welche die hier im Buch in eigenen Beiträgen behandelten Projekte ergänzen sollen. Der Beitrag beruht auf einer systematischen Analyse nationaler und internationaler Schulnetzwerke (Huber & Krey, 2006, 2007), die kriterienorientiert im komparatistischen Sinne zahlreiche deutschsprachige Schulnetzwerke mit und ohne wissenschaftliche Begleitung und

Evaluation sowie weitere Untersuchungen umfasst. Auch wurden internationale Studien einbezogen. Einen internationalen Überblick gaben parallel Hadfield, Jopling, Noden, O'Leary und Stott 2006. 2009 wurde von Berkemeyer, Manitius, Müthing und Bos eine Literaturübersicht zur Forschung zu schulischen Innovationsnetzwerken publiziert. 2010 erschien ein Themenheft der Fachzeitschrift School Effectiveness and School Improvement mit Beiträgen aus England zum Thema Schulnetzwerke (mit Beiträgen von Muijs; Ainscow; Chapman, Lindsay, Muijs, Harris, Arweck & Goodall; Katz & Earl; West; Muijs, West & Ainscow).

1. Exemplarische empirische Untersuchungen

Einige der hier vorgestellten empirischen Untersuchungen stellen Evaluationen zu Netzwerkprojekten dar. Schulische Netzwerkprojekte mit wissenschaftlicher Begleitung sind z.B. Schulentwicklung im Netzwerk (SINET), Netzwerk innovativer Schulen (NIS), Gestaltung des Schullebens und Öffnung von Schule (GÖS) und „Aufbau und Nutzung von Bildungsnetzwerken zur Entwicklung und Erprobung von Ausbildungsmodulen in IT- und Medienberufen" (ANUBA). Darüber hinaus existiert eine Reihe von weiter gefasste Studien, von denen die von Behr-Heintze und Lipski (2004) sowie die von Bell et al. (2006) vorgestellt werden.

Zunächst werden die Projekte und empirischen Untersuchungen hinsichtlich der jeweiligen Fragestellung, die der Untersuchung zugrunde lag, beschrieben. Anschließend werden in einem vergleichenden Kapitel Untersuchungsdesigns und Ergebnisse zusammengefasst.

1.1 Projekte SINET und NIS

Projekt SINET
Träger des Projekts „SINET – Schulentwicklung im Netzwerk" war das Bildungsministerium Schleswig-Holstein. Das Projekt hatte eine Laufzeit von drei Jahren. Zu Beginn nahmen 45 schleswig-holsteinische Schulen aller Schularten teil. Während der Projektlaufzeit waren es zwischenzeitlich mehr als 50, bei Projektende waren es 48 Schulen. Die beiden wesentlichen Inhalte waren zum einen die Arbeit an Schulentwicklung, und zwar durch Schulprogramme einschließlich Evaluation, zum anderen die Arbeit im Netzwerk, d.h. Schulen begreifen sich nicht nur für sich selbst als lernende Organisationen, sondern sind auch bereit, miteinander und voneinander zu lernen, um so gegenseitig Kompetenzen zu nutzen. Die Schulen arbeiteten in acht (später neun) Teilnetzwerken mit folgenden inhaltlichen Schwerpunkten:
- Neue Unterrichtsstrukturen durch internationale Zusammenarbeit
- Yggdrasil – Schulen im deutsch-dänischen Grenzgebiet
- Evaluation von Schulprogrammarbeit
- Sicherung von Unterrichtsqualität durch Verbesserung des Lernklimas
- Sicherung von Unterrichtsqualität in den Fächern Deutsch und Mathematik
- Zusammenarbeit von Schulen in der Region

- Evaluation durch „Kritische Freunde"
- „Schools around the World" (internationaler Schulleistungsvergleich)

Die Teilnetzwerke waren überwiegend schulartübergreifend zusammengesetzt und variierten in der Größe zwischen zwei bis zwölf Schulen. Die Schulen entwickelten in den Teilnetzwerken jeweils ein standortübergreifendes Projekt. Dementsprechend wurden standortübergreifende Arbeitspläne erstellt. Von jeder Schule waren zwei bis drei Lehrkräfte in diese Arbeit eingebunden. Darüber hinaus verpflichteten sich die beteiligten Schulen zur Berichterstattung und zur Beteiligung an einer Dokumentation im Sinne einer Selbstevaluation (vgl. MBWF, 2003, S. 15).

Das Projekt SINET wurde von Hameyer wissenschaftlich begleitet. Es wurden sowohl Selbstevaluationen der Teilnetzwerke als auch eine externe Evaluation durchgeführt. Jedes der acht Teilnetzwerke führte zur eigenen Netzwerkarbeit am Ende des Projektes eine Selbstevaluation durch. Die Selbstevaluationen enthalten jeweils reflektierte Erfahrungsberichte über verschiedene Aspekte der Netzwerkarbeit, eine Ergebnisdarstellung und einige Praxistipps. Die wissenschaftliche Begleitung bündelte und veröffentlichte die Ergebnisse dieser internen Evaluationen der einzelnen Teilnetzwerke (vgl. MBWF, 2003).

Projekt NIS

Das Projekt „Netzwerk innovativer Schulen (NIS)" ist 1998 aus der Ausschreibung des Sonderpreises „Innovative Schulen" der Bertelsmann Stiftung hervorgegangen und hatte sich zur größten bundesweiten Innovationsplattform im Schulbereich entwickelt. Es wurde in öffentlicher Trägerschaft der Bertelsmann Stiftung in der Zeit von 1998 bis 2004 durchgeführt. Als Projektziele wurden das „Voneinander-Lernen" der Schulpraktiker und die Stärkung der Schulentwicklung „von unten" definiert (vgl. http://www.inis.stiftung.bertelsmann.de; 18.07.06). Insgesamt arbeiteten 490 Schulen aller Schulformen im „offenen Netzwerk innovativer Schulen in Deutschland" zusammen.

Ein Bestandteil des Projekts NIS waren die Lernnetzwerke. 62 der 490 Netzwerkschulen aller Schulformen aus verschiedenen Bundesländern hatten 13 überregionale Lernnetzwerke gegründet. In einem Lernnetzwerk arbeiteten vier bis sechs Netzwerkschulen zusammen.

Mit der Netzwerkarbeit wurden drei Ziele verfolgt:
1. Förderung des themenbezogenen Erfahrungsaustauschs zwischen den Schulen durch persönliche Begegnungen
2. Ermöglichung der Professionalisierung der am Netzwerk Beteiligten und die Weiterentwicklung der Schulen
3. Aufbereitung der Erfahrungen zu Materialien, die anderen Schulen zugänglich gemacht werden

Inhaltlich arbeiteten die Lernnetzwerke dabei zu folgenden Themenbereichen:
- Förderung von Lernkompetenz für lebenslanges Lernen (vier Lernnetzwerke)
- Erziehung zur Gemeinschaftsfähigkeit im Schulalltag (zwei Lernnetzwerke)
- Förderung besonders begabter Schülerinnen und Schüler (zwei Lernnetzwerke)

- Motivationsförderung für „Schulaussteiger" (zwei Lernnetzwerke)
- Personalentwicklung als Aufgabe der Schulleitung (zwei Lernnetzwerke)
- Kommunikations- und Organisationsformen in der Schule als Wegbereiter innovativer Gesamtentwicklung (ein Lernnetzwerk)

Die Netzwerkschulen erstellten je Netzwerk ein gemeinsames Arbeitsprogramm. Es wurden regelmäßige Treffen der Netzwerkvertreter veranstaltet, eine Koordinationsschule eingerichtet, Arbeitstagungen mit allen Schulen durchgeführt und Materialien für den Transfer der Erfahrungen in weitere Schulen erarbeitet. Die Koordinierung und Betreuung der Lernnetzwerke erfolgte durch eine beim Träger ansässige Projektleitung.

Das Projekt NIS wurde nicht explizit wissenschaftlich begleitet.

Empirische Analyse zu NIS und SINET von Czerwanski et al. (2002)

Czerwanski et al. (2002) führten eine externe Evaluation durch, die die Projekte SINET und NIS auf ihren Nutzen hin empirisch untersuchte. Konkret zielte die Untersuchung auf vier Fragen ab:

1. „Welchen Nutzen hat die schulische Netzwerkarbeit für die persönliche Professionalisierung und für die Schulentwicklungsprozesse?
2. Wie funktionieren die Prozesse des Wissens- und Innovationstransfers?
3. Welche Aussagen lassen sich zur Organisation und Steuerung schulischer Netzwerkarbeit treffen?
4. Welche Schwierigkeiten und Erfolgsfaktoren lassen sich für schulische Netzwerkarbeit benennen?" (Czerwanski et al., 2002, S. 113)

Zur Beantwortung dieser Fragestellungen wurden die Ergebnisse der schriftlichen Befragungen sowie die vorliegenden schriftlichen Dokumente aus beiden Netzwerken, wie Konzeptpapiere, Arbeitsprogramme, Tagesordnungen und Protokolle, herangezogen. Die Studie stützte sich auf eine Datenbasis von insgesamt 107 Schulen (56 in NIS und 51 in SINET), wobei die direkt eingebundenen Schulpraktiker (ein bis drei Personen je Schule, darunter teilweise Schulleitungskräfte) (n=175) schriftlich befragt wurden. Der Fragebogen wurde innerhalb des Projekts NIS konzipiert und mit minimalen Anpassungen für SINET übernommen. Die Fragen beziehen sich auf drei Themenbereiche: Einschätzung des Nutzens, Erfolge und Schwierigkeiten der Netzwerkarbeit sowie Steuerungs- und Organisationsfragen. Die Rücklaufquote der Befragung betrug ca. 85%.

1.2 Projekt GÖS

Das Projekt „Gestaltung des Schullebens und Öffnung von Schule (GÖS)" ist ein Initiativprogramm des Landes Nordrhein-Westfalen. „Von 1996 bis 2004 wurden in NRW Schulen finanziell gefördert, die zusammen mit außerschulischen Einrichtungen und Personen unterrichtsbezogene Projekte durchführten und dabei das Lernen stärker auf die Lebenswelt der Kinder und Jugendlichen bezogen." (Haenisch, 2005, S. 5) Als Bestandteil des GÖS-Initiativprogramms wurde auch ein Netzwerkprojekt eingeführt. 200 Schulen in 35 Netzwerken bewarben sich, 100 Schulen aller Schularten in 16 Lernnetzwerken erhielten eine Förderzusage (vgl. Haenisch, 2003).

Ziele der Netzwerkinitiative waren die Steigerung der Lerneffizienz für Schülerinnen und Schüler, die Verbesserung der Qualität schulischer Praxis, die Stärkung der erzieherischen Dimension des Unterrichts, die Anregung nachhaltiger Zusammenarbeit von Schulen und die Intensivierung lokaler und regionaler Zusammenarbeit.

In einem Lernnetzwerk arbeiteten drei bis fünf Schulen zu folgenden Themenschwerpunkten zusammen: Beruf und Arbeit, Gemeinwesen und soziale Verantwortung, interkulturelles Lernen und Internationalisierung, Kultur und Umwelt und Entwicklung.

Die Netzwerkschulen formulierten je Netzwerk ein gemeinsames Arbeitsprogramm. Es wurden regelmäßige Treffen der Netzwerkvertreter veranstaltet, eine Koordinationsschule eingerichtet, netzwerkinterne Fortbildungen organisiert und Schülerinnen und Schüler direkt eingebunden.

Das Projekt GÖS wurde durch das damalige Landesinstitut für Schule in Soest wissenschaftlich begleitet. Im Rahmen dieser wissenschaftlichen Begleitung wurde eine externe Evaluation der Schulnetzwerke durchgeführt (Haenisch, 2003). Alle 100 Schulen der 16 Netzwerke im Projekt GÖS in NRW wurden einmalig im Sinne einer Querschnitterhebung mit einem Fragebogen-Instrument schriftlich befragt. Der Fragebogen wurde in Anlehnung an das Befragungsinstrument der Bertelsmann-Stiftung zu den NIS-Lernnetzwerken entwickelt. Er enthält insgesamt 60 Items zu 18 Fragebereichen. Jeder Schule wurde ein Fragebogen zugesandt, wobei nicht aus der Studie ersichtlich ist, wer die Fragebögen in den Schulen konkret ausgefüllt hat, vermutlich die jeweilige Schulleitung. Der verwertbare Rücklauf betrug 65% (vgl. Haenisch, 2003). Ziel der empirischen Studie war es, festzustellen, was grundlegende Erfahrungen der Netzwerkschulen zu den Arbeitsweisen, den Rahmenbedingungen und den Ergebnissen der Schulnetzwerke waren. Dementsprechend enthält die Studie Ergebnisse zu verschiedenen Aspekten schulischer Netzwerkarbeit. Diese Aspekte waren u.a., welche Elemente von Netzwerkarbeit die Schulen im Netzwerk praktizierten, wie groß die zeitliche Belastung war, welche Zielsetzungen erreicht werden sollten und welche tatsächlich erreicht wurden, Transfer, Nutzen, Gelingensbedingungen, Empfehlungen und notwendige Unterstützungsmaßnahmen.

1.3 Studie von Wilbers (2004) „Soziale Netzwerke an berufsbildenden Schulen"

Wilbers (2004) untersuchte in seiner empirischen Forschungsstudie 13 berufsbildende Schulen in Nordrhein-Westfalen und Niedersachsen, die gemeinsam am Modellversuch ANUBA („Aufbau und Nutzung von Bildungsnetzwerken zur Entwicklung und Erprobung von Ausbildungsmodulen in IT- und Medienberufen", Modellversuch im BLK-Programm „KOLIBRI") teilnahmen, auf ihre institutionellen Vernetzungen (Schule und verschiedene Institutionen) sowie die Qualität von Kooperationen auf persönlicher Ebene (persönliche Netzwerke zwischen Lehrkräften) an den einzelnen Schulen hin.

Die konkreten Fragestellungen der Untersuchung lauteten:
- „Welche institutionellen und persönlichen Netzwerke haben berufsbildende Schulen und die Lehrkräfte berufsbildender Schulen?
- Wie sehen das Wissensmanagement und die Wissensnetzwerke in berufsbildenden Schulen und von Lehrkräften berufsbildender Schulen aus?
- Wie hoch ist das Sozialkapital berufsbildender Schulen und das Sozialkapital von Lehrkräften berufsbildender Schulen?
- Wie hoch ist die Belastung und die soziale Unterstützung in berufsbildenden Schulen und von Lehrkräften berufsbildender Schulen?" (Wilbers, 2004, S. 277)

1.4 Forschungsstudie von Behr-Heintze und Lipski (2004) „Schule und soziale Netzwerke"

Das vom Bundesministerium für Bildung und Forschung (BMBF) geförderte Forschungsprojekt „Schule und soziale Netzwerke" untersuchte die Kooperationsbeziehungen allgemeinbildender Schulen in Deutschland zu externen Partnern.

Einen Ausgangspunkt der Studie stellte die Hypothese dar, dass allgemeinbildende Schulen zur Erfüllung ihres Bildungs- und Erziehungsauftrags auf die Zusammenarbeit mit außerschulischen Partnern angewiesen sind.

Konkret wurden folgende zwei Fragestellungen empirisch untersucht:
1. Inwieweit kooperieren allgemeinbildende Schulen in Deutschland mit außerschulischen Partnern (Institutionen, Personen)?
2. Inwieweit wirken sich diese Kooperationen auf die schulische Praxis aus?

Für die Untersuchung der Fragestellungen wurden Fragebögen eingesetzt und Interviews durchgeführt. Dabei wurden für die Untersuchung der ersten Frage in einem ersten Schritt ausschließlich Schulleiter allgemeinbildender Schulen schriftlich befragt. Diese Befragung fand in allen deutschen Bundesländern außer Sachsen und Hamburg statt. Die Auswahl der Schulen erfolgte nach dem Zufallsprinzip. Der Rücklauf der Befragung betrug 38,8% und entsprach einer auswertbaren Fallzahl von n=5238 (vgl. Lipski & Behr, 2003, S. 5). Anschließend wurden in einem zweiten Schritt 2095 schulexterne Netzwerkpartner, die in der Schulleiter-Befragung genannt worden waren, ebenfalls schriftlich befragt. Der Rücklauf mit 1010 auswertbaren Fällen betrug hier 48%. Die Befragung der Netzwerkpartner diente insbesondere dazu, die Qualität der entsprechenden Kooperationsbeziehungen zu erfassen. Zur Untersuchung der zweiten Frage wurden Schulleiter, Lehrer, Eltern und Schüler an 24 ausgewählten Schulen in elf Bundesländern interviewt.

1.5 Literaturstudie von Bell et al. (2006)

Im Dezember 2005 gab das englische „National College for School Leadership" (NCSL) einen Forschungsbericht zur Wirkung der Netzwerkaktivitäten auf Lehren, Lernen und innovative Errungenschaften heraus. In Form einer Literaturstudie wurde die Wirksamkeit schulischer Netzwerkarbeit untersucht.

Mit Hilfe von drei Kriteriengruppen, die als Filter für die ursprünglich sehr große Anzahl (n=4670) potentiell einzubeziehender Studien und Berichte dienten, wurden schließlich 19 Studien in die Literaturstudie einbezogen (vgl. Bell et al., 2006). Die Studien entstammten den USA (16), England (2) und Australien (1) (zu den Titeln der Studien vgl. das Referenzverzeichnis in Bell et al., 2006, S. 66. Die Titel der Projekte, die in den Studien untersucht worden sind, sind in Bell et al., 2006, S. 46 aufgeführt.).

Als übergeordnete Forschungsfrage formulieren Bell et al. (2006):
- Welche Wirkung haben Schulnetzwerke mit mindestens drei beteiligten Schulen auf Schülerinnen und Schüler? Welchen zusätzlichen Nutzen haben sie für die Beteiligten, die Schulen und die Gemeinden, in denen sie sich befinden? (Bell et al., 2006, S. 23)

Diese übergeordnete Forschungsfrage wird weiter konkretisiert zu folgenden Fragestellungen:
- Was sind Merkmale wirksamer und weniger wirksamer Netzwerke?
- Wie transferieren Netzwerke Wissen und Erfahrungen intern und nach außen?
- Was ist der zusätzliche Nutzen von Netzwerken gegenüber dem, was Schulen und andere Organisationen separat leisten können, um das Lernen der Schülerinnen und Schüler zu verbessern? Wie erzeugen Netzwerke diesen Nutzen?
- Was brauchen Netzwerkbeteiligte nicht mehr zu tun bzw. was tun Netzwerkbeteiligte im Sinne einer Arbeitserleichterung weniger auf Grund der Arbeit in einem Netzwerk? (Bell et al., 2006, S. 23)

2.   Vergleich und Diskussion

Nach diesem kurzen Überblick über einige Netzwerke und die Fragestellungen der empirischen Untersuchungen sollen nun die Designs der Studien diskutiert und zentrale Ergebnisse zusammengefasst werden.

2.1 Designs der Studien

Sehr ähnliche Vorgehensweisen sind bei den empirischen Untersuchungen zu den Projekten SINET, NIS und GÖS zu finden. In diesen drei Projekten hat eine schriftliche Befragung stattgefunden. Dabei wurde annähernd der gleiche Fragebogen verwendet, der ursprünglich im Projekt NIS auf der Grundlage eines Fragebogens des Lernnetzwerks Hagen entwickelt worden war. Auch die Stichproben der durchgeführten Befragungen ähneln sich, indem ein bis drei direkt Projektbeteiligte je Schule (NIS und SINET) bzw. ausschließlich der Schulleiter/die Schulleiterin jeder teilnehmenden Schule (GÖS) befragt wurden. Der Rücklauf dieser Befragungen war mit 65% (GÖS) bzw. 85% (NIS und SINET) durchgehend hoch. Die spezielle Stichprobe dieser Befragungen stellt in zweifacher Hinsicht eine Positiv-Auswahl dar. Zum einen repräsentieren die an den Netzwerkprojekten teilnehmenden Schulen tendenziell innovative Schulen, die sich schon länger um Schulentwicklung bemühen. Zum anderen werden nur direkt an der Netzwerkarbeit Beteiligte befragt. Es ist anzunehmen, dass es sich hierbei um besonders engagierte und innovationsfreudige Schulpraktiker handelt, die nicht unbedingt repräsentativ für ihre ganze Schule sind (vgl. Czerwanski et al., 2002, S. 114). Der gewählte methodische Zugang ist problematisch und muss bei der Ergebnisinterpretation unbedingt berücksichtigt werden. Eine empirische Nutzenanalyse bezogen auf Unterrichtsentwicklung ist auf diesem Untersuchungsweg nicht möglich, was die Autoren der Untersuchungen teilweise selbst auch deutlich machen: „Die Frage nach der Wirksamkeit der Netzwerkarbeit bis hin zur Veränderung des Unterrichts und der daraus resultierenden Verbesserung der Lernleistungen der Schüler kann und soll mit dem hier gewählten Zugang nicht beantwortet werden." (Czerwanski et al., 2002, S. 114)

Auffällig ist, dass die methodischen Zugänge der externen Evaluationen zu schulischen Netzwerkprojekten wie SINET, GÖS, NIS vergleichbar sind mit Evaluationen zu „normaler" Projektarbeit. Das Spezifische der angestrebten Untersuchung eines Netzwerks findet keinen Ausdruck in den methodischen Zugängen. Eine Ausnahme bilden – zumindest ansatzweise – die Studien von Wilbers (2004) und von Behr-Heintze und Lipski (2004), die sowohl Beziehungskonstellationen als auch unterschiedliche Qualitäten von Beziehungen untersuchen.

Die Studie von Wilbers (2004) ist vom methodischen Zugang her die einzige, die Schulen selbst als Netzwerke aus persönlichen und institutionellen Beziehungen untersucht, indem jeweils das gesamte Kollegium befragt wird. Darüber hinaus ist an dieser Studie bemerkenswert, dass die untersuchten Schulen nicht an einem ausdrücklichen Schulnetzwerkprojekt, sondern an einem thematisch anders ausgerichteten Schulversuch (ANUBA) teilgenommen haben. Die Arbeit im Netzwerk stand nicht im Fokus des Schulversuchs der untersuchten Schulen. Die Stichprobe repräsentiert allerdings nur die Schulart der berufsbildenden Schulen.

Wie die Studie von Wilbers (2004) untersucht die von Behr-Heintze und Lipski (2004) Schulen, die nicht explizit an einem Netzwerkprojekt mit externem Träger teilnehmen. Sie sticht hinsichtlich des Aspekts der Repräsentativität der Ergebnisse und der damit verbundenen Eignung als empirische Bestandsaufnahme hervor. Durch die vergleichsweise große Fallzahl und die zufällig gewählte Stichprobe von Schulen sind die Ergebnisse hier noch am ehesten repräsentativ. Allerdings repräsentiert die Stichprobe nur die Schulart der allgemeinbildenden Schulen.

Auffällig ist zudem, dass die vorhandenen Studien gänzlich als Querschnittsuntersuchungen angelegt wurden. Längsschnittuntersuchungen fehlen. Aussagen über die prozesshafte Entwicklung und Nachhaltigkeit der Schulnetzwerke können somit nicht mit empirischen Daten gestützt werden. Auch beschränken sich die verwendeten Forschungsdesigns der Evaluationsstudien weitgehend auf klassische Datenerhebungsverfahren wie Befragungen, Dokumentenanalyse, Interviews. Schülerleistungsdaten und

Netzwerkanalysen wurden kaum einbezogen. Aufwändige, aber wünschenswerte Kontrollgruppendesigns fehlen nahezu immer.

Die Literaturstudie von Bell et al. (2006) sticht durch die große Anzahl der einbezogenen Studien sowie die Systematik und Transparenz der Vorgehensweise hervor. Sie enthält umfangreiche und differenzierte Ergebnisse zu den Wirkungen unterschiedlicher Arten und Methoden schulischer Netzwerkarbeit.

2.2 Ergebnisse der Studien

Aus den Ergebnissen der Studien kristallisieren sich verschiedene inhaltliche Bereiche heraus:

- Verbreitung institutioneller und persönlicher Kooperationsbeziehungen zwischen Schulen
- Wirkungen und Nutzen der Netzwerkarbeit auf den Ebenen der Schule, der Lehrkräfte und der Schülerinnen und Schüler
- Gelingensbedingungen bzw. Erfolgsfaktoren
- Schwierigkeiten
- Organisation und Steuerung
- Transfer innerhalb der Schulen

Verbreitung institutioneller und persönlicher Kooperationsbeziehungen zwischen Schulen

Behr-Heintze und Lipski (2004) erhoben, wie verbreitet Kooperationsbeziehungen zwischen Schulen sind. Als Ergebnis wurde hierzu festgestellt, dass 2/3 der befragten Schulen Kontakte zu anderen Schulen pflegen. Aus den Ergebnissen geht darüber hinaus eine Rangfolge der örtlichen Lage von Netzwerkpartnerschulen hervor. Am häufigsten kooperieren Schulen, die in derselben Kommune liegen, gefolgt von solchen im selben Landkreis. Ein interessanter Aspekt der ermittelten Rangfolge ist es, dass Kooperationsbeziehungen zu Schulen im Ausland häufiger sind als zu Schulen im gleichen Bundesland. Am seltensten bestehen Kooperationsbeziehungen zwischen Schulen, die in unterschiedlichen Bundesländern liegen (vgl. Behr-Heintze & Lipski, 2004).

Die Kooperationspartner allgemeinbildender Schulen wurden zu sieben Kooperationsfeldern zusammengefasst. Aus einer Frage nach der Bedeutung der genannten Kooperationspartner ergibt sich unter den untersuchten Kooperationsfeldern folgende Rangfolge der wichtigsten Kooperationspartner:

1. schulunterstützende Dienste (vor allem: schulpsychologischer Dienst, die Erziehungsberatung, der Hort und die Schulsozialarbeit)
2. Einrichtungen und Betriebe in der Kommune
3. andere Schulen
4. Sponsoren und Fördervereine
5. Eltern
6. Schüler
7. sonstige Personen

75% der allgemeinbildenden Schulen kooperieren mit mindestens vier bis allen sieben der abgefragten Kooperationsfelder. Festgestellt werden konnte, dass die Wahl der Kooperationspartner eng mit der Schulform korrespondiert. Beispielsweise arbeiten Grundschulen und Hauptschulen mehr mit schulunterstützenden Diensten zusammen als Realschulen und Gymnasien. Kooperationen zwischen Schulen finden am häufigsten zwischen Ganztagsschulen und Gymnasien statt, am wenigsten zwischen Grundschulen (vgl. Behr-Heintze & Lipski, 2004).

Die Ergebnisse aus Wilbers et al. (2004) Befragung zeigen, dass berufsbildende Schulen nur wenig in institutionellen Netzwerken arbeiten. In allen untersuchten Netzwerksegmenten kooperieren Lehrkräfte nur in geringem Maß; die Werte für die Intensität der Zusammenarbeit sind alle relativ gering. Am meisten verbreitet ist die Zusammenarbeit im Bereich klassischer Lernortkooperation (Berufsschule-Ausbildungsbetrieb). Die geringsten Werte für die Zusammenarbeit zeigen sich im Bereich der Berufsbildungsforschung: Kooperationen zwischen Lehrkräften und Universitäten fehlen fast gänzlich; bestehende sind auf äußerst niedrigem Niveau (vgl. Wilbers, 2004, S. 368 ff.). Auch innerschulische, persönliche Netzwerke sind vergleichsweise klein. Fachliches Wissen, also Wissen bezüglich der relevanten Wissenschaften und der Wirkungsräume, pädagogisch-didaktisches Wissen, Wissen bezüglich Schulentwicklung, Umgang mit bzw. in Projekten sowie Curriculumentwicklung, der Prozesse und Unterlagen, der Experten sowie bezüglich der eigenen Professionalisierung und Entwicklungsmöglichkeiten, „zirkuliert" in Schulen kaum.

Wirkungen der Netzwerkarbeit auf den Ebenen der Schule, der Lehrkräfte und der Schülerinnen und Schüler

Besonders differenzierte und systematische Ergebnisse bezogen auf die Wirksamkeit schulischer Netzwerkarbeit liefert die Studie von Bell et al. (2006): Hier werden zum einen mögliche Lern-Ebenen, nämlich Schule, Lehrkräfte, Schülerinnen und Schüler, Netzwerk und Leitungskräfte, am stärksten differenziert. Zum anderen werden spezifische Outcome-Bereiche, wie beispielsweise Veränderungen bezogen auf Wissen, Fähigkeiten, Selbstwirksamkeit und Einstellungen, unterschieden. Es zeigt sich, dass sich schulische Netzwerkarbeit insgesamt am meisten auf die Outcome-Bereiche Lernen, Wissen und Fähigkeiten auswirkt. In diesen Outcome-Bereichen weisen die meisten Studien Wirkungen nach. Die größte Wirksamkeit hatten diejenigen Netzwerke, die einen ganz spezifischen Schwerpunkt für die Netzwerkarbeit sowie eine konkrete Zielgruppe definiert hatten. Netzwerke mit einer größeren Breite von Zielsetzungen bzw. verschiedener Zielgruppen wirkten sich weniger auf das Schülerverhalten aus als Netzwerke mit ganz spezifischen Zielsetzungen und Zielgruppen (vgl. Bell et al., 2006, S. 16).

... auf der Ebene der SchülerInnen

Von zentraler Bedeutung für die Bewertung schulischer Netzwerkarbeit sind die Wirkungen auf der Ebene der SchülerInnen, denn letztendlich zielen alle Maßnahmen der Netzwerkarbeit auf eine Verbesserung des Lernens der SchülerInnen ab. Gemäß der Studie von Bell et al. (2006) gibt es auf der Ebene der SchülerInnen die zweitmeisten nachweisbaren Wirkungen von Netzwerkarbeit im Vergleich der oben genannten Ebenen untereinander. In der Studie „Schule und soziale Netzwerke" sieht die Mehrheit der schulischen Kooperationspartner den Gewinn der Kooperation vor allem in einer Erweiterung des inhaltlichen Angebots und damit einer Verbesserung der Lernmöglichkeiten der Kinder (vgl. Behr-Heintze & Lipski, 2004, S. 21). Haenisch (2003) zufolge stellt das Lernen mit SchülerInnen von Partnerschulen eine besondere Art der Lernerfahrungen dar: SchülerInnen erleben hierbei Anerkennung und Wertschätzung, zudem verbessert sich ihre Motivation und ihr Selbstbewusstsein. Czerwanski et al. (2002) stellten fest, dass fast die Hälfte der befragten Lehrkräfte und Schulleitungskräfte im Projekt SINET in der Entwicklung auf der unterrichtlichen Ebene einen indirekten Nutzen für die SchülerInnen sehen.

... auf der Ebene der Lehrkräfte

Es scheint naheliegend, dass Veränderungen auf der Ebene der Lehrkräfte zwar keine hinreichende Bedingung, aber zumindest eine gute Voraussetzung für Veränderungen auf der Ebene des Lernens der SchülerInnen schaffen. Die Studie von Bell et al. (2006) hat gezeigt, dass die meisten nachweisbaren Wirkungen der Netzwerkarbeit im Vergleich der verschiedenen Ebenen untereinander auf der Ebene der Lehrkräfte konstatiert werden. Hierzu passen die empirischen Ergebnisse von Czerwanski et al. (2002): Insgesamt 90% (NIS) bzw. 80% (SINET) der Befragten schätzen den Nutzen für die eigene Professionalisierung als hoch oder sehr hoch ein. Dieser persönliche Nutzen wird von den Befragten insbesondere in folgenden vier Aspekten gesehen:

- andere Schulen, Kollegen und Organisationsformen von Schule kennenlernen und dadurch Anregungen für den Unterricht und die eigene praktische Arbeit erhalten
- Motivation und Stärkung erhalten, insbesondere Motivation, etwas Neues auszuprobieren
- die Möglichkeit haben zur dauerhaften Fortbildung und Qualifikationserweiterung
- die Möglichkeit zur Reflexion der eigenen Arbeit haben

Die Aspekte der Stärkung und der Möglichkeit zur Reflexion der eigenen Arbeit werden von 90% bzw. 92% (beide NIS) der Befragten angegeben.

Fast alle Befragten meinen, dass sie in der Netzwerkarbeit gute oder sehr gute Möglichkeiten geboten bekommen, eigene Probleme einzubringen, zu neuen Ideen angeregt zu werden und Erfahrungen auszutauschen. Ähnliche Ergebnisse liefert auch Haenisch (2003): Die konkrete Zusammenarbeit mit Lehrkräften anderer Schulen schafft für die Lehrkräfte Vergleichsmöglichkeiten und vergrößert das Handlungsrepertoire für die Umsetzung innovativer Lern- und Unterrichtsformen. Darüber hinaus erhalten Lehrkräfte Reflexionsmöglichkeiten (beispielsweise durch Feedback) und Unterstützung (Czerwanski et al., 2002; Haenisch, 2003).

Weitere Nutzenaspekte für Lehrkräfte sind gemäß Czerwanski et al. (2002):
- Materialaustausch
- Motivation erhalten, um Neues auszuprobieren
- Kennenlernen neuer und die Weiterentwicklung bekannter Methoden und Ansätze der Teamentwicklung im Kollegium

... auf der Ebene der Schule

Auch auf der Ebene der Schule können verschiedene Wirkungen von Netzwerkarbeit festgestellt werden. Die überwiegende Mehrheit der Befragten in der Studie von Czerwanski et al. (2002) schätzen diesen Nutzen als hoch oder sehr hoch ein. Konkret schätzen die Befragten die Wirkungen der Netzwerkarbeit auf die folgenden vorgegebenen Bereiche überwiegend positiv ein:

- Weiterentwicklung des pädagogischen Konzepts
- Kooperation im Kollegium
- Qualität des Unterrichts
- Qualität der Erziehungsarbeit
- Schulleben
- Beitrag zur kontinuierlichen Schulentwicklungsarbeit
- Möglichkeiten zur Evaluation in der Schule
- Möglichkeiten zur qualifizierten Fortbildung

Bell et al. (2006) stellen in ihrer Literaturstudie darüber hinaus folgende Aspekte zu Wirkungen der Netzwerkarbeit auf Schulebene fest:

- Entwicklung professioneller Lerngemeinschaften
- Wissen um neue wichtige Ideen bzw. Fähigkeiten
- Kenntnisse von Schul- und Klassenraumorganisation
- Kenntnisse von Managementstrukturen

Wie groß der Nutzen der Netzwerkarbeit für die Entwicklung der Schule als Ganzes ist, hängt entscheidend davon ab, inwieweit es gelingt, die durch die Netzwerkarbeit hervorgebrachten Innovationen in der Schule zu verbreiten.

80% der befragten Netzwerkmitglieder geben an, dass es gut bis sehr gut gelungen ist, Impulse der Netzwerkarbeit im Kollegium bekannt zu machen. Dagegen sind es nur 59% (NIS) bzw. 56% (SINET), die es dementsprechend für gut bis sehr gut gelungen halten, diese Impulse im Kollegium auch umzusetzen. Gerade dieser Schritt zwischen Initiierung und Implementation wäre jedoch entscheidend (vgl. Czerwanski et al., 2002, S. 119 f.).

Schulen entwickeln unterschiedliche Maßnahmen und Strategien für innerschulischen Transfer:

- passive Information (über Pinnwand, Info-Wand, Handapparat mit Literatur im Lehrerzimmer, Protokolle der Netzwerksitzungen) (Czerwanski et al., 2002; Haenisch, 2003)
- allgemeine Ansprache (Gesamtkonferenz, Dienstbesprechung) (Czerwanski et al., 2002)
- Diskussionszirkel (schulinterne AGs, offene Steuergruppe, wöchentliche Treffen) (Czerwanski et al., 2002)
- persönliche Ansprache einzelner Kollegen (Czerwanski et al., 2002)

Czerwanski et al. (2002) stellen fest, dass sich Fortbildungen bzw. Trainingseinheiten als effektivste Maßnahmen zur Transferförderung herauszukristallisieren scheinen, da die Implementations- und Transfereffekte in den Schulen am größten sind, wo Fortbildungen bzw. Trainingseinheiten ein systematisches Element der Netzwerkarbeit sind. Haenisch (2003) stellt als Strategien zur Transferförderung Fortbildungsmaßnahmen und den Einbezug weiterer Lehrkräfte in konkrete Projektarbeiten fest.

Gelingensbedingungen bzw. Erfolgsfaktoren

Als wichtigste Gelingensbedingung für die Netzwerkarbeit kristallisiert sich in verschiedenen Studien die Einrichtung regelmäßiger, gut vorbereiteter Netzwerktreffen heraus (Czerwanski et al., 2002, Haenisch, 2003). Auch in der Studie von Bell et al. (2006) wird die besondere Bedeutung von Face-to-face-Kommunikation betont. Als weitere Gelingensbedingungen können festgehalten werden:

- ein Netzwerkmanagement mit Zielklärung, gute Organisation, gute Koordination (Czerwanski et al., 2002)
- Zeitressourcen, Entlastungsstunden (Haenisch, 2003)
- finanzielle Unterstützung (Haenisch, 2003)
- engagierte und motivierte Lehrkräfte mit der Bereitschaft zu Mehrarbeit (Haenisch, 2003)
- Fähigkeit und Bereitschaft zur Kooperation (Haenisch, 2003)
- Unterstützung durch die Schulleitung (Haenisch, 2003)
- konstruktive Zusammenarbeit, Offenheit aller Beteiligten (Haenisch, 2003)
- ein gemeinsames Ziel und ähnliche Interessenlagen (Haenisch, 2003)
- gemeinsame Fortbildung (Haenisch, 2003)
- Verankerung des inhaltlichen Themenschwerpunkts der Netzwerkarbeit im Schulprogramm der Schule (Czerwanski et al., 2002)

Entscheidend für den Erfolg schulischer Netzwerke ist es, wie konkrete Arbeitsprozesse gestaltet, organisiert und gesteuert werden. Bewährte konzeptionelle und organisatorische Elemente sind:

- regelmäßige Netzwerktreffen der Schulvertreter (Czerwanski et al., 2002; Haenisch, 2003)
- ein selbst erstelltes Arbeitsprogramm (Czerwanski et al., 2002; Haenisch, 2003)
- die Einrichtung einer Koordinationsschule (Czerwanski et al., 2002; Haenisch, 2003)
- die Erarbeitung von Materialien, um Praxiserfahrungen zu verbreiten (Czerwanski et al., 2002)
- jährliche lernnetzwerkübergreifende Koordinatoren-Treffen (Czerwanski et al., 2002)
- gemeinsame Arbeitstagungen mit allen Schulen (Czerwanski et al., 2002)
- die Gewährung von Ausgleichsstunden (Czerwanski et al., 2002; Haenisch, 2003)
- Qualifizierungsangebote (Czerwanski et al., 2002; Haenisch, 2003)

Regelmäßige Netzwerktreffen der Schulvertreter werden von fast allen Befragten in den beiden Schulversuchen NIS und SINET (93% NIS bzw. 86% SINET) als wichtigstes Element der Netzwerkarbeit wahrgenommen. Auch werden sie als wichtigste Gelingensbedingung genannt (Czerwanski et al., 2002; Haenisch, 2003). Darüber hinaus scheint die systematische Integration von Qualifizierungsangeboten vorteilhaft.

Auch scheint es wichtig, dass die Netzwerkschulen einen ganz spezifischen Schwerpunkt für die Netzwerkarbeit sowie eine konkrete Zielgruppe definiert haben (Bell et al., 2006).

Häufig werden im Zusammenhang mit Schulnetzwerken virtuelle Kommunikationsforen oder -plattformen eingerichtet (SINET, NIS, QiN). Die Ergebnisse von Bell et al. (2006) zeigen jedoch, dass diese Foren und auch E-Mail-Kommunikation keine besondere Bedeutung in der Wahrnehmung der Netzwerkakteure erfahren.

Schwierigkeiten

Als besondere Schwierigkeit, bezogen auf erfolgreiche Netzwerkarbeit, stellt sich die dauerhafte, verbindliche Zusammenarbeit aller Schulen in den jeweiligen Netzwerken (Czerwanski et al., 2002) heraus. Sie ist nicht zuletzt wegen knapper Ressourcen ein heikler Punkt für die Arbeit im Netzwerk. Die Erfahrung zeigt, dass es in der auf mehrere Jahre angelegten Netzwerkarbeit eher die Regel als die Ausnahme ist, dass mindestens eine der Netzwerkschulen wichtige Attribute einer verbindlichen Zusammenarbeit – wie beispielsweise Rückmeldungen geben und Informationsfluss gewährleisten – vermissen lässt. Die zeitliche Belastung durch die Netzwerkarbeit wird vom überwiegenden Teil der Befragten als hoch oder sehr hoch eingeschätzt, doch nur 38% bewerteten die zeitliche Belastung als zu hoch. Dieses Ergebnis lässt die Interpretation zu, dass die Beteiligten die hohen oder sehr hohen zeitlichen Belastungen erleben, aber auch erwartet haben (vgl. Haenisch, 2003).

Organisation und Steuerung

Ein wichtiges Ergebnis der Studie von Bell et al. (2006) ist, dass keine signifikanten Zusammenhänge zwischen strukturellen Rahmenbedingungen wie Größe des Netzwerks (Anzahl der teilnehmenden Organisationen), vorhandene Ressourcen und Infrastruktur, örtliche Lage der Schulen, Dauer des Netzwerks einerseits und der Wirksamkeit der Netzwerkarbeit andererseits festgestellt werden konnten. Bezogen auf die Entscheidungen hinsichtlich der örtlichen Lage der Schulen sind Ressourcenüberlegungen ausschlaggebend: Mit zunehmender Entfernung der Schulen steigt der zeitliche und finanzielle Aufwand für gemeinsame Arbeitstreffen. Hinsichtlich der Überlegungen, wie viele Schulen in einem Netzwerk zusammen arbeiten sollten, ist der steigende Koordinierungsaufwand mit steigender Netzwerkgröße zu berücksichtigen.

Wichtigste Unterstützungsmaßnahmen

In der Studie von Haenisch (2003) werden als wichtigste notwendige Unterstützungsmaßnahmen für Schulnetzwerke festgestellt:

1. Beratung und Unterstützung durch externe Experten (z.B. intensive sach- und projektbezogene Beratung, Teilnahme von Beratern an Besprechungen des Netzwerks, externe Experten für die Umsetzung der Ideen, Evaluationshilfe von außen)

2. finanzielle Unterstützung (z.B. Budget für Besuchsreisen und Fortbildungen)
3. die Schaffung zeitlicher Rahmenbedingungen (z.B. Entlastungsstunden, Zeitkontingente)
4. Unterstützung durch die Schulleitung (z.B. Akzeptanz, Öffentlichkeitsarbeit, Ermöglichung und Förderung von Fortbildung)
5. Unterstützung in materieller und personeller Hinsicht durch Bezirksregierungen bzw. Schulaufsicht

3. Weitere internationale Arbeiten

Im letzten Jahrzehnt entstand eine Reihe von interessanten Arbeiten. Sie alle stellen wichtige Beiträge zu den Forschungsdesideraten inhaltlicher und methodischer Art dar. Neben den in diesem Beitrag vorgestellten Studien und denen, die in diesem Band in drei weiteren Beiträgen dargestellt werden, gibt es eine Reihe von interessanten Arbeiten im Ausland, z.B. in England.

Eines der größten internationalen Projekte im Bereich der Schulentwicklung durch schulische Netzwerkarbeit ist sicherlich das Projekt „Networked Learning Communitiers" (NLC), das vom „National College for School Leadership" (NCSL) in England in der Zeit von 2002 bis 2006 durchgeführt wurde (vgl. NCSL, 2005). Die grundlegende Projektidee war, das Lernen in Netzwerken für Schulen zu fördern, indem eine gemeinsame Austauschplattform für Schulnetzwerke geschaffen wird und Erfahrungen sowie empirische Ergebnisse koordiniert und gebündelt werden. Es sollten also bereits bestehende und neu gegründete Schulnetzwerke in einem Meta-Netzwerk miteinander vernetzt werden, das den Weg üblicher Architektur von Innovationen im Schulsystem über Modellversuche bzw. Projekte – Modellversuch bzw. Projekt mit Modellcharakter, Ergebnisdarstellung, beabsichtigter Transfer auf weitere Schulen – verlässt. Es setzt dort an, wo deutsche Projekte enden: am Transfer der Erfahrungen und Ergebnisse der Netzwerkschulen. Die Art, wie im Schulsystem gelernt wird, sollte im Programm NLC weiterentwickelt werden, indem Netzwerke von anderen Netzwerken lernen. Über 1.500 Schulen nahmen an dem Projekt teil. Ungefähr 70% der Netzwerkschulen waren Grundschulen. Die Schulen arbeiteten in 130 Netzwerken zusammen. Die Anzahl der Schulen in einem Netzwerk variierte zwischen mindestens sechs bis zu über 60 Schulen. Durchschnittlich arbeiteten ca. zehn Schulen in einem Netzwerk zusammen. Ungefähr 60% der Netzwerke bestanden bereits seit längerer Zeit. Es nahmen folglich sowohl bestehende als auch neu gegründete Schulnetzwerke am Programm NLC teil. Da diese Schulnetzwerke aus unterschiedlichen Projektkontexten und Initiativen hervorgingen, unterschieden sie sich sehr in ihrer Entstehungsgeschichte, ihrer Struktur, ihren konkreten Arbeitsweisen und ihren Zielen. An jedem einzelnen Netzwerk waren Vertreter verschiedener schulischer Systemebenen beteiligt. Konkret nahm an jedem Netzwerk eine Gruppe von Schulen teil, darüber hinaus arbeiteten auch Bildungsbehörden und außerschulische gesellschaftliche Partner in den Netzwerken mit (vgl. http://www.ncsl.org.uk/networked/index.cfm; 01.06.06).

Ziel des Projekts NLC war zum einen eine Wissensbasis, die dem aktuellen Forschungsstand zu schulischer Netzwerkarbeit entspricht. Mittels externer und interner

Evaluation sollte die Wissensbasis weiterentwickelt werden. Zudem sollten aus den Erfahrungen der einzelnen Projekte Angebote im Sinne von Ressourcen zur Unterstützung von Netzwerkakteuren, insbesondere Leitungskräften, entwickelt und zur Verfügung gestellt werden.

Als Unterstützungsleistungen wurden den teilnehmenden Schulnetzwerken für drei Jahre kleine finanzielle Beträge zur Verfügung gestellt. Darüber hinaus unterstützte ein Team aus Forschern, Koordinatoren und Prozessbegleitern die Arbeit der Schulnetzwerke und es wurden Strukturen und Möglichkeiten geschaffen, die das Lernen der Netzwerke voneinander förderten. Dies waren beispielsweise regional und auf Landesebene durchgeführte Workshops und Tagungen, e-newsletter und Zeitschriften, eine Online-Plattform sowie die Bündelung und Bereitstellung von Ressourcen, die das Kernteam eigenständig bzw. in Zusammenarbeit mit den Schulnetzwerken erarbeitete (vgl. Hadfield, 2005).

Das Untersuchungsdesign der externen Evaluation des englischen Programms NLC unterscheidet sich dahingehend von den übrigen, dass am konsequentesten auf die unterschiedlichen Phasen im Untersuchungszeitraum eingegangen wurde. Zu Beginn wurde anlässlich einer Tagung im Sinne einer gemeinsamen Suchbewegung erkundet und entwickelt, welche Themenbereiche für die Arbeit im Netzwerk wissenschaftlichen Erkenntnissen zufolge wichtig sind. Im Prozess der Netzwerkarbeit wurde den Schulnetzwerken die vorhandene Wissensbasis zu den Wirkungen schulischer Netzwerkarbeit anhand der Literaturstudie von Bell et al. (2006) zugänglich gemacht.

Im Rahmen der externen Evaluation zum Projekt NLC wurde gegen Ende der Projektlaufzeit im Herbst/Winter 2005/2006 eine quantitative Befragung durchgeführt. Die Ergebnisse dieser abschließenden Untersuchung sind im Abschlussbericht von Earl et al. (2006) veröffentlicht. 50% der teilnehmenden Schulen wurden per Zufallsentscheid für die Teilnahme an der Befragung ausgewählt. Das Ziel der Befragung war es, die Sichtweisen und Erfahrungen aktiv Beteiligter zu erheben. Jede teilnehmende Schule erhielt fünf Fragebögen, insgesamt wurden 3330 Fragebögen an 658 Schulen verschickt. Der Rücklauf der Befragung betrug 38%, was einer Fallzahl von n=1263 entspricht. Diese 1263 Fragebögen kamen aus 365 Schulen zurück, sodass der Rücklauf auf die Schulen bezogen 55% entspricht (vgl. Earl et al., 2006).

Das verwendete Fragebogen-Instrument ist auf der Grundlage einer Literaturstudie entstanden. Mit Hilfe dieses Instruments sollten verschiedene grundlegende Konstrukte erfasst werden, denen eine große Bedeutung für die erfolgreiche Entwicklung der Arbeit im Netzwerk zugeschrieben wurde, nämlich Ziel und Fokus der Netzwerkarbeit, Beziehungen, Kooperation, Befragungen und formelle sowie informelle Führung.

Die Ergebnisse lieferten unterschiedliche Sichtweisen, wie Lehrerkollegien in verschiedene Netzwerkaktivitäten aktiv eingebunden waren und welche Wirkungen diese Aktivitäten auf Schulaktivitäten und Folgen bezogen auf die SchülerInnen hatten. Generell wurden die Netzwerkaktivitäten und ihre Wirkungen positiv wahrgenommen. Die Befragtengruppe mit formalen Führungsrollen bewerteten die Wichtigkeit der Arbeit im Netzwerk sowie die Wirkung der Netzwerkarbeit für Schulentwicklungsprozesse tendenziell am positivsten. Die Befragung lieferte Informationen darüber, wer an

Netzwerkaktivitäten beteiligt war und in welchem Ausmaß die Befragten jeweils professionelle Lernmöglichkeiten wahrnahmen.

Ergebnisse bei Earl et al. (2006) zeigen, dass das Thema „leadership" in verschiedenen Facetten bei den NLC stärker aufgegriffen wird, als dies in den hier vorgestellten deutschsprachigen Studien der Fall ist. Schulleitungen wurden als besonders engagierte Netzwerkbeteiligte genannt. Dazu gehören formale Führungsfunktionen und informelle Führungsaktivitäten. Geteilte Führungsverantwortung spielt eine große Rolle. Zudem sehen Earl et al. (2006) die engagierte aktive Einbindung der Lehrkräfte in das Netzwerk als zentralen Schlüsselfaktor an (vgl. auch Berkemeyer et al., 2009; West, 2010).

Ein weiteres ambitioniertes Kooperationsprojekt in England ist die "City Challenge", die in drei englischen Metropolregionen durchgeführt wurde: London, The Black Country und Greater Manchester. Es war ab 2008 auf drei Jahre angelegt mit dem Ziel, vorhandene lokale und regionale Initiativen zusammenzubringen, zu bündeln und durch Nutzung entsprechender landesweiter bildungspolitischer Fördermittel auszubauen, um folgende Ziele zu erreichen:

1. Intensive Unterstützung für leistungsschwache Schulen: In London selbst erhielten z.B. 70 Sekundarschulen und 60 Primarschulen intensive Hilfe zur Erstellung und Durchführung spezieller Programme für Schüler/innen mit nichtenglischer Muttersprache, Coachingangeboten für Schüler/innen und Lehrkräfte und vieles mehr.

2. Ein metropolregionweites kollegiales Unterstützungssystem für Schulleitungen: Schulleitungsteams erhielten kollegiale Beratung von anderen Schulleitungen und zudem wurde eine Strategie für eine systematische Besetzung von Führungspositionen an Schulen mit hohem Entwicklungsbedarf erarbeitet und umgesetzt.

3. Schulspezifische individuelle Hilfen für Schülerinnen und Schüler mit besonderem Förderbedarf: Die Unterstützungsmaßnahmen richteten sich einerseits an Schüler mit Leistungsschwächen, aber andererseits auch an besonders begabte.

4. Datengestützte Ansätze zum Erkennen und Beheben von Problemlagen der Schulen: Dazu gehörte ein Diagnoseinstrument, mit dem die Schulen ihren Leistungsstand eruieren können, woraufhin vergleichbare Schulen identifiziert werden können, mit denen dann Kooperationen zur Lösung spezifischer Probleme eingegangen werden.

5. Lokale Lösungen für lokale Problemstellungen: Das Beispiel des Projekts „London Challenge" lässt eine große Bandbreite an London-weiten Initiativen erkennen, darunter z.B. auch Fortbildungen und Stellenausschreibungs- und Besetzungsverfahren.

Das Desiderat einer theoretischen Verortung von Netzwerkarbeit im Bildungsbereich bearbeiten Muijs, West und Ainscow (2010), indem sie auf theoretische Konzepte der Soziologie, Psychologie und der Wirtschaftswissenschaften zurückgreifen. Vier Konzepte lassen sich den Autoren zufolge für eine Theoriebasierung von Netzwerkarbeit nutzen:

- Die Konstruktivistische Organisationstheorie (mit Wurzeln in Konzepten von Weick, 1995; Vygotsky, Vygotsky & Steiner, 1978; Piaget & Inhelder, 2000; Borgatti & Foster, 2003 etc.): Für Muijs et al. (2010) lassen sich Schulnetzwerke hier theoretisch verorten, wenn sie hauptsächlich zum Ziel haben, gemeinsam Wissen zu generieren und höchstmögliche Offenheit und Zusammenarbeit zu ermöglichen.

- Eine verwandte Theorie fokussiert den Wert von Netzwerkarbeit und Kooperation für die Schaffung von Sozialkapital, im Sinn von Ressourcen, die der soziale Kontext enthält und die freigesetzt und genutzt werden (Lin, 1999; vgl. auch Borgatty & Foster, 2003; Brass et al., 2004): Hier lassen sich zum Beispiel Schulnetzwerke verorten, in denen es vor allem um Wissenstransfer und Bündeln der unterschiedlichen Stärken der Netzwerkpartner mit dem Ziel eines verbesserten Gesamtangebots für die Bildungsabnehmer geht.
- Die Auffassung von Netzwerken als Neue Soziale Bewegung (Hadfield, 2005): Zwar weisen Netzwerke Ähnlichkeiten mit solchen Aktivitätsgruppen auf (etwa die Tendenz, eine starke Führungspersönlichkeit an der Spitze zu haben, vgl. Diani, 2003; Hadfield, 2005; eine hohe Komplexität und eine gewisse Vergänglichkeit), doch sehen Muijs et al. (2010) auch Unterschiede. Während etwa Umweltschutzgruppen eher bottom-up entstanden sind, ist dies für Schulnetzwerke oft nicht der Fall.
- Durkheims Konzept der Anomie (Durkheim, 1972): Dieses Konzept geht davon aus, dass aufgrund eines Schwunds an verbindlichen, von allen geteilten Normen, Standards und Regeln die gesellschaftliche Integration nicht länger gewährleistet ist, was beim Individuum zu Angst und Unzufriedenheit führen kann. Netzwerke zum Beispiel mit anderen Schulen mit ähnlichen Wertvorstellungen helfen, organisationale Anomie durch die Erfahrung gemeinsamer Grundsätze, Werte, Standards und Regeln zu überwinden und „Integration" zu erleben. Dieses Konzept kann besonders gut die Kooperationen von „Failing Schools" erklären, die oft Zeichen einer Anomie zeigen. Netzwerkarbeit dient hier nicht nur dazu, Schulentwicklung zu fördern, sondern, auf sozusagen tieferer Ebene, Anomie zu überwinden. Interessant ist auch, dass solchen Netzwerken oft ein besonders ausgeprägter ethischer Anspruch („moral purpose") nachgesagt werden kann, was übereinstimmt mit Durkheims Auffassung, dass eine intensive ethische Ausrichtung mit der Überzeugung, dass das Handeln von Individuen Auswirkungen auf die Gesellschaft haben kann, Anomie verhindert (Segre, 2004).

Die ersten beiden Ansätze eignen sich besonders, um eine Vielzahl von Netzwerken einzuordnen, in denen es um Lehr-Lern-Ansätze oder um gemeinsam entwickelte Lehrplanangebote geht. Die letzten beiden sind in ihrer praktischen Relevanz eingeschränkter.

Literatur

Ainscow, M. (2010). Achieving excellence and equity: reflections on the development of practices in one local district over 10 years. *School Effectiveness and School Improvement, 21*(1), 75-92.

Behr-Heintze, A. & Lipski, J. (2004). *Schule und soziale Netzwerke*. München: Dt. Jugendinstitut.

Bell, M., Jopling, M., Cordingley, P., Fith, A., King, E. & Mitchell, H. (2006). *What is the impact on pupils of networks that include at least three schools? What additional bene-*

fits are there for practitioners, organisations and the communitiers they serve? National College for School Leadership. (Phase II der externen Evaluation zum Projekt NLC; 90 S.; Literaturstudie/ Forschungsbericht zu 19 internationalen Studien zur Wirksamkeit schulischer Netzwerkarbeit).

Berkemeyer, N. & Holtappels, H.G. (2005). Arbeitsweise und Wirkungen schulischer Steuergruppen. Empirische Studie zur Steuerung der Schulentwicklungsarbeit im Rahmen des niedersächsischen Projekts „Qualitätsentwicklung in Netzwerken". In Niedersächsisches Kultusministerium. (Hrsg.), *Qualitätsnetzwerke. Qualitätsentwicklung in Netzwerken. Abschlussbericht 2* (S. 30-77). Verfügbar unter: http://www.nibis.de/nli1/quali/quin_net/06materialien/broschueren/bericht_2.pdf. [23.12.2011].

Berkemeyer, N. & Holtappels, H.G. (Hrsg.). (2007). *Schulische Steuergruppen und Change Management. Theoretische Ansätze und empirische Befunde der schulinternen Schulentwicklung.* Weinheim & München: Juventa.

Berkemeyer, N., Manitius, V., Müthing, K. & Bos, W. (2009). Ergebnisse nationaler und internationaler Forschung zu schulischen Innovationsnetzwerken. *Zeitschrift für Erziehungswissenschaft, 12*(4), 667-689.

Borgatti, S. & Foster, P. (2003). The network paradigm in organizational research: A review and typology. *Journal of Management, 29,* 991-1013.

Brass, D.J., Galaskiewicz, J., Greve, H.R. & Tsai, W. (2004). Taking stock of networks and organizations: A multilevel perspective. *Academy of Management Journal, 47,* 795-817.

Chapman, C., Lindsay, G., Muijs, D., Harris, A., Arweck, E. & Goodall, J. (2010). Governance, leadership, and management in federations of schools, *School Effectiveness and School Improvement, 21*(1), 53-74.

Czerwanski, A. (2001). Was bringt schulische Netzwerkarbeit? Ergebnisse einer Zwischen-Evaluation. *Pädagogische Führung, 12*(2), 62-63.

Czerwanski, A., Hameyer, U. & Rolff, H. (2002). Schulentwicklung im Netzwerk. Ergebnisse einer empirischen Nutzenanalyse von zwei Schulnetzwerken. In H. Rolff, H. G. Holtappels, K. Klemm, H. Pfeiffer & R. Schulz-Zander (Hrsg.), *Jahrbuch der Schulentwicklung. Daten, Beispiele und Perspektiven* (Vol. 12, S. 99-130). Weinheim/München: Juventa.

Czerwanski, A. (2003). *Schulentwicklung durch Netzwerkarbeit.* Gütersloh: Verl. Bertelsmann-Stiftung.

Diani, M. (2003). Networks and social movements: a research programme. In M. Diani & D. McAdam (Hrsg.), *Social Movements and Networks: Relational Approaches to Collective Action* (S. 299-319). Oxford: Oxford: University Press.

Döbrich, P. (2005). Pädagogische EntwicklungsBilanzen (PEB) der Qualitätsnetzwerke in Niedersachsen. In Niedersächsisches Kultusministerium. (Hrsg.), *Qualitätsnetzwerke. Qualitätsentwicklung in Netzwerken. Abschlussbericht 2* (S. 26-29). Verfügbar unter: http://www.nibis.de/nli1/quali/quin_net/06materialien/broschueren/bericht_2.pdf. [23.12.2011].

Durkheim, E. (1972). *Selected writings.* Cambridge, UK: Cambridge University Press.

Earl, L. & Katz, S. (2005). *What makes a network a learning network?* (Phase II der externen Evaluation zum Projekt NLC; 12 S.; Zusammenfassung der wichtigsten Ergebnisse aus den 2005 durchgeführten Interviews).

Earl, L., Katz, S., Elgie, S., Jaafar, S. B. & Foster, L. (2006). *How networked learning communities worked* (Online Report). Verfügbar unter: http://networkedlearning.ncsl.org.uk/collections/network-researchseries/reports/how-networked-learning-communities-work.pdf [23.12.11].

Fink, M. & Burkard, C. (2001). Lohnt sich Netzwerkarbeit? *Pädagogische Führung, 2,* 76-79.

Hadfield, M. (2005). From networking to school networks to ‚networked' learning: the challenge for the Networked Learning Communities Programme. In W. Veugelers & M. J. O'Hair (Hrsg.), *Network learning for educational change* (S. 172-191). Maidenhead: Open University Press.

Hadfield, M, Kubiak, C, Noden, C & O'Leary, D. (2005). *The Networked Learning Communities: Year One Review*. National College for School Leadership (NCSL), Networked Learning Group (1. Zwischenbericht zum Projekt NLC; 47 S.).

Hadfield, M., Jopling, M., Noden, C., O'Leary, D. & Stott, A. (2006). *What does the existing knowledge base tell us about the impact of networking and collaboration? A review of network-based innovations in education in the UK*. Nottingham, UK: National College for School Leadership.

Haenisch, H. (2003). *Wirkungen schulischer Netzwerke. Erfahrungen mit den GÖS-Netzwerken im Schuljahr 2001/2002*. Landesinstitut für Schule. Soest 2003.

Haenisch, H. (2005). *Wirkungen des Landesprogramms, Gestaltung des Schullebens und Öffnung von Schule' (GÖS). Ergebnisse einer Befragung der im GÖS-Landesprogramm von 1997 bis 2004 geförderten Schulen*. Landesinstitut für Schule und Weiterbildung. Soest.

Huber, S.G. (2007). Empfehlungen aus dem Qualifizierungsprogramm. In Senatsverwaltung für Bildung, Wissenschaft und Forschung (Hrsg.), *Bildung für Berlin: MES Modellvorhaben Eigenverantwortliche Schule – Erfahrungen und Empfehlungen* (S. 49-51). Berlin.

Huber, S.G., Ahlgrimm, F. & Gördel, B. (2007). Synopse der Empfehlungen aus dem Modellvorhaben eigenverantwortliche Schule für eine flächendeckende Übertragung der Eigenverantwortlichkeit an alle Berliner Schulen. In Senatsverwaltung für Bildung, Wissenschaft und Forschung (Hrsg.), *Bildung für Berlin: MES Modellvorhaben Eigenverantwortliche Schule – Erfahrungen und Empfehlungen* (S. 52-59). Berlin.

Huber, S. G. & Krey, J. (2006, aktualisiert 2007). *Schulische Vernetzung – Überblick und Analyse. Nationale und internationale Netzwerke im Schulbereich*. Interner Bericht. Zug: IBB.

Katz, S. & Earl, L. (2010). Learning about networked learning communities. *School Effectiveness and School Improvement, 21*(1), 27-51

Kiper , H., Meyer, H., Mischke, W. & Spindler, D. (2005). Auf dem Wege zu einer kompetenzorientierten Didaktik. In Niedersächsisches Kultusministerium. (Hrsg.), *Qualitätsnetzwerke. Qualitätsentwicklung in Netzwerken. Abschlussbericht 2* (S.86-90). Verfügbar unter: http://www.nibis.de/nli1/quali/quin_net/06materialien/broschueren/bericht_2.pdf. [23.12.2011].

Kirchhöfer, D. (2004). *Lernkultur Kompetenzentwicklung. Begriffliche Grundlagen*. Berlin: Arbeitsgemeinschaft Betriebliche Weiterbildungsforschung.

Knorn, P. (2005). Pädagogische Entwicklungsbilanzen (PEB) und Projektevaluation. In Niedersächsisches Kultusministerium. (Hrsg.), *Qualitätsnetzwerke. Qualitätsentwicklung in Netzwerken. Abschlussbericht 2* (S.6-25). Verfügbar unter: http://www.nibis.de/nli1/quali/quin_net/06materialien/broschueren/bericht_2.pdf. [23.12.2011].

Lin, N. (1999). Building a network theory of social capital. *Connections, 22*(1), 28-51.

Lipski, J. & Behr, A. (2003). *Schule und soziale Netzwerke. Erste Ergebnisse der Befragung von Kooperationspartnern allgemein bildender Schulen*. München: DJI.

Minderop, D. & Solzbacher, C. (2007). Ansätze und Dimensionen – Eine Einführung. In C. Solzbacher & D. Minderop (Hrsg), *Bildungsnetzwerke und Regionale Bildungslandschaften. Ziele und Konzepte, Aufgaben und Prozesse* (S. 3-13). Köln: Link-Luchterhand.

Ministerium für Bildung, W. F. u. K. d. L. S. (2003). *Schulentwicklung im Netzwerk. Orientierungen für die Praxis*. Kiel: A.C. Ehlers.

Muijs, D. (2010). A fourth phase of school improvement? Introduction to the special issue on networking and collaboration for school improvement. *School Effectiveness and School Improvement, 21*(1), 1-3.

Muijs, D., West, M. & Ainscow, M. (2010). Why network? Theoretical perspectives on networking. *School Effectiveness and School Improvement, 21*(1), 5-26.

National College for School Leadership (2010). *Inspiring leaders to improve children's lives.* http://www.ncsl.org.uk/networked/index.cfm.

NCSL (2005). *International perspectives on networked learning.* (Phase I der externen Evaluation zum Projekt NLC; 54 S.; Darstellung des Forschungsstands; Aufätze der zum Symposium 2004 eingeladenen Wissenschaftler zu unterschiedlichen Aspekten schulischer Netzwerkarbeit)

Piaget, J. & Inhelder, B. (2000). *The psychology of the child.* New York, NY: Basic Books.

Rolff, H.-G. (2005). Von der Schulentwicklung zum Qualitätsmanagement – Eine Gesamt- (Meta-) Evaluation der niedersächsischen Qualitätsnetzwerke. In Niedersächsisches Kultusministerium. (Hrsg.), *Qualitätsnetzwerke. Qualitätsentwicklung in Netzwerken. Abschlussbericht 2* (S. 77-85). Verfügbar unter: http://www.nibis.de/nli1/quali/quin_net/06materialien/broschueren/bericht_2.pdf. [23.12.2011].

Rosenholtz, S. J. (1991). *Teachers' workplace.* New York: Teachers College Press.

Sailmann, G. (2005). *Schulische Vernetzung – Slogan oder Schlüsselkonzept der Schulentwicklung?* Berlin: WiKu-Verl. – Verl. für Wiss. und Kultur.

Segre, S. (2004). A Durkheimian network theory. *Journal of Classical Sociology, 4*(2), 215-235.

Vygotsky, L., Vygotsky, S. & John-Steiner, V. (Hrsg.). (1978). *Mind in society: The development of higher psychological processes.* Cambridge, MA: Harvard University Press.

Weick, K.E. (1995). *Sensemaking in Organizations. Foundations for Organizational Science.* London: Sage.

West, M. (2010). School-to-school cooperation as a strategy for improving student outcomes in challenging contexts. *School Effectiveness and School Improvement, 21*(1), 93-112.

Wilbers, K. (2004). *Soziale Netzwerke an Berufsbildenden Schulen.* Paderborn: Eusl.

Mel West

Improving student outcomes in challenging contexts by school-to-school cooperation

Abstract

This chapter reflects on experiences of working with schools in urban contexts as they have attempted to improve the quality of learning. Set within the context of the English education system during a period of intense national pressure to "raise standards", these experiences have been focused around issues of performance and leadership in schools in danger of being left behind as the performance gap between schools has widened. The chapter highlights the potentially promising contribution of collaborative efforts in which schools work together for the benefit of all of their students. The focus is on schools that are located in declining inner-city and suburban areas, where the population is drawn from the poorest and least advantaged sections of the community. These are schools where parental income and employment levels are low, but often in areas where the national populations of ethnic and social minority groups are overrepresented.

1. Efforts to "raise standards" by multiple strategies: The school context in England

In England, efforts to "raise standards" in recent years have included a number of developments concentrated on improving those schools that serve disadvantaged populations in urban contexts. These strategies have taken the form of a series of national policy initiatives, focusing on school self-management, on the quality of school leadership and of teaching, on the unleashing of market forces, and on the strengthening of accountability frameworks. Overall, the evidence is that these strategies have had a limited but positive impact on the overall performance of the system, although the debate continues as to the true extent of the progress made (e.g., Gorard, Fitz, & Taylor, 2001; Machin, McNally, & Rajagopalan, 2005). However, challenges remain which have, thus far, proved resistant to these strategies. These challenges are most evident when we look at the performance of groups of learners whose attainment levels tend to remain low, despite vigorous institutional improvement measures and targeted interventions.

The development of the current English reforms can be traced back to the neoliberal agenda of the Conservative governments of the 1980s and early 1990s. In particular, the passing of the 1988 Educational Reform Act and the introduction of a National Curriculum signalled a shift in approach – henceforth, what was taught would be determined largely outside the school, while how it was managed would be an internal matter. This reversed the traditional location of these decisions. This was followed in 1992 by further legislation that led to the development of a national inspection system and the introduction of school performance "league tables", based on student performance in a series of standardised national tests and examinations. Such measures sharply increased accountability – both inside the school and between the school and its various stakeholders. They also provided the measures that led to what Le Grand and Bartlett (1993) describe as a "quasi-market", in which schools compete for both numbers and quality of students.

More recently, "New Labour" governments have compounded this situation through their commitment to the principles of "choice" and "diversity". On the one hand, it seems that policy-makers believe competition to be an essential ingredient, if the much needed "transformation" of the education system is to be realised. On the other hand, the situation has become increasingly complicated by the introduction of a number of separate policy initiatives that have sought to bring about collaboration between schools (e.g., Excellence in Cities; Education Action Zones; and, more recently, School Federations and the Leadership Incentive Grant). This means that the current policy context is governed by a complex pattern of initiatives to develop collaborative practices within an environment that remains essentially competitive. Inevitably, this situation has led to a range of tensions and dilemmas for both schools and local education authorities (LEAs).

During this period of multiple policies and initiatives, the national inspection system has often been looked to as an important source of information about those areas of school performance that needed to be tackled. It has, therefore, itself become a major influence on policy development. At the same time, it constitutes the government's main strategy for addressing the problem of schools at risk of failure. Underachievement and low levels of attainment among students, a high proportion of unsatisfactory teaching, and ineffective leadership, have been seen as the most consistent features of failing schools (Office for Standards in Education [Ofsted], 1997). However, there are many who feel that these are phenomena more likely to be identified in reports on schools in challenging circumstances, while schools in more affluent areas are likely to be given the benefit of the doubt.

Within this overall policy context, colleagues from the University of Manchester have carried out a number of development and research projects over the last 8 years or so, seeking to draw out lessons from what has occurred. Much of this work is reported in a recent book, Improving Urban Schools: Leadership and Collaboration, (Ainscow & West, 2006). Some of these projects looked closely at what has happened in schools that experienced external interventions as a result of their perceived poor performance. Others document our own collaborative efforts to work with schools on improvement initiatives. Meanwhile, some of these studies have focused on developments in groups of schools where improvements appear to have been made and to have been sustained. In all of this work, emphasis is placed on listening to the voices of both teachers and students to help us to make sense of the realities they face. These voices have sometimes revealed how even the most well intended of interventions can themselves create barriers to progress.

Taken together, the projects we have carried out have unearthed what we see as untapped resources that exist within the system, locked away in individual schools. As this paper argues, this finding may point towards a new paradigm for urban school improvement, one that requires groups of schools to collaborate, pooling their knowledge and skills to address both common and particular problems. However, the UK government has argued that the raising of standards must also promote equity: that the emphasis on raising attainment must not simply benefit children who are already performing at a high level. Implemented properly, and supported by the various inclusion initiatives, the standards agenda is, it is argued, of even greater potential benefit to previously low-attaining children in poorly performing schools; it is about excellence for the many, not just the few.

Yet, the national strategies, whatever their benefits, have tended to reduce the flexibility with which schools can respond to the diverse characteristics of their students. This is a particular problem for schools that are formally categorised as performing poorly, since this brings short-term pressure to deliver satisfactory "metrics" that can postpone the development of strategies necessary for longer term improvement. And, as is evident from our studies of schools that had made sustained progress, despite the drag-anchor of being identified as "below floor targets" (West, Ainscow, & Stanford, 2005), headteachers are acutely aware of such pressures.

While the need to escape such designations can be useful in galvanising early efforts, since the designation itself becomes a common enemy upon which energies can be focused, it may also limit and inhibit ambition – amongst students and teachers alike. At the same time, the development during the 1990s of an educational market place, coupled with the recent emphasis on policies fostering greater diversity between schools, has created a quasi-selective system in which the poorest children, by and large, attend the lowest performing schools. Consequently, the lowest performing and, many would argue, the least advantaged schools, fall progressively further and further behind their high-performing counterparts (Edwards & Tomlinson, 2002). In terms of these effects, through selective advantaging and disadvantaging of schools, it can be argued that those very policies that have generally led to increased standards have also increased, rather than decreased, the disparities in education quality and opportunity between advantaged and less privileged groups. Giroux and Schmidt (2004) suggest that similar reform policies in the USA have turned some schools into little more than "test-prep centres". They further suggest that such schools often neglect the needs of those students unable to achieve "success", as determined by standardised, but narrow, assessment procedures.

Nevertheless, an analysis of recent experience also offers some reasons for optimism, not least in that it suggests that the system has considerable untapped potential to improve itself. There are skills, knowledge, and, most importantly, creativity within schools and within their local communities that can be mobilised to improve educational provision. We have seen, for example, how school staff groups can come together to strengthen and increase the impact of one another's efforts; we have seen the impact when headteachers pool their knowledge and experience for the benefit of a particular school or for a group of schools; we have seen the potential for cooperation between schools and their local authority and with the wider community; and running through all our work, we have seen the potential of partnerships between school staff and researchers.

This hints at what can be achieved when those who have a stake in urban education engage in authentic collaborative activity. Of course, collaboration has itself been a regular feature of national policy in recent years, best illustrated by Excellence in Cities and the Leadership Incentive Grant, both initiatives specifically targeted on schools in challenging urban environments. Nevertheless, and despite this press for greater collaboration within and between schools, there has been a tendency to view urban schools through a deficit lens, focusing on what they lack rather than the resources that they can draw on. As a result, it has often been assumed that externally driven strategies are the only feasible means of achieving improvement. While our most recent work leaves us in no doubt about the importance of additional resources as a stimulus to school-to-school collaboration (Ainscow, Muijs, & West, 2006), we are also aware of the potency of local ownership and local ideas. Indeed, our experiences suggest that national improvement strategies have, too often, fallen into the trap of overlooking the evidence that local interpretation and adaptation can shape and strengthen the way proposals are implemented. It seems to us that this helps to explain why these initiatives have had rather mixed effects.

However, there is some cause for optimism that schools can find ways to work together and with their communities that will enable some of the disadvantages of location and catchment to be overcome. The remainder of this paper develops this argument, giving examples of collaboration between schools, and the impact of such collaboration. It offers a description of what collaboration involves and some speculations about the factors that encourage schools to enter into sustained collaborative arrangements with one another. It concludes with a summary of the conditions required if effective collaboration is to become an important ingredient in the school improvement process. However, before focusing on the findings emerging from our own studies, it seems appropriate to describe briefly what collaboration entails.

2. Effective collaboration defined

For the purposes of this chapter, collaboration is defined as two or more organisations – here schools – that may otherwise be natural competitors, choosing to work together towards a common goal by sharing knowledge and resources and coordinating their activity and efforts. There is a literature that suggests what ingredients are likely to result in "successful" collaborations, but the clearest messages do not seem to come from school-to-school examples. For example, the Centre for Technology in Government of the University at Albany has published a series of studies of collaborative endeavours in three countries and has identified from these "keys to success" (2004). This report argues that there are four critical success factors that transcend national boundaries. These are leadership, trust, risk-taking, and communication.

Leadership is significant at several levels – contextual, organisational, and within teams and groups. Trust of two sorts seemed important: "public trust" – or the degree to which other stakeholders or the community at large feel the collaborative can be trusted to treat their needs and preferences fairly, and "professional trust" – the degree to which those organisations and individuals within the collaborative believe that they can rely on the motives and predict the performance of other participants. Of course, collaboration between organisations may involve partners who share some goals but differ with regard to others. It may also involve new activities, processes, or technologies. All these bring with them levels of risk. The important thing is not to try to avoid risk, which will tend to restrict creativity and innovation, but to seek to identify and understand risks early in the process, so that these can be managed. The fourth factor is communication: High levels of information sharing, frequent and authentic communication flows, and joint problem-solving are all processes that will help collaboration to succeed.

Michigan State University has also published a detailed study of effective collaborative practice (MacDowell & Dewhurst, 2004) based on analyses of cultural heritage projects undertaken between the University's Museum and various communities. Identified ingredients run to quite a long list but seem to have currency beyond the immediate context. Prominent amongst factors identified are: reciprocity, clear structures, institutional relationships, transparency, continuity and regularity, acknowledgement of contributions, continual consultation, and belief in the collaborative process.

3. Collaboration in action: a cross-case analysis of six case studies of collaborative practice

The findings reported here are drawn from a secondary analysis of case studies of collaborative practice in six urban authorities in different parts of the country. The networks sampled were identified in cooperation with the NCSL in England (which funded the study), following a review of published evaluation reports detailing progress made in a range of initiatives requiring, and in some cases rewarding, school-to-school collaboration. Data relating to both the processes reported within and the outcomes reported from collaboratives within these initiatives were analysed and compared in identifying the sample, which was then selected from instances where collaboration seemed to have had significant, positive impact on student experiences and outcomes, as measured by current metrics for school performance and as judged by Ofsted inspection teams. These case studies were drawn together by a team made up of experienced headteachers and researchers, working together at the University of Manchester. The cases were grounded in initial analyses of the school-level performance data and Ofsted reports that are available for all English secondary schools, as well as the published reports referred to above. In drawing up the case studies, these data were assembled for all schools in the selected collaborative to establish the research context, then supplemented by interview programmes with senior staff from the schools in the six collaboratives, by observation of within-school and cross-school meetings, by analyses of school documentation relating to collaborative activities, and by reviews of any local evaluations of progress that had been carried out. As far as possible, findings and interpretations were reported back to and validated with appropriate stakeholder groups. In the analysis that follows, the collaborating school groups from the six areas are referred to as "Collaboratives", and identified as A, B, C, D, E, and F.

The primary purpose of the case studies was to generate data for a report to NCSL regarding factors that had encouraged effective collaboration between schools. However, though the data collected were not written up for full publication, it brought together a rich series of accounts detailing practice within and between schools in the study. This paper is based on a cross-case review of those findings. It is driven by three questions which were used to interrogate the material. First, what sorts of impact has collaboration had on practice in these schools, which might explain why they have been identified as examples of "successful" collaboration? Second (and remembering that the study was commissioned by NCSL), are there wider lessons here about leadership behaviour and roles in successful collaboratives? Third, what factors seem to have contributed to the success of collaboration in these cases? These questions serve as organising categories for the remainder of this chapter.

4. What sorts of impact has collaboration had on these schools?

The impact of collaboration has varied considerably from place to place. While, in some instances, it has led to interesting explorations of the possibilities that open up when schools work together, these initiatives remain fragile. Equally, there are instances where the resources provided to underpin collaborative working have simply been hived off to serve the purposes of individual schools. There are, however, some contexts in which school-to-school collaboration seems to have had a significant impact on both practice and on learning outcomes. These examples confirm that such arrangements do have an enormous potential for fostering system-wide improvement, particularly in urban contexts. More specifically, they begin to show how collaboration between schools can provide an effective means of solving immediate problems, such as staff shortages; how they can have a positive impact in periods of crisis, such as during the closure of a school; and how, in the longer run, schools working together can contribute to the raising of aspirations and attainment in schools that have had a record of low achievement. There is also evidence that collaboration can help to reduce the polarisation within the education system, to the particular benefit of those students who are on the edges of the system and performing relatively poorly. The approaches to collaboration documented in this study vary considerably in style and in terms of their impact on practice and learning outcomes. The impact may be direct or indirect, short term or longer term. This is enlarged on below.

4.1 Direct impact activities

It was noticeable that activities which have a direct and immediate impact on achievement tend to be relatively easy to implement, as illustrated in the following brief examples from the work of various collaboratives:

Collaborative A has prepared a detailed analysis of the strengths and weaknesses of all the subject departments in all of its schools. This means that interventions can draw on the best practice available to focus on areas of need. So, for example, in one school there is a problem in the Science department, and an Advanced Skills Science Teacher from another school in the group is seconded to the school 1 day each week to support development.

Several of the schools in Collaborative D were experiencing difficulties with English teaching. Since they all had rather inexperienced heads of department, the Collaborative decided to appoint an experienced teacher to act as consultant. The contributions of the consultant varied from school to school, depending on need and circumstances. In some cases, she supported heads of department in developing their leadership practices, in others, she worked with teaching staff in developing schemes of work and resources, and on some occasions, she coached teachers with regard to their classroom practices.

4.2 Strengthening capacity

Some strategies involve processes that are intended to increase the capacity of schools and teachers to offer a stronger curriculum and more effective teaching arrangements. This notion of capacity building (Hopkins, Ainscow, & West, 1994) is an important one: If schools could simply increase their impact on students by changing policies, it might be expected that they would have already done so. Unfortunately, when schools have not done so, it is usually because the school community does not have the capacity to implement changes necessary to underpin improvements.

By their nature, such changes take longer to implement, as illustrated in the following examples:

Gradually, the idea of sharing teaching resources in Collaborative B has developed in a way that seems to be valuable in relation to the appointment and retention of staff. Indeed, one of the heads argues that for collaboration to work, "shared staffing is essential". So far, a range of approaches have been explored. For example, a joint advertisement was very successful in attracting teachers to the collaborative who may not have applied to those individual schools with relatively poor levels of performance. Meanwhile, the need to appoint part-time posts has on some occasions been avoided by combining posts across schools posts. A joint staffing plan was put in place, which covers joint training arrangements for post holders, such as those who take on the role of second-in-department. Finally, trainee teachers move between the partner schools during their placements, and there is an intention to become a joint training school.

Shared inset events within Collaborative B provide opportunities to meet teachers from other schools. These are valued by many teachers. As one teacher commented, "This was better than school INSET, because it's good to get out of the comfort zone, the limited way of seeing things in your own school." Younger teachers, in particular, echoed this sentiment, noting that they had never experienced events where staff were so explicitly (and in many cases literally) putting things on the table for others to borrow and make use of.

4.3 Responding to crises

In some instances, individual schools have faced crisis points. Collective responses have been seen as valuable in helping to resolve very difficult situations arising within a single school. For example:

The final cohort of students left at a school that is closing tend to suffer, as key staff seek other posts, leaving an increasingly negative atmosphere amongst those students and staff who are left behind. Collaborative C made a major contribution in helping one school to avoid such a situation. They did this by working together on joint projects, sharing resources, and requiring staff newly appointed to other schools in the Collaborative to work in the school during the first year of their contracts, bringing a renewed sense of life and vigour. In the summer of 2004, 150 Year 11 students in a school about to close down attained what were the best General Certificate of Secondary Education (GCSE) results at the school for years.

4.4 Sustaining improvements

The examples we have presented so far illustrate activities whose impacts tend to be relatively rapid but are often temporary in nature. However, we also have evidence suggesting that certain types of developments are proving to be promising in relation to more sustainable improvements. Inevitably, these activities are more complex and involve processes which take longer to evolve, not least because they most often require the negotiation of common priorities and shared values. They also require an investment of human resources, in order to create a framework for management and coordination, as we see in the following examples:

In Collaborative A, the school that has Leading Edge status tends to take the lead in the majority of the improvement efforts. One of the deputies from that school acts as overall improvement coordinator and is seconded from her duties for 2 days a week to fulfil this role. The head of that particular school talked with pride about what had been achieved so far across the collaborative, whilst also commenting on the impact of these efforts on staff within her own school. So, for example, she explained about the impact on one of her senior teachers of supporting developments elsewhere: "She has gained personally and professionally. In fact, it has been fantastic training for her. It has given her a new perspective." The head went on to say that this teacher was likely to be promoted to a post of head of department in the near future as a result of the developments in her thinking and practice.

Collaborative D now has in post a consultant headteacher, jointly funded, who works 2 days each week to support developments across the member schools.

It is clearly a great advantage that this person is a highly regarded, practising head from a nearby LEA. A number of other "outsiders", including two officers from the LEA and a consultant from the Leadership Development Unit at the University of Manchester, add further resources to the develop- ments that are taking place. Perhaps the key to this is that all of these contributions are seen as being part of a single improvement strategy.

5. Are there wider lessons about leadership practice here?

In terms of moving the idea of school-to-school collaboration forward, the issue of shared leadership is, we believe, a central driver. This requires leadership practices that involve many stakeholders in sharing responsibility for improving the outcomes for all learners in all of the schools within a collaborative. Often, this necessitates significant changes in beliefs and attitudes, and new relationships as well as improvements in practice. For example:

Responsibility for the management of Collaborative A is shared by the eight head-teachers, who meet each month. There is also a programme of "learning walks", where heads visit each other to help in reviewing existing practices. It is anticipated that, as relationships deepen and trust grows, these peer review visits will take on a more challenging style. An interesting test of the depth of commitment that already exists occurred as a result of a recent fire that destroyed part of the building in one of the schools. Immediately, other schools offered help, including accommodation and re-placement schemes of work. One teacher commented: "Twelve months ago that would not have happened."

5.1 Roles and responsibilities

It seems, therefore, that the perspective and skills of headteachers are central to an un-derstanding of what needs to happen in order that the potential power of collabora-tion can be mobilised. Their visions for their schools, their beliefs about how they can foster the learning of all of their students, and their commitment to the power of inter-dependent learning, appear to be key influences. All of this means, of course, that rep-lication of these processes in other schools will be difficult, particularly if those in charge are unwilling or unable to make fundamental changes in working patterns. This being the case, there is a very strong case for providing headteachers with professional development opportunities that will support them in taking this work forward.

The emphasis on school-level leadership has very significant implications for the roles of LEA staff, too. It means that they have to adjust their priorities and ways of working in response to collaborative arrangements that are led from within schools. Sometimes this leads to misunderstandings and tensions. For example:

The development of Collaborative E as a relatively autonomous structure raised interesting questions about the role of LEA staff. The headteachers were clearly enthusiastic about the practice of collaboration as it had developed during the first year. However, they were also increasingly aware of the need to define their own agenda. Up until September 2003, it was evident that LEA officers took responsibility for setting the agenda and for running the Collaborative's meetings. As the group became a more solid structure, LEA staff began to consider which other developments and initiatives should be linked to it, and at one point they issued an agenda for a meeting that outlined these. This seemed to raise alarm bells with some headteachers, and phone calls amongst them proliferated as they checked on one another's reactions. The next day, they informed the LEA representative that it would be the collaborative that would draw up the meeting agenda, that the meeting would be chaired by one of the headteachers, and that the LEA representative would be seen as a participant and a partner. In making this stand, the headteachers felt themselves to be exercising a powerful choice about their own future. At the same time, some LEA colleagues recognised this development as being in line with the strengthening and maturing of the collaborative.

There is then ample evidence within these cases that collaboration between schools has contributed significantly to the ways these schools go about their business. And, remembering that these examples were chosen because they featured groups of schools where student performance has improved more rapidly than is general for schools in difficult urban contexts, it requires no great leap of imagination to posit that collaboration has accordingly contributed to the improvement in student outcomes. But there is no simple equation linking these. Indeed, it is a complex relationship that involves a range of factors, and the commitment to raise expectations, of teachers and students alike, and the capacity to engage with and manage change are important components.

5.2 Raising expectations

There is evidence that, when schools seek to develop more collaborative ways of working, this can have an impact on how teachers perceive themselves and their work. Specifically, comparisons of practice can lead teachers to view underachieving students in a new light. Rather than simply presenting problems that are assumed to be insurmountable, such students may be perceived as providing feedback on existing classroom arrangements. In this way, they may be seen as sources of understanding as to how these arrangements might be developed in ways that could be of benefit to all members of the class.

However, research suggests that developments in practice, particularly amongst more experienced teachers, are unlikely to occur without some exposure to what teaching actually looks like when it is being done differently and exposure to someone who can help teachers understand the difference between what they are doing and what they aspire to do. It also seems that this sort of problem has to be solved at the individual level before it can be solved at the organisational level. Indeed, there is evidence that increasing collaboration can sometimes result in teachers coming together to reinforce existing practices rather than confronting the difficulties they face in different ways. This is why leadership is such a key factor in ensuring that collaboration involves both support and challenge.

5.3 Managing change

By and large, the evidence is that schools find it difficult to cope with change, particularly where this involves modifications in thinking and practice. In recent years, English schools have had to respond to a multitude of new policies aimed at raising standards. A close scrutiny of what has happened where collaboration has led to school improvement suggests that this has been given additional impetus by external pressure. And, like other social organisations undergoing significant transformation, in schools that are under pressure to change the search is on for what Michael Fullan (2001) describes as "order and correctness". Teachers seeking "correctness" will often experience ambiguity and confusion in times of change. Equally, it is difficult to establish order when faced with ambiguous situations.

It seems, then, that those who can help to create a sense of common purpose in such contexts can bring about change. This may, in part at least, throw some light on what has occurred in the contexts we have described. Unusual and challenging factors, emanating as they do from both outside and inside schools, have created a sense of ambiguity. Changing demands, again from both outside and inside the school, precipitate disorder. The collaborative arrangements introduced by some groups of headteachers have helped to resolve these problems, and, in so doing, they are also drawing different school staff groups together behind broadly similar principles.

Research also suggests that ambiguity in organisations increases the extent to which action is guided by values and ideology. Consequently, the values of "powerful people" (i.e., those who can reduce ambiguity) affect what the organisation is and what it can become. Thus, those who resolve ambiguity for themselves and others can implant a new set of values in an organisation, which creates a new set of relevancies and competencies and, in so doing, introduces a source of innovation. In this way, ambiguity sets the scene for organisations to learn about themselves and their environments, allowing them to emerge from their struggles with uncertainty as reinvigorated and more purposeful communities.

6. What seems to have helped effective collaboration to develop?

At the first level of analysis, findings here seem to broadly reflect those outlined from the Michigan study (MacDowell & Dewhurst, 2004): Factors such as reciprocity, acknowledgement and openness emerge from these accounts; the importance of structures to support collaborative arrangements is frequently articulated. This suggests that successful collaborative working does have some features that are common across environments. However, there also appear to be elements here that are – or at least are felt to be – particular to school-to-school collaboration. In presenting these, comments on the potential of collaborative working practices put forward have been influenced by the ideas of Wenger (1998), Senge (1990), and Hargreaves (2003, 2004).

Wenger (1998), in putting forward his notion of "communities of practice", describes the transfer and creation of knowledge within the workplace. Essentially, the members of a work community pass on their knowledge and ideas to one another through processes of "negotiation" in which common meanings are established. "New" knowledge acquired in this way can then be tested out in practice, although, inevitably, it will be modified as it is subjected to new experiences and contexts. In this way, as ideas are moved around within the community, passing from practitioner to practitioner, they are continually modified and refined. In this way, it becomes possible for knowledge to be recycled around the community and returned to the originator – though transformed through the process. Thus, the virtuos circle is completed, with knowledge and understanding increased through each iteration.

Senge (1990), in his writings on learning organisations, suggests that knowledge within organisations takes two forms: the explicit and the tacit. Explicit knowledge (which will embrace established wisdom) is relatively easy to transfer but is likely to be generalised rather than specific. On the other hand, tacit knowledge is caught rather than deliberately passed on but can only be caught if the right circumstances exist. Consequently, what can be achieved through explicit and tacit exchanges is limited: Learning organisations need to find ways to generate tacit-to-explicit and explicit-to-tacit transfers. The conception of collaborative practice is that it provides just such an opportunity, as individuals work together on common goals, sharing and using one another's knowledge and, through the processes of sharing, reflection, and recycling, creating new knowledge.

David Hargreaves (2003) also notes the tacit nature of much of teachers' knowledge, when explaining why it has proved so difficult to transfer good practice from one teacher to another. This leads him to conclude that what he describes as "social capital" is needed within the teaching communities. Social capital here represents shared values and assumptions that, because they are commonly "owned" by community members, are available for all members of the community to draw on when transferring knowledge and understandings. For him, building social capital involves the development of networks based on mutual trust, within which good practice can spread in natural ways.

Bearing these ideas in mind, it is suggested that collaboration within and between schools is a practice that can both transfer existing knowledge and, more importantly, generate context-specific "new" knowledge. Further, our own research gives strong indications of how such processes can be initiated and managed (Ainscow & West, 2006). At the same time, the experiences reported above also point to certain conditions that are necessary in order to make collaboration effective. In summary, these are as follows:

- the presence of incentives that encourage key stakeholders to explore the possibility that collaboration will be in their own interests;
- the development of a sense of collective responsibility for bringing about improvements in all the partner organisations;
- headteachers and other senior staff in schools who are willing and able to drive collaboration forward;
- the identification of common improvement priorities that are seen to be relevant to a wide range of stakeholders;
- external help from credible consultants/advisers (from the local authority or elsewhere) who also have the disposition and confidence to learn alongside their school-based partners; and
- a willingness and desire amongst local authority staff to support and engage with the collaborative process, exploring and developing new roles and relationships.

It seems likely that the absence of such conditions will mean that attempts to encourage teachers and schools to work together result in little more than time- consuming meetings, which sooner or later will be seen as ineffective and discontinued. This conclusion is, in itself, important for future national initiative that seek to invest resources in the notion of schools working together in partnerships or networks. Strategies for developing these conditions – or fostering their development at the local level – will be an important determinant of the success of such initiatives. This analysis also suggests that the UK Government's current emphasis on the spread of "independent specialist schools" and academies needs to be handled sensitively, if it is not to further disadvantage schools and groups of learners that are already struggling against the odds, as these are policies that promote competition and discourage interdependence.

Beyond the collaboration between schools, there is a need to reach out to others who have an interest in the education of children and young people. In particular, it is important to ensure that parents/carers, elected members, governors, and local community agencies and organisations are aware of, and feel confident about the more holistic approach to improving student outcomes with its emphasis on collaboration. Moves towards the integration of support staff from different agencies within educational structures that are occurring in some parts of the country are a very helpful development. In an educational landscape transformed by the Children's Act, such developments will become essential. It is vital that we are able to learn from school-to-school collaboration and bring this to bear in new forms of collaboration which transcend not just school boundaries but cross the much more complicated boundaries between agencies.

7. Conclusions

Whilst these conclusions are generally very positive, there is still much to be done if the somewhat uneven progress that has been achieved across the country is to make a real contribution to student outcomes. As this paper argues, this will require shared leadership across all levels of the service, particularly at the local level. This confirms other research that shows how what goes on at the district level has a significant role to play in respect to processes of school improvement. It implies the negotiation of new, interdependent relationships between schools, LEAs, and their wider communities. Introducing such an approach in the current context, with its cocktail of competing agendas and confusion about forms of governance, is, however, far from straightforward.

National policy-makers would be naive to overlook the influence of what happens at the local authority level, particularly in urban districts. Local history, interconnections between schools and established relationships are always there, helping to shape what happens, even if they are overlooked. Consequently, levers need to be found that will be powerful in encouraging the development of interdependence amongst groups of schools within districts. In this way, further progress can be made towards a national education system that is geared to raising standards for all students, in all schools, through the systematic orchestration and, sometimes, the redistribution of available resources and expertise.

Through our own work, we have tried to identify factors at the local level that have the potential to either facilitate or inhibit such collaborative moves amongst schools. Our research suggests that two factors, particularly when they are closely linked, seem to be superordinate to all others. These are clarity of purpose and the forms of evidence that are used to measure educational performance.

Enhancing clarity of purpose through a well-orchestrated debate about values and priorities can have leverage in respect to fostering the conditions within which groups of schools feel encouraged to collaborate in achieving common purposes. Such a debate needs to involve all stakeholders within a local community, including politicians and, indeed, the media. It must also involve those within the local education department so that they have clarity as to what must drive their actions. What the experiences summarised in these notes suggest is that such debate need not take place in the abstract. Rather, opportunities to pursue the debate can be sought and taken within what have become the everyday processes of school improvement.

The search for "levers" for improvement also points to the importance of evidence. In essence, it appears, within education systems that reify high stakes testing, "what gets measured gets done". So, for example, LEAs are required to collect far more statistical data than ever before. This is widely recognised as a double-edged sword precisely because it is such a potent lever for change. Data are required in order to monitor the progress of children, evaluate the impact of interventions, enable review of the effectiveness of policies and processes, plan new initiatives, and so on. In these senses, data can, justifiably, be seen as the lifeblood of continuous improvement.

All of this suggests that great care needs to be exercised in deciding what evidence is collected and, indeed, how it is used. LEAs are required by Government to collect particular data. Given national policies, they cannot opt out of collecting such data on the grounds that their publication might be misinterpreted or that they may influence practice in an unhelpful way. On the other hand, LEAs and schools are free to collect additional evidence that can then be used to evaluate the effectiveness of their own policy and practice in respect to progress towards greater equity within the system. The challenge for LEAs is, therefore, to work with schools to harness the potential of evidence as a lever for change, whilst avoiding the problems described earlier.

As outlined above, the successful use of collaboration is far from straightforward within the English context, where competition and choice continue to be the major driving forces of national education policy. This is why powerful levers are needed that will challenge existing assumptions and, at the same time, move thinking and practice forward. There appears to be a growing body of evidence, from the USA as well as the UK, indicating that collaboration between schools can deliver a number of benefits for students, for teachers, for schools. Our own research supports this but points to certain conditions that are necessary in order to make such school-to-school collaborations effective. In summary, these involved appropriate incentives, shared responsibility for success, leaders who understand how to collaborate, common priorities for improvement, informed external support, and an overriding belief that groups of schools working together for the benefit of all of their students is preferable to schools competing in order to benefit the few in any particular school. The absence of such conditions will mean that attempts to encourage schools to work together are likely to result in time-consuming meetings, which sooner or later will be dropped. These conclusions are in themselves important for subsequent national initiatives that invest resources in the idea of schools working in partnership.

This suggests that the UK Government's current emphasis on the creation of "independent specialist schools" in a variety of guises needs to be handled sensitively, if it is not to further disadvantage schools and groups of learners who are already underachieving. Whilst it is true that, by and large, schools improve as a result of leadership from the inside, it is also the case that the wider context influences the progress of such improvement efforts, for good or ill. This is the power of what one might characterise as "interdependence". It leads to an appreciation that while, in order to improve, schools do often have to become more autonomous and self-improving, at the same time, it is clear that there are ways that neighbouring schools can add value to one another's efforts.

Continuing with the search for powerful levers, then, it will be helpful to those at the local level who are encouraging schools to collaborate if national policy initiatives continue to emphasise the principle of collaboration as being a fundamental element of efforts to raise standards across the education system; and, remembering that "what gets measured gets done", regulatory frameworks also pay due attention to this same principle. This is the way "to get schools to operate as part of a network to deliver a fully comprehensive education". If schools are to be encouraged to collaborate for the benefit of all students, particularly in those difficult urban communities where competition is most deeply rooted, then some change in the way individual school performance is measured and reported would be a useful first step.

References

Ainscow, M., Muijs, R.D. & West, M. (2006). Collaboration as a strategy for improving schools in challenging circumstances. *Improving Schools, 9,* 192-202.

Ainscow, M. & West, M. (2006). *Improving urban schools. Leadership and collaboration.* Buckingham, UK: Open University Press.

Centre for Technology in Government. (2004). *Exploring new models of collaboration.* New York, NY: University at Albany.

Edwards, T. & Tomlinson, S. (2002). *Selection isn't working: Diversity, standards and inequality in secondary education.* London, UK: Catalyst.

Fullan, M. (2001). *Leading in a culture of change.* San Francisco, CA: Jossey-Bass.

Giroux, H.A. & Schmidt, M. (2004). Closing the achievement gap: A metaphor for children left behind. *Journal of Educational Change, 5,* 213-228.

Gorard, S., Fitz, J. & Taylor, C. (2001). School choice impacts: What do we know? *Educational Researcher, 30*(7), 18-23.

Hargreaves, D.H. (2003). *Working laterally: How innovation networks make an educational epidemic.* London, UK: DEMOS and the Innovations Unit.

Hargreaves, D.H. (2004). *Learning for life: The foundations of lifelong learning.* Bristol, UK: The Policy Press.

Hopkins, D., Ainscow, M. & West, M. (1994). *School improvement in an era of change.* London, UK: Cassell.

Le Grand, J. & Bartlett, W. (Eds.). (1993). *Quasi-markets and social policy.* London, UK: Macmillan.

MacDowell, M. & Dewhurst, C.K. (2004). *The principles of collaboration.* East Lansing, MI: Michigan State University.

Machin, S., McNally, S. & Rajagopalan, S. (2005). *Tackling the poverty of opportunity: Developing "RBS Enterprise Works" for the Prince's Trust.* London, UK: The Prince's Trust.

Office for Standards in Education. (1997). *From failure to success: How special measures are helping schools to improve.* London, UK: Author.

Senge, P. (1990). *The fifth discipline: The art of practice of the learning organisation.* London, UK: Century.

Wenger, E. (1998). *Communities of practice: Learning, meaning and identity.* Cambridge, UK: Cambridge University Press.

West, M., Ainscow, M. & Stanford, J. (2005). Sustaining improvement in schools in challenging circumstances: A study of successful practice. *School Leadership and Management, 25,* 77-93.

Hanna Järvinen, Veronika Manitius & Johanna Otto

Arbeiten in schulischen Netzwerken – das Beispiel *Schulen im Team*

Abstract

Die Bedeutsamkeit von Netzwerken im Bildungsbereich ist allein angesichts der Vielzahl an entstandenen Netzwerkprojekten in diesem Bereich nicht mehr von der Hand zu weisen. Mit schulischen Netzwerken wird die Idee verknüpft, dass sie durch ihre Professionalisierungsfunktion für die in ihnen arbeitenden „Netzwerker" zur schulischen Qualitätsentwicklung beitragen. Dabei ist bislang jedoch noch kaum empirisch erforscht, was genau die Arbeitsprozesse in schulischen Netzwerken kennzeichnet und welche Modalitäten hier wichtige Funktionen für das Gelingen der Netzwerkarbeit erfüllen. Der folgende Beitrag setzt hier an und untersucht, inwiefern sich drei theoretisch angenommene Modalitäten der konkreten Netzwerkarbeit (Vertrauen, Tausch, Kooperation) auch empirisch relevant in den Netzwerkprozessen zeigen. Hierfür wird in einem ersten Schritt das zugrunde gelegte theoretische Rahmenmodell vorgestellt, bevor konkrete Befunde aus dem schulischen Vernetzungsprojekt Schulen im Team berichtet werden.

Die Idee, durch Netzwerke Koordinations- und Steuerungsprobleme zu bearbeiten und im günstigsten Fall zu beheben, hat seit Mitte der 1980er Jahre zunehmend an Bedeutung gewonnen. Auch die Erziehungswissenschaft sowie die Bildungspolitik und Bildungsadministration interessieren sich zunehmend für die Potenziale, die bei der Vernetzung von Schulen vermutet werden. Die Konjunktur schulischer Netzwerke als genutztes Instrument zur Problemlösungserzeugung ist im Bildungsbereich bereits darin erkennbar, dass zunehmend verschiedene staatliche aber auch zivilgesellschaftlich geförderte Netzwerkprojekte (z.B. *SINUS, Schulen im Team, Reformzeit, CHiK, QuiSS, FörMiG*) und bildungspolitische Programme (z.B. *Qualitätsentwicklung in Netzwerken; Selbstständige Schule NRW; Lernende Regionen, Lernen vor Ort*) auf dieses Potenzial setzen.

Die Hoffnungen auf synergetische Effekte durch interschulische Kooperation, Vertrauensbildung und den Austausch von *Good Practice* oder die Professionalisierung von Lehrkräften durch neuartige Lerngelegenheiten in Netzwerken werden hierbei immer wieder hervorgehoben (vgl. Dedering, 2007; Lohmann & Rolff, 2007; Czerwanski, Hameyer & Rolff, 2002; Jackson, 2006). Angesichts der insgesamt sehr positiven Sichtweisen über Vernetzung erscheint es erforderlich, nach den dahinter liegenden Annahmen und Zuschreibungen näher zu fragen, theoretische Annahmen zu explizieren sowie insbesondere die Netzwerkprozesse und -wirkungen genauer zu erschließen.

Der folgende Beitrag möchte die Potenziale von interschulischer Netzwerkarbeit aufgreifen und mit *Schulen im Team* anhand eines Projektbeispiels veranschaulichen. Dabei wird ein Rahmenmodell vorgestellt, das hinsichtlich der Netzwerkarbeit einen Fokus auf die Aspekte Tausch, Vertrauen und Kooperation als zentrale Elemente der konkreten Netzwerkprozesse richtet. Auch vor dem Hintergrund der zahlreich zu findenden normativen Annahme, die gemeinsame Verantwortung und Arbeit in Netzwerken erfordere u.a. Austausch- und Kooperationsprozesse sowie Vertrauensbildung (vgl. exemplarisch Wetzel, Aderhold, Baitsch & Keiser, 2001), soll die Bedeutsamkeit dieser drei Komponenten in einem ersten Versuch empirisch überprüft werden. Vorangestellt werden zunächst allgemeine Überlegungen zu einer theoretischen Annäherung an schulische Netzwerke sowie einige Befunde aus ihrer Erforschung.

1. Schulische Netzwerke – eine theoretische Annäherung

Der Versuch, schulische Netzwerke eindeutig zu definieren erweist sich als problematisch. Über Merkmale wie inhaltliche Zielsetzung oder formale Struktur sind nur Annäherungspunkte für eine Definition vorhanden. Letztlich herrscht keine Einigkeit darüber, was ein jedes Netzwerk ausmacht (vgl. Aderhold, 2004). Dies ist zum einen der Heterogenität und komplexen Ausdifferenzierungen von Netzwerken geschuldet, zum anderen wird Netzwerken im Bildungsbereich noch nicht lange eine entsprechende Aufmerksamkeit zuteil. Erst in jüngeren Auseinandersetzungen finden sich Netzwerke vermehrt als Gegenstand theoretischer und empirisch begründeter Diskurse in der Erziehungswissenschaft wieder (vgl. etwa *Handbuch Bildungsforschung*, Tippelt & Schmidt, 2009 oder die Reihe *Netzwerke im Bildungsbereich*, z.B. Berkemeyer, Bos, Manitius & Müthing, 2008a).

Im pädagogischen Kontext wird der Begriff des Netzwerks zur Beschreibung unterschiedlicher Phänomene herangezogen. Als Netzwerke werden sowohl Verbünde und Beziehungen zwischen Personen innerhalb von Organisationen als auch zwischen Organisationen, z.B. in interschulischen Kooperationen, als auch etwa in Zusammenschlüssen mit unterschiedlichen Akteuren, etwa Schule und Jugendhilfe, ausgemacht.

In analytischer Systematisierungsabsicht kann über die Klassifizierung ihrer Verwendungsweisen eine Annäherung an schulische Netzwerke erfolgen[1]. Hier bietet sich die Unterscheidung zwischen sozialen Netzwerken, Netzwerke als Koordinationsmechanismus und Netzwerke als Reformstrategie an (vgl. Berkemeyer & Bos, 2010). Das Konzept der sozialen Netzwerke rückt das Beziehungsgeflecht von Akteuren in den Vordergrund und das daraus resultierende soziale Kapital. Dabei sind soziale Netzwerke als nicht intentional und nicht geplante Gebilde zu verstehen (Gruber & Rehrl, 2007). Schulische Netzwerke können immer auch als soziale Netzwerke

---

1   Dies ist nur ein Beispiel für einen Systematisierungsversuch. Andere, stärker angelehnt an den betriebswirtschaftlichen Diskurs, lassen sich ebenso finden, so etwa die Unterscheidung des jeweiligen Netzwerktypus hinsichtlich der Ausrichtung (strategisch, sozial, innovativ). Vgl. hierzu auch Berkemeyer et al., 2008.

verstanden werden, da sie über die Beziehungen der in ihnen Beteiligten realisiert werden (vgl. Berkemeyer & Bos, 2010). Eine zweite Verwendungsweise zeigt sich in dem Verständnis von Netzwerken als Koordinationsmechanismus. Eingeordnet in die klassische soziologische Unterscheidung von Koordinationsformen wie Markt, Hierarchie und eben Netzwerke werden diese als ein Mechanismus mit Koordinierungspotenzial verortet (vgl. Willke, 2001; Kuper, 2004). Mit schulischen Netzwerken ist die Annahme verbunden, Abstimmungsprozesse zu optimieren und Koordinierungsbedarfe zu regeln (vgl. Weber, 2004; Nuissl, Dobischat, Hagen & Tippelt, 2006). Schließlich werden Netzwerke immer häufiger als Reformstrategie genutzt, um die konkrete pädagogische Praxis mitzugestalten. Dies wird sowohl bildungspolitisch über Programme initiiert, wie etwa bei *SINUS, CHIK* oder *FÖRMIG* (vgl. hierzu Krebs & Prenzel, 2008; Demuth, Gräsel, Parchmann & Ralle, 2008; Klinger, Schwippert & Leiblein, 2008), als auch durch zivilgesellschaftliches Engagement und den Zusammenschluss unterschiedlicher Akteure angestoßen (vgl. Czerwanski, 2003; Solzbacher & Minderop, 2007; Berkemeyer, Bos, Manitius & Müthing, 2008a). Ausgehend von Netzwerken als ein Gefüge von Entsandten aus verschiedenen Praxisgemeinschaften wird mit ihnen die Hoffnung verbunden, Innovationen zu generieren, Problemlösungen anzubieten und so auch als Reformstrategie Wirkungskraft zu entfalten, wie auch Lieberman und Grolnick (1998) betonen: „In this changing context educational reform networks are playing a significant role" (S. 728). Schulische Netzwerke werden dabei als Wissensumschlagplätze aufgefasst, in denen Innovationen erarbeitet und über den Transfer in die Einzelschule zurückgebracht werden (vgl. Jackson, 2006).

Aufgrund der Beschäftigung verschiedener Disziplinen mit dem Netzwerkphänomen ist hinsichtlich ihrer theoretischen Anbindung auch eine Vielzahl von verwendeten Theorieansätzen zu verzeichnen (vgl. zur Übersicht Bernecker, 2005). Den Ansatz eines Wirkungsmodells haben Earl, Katz, Elgie, Jafaar und Foster (2006) vorgelegt. Das hier im Fokus stehende Projektbeispiel *Schulen im Team* rekurriert auf ein Modell, dass unter Rückgriff theoretischer Ansätze aus verschiedenen Disziplinen insbesondere auf die im Netzwerk stattfindenden Prozesse zur Generierung einer Problemlösung und der räumlichen Verortung schulischer Innovationsnetzwerke abhebt (vgl. hierzu ausführlich Abschnitt 3 und Berkemeyer et al., 2008b).

2. Ausgewählte Forschungsbefunde zu schulischen Netzwerken

Hinsichtlich der Erforschung von schulischen Netzwerken wurde lange ein Desiderat konstatiert (vgl. Dedering, 2007). Dies hat sich in den letzten Jahren aufgrund der Begleitforschung vieler Netzwerkprojekte auch im deutschsprachigen Raum geändert. Dabei variieren die Untersuchungen zu schulischen Netzwerken jedoch hinsichtlich ihrer zugrunde liegenden Forschungsansätze und Untersuchungsmethoden. Es lassen sich eine Vielzahl von Evaluationen basierend auf Einschätzungsdaten von Netzwerk-Teilnehmenden finden sowie so genannte Erfahrungsberichte, welche bereits erste wichtige Nutzenanalysen liefern. Untersuchungen mit stärkerer theoretischer Anbindung und anderer empirischer Tiefe sind erst in den vergangenen Jahren zunehmend zu verzeichnen (so beispielsweise im nationalen Raum im Kontext der Begleitforschung zu *SINUS, CHiK, Schulen im Team*). Gemein ist den meisten Befunden sowohl im nationalen wie auch anglo-amerikanischen Raum, dass sie insgesamt ein positives Bild zeichnen: Schulische Netzwerke werden als ein geeignetes Unterstützungssystem in Innovationsprozessen ausgemacht. Ihre Wirksamkeit begründet sich über den Gewinn an Impulsen, der in der Zusammenarbeit für die Verbesserung der eigenen Schulpraxis sowie über die generelle Möglichkeit, Einblick in andere Schulrealitäten zu erhalten, besteht (vgl. Earl, Katz, Elgie, Jaafar & Foster, 2006; Czerwanski et al., 2003; Ostermeier, 2004; Berkemeyer, Manitius & Müthing, 2008c). Ein zentraler Gewinn liegt dabei in der Professionalisierungsfunktion von Netzwerken, sowohl in fachlicher als auch in überfachlicher Hinsicht, etwa in der Anwendung von Evaluationsverfahren (vgl. Hameyer & Ingenpaß, 2003; Huber & Schneider, 2009). Als Indiz für diese Professionalisierungsfunktion werden eine erhöhte Reflexionsfähigkeit (vgl. Rauch, Kreis & Zehetmeier, 2007), die intensivere Nutzung von Fortbildungsangeboten und eine Ausweitung des Handlungsrepertoires ausgemacht (vgl. Czerwanski et al., 2002; Jäger, Reese, Prenzel & Drechsel, 2004). Erste Hinweise auf Effekte hinsichtlich der Wissensteilung und -generierung in Netzwerken konnten Berkemeyer, Järvinen und van Ophuysen (2010a) zeigen. Ähnliche Hinweise bieten internationale Befunde, welche häufig von positiven Einflüssen im Bereich von Wissenserwerb und Lernen berichten (vgl. zur Übersicht Berkemeyer, Manitius, Müthing & Bos, 2009).

Bezüglich der Gelingensbedingungen der Kooperationsarbeit im Netzwerk werden insbesondere zu Beginn eine eindeutige Zielsetzung und das Finden von gemeinsam getragenen Arbeitsschwerpunkten als ausschlaggebend angesehen (vgl. Hameyer, Heggen & Simon, 2007). Fortbildungsmaßnahmen, möglichst für gesamte Kollegien, und die Schaffung von funktionierenden Kommunikationsstrukturen im Kollegium sind außerdem für die Kooperation förderlich und transferunterstützend (vgl. Geithner, 2003; Czerwanski et al., 2002). Auch die gerade zu Beginn für notwendig erachtete Unterstützung des Netzwerks durch Schulleitung und Kollegium sind bedeutsam für die Integration der Einzelschule im Netzwerkbündnis und für das Engagement in der Netzwerkarbeit (vgl. Killus, 2008). Entsprechend sind Befunde zu nennen, die aufzeigen, dass Schulleitungen die Vorteile schulischer Vernetzung insbesondere im Sinne einer verbesserten Zusammenarbeit im Kollegium sehen (vgl. Prenzel, Drechsel, Kliewe, Kramer & Röber, 2000). Gleichzeitig wird aber auch betont, dass die Einbeziehung der Kollegen in die Netzwerk- bzw. Implementationsarbeit eine Schwierigkeit darstellt. Das Netzwerk kann paradoxerweise selbst zur Gefahr für gelingenden Transfer werden, sollte es einen stabilen, aber auch geschlossenen Raum darstellen, in dem befriedigende Kooperationserfahrungen gemacht werden. Die Einbindung weiterer Kollegen kann dann als nicht notwendig erlebt werden (vgl. Schellenbach-Zell, Rürup, Fußangel & Gräsel, 2008).

Hinsichtlich des Transfers der im Netzwerk gewonnenen Maßnahmen und Impulse in die Einzelschule wird neben der unterstützenden Schulleitung die Wichtigkeit von funktionierenden Informationsstrukturen, passgenauen Fortbildungen für die Kollegien, die Notwendigkeit einer fortlaufenden Überprüfung einzelschulischer Bedarfe und der Netzwerkaktivität (Dedering, 2007; Geithner, 2003) sowie die konkrete Beteiligung von Kollegen an Netzwerktreffen (Czerwanski et al., 2002) betont. Befunde, die Auskunft zur Wirksamkeit von Netzwerken auf Unterrichtsebene geben, sind bislang noch eher rar. Gleichwohl zeigt sich wie in *CHiK*, dass es Lehrkräften gelungen ist, die im Netzwerk erarbeiteten Maßnahmen in den Unterricht zu implementieren sowie die erworbenen methodischen Kompetenzen anzuwenden (vgl. Fußangel, 2008). Der Einsatz von Tests in Fördergruppen bei vorhandenen Vergleichsgruppen im Kontext von *Förmig* verhalf zur Identifizierung von Fördermaßnamen (vgl. Programmträger BLK Förmig, 2007). Hinsichtlich der konkreten Schülerleistungen berichten Earl et al. (2006) von einer Leistungssteigerung wie auch Greenberg, Machleit, Bartlett und Schlessmann-Frost (1996), die signifikante Leistungszuwächse ausmachten bei Schülern, die eine am Netzwerk beteiligte Schule besuchten. Aus dem Projekt *Schulen im Team* sind zukünftig Ergebnisse zu Testungen auf Schülerebene unter Berücksichtigung der jeweiligen fachbezogenen Netzwerkintervention zu erwarten (vgl. Berkemeyer, Bos, Järvinen & van Holt, 2011, im Erscheinen).

Neben der zentralen Wirkkraft von Netzwerken, eine Lern- und Professionalisierungsfunktion als Output zu bieten, scheint es aber auch bedeutsam, dass bereits früh auf der Prozessebene für die Beteiligten ein unmittelbarer Nutzen vom Netzwerk allein durch das Tauscherleben (Materialien, Erfahrungen, Strategien) und die im Netzwerk stattfindende Vertrauensbildung ausgemacht wird, was auf die Bedeutsamkeit des Netzwerks als Raum außerhalb des innerschulischen Kontextes abhebt (vgl. Manitius et al., 2009).

Die hier ausgewählten Forschungsbefunde spiegeln das Bild empirischen Wissens über schulische Netzwerke, wenn auch nicht vollständig, so doch bezeichnend wieder: Überwiegend lassen sich Ergebnisse zu den Zielausrichtungen, der wahrgenommenen Wirkkraft und zu den Gelingensbedingungen schulischer Netzwerke finden. Diesen wichtigen Erkenntnissen fehlen weitere Ergebnisse, die konkreter über die im Netzwerk stattfindenden Arbeitsprozesse Auskunft geben. Das folgend vorgestellte Projektbeispiel *Schulen im Team* versucht diesem Bedarf in seiner theoretischen Anbindung und den aus der Begleitforschung ersten resultierenden Hinweisen zur Netzwerkarbeit zu begegnen. Dabei soll der Fokus auf drei in der Literatur und aus ersten vorliegenden Erfahrungen als bedeutsam eingestuften Modalitäten (Kooperation, Tausch, Vertrauen) der Prozesse im Netzwerk gelegt werden.

3. Das Projekt Schulen im Team – Unterricht gemeinsam entwickeln

Seit Februar 2007 läuft das netzwerkbasierte Schulentwicklungsprojekt *Schulen im Team – Unterricht gemeinsam entwickeln*, ein gemeinsames Projekt der Stiftung Mercator und des Instituts für Schulentwicklungsforschung an der TU Dortmund. Neben den lokalen Partnern, der Stadt Duisburg und der Stadt Essen, steht dem Projekt zudem das Ministerium für Schule und Weiterbildung des Landes Nordrhein-Westfalen als Kooperationspartner und administrative Unterstützung zur Seite.

Die leitende Projektidee ist, durch interschulische Kooperation eine innovative fachbezogene Unterrichtsentwicklung in der Einzelschule anzustoßen. Zu diesem Zweck soll im Rahmen des Projektes eine systematische Vernetzung von Schulen initiiert und geeignete Kooperationsstrukturen mit dem Ziel des Austauschs von entwickelten Materialien und Unterrichtsmethoden sowie zur wechselseitigen Fortbildung aufgebaut werden. Mit der Einbindung eines Netzwerkkonzepts in das Projektdesign wird, wie auch in anderen Netzwerkprojekten, dem Ansatz nachgegangen, durch Vernetzung von Lehrkräften und so entstehenden Praxisgemeinschaften Innovationen zu befördern (vgl. Fußangel, Schellenbach-Zell & Gräsel, 2008; Solzbacher & Minderop, 2007; Dedering, 2007; Risse, 2001). Durch den Ausbau von Netzwerken und den damit konnotierten Kooperations- und Lernpotenzialen dient „Schulen im Team" gleichsam der Entwicklung von Kompetenzen einzelner Lehrkräfte als auch der Weiterentwicklung von Einzelschulen und erscheint damit besonders geeignet für eine professionsorientierte Schulentwicklung (vgl. Berkemeyer et al., 2008d). Letztlich berücksichtigt *Schulen im Team* durch eine breite Einbindung von administrativen Partnern sowohl auf lokaler wie ministerieller Ebene auch die Systemebene oberhalb der Einzelschulebene und weist somit Ansätze einer systemischen netzwerkbasierten Schulreform auf.

Den Kern des Projekts bilden die insgesamt 10 Duisburger und Essener Netzwerke mit jeweils 3-5 Schulen (insgesamt 40 Schulen, 3 Grundschulen, 37 weiterführende Schulen aller Schulformen), die insbesondere auf der Grundlage der lokalen Nähe und der gemeinsamen Entwicklungsinteressen gebildet wurden. Im Einzelnen lassen sich die auf der Basis der Erkenntnisse der sozialwissenschaftlichen und erziehungswissenschaftlichen Forschung konzipierten Netzwerke wie folgt charakterisieren:

- Es besteht ein gemeinsamer Fokus auf meist ein spezifisches Unterrichtsfach in zumeist einem oder zwei Jahrgängen zu einem bestimmten Themenkomplex.
- Je zwei Netzwerkkoordinatoren bzw. Netzwerkkoordinatorinnen repräsentieren die am Netzwerk beteiligte Einzelschule im Netzwerk und fungieren als *Change Agents* (Fullan, 1999) im Entwicklungsprozess (vgl. Abb. 1). Zumeist sind dies Fachkollegen, es gab hierzu jedoch keine Vorgaben, so dass zum Teil auch didaktische Leiter (bei Gesamtschulen) oder Schulleitungsmitglieder die Funktion erfüllen.
- Schulen eines Netzwerks befinden sich in lokaler Nähe zueinander (Schulen eines Stadtteils oder benachbarter Stadtteile), sodass personale Anwesenheit im Netzwerk erleichtert wird.
- Netzwerke und die in ihnen agierenden Einzelschulen organisieren ihre Entwicklungsarbeit im Wesentlichen selbst (Prinzip der Selbstorganisation), so dass diese möglichst entsprechend ihrer Interessen und der durch die Einzelschulen in das Netzwerk eingespeisten Strukturen, Denk- und Erwartungsmuster operieren können.

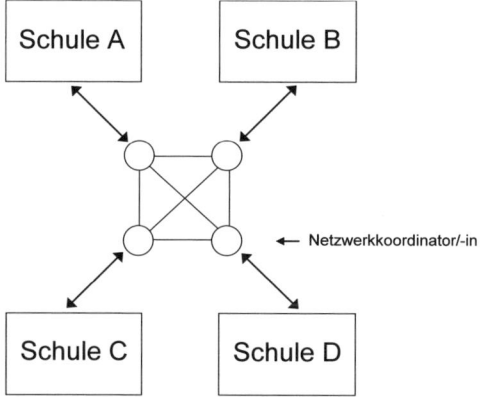

Abbildung 1: Formalstruktur eines schulischen Netzwerkes im Projekt „Schulen im Team"

Innerhalb der so gebildeten Netzwerke arbeiten nun seit Ende des Jahres 2007 die insgesamt 80 gewählten Netzwerkkoordinatorinnen und -koordinatoren – mit der fachlichen und organisatorischen Unterstützung des Instituts für Schulentwicklungsforschung – gemeinsam an der Entwicklung von Arbeitsschwerpunkten (z.B. Übergang im Fach Englisch von Klasse 4 nach 5, Leseförderung mit dem Lesepatenmodell, Mathematik zum Anfassen: handlungsorientierter Mathematikunterricht in Klassen 5 und 6, u.a.m., vgl. hierzu Berkemeyer et al., 2008d) und Innovationsstrategien genauso wie an geeigneten Konzepten für den Transfer in die eigene Schule, wo es letztlich die Maßnahmen zu erproben, bewerten und zu implementieren gilt (ebd.). Durch die Bereitstellung eines jährlichen Etats von bis zu 20.000 Euro je Netzwerk können die Kooperationspartner Mittel für Fortbildungen, Materialanschaffungen etc. einsetzen, die der jeweiligen Zielerreichung förderlich sind.

Zusammenfassend lässt sich *Schulen im Team* mit seiner Ausrichtung als eine Reformstrategie begreifen, die auf eine teilmoderierte bottom-up-Entwicklung der Schulen abzielt, die lokale Situiertheit von Schulen berücksichtigt und durch die Einbindung relevanter Systemebenen auch einen Beitrag zur Gestaltung der schulischen Governance liefert.

3.1 Theoretische Rahmung des Projektes

Im Kontext von *Schulen im Team* haben sich die Verantwortlichen bei der Entwicklung eines theoretischen Rahmenmodells zur Analyse von schulischen Netzwerken insbesondere auf die Transaktionskostentheorie, die Tauschtheorie, Machttheorien, Strukturationstheorie und auch Lerntheorien berufen, wobei als Auswahlkriterium die Theorierelevanz für Innovationsnetzwerke galt (hierzu detailliert Berkemeyer et al., 2008b). Dabei kann das konzipierte Modell keinesfalls als vollständig ausgearbeitet erachtet werden, sondern lässt sich vielmehr als einen ersten Schritt in einer erziehungswissenschaftlichen Auseinandersetzung mit theoretischen Modellen zur Abbildung netzwerkspezifischer Prozesse und zur Erklärung der Entstehung von Innovationen in schulischen Netzwerken begreifen (Abbildung 2). Innovationen werden dabei ganz allgemein als Prozesse, Techniken oder als Formen einer Problemlösung verstanden, die der jeweiligen Schule oder einer spezifischen Gruppe von Lehrkräften in einer Schule bislang nicht zur Verfügung standen (vgl. Behrends, 2001).

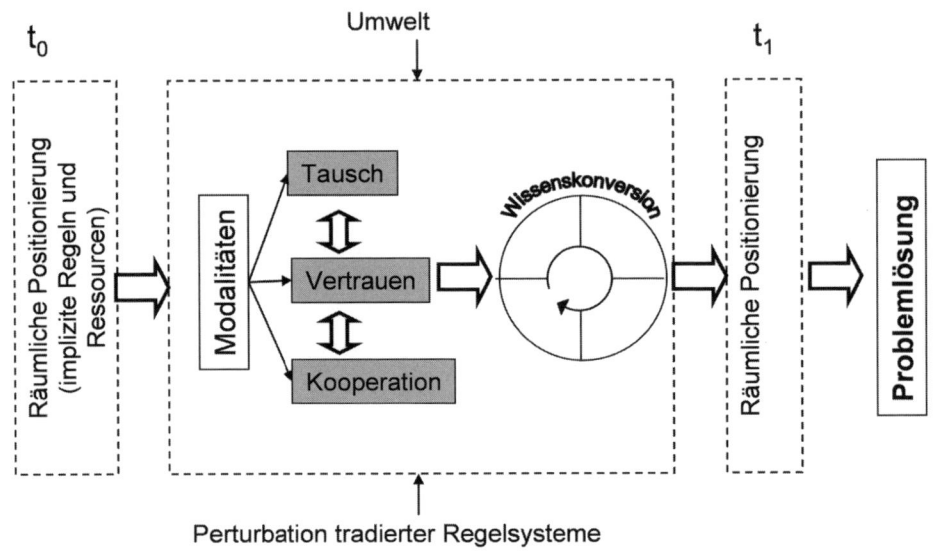

Abbildung 2: Rahmenmodell zur Analyse von Innovationsnetzwerken (vgl. Berkemeyer et al., 2008b)

Im Rahmenmodell gehen die Autoren davon aus, dass eine im Netzwerk erarbeitete Problemlösung die zu erklärende Variable darstellt. Diese wird entscheidend durch die im Netzwerk stattfindende Wissenskonversion (vgl. Nonaka, 1994) determiniert, die das theoretische Gerüst zur Abbildung wissensgenerierender Prozesse in Netzwerken bietet (vgl. Berkemeyer, Järvinen & van Ophuysen, 2010a), welche wiederum durch drei zentrale Netzwerkwerkprozesse beeinflusst wird: Erstens durch das Tauscherleben, zweitens durch das Vertrauen der Akteure zueinander, und drittens durch die stattfindende Kooperation im Netzwerk, wobei alle diese Prozesse in einem engen Zusammenhangsgefüge zueinander verstanden werden müssen und die strikte Trennung primär analytischer Natur ist (Berkemeyer, et al., 2008b). Das Tauscherleben im Netzwerk ist insofern bedeutsam, da grundsätzlich keine ausgewogene Tauschsymmetrie unterstellt werden kann und die Gefahr des Scheiterns dieser Beziehungen bei Enttäuschungen oder einseitig erlebten Interessenverfolgungen besteht. Hier fungiert für die Stabilität der Beziehungen als steuernder Mechanismus das Vertrauen: Vertrauen bezüglich einer Erwiderung und der Leistungsbereitschaft der Tauschpartner (vgl. Schenk, 1984), welches damit als bedeutsam für das Gelingen der kooperativen Prozesse in netzwerkbasierten Tauschverhältnissen einzustufen ist (vgl. Sydow & Möllering, 2004). Die Wichtigkeit von Vertrauen wird ebenso aus strukturationstheoretischer Perspektive hervorgehoben, da nach Giddens (1984) in Beziehungen Vertrauen gefordert ist, welches von korporativen Akteuren über vertrauensrelevante Praktiken in das jeweilige soziale System institutionalisiert wird und somit Unsicherheit letztlich auch strukturell reduziert werden kann (vgl. Sydow & Möllering, 2006). Für das

Modell bedeuten diese theoretischen Verankerungen, dass der Gewinn durch die Kooperation für die Akteure sich nicht allein über das angestrebte Ziel ausmachen lässt. Vielmehr stellen sich nützliche Effekte bereits in der positiven Wahrnehmung der netzwerkdynamischen Prozesse ein. Diese können über Bewertungen durch die Akteure identifiziert und als Bedingungen für die Ausgestaltung neuer Raumpositionierungen interpretiert werden.

Die Bewertung der beschriebenen Prozesse durch die Netzwerkakteure wird im Modell durch die in der Strukturationstheorie (Giddens, 1979; Giddens, 1984) zur Verfügung gestellten Elemente realisiert. Es wird davon ausgegangen, dass für die Bewertung interpretative Schemata, Normen und Machtkonstellationen grundlegend sind, die ihrerseits durch die in das Netzwerk eingegliederte Raumpositionierung der Akteure (t_0), hier insbesondere die entsendende Einzelschule, maßgeblich beeinflusst werden. Das bekannte Raumgefüge wird durch den Vernetzungsprozess gestört; Aushandlungs- und Abstimmungsprozesse erzeugen eine neue Raumkonstellation (t_1) für die Akteure, welche zum bekannten Raum ins Verhältnis gesetzt werden muss. Dieser neu geformte Raum kann nun ganz unterschiedlich auf die bekannten Raumkonstruktionen zurückwirken.

Schließlich berücksichtigt das Modell netzwerkrelevante Umwelten, die von den Netzwerkakteuren sowohl als Unterstützung als auch als Störquellen wahrgenommen werden können.

Der Beitrag fokussiert nun auf einen Teilaspekt des Modells, nämlich auf die netzwerkspezifischen Kooperations-, Tausch- und Vertrauensprozesse. Die dem Beitrag zugrunde liegende Annahme ist, dass durch die Initiierung schulischer Netzwerke im Projekt kooperative Prozesse angestoßen und über die Zeit intensiviert werden können. Die Schaffung einer von Vertrauen geprägten Kooperationskultur in den Netzwerken und der Zugewinn neuer Informationen, Ideen und Inhalte tragen ihrerseits, so die These, zu einem wahrgenommen Nutzen und Gewinn bei. Damit wird zugleich postuliert, dass sich der Gewinn durch die Netzwerkarbeit nicht allein durch den Netzwerkoutput ("Output–Nutzen", vgl. Manitius et al., 2009, S. 61), im Theoriemodell als Problemlösung beschrieben, ausmachen lässt. Vielmehr dienen bereits die der eigentlichen Problemlösung vorgeschalteten netzwerkdynamischen Prozesse als wichtige Qualitätsindikatoren für die Zusammenarbeit, welche den wahrgenommenen Nutzen der Arbeit durch die Akteure entscheidend prägen ("Prozess-Nutzen", vgl. ebd.). Ob sich die These auch empirisch untermauern lässt, gilt es in folgendem empirischen Teil zu erkunden. Dabei verfolgt der nachfolgende Abschnitt insbesondere die Absicht, konkrete Untersuchungsfragen zu beantworten:

1. Konnte Vertrauen in den Netzwerken aufgebaut werden?
2. Konnten Tauschprozesse initiiert werden?
3. Wie wird die Qualität der Kooperation im Netzwerk wahrgenommen?
4. Gibt es einen Einfluss von Vertrauen und Tauscherleben auf den erlebten Gewinn durch die Zusammenarbeit?

Darüber hinausgehende Fragestellungen entlang des skizzierten Rahmenmodells müssen Gegenstand weiterer Analysen bleiben (siehe aber zu wissensgenerierenden Prozessen bzw. zum Lernen in Netzwerken, Berkemeyer et al., 2010a).

3.2 Methodisches Vorgehen

Insgesamt wird im Projekt ein multidimensional angelegtes Forschungsdesign umgesetzt, welches die Triangulation von qualitativen und quantitativen Daten vorsieht. Damit wird nicht nur die Überprüfung der im Projekt formulierten Ziele angestrebt, sondern zudem der Versuch unternommen, insgesamt einen Beitrag zu erziehungswissenschaftlichen Netzwerkforschung zu leisten (zum Forschungsdesign des Projektes, vgl. Berkemeyer, Bos, Järvinen & van Holt, 2011, im Erscheinen).

Für die vorliegende Arbeit relevant sind insbesondere die Einschätzungsdaten aus den Erhebungen mit den Netzwerkkoordinatorinnen und -koordinatoren zu den beiden Zeitpunkten Dezember 2007 und November 2009 (für eine Auflistung aller eingesetzten Skalen für alle Fragebögen im Projektkontext vgl. Berkemeyer et al., 2011, im Erscheinen), die auf den Arbeitsprozess im Netzwerk fokussieren. Die Qualität der Kooperation wird hierbei anhand der Skalen zur Vertrauensbildung und zum Tausch im Netzwerk sowie anhand des durch die Koordinatorinnen und Koordinatoren wahrgenommen Gewinns durch die Zusammenarbeit operationalisiert. Die verwendeten Skalen sind in der folgenden Tabelle 1 dargestellt.

Tabelle 1: Ausgewählte Skalen der Befragung der Netzwerkkoordinatorinnen und -koordinatoren

Skala	Beispielitem (Anzahl der Items)	Quelle	α^4 2007 2009
1. Vertrauen in die kollegiale Netzwerkarbeit	Wir im Netzwerk, wir halten zusammen. (7)	Daumenlang & Müskens, 2004; Ostermeier, 2004	.88
			.90
2. Kooperationsverhalten (Aus-)Tausch	Ich tausche mit Netzwerkkollegen Unterrichtsmaterialien aus. (3)	Berkemeyer, Bos, Järvinen & van Holt, 2011, im Erscheinen (angelehnt an Gräsel, Fussangel & Pröbstel, 2006)	*
			.80
3. Gewinn durch Zusammenarbeit	Bei der Zusammenarbeit im Netzwerk habe ich den Eindruck, dass neuer Schwung in die tägliche Arbeit kommt. (3)	Ostermeier , 2004	.68
			.78

*= Skala wurde zu diesem Messzeitpunkt nicht eingesetzt. Einschätzungsskala Skalen 1 und 3: *1 = trifft nicht zu; 2 = trifft eher nicht zu; 3 = trifft eher zu; 4 = trifft zu;* Skala 2: *1 = nie; 2 = selten; 3 = häufig; 4 = sehr häufig.*

Darüber hinaus greift der Beitrag auf die im Rahmen der durchgeführten teilstrukturierten Telefoninterviews mit den Netzwerkkoordinatoren und -koordinatorinnen (insgesamt sechs Erhebungen: September 2007, Februar 2008, Juni/Juli 2008, November 2008, Juni 2009 & November 2009) erhobenen globalen Einschätzungsdaten als eine ergänzende Perspektive zurück. Die in den Interviews eingesetzten Leitfragen (zum Gesamtleitfaden, vgl. Berkemeyer, Manitius, Müthing, 2008d) waren zugleich auch Items für eine Trenduntersuchung, das sog. *Projektbarometer*. Die zehn Items können auf einer fünfstufigen Antwortskala von „trifft nicht zu" über „trifft teils teils zu" bis hin zu „trifft zu" beantwortet werden. Durch diese Erhebungsform wird es möglich, ein Stimmungsbild der Netzwerarbeit aus der Sicht der gestaltenden Akteure über die Zeit von über 2 Jahren zu erzeugen. Die für die vorliegende Arbeit relevanten Items sind in der Tabelle 2 aufgelistet.

Tabelle 2: Ausgewählte Items des Projektbarometers

1. Die Kooperation in unserem Netzwerk verläuft effektiv.
2. Die Arbeit im Projekt hatte bereits Auswirkungen auf meine eigene Arbeit.
3. Der Nutzen der Netzwerkarbeit für das Alltagshandeln im Unterricht ist hoch.

*5-stufige Antwortskala: „trifft nicht zu" über „trifft teils teils zu" bis hin zu „trifft zu

3.3 Arbeiten im Netzwerk: Erste Befunde aus dem Projekt

Die erste Auswertung der eingesetzten Fragebögen für Netzwerkkoordinatorinnen und -koordinatoren zeigt, dass sich in den Netzwerken von Projektbeginn an ein positives Bild der gemeinsamen Arbeit abzeichnet (zu den Ergebnissen der eingesetzten Skalen, vgl. Tabelle 3). Die Befunde deuten an, dass bereits nach kurzer Zusammenarbeit im Netzwerk kooperative Prozesse angeregt und ein geeignetes Kooperationsklima geschaffen werden konnten. Das *Vertrauen in die kollegiale Zusammenarbeit* ist sehr hoch (vgl. ebd.) und wird über die Zeit sogar noch weiter ausgebaut. In der zweiten Erhebung im November 2009 stimmen 60% der Netzwerkkoordinatorinnen und -koordinatoren der Aussage zu, dass im Netzwerk ein starker Zusammenhalt besteht. Weitere 37,2 % stimmen der Aussage eher zu.

Tabelle 3: Ergebnisse der eingesetzten Skalen

Skala	Fragebogen	N (Rücklauf in %)	MW 2007 2009	SD 2007 2009
1. Vertrauen in die kollegiale Netzwerkarbeit	Koordinatoren	72 (90%)	3,6	0,42
		71 (89%)	3,7	0,41
2. Kooperationsverhalten (Aus-)Tausch	Koordinatoren	*	*	*
		71 (89%)	3,2	0,58
3. Gewinn durch die Zusammenarbeit	Koordinatoren	73 (91%)	3,3	0,45
		71 (89%)	3,4	0,49

*= Skala wurde zu diesem Messzeitpunkt nicht eingesetzt; Einschätzungsskala Skalen 1 und 3: *1 = trifft nicht zu; 2 = trifft eher nicht zu; 3 = trifft eher zu; 4 = trifft zu; Skala 2: 1 = nie; 2 = selten; 3 = häufig; 4 = sehr häufig*

Die einmalig im November 2009 eingesetzte Skala zum Austausch belegt, dass es durch die Netzwerkarbeit gelingt, einen Impuls für den Austausch von Ideen, Erfahrungen und Unterrichtsmaterialien zu geben (vgl. ebd.). Nach zwei Jahren Netzwerkarbeit geben 77,5 % der Netzwerkkoordinatorinnen und -koordinatoren an, sehr häufig oder häufig wichtige berufsbezogene Informationen im Netzwerk mitzuteilen.

64,8% der Befragten tauschen sehr häufig oder häufig Unterrichtsmaterialien mit ihren Netzwerkkollegen aus.

Der Gewinn durch die Zusammenarbeit wird zum Projektende hin noch einmal weit deutlicher als zu Beginn wahrgenommen (vgl. ebd.). Insgesamt werden in der Netzwerkarbeit mehr Vorteile als Nachteile gesehen und die Arbeit im Netzwerk wird als den Schulalltag belebend empfunden. Betrachtet man die verwendete Skala mehrebenenanalytisch (vgl. Tab. 4) wird deutlich, dass die Ausprägung der Skala vom Netzwerk, jedoch nicht von der Einzelschule abhängig ist. Dies wird anhand einer HLM-Analyse für ein unkonditioniertes Modell herausgestellt, welches die aufgeklärten Varianzanteile der Skala auf jeder Ebene anzeigt.

Tabelle 4: Ergebnisse unkonditioniertes Modell Gewinn durch Zusammenarbeit (Koordinatoren)

Ebene	Varianz	**Varianzanteil**	df	χ^2	p
Koordinatoren	0.19333	**80,93 %**		--	--
Schule	0.00026	**0,11 %**	28	26.6	>.500
Netzwerk	0.04530	**18,96 %**	9	26.8	.002
(Gesamt)	(0.23889)				

Von der Gesamtvarianz im wahrgenommenen Gewinn durch die Zusammenarbeit geht der größte Anteil auf individuelle Unterschiede der Koordinatoren zurück (80,93%). Ob ein Gewinn durch die Arbeit im Netzwerk gesehen wird, hängt also in erster Linie von den Koordinatoren selbst ab. Nahezu kein Varianzanteil fällt hierbei auf die Ebene der Einzelschule (0,11%) und ein bedeutender Anteil der Gesamtvarianz wird durch die Ebene des Netzwerkes aufgeklärt (18,96%).

In einem nächsten Schritt wurde in einer multiplen Regressionsanalyse anhand der Daten aus der zweiten Erhebung im November 2009 geprüft, inwiefern initiierte Tauschprozesse und vertrauensvolle Zusammenarbeit den wahrgenommenen Gewinn durch die Vernetzung beeinflussen. Die zu erklärende Variable im Modell ist der *wahrgenommene Gewinn durch die Zusammenarbeit im Netzwerk* aus Sicht der Koordinatoren. Dieser soll durch die Merkmale *(Aus-)Tausch* und *Vertrauen in die kollegiale Zusammenarbeit* erklärt werden.

Die Ergebnisse weisen darauf hin, dass beide Prozesse, das erzeugte Vertrauen und der Tausch im Netzwerk, einen Einfluss auf den empfundenen Nutzen der Netzwerkarbeit durch die Netzwerkakteure haben. Sowohl der Aspekt des *Tauschs* als auch der wahrgenommene *Vertrauensaufbau* haben einen signifikanten Einfluss auf den von den Koordinatorinnen und Koordinatoren wahrgenommenen *Gewinn durch Zusammenarbeit,* wobei insbesondere die Bedeutung des Vertrauensaufbaus hervorgehoben werden muss (vgl. Tabelle 5).

Tabelle 5: Ergebnisse der multiplen Regression

Variable	Standardisierte Koeffizienten, Beta	Signifikanz
Konstante: Gewinn durch die Zusammenarbeit		
Vertrauen in die kollegiale Netzwerkarbeit	**,671**	**,000**
Kooperationsverhalten (Aus-)Tausch	**,176**	**,046**

Insgesamt wird dabei die abhängige Variable *Gewinn durch die Zusammenarbeit* zu einem erheblichen Teil, nämlich zu 55% (korrigiertes R^2= 0,545) durch die unabhängigen Variablen *Vertrauen in die kollegiale Netzwerkarbeit* und *Kooperationsverhalten – Austausch* aufgeklärt.

Gestützt werden diese Ergebnisse, die auf die zentrale Bedeutung der stattfindenden Netzwerkprozesse hinsichtlich des empfundenen Gewinns hinweisen, durch die ergänzenden Daten des *Projektbarometers,* die über die sechs Erhebungszeitpunkte im Projektverlauf in folgendem Diagramm 1 dargestellt werden. Diese umrahmen die Ergebnisse der Fragebogenerhebung und geben ein unmittelbares Stimmungsbild der Netzwerkarbeit in Bezug auf die Kooperationsprozesse und den Nutzen aus der Sicht der der Netzwerkkoordinatorinnen und -koordinatoren wieder.

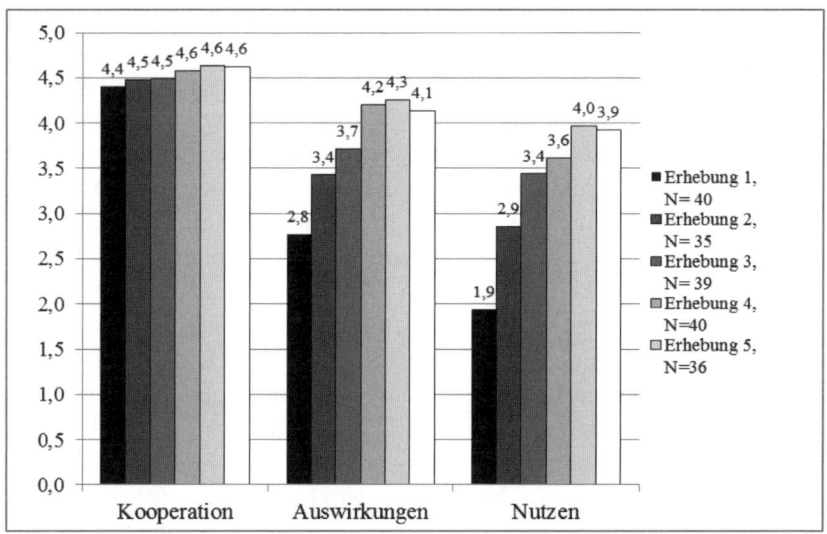

Einschätzungsskala: *1 = trifft nicht zu bis 5 = trifft zu.*

Diagramm 1: Ergebnisse des Projektbarometers über sechs Erhebungszeitpunkte

So wird die Kooperation durch die Koordinatorinnen und Koordinatoren der Netzwerke von Beginn an als effektiv und gewinnbringend eingeschätzt (Erhebung 1:$\bar{x}$ 4,4; Erhebung 2:$\bar{x}$ 4,5; Erhebung 6:$\bar{x}$ 4,6). Dies ist insofern verwunderlich, da anzunehmen ist, dass in der Anfangsphase noch keine neuen Netzwerkprodukte, im Sinne eines „Netzwerkoutputs", den Koordinatorinnen und Koordinatoren zur Verfügung stehen. Für das geringe Ausmaß des konkreten Netzwerkoutputs spricht auch, dass der Einfluss der Netzwerkarbeit auf die eigene Arbeit in der Schule (Erhebung 1:$\bar{x}$ 2,8; Erhebung 2:$\bar{x}$ 3,4) und der Nutzen für das Alltagshandeln im Unterricht (Erhebung 1:$\bar{x}$ 1,9; Erhebung 2:$\bar{x}$ 2,9) in den ersten Erhebungsphasen als eher gering eingestuft wird. Somit geben die Daten einen weiteren bestätigenden Hinweis dafür, dass sich der Gewinn durch die Arbeit im Netzwerk nicht allein durch den „Output-Nutzen", beispielsweise in Form von neuen Materialien und Methoden für den eigenen Unterricht, beschreiben lässt. Vielmehr scheinen sich auch andere nützliche Effekte der Zusammenarbeit bereits sehr früh einzustellen, welches sich in der Auswertung (Diagramm 1) als die äußerst positive Einschätzung des effektiven Verlaufs der Kooperation im Netzwerk niederschlägt. Anzunehmen ist, dass bei dieser Beurteilung auch positiv erlebte Prozesse des Vertrauensaufbaus und des Austausches mit in die Bewertung einfließen, die sich eher dem sog. „Prozess-Nutzen" zuordnen lassen.

3.4 Diskussion

Anhand der Analysen im Rahmen der Begleitforschung des Projektes *Schulen im Team* konnte insgesamt ein positives Bild über den Arbeitsprozess in schulischen Netzwerken nachgezeichnet werden. Die Arbeit in den entstandenen Netzwerken ist durch ein hohes Maß an gegenseitiger Anerkennung und wechselseitiger Inspiration gekennzeichnet. Die bisherigen Auswertungen deuten darauf hin, dass bei der Bildung von Netzwerken der Prozess des Vertrauensaufbaus als zentral und wegbereitend anzusehen ist. Insbesondere über diesen kann dafür gesorgt werden, dass die gemeinsame Arbeit im Netzwerk als lohnend und gewinnbringend wahrgenommen wird. Die Daten aus dem Projekt indizieren, dass der Austausch von Inhalten und Ideen jedoch entgegen der Annahmen lediglich einen schwachen Einfluss auf den wahrgenommenen Gewinn durch die Zusammenarbeit ausübt. Folglich sind nicht lediglich die greifbaren Inhalte des Tauschs eine Basis für wahrgenommenen Profit, sondern, wie bereits betont, vielmehr der zwischenmenschliche, vertrauensvolle Umgang im Netzwerk. Auch die Befunde des Projektbarometers machen auf die essentielle Bedeutung der netzwerkinternen Prozesse aufmerksam und zeigen, dass die Kooperation von den in Netzwerken arbeitenden Lehrkräfte als sehr effektiv wahrgenommen werden kann, ohne dass die Netzwerkarbeit bereits ein hohes Maß an konkreten Auswirkungen auf die eigene Arbeit in der Schule oder einen Nutzen für das Handeln im Unterricht, beispielsweise im Sinne neuer Netzwerkprodukte, ausweisen muss. Somit liegt ein empirisch begründeter Hinweis vor, dass bereits der Prozess der Vernetzung und die Möglichkeit sich im Netzwerk unter „Gleichen" auf Augenhöhe zu begegnen (vgl. Baitsch, 1999) und wechselseitig Ideen und Erfahrungen auszutauschen, als ein bedeutender Teil erfolgreicher Kooperation in Netzwerken bewertet werden kann.

Darüber hinaus konnten in der Analyse erste Indizien gefunden werden, dass es durch schulische Netzwerke gelingt, einen neuen geschützten Raum für Kooperation zu schaffen. Die Netzwerke selbst und die darin arbeitenden Lehrkräfte spielen eine entscheidende Rolle bei der Gestaltung gelingender, ertragreicher Zusammenarbeit. Das direkte Umfeld der Einzelschule, welches die Lehrkräfte in ihren arbeitsbezogenen Routinen und Vorgehensweisen zu prägen vermag, rückt hier in den Hintergrund.

Wenngleich hier ein besonderes Potenzial von schulübergreifenden Netzwerken als Räume für die Initiierung von Kooperationsprozessen bei Lehrkräften erkennbar wird, könnte zugleich das Risiko von Netzwerken sein, als innovative Entwicklungsinseln ohne einzelschulische Verknüpfung am Transfer der hervorgebrachten Innovationen zurück in die Einzelschule zu scheitern. Wenn Netzwerke nicht nur als schulübergreifende Lerngemeinschaften von einzelnen Lehrkräften sondern als Knotenpunkte der gesamtschulischen Entwicklung begriffen werden, muss die Anbindung der Netzwerkarbeit und der -innovationen an die Kollegien der Einzelschulen von Beginn an mitgedacht werden. Bei Transfer- und Implementationsprozessen dürfte nämlich wieder die Einzelschule mit ihren organisationalen Rahmenbedingungen, Merkmalen und Routinen eine ganz entscheidende Rolle spielen (Berkemeyer, Bos, Järvinen, Manitius & Müthing, 2010b).

Hinsichtlich des entworfenen theoretischen Rahmenmodells kann mit den Ergebnissen des Beitrags ein erster empirischer Beweis für die angenommene Bedeutsamkeit der netzwerkinternen Prozesse der Kooperation, Vertrauensbildung und des Austauschs in schulischen Netzwerken vorgelegt werden, und diese in Bezug zum Nutzen der Netzwerkarbeit gesetzt werden. Dennoch muss künftige Forschung an dieser Stelle deutlich komplexer werden, um wesentliche Zusammenhänge besser in den Blick zu bekommen. Zu fragen ist dann beispielsweise, ob spezifische Prozessmerkmale in schulischen Netzwerken als Prädiktoren für eine ertragreiche Zusammenarbeit und die Qualität der erarbeiteten Problemlösungen angenommen werden können und wodurch die hier untersuchten Prozesse ihrerseits moderiert werden.

4. Fazit und Ausblick

Schulische Netzwerke, die sich der Innovationserzeugung für die Qualitätsentwicklung von Schulen widmen, sind in der konkreten Zusammenarbeit unter anderem von vertrauensbasierten Austausch- und Kooperationsprozessen gekennzeichnet. Dies konnte in diesem Beitrag anhand des Projektbeispiels *Schulen im Team* gezeigt werden. Insgesamt wurden die kooperativen Prozesse in den Netzwerken positiv eingeschätzt, insbesondere die des Vertrauens, des Tausches und des Gewinns. Es konnte vor allem die zentrale Bedeutung von Vertrauen bei der Bildung schulischer Netzwerke dargelegt werden, welches somit die entscheidende Modalität in Vernetzungsprozessen zu sein scheint. Ebenfalls konnte ein zunehmender Gewinn für die in schulischen Netzwerken arbeitenden Lehrkräfte in Bezug auf den Tausch von Inhalten und Ideen verzeichnet werden.

Dieser Beitrag konnte lediglich einen kleinen Ausschnitt aus dem vorgestellten Rahmenmodell fokussieren, sodass andere Aspekte zur Analyse von Innovationsnetzwerken wie die Wissenskonversion (vgl. hierzu Berkemeyer, Järvinen & van Ophuysen, 2010) oder die netzwerkrelevanten Umwelten nicht berücksichtigt werden konnten. Eine erste Analyse der in schulischen Netzwerken stattfindenden Prozesse (Tausch, Vertrauen und Kooperation) konnte zwar erbracht werden; tiefergehende Untersuchungen dieser Prozesse stehen jedoch noch aus. Auch mussten an dieser Stelle die im Netzwerk erarbeiteten Produkte und Strategien zur Problemlösung sowie deren Transfer in die einzelnen Kollegien vernachlässigt werden. Zu prüfen bleibt somit in weiteren Arbeiten auch, welche konkreten Produkte und Arbeitsweisen aus der Netzwerkarbeit entstehen und welche in den Netzwerken stattfindenden Prozesse diesen konkret vorgeschaltet sind. Hinsichtlich des Transfers und der Implementation der Netzwerkinhalte lässt sich bereits anhand der Befunde aus dem Projekt festhalten, dass ein Großteil der Fachkollegen erarbeitete Materialien bzw. Vorschläge für neue Lernstrategien aufgegriffen und in den eigenen Unterricht eingebracht haben. Auch der konkrete Nutzen durch die Produkte der Netzwerkarbeit wird eher hoch eingeschätzt. Gerade zum Ende des Projekts ist es sogar vermehrt gelungen, weitere Kollegen nicht nur für die Nutzung der Materialien zu gewinnen, sondern sie auch dazu zu bewegen, weitere Praxisgemeinschaften aufzubauen.

Weitere Analysen werden zeigen müssen, inwiefern auch andere netzwerkrelevante Perspektiven fruchtbar sein könnten, um Einflüsse auf die im Netzwerk stattfindenden Prozesse abbilden zu können. Denkbar wären insbesondere solche Perspektiven, die zur Einordnung externer Unterstützungsleistungen für Netzwerke oder zu Aspekten interner und externer Steuerung einen Beitrag zu einer detaillierteren Analyse schulischer Netzwerke leisten können. Dieser Thematik nimmt sich derzeit das Projekt *Schulen im Team – Transferregion Dortmund* an, das die bewährten Strukturen aus *Schulen im Team* aufgreift und um regional verankerte erweitert (vgl. Berkemeyer, Järvinen & Mauthe, 2009). In diesem Projekt wird der Versuch unternommen, einen externen Netzwerkmanager in Form des Regionalen Bildungsbüros als Unterstützungssystem für beteiligte Schulen zu verorten, um so den Einfluss eines Unterstützungssystems auf die Erfolge und Prozesse der Netzwerkarbeit abbilden zu können. Zeitnah werden erste Hinweise darüber vorliegen, inwiefern das Regionale Bildungsbüro als externer Netzwerkmanager Unterstützung bieten konnte, die die Arbeit im Netzwerk erleichtert.

Literatur

Aderhold, J. (2004). *Form und Funktion sozialer Netzwerke in Wirtschaft und Gesellschaft. Beziehungsgeflechte als Vermittler zwischen Erreichbarkeit und Zugänglichkeit.* Wiesbaden: VS Verlag für Sozialwissenschaften.

Baitsch, C. (1999). Interorganisationale Lehr- und Lernnetzwerke. In Arbeitsgemeinschaft Qualifikations-Entwicklungs-Management (Hrsg.), *Kompetenzentwicklung '99, Aspekte einer neuen Lernkultur. Argumente, Erfahrungen, Konsequenzen* (S. 253-274). Münster: Waxmann.

Behrends, T. (2001). *Organisationskultur und Innovativität.* München/Mering: Rainer Hampp Verlag.

Berkemeyer, N. & Bos, W. (2010). Netzwerke als Gegenstand Erziehungswissenschaftlicher Forschung. In R. Häußling & C. Stegbauer (Hrsg.), *Handbuch Netzwerkforschung* (im Erscheinen 2010). Wiesbaden: VS Verlag für Sozialwissenschaften.

Berkemeyer, N., Järvinen, H. & van Ophuysen, S. (2010). Wissenskonversion in schulischen Netzwerken – Eine inhaltsanalytische Untersuchung zur Rekonstruktion von Lernprozessen. *Journal for Educational Reserarch Online, 2*(1), 168-192.

Berkemeyer, N., Bos, W., Järvinen, H., Manitius, V., Müthing, K. & van Holt, N. (2010b). Schulreform durch Innovationsnetzwerke – Entwicklungen und Bedingungen. In N.

Berkemeyer, W Bos & H. Kuper (Hrsg.), *Schulreform durch Vernetzung. Interdisziplinäre Betrachtungen* (S. 213-236). Münster: Waxmann.

Berkemeyer, N., Bos, W., Järvinen, H. & van Holt, N. (2011) (im Erscheinen). *„Schulen im Team". Netzwerkbasierte Unterrichtsentwicklung. Ergebnisse der wissenschaftlichen Begleitforschung.* Münster: Waxmann.

Berkemeyer, N., Bos, W., Manitius, V. & Müthing, K. (Hrsg.). (2008a). *Unterrichtsentwicklung in Netzwerken.* Münster: Waxmann.

Berkemeyer, N., Bos, W., Manitius, V., Müthing, K. (2008d). „Schulen im Team": Einblicke in netzwerkbasierte Unterrichtsentwicklung. In N. Berkemeyer, W. Bos, V. Manitius & K. Müthing (Hrsg.), *Unterrichtsentwicklung in Netzwerken. Konzeptionen, Befunde, Perspektiven* (S. 19-70). Münster: Waxmann.

Berkemeyer, N., Järvinen, H., Mauthe, A. (2009). „Schulen im Team" – Kommunales Management von Schulnetzwerken. In N. Berkemeyer, H. Kuper, V. Manitius & K. Müthing (Hrsg.), *Schulische Vernetzung. Eine Übersicht zu aktuellen Netzwerkprojekten* (S. 171-183). Münster: Waxmann.

Berkemeyer, N., Manitius, V. & Müthing, K. (2008c). „Schulen im Team": erste empirische Befunde. In N. Berkemeyer, W. Bos, V. Manitius & K. Müthing (Hrsg.), *Unterrichtsentwicklung in Netzwerken. Konzeptionen, Befunde, Perspektiven* (S. 329-342). Münster: Waxmann.

Berkemeyer, N., Manitius, V. & Müthing, K. (2008). Innovations-Netzwerke in der Schulentwicklung. In W. Bos, H.G. Holtappels, H. Pfeiffer, H.-G. Rolff & R. Schulz-Zander (Hrsg.), *Jahrbuch der Schulentwicklung Band 15. Daten, Beispiele, Perspektiven* (S. 63-92). Weinheim: Juventa.

Berkemeyer, N., Manitius, V., Müthing, K. & Bos, W. (2008b). Innovation durch Netzwerkarbeit? Entwurf eines theoretischen Rahmenmodells zur Analyse von schulischen Innovationsnetzwerken. *Zeitschrift für Soziologie der Erziehung und Sozialisation, 4,* 411-428.

Berkemeyer, N., Manitius, V., Müthing, K. & Bos, W. (2009). Ergebnisse nationaler und internationaler Forschung zu schulischen Innovationsnetzwerken. *Zeitschrift für Erziehungswissenschaft, 12*(4), 667-689.

Bernecker, T. (2005). *Entwicklungsdynamik organisatorischer Netzwerke. Konzeption, Muster und Gestaltung.* Wiesbaden: Deutscher Universitäts-Verlag/GWV Fachverlag GmbH.

Blau, P. (1968). Interaction: social exchange. *International Encyclopedia of the Social Sciences, 7,* 452-458.

Czerwanski, A. (2003). Netzwerke als Praxisgemeinschaften. In A. Czerwanski (Hrsg.), *Schulentwicklung durch Netzwerkarbeit. Erfahrungen aus den Lernnetzwerken im „Netzwerk innovativer Schulen in Deutschland"* (S. 9-18). Gütersloh: Verlag Bertelsmann Stiftung.

Czerwanski, A., Hameyer, U. & Rolff, H.-G. (2002). Schulentwicklung im Netzwerk. Ergebnisse einer empirischen Nutzenanalyse von zwei Schulnetzwerken. In H.-G. Rolff, H.G Holtappels, K. Klemm, H. Pfeiffer & R. Schulz-Zander (Hrsg.), *Jahrbuch der Schulentwicklung* (Band 12, S. 99-130). Weinheim: Juventa.

Dedering, K. (2007). Schulische Qualitätsentwicklung durch Netzwerke. Das Internationale Netzwerk Innovativer Schulsysteme (INIS) der Bertelsmann Stiftung als Beispiel. *Reihe Schule und Gesellschaft, Bd. 37.* Wiesbaden: VS Verlag für Sozialwissenschaften.

Demuth, R., Gräsel, C., Parchmann, I. & Ralle, B. (2008) (Hrsg.). *Chemie im Kontext. Von der Innovation zur nachhaltigen Verbreitung eines Unterrichtskonzepts.* Münster: Waxmann.

Earl, L., Katz, S., Elgie, S., Jaafar, S.B. & Foster, L. (2006). How networked learning communities worked. Online Report. Verfügbar unter: http://networkedlearning.ncsl.org.

uk/collections/network-research-series/reports/hownetworked-learning-communities-work.pdf [07.03.08].

Fend, H. (2006). *Neue Theorie der Schule*. Wiesbaden: VS Verlag für Sozialwissenschaften.

Fullan, M. (1999). *Change Forces: The Sequel*. London: Falmer Press.

Fußangel, K. (2008). *Subjektive Theorien von Lehrkräften zur Kooperation. Eine Analyse der Zusammenarbeit von Lehrerinnen und Lehrern in Lerngemeinschaften*. Verfügbar unter: http://elpub.bib.uni-wuppertal.de/servlets/DerivateServlet/Derivate-1129/dg0802.pdf [09.12.2010].

Fußangel, K., Schellenbach-Zell, J. & Gräsel, C. (2008). Die Verbreitung von Chemie im Kontext: Entwicklung einer symbiotischen Implementationsstrategie. In R. Demuth, C. Gräsel, I. Prachmann & B. Ralle (Hrsg.), *Chemie im Kontext. Von der Innovation zur nachhaltigen Verbreitung eines Unterrichtskonzepts* (S. 49-81) Münster: Waxmann.

Geithner, S. (2003). Wie kann Netzwerkarbeit innerschulisch fruchtbar gemacht werden? Acht Thesen aus der Praxis für die Praxis. In A. Czerwanski (Hrsg.), *Schulentwicklung durch Netzwerkarbeit. Erfahrungen aus den Lernnetzwerken im „Netzwerk innovativer Schulen in Deutschland"* (S. 223-234). Gütersloh: Verlag Bertelsmann Stiftung.

Giddens, A. (1979). *Central problems in social theory*. Houndsmills: MacMillan.

Giddens, A. (1984). *Die Konstitution der Gesellschaft. Grundzüge einer Theorie der Strukturierung*. Frankfurt am Main: Campus.

Gräsel, C., Fussangel, K. & Pröbstel, C. (2006). Lehrkräfte zur Kooperation anregen – eine Aufgabe für Sisyphos? *Zeitschrift für Pädagogik, 52*(2), 205-219.

Greenberg, K., Machleit, S., Bartlett, A.J. & Schlessmann-Frost, A. (1996). *The cognitive enrichment network education model (COGNET)*. Paper presented at the 3rd Head Start National Research Conference, Washington DC.

Gruber, H. & Rehrl, M. (2007). Der Zusammenhang von individueller Entwicklung und der Übernahme der in Netzwerken geteilten Wissens-, Wert- und Handlungsbestände. *Vierteljahresschrift für wissenschaftliche Pädagogik, 83*(1) , 36-48.

Hameyer, U. & Ingenpaß, A. (2003). *Schulentwicklung im Netzwerk. Orientierungen für die Praxis*. Kiel: Ministerium für Bildung, Wissenschaft, Forschung und Kultur des Landes Schleswig-Holstein.

Hameyer, U., Heggen, K. & Simon, R. (2007). Impulse für Bildungsregionen – Schulentwicklung im Netzwerk (SINET). In C. Solzbacher, & D. Minderop, D. (Hrsg.), *Bildungsnetzwerke und Regionale Bildungslandschaften. Ziele und Konzepte, Aufgabe und Prozesse* (S. 70-79). München: LinkLuchterhand.

Howaldt, J. (2002). Lernen in Netzwerken ein Zukunftsszenario für die Wissensgesellschaft. In H.R. Walter, H. Kotthoff & G. Peter (Hrsg.), *Lernen in der Wissensgesellschaft* (S. 45-63). Münster: LIT-Verlag.

Huber, S. & Schneider, N. (2009). Netzwerk Erfurter Schulen (NES). In N. Berkemeyer, H. Kuper, V. Manitius & K. Müthing (Hrsg.), *Schulische Vernetzung. Eine Übersicht zu aktuellen Netzwerkprojekten* (S. 135-148). Münster: Waxmannn.

Jackson, D. (2006). The creation of knowledge networks: collaborative enquiry for school and system improvement. In A. Harris & J. Hagemann Chrispeels (Hrsg.), *Improving Schools and Educational Systems: International Perspectives* (S. 274-291). London: Routledge.

Jäger, M., Reese, M., Prenzel, M. & Drechsel, B. (2004). Evaluation des Modellversuchsprogramms. In M. Prenzel, M. Jäger, M. Reese, & B. Drechsel (Hrsg.), *Nur wer mitmacht, kann gewinnen! Ergebnisse der Evaluation des BLK-Modellversuchsprogramms "Qualitätsverbesserung in Schulen und Schulsystemen (QuiSS)"* (S. 103-110). Kiel: IPN.

Kappelhoff, P. (1995). Soziale Interaktion als Tausch: Tauschhandlung, Tauschbeziehung, Tauschsystem, Tauschmoralität. *Ethik und Sozialwissenschaften, 1*, 3-13.

Killus, D. (2008). Soziale Integration in Schulnetzwerken: empirische Ergebnisse und Konsequenzen für die Praxis. In N. Berkemeyer, W. Bos, V. Manitius & K. Müthing (Hrsg.), *Unterrichtsentwicklung in Netzwerken. Konzeptionen, Befunde, Perspektiven* (S. 315-328). Münster: Waxmann.

Klinger, T., Schwippert, K. & Leiblein, B. (Hrsg.). (2008). *Evaluation im Modellprogramm FörMig. Planung und Realisierung eines Evaluationskonzepts.* Münster: Waxmann.

Krebs, I. & Prenzel, M. (2008). Unterrichtsentwicklung in Netzwerken: Das Beispiel SINUS. In N. Berkemeyer, W. Bos, V. Manitius & Kathrin Müthing (Hrsg.), *Unterrichtsentwicklung in Netzwerken. Konzeptionen, Befunde, Perspektiven* (S. 297-315). Münster: Waxmann.

Kuper, H. (2004). Netzwerke als Form pädagogischer Institutionen. In W. Böttcher & E. Terhart (Hrsg.), *Organisationstheorie in pädagogischen Feldern* (S. 237-252). Wiesbaden: VS Verlag für Sozialwissenschaften.

Lieberman, A. & Grolnick, M. (1998). Educational Reform Networks: Changes in the Forms of the Reform. In A. Hargreaves, A. Lieberman, M. Fullan & D. Hopkins (Hrsg.), *International Handbook of Educational Change* (S. 710-729). Dordrecht: Kluwer.

Little, J. (2005): Big Change Question. Professional Learning and School-Network Ties: Prospects for School Improvement. *Journal of Educational Change*, 6(3), 277-291.

Lohmann, A. & Rolff, H.-G. (2007). Qualitätsentwicklung in Netzwerken. In C. Solzbacher & D. Minderop (Hrsg.), *Bildungsnetzwerke und Regionale Bildungslandschaften. Ziele und Konzepte, Aufgaben und Prozesse* (S. 61-69). München: LinkLuchterhand.

Manitius, V., Müthing, K., van Holt, N. & Berkemeyer, N. (2009). Nutzenpotenziale schulischer Netzwerke – das Beispiel "Schulen im Team". In N. Berkemeyer, H. Kuper, V. Manitius & K. Müthing (Hrsg.), *Schulische Vernetzung. Eine Übersicht zu aktuellen Netzwerkprojekten* (S. 49-63). Münster: Waxmann.

Müskens, W. & Daumenlang, K. (2004). *FEO – Fragebogen zur Erfassung des Organisationsklimas.* Göttingen: Hogrefe.

Nonaka, I. (1994). A Dynamic Theory of Organizational Knowledge Creation. *Organization Science*, 5(1), 14-37.

Nuissl, E., Dobischat, R., Hagen, K. & Tippelt, R. (Hrsg.). (2006). *Regionale Bildungsnetze. Ergebnisse zur Halbzeit des Programms „Lernende Regionen – Förderung von Netzwerken".* Bielefeld: Bertelsmann.

Ostermeier, C. (2004). *Kooperative Qualitätsentwicklung in Schulnetzwerken.* Münster: Waxmann.

Prenzel, M., Drechsel, B., Kliewe, A., Kramer, K. & Röber, N. (2000). Lernmotivation in der Aus- und Weiterbildung: Merkmale und Bedingungen. In C. Harteis, H. Heid & S. Kraft (Hrsg.), *Kompendium Weiterbildung. Aspekte und Perspektiven betrieblicher Personal- und Organisationsentwicklung* (S. 163-173). Opladen: Leske+Budrich.

Pröbstel, C. H. (2008). *Lehrerkooperation und die Umsetzung von Innovationen. Eine Analyse der Zusammenarbeit von Lehrkräften aus der Perspektive der Bildungsforschung und der Arbeits und Organisationspsychologie.* Berlin: Logos Verlag.

Programmträger BLK-FörMig (2007): *BLK-Modellprogramm Förderung von Kindern und Jugendlichen mit Migrationshintergrund.* Jahresbericht 2007. Hamburg.

Rauch, F., Kreis, I. & Zehetmeier, S. (2007). Unterstützung durch Begleitung und Vernetzung. Ergebnisse nach vier Jahren Betreuungsarbeit. In F. Rauch & I. Kreis (Hrsg.), *Lernen durch fachbezogene Schulentwicklung. Schulen gestalten Schwerpunkte in den Naturwissenschaften, Mathematik und Informatik* (S. 253-268). Innsbruck: StudienVerlag.

Risse, E. (1998). Netzwerke im Schulentwicklungsprozess. In E. Risse (Hrsg.), *Schulprogramm – Entwicklung und Evaluation* (S. 284-299). Neuwied: Luchterhand.

Risse, E. (2001). Netzwerke als Motor für Schulentwicklung. *Pädagogische Führung, 12*(2), 56-59.

Schellenbach-Zell, J., Rürup, M., Fußangel, K. & Gräsel, C. (2008). Bedingungen erfolgreichen Transfers am Beispiel von Chemie im Kontext. In R. Demuth, C. Gräsel, I. Parchmann, & B. Ralle (Hrsg.), *Chemie im Kontext. Von der Innovation zur nachhaltigen Verbreitung eines Unterrichtskonzepts* (S. 83-124). Münster: Waxmann.

Schenk, M. (1984). *Soziale Netzwerke und Kommunikation.* Tübingen: Mohr.

Smith, A.K. & Wohlstetter, P. (2001). Reform through School Networks: A New Kind of Authority and Accountability. *Educational Policy, 4*, 499-519.

Solzbacher, C. & Minderop, D. (2007): *Bildungsnetzwerke und regionale Bildungslandschaften. Ziele und Konzepte, Aufgaben und Prozesse.* München: Verlag Luchterhand.

Sydow, J. & Möllering, G. (2006). Logistik in Netzwerkorganisationen – Dynamik verstehen, Wandel managen. *Logistik Management, 8*(2), 7-14.

Tippelt, R. & Schmidt, B. (Hrsg.). (2009). *Handbuch Bildungsforschung. 2. völlig überarbeitete Auflage.* Wiesbaden: VS Verlag für Sozialwissenschaften. Verfügbar unter: http://networkedlearning.ncsl.org.uk/collections/network-research-series/reports/how-networked-learning-communities-work.pdf [07.03.08].

Wald, A. & Jansen, D. (2007). Netzwerke. In A. Benz, S. Lütz, U. Schimank & G. Simonis (Hrsg.), *Handbuch Governance. Theoretische Grundlagen und empirische Anwendungsfelder* (S. 93-105). Wiesbaden: VS Verlag für Sozialwissenschaften.

Weber, S. (2004). Organisationsnetzwerke und pädagogische Temporärorganisation. In W. Böttcher & E. Terhart (Hrsg.), *Organisationstheorie in pädagogischen Feldern* (S. 253-269). Wiesbaden: VS Verlag für Sozialwissenschaften.

Wetzel, R., Aderhold, J., Baitsch, C. & Keiser, S. (2001). Moderation in Netzwerken – Theoretische, didaktische und handlungsorientierte Betrachtungen aus einer internen Perspektive. In C. Baitsch & B. Müller (Hrsg.), *Moderation in regionalen Netzwerken* (S. 7-33.). München: Rainer Hampp.

Willke, H. (2001). *Systemtheorie. Bd. 3: Steuerungstheorie (3. Aufl.).* Stuttgart. UTB.

Stephan Gerhard Huber & Nadine Schneider

Netzwerk Erfurter Schulen (NES) – Professionalisierung schulischer Akteure und Schulentwicklung durch Kooperation

Abstract

Der Beitrag stellt das Netzwerk Erfurter Schulen (NES) vor, ein „Qualifizierungs- und Unterstützungsangebot für pädagogische Führungskräfte eigenverantwortlicher Schulen" in der Stadt und Region Erfurt. Dieses Schulnetzwerk wurde in Zusammenarbeit von Schulaufsicht und Wissenschaft initiiert, in der konkreten Ausgestaltung war es ein Verbundprojekt aus Schulen, Schulamt und Hochschule. Der Beitrag beschreibt zunächst die Zielsetzung des im Jahr 2005 initiierten Netzwerkes und geht auf dessen Akteure ein. Einen ersten inhaltlichen Schwerpunkt bilden die diskutierten idealtypischen Lernanlässe von wirksamen Fort- und Weiterbildungen (Fortbildungskurse, Selbststudium, Self-Assessment und Feedback, Professionelle Lerngemeinschaften und Netzwerke, Praxis sowie Portfolio), aus denen die verschiedenen Qualifizierungsformate für das Netzwerk abgeleitet wurden. Der zweite Teil des Beitrages widmet sich der Reflexion: Nach insgesamt fünfjähriger Projektarbeit (2006-2010) werden anhand von Evaluationsergebnissen sowie Beobachtungen der wissenschaftlichen Netzwerkpartner zentrale Erfahrungen berichtet. Abschließend kommen drei in unterschiedlichen Funktionen im Netzwerk Beteiligte zu Wort.

Das Netzwerk Erfurter Schulen (NES; vgl. Huber & Schneider, 2009) war ein „Qualifizierungs- und Unterstützungsangebot für pädagogische Führungskräfte eigenverantwortlicher Schulen". Es wurde in Zusammenarbeit von Schulaufsicht und Wissenschaft 2005 in der Stadt und Region Erfurt initiiert. In der konkreten Ausgestaltung war es ein Verbundprojekt aus Schulen, Schulamt und Hochschule mit einer sehr geringen Mittelausstattung, aber viel Engagement bei allen Beteiligten. In der ersten Phase gehörten 15, in der zweiten Phase 14 Schulen dem Netzwerk an. Fachlich ist es eingebettet in die Fachdiskussion um Schulnetzwerke, wie sie in diesem Band von Huber und Krey beschrieben ist.

1. Zielsetzung

NES zielte darauf ab, durch Kooperation zu einer Professionalisierung von schulischen Akteuren, insbesondere pädagogischen Führungskräften, sowie zur Weiterentwicklung schulischer Organisationen beizutragen. NES führte als Netzwerk Fortbildungen durch und bot Austauschmöglichkeiten an. Ziel war es, die schulischen Akteure bei der Bewältigung der neuen Aufgaben und Herausforderungen, die im Rahmen der Eigenverantwortlichkeit von Schulen entstehen, zu unterstützen. Der Schwerpunkt lag dabei auf Aspekten der Steuerung der Schule und der Verbesserung der Qualität der schulischen Arbeit, insbesondere des Unterrichts. Ziel war es, die Teilnehmenden zu befähigen, die Entwicklungsprozesse an ihren Schulen zielgenauer, systematischer, effektiver und bewusster führen zu können.

Für die teilnehmenden Erfurter Schulen fanden im Netzwerk Qualifizierungsveranstaltungen statt, die sich an den bildungspolitisch und schulbezogen zentralen Themenstellungen der Schulqualität, der Schulentwicklung und des Schulmanagements ausrichteten. Um den Transfer des in der Qualifizierung erworbenen Wissens zu erleichtern und die Nachhaltigkeit der Nutzung der erweiterten Kompetenzen in der schulischen Praxis zu sichern, wurde durch das Netzwerk eine kollegiale Vernetzung angeregt und ermöglicht. Die Kooperation bezog sich in erste Linie auf eine Zusammenarbeit in und zwischen Schulen. Darüber hinaus sollte aber auch die Kooperation von Schulen mit außerschulischen Partnern unterstützt und begleitet werden. Die Netzwerkpartner aus Wissenschaft (Arbeitsgruppe Bildungsmanagement der Universität Erfurt um Prof. Stephan Gerhard Huber) und Schulaufsicht (Staatliches Schulamt Erfurt) boten Fortbildungsveranstaltungen an und sahen sich in der Rolle der Kooperationsvermittler, Kooperationsförderer und Kooperationsunterstützer.

Ein Vorteil der Kooperation zwischen den Schulen ist, dass Problemlösungen für ähnliche Herausforderungen gemeinschaftlich entwickelt werden können. Dies kann bei den Schulen zu einer Arbeitserleichterung führen. Da eine Vielfalt an Erfahrungen und Sichtweisen in den Dialog einfließt, entstehen Ressourcen für Optionen an Handlungsstrategien, die in den Arbeitsprozessen der einzelnen Schulen genutzt werden können. Dabei sind die kooperativ entwickelten Lösungen potentiell von einer anderen Güte als bei einer Summe von Einzelleistungen. Kooperationen bieten durch die Arbeit in Gruppen und Teams für die Beteiligten Rückkopplungsmöglichkeiten. Durch systematische Kooperation wird die Entwicklung von neuem Wissen angeregt, das dann wiederum geteilt und in die Ausübung der Profession eingebracht wird. Neben individuellem soll auch organisationales Lernen gefördert werden. Letztendlich sollen sich Kooperationen positiv auf das soziale Klima an den beteiligten Schulen auswirken. Indem auf der Ebene der Personen innerhalb des Netzwerks eine positive Grundhaltung gegenüber Kooperationsprozessen entsteht, kann auch auf der Ebene der Schulgemeinschaft eine „Kultur" wachsen, in der Kooperation Ziel und Methode zugleich ist. Hemmnisse für Kooperationen in der Einzelschule, die aufgrund der Organisationsstruktur oder Organisationskultur der Einzelschule auftreten mögen, können durch Kooperation zwischen Schulen leichter überwunden werden.

Die einzelnen Veranstaltungen (Fortbildungen, Arbeitsgruppentreffen, Fachtagungen, kollegiale Beratungstreffen, Gesprächsrunden, Hospitationen) innerhalb des Erfurter Netzwerkes berücksichtigten folgende drei Grundsätze:

- Bedarfsorientierung: Die Themen, die im Mittelpunkt der Veranstaltungen standen, wurden von den Schulen bestimmt und in engerer Verzahnung über einen längeren Zeitraum bearbeitet. Unter diesem thematischen Dach formulierte die Einzelschule ihren individuellen Schwerpunkt, den sie schließlich bearbeitete.
- Anwendungsorientierung: In allen Veranstaltungen wurden die Erfahrungen der Teilnehmer und ihrer Schulen konsequent aufgegriffen und genutzt. Die Teilnehmer erhielten Zeit für den individuellen Austausch sowohl in ihrem Schulteam als auch außerhalb. Damit wurden bewusst Möglichkeiten für einen verbesserten Transfer in die Schulen geschaffen.
- Wirksamkeit und Nachhaltigkeit: Um die Wirksamkeit zu erhöhen und Nachhaltigkeit zu erreichen, wurden den Schulteams der Einzelschulen verschiedene Unterstützungsangebote explizit empfohlen, z.B. auch die des Thüringer Ministeriums für Bildung, Wissenschaft und Kultur (TMBWK), des Schulamts Erfurt, des Thüringer Instituts für Lehrerfortbildung, Lehrplanentwicklung und Medien (ThILLM) sowie externe Unterstützungsangebote. Damit wurde auch in diesem Bereich der Netzwerkgedanke konsequent weiter verfolgt.

2. Zielgruppe

Da Steuerungsprozesse an einer Schule nicht allein von einer Einzelperson ausgehen können, richtete sich NES an die Personen, die im Prozess der Schulentwicklung Führungsaufgaben übernehmen, neben der Schulleitung also an eine erweiterte Schulleitung und an Mitglieder von Steuergruppen.

Bei den am Projekt beteiligten Schulen handelte es sich um zwei Grundschulen, fünf Regelschulen und sieben Berufsbildende Schulen. Die einzelnen Schulen beteiligten sich mit je einem Schulteam, das aus jeweils zwei bis drei Personen bestand, darunter die Schulleiterin bzw. der Schulleiter, deren/dessen Stellvertreterin bzw. Stellvertreter, weitere Mitglieder der erweiterten Schulleitung bzw. Vertreterinnen und Vertreter der an den Schulen vorhandenen Koordinationsgremien bzw. Steuergruppen für Schulentwicklung.

Größe und Zusammensetzung des Schulteams eröffneten die Möglichkeit, bereits gemeinsam im Rahmen der Veranstaltungen Lösungsansätze für die Schule zu finden und deren Umsetzung zu planen. Damit wurden sowohl Transfer als auch Nachhaltigkeit gefördert.

Über die konkrete personelle Zusammensetzung der Schulteams entschieden die an NES beteiligte Schule in eigener Verantwortung. Die Zusammensetzung des Teams im Laufe des Projekts konnte nur in begründeten Einzelfällen geändert werden.

Die Teilnahme an NES erfolgte zwar auf freiwilliger Basis, allerdings hatten sich die Schulen dazu verpflichtet, an allen Veranstaltungen teilzunehmen, die erworbenen Kenntnisse in der eigenen Schule in geeigneter Form zu erproben und die Ergebnisse ihrer Arbeit nach innen und nach außen zu präsentieren.

3. Lernanlässe und ihre Umsetzung: Qualifizierungsformate

Die verschiedenen idealtypischen Lernanlässe von wirksamen Fort- und Weiterbildungen (vgl. Huber, 2011a,b, 2012), nämlich Fortbildungskurse, Selbststudium, Self-Assessment und Feedback, Professionelle Lerngemeinschaften und Netzwerke, Praxis sowie Portfolio, waren die konzeptionellen Eckpfeiler im Netzwerk Erfurter Schulen. Aus ihnen leiteten sich verschiedene Qualifizierungsformate für das Netzwerk ab.

Durch die verschiedenen Formate konnte das erworbene Wissen für die eigene Professionalisierung sowie die Qualitätssicherung und -entwicklung in der eigenen Schule systematisch genutzt werden. Sie werden im Folgenden kurz beschrieben.

3.1 Fortbildungsveranstaltungen bzw. thematische Plenumsveranstaltungen

Im Rahmen einer Auftaktveranstaltung wurden die Wünsche der Teilnehmenden in Bezug auf ihre aktuellen Qualifizierungsbedarfe kommuniziert. Darüber hinaus wurden die Inhalte der weiteren Ganz- oder Halbtagsveranstaltungen und die weiteren Qualifizierungsformate besprochen.

Weitere Fortbildungsveranstaltungen, die über das Jahr verteilt insgesamt mindestens vier Tage umfassten, waren wie folgt strukturiert:
- Reflexion der Arbeitsphasen in der Einzelschule (Erfahrungen aus Erprobungsphasen, Umgang mit möglichen Lösungsansätzen, Unterstützungsangebote und deren Nutzung, offene bzw. neu entstandene Fragen),
- Sammlung von Fragestellungen aus den Schulen,
- Themenbehandlung in differenzierter Form (z.B. theoretischer Input, Gruppenarbeit, kollegialer Austausch, Übungen),
- Erarbeitung von Lösungsansätzen durch die Schulteams (Maßnahmen für die Erprobungsphase in der Schule).

Die Themen der Fortbildungsveranstaltungen lassen sich nach ihrem Bezug zu verschiedenen Bereichen in Schule und Schulsystem gliedern:

Bereich Schulsystementwicklung:	Thüringer Entwicklungsvorhaben „Eigenverantwortliche Schule"
Bereich Schulmanagement und Führung:	Schulqualität, Schulentwicklung, Schulmanagement
	Streuung von Führungsverantwortung, Kooperative Führung, Steuergruppenarbeit
	Umgang mit schwierigen Situationen in der Personalführung: Dilemmata, Spannungsfelder, Frust und Motivation im Kollegium
	Evaluation: Praxis der Bestandsaufnahme und Selbstevaluation
	Öffentlichkeitsarbeit
Bereich Personal:	Projektmanagement
	Personalentwicklung und Wirksamkeit von Fort- und Weiterbildung
	Teamentwicklung
	Zeitmanagement und Arbeitsorganisation
	schulinterne Lehrerfortbildung: Fortbildungskonzeption, Gelingensbedingungen, Nachhaltigkeit, Lehrermotivation
	Kooperation
	Kollegiale Beratung
Bereich Unterricht:	Methodenatelier: Lern- Unterrichts- und Moderationsmethoden
	Integration lernbehinderter Schüler, gemeinsamer Unterricht
	Schülermotivation
	Schülerbeurteilungssysteme, Lernzielkontrolle, Kompetenzbewertung (Kompetenzbegriff)
	Normen- und Wertekatalog, Verhalten in einer guten Schule, Verhaltenskodex
	Gewalt, Sanktionen, Schulverweigerung, Regeln
Bereich individuelle Professionalisierung:	onlinebasiertes Self-Assessment und Feedback durch das Kompetenzprofil Schulmanagement (KPSM)

3.2 Arbeitsgruppen

Die Teilnehmenden wurden angeregt, sich in Arbeitsgruppen zusammenzufinden und nach jeweiligem persönlichen Interesse und/oder aktuellem Bedarf einzelne Themen vertiefend zu bearbeiten. Die Zusammensetzung der Arbeitsgruppen erfolgte eigenverantwortlich, schul- und schulartübergreifend und ihre Organisation autonom. Ob überhaupt und wenn ja, in wie vielen Arbeitsgruppen eine Teilnehmerin bzw. ein Teilnehmer mitarbeitete und wie lange, entschieden die Teilnehmenden in Rücksprache mit ihrem Schulteam. Auch konnten sich die Mitglieder eines Schulteams auf die Arbeitsgruppen aufteilen oder zusammen in einer mitarbeiten. Die Arbeitsgruppen arbeiteten sowohl in dafür bereitgestellten Zeitfenstern während der Fortbildungsveranstaltungen als auch zwischen Fortbildungsveranstaltungen an selbstorganisierten Terminen. Wenn die Arbeitsgruppen es wünschten, erhielten sie von den Initiatoren und Organisatoren des Netzwerks Erfurter Schulen Unterstützung, z.B. in Form von Materialien, Moderation etc. Die Arbeitsgruppen blieben bestehen, bis die Gruppe beschloss, sich als Gruppe aufzulösen, da sie ihre Ziele erreicht hatte und ein Fortbestehen nicht mehr nötig war.

Die Rückkopplung der Arbeit der Arbeitsgruppen in das gesamte Plenum erfolgte regelmäßig über kurze Berichte zum jeweiligen Arbeitsstand und über eine ausführliche Präsentation der Arbeitsergebnisse.

Im Netzwerk Erfurter Schulen gab es Arbeitsgruppen zu folgenden Themen:
- Schulprofil, Leitbild, Schulprogramm
- Teamentwicklung, selbstständige Lehrerteams
- Schulsponsoring, Öffentlichkeitsarbeit, Kooperation
- Personalführung: Mitarbeitergespräche
- schulinterne Lehrpläne und Methodenlehrpläne

3.3 Fachtagungen

Ein besonderes Angebot bestand für die Netzwerkmitglieder in der Teilnahme am Schulleitungssymposium (SLS; www.Schulleitungssymposium.net), das alle zwei Jahre vom Institut für Bildungsmanagement und Bildungsökonomie IBB der Pädagogischen Hochschule Zentralschweiz Zug veranstaltet wird. Dabei hatten die teilnehmenden Netzwerkmitglieder Gelegenheit, internationale Konzepte und Modelle pädagogischer Führung kennenzulernen und mit Kolleginnen und Kollegen einen vielfältigen Ideen- und Erfahrungsaustausch zu betreiben.

3.4 Literatur und Arbeitsmaterialien zum Selbststudium

Die Teilnehmenden erhielten Literaturlisten zu relevanten Themenbereichen und teilweise spezifisch zusammengestellte Literatur bzw. eigens erstellte Studienbriefe.

3.5 Lernort „Praxis"/Schule (im Schulteam)

In den Fortbildungsveranstaltungen gefundene Lösungsansätze wurden in der eigenen Schule umgesetzt bzw. erprobt.

3.6 Kollegiale Beratungen, Coachings und Moderationen

Die schulspezifischen Entwicklungsvorhaben wurden durch das Angebot an kollegialen Beratungen, Coachings und Moderationen unterstützt. Hierzu wurde den Teilnehmenden zunächst die Methode der kollegialen Beratung theoretisch und praktisch im Rahmen einer Fortbildungsveranstaltung vorgestellt. Sie hatten dann Gelegenheit, die kollegiale Beratung in ihrer Struktur und ihrem Ablauf auszuprobieren und einen authentischen Fall zu beraten. Im Idealfall sollen diese kollegialen Beratungstreffen über das Qualifizierungsprogramm hinaus kostenneutral fortbestehen. Dafür besteht das Angebot, Kleingruppen zu bilden, deren Mitglieder – am Anfang mit externer Unterstützung im Sinne von Coaching – an konkreten Problemen und schulspezifischen Fragestellungen arbeiten, sich darüber gegenseitig austauschen und unterstützen.

3.7 Gesprächsrunden (Kaminabende)

Einmal im Jahr wurde eine Gesprächsrunde mit Persönlichkeiten aus Politik, Wirtschaft, Wissenschaft und dem Schulsystem für die Teilnehmenden organisiert. Hier ging es darum, in entspannter Atmosphäre miteinander ins Gespräch zu kommen, Verständnis für einander zu entwickeln und Kontakte zu knüpfen.

An diesen Gesprächsrunden nahmen z.B. der Staatssekretär im Thüringer Ministerium für Bildung, Wissenschaft und Kultur (TMBWK), der Direktor des Thüringer Instituts für Lehrerfortbildung, Lehrplanentwicklung und Medien (ThILLM) sowie weitere Vertreter des Ministeriums, der Schulämter und des Unterstützungssystems teil. Themen waren z.B. „Aktuelle Herausforderungen in der Thüringer Lehrerbildung", „Eigenverantwortliche Schule in Thüringen" oder „Aktuelle zentrale bildungspolitischen Entwicklungen in Thüringen".

3.8 Hospitationen

Wissen und Können sind wichtig, doch das Erleben von anschaulichen praktischen Beispielen, von vorbildlichen Modellen „aus erster Hand" sowie selbstständige aktive Beteiligung sind unerlässlich. Dies ermöglichen kollegiale Hospitationen, die die NES-Teilnehmenden bei einer Institution der folgenden Gruppen leisten konnten:

- in einer anderen Schule innerhalb oder außerhalb von Thüringen (in einem anderen Bundesland oder dem benachbarten Ausland),
- in einer anderen Bildungseinrichtung,
- in einem Wirtschaftsunternehmen.

Ziel der Hospitationen war es, Erfahrungen zu sammeln, andere Praktiken, „andere Kulturen" kennen zu lernen, anderes zu beobachten bzw. zu reflektieren und Anregungen für das eigene Handeln zu generieren. Der gewonnene Austausch war für die Selbstreflexion der Teilnehmenden außerordentlich wichtig.

3.9 Wissensmanagement (anstelle von Portfolio): eine virtuelle Lernumgebung als Unterstützung

An die Stelle des Portfolios traten bei NES Verfahren des Wissensmanagements. Das Wissensmanagement im Netzwerk wurde unterstützt durch das Thüringer Schulportal und eine weitere, eigene virtuelle Lernumgebung, in der elektronisch Materialien aus den Veranstaltungen archiviert und allen Teilnehmenden zugänglich gemacht wurden. Ebenfalls dort abgelegt wurde eine Wissensmanagement-Datei, in der alle teilnehmenden Schulen neben ihren Kontaktdaten und demografischen Angaben (z.B. Anzahl der Schüler und Lehrer, pädagogische Schwerpunkte, Projektteilnahmen) aktuelle oder geplante Schulentwicklungsmaßnahmen dokumentierten. In den Rubriken „Wir suchen" und „Wir bieten" konnte sowohl Unterstützungsbedarf angemeldet als auch Unterstützungsangebote für andere Schulen im Netzwerk gemacht werden. Des Weiteren bot die virtuelle Lernumgebung die Möglichkeit zur Kommunikation.

3.10 Feedback durch Evaluationen und das Self-Assessment Kompetenzprofil Schulmanagement (KPSM)

Im Netzwerk Erfurter Schulen hat sich eine ausgeprägte Feedback-Kultur entwickelt (u.a. Evaluationen). Eine besondere Form der Rückmeldung war das Individualfeedback durch das Kompetenzprofil Schulmanagement (KPSM; siehe Huber & Hiltmann, 2011, 2009). KPSM wird online durchgeführt und orientiert sich am Anforderungsprofil für schulische Führungskräfte. Die Auswertung ermöglicht ein differenziertes, individuelles Feedback, welches nur der betreffenden Person individuell ausgehändigt wird. Gesetzlichen Datenschutzvorgaben wird entsprochen. Die Teilnehmenden erhalten mit diesem Self-Assessment eine Möglichkeit, ihr Kompetenzprofil zu reflektieren und entsprechende persönliche Lernziele abzuleiten. Die Ergebnisse des Individualfeedbacks können, wenn gewünscht, auch als Diskussionsgrundlage für z.B. eine erweiterte Schulleitung genutzt werden.

4. Erfahrungen und ausgewählte Evaluationsergebnisse

Nach insgesamt fünfjähriger Projektarbeit lassen sich anhand von Evaluationsergebnissen zu den Fortbildungsveranstaltungen und den kollegialen Beratungen sowie anhand eigener Beobachtungen folgende zentrale Erfahrungen berichten:

4.1 Nachfrage der Qualifizierungs- und Unterstützungsformate im Projektverlauf

Das Netzwerk Erfurter Schulen war in seiner Konzeption nicht starr. Einzelne Qualifizierungs- und Unterstützungsformate wurden je nach Bedarf in verschiedenen zeitlichen Phasen stärker betont.

In einer ersten Phase standen eher Fortbildungsveranstaltungen im klassischen Sinn im Vordergrund. Zunächst wurde ein Überblick über die verschiedenen Elemente des schulischen Qualitätsmanagements gegeben und zentrale Themen einführend, zum Teil von externen Referenten, bearbeitet. In dieser Anfangsphase war eine Haltung bei einigen Teilnehmenden zu beobachten, die stark darauf ausgerichtet war, vortragsorientierte Informationen von den Referenten erhalten zu wollen. Vorträge als Form der Einweg-Kommunikation, der Wunsch nach möglichst vielen begleitenden schriftlichen Materialien sowie Fachfragen, die fast ausschließlich theoretischen Modellen und Konzepten galten, kennzeichneten diese Phase.

Der Transfer und die Umsetzung dieser theoretischen Modelle und Konzepte standen im Rahmen von Gruppenarbeiten im Mittelpunkt. Für die Gruppenarbeit waren zunächst immer die Schulteams vorgesehen, so dass Personen aus derselben Schule an Fragen des Transfers und der Umsetzung an ihrer Schule arbeiten konnten. Allerdings gab es vergleichsweise wenig Rückkopplung zu diesem Praxistransfer, obwohl versucht wurde, dies im Rahmen von Plenumsveranstaltungen aufzugreifen.

In einer zweiten Phase, nach ca. drei Jahren Projektarbeit, wurden einzelne Themen nochmals aufgegriffen und vertiefend bzw. mit einem weiteren Fokus bearbeitet. Dies geschah in sehr unterschiedlichen Formaten. Die theoretische Bearbeitung erfolgte zum einen innerhalb der Plenumsveranstaltungen durch Fachreferentinnen und -referenten, zum anderen ausschließlich durch die Teilnehmenden selbst in Arbeitsgruppen. Die Ergebnisse dieser Arbeitsgruppen wurden jeweils im Plenum vorgestellt und diskutiert.

Zum Ende der Projektlaufzeit wurden von den Teilnehmenden zunehmend solche Formate nachgefragt, die stärker das Lernen von und mit Kollegen betonen. Dabei wurde der reichhaltige Erfahrungsschatz der am Netzwerk beteiligten Schulen gewinnbringend genutzt, um z.B. Konzepte, Prozesse, Projekte der Schulen im Plenum vorzustellen und zu diskutieren.

4.2 Allgemeine Aktivität und Kooperation der teilnehmenden Netzwerker

Die Mitarbeit aller Teilnehmenden war hoch. Sowohl inhaltliche Nachfragen, eine rege fachliche Diskussion (sowohl im Plenum als auch in Gruppenarbeiten) sowie eine hohe Beteiligung an Gruppenaktivitäten kennzeichneten die Teilnehmeraktivität. Zunehmend konnte auch eine ausgewogenere Beteiligung der einzelnen Gruppenmitglieder wahrgenommen werden. Auch die Kooperation zwischen den Personen und zwischen den Schulen wurde nicht mehr nur angeregt, sondern von den Teilnehmenden mehr und mehr konsequent verfolgt und gar eingefordert. Die Teilnehmenden nahmen sich nicht mehr nur als Rezipienten wahr, sondern als eigentliche Experten für schulische Qualität, die den Erfolg des Netzwerks Erfurter Schulen maßgeblich (mit-) bestimmten. Im Rückblick kann deshalb geschlussfolgert werden, dass dem Netzwerkgedanken zunehmend Rechnung getragen wurde. Noch ausbaufähig erschien die Arbeit der Schulteams. Hier wäre eine stabilere und tragfähigere Rückkopplung der Arbeitsergebnisse wünschenswert gewesen. Die Idee wäre, dass die Schulteams spezifische Lösungsansätze für ihre Schule innerhalb des Netzwerks erarbeiten, die entwickelten Maßnahmen in ihrer Schule erproben und diese Arbeitsphase mit den Kolleginnen und Kollegen aus anderen Schulen reflektieren.

Die Evaluationsbefunde weisen darauf hin, dass die angestrebten Grundsätze im Netzwerk Erfurter Schulen, Kontext-, Bedarfs- und Transferorientierung, Bestand hatten.

4.3 Bedarfs- und Teilnehmerorientierung

Individuelle Wissensbestände und Fähigkeiten und Fertigkeiten sowie Aspekte der individuellen Motivation der Teilnehmenden wurden berücksichtigt, da die zu bearbeitenden Themen von den Teilnehmenden selbst bestimmt wurden. Dies wurde als äußerst positiv eingeschätzt.

Als positiv in den Plenumsveranstaltungen wurden darüber hinaus auch die fachliche und theoretische Aufbereitung der Themen sowie die Informationsvermittlung bewertet. Die Themen basierten auf aktuellen nationalen und internationalen Erkenntnissen der Wissenschaft. Mit mehr als 80 Prozent wurden die Fortbildnerinnen und Forbildner als gut vorbereitet, fachlich kompetent und teilnehmerorientiert (Nachfragen zulassen und zufriedenstellend beantworten, Teilnehmermotivation, Einbezug aller Teilnehmenden) eingeschätzt. Damit war sichergestellt, dass die Referentinnen und Referenten als Verantwortliche der Lehr-Lern-Arrangements ihrer zentralen Bedeutung für die Qualität der Fort- und Weiterbildungsmaßnahme gerecht wurden. Gleichzeitig wünschten sich einige Teilnehmende, dass Referentinnen und Referenten weniger wiederholen und klarere Arbeitsaufträge stellen.

4.4 Transfer- und Praxisorientierung / Wirksamkeit

Die Teilnehmenden erhielten in den Plenumsveranstaltungen vielfältige Möglichkeiten, ihre speziellen Kompetenzen und Interessen zu reflektieren. Ein Wiedererkennen und Bewusstmachen von bekannten Maßnahmen und theoretischem Grundwissen fand statt. Von den Teilnehmenden wurde positiv bewertet, dass die Angebote im Netzwerk Erfurter Schulen praxisorientiert waren, d.h. sie waren ausgerichtet an der Schulwirklichkeit und es wurden vielfältige Anregungen zum Transfer in die schulische Praxis gegeben.

Die veranstaltungsbezogenen Evaluationen fielen bezüglich der Praxisorientierung sehr gut aus, z.B. wurde der Aussage „Die Inhalte wurden praxisorientiert vermittelt." zu fast 80 Prozent zugestimmt. Über 90 Prozent waren zum Zeitpunkt der Befragung der Auffassung, dass die erworbenen Kenntnisse und Fähigkeiten in die Praxis umsetzbar sind.

Dennoch bestand der Wunsch nach einer noch besseren Verzahnung von Theorie und Praxis und einem noch stärkeren Praxisbezug. In zukünftigen Veranstaltungen sollten konkrete Beispiele und Konzepte für die Umsetzung in die schulische Praxis, z.B. in Besuchen anderer Schulen, die als Beispiele für einen gelungenen Theorie-Praxis-Transfer gelten, sowie mehr schulbezogene Arbeit noch stärker im Fokus stehen.

Die Teilnehmenden sahen das Netzwerk Erfurter Schulen mittlerweile als Unterstützung und Begleitung ihrer schulischen Praxis. Auch Angebote weiterer Unterstützungssysteme wurden zunehmend nachgefragt und in Anspruch genommen.

4.5 (Didaktische) Qualitätsorientierung

Die didaktische und methodische Umsetzung der Veranstaltungen wurde als sinnvoll bewertet. Auch die Organisation wurde als sehr gelungen eingeschätzt. Besonders der Methodenwechsel zwischen Plenum, Gruppenarbeit (sowohl schulartspezifisch als auch schulartübergreifend), kollegialen Beratungen, die vielfältigen Möglichkeiten des Austauschs und der Kooperation, z.B. Gruppenaktivitäten, Zeit für fachliche und persönliche Gespräche sowie die Ausgabe hilfreichen Materials wurden positiv eingeschätzt. Bei der Frage nach den Verbesserungsvorschlägen sprachen sich einige Teilnehmende für eine eher geringere Größe der Teilnehmergruppe zukünftiger Plenumsveranstaltungen aus. Zudem wünschten sich die Teilnehmenden mehr (Selbst-) Disziplin aller Kolleginnen und Kollegen und damit eine regelmäßigere Teilnahme von den Schulen und deren Vertretern, ein besseres Zeitmanagement sowie eine stärkere Ergebnisorientierung.

4.6 Erfahrungen mit kollegialen Beratungen

Insgesamt gab die große Mehrheit der Teilnehmenden im Netzwerk Erfurter Schulen (ca. 85 Prozent) an, von den kollegialen Beratungen profitiert zu haben. Als Gründe für diesen positiven Effekt wurden neben dem sehr großen Praxisbezug benannt, dass kollegiale Beratungen aufgrund der unterschiedlichen Perspektiven dazu beitragen, Probleme zu bewältigen und Lösungsvorschläge zu entwickeln. Weiterhin wurden der Erfahrungsaustausch und die offene, wertschätzende und kollegiale Arbeitsatmosphäre als positiv empfunden. Alle Teilnehmenden konnten sich vorstellen, die Methode der kollegialen Beratung auch an ihrer Schule, z.B. im Bereich Umgang mit Schülern und schwierigen Situationen, anzuwenden. Allerdings erwarteten einige von manchen Kolleginnen und Kollegen mehr Engagement und Motivation bei den kollegialen Beratungen.

In sowie auch zwischen den Plenumsveranstaltungen wurden weitere kollegiale Beratungstreffen initiiert und vor allem anfangs noch durch externe Begleitung im Sinne von Coaching unterstützt. Es gab auch Versuche einiger Teilnehmenden, sich eigenverantwortlich zu organisieren bzw. sich bereits bestehenden Beratungsgruppen anzuschließen. Das Format der vollständig selbst organisierten kollegialen Beratungen im Rahmen des Netzwerks Erfurter Schulen hat sich jedoch nicht fest etablieren können. Möglicherweise haben einzelne Teilnehmende andere sinnvolle Formate für sich gefunden, um Praxisprobleme zu reflektieren und Lösungsansätze zu finden. Auch könnten fehlende Verbindlichkeiten für freiwillige Beratungstreffen und persönliche Zeitprobleme Gründe dafür sein.

5. Qualitative Aussagen: drei Erfahrungsberichte

Aus den Erfahrungsberichten sollen drei Beispiele exemplarisch vorgestellt werden. Die qualitativen Aussagen stammen von drei Beteiligten, die in unterschiedlicher Funktion im Netzwerk beteiligt waren.

5.1 Eine Verantwortliche aus der Schulaufsicht

„Nach drei Jahren ziehe ich eine überwiegend positive Bilanz. Durch die gemeinsame Arbeit in den Veranstaltungen habe ich einen besseren Einblick bekommen in den Entwicklungsstand der einzelnen Schulen und in den Schulalltag mit all seinen Problemen und Unwägbarkeiten. Mein Verständnis dafür, was Schulen, was Schulleitungen brauchen und was ihnen nützt, wurde geschärft und erweitert. Zwischen den Teilnehmern hat sich im Laufe der gemeinsamen Arbeit ein Vertrauensverhältnis entwickelt, in das ich mich einbezogen gefühlt habe. Neben dem persönlichen Wissenszuwachs ist dies für mich ein besonders schöner „Nebeneffekt". Als sehr gelungen fand ich die Veranstaltung zur Evaluation und die Veranstaltung zum Methodentraining. Besonders in der zuletzt genannten Veranstaltung war eine starke Arbeitsatmosphäre spürbar.

Die Grundlagen für ein Netzwerk sind m.E. gelegt. Es bedarf aber noch der weiteren inhaltlichen und organisatorischen Unterstützung von außen. Für die Zukunft wünsche ich mir, dass das Begonnene fortgesetzt wird, dass die Teilnehmer ihre Erwartungen und Ansprüche klarer formulieren und dass der Transfer in die Schulen stärker als bisher erfolgt.

Im Rückblick empfinde ich als besonders positiv, dass aus einer Schule gleich mehrere Personen als Schulteam teilnehmen. Weitere gute Aspekte sind der schulartübergreifende Austausch, dass die Teilnehmer eigene Vorschläge einbringen und somit den Lerngegenstand bestimmen, die flexible Reaktion auf die Wünsche und Probleme der Teilnehmer seitens der Organisatoren und Referenten, die Bereitstellung weiterführender Materialien und nicht zuletzt die hervorragenden räumlichen Bedingungen. Dass einige Schulen nicht regelmäßig teilnehmen und wechselnde Teilnehmer ins Netzwerk entsenden, empfinde ich als eher störend. Auch machen einige Teilnehmer ihre Erwartungen und Bedürfnisse nicht transparent oder formulieren diese unklar.

Lerngruppen, egal aus welchen Teilnehmern sie sich zusammensetzen, weisen in der Regel eine (hohe) Heterogenität auf. Das ist auch im Netzwerk Erfurter Schulen der Fall. Dies liegt zum einen in den unterschiedlichen Schularten begründet, aber auch in der teilweise stark ausgeprägten Individualität der Teilnehmer. Der persönliche Anspruch an die Leitungsfunktion, theoretische Kenntnisse hinsichtlich Schulentwicklung (Personalentwicklung, Unterrichtsentwicklung, Organisationsentwicklung) und die Gewichtung von Führungs- und Managementaufgaben im schulischen Alltag weichen stark voneinander ab. Das ist aber auch eine Chance und ein Potenzial für diese Gruppe, das noch stärker genutzt werden sollte."

5.2 Ein Teilnehmender aus einer Grundschule

„Für mich persönlich ist NES eine große Bereicherung, insbesondere die Fortbildungen, da sie auf höchstem Niveau angesiedelt sind und stets neueste Erkenntnisse und Materialien eingebracht werden. Auch wenn wir manchmal scheinbar auf der Stelle treten, ist am Schluss doch jeder in seinen Erkenntnissen weiter gekommen. Ich habe meinen Horizont erweitert, bin mit Schulleitungen aus Regelschulen und Berufsschulen ins Gespräch gekommen, habe deren Strukturen, Alltagsprobleme, aber auch deren engagierte Arbeit im Bereich der Schulentwicklung kennen gelernt. Ich habe Kontakte knüpfen können, auf die ich zurückgreifen kann. Der gemeinsame Gedankenaustausch, die Anregungen für meine alltägliche Arbeit sowie die gegenseitige hohe Akzeptanz, die unter uns Teilnehmern herrscht, haben mir gut getan.

Ich war Mitglied der Arbeitsgruppe „Schulprofil, Schulprogramm, Leitbild". Einen großen Teil der durch die Arbeit an diesen Themen gewonnenen Erkenntnisse konnten wir in die Erarbeitung unseres Schulkonzepts einfließen lassen, das als erstes erstellt wurde. Da Evaluierung ein wichtiges Element der Schulentwicklung ist, haben wir uns erstmals am Thüringer Netzwerk Innovativer Schulen (ThüNIS) beteiligt. Die Steuergruppe [bei unserem kleinen Kollegium] haben wir wieder abgeschafft und fahren so besser.

Lichtblicke aus den Veranstaltungen waren und sind für mich die kollegialen Beratungen, Diskussionen aller Art, auch an den Kaminabenden, die Arbeitsgruppenpräsentationen und das Wissensmanagement.

Zeitprobleme, Terminüberschneidungen, krankheitsbedingter Ausfall an der Schule führten dazu, dass unsere Arbeitsgruppe nicht mit allen Mitgliedern zusammen kommen konnte. Darin sehe ich eine Schwierigkeit. Ich war nicht bei einer einzigen Besprechung dabei, wurde aber per Mail über die Inhalte informiert. Manchmal waren nur sehr wenige Schulen zum NES-Termin da, das war schade.

Als Wünsche für die zukünftige Arbeit kann ich formulieren, wie jetzt auch geschehen, gleich am Jahresende weitere Termine für das neue Jahr gemeinsam festzulegen. Die Arbeit in Arbeitsgruppen sollte ebenfalls weitergeführt werden, am besten im Rahmen der Fortbildungsveranstaltungen. Dazu können dann eventuell Laptops mitgebracht werden. Vielleicht wäre es auch eine gute Idee, Zusammenkünfte an anderen Schulen zu organisieren und damit auch die Vor-Ort-Bedingungen weiterer NES-Teilnehmer kennenzulernen."

5.3 Ein Teilnehmender aus einer Berufsbildenden Schule

„Unsere Schule profitiert vom Netzwerk Erfurter Schulen, weil wir dadurch viele gute Anregungen für die tägliche schulische Praxis bekommen. Zum Beispiel werden wir in einigen Wochen das „Methodenatelier", das als Qualifizierungsveranstaltung bei NES lief, an unserer Schule als schulinterne Fortbildung durchführen. Meine beiden Kollegen und ich haben bei NES das Methodenatelier kennen gelernt und es als sinnvolle Maßnahme zur Unterrichtsentwicklung erlebt. Daraus entstand bei uns als Schulleitung die Idee, es jetzt wiederum in unser Kollegium zu tragen und damit unseren Lehrerinnen und Lehrern eine gute Möglichkeit der Fort- und Weiterbildung anzubieten. Dieser Multiplikatoreneffekt ist äußerst lohnend, zum einen für das Kollegium, das wir entlasten, zum anderen für uns als Schulleitung, weil wir sehen, dass das Angebot NES etwas für die praktische Umsetzung im Unterricht und die tägliche Arbeit an der Schule gebracht hat.

Die größte Schwierigkeit besteht, wie bei jeder Fortbildung darin, sich Zeit dafür freizuschaufeln. Im Alltag [in der Schulleitung] müssen so viele Aufgaben bewältigt werden, dass es manchmal schwer fällt oder auch gar nicht möglich ist, sich den Luxus einer Fortbildung zu gönnen. Aber man schafft sich dann Freiräume, wenn das Qualifizierungsangebot gut ist. Insofern verwundert es mich, wenn an manchen NES-Veranstaltungen nur ein Teil aller Teilnehmer der 15 Schulen anwesend ist. Das ist schade. Vielleicht ist es dem Alltagsgeschäft geschuldet, da es gerade in diesem Moment wichtigere und dringlichere Aufgaben in der Schule zu erledigen gibt oder es liegt an der mangelnden Disziplin.

Ich wünsche mir für zukünftige Veranstaltungen, dass weiterhin theoretische Aspekte aus dem breiten Spektrum von Schule beispielhaft dargestellt werden und die uns tangierenden Themen mit realem Praxisbezug von fachkompetenten Referenten vermittelt werden."

6. Fazit

Die Reflexion des „Netzwerks Erfurter Schulen" durch die Teilnehmenden ergab ein durchweg positives Bild, wobei in erster Linie die offene und angenehme Atmosphäre sowie der intensive Erfahrungsaustausch über die Schulformen hinweg betont wurden. Der Begriff „Netzwerk" war im Projektverlauf nicht mehr nur Titel, sondern zunehmend real erlebbar, da gegenseitige Unterstützung und Hilfe tatsächlich stattfanden. Auch von Seiten der Organisationsverantwortlichen wurde diese positive Entwicklung wahrgenommen und intensiv gefördert.

Aus der regelmäßigen Reflexion ergaben sich immer wieder Hinweise für die Verbesserung der Arbeit im Netzwerk und die weitere Optimierung der Organisation. Ein Wechsel zwischen bedarfsorientierter Fortbildung im Plenum und weiterer kooperationsfördernder Formate sollte in noch stärkerem Maß stattfinden. Somit wurde die Möglichkeit gegeben, vom Erfahrungsaustausch und dem „Blick über den Tellerrand" zu profitieren. Damit eng verbunden ist die Hoffnung eines Multiplikatoreneffekts: Positive Kooperationserfahrungen, die in Kooperationen außerhalb der eigenen Schule erworben wurden, sollen sich auch positiv auf die Zusammenarbeit in der Schule auswirken, den Dialog und den Austausch im Kollegium steigern und damit zur Organisationsentwicklung der Einzelschule beitragen.

Im Netzwerk Erfurter Schulen konnten Kooperationsbeziehungen auf verschiedenen Ebenen angestoßen und gefördert werden, vor allem Kooperation der erwachsenen schulischen Akteure, Kooperation der Leitungsebene/Schulleitung, Kooperation zwischen Schulen und Kooperation mit weiteren Partnern und anderen Einrichtungen innerhalb und außerhalb des Schulsystems.

Literatur

Huber, S.G. (2011a). The impact of professional development: a theoretical model for empirical research, evaluation, planning and conducting training and development programmes. *Professional Development in Education, 37*(5), 837-853.

Huber, S.G. (2011b). Merkmale guter Fortbildung. In S.G. Huber (Hrsg.), *Steuergruppenhandbuch. Grundlagen für die Arbeit in zentralen Handlungsfeldern des Schulmanagements. 3. Auflage* (S. 183-191). Köln: Link-Luchterhand.

Huber, S.G. (2012). *Handbuch Führungskräfteentwicklung. Grundlagen und Handreichungen zur Qualifizierung und Personalentwicklung im Schulsystem.* Köln, Neuwied, München, Kronach: Link-Luchterhand/Wolters Kluwer Deutschland.

Huber, S.G. & Hiltmann, M. (2009). Feedbackverfahren als Impuls zur persönlichen und beruflichen Weiterentwicklung: Das Self-Assessment Kompetenzprofil Schulmanagement (KPSM). In A. Bartz,. J. Fabian, S.G. Huber, C. Kloft, H. Rosenbusch & H. Sassenscheidt (Hrsg.), *PraxisWissen SchulLeitung* (53.12). München: Wolters Kluwer.

Huber, S. G. & Schneider, N. (2009). Netzwerk Erfurter Schulen (NES) – Professionalisierung schulischer Akteure und Schulentwicklung durch Kooperation. In N. Berkemeyer, H. Kuper, V. Manitius & K. Müthing (Hrsg.), *Schulische Vernetzung. Eine Übersicht zu aktuellen Netzwerkprojekten Netzwerke im Bildungsbereich, Band 2* (S. 135-148). Münster: Waxmann-Verlag.

Huber, S.G. & Hiltmann, M. (2011). Competence Profile School Management (CPSM) – an inventory for the self-assessment of school leadership. *Educational Assessment, Evaluation and Accountability, 23*(1), 65-88.

Marianne Horstkemper, Dagmar Killus, Corinna Gottmann & Franziska Carl

Wie kommen Innovationen in die Schule? – Schulinterne und schulübergreifende Transferstrategien im Schulnetzwerk „Reformzeit"

Abstract

In der Vernetzung mehrerer Schulen wird die Möglichkeit gesehen, dringende Reform-anforderungen gemeinsam zu bewältigen und dabei gleichzeitig wichtige Impulse für die Professionalisierung von Lehrkräften sowie für die Entwicklung der ganzen Schule zu geben. Dieser Beitrag bilanziert Erfahrungen aus einem solchen Schulnetzwerk, in dem über mehrere Jahre hinweg Schulen dazu angeregt wurden, durch Erfahrungsaus-tausch und gemeinsame Entwicklungsarbeit tragfähige Konzepte für eine schüler- und anforderungsgerechte Individualisierung von Lernprozessen zu entwickeln. Im Folgen-den wird der Frage nachgegangen, welche Formen des schulinternen und schulübergrei-fenden Transfers von Innovationen zum Tragen kommen, wie beides aufeinander bezo-gen ist und in welchem Ausmaß sich die verschiedenen Transferstrategien bewähren. Die Ergebnisse werden vor dem Hintergrund des „Wellenmodells des Transfers in Schulent-wicklungsprojekten" von Jäger (2004) reflektiert, um schlussfolgernd Hinweise abzuleiten, an welchen Schnittstellen steuernd in den Transfer- und Innovationsprozess eingegriffen werden kann.

Lehrkräfte und Schulen stehen vor großen Herausforderungen. Schlagworte sind hier Kompetenzorientierung, Selbstbestimmung und Selbstorganisation oder Individuali-sierung von Lernprozessen. An klaren Empfehlungen zur Weiterentwicklung von Un-terricht mangelt es nicht. Es schließt sich allerdings die Frage an, *wie* genau neue, innovative Konzepte in eine Schule kommen und dort nachhaltig verankert werden können, anstatt nach kurzer Zeit wieder zu versanden. Bei der Bewältigung dieser Aufgabe wird Schulnetzwerken ein großes Potenzial zugeschrieben. In der Vernetzung mehrerer Schulen wird die Möglichkeit gesehen, dringende Reformanforderungen ge-meinsam zu bewältigen und dabei gleichzeitig wichtige Impulse für die Professionali-sierung von Lehrkräften sowie für die Entwicklung der ganzen Schule zu geben (Czer-wanski, Hameyer & Rolff, 2002; Risse, 1998). Dieser Beitrag bilanziert Erfahrungen aus einem solchen Schulnetzwerk, in dem über mehrere Jahre hinweg Schulen dazu angeregt wurden, durch Erfahrungsaustausch und gemeinsame Entwicklungsarbeit tragfähige Konzepte für eine schüler- und anforderungsgerechte Individualisierung von Lernprozessen zu entwickeln. Es ging hier folglich nicht um die Anwendung extern entwickelter pädagogischer Innovationen im Sinne einer klassischen Top-down-Strategie. Lehrkräfte der einbezogenen Schulen sollten vielmehr im Sinne einer Bottom-up-Strategie gemeinsam an der Entwicklung und Umsetzung von pädagogischen Innovationen arbeiten. Dabei sollten die Lehrkräfte verschiedener Schulen von- und miteinander lernen und die dabei gesammelten Erfahrungen in ihre jeweiligen Kollegien hineintragen. In diesem Beitrag soll nun differenziert nachgezeichnet werden, welche Strategien sich in welchem Grade als erfolgreich bewährt haben, um innovative Konzepte in die Schule zu *transferieren* und dort in der Breite wirksam werden zu lassen. Diese Fragestellung ist insofern relevant, als Erfahrungen aus anderen Schulnetzwerken gezeigt haben, dass die Verbreitung von Innovationen innerhalb der jeweiligen Kollegien häufig nur schwer in Gang kam, während die Übertragung von Innovationen zwischen verschiedenen Schulen vergleichsweise gut funktionierte (vgl. z.B. Fussangel & Gräsel, 2009). Welche Faktoren die Transferprozesse auf den verschiedenen Ebenen befördern oder hemmen können, soll hier näher betrachtet werden.

1. Begriffsklärungen: Innovation, Implementation, Transfer

Es gibt aktuell viele *Innovationen*, die ihren Weg in die Schule finden und dort zur Lösung von Problemen beitragen sollen. Im allgemeinen Sprachgebrauch wird der Begriff Innovation zunächst einmal unspezifisch im Sinne einer neuen Idee oder einer Neuerung verwendet. Allerdings geht es im Handlungsfeld Schule, aber auch in anderen Handlungsfeldern nicht in erster Linie darum, eine Innovation oder Problemlösung zu entdecken. Entscheidend ist vielmehr, an der Problemlösung mitzuarbeiten und die mit der Innovation intendierten Veränderungen herbeizuführen. Dementsprechend verstehen Altrichter und Wiesinger (2005) Innovation als eine „soziale Aktivität", die auf die Veränderung von „Praktiken" zielt. Diese Veränderung setzt wiederum die Veränderung von Wissen und Einstellungen der Akteure voraus, die diesen Praktiken unterlegt sind, sowie von sozialen und organisationalen Strukturen, in die diese Praktiken eingebettet sind (ebd., S. 32; vgl. hierzu auch Berkemeyer, 2008, S. 271 f.).

Der Begriff der Innovation ist eng verwoben mit dem Begriff der *Implementation*. Von Implementation wird gesprochen, wenn eine Innovation an einem angezielten sozialen Ort aufgenommen und dort nach und nach als Standardpraktik übernommen wird (vgl. Altrichter & Wiesinger, 2005, S. 32). Hier spiegelt sich ein Verständnis von Implementation, das Veränderungen nicht als einfache Anwendung von Innovationen betrachtet, sondern als Entwicklungsprozess, in dem Innovationen erst entstehen. Gestützt auf Befunde der Schulinnovationsforschung haben Altrichter und Wiesinger Faktoren zusammengestellt, die eine förderliche oder hemmende Wirkung bei der Implementierung von Innovationen entfalten können. Diese Faktoren lassen sich vier übergeordneten Bereichen zuordnen:

Tabelle 1: Einflussfaktoren auf Implementation (Altrichter & Wiesinger, 2005, S. 34)

A. Charakteristika der Innovation selbst	**C. Organisation**

• (wahrgenommenes oder gefühltes) Bedürfnis
• Klarheit (der Ziele und Mittel)
• Komplexität
• Qualität, kontextuelle Passung und Praktikabilität
	C1. AkteurInnen
	• Leitung der Organisation (z.B. SchulleiterIn und Schulleitungsteam, Projektleitung, Steuergruppe)
	  o Ausmaß des *Commitments* zur Innovation
	  o Fähigkeit, Ressourcen zu beschaffen
	  o Schutz vor äußerer Einmischung
	  o Anerkennung und Ermutigung für das Personal

B. Charakteristika des lokalen Kontextes	o Anpassung der Standardverfahrensweisen

• Regionale Verwaltung (z.B. Schulbezirk)
  o Geschichte: positive/negative Erfahrungen mit Innovationen
  o Adäquate Unterstützung und Begleitung von Innovationen
  o Aktives Wissen und Verständnis bzgl. der Innovation
• Charakteristika des engeren lokalen Umfeldes (z.B. Gemeinde)
• Stabilität/Veränderlichkeit des Kontextes
	• Kompetenzen und Einstellungen der LehrerInnen
	  o Partizipation bei der Entscheidungsfindung
	  o Qualität der kollegialen Beziehungen
	C2. Charakteristika der Organisation
	• Kompatibilität der Ziele der Innovation mit den strategischen Zielen der Organisation
	• Organisationale Strukturen und Prozesse
	• Anreizsysteme und Karrieremuster

D. Politik, Zentralverwaltung und externe Agenturen	• Charakteristika des bestehenden Curriculums und der Leistungsbeurteilungsverfahren • Organisationskultur
• Qualität der Beziehungen zwischen zentralen und lokalen AkteurInnen • Ressourcenunterstützung und Fortbildung	

Der Begriff Implementation wird von dem Begriff *Transfer* nicht immer eindeutig abgegrenzt. Sofern dies geschieht (vgl. Berkemeyer, 2008, S. 271), wird Implementation als Umsetzung einer Innovation in einem bestimmten Kontext aufgefasst. Der Transfer schließt an die Implementation an und meint die Übertragung von *zuvor* erarbeiteten Innovationen von einem Kontext auf einen anderen Kontext. Diese Definition von Transfer ist noch recht allgemein. Jäger (2004) hat ein vielschichtiges „Wellenmodell des Transfers in Schulentwicklungsprojekten" entwickelt und im Rahmen der Evaluation des BLK-Modellversuchsprogramms „Qualitätsverbesserung in Schulen und Schulsystemen (QuiSS)" empirisch geprüft.

Jäger unterscheidet zwei Arten von Transfer: den *schulübergreifenden* Transfer, d.h. die Übertragung von Problemlösungen bzw. Innovationen auf andere Schulen, und den *innerschulischen* Transfer, d.h. die Übertragungen von Problemlösungen bzw. Innovationen z.B. von einer Steuergruppe oder einer Fachgruppe in die Breite des Kollegiums. Die Gemeinsamkeit beider Varianten besteht darin, dass eine Innovation wellenförmig von einem Kontext auf einen anderen Kontext übertragen wird. Ein Kontext zeichnet sich dabei durch bestimmte Bedingungen aus, die den Transfer von Innovationen hemmen oder fördern können. Gestützt auf theoretische Überlegungen der soziologischen Diffusionstheorie (Rogers, 2003), der Selbstbestimmungstheorie der Motivation (Deci & Ryan, 1993) und der pädagogischen Interessentheorie (Krapp & Prenzel, 1992) sowie auf Grundlagen des Projektmanagements bündelt Jäger die ver-

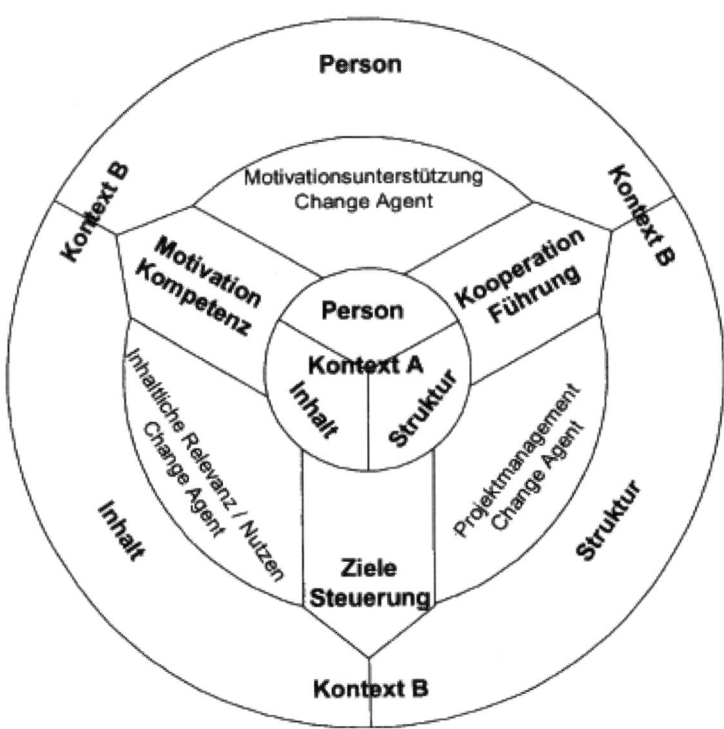

Abbildung 1: Wellenmodell des Transfers in Schulentwicklungsprojekten (Jäger, 2004, S. 126)

schiedenen Bedingungen nach drei Bereichen: den *Inhalt* der Innovation, die beteiligten *Personen* und die *Struktur* des jeweiligen Umfeldes (Jäger, 2004):

- *Inhalt der Innovation*: Die Bewertung der inhaltlichen Relevanz der Innovation, d.h. der erwartete Nutzen, der durch die Innovation erzielt wird, entscheidet darüber, inwieweit diese Innovation Akzeptanz findet und folglich erfolgreich transferiert wird. Demnach muss Lehrkräften der Nutzen einer Innovation verdeutlicht werden. Sinnvoll erscheint dabei eine Unterstützung durch Personen, die sowohl mit der Innovation als auch der Zielgruppe vertraut sind. Sogenannte *Change Agents* sind vor allem Schulleitungen, aber auch externe Experten wie z.B. Schulberater oder Fortbildner. *Change Agents* unterstützen den Transferprozess nicht nur im Bereich des Inhalts, sondern auch in den beiden folgenden Bereichen.
- *Beteiligte Personen*: Der Transfer einer Innovation hängt wesentlich von den Kompetenzen und der Motivation der Lehrkräfte ab. Motivationsunterstützend sind Aktivitäten im Bereich der Kompetenzunterstützung, der Autonomieunterstützung sowie der sozialen Einbindung. Im Einzelnen zählen hierzu eine gezielte Fortbildung, regelmäßige Rückmeldungen zu den erworbenen Kompetenzen, Freiräume für eigenes Erproben und Ausprobieren sowie Teamarbeit.
- *Struktur des Umfeldes*: Gestaltungsmerkmale des Arbeitsumfeldes können den Transfer einer Innovation unterstützen. Erfolgreicher Transfer zeichnet sich aus durch eine transparente Planung und Zieldefinition, durch eine gute Kommunikati-

on und Kooperation der Beteiligten sowie durch eine gute Unterstützung durch die Schulleitung oder externe Stellen.

Die drei Bereiche Inhalt, Person und Struktur des Wellenmodells wirken nicht unabhängig voneinander. Sie sind zwar analytisch zu trennen, in der Realität aber eng aufeinander bezogen. Entscheidend für einen erfolgreichen Transfer von Innovationen zwischen zwei Kontexten sind die Schnittstellen zwischen den Bereichen. Die Schnittstelle zwischen *Inhalt und Struktur* verweist auf die Bedeutung von Zielen und Steuerung im Interesse einer gemeinsamen, auch längerfristigen Ausrichtung auf einen gewünschten Zustand. Die Schnittstelle zwischen *Person und Inhalt* verweist auf die Bedeutung der Motivation und Kompetenz der Beteiligten für die intensive Auseinandersetzung mit einer Innovation. Die Schnittstelle zwischen *Person und Struktur* schließlich verweist auf die Bedeutung von Kooperation und Führung, wodurch nicht nur die je individuelle Übernahme einer Innovation, sondern eine koordinierte Veränderung des ganzen Systems sichergestellt wird. Es fällt auf, dass es zwischen den in Tabelle 1 aufgeführten Bedingungen für eine erfolgreiche Implementation und den hier fokussierten Bedingungen für erfolgreichen Transfer eine große Schnittmenge gibt.

Woran erkennt man nun, dass ein *erfolgreicher* Transfer stattgefunden hat? Bezugnehmend auf Coburn (2003) müssen laut Gräsel (2010; vgl. auch Gräsel et al., 2006) neben der *Verbreitung* einer Maßnahme auch *Tiefe, Identifikation* und *Nachhaltigkeit* berücksichtigt werden. Die *Tiefe* lässt sich daran beurteilen, inwieweit durch die Innovation die Überzeugungs- und Handlungsmuster der Lehrkräfte verändert wurden. Die *Identifikation* meint das Ausmaß, in dem sich die Lehrerinnen und Lehrer einer Reform zugehörig fühlen. Mit *Nachhaltigkeit* ist das Ausmaß der Dauerhaftigkeit einer Veränderung gemeint.

2. Transfer von Innovationen in Schulnetzwerken

Von Schulnetzwerken wird erhofft, dass sie solche Innovationen, die sich an einzelnen Schulen oder in bestimmten Regionen bereits bewährt haben, in größerem Ausmaß verbreiten. Mit anderen Worten: Die großflächige Implementation solcher neuen Problemlösungen braucht dazu Transferprozesse, die eine entsprechende Weitervermittlung anregen und unterstützen. Aus einer sozialwissenschaftlichen Perspektive lassen sich soziale Netzwerke als ein Geflecht sozialer Beziehungen zwischen Akteuren auffassen (z.B. Mitchell, 1969, S. 2). Diese Beziehungen sind – so kann unterstellt werden – auf bestimmte Ziele ausgerichtet. In Schulnetzwerken, die eine spezifische Form sozialer Netzwerke darstellen, kann die Zusammenarbeit von mehreren Schulen auf sehr unterschiedliche Ziele fokussiert werden: Dazu zählen etwa der Austausch von Erfahrungen, Wissen, Methoden und Instrumenten, die Identifizierung von *Best Practice*, gegenseitige Beratung, gemeinsame Fortbildung und gegenseitige *Peer Reviews*. Vor diesem Hintergrund definieren Czerwanski, Hameyer und Rolff (2002) Schulnetzwerke als „Unterstützungssysteme auf Gegenseitigkeit. Die Beteiligten tauschen sich aus, kooperieren im Rahmen gemeinsamer Angelegenheiten, Ziele, Schwerpunkte oder Projekte. Sie lernen voneinander und miteinander." (S. 101 f.)

Beschrieben wird im Folgenden ein „Innovationsnetzwerk", das sich dadurch auszeichnet, dass die Akteure Lösungen für aktuelle Problemlagen *austauschen* und darüber hinaus gemeinsam weiter *entwickeln* (Berkemeyer, 2008, S. 273). Nicht extern vorgegebene Lösungen sollen umgesetzt werden, sondern eine auf die eigenen Belange passgenau zugeschnittene Adaptation und kreative Weiterentwicklung wird angestrebt. Damit wird die Frage wichtig, wie innovative Ideen und Konzepte von einem auf einen anderen Kontext transferiert werden können.

3. Fragestellung

Für das untersuchte Schulnetzwerk soll zunächst skizziert werden, wie der *schulübergreifende Transfer* von Innovationen während der gemeinsamen Netzwerkarbeit angeregt und unterstützt wurde. Anschließend soll nachgezeichnet werden, welche Strategien die ausgewählten Schulen des Schulnetzwerkes für den *schulinternen Transfer* von Innovationen gewählt haben – und in welchem Ausmaß sich diese bewährt haben. Die begriffliche Trennung von Implementation und Transfer lässt sich dabei – wie schon angedeutet wurde und im Folgenden noch deutlicher hervortreten wird – nicht strikt durchhalten. Auf beiden Transferebenen werden zuvor erarbeitete Problemlösungen nicht ausschließlich übertragen, sondern Ideen, Pläne oder Vorschläge für Innovationen müssen jeweils modifiziert, ausgearbeitet, weiterentwickelt und an kontextuelle Bedingungen angepasst werden. Hier vermischen sich streng genommen Implementation und Transfer. Im Folgenden soll empirisch gesättigt beschrieben werden, welche fördernden und welche hemmenden Faktoren sich in solchen Prozessen herauskristallisieren.

Uns interessiert dabei insbesondere, wie schulinterner und schulübergreifender Transfer zueinander in Beziehung stehen. Handelt es sich um stufenweise aufeinander aufbauende Schritte im Innovationsprozess? Ist also ein gelingender schulinterner Transfer notwendige Bedingung dafür, dass die Unterstützungsfunktion eines Netzwerks überhaupt greifen kann? Stehen beide Arten eher in einem wechselseitigen Anregungsverhältnis? Erhält also der innerschulische Transfer wichtige Impulse aus der schulübergreifenden Zusammenarbeit und umgekehrt? Oder stehen beide gar in einer konkurrenzhaften Beziehung zueinander? Denkbar wäre ja durchaus, dass die befriedigende Zusammenarbeit mit hoch motivierten Kolleginnen und Kollegen an anderen Schulen sich als so attraktiv erweist, dass für mühevolle Überzeugungsarbeit an der eigenen Institution weniger Zeit und Kraft aufgewendet wird. Schulübergreifender Transfer würde dann gleichsam gestoppt, weil die innerschulischen Pfade nicht hinreichend bearbeitet werden.

Vor dem Hintergrund fünfjähriger Evaluationsarbeit, die ein innovatives Schulnetzwerk begleitet hat, soll diesen Fragen nachgegangen werden. Dazu ist es erforderlich, dieses Programm zunächst kurz vorzustellen.[1]

---

1   Finanziert und betreut wurde das Programm von der Robert-Bosch-Stiftung in Kooperation mit der Deutschen Kinder- und Jugendstiftung sowie der Max-Traeger-Stiftung.

4. Das Schulnetzwerk „Reformzeit"

4.1 Anlage des Programms

Im Schulnetzwerk „Reformzeit" engagierten sich in den Jahren 2006–2011 insgesamt 33 Schulen unterschiedlicher Schularten (Hauptschulen, Gesamtschulen, Gymnasien, Förderschulen für Kinder mit Lernbehinderungen, Oberschulen, Schulverbünde) aus Berlin, Brandenburg, Niedersachsen und Nordrhein-Westfalen. Die übergreifende Zielsetzung bestand darin, die individuelle Förderung von Schülerinnen und Schülern zu intensivieren und hierfür geeignete Maßnahmen der Unterrichtsgestaltung, einer darauf abgestimmten Form der Leistungserfassung, -beurteilung und -rückmeldung sowie des Ausbaus von Schülerpartizipation und selbstregulierten Lernens zu entwickeln. Konzeptgemäß arbeitete immer eine *Beraterschule*, die bereits Lösungen für eine solche Förderung ihrer Schüler entwickelt und erprobt hatte, mit drei oder vier *Projektschulen* zusammen, die ihre pädagogische Praxis verändern wollten. Jede Schule wurde durch mehrere Akteure – sowohl Lehrkräfte als auch Mitglieder der Schulleitung – repräsentiert. Auf diese Weise entstanden insgesamt sieben *Schulbündnisse,* denen jeweils ein *externer Schulberater* bzw. eine *externe Schulberaterin* zugeordnet wurde.

Aufgabe der externen Beratung war vor allem die Unterstützung beim Prozess- und Konfliktmanagement, bei Selbstevaluation oder der Koordinierung von Aktivitäten und Terminen. Darüber hinaus erhielten die Schulen vielfältige Unterstützung durch die Träger des Schulnetzwerkes: Dazu gehörten die Gesamtkoordination, die Organisation von regelmäßigen Treffen aller Reformzeitschulen im Plenum sowie zentral angebotene Fortbildungen. Nicht zuletzt erhielten die Schulbündnisse materielle Ressourcen, um z.B. die anfallenden Reisetätigkeiten oder bündnis- bzw. schulinterne Fortbildungen zu finanzieren.

Die externe Evaluation der Netzwerkinitiative wurde von Wissenschaftlerinnen der Universitäten Potsdam und Hamburg durchgeführt. Angelegt war sie als prozessbegleitende Längsschnittuntersuchung, die eine Übersichtsstudie aller einbezogenen Schulen und Schulbündnisse mit vertiefenden Fallstudien kombinierte. Eingesetzt wurden dabei sowohl quantitative als auch qualitative Forschungsmethoden (standardisierte Lehrer- und Schülerbefragungen, Netzwerkanalysen, Einzel- und Gruppeninterviews mit Lehrkräften, Schülern, Schulleitungen und Schulberatern). Die fortlaufende Rückmeldung der Ergebnisse sollte den beteiligten Schulen sowie der Projektleitung Impulse für die gemeinsame Reflexion vermitteln und dadurch Nachsteuerung und Optimierung des weiteren Vorgehens ermöglichen.

Wir konzentrieren uns in diesem Beitrag vor allem auf Ergebnisse aus Fallstudien in zwei ausgewählten Schulbündnissen. Bei der Ergebnisdarstellung stützen wir uns vor allem auf Interviews mit Lehrkräften und Schulleitern sowie auf teilnehmende Beobachtungen.

4.2 Beschreibung der Bündnisse

Wir stellen hier beide Schulbündnisse kurz vor. Sie wurden ausgewählt, da sie unter sehr unterschiedlichen Rahmenbedingungen arbeiten, die sich potenziell auf den Transfer von Innovationen auswirken.

1. Bündnis „Futurum"

In diesem Bündnis wurden in Arbeitsgruppen für unterschiedliche Fächer (Deutsch, Englisch, Mathematik) Materialien für binnendifferenzierenden Unterricht entwickelt und erprobt. Dabei arbeiteten vier brandenburgische Schulen zusammen, die allesamt Bildungsgänge anbieten, die *auch* auf den gymnasialen Abschluss zielen: zwei davon sind Gesamtschulen mit gymnasialer Oberstufe in großstädtischer Einbindung. Die beiden anderen sind ein kleinstädtisches Gymnasium sowie eine ebenfalls in einer Kleinstadt gelegene Privatschule mit sehr komplexem Aufbau, die alle Abschlüsse der Sekundarstufe I vergibt und auch eine gymnasiale Oberstufe umfasst. Die vier Schulen arbeiteten während der gesamten Programmlaufzeit zusammen. Insofern herrschte hier hohe Stabilität der Arbeitspartnerinnen und -partner. Wechsel erfolgten allerdings bei zwei Schulen in der Schulleitung und bei der externen Schulberatung. Beide Schulberaterinnen brachten als Psychologinnen stärker systemische Perspektiven der Organisationsberatung als unterrichtlich-didaktische Kompetenz in die Prozessbegleitung ein.

2. Bündnis „Neißeberg"

In diesem schulformübergreifenden Bündnis brandenburgischer Schulen (zwei Oberschulen, zwei Förderschulen mit dem sonderpädagogischen Förderschwerpunkt „Lernen") lag ein starker Schwerpunkt auf der Förderung von „Risikoschülern". Diese sollten durch stärkere Individualisierung vor allem unterstützt werden bei der Erreichung von Basiskompetenzen und einem Abschluss, der ihre Einmündung in Ausbildung und Beruf sichert. Dazu wurden etwa das Lernen an außerschulischen Lernorten (Betrieben), Gestaltung von Praktika und die Kooperation mit außerschulischen Partnern im Rahmen von Werkstätten und Projekten besonders vorangetrieben. Individuelle Hilfe- und Förderpläne wurden dazu bereits entwickelt, weitere methodische Ansätze sollten erprobt werden. Herzstück war dabei die Ausgestaltung einer *Fachwoche*, in der exemplarisch die neuen Konzepte erprobt wurden. Die externe Schulberaterin war selbst Lehrerin mit einer zusätzlichen Ausbildung für die Moderation und Unterstützung von Schulentwicklungsprozessen. Einer Einteilung von Dedering et al. (2010, S. 12f.) folgend kann man sie insofern als semiexterne Beraterin klassifizieren – was keineswegs mit semiprofessionell verwechselt werden darf. Signalisiert wird durch diese Einordnung vor allem die starke Vertrautheit mit dem Berufsfeld Schule über die Einbindung der eigenen Berufsposition in das staatliche Schulwesen.

In beiden Bündnissen unterscheiden sich sowohl Schülerklientel wie auch die Kollegien massiv: Im Neißeberg-Bündnis findet sich eine deutlich vorselektierte Schülerschaft. Heterogenität bedeutet hier im Wesentlichen Varianz am unteren Ende der Leistungsfähigkeit. Dies gilt verstärkt für die in Brandenburg „Förderschulen" genannten Sonderschulen, aber zum Teil auch für die Oberschulen, die mit der 10. Klasse enden. Die Arbeit mit sogenannten „Risikoschülern", die beim Übergang in die Berufsausbildung aller Voraussicht nach mit größeren Problemen zu kämpfen haben, ist allen Schulen vertraut. Die dort unterrichtenden Lehrkräfte sind entweder für das Lehramt an Haupt- und Realschulen oder aber für das Lehramt an Sonderschulen ausgebildet. Im Futurum-Bündnis finden sich dagegen in allen Schulen auch Lernende, die gymnasiale Bildungsaspirationen verfolgen. Heterogenität erstreckt sich hier also über die gesamte Leistungsbreite von Schülerinnen und Schülern in der Sekundarstufe I. Entsprechend arbeiten in den Kollegien sowohl Lehrkräfte, die über einen Abschluss des Lehramts für Haupt- und Realschulen verfügen, als auch solche mit einem Abschluss des Lehramts für das Gymnasium. Gemeinsam ist damit beiden Bündnissen, dass Lehrkräfte unterschiedlicher Ausbildung miteinander kooperieren. Ganz deutlich unterscheidet sich aber die Größe der Kollegien: Im Neißeberg-Bündnis sind sie eher klein, bei den drei in die Fallstudie einbezogenen Schulen variiert die Anzahl der Lehrkräfte pro Schule zwischen 25 und 30. Im Futurum-Bündnis haben wir es dagegen mit großen und nach Stufen untergliederten Kollegien zwischen 50 und 75 Lehrkräften zu tun. In einer der Projektschulen kommen aufgrund der sportlichen Ausrichtung und des angegliederten Internats noch Trainer und Erzieher hinzu. Schließlich unterscheiden sich beide Bündnisse noch in der Verortung der externen (bzw. semiexternen) Beraterinnen.

Wenn man das Wellenmodell des Transfers von Jäger (vgl. Abb. 1) zugrunde legt, dann ist bereits aus diesen knappen Beschreibungen deutlich geworden, wie spezifisch die Kontexte – sowohl hinsichtlich inhaltlich-curricularer Ziele und Prioritäten aber auch hinsichtlich struktureller und personeller Merkmale – ausgestaltet waren. Es verwundert also nicht, dass die Akteure entsprechend unterschiedlich agiert haben. Nicht nur die inhaltliche Relevanz und der Nutzen der innovativen Arbeit zur individuellen Förderung von Kindern und Jugendlichen wurde in durchaus spezifischer Weise gewichtet, auch Projektmanagement und Motivationsunterstützung durch die zentralen Akteure – insbesondere aus der Schulleitung – unterschieden sich deutlich. Das gilt ebenso für den beruflichen Hintergrund und die Aktivitäten der Beraterinnen. Dies wird bei der nun folgenden Ergebnisdarstellung – immer in Bezug auf unsere Fragestellung nach unterschiedlichen Transferarten und -strategien einschließlich ihrer Wirksamkeit – konkretisiert.

5. Ergebnisdarstellung

Erkenntnisträchtig erscheinen uns insbesondere diejenigen Transferstrategien, in denen die Unterschiede zwischen Schulbündnissen und Schulen besonders hervortreten. Diese werden wir in Kapitel 5.2 unter Rückgriff auf das Bündnis „Futurum" und in Kapitel 5.3 auf das Bündnis „Neißeberg" ausführlicher darstellen. Vorab sollen aber zunächst diejenigen Strategien knapp aufgeführt werden, die überall eine Rolle gespielt haben.

5.1 Generelle Transferstrategien

Ganz offensichtlich sind in innovativen schulischen Netzwerken bestimmte Transfer-strategien verankert, die sozusagen die Basis für Implementation und Verbreitung in-novativer Konzepte darstellen. Wir stellen sie zunächst im Zusammenhang vor, um sie anschließend kurz zu erläutern:

1. Abstimmung der Entwicklungsvorhaben mit der bereits bestehenden Praxis
2. Kontinuierliche Thematisierung der Zielsetzung (hier: Umgang mit Heterogeni-tät und darauf bezogener Entwicklungsvorhaben zur individuellen Förderung) auf Konferenzen (vor allem durch Schulleiter, Fach- und Stufenleiter, Projektkoordina-toren etc.)
3. Schulbesuche, in die möglichst viele Kolleginnen und Kollegen, möglichst auch El-tern sowie Schülerinnen und Schüler eingebunden werden
4. Zentrale Fortbildungen, an denen möglichst viele Kolleginnen und Kollegen teil-nehmen können
5. Basale Voraussetzung für gelingenden Transfer ist zunächst, dass Netzwerkaktivi-täten nicht von außen „aufgesetzt" werden. Wenn nicht eine qualifizierte Mehr-heit des Kollegiums hinter der Beteiligung an solchen Aktivitäten steht und ein klarer Zusammenhang zu bereits in der Schule laufenden Diskussionsprozessen und ersten eigenen Reformbemühungen hergestellt werden kann, greifen auch die ausgefeiltesten Präsentationen von *Best Practice*-Erfahrungen an anderen Or-ten nicht. Allerdings kann die Überlegung, ob man sich an einem Netzwerk be-teiligt, die Bestandsaufnahme solcher eigenen konzeptionellen Überlegungen und praktischen Erfahrungen sehr stärken und damit die Reflexion des eigenen Selbst-verständnisses beflügeln. Ein solcher „Vorlauf der Selbstbesinnung" vermag auch erste Widerstände gegen ein solches Vorhaben abzubauen. Ungünstig ist dagegen eine Konstellation, in der die Beteiligung an einem innovativen Netzwerk ledig-lich ein Zugeständnis an die Schulleitung (oder auch Empfehlung der Schulinspek-tion) ist oder Profilierungsabsichten zur Bestandssicherung und ähnliche Motive den Hauptantrieb für die Beteiligung darstellen.
6. Als hilfreich und unterstützend haben es die aktiv die Programmarbeit voran-treibenden Lehrkräfte übereinstimmend empfunden, das zentrale Anliegen stets „wachhalten" zu können: Hinweise auf Konferenzen, Einladungen zur Beteiligung an Entwicklungsaktivitäten, an Fortbildungen oder Beratungen waren in der Tat – metaphorisch gesprochen – so etwas wie ins Wasser geworfene Steine, die Wellen mit zunehmendem Radius erzeugten. Niemand konnte sich dem Thema entziehen – was allerdings Fingerspitzengefühl erfordert, wenn diese Tatsache nicht in Wi-derstand umschlagen soll.
7. Das hohe Interesse an wechselseitigem Austausch mit anderen Schulen blieb über die gesamte Projektlaufzeit ungebrochen. Dies galt nicht nur für Lehrkräfte, son-dern Eltern und Schüler beteiligten sich ebenfalls mit großem Engagement. Gegen Ende der von uns begleiteten Arbeit zeigten sich an einigen Schulen sogar erste Ansätze von durch Schülerinnen und Schüler selbst organisierter schulübergrei-fender Zusammenarbeit. Sie richteten sich vor allem auf den Ausbau von Schüler-partizipation. Wichtig erschien den Beteiligten, dass dieser Austausch mehr sein

müsse als „Innovationstourismus". Insbesondere Schulleiter betonten, dass es ein wichtiger Lernprozess gewesen sei, solche Praxiserkundungen zielgerichtet und unter dem Aspekt der Umsetzbarkeit an der eigenen Schule zu betreiben und die erhaltenen Impulse in die eigene Entwicklungsarbeit einzubeziehen.

8. Als wirksamer Transmissionsriemen erschien dabei eine möglichst breite Einbeziehung der Kollegien in die Fortbildungsaktivitäten. Das stellte zum Teil hohe Anforderungen an Motivation und organisatorische Flankierung. Insbesondere bei überregionalen Angeboten geriet dieses Ziel in Konflikt mit der Anforderung, Unterrichtsausfall zu vermeiden und auch die Belastung durch Vertretungen nicht überborden zu lassen. Als weiteres Balanceproblem sahen sich die Schulen vor die Frage gestellt: Lieber wenige Kolleginnen und Kollegen beteiligen – die aber kontinuierlich – oder auf breite Beteiligung setzen, dafür aber diskontinuierliche Teilnahme an modular aufeinander aufbauenden Fortbildungsangeboten in Kauf nehmen?

An dieser Stelle lässt sich sehr gut die Bedeutung der in dem Modell von Jäger (2004) angesprochenen Bereiche Inhalt, Struktur und Person mit ihren jeweiligen Schnittstellen veranschaulichen: In den Strategien (1) – (3) geht es vor allem um die Bereiche Inhalt und Person. Die Motivation der beteiligten Lehrkräfte aufzugreifen, auszubauen und wachzuhalten ist eine notwendige – wenn nicht die wichtigste – Bedingung sowohl für die schrittweise Implementation als auch für einen erfolgreichen Transfer in den Schulalltag. Gelegenheiten zum Kompetenzerwerb und -ausbau können erst auf dieser Grundlage genutzt werden. Strategie (4) spricht zusätzlich die hohe Bedeutung zielbezogener Führung an und lässt gleichzeitig die Schnittstelle zwischen Person und Struktur hervortreten. Gleichzeitig verweist sie auf die hohen Anforderungen, die an Kooperation und Führung im Rahmen solcher innovativen Netzwerkarbeit gestellt werden: Wenn die Veränderung des gesamten Systems intendiert ist, müssen Motivation und Kompetenz der beteiligten Personen ebenso im Auge behalten werden wie die strukturellen Erfordernisse der Organisation.

Gerade die letzten Überlegungen zeigen noch einmal deutlich, wie notwendig Unterstützung durch entsprechende *Change Agents* ist – und wie günstig sie sich im gelingenden Fall auswirkt. Zum ersten gilt das für die Unterstützung durch die Schulleitung, zum zweiten für die Unterstützung durch externe Beratung. Wenn die Schulleitung solche Aktivitäten nicht mit zielbezogener Führung, durch Aufgeschlossenheit für und aktive Einforderung von Innovationen im Schulbereich und durch hohe Kommunikations- wie auch Organisationskompetenz flankiert, ist die Erfolgswahrscheinlichkeit für eine nachhaltige Implementation und Verbreitung ausgesprochen gering. Und in ähnlicher Weise hat sich auch die Unterstützung durch Schulberater/innen als äußerst hilfreich erwiesen. Sie können als „kritische Freunde" gerade wegen der Nichtzugehörigkeit zur beteiligten Schule solche Prozesse hervorragend moderieren, „auf Kurs halten" und reflektierend begleiten. Idealerweise fungieren sie gleichzeitig als Modelle dafür, wie Schulentwicklungsprozesse systematisch angegangen und reflektiert werden können – und bieten damit Gelegenheiten zum Kompetenzerwerb. Schulleitungen und aktive Lehrkräfte werden in solchen Fällen in die Lage versetzt, diesen Prozess zunehmend in die eigene Hand zu nehmen.

5.2 Spezifische Transferstrategien

Über diese durchgängig zu beobachtenden Phänomene hinaus wenden wir uns im Folgenden nun der differenzierten Analyse von vier spezifischen Transferstrategien zu und beleuchten deren unterschiedliche Wirksamkeit. Die Basis dafür bildet die inhaltsanalytische Auswertung von Einzel- und Gruppeninterviews mit Schulleitern bzw. Lehrkräften, die sich aktiv an der Netzwerkarbeit beteiligt haben. Wir stellen die Transferstrategien zunächst in einem tabellarischen Überblick vor und erläutern sie anschließend im Einzelnen.

Tabelle 2: Strategien zum Transfer von Innovationen

Strategie I: „Anweisung und Kontrolle"	Strategie III: „Aufbau von Hospitationskultur"
➤ Anordnung des Schulleiters: Präsentation von Unterrichtsbeispielen in jeder Fachkonferenz ➤ Kontrolle der Protokolle auf Einhaltung durch den Schulleiter ➤ gezielte Hospitation im Unterricht durch den Schulleiter	➤ Gemeinsame Erarbeitung eines Konzepts zur Qualifizierung für kollegiale Hospitation und Feedback mit der Schulberaterin ➤ Vereinbarung zu Implementation und gemeinsamer Auswertung der gesammelten Erfahrungen
Strategie II: **„Tage der Fachkonferenzen"**	**Strategie IV:** **„Selbstverantwortliche Teams"**
➤ Stimulierung vertikaler Kooperation durch schulübergreifende Veranstaltungen ➤ Gemeinsame Erarbeitung von Unterrichtseinheiten und -material ➤ Entwicklung von differenzierenden Aufgaben, Prüfungs- und Beratungsformen	➤ Handlungsspielraum schaffen für Erprobung unterschiedlicher Differenzierungsmodelle ➤ Verpflichtung zu kooperativer Unterrichtsplanung und -auswertung auf Jahrgangsebene ➤ Einbindung von jahrgangs- und (stufen-)übergreifender Planung und Evaluation

Die Strategien I und II beziehen sich deutlich stärker auf lenkende und steuernde Tätigkeiten der Schulleitung und die Umsetzung innerhalb fachlicher Kooperationszusammenhänge, die auch als *vertikale* – weil als jahrgangs- und stufenübergreifend angelegte – Kooperationsstruktur bezeichnet werden. Die Strategien III und IV dagegen betonen zusätzlich komplexe Arbeitsbeziehungen, die eher der *horizontalen* – in der Regel auf Zusammenarbeit in konkreten Lerngruppen auf Jahrgangs- oder Stufenebene ausgerichteten – Struktur zuzurechnen sind. Wir werden zeigen, dass korrespondierend dazu die in dem vorgestellten Transfermodell angesprochenen verschiedenen Schnittstellen in je unterschiedlicher Weise bearbeitet werden. Des Weiteren steht bei den Strategien I, III und IV jeweils der schulinterne Transfer im Zentrum, Strategie II bezieht hingegen sehr stark den schulübergreifenden Transfer und seine stimulierende Wirkung auf den innerschulischen Transfer ein. Auch dies impliziert je spezifische Wichtungen der Arbeit an den unterschiedlichen Schnittstellen. Mit der zunehmenden Komplexität der Transferstrategien sind auch zunehmend kontroverse Positionen bei den Akteuren festzustellen. Um dies plastisch werden zu lassen, werden wir dies durch ausgewählte authentische Zitate belegen. Eine ausführliche Darstellung findet sich in dem über das Internet zugänglichen Abschlussbericht (Horstkemper et al., 2010).

5.2.1 „Anweisung und Kontrolle"

> „Ja, dann habe ich in der Endphase versucht, wie gesagt, durch auch rigide Anweisungen, zum Glück zu zwingen, in dem es eine Festlegung gab, dass in jedem Protokoll einer Fachkonferenz deutlich werden muss, dass ein Beispiel für individualisiertes Lernen dort besprochen worden ist." (Interview mit Schulleitern, Bündnis „Futurum", Z. 507-510)

Diese Strategie, Innovationen innerhalb des Kollegiums in die Breite zu tragen, hat sich aus Sicht des oben zitierten Schulleiters insofern bewährt, als das Thema „zumindest am Köcheln gehalten" wurde, ohne jedoch die notwendige Breitenwirkung zu erzielen (ebd., Z. 542 f.). Als Schulleiter sei man mit der konsequenten Kontrolle solcher Anweisungen zeitlich überfordert, dazu bedürfe es der Möglichkeit zur Delegation von Aufgaben. Wenn das Nichtbefolgen einer Anweisung aber ohne Konsequenzen bleibe, liefen sehr schnell selbst die besten Vorsätze ins Leere. Bestenfalls würden eher formal und für das Protokoll kurz einige Mitteilungen produziert. Zu einer wirklichen inhaltlichen Diskussion komme es dann aber häufig doch nicht.

Auch von den Lehrkräften wird die Tiefe und Nachhaltigkeit einer solchen Strategie stark angezweifelt bzw. klar als gescheitert beurteilt:

> „Lehrkraft3: [lacht] Ja. Also ich kann mich noch erinnern – Könnt ihr euch auch erinnern – dass [der Schulleiter] das gesagt hat als Prämisse. In jeder, zu Beginn jeder Fachkonferenz soll ein Kollege, nicht unbedingt nur von Reformzeit, mal vorstellen, was der jetzt gerade für tolle Erfahrungen gemacht hat. [Lehrkraft4: Zur Individualisierung auch, ne, generell.] Genau, zur individuellen Förderung, so. Und ich dachte: ‚Wow, ‚ist ja eine tolle Idee!' So, dann habe ich, glaube ich, angefangen, [an Lehrkraft4 gewandt:] wir beide, ne, und haben in einer Fachkonferenz ein Beispiel davon vorgestellt. Ja, und dabei ist es dann geblieben." (Interview mit Lehrkräften der Beraterschule, Bündnis „Futurum", Z. 286-293)

Bezogen auf das Transfermodell von Jäger zeigt sich hier, dass es mit dieser Strategie vielleicht noch in Grenzen gelingt, die inhaltliche Relevanz einer Innovation für die Beteiligten zu verdeutlichen. Es gelingt aber an der Schnittstelle Person – Inhalt kaum, die Kompetenzen der Beteiligten spürbar zu steigern. Zugleich erfordert es schon eine hohe Motivation, in dem in aller Regel knapp bemessenen Zeitplan von Fachkonferenzen auch noch umfängliche Präsentationen eigener Erprobungen vorzustellen. Wenn dies dann nicht zu konstruktivem Feedback führt, kann es bei den aktiven Projektbeteiligten sogar zu massiven Frustrationen führen. Als wirksames Steuerungsinstrument hat sich diese Strategie nach übereinstimmender Einschätzung aller Beteiligten jedenfalls nicht erwiesen. Es erscheint auch fraglich, ob dies durch die Delegation von Kontrolle vom Schulleiter an andere Funktionsträger aufzufangen ist.

5.2.2 „Tage der Fachkonferenzen"

Im Bündnis „Futurum" entstand durch die positiven Erfahrungen bei den gemeinsamen Fortbildungen und die erkannte Notwendigkeit, für Transfer innerhalb der Kollegien zu sorgen, eine etwas anders akzentuierte Idee, die vertikale Organisationsstruktur zu nutzen. Reihum wurden an den Schulen sogenannte „Tage der Fachkonferenzen" veranstaltet, zu denen jeweils alle Vertreter eines Fachs aller vier Bündnisschulen eingeladen wurden. Dazu wurden teilweise Referenten als Inputgeber von außen eingeladen. Ein wichtiger Schwerpunkt lag aber gleichzeitig darauf, sich wechselseitig Unterrichtsbeispiele und -materialien vorzustellen und darüber hinaus auch an der konkreten Erstellung weiterer Beispiele gemeinsam zu arbeiten. An der Entwicklung dieser Transferstrategie war die Schulberaterin intensiv beteiligt.

Der Leiter einer der Bündnisschulen formuliert sehr klar den von ihm ausgesprochen positiv bewerteten Effekt:

> „Aber ich glaube, dass, also meine Erfahrung auch aus Reformzeit ist, für unsere Kollegen zumindest waren diese Fachkonferenzbegegnungen unheimlich fruchtbar. (…) Da waren die mal woanders, die kamen an eine andere Schule, die kamen mal raus aus ihrem Alltag. (…) Das hat (…) einen Drive gegeben. Und auch, dieser Drive war auch, dass sie gesagt haben: ‚Zusammenarbeit macht ja Spaß!'. Also, wenn ich zusammenarbeiten kann mit Kollegen, die wo ganz anders, aus einer ganz anderen Schule kommen, müsste man das eigentlich doch auch machen können im Kollegium selber, innerhalb der Fachkonferenz." (Interview mit Schulleitern, Bündnis „Futurum", Z. 662-676)

Die Basis für eine produktive Zusammenarbeit in der eigenen Schule wurde demnach durch den intensiven Austausch im Rahmen von wechselseitigen Schulbesuchen deutlich gestärkt. Das wurde in vielen der Interviews betont.

Im Vergleich zur ersten Strategie wird bei diesem Vorgehen somit über die inhaltliche Orientierung hinaus der motivationalen Lage und auch dem Kompetenzerwerb der beteiligten Personen deutlich mehr Rechnung getragen: Die Erweiterung des Horizonts durch schulübergreifende Kommunikation und Kooperation, die dadurch ausgelösten Diskussionen und Reflexionen haben erheblich dazu beigetragen, sich mit den neuen Konzepten auseinanderzusetzen, eigene Entwicklungsarbeit anzuregen und dies wiederum in kollegiale Zusammenarbeit einzubringen.

Auch Strukturfragen kommen dabei in den Blick – jedenfalls wurde dies in mehreren Schulen berichtet. Wie wird fachliche Zusammenarbeit in anderen Schulen organisiert? Über welche Vertretungsregelungen lässt es sich ermöglichen, alle Fachkollegen einer Schule zu beteiligen? Welche Zeitstrukturen sind erforderlich, wenn die erprobten innovativen Unterrichtsformen realisiert werden sollen? Müssen veränderte räumliche Bedingungen geschaffen werden? Hier liegt allerdings gleichzeitig eine Schwachstelle dieser Transferstrategie: Solche Strukturfragen müssen in den jeweiligen Einzelschulen je nach deren lokalen Bedingungen geklärt werden. Und schließlich gilt: Es dürfte sehr schwierig sein, solche schulübergreifende Veranstaltungen im

Schulalltag dauerhaft in hinreichendem Umfang zu etablieren. Auch dies wurde in mehreren Interviews betont.

Mit anderen Worten: Der Anregungsgehalt dieser Strategie ist völlig unbestritten, ihre Alltagstauglichkeit wird hingegen eher kritisch eingeschätzt. Insbesondere wenn zusätzliche Ressourcen nach Abschluss der Programmarbeit nicht mehr zur Verfügung stehen, erscheint die Aussicht fraglich, die offensichtlich persönlich sehr befriedigende Arbeit in dieser Form weiterzuführen, dabei die Inhalte gut im gesamten Kollegium zu verankern und gute strukturelle Rahmenbedingungen für eine nachhaltige Implementation zu schaffen.

5.2.3 „Aufbau von Hospitationskultur"

Da sich die wechselseitigen Schulbesuche als sehr inspirierend erwiesen, war es ein nahe liegender Gedanke, dieses Prinzip auf die eigene Schule zu übertragen: Gegenseitige Hospitation im Unterricht wurde in mehreren Schulen als immer wieder geäußerte *Absicht* geschildert, deren Umsetzung im Schulalltag allerdings auch nicht ganz einfach ist. Dabei waren sich die Schulleiter zunächst einig: Sinnvoll sei es, durch angekündigte Hospitation im Unterricht dafür zu sorgen, dass die Lehrkräfte sich auch tatsächlich um die Realisierung solcher Ansätze bemühen, die ihnen beispielhaft in der Fortbildung vorgestellt bzw. dort gemeinsam erarbeitet wurden. Strittig war allerdings dabei, wie eine solche Hospitationskultur beschaffen sein müsse, um Wirkung zu entfalten. Der Leiter der Beraterschule ordnet eine solche Tätigkeit dem Aufgabenbereich „Zielbezogene Führung" zu und erläutert, wie er künftig vorgehen würde:

> „Schulleiter1: Also ich könnte mir vorstellen, dass man dann sagt als Schulleiter: Ich schreibe mir in meinen persönlichen Jahresarbeitsplan, dass ich so viel wie möglich von anderen Aufgaben delegiere und mich um Unterrichtsbesuche kümmere und ein Jahr lang den Kollegen auch sage, dass ich Unterricht besuche unter dem Gesichtspunkt ‚Umgang mit Heterogenität'. (…).
>
> Interviewer1: Müsste das der Schulleiter sein oder könnten Sie das auch an jemanden delegieren? (…)
>
> Schulleiter1: Ich würde das zum Beispiel nicht delegieren, das würde ich schon selbst machen wollen. (…) Weil, an wen soll ich die Hospitation delegieren?" (Interview mit Schulleitern, Bündnis „Futurum", Z. 617-631)

Dem setzt der Schulleiter einer Projektschule skeptische Argumente entgegen und berichtet von den Überlegungen zum Aufbau einer *kollegialen* Hospitationskultur, die er in seiner Steuergruppe und im Kollegium bereits diskutiert und auch schon an die neue Schulberaterin herangetragen hat:

> „Unser Ziel und unser Vorhaben für das nächste kommende Schuljahr ist Entwicklung einer Hospitationskultur. (…) also ich bin der Überzeugung, man kann es delegieren. Ich bin der Überzeugung, man muss es sogar delegieren. (…) Und wenn ich hospitiere und denen sage: ‚Da ist aber keine Individualisierung in Ihrem Unterricht. Da müssten Sie das machen und das

machen oder was könnten Sie machen?'. Irgendwo glaube ich, bei Hospitationen habe ich die Erfahrungen gemacht, dass Lehrer sofort die Krallen ausfahren und in eine Verteidigungshaltung kommen." (Interview mit Schulleitern, Bündnis „Futurum", Z. 639-650)

In dieser Projektschule waren sich alle darin einig, dass eine Visitation durch den Schulleiter wenig sinnvoll sei. Man entschloss sich deshalb, Tandems zu bilden, die gemeinsame Unterrichtsplanung und -vorbereitung mit wechselseitiger Hospitation verbinden.

In einer anderen Projektschule des Futurum-Bündnisses berichteten die Lehrkräfte, dass sie auf *freiwilliger* Basis sehr positive Erfahrungen mit wechselseitiger Hospitation gesammelt haben, dass dies aber nicht auf dem Wege der Verordnung von oben funktioniere. Sehr deutlich habe sich gezeigt, dass administrative Anordnungen starken Widerstand produzieren können und dass sie gleichzeitig effektiv unterlaufen werden, wenn die Lehrkräfte vom Wert der Maßnahmen nicht überzeugt sind. Zugleich wurde aber auch betont, dass die Einbindung in Teamstrukturen die Barrieren gegen eine Öffnung des eigenen Unterrichts offensichtlich leichter überwinden lässt. Die gemeinsame Arbeit in einer Klasse wird vermutlich als weniger herausgehobene Beobachtungssituation empfunden. Hier tut man etwas *mit*einander und gewährt sich wechselseitig Einsicht in das jeweilige Handeln. Das scheint für viele – wenn auch keineswegs für alle – Lehrkräfte eine hilfreiche Bedingung zu sein.

Bezogen auf das Transfermodell von Jäger lässt sich an dieser Strategie verdeutlichen, wie unterschiedlich ein solches Konzept ausgefüllt werden kann: entweder in nächster Nachbarschaft zu Anweisungs- und Kontrollstrategien – oder aber deutlich stärker auf Kollegialität und Kooperation im Kollegium ausgerichtet. In jedem Fall müssen durch die Schulleitung geeignete *Strukturen* geschaffen werden, um überhaupt gegenseitige Hospitationen bzw. *Team-Teaching* zu ermöglichen. Gleichzeitig müssen im Sinne der Selbstbestimmungstheorie von Deci und Ryan (1993) die *Personen* die Möglichkeit erhalten, ihrem Bedürfnis nach Autonomie- und Kompetenzerleben und sozialer Einbindung nachzukommen. Je stärker diese partizipativen Elemente ausgeprägt sind, desto höher werden die Ansprüche an die strukturellen Rahmenbedingungen. Eine angewiesene Hospitation und auch eine Hospitation durch die Schulleitung, die potentiell als Prüfungssituation erlebt wird, erscheinen wenig fruchtbar. Zugleich muss der Nutzen der Hospitation als ein Instrument zur eigenen Professionalisierung und Weiterentwicklung von den Lehrkräften erkannt und innerschulische Kooperation als Bereicherung erlebt werden.

5.2.4 „Selbstverantwortliche Teams"

Die unserer Einschätzung nach anspruchsvollste Strategie, in der sich auch alle drei Bereiche des Transfermodells von Jäger wiederfinden, ist der Aufbau „selbstverantwortlicher Teams". Solch stützende Maßnahmen hat eine Projektschule des Futurum-Bündnisses etabliert, indem sie schrittweise eine Teamstruktur geschaffen und für diese eine feste wöchentliche Beratungszeit etabliert hat. Der Schulleiter schildert seine Erfahrungen rückblickend so:

> „Es gibt einen Lehrerkonferenzbeschluss, den ich ohne Reformzeit, mit dieser Mehrheit nie erreicht hätte und der hieß, dass wir in den leistungsdifferenzierten Fächern, also Deutsch, Mathe, Englisch und Naturwissenschaften, mit den einer Gesamtschule zur Verfügung stehenden Ressourcen, Lehrerteams schaffen, die gemeinsam Unterricht vorbereiten, durchführen und nachbereiten. Diese Lehrerteams haben nach diesem Beschluss ihre Erfahrung gemacht. Es gibt Beispiele, wo die Kollegen geradezu geschwärmt haben, was die Art des Miteinanders anging, und was ihre Erfolge in den Klassen anging. Das funktioniert aber nur, wenn sich die Kollegen verstehen und wenn die einen ähnlichen pädagogisch-didaktischen Ansatz haben. Es ging in manchen Teams nicht." (Interview mit dem Schulleiter einer Projektschule, Bündnis „Futurum", Z. 52-62)

Drei Voraussetzungen für den Erfolg erscheinen ihm sehr wichtig: erstens die im Anschluss an eine intensive – teilweise durch die Schulberaterin moderierte – Diskussion erreichte breite Mehrheit im Kollegium, zweitens flankierende organisatorisch-strukturelle Maßnahmen und drittens schließlich möglichst große Handlungsspielräume für die Ausgestaltung der Arbeit durch Teams, die auf der Basis wechselseitiger Sympathie vertrauensvoll zusammenarbeiten.

Am Beispiel dieser Schule lässt sich sehr gut veranschaulichen, in welch umfassender Weise die Schulleitung die Reformzeit-Aktivitäten in die gesamte Jahresplanung einschließlich der jährlichen Evaluation einbindet: Es wurden themenspezifische Schulentwicklungsgruppen ins Leben gerufen, die von einer Steuergruppe koordiniert und in gemeinsame Jahresplanung samt interner Evaluation einbezogen wird. Von den Lehrkräften wird diese Art der Teambildungen sehr geschätzt und in ihrer Wirksamkeit für die Weiterentwicklung von Unterrichtsqualität positiv bewertet. Gerade das gemeinsame *Handeln* wird hier als Bereicherung erlebt und lässt offenbar einen deutlich entspannteren Umgang mit Abwehr und Widerstand zu, als dies in anderen Strategien möglich ist. Lehrkräfte desselben Fachbereichs hatten die Möglichkeit, Unterricht gemeinsam zu planen, zu besprechen, aber auch gemeinsam durchzuführen und auszuwerten. In fachlicher und in pädagogischer Hinsicht wird besonders die Form des *Team-Teachings* von einem Teil der Lehrkräfte als sehr hilfreich erlebt, um im Unterricht stärker auf die Bedürfnisse der einzelnen Schüler einzugehen.

Der hier geschilderte Ansatz weist in Teilen große Ähnlichkeiten mit Formen kollegialer Unterstützung auf, wie sie etwa von Kreis und Staub (2011) im fachspezifischen Unterrichts-Coaching erprobt wurden. Zu zweit als Lehrer im Unterricht zu agieren, scheint offenbar eher „auf Augenhöhe" angesiedelt zu sein, als sich bewusst in die Rolle des Beobachtenden oder Beobachteten zu begeben. Die Berücksichtigung dieser Erkenntnis könnte zu interessanten Varianten schulischer Netzwerkarbeit führen.

Ins Auge fällt bei dieser sehr komplexen Transferstrategie, dass hier zwangsläufig sämtliche in dem von Jäger vorgestellten Modell angesprochenen Bereiche mit ihren Schnittstellen in den Blick genommen werden müssen: Für die intensive Kooperation der Teams müssen zum einen zeitliche und personelle Strukturen geschaffen werden, die eine erfolgreiche inhaltliche und methodische Abstimmung erlauben. Insbesondere die Zusammensetzung der Teams erfordert einerseits die Berücksichtigung von Sympathiestrukturen, andererseits bietet aber auch die Konfrontation von Lehrkräften mit unterschiedlichen Orientierungen herausfordernde Lerngelegenheiten und erweitert deren Kompetenzen. Dies auszubalancieren, um die Motivation und Arbeitsfähigkeit der Teams zu sichern, aber auch Vertrauen zu haben in die Bereitschaft und Fähigkeit von Lehrkräften, sich konstruktiv mit unterschiedlichen Positionen auseinanderzusetzen, stellt hohe Anforderungen an die Leitungskompetenz. Und nicht zuletzt wird deutlich, dass die relativ hohen Handlungsspielräume der Lehrkräfte eingebunden werden müssen in demokratische Strukturen gemeinsamer Planung und Evaluation. Solche Partizipationsmöglichkeiten setzen eine entsprechende Bereitschaft der Schulleitung zu Delegation von Verantwortung ebenso voraus wie komplementär dazu die aktive Nutzung solcher Gelegenheiten durch das Kollegium. Gelingen kann dies nur auf der Basis der kontinuierlichen diskursiven Verständigung über Ziele und die Reflexion der Zielerreichung. Im Vergleich zu den eher auf Anweisung und Kontrolle ausgerichteten Strategien ermöglicht ein solches Vorgehen jedoch offenbar sehr viel ausgeprägter, Motivation und Kompetenzerleben der beteiligten Lehrkräfte positiv zu beeinflussen.

5.3 Das Verhältnis von schulinternem und schulübergreifendem Transfer

In den bisher vorgestellten Strategien wurden jeweils sowohl innerschulische wie auch schulübergreifende Transferpfade aufgezeigt. Beide sind offensichtlich eng ineinander verwoben und bedingen sich gegenseitig. Dies möchten wir abschließend noch einmal verdeutlichen an einer durchgängig im Schulbündnis „Neißeberg" praktizierten Strategie, die wir – ein wenig sperrig – „Integration aller aus Notwendigkeit" genannt haben. Entstanden ist sie unter dem Einfluss zweier Kontextfaktoren: Der erste betrifft den Charakter der Innovation, die auf eine temporäre Anstrengung der gesamten Schule zielt; der zweite bezieht sich auf die Größe der Institution – es handelt sich durchweg um kleinere Schulen mit einem entsprechend überschaubaren Kollegium (zwischen 25 und 30 Personen). Sämtliche Schulen hatten zum Kern ihrer gemeinsamen Entwicklungsarbeit die Gestaltung thematischer „Fachwochen" gemacht: Hier sollte der Unterricht in besonderer Weise nach den gemeinsam erarbeiteten Prinzipien individueller Förderung gestaltet werden. Zweimal im Jahr ersetzen Fachwochen den regulären Unterricht. Diese didaktischen „Highlights" finden unter Rahmenbedingungen statt, die Chancen für eine stärkere Individualisierung von Lernprozessen eröffnen, z.B. durch die Akzentuierung von selbstständigen, handlungsorientierten und kooperativen Lernformen, durch variable Formen der Leistungserbringung und -bewertung (z.B. Projektpräsentationen oder Bewertungskonferenz) oder durch Blockunterricht, der einen flexiblen Umgang mit Zeit ermöglicht:

> „Es wird ein Jahrgangsverantwortlicher festgelegt für die Fachwoche und jeder Jahrgang bekommt dann ein Team zugeordnet (…). Der Jahrgangsverantwortliche arbeitet dann mit seinem Team an den inhaltlichen Schwer-

punkten und erstellt für den Jahrgang quasi einen neuen Stundenplan, taktet die Räume ein und spricht die Einzelheiten mit dem, mit seinem Team ab. Diese organisatorische und inhaltliche Planung übergibt er dann der Schulleitung." (Mitschnitt Lehrerkonferenz, Bündnis „Neißeberg", hier Schulleiter, Z. 236-242)

Eben weil es sich bei allen Schulen des Schulbündnisses um eher kleine Kollegien handelt, werden nahezu alle Lehrkräfte in die Vorbereitung und Planung der Fachwoche einbezogen. Anders wäre die Gestaltung eines solchen didaktischen Highlights gar nicht zu bewältigen gewesen. Hier wird unmittelbar einsichtig, warum wir diese Transferstrategie als „Integration aller aus Notwendigkeit" bezeichnet haben.

Zunächst hatte sich jedoch auch mit dieser Fachwoche der engere Kreis der im Schulnetzwerk aktiven Lehrkräfte und Schulleiter beschäftigt. Transfer bedeutete in diesem Fall, dass die konzeptionellen Ideen und die im Rahmen von Fortbildungen erarbeiteten Umsetzungsvorschläge zur individuellen Förderung beim Lernen in heterogenen Gruppen von einer kleinen Gruppe von Reformzeit-Akteuren an die bislang weniger oder gar nicht einbezogenen Kolleginnen und Kollegen herangetragen wurde. Dabei übernahmen denn auch sehr bald bisher im Schulnetzwerk nicht aktive Lehrkräfte Mitverantwortung für die konkrete Planung und Ausgestaltung. Fachvertreter wurden Mitglied des Vorbereitungsteams oder arbeiteten diesem zu.

Die skizzierte Transferstrategie zielt darauf, die Realisierung einer komplexen Innovation kooperativ zu bewältigen und darauf bezogene Maßnahmen bestmöglich zu koordinieren. Mit der Einbindung von Jahrgangsteams wird dabei auf etablierte Teamstrukturen zurückgegriffen, ebenso wird an die in den Fachkonferenzen verankerten Kooperationsbezüge angeknüpft. Transfer wird folglich durch Strukturen des Arbeitsumfeldes unterstützt, was als transferförderlich gelten kann. Bestehende Strukturen werden genutzt, allerdings vor allem für eine intensivierte temporäre Kooperation. Sie werden aber (bisher noch) nicht weiterentwickelt: z.B. durch den Aufbau einer Hospitationskultur oder Einrichtung fester Zeiten für die gemeinsame Reflexion der Entwicklungsarbeit und ihrer Ergebnisse. Beides wäre aber für die Kompetenzentwicklung der Lehrkräfte und eine nachhaltige Implementation wichtig. Bei der hier beschriebenen Transferstrategie erscheinen Personenfaktoren (Motivation, Kompetenzerleben) den Strukturfaktoren tendenziell nachgeordnet. Dafür spricht auch, dass die mit der Realisierung der Fachwoche betrauten Lehrkräfte keine gezielte Fortbildung erhalten haben und sie zu einem Zeitpunkt mit der konkreten Planung und Durchführung konfrontiert wurden, als noch nicht alle Lehrkräfte von der inhaltlichen Relevanz der Fachwoche überzeugt waren. Erhofft wird ein ähnlicher Effekt, wie der Schulleiter einer Projektschule des Futurum-Bündnisses ihn als Ergebnis der Tandem-Bildung aus Kolleginnen und Kollegen mit unterschiedlichen bis gegensätzlichen Einstellungen geschildert hat: Gemeinsames Agieren kann die Bereitschaft, sich auf Neues einzulassen, stark unterstützen.

Dies scheint in Ansätzen auch durchaus zu gelingen, denn Lehrkräfte und Schüler ziehen in allen Schulen eine positive Bilanz der Fachwoche. In diesem zeitlich klar definierten Rahmen ist es möglich, innovative Formen des Lehrens und Lernens zu erproben und Schülerinnen und Schüler dabei deutlich stärker individuell zu fördern und zu fordern.

Weniger gut gelungen ist dagegen die Übertragung bewährter Elemente der Fachwoche auf den Regelunterricht. Das geht übereinstimmend aus den Interviewaussagen sowohl von Lehrkräften wie von Lernenden hervor, die jeweils die didaktischen Arrangements der Fachwoche als „Ausnahmesituation" charakterisieren. Unterstützt werden könnte und müsste der Transfer in den Schulalltag durch weitere, auf der Ebene der Struktur und der Person angesiedelte Maßnahmen, z.B. durch Fortbildung, Schaffung fester Kooperationszeiten oder Möglichkeiten wechselseitiger Hospitation und *Team-Teaching*. Darüber hinaus müsste die Fachwoche mit den Fachcurricula abgestimmt werden, um zu verhindern, dass sie additiv, d.h. als Zusatzmaßnahme und willkommene Abwechslung zum herkömmlichen Unterricht eingeführt wird. Das war an einzelnen Schulen anscheinend der Fall.

Hier kann die schulübergreifende Zusammenarbeit mit ihren Transfermöglichkeiten als Korrektiv wirken. Um dies produktiv werden zu lassen, haben die Schulen beschlossen, die Fachwochen nicht nur schulübergreifend zu planen, sondern auch durchzuführen. Sowohl ein Lehrer- als auch ein Schüleraustausch sind dazu vorgesehen. Damit öffnen sich neue Möglichkeiten, Erfahrungen in einem anderen Umfeld zu sammeln und in die eigene Schule einzubringen.

Die Stärken dieser Transferstrategie sind darin zu sehen, dass in der Regel alle Kollegiumsmitglieder mit den innovativen Ansätzen konfrontiert werden. Entfalten kann sich das darin enthaltene Potenzial vor allem dann, wenn kluge zielbezogene Führung der Schulleitung an motivationale Bedürfnisse und fachliche Kompetenzen der Lehrpersonen anknüpft und durch flankierende strukturelle Maßnahmen die Bereitschaft zur Beteiligung an dieser zeit- und arbeitsaufwändigen Aktivität stützt. Je stärker jedoch in diesem Rahmen auf Anweisung und Kontrolle gesetzt wird, desto stärker dürfte der innovative Gehalt schon während der Implementation der Fachwoche konterkariert werden. Folglich wird auch kaum ein nennenswerter Transfer in den schulischen Alltag stattfinden können. Die Schwächen dieser Strategie können zum einen auf der innerschulischen Seite durch die angedeuteten Maßnahmen aufgefangen, zum anderen aber auch durch die schulübergreifende Zusammenarbeit ein Stück weit kompensiert werden.

6. Fazit

Damit greifen wir die vorn aufgeworfene Frage wieder auf, in welchem Verhältnis schulinterner und schulübergreifender Erfahrungstransfer stehen. Die präsentierten Zitate haben es verdeutlicht: Die Anstöße aus der schulübergreifenden Arbeit können nur dann greifen, wenn innerschulische Möglichkeiten des Transfers hinreichend aufgebaut werden. Am wenigsten effektiv scheint dabei eine eher auf Anweisung und Kontrolle bauende Strategie zu sein. Diese löst in der Regel eher Abwehr und Widerstand aus bzw. führt zu formalistischem Abarbeiten von Aufträgen. Zu tatsächlichen Veränderungen der Unterrichtsgestaltung dringen solche Steuerungsabsichten nicht durch. Dagegen kann ein gelungener innerschulischer Transfer – etwa durch die Umsetzung von Fortbildungserfahrungen in gemeinsame fachliche Erarbeitung über die verschiedenen Jahrgangs- und Schulstufen hinweg – die schulübergreifenden Transferbemühungen massiv unterstützen. Der Zugang zu Kooperationsmöglichkeiten mit Kollegen des eigenen Faches wird über die eigene Schule hinaus geöffnet, der Erfahrungshorizont wird vielfältiger. Übereinstimmend haben alle beteiligten Lehrkräfte, Beraterinnen und Schulleitungen den Nutzen solch schulübergreifenden Transfers sehr hervorgehoben. Die von den Forscherinnen zur Diskussion gestellte Möglichkeit einer konkurrenzhaften Beziehung wurde entschieden verneint. Die erklärte Absicht, auch über das Ende des Programms hinaus weiterhin schulübergreifend zusammenarbeiten zu wollen – aus Ressourcengründen möglicherweise in verkleinerter Form, z.B. in Schultandems – spricht dafür, dass die Projektbeteiligten dieser Form von Wissens- und Erfahrungstransfer einen hohen Stellenwert und große Effektivität beimessen. Den Absichten sind auch bereits Taten gefolgt, allerdings fürchten die Akteure, dass ohne zusätzliche Ressourcen – einschließlich der Unterstützung durch die externe Beratung – die harte Realität des Schulalltags die eigenen Pläne rasch einholt.

Solche Skepsis hat eine reale Basis. Denn im Zuge der langjährigen Programmarbeit hat sich auch die Notwendigkeit herauskristallisiert, solche – auf Schulentwicklung zielende – Fragen bereits von Beginn der Entwicklungsarbeit an mitzudenken, und zwar wesentlich stärker, als dies in solchen Projekten üblich ist: So wichtig Fortbildung ist in den zentralen inhaltlichen Bereichen, die die Innovation betreffen – nicht weniger wichtig sind Fragen, wie die gewonnenen Erkenntnisse systematisch in die Weiterentwicklung der eigenen Schule eingebracht, evaluiert und gemeinsam für die Qualitätsentwicklung genutzt werden können. Je besser die Beteiligten darauf vorbereitet werden, die Entwicklung der Schule in die eigene Hand zu nehmen, desto nachhaltiger dürften die im Rahmen innovativer Programme erarbeiteten Erkenntnisse auch in der eigenen Institution verankert werden. Allein die Modellwirkung der externen Beratung scheint dafür nicht auszureichen, hier müsste ebenfalls systematische Wissensvermittlung mit darauf bezogenen Trainings angeboten werden.

Das von uns hier als analytische Folie verwendete Transfermodell von Jäger erscheint uns als eine mögliche Orientierung dafür gut geeignet. Es bündelt sämtliche relevante Faktoren, die sich förderlich oder hemmend auf Implementation wie Transfer auswirken können und gibt Hinweise darauf, an welchen Schnittstellen steuernd in den Prozess eingegriffen werden kann. Eindrucksvoll lässt sich dabei das in der Netzwerkarbeit angelegte Potenzial herauspräparieren, das in der Verschränkung von schulinternem und schulübergreifendem Transfer steckt, wenn die Balance von Inhalt, Struktur und Person beachtet wird. Wir konnten dabei auch aufzeigen, wie wichtig es ist, die je spezifischen lokalen Bedingungen zu beachten, die auf den verschiedenen Ebenen von Netzwerk, Schulbündnissen und Einzelschulen das Geschehen beeinflussen. Insofern gibt es keine technologischen Rezepte für gelingenden Transfer. Es wird sich lohnen, in künftiger Forschung theoriegeleitet empirische Erkenntnisse zusammenzutragen, die Stärken und Schwächen unterschiedlicher Strategien in unterschiedlichen Kontexten weiter ausleuchten.

Literatur

Altrichter, H. & Wiesinger, S. (2005). Implementation von Schulinnovationen – aktuelle Hoffnungen und Forschungswissen. *Journal für Schulentwicklung, 9*(4), 28-36.

Berkemeyer, N. (2008). Transfer von Innovationen – eine organisationstheoretische Reflexion. In N. Berkemeyer, W. Bos, V. Manitius & K. Müthing (Hrsg.), *Unterrichtsentwicklung in Netzwerken. Konzeptionen, Befunde, Perspektiven* (S. 271-281). Münster: Waxmann.

Coburn, C. E. (2003). Rethinking Scale: Moving Beyond Numbers to Deep and Lasting Change. *Educational Researcher, 32*(6), 3-12. Online unter: http://gse.berkeley.edu/faculty/CECoburn/coburnscale.pdf [letzter Zugriff: 27.03.2011].

Czerwanski, A., Hameyer, U. & Rolff, H.-G. (2002). Schulentwicklung im Netzwerk. Ergebnisse einer empirischen Nutzenanalyse von zwei Schulnetzwerken. In H.-G. Rolff, H. G. Holtappels, K. Klemm, H. Pfeiffer, R. Schulz-Zander (Hrsg.), *Jahrbuch der Schulentwicklung. Daten, Beispiele und Perspektiven* (Band 12, S. 99-130). Weinheim und München: Juventa.

Deci, E. L. Ryan, R. M. (1993). Die Selbstbestimmungstheorie der Motivation und ihre Bedeutung für die Pädagogik. *Zeitschrift für Pädagogik, 39*(2), 223-238.

Dedering, K., Goecke, M., Rauh, M. & Höfer, C. (2010). *Externe Schulentwicklungsberatung in Nordrhein-Westfalen. DFG-Projekt „Wie beraten die Berater? Externe Berater als Akteure der Schulentwicklung."* Universität Bielefeld.

Fussangel, K. & Gräsel, C. (2009). Die Kooperation in schulübergreifenden Lerngemeinschaften. Die Arbeit der Sets in Projekt „Chemie im Kontext". In K. Maag Merki (Hrsg.), *Kooperation und Netzwerkbildung. Strategien zur Qualitätsentwicklung in Schulen* (S. 120-131). Seelze-Velber: Kallmeyer.

Gräsel, C. (2010). Stichwort: Transfer und Transferforschung im Bildungsbereich. *Zeitschrift für Erziehungswissenschaft, 13*(1), 7-20.

Gräsel, C., Jäger, M. & Willke, H. (2006). Konzeption einer übergreifenden Transferforschung und Einbeziehung des internationalen Forschungsstandes. In R. Nickolaus & C. Gräsel (Hrsg.), *Innovation und Transfer. Expertisen zur Transferforschung* (S. 445-566). Hohengehren: Schneider.

Horstkemper, M., Killus, D., Gottmann, C. & Carl, F. (2010). *In Netzwerken Schule gestalten. Potsdam und Hamburg 2010.* Online unter: http://www.reformzeit.de/fileadmin/reformzeit/dokumente/pdf/Evaluation/Reformzeit_Evaluation_Abschlussbericht_MT.pdf [letzter Zugriff: 14.06.2011].

Jäger, M. (2004). *Transfer in Schulentwicklungsprojekten.* Wiesbaden: VS Verlag für Sozialwissenschaften.

Jäger, M. & Reese, M. (2008). Projektmanagement ermöglicht die Unterrichtsentwicklung im Netzwerk. In N. Berkemeyer, W. Bos, V. Manitius & K. Müthing (Hrsg.), *Unterrichtsentwicklung in Netzwerken. Konzeptionen, Befunde, Perspektiven* (S. 215-233). Münster: Waxmann.

Krapp, A. & Prenzel, M. (Hrsg.). (1992). *Interesse, Lernen, Leistung. Neuere Ansätze einer pädagogisch-psychologischen Interessenforschung.* Münster: Aschendorff.

Kreis, A. & Staub, F. C. (2011). Fachspezifisches Unterrichtscoaching im Praktikum. Eine quasi-experimentelle Interventionsstudie. *Zeitschrift für Erziehungswissenschaft, 14*(1), 61-83.

Mitchell, J. C. (1969). The Concept and Use of Social Networks. In dies. (Hrsg.), *Social Networks in Urban Situations. Analyses of Personal Relationships in Central African Towns* (1-50). Manchester: Manchester University Press.

Risse, E. (1998). Netzwerke im Schulentwicklungsprozess. In dies. (Hrsg.), *Schulprogramm – Entwicklung und Evaluation* (S. 284-299). Neuwied: Luchterhand.

Rogers, E. M. (2003). *Diffusion of Innovations. 5th ed.* New York: Free Press.

Schaumburg, H., Prasse, D. & Blömeke, S. (2009). Implementation von Innovationen in der Schule. In S. Blömeke, T. Bohl, L. Haag, G. Lang-Wojtasik & W. Sacher (Hrsg.), *Handbuch Schule. Theorie – Organisation – Entwicklung* (S. 596-600). Bad Heilbrunn: Klinkhardt.

Stephan Gerhard Huber, Frederik Ahlgrimm & Sigrid Hader-Popp

Kooperation in und zwischen Schulen sowie mit anderen Bildungseinrichtungen: Aktuelle Diskussionsstränge, Wirkungen und Gelingensbedingungen

Abstract

Der Beitrag bündelt zentrale Aspekte zum Themenbereich Kooperation. Begründungen für Kooperation im schulischen Kontext werden referiert. Mögliche Differenzierungen von Kooperation nach Akteursgruppen bzw. Ebenen, Ausgestaltung und Intensität werden vorgestellt. Die aktuelle Diskussion zu verschiedenen Kooperationsformen wie professionellen Lerngemeinschaften, Schulnetzwerken und Bildungsregion/Bildungslandschaft sowie kooperativer Führung und System Leadership werden aufgegriffen. Der Schwerpunkt des Beitrags liegt auf der Wirksamkeit von Kooperation: Befunde zu den Effekten von kooperativem Lernen der Schüler, Teambildung im Kollegium und kollegialen Lernformen (professionellen Lerngemeinschaften), Schulkooperationen in Netzwerken mit außerschulischen Einrichtungen der Region, in Bildungsregionen bzw. Bildungslandschaften werden zusammengestellt. Weitgehend zeigt sich ein tendenziell positiver Zusammenhang von Kooperation und Netzwerkbildung mit dem Erreichen verbesserter Schülerleistungen und einer hohen Schulqualität. Gelingensbedingungen und Hemmnisse für die verschiedenen Formen der Zusammenarbeit werden gebündelt dargestellt. Doch sind auch nach wie vor klare Forschungsdesiderate zu nennen.

Kooperation war und ist Maxime pädagogischen Handelns. In der erziehungs- und bildungstheoretischen Tradition ist zwar nicht immer der Begriff „Kooperation" benutzt worden, aber oft von Partnerschaft, von Gemeinschaft, pädagogischem Bezug, von sozialintegrativem, demokratischem Erziehungsstil usw. gesprochen worden. Für die Forschung ergibt sich daraus die Forderung nach Differenzierung in mehrerlei Hinsicht: nach einer besseren theoretischen Fundierung und begrifflichen Weiterentwicklung des Konstrukts Kooperation, nach einer differenzierten Betrachtung von schulischen Kontextbedingungen, nach einer Unterscheidung und entsprechender Analyse von Kooperationsanlässen und -formen und nicht zuletzt nach forschungsmethodischen Zugängen, die der Komplexität des Gegenstands Rechnung tragen.

Vor allem drei wichtige Gründe sprechen für verstärkte Kooperation in Schulen: Zum einen können die komplexen Anforderungen, die an Schulen gestellt werden, durch Kooperation ressourcenschonender, also effizienter als durch „Einzelkämpfertum" bewältigt werden. Zusammenarbeit ermöglicht darüber hinaus durch die Aktivierung der Potenziale mehrerer hoch qualifizierter Fachleute eine Qualitätssteigerung der schulischen Prozesse. Nicht zuletzt ist Kooperation in einer Schule, die auf Mündigkeit und Verantwortlichkeit hin erziehen soll, anders als in der Wirtschaft nicht nur Mittel, sondern selbst ein Ziel an sich: Kooperation in Schulen muss unter einer pädagogischen Perspektive gesehen werden und die Schule soll durch eigenes kooperatives Handeln ihren Schülern ein Vorbild sein. Aufgabe aller Lehrkräfte und für die Schule Verantwortung Tragender ist, Voraussetzungen und konkrete Möglichkeiten zu schaffen, durch Kooperation Entwicklungsprozesse in Gang zu setzen, die die Problemlösungsfähigkeit und Leistungsfähigkeit der Schüler und die der Schule insgesamt zu erhöhen versprechen.

Für die Bedeutung von Kooperation kann man eine eher effizienzorientierte und eine normative (vgl. u.a. König, 1991) Begründung anführen:

1. Eine effizienzorientierte Begründung argumentiert, dass die Schule ihren zunehmend komplexeren Anforderungen und Aufgaben nur durch Kooperation gerecht werden kann. Einzelkämpfertum bedeutet, dass jede(r) „das Rad neu erfinden" müsste, und das wäre eine Vergeudung von Ressourcen. Es ist schlicht effizienter, kooperativ Unterricht zu konzipieren, Projekte zu planen und durchzuführen, Konflikte mit Eltern auszutragen und zu lösen. Da sich Schulen mit ihrer komplexen Hierarchie kaum von außen, sondern nur von innen heraus gestalten und formen lassen, setzen Innovationen mindestens die Akzeptanz der Beteiligten voraus, besser noch: Innovationen an Schulen entstehen durch die Aktivierung der Potenziale aller von ihrer Ausbildung her hoch qualifizierten Fachleute für Unterricht und Erziehung/Bildung, die in ihnen arbeiten. Kooperation ist also auch die einzig wirklich effektive Methode, Schule zu gestalten.

2. Eine normative Begründung geht davon aus, dass die Schule auf Autonomie und Mündigkeit vorbereiten und dazu erziehen soll. Die Konsequenz ist: Erziehung darf selbst nicht autoritäres Verhalten sein, sondern auch hier müssen Autonomie, Selbstständigkeit und Mündigkeit des Schülers gefordert und gefördert werden. Schüler können Kooperation indes nicht lernen, wenn sie ihnen nicht zwischen Lehrern und Schüler, Lehrern und Familie vorgelebt wird. Kooperation der Lehrer einer Schule zielt, laut Rosenbusch (1990), darauf ab, „Gemeinsinn und sozialverantwortliches Verhalten, kritisches Mitdenken und Selbstbehauptungsfähigkeit in der Gruppe gegenüber vordergründigen, egoistischen und uniformen Tendenzen bei den Schülern zu fördern und dient damit der Realisierung demokratisch ausgerichteter Erziehung" (ebd., S. 84). Erziehung der Schüler zur Mündigkeit und zur Übernahme von Verantwortung kann nur gelingen, wenn Schule dafür „Modell" ist, Übungsraum, anfangs Spielwiese, dann immer mehr Ernstfall. Wichtig ist, die Schülerschaft in Entscheidungsprozesse einzubeziehen, soweit das sinnvoll und machbar ist (eben auch in ganz konkrete Verantwortung wie im Fall der Tutorengruppen (ältere Schüler, die jüngere betreuen), Patenschaften (für neu hinzugezogene Schüler etwa), selbstverständlich der Arbeitsgruppen der Schülermitverantwortung oder der Mediatoren/Streitschlichter).

In der bisherigen empirischen Bildungsforschung wird konstatiert, dass der professionellen Zusammenarbeit von Akteuren, z.B. der Lehrkräfte, der Bildung von (Schul-) Netzwerken und dem Ausbau zu Bildungslandschaften im Alltag bei den Handelnden noch wenig Bedeutung beigemessen wird und daher systematische, zielgerichtete und ressourcenschonende Zusammenarbeit von Einzelnen und Institutionen bislang in nur geringem Maße vorkommt (Terhart & Klieme, 2006; Gräsel, Fussnagel & Pröbstel, 2006; Huber, 2011a, 2012a,b; die Rolle des viel zitierten Autonomie-Paritätsmusters relativieren Berthe, Soltan und Mienert in ihrem Beitrag in diesem Band). Seit einigen Jahren ist jedoch eine Zunahme zu beobachten. In vielen Ländern, darunter auch im deutschsprachigen Raum, werden Kooperationen in den Schulen zielorientierter angelegt, Schulnetzwerke gegründet und regionale Bildungslandschaften aufgebaut. Es entstehen vielfältige Kooperationen in Schule und Bildungsbereich. Über die unterschiedlichen Formen informeller Kooperationen von Schulleiterinnen und Schulleitern, Lehrkräften und Steuergruppenmitgliedern hinaus entwickeln sich formalisierte Formen schulischer Zusammenarbeit.

1. Eine Differenzierung nach Akteursgruppen bzw. Ebenen, Ausgestaltung und Intensität

Kooperation ist zu verstehen als eine intentionale und kommunikative Form der Zusammenarbeit, die Vertrauen und ein gewisses Maß an Autonomie voraussetzt und der ein gemeinsames Ziel oder eine gemeinsame Aufgabe zugrunde liegt (Spieß, 2004). Nähere Ausführungen zum Begriffsverständnis bieten Ahlgrimm, Krey und Huber in diesem Band.

Es lassen sich auf die Schule bezogen die folgenden Ebenen / Möglichkeiten der Kooperation differenzieren:
- Kooperation der Schüler (cooperative learning, pupil cooperation)
- Kooperation der professionellen Akteure, z.B. der Lehrkräfte (professional learning communities, adult cooperation)
- Kooperation der Leitungsebene / Schulleitung (cooporative and distributed leadership)
- Kooperation der ganzen Schule (cooperative school, team culture)
- Kooperation zwischen Schulen (school-to-school cooperation)
- Kooperation im Schulsystem (school system cooperation)
- Kooperation mit weiteren Partnern und anderen Einrichtungen in der Region im Sinne einer kooperativen Bildungslandschaft (networked system(s) and system(s) leadership)
- Kooperation zwischen Netzwerken (network-to-network cooperation)

Diese Möglichkeiten der Kooperation unterscheiden sich hinsichtlich ihrer Funktionen und Ziele, der zugrundeliegenden Konzeptionen und Designs, der Formate bzw. Modi und der Intensität der Zusammenarbeit. Dabei haben fast alle als zentrales Anliegen, die Professionalität der Akteure zu fördern, sie bei der Bewältigung von beruflichen Herausforderungen zu unterstützen und damit die Qualitätsentwicklung der

Schulen bzw. des Bildungsangebots für Kinder und Jugendliche insgesamt zu stärken (Huber & Krey, 2006, 2007; Lohmann & Rolff, 2007; Solzbacher & Minderop, 2007; Stern & Vaccaro, 2007; Huber & Schneider, 2009; Huber & Lohmann, 2009; Berkemeyer, Manitius, Müthing & Bos, 2009; Luthe, 2009; Muijs, West & Ainscow, 2010).

Muijs, West und Ainscow (2010) schlagen eine Reihe von Kriterien für die Klassifizierung von schulischen Netzwerken und Kooperationen vor, die aufgrund eigener Arbeiten erweitert wurden (Huber, 2011b). Kooperationen unterscheiden sich in der Ausgestaltung nach:
- Zielsetzungen, Inhalten bzw. Themen,
- Art der Aktivitäten,
- Anzahl von Personen, Anzahl von Institutionen,
- Ausmaß der „Dichte" des Netzwerks (im Hinblick auf die Häufigkeit der Zusammenarbeit und der Anzahl der zusammenarbeitenden Individuen oder Gruppen), also Intensität/Anzahl der Treffen,
- Grad der Gleichberechtigung (versus Ungleichheit im Machtgefüge) der Partner,
- Grad der Freiwilligkeit (versus externer Druck),
- Entscheidungsbefugnissen,
- Vorhandensein oder Fehlen der übergeordneten Ebene,
- Kompetenzen (für Inhalt und Prozess),
- zeitlichem Rahmen (kurz-, mittel-, langfristig) bzw. Dauer/Laufzeit,
- Ausmaß der Einbeziehung bzw. Vorhandensein oder Fehlen externer Unterstützung,
- Rahmenbedingungen (Zeit, Ort, Ausstattung),
- institutioneller und geografischer Ausbreitung.

Steinert et al. (2006) entwickelten auf der Grundlage einer empirischen Studie vier Niveaustufen der Kooperation an Schulen. Eine Zunahme der Stufen bedeutet in diesem Modell eine „Zunahme des systematischen, wechselseitig adaptiven und integrierten Lehrerhandelns durch Lehrerkooperation im Kollegium" (Steinert et al., 2006), also der Qualität bzw. Intensität der Kooperation:
- Fragmentierung (Stufe 0) bedeutet isoliertes Handeln der einzelnen Lehrpersonen.
- Differenzierung (Stufe 1) bedeutet, dass eine arbeitsteilige Zusammenarbeit stattfindet, die eine Zielklarheit voraussetzt.
- Koordination (Stufe 2) bedeutet, dass eine Koordination des fachbezogenen Unterrichts stattfindet, die schulweite Transparenz erfordert.
- Interaktion (Stufe 3) bedeutet, dass nicht nur eine fach- und jahrgangsübergreifende Kooperation stattfindet, sondern auch Ansätze von Teamarbeit und Professionalisierung identifiziert werden können.
- Integration (Stufe 4) schließlich ist ein systematisch und wechselseitig abgestimmtes und transparentes Lehrerhandeln in Fragen der Organisations-, Personal- und Unterrichtsentwicklung.

Es zeigte sich, dass sich Schulen regional und abhängig vom Schultyp hinsichtlich ihres Kooperationsniveaus unterschieden, was darauf schließen lässt, dass Rahmenbedingungen hierfür eine entscheidenden Rolle spielen (Steinert et al., 2006).

Andere Stufenmodelle, wie das nach Gräsel et al. (2006), fokussieren stärker den Modus oder die Art der Kooperation. Sie unterscheiden „Austausch" auf der ersten Stufe von „Arbeitsteilung" auf der zweiten Stufe und „Ko-Konstruktion" auf der dritten Stufe. Auch dieses Modell konnte empirisch bestätigt werden. Je höher die Kooperationsstufe, desto höher ist auch der erforderliche Einsatz. Aus diesem Grund ist je nach Anforderungen der Aufgabe die passende Kooperationsform zu wählen, höher bedeutet nicht in jedem Fall besser.

Die vorgestellten Stufenmodelle scheinen geeignet, um auch die Kooperation von schulischen mit außerschulischen Akteuren zu beschreiben und zu untersuchen. Zu untersuchen wäre, ob sich eines der Stufenmodelle empirisch begründet um eine zusätzliche Stufe der Kooperationen mit außerschulischen Akteuren im Rahmen von Bildungslandschaften erweitern ließe.

2. In der aktuellen Diskussion: professionelle Lerngemeinschaften, Schulnetzwerke und Bildungsregion/Bildungslandschaft sowie kooperative Führung und System Leadership

Obwohl die Konstrukte „professionelle Lerngemeinschaften", „Netzwerk" und „Kooperation" Gemeinsamkeiten und Überschneidungen aufweisen, lassen sie sich doch voneinander abgrenzen. Eine knappe Auseinandersetzung mit diesen Konzepten sowie dem Konzept der „Bildungsregion" oder der „Bildungslandschaft" soll in den folgenden Abschnitten erfolgen (auch Weyer, 2000; Czerwanski, Hameyer & Rolff, 2002; Bastian, 2008; Huber & Lohmann, 2009). Ebenfalls folgen kurze Darstellungen der Konzepte „Kooperative Führung" und „System Leadership".

2.1 Professionelle Lerngemeinschaften

In den letzten Jahren stehen stärker sogenannte professionelle Lerngemeinschaften (PLG) im Zentrum der Aufmerksamkeit, über die viel publiziert wurde und wird (z.B. Toole & Louis, 2002; Little, 2006; Stoll et al., 2006; Stoll & Louis, 2007; Doolittle et al., 2008; Vescio et al., 2008; Huber & Hader-Popp, 2006b; Huber, 2012a). Professionelle Lerngemeinschaften sind Gruppen von Spezialisten mit Expertise in ihrer Profession und der Notwendigkeit, diese ständig zu aktualisieren und zu erweitern. Ihre systematische Kooperation führt zur Entwicklung von neuem Wissen, das geteilt und in die Ausübung der Profession eingebracht wird. Das klingt eigentlich wie maßgeschneidert für Lehrerkollegien: Sie bestehen aus Spezialisten für unterschiedliche wissenschaftliche Fächer, die zudem Fachleute für Lernen sind, über unterschiedlich ausgeprägte Expertise in ihrer Profession verfügen und mit der Notwendigkeit konfrontiert sind, diese ständig zu vergrößern und zu vertiefen.

Wenn die internationale Literatur Professionelle Lerngemeinschaften an Schulen beschreibt, so ist damit allerdings nicht gemeint, dass Lehrkräfte ab und an Material austauschen, gemeinsam einmal im Schuljahr ein Projekt gestalten, dass sich befreundete Kollegen aushelfen oder einander ihr Leid über einzelne Schüler oder Klassen klagen (so entlastend das ist). Der Terminus geht weit darüber hinaus und verlässt den gewohnten Bereich vertrauter, meist anekdotisch geprägter Lehrerzimmer-Gespräche über ausgewählte Erfahrungen einerseits und bürokratisierte Pflicht-Konferenzen oder angeordnete „Pädagogische Tage" andererseits. Er bezeichnet vielmehr auf der Ebene der Personen eine Grundhaltung und auf der Ebene der Schulgemeinschaft eine „Kultur", in der Kooperation Ziel und Methode zugleich ist. Toole und Seashore Louis (2002) sehen in dem Terminus drei sich ergänzende Aspekte einer fruchtbaren Schulkultur verbunden:

- Professionalität hat einen hohen Stellenwert, was sich in einer ausgeprägten Schülerorientierung und Fokussierung auf Wissenszuwachs in allen Bereichen zeigt.
- Lernen hat einen hohen Stellenwert, was dazu führt, dass das Kollegium sich nicht nur als Wissensvermittler, sondern als eine Art „Forschergruppe in eigener Sache" versteht, welche die eigene Praxis reflektiert.
- Zusammenwirken in der Gemeinschaft hat einen hohen Stellenwert, was in Kommunikation und Kooperation mündet, für die dann auch günstige strukturelle und organisatorische Bedingungen geschaffen werden.

Professionelle Lerngemeinschaften im Bereich Schule bilden Netzwerke innerhalb einer Schule, aber auch zwischen verschiedenen Schulen, manche sogar länderübergreifend. Schließlich gibt es Meta-Netzwerke, in denen sich wiederum mehrere Netzwerke zum Austausch zusammenschließen.

Eine professionelle Lerngemeinschaft ist nicht etwas Neues, sondern die Umsetzung der Idee des „Edukatops" (der Schule als einer Lerngemeinschaft), der Idee der „lernenden Schule" oder des „lernenden Systems". Lerngemeinschaften sind eine Chance für kontinuierliche Entwicklung, aber auch eine Herausforderung, denn die Umsetzung ist anstrengend (v.a. in der Initiierungsphase), kompliziert und bietet Stolpersteine. Es bedarf eines organsationspädagogischen Managements, das, von der Zieltätigkeit ausgehend, die verschiedenen Beteiligten bedarfsorientiert integriert.

Rosenbusch (2005) sieht in professionellen Lerngemeinschaften ein „soziales Übungsfeld, in dem die pädagogischen Werte wie Mündigkeit, Anerkennung des anderen und Anerkennung von sich selbst, Selbsttätigkeit und Kooperation praktiziert werden können und damit internalisiert werden. Insofern haben professionelle Lerngemeinschaften, falls sie denn professionell gehandhabt werden, auch einen wesentlichen Einfluss darauf, dass Schule ein Modell dafür ist, wozu sie erzieht" (S. 146).

In diesem Band behandeln Lomos, Hofmann und Bosker „professionelle (Lern-) Gemeinschaften". Reh und Breuer beschäftigen sich mit interprofessionellen Teams sowie Boller mit berufsfeldübergreifender Zusammenarbeit in der Schule.

2.2 Schulnetzwerke

Netzwerke stellen eine besondere Form von Zusammenarbeit oder Kooperation dar. Nicht jede zufällige, situativ entstehende und gelegentliche Zusammenarbeit zwischen Personen kann als Netzwerkarbeit bezeichnet werden. Nur die systematische und geregelte, auf gemeinsame Ziele hin gerichtete Kooperation stellt Netzwerkarbeit dar. Im Netzwerk sollen vielfältige Fragestellungen gemeinsam mit Partnern geklärt werden, die im komplexen Geschehen des Schulalltags einer Einzelschule oft nicht beantwortet werden können.

Viele schulische Netzwerke entstehen im Rahmen von Modellvorhaben. Die Schulen arbeiten für eine begrenzte Zeitdauer zusammen, werden durch verschiedene Träger unterstützt, gelegentlich werden auch Aspekte der Zusammenarbeit im Netzwerk wissenschaftlich evaluativ untersucht. Auch schließen sich Schulen für gegenseitige Hospitationen zusammen, um auf diese Weise Anregungen und Feedback für die eigene Schulentwicklung zu erhalten. Was diese Schulen eint, sind gemeinsame pädagogische Grundüberzeugungen und der Wille, Schulentwicklung als gemeinsam-kooperativen Prozess vieler unterschiedlicher Schulen zu begreifen. Ihre Strategie besteht darin, ihre beste Praxis quasi als Norm zu setzen, damit sich die Debatte um die Gestaltung der inneren Schulqualität daran orientiert. Diese Praxis ist aus Sicht des Teilnehmerkreises auch einleuchtend: Es sind Schulen, die es sich zur Aufgabe gemacht haben, Schule als ein gesellschaftliches Gemeinschaftswerk nicht nur zu verstehen, sondern auch zu praktizieren, indem sie sich das Ziel setzen, jedem Kind und Jugendlichen gerecht zu werden (Huber & Lohmann, 2009).

Eine ausführliche Darstellung verschiedener wissenschaftlicher Ansätze, den schulischen Netzwerkbegriff zu beschreiben (vgl. Sailmann, 2005, Kirchhöfer, 2004, Minderop & Solzbacher, 2007) findet sich im Beitrag „Schulnetzwerke – empirische Untersuchungen" von Huber und Krey in diesem Band. Zudem wird in diesem Band die Thematik der Schulnetzwerke von West, von Manitius, Järvinen und Otto, von Huber und Schneider sowie von Killus, Gottmann, Horstkemper und Carl behandelt.

2.3 Bildungsregion, Bildungslandschaft

Der Begriff Bildungslandschaft oder Bildungsregion bezeichnet eine strategische Allianz verschiedener Behörden sowie öffentlicher und privater Einrichtungen zur Gestaltung von Bildungsbiografien vom Kindergartenalter bis zur Beendigung von Studium oder Berufsausbildung junger Erwachsener. Je nach Kooperationsanlass arbeiten die relevanten Einrichtungen in einer überschaubaren, räumlichen Nähe zusammen (Huber, 2012b).

In Deutschland z.B. sind es zunehmend Landkreise und kreisfreie Städte, die sich zu verantwortlichen Veranstaltern der kommunalen und regionalen Bildung erklären. Sie wollen ihre Bildungseinrichtungen zum Wohl der Adressaten stärker vernetzen (Weiß, 2009). Solche kommunalen oder regionalen Verantwortungsgemeinschaften entwickeln vielfältige formalisierte, institutionalisierte Netze als Austausch-, Qualifizierungs- und Kooperationsplattformen.

In Bildungsregionen bzw. Bildungslandschaften können grundsätzlich horizontale von vertikalen Kooperationen unterschieden werden (vgl. Huber, 2010a,b). Beim horizontalen Blickwinkel geht es um die Kooperation und Vernetzung verschiedener Institutionen, also z.B. von Schule, Jugendtreff, Verein und Familie. Bei vertikalen Verbünden geht es auf regionaler Ebene in der Regel um Allianzen von verschiedenen Schultypen in einer Kommune oder um Schulnetze mit einem bestimmten Vorhaben. Im Sinne eines guten Übergangsmanagements sollen die Übergänge zwischen den Bildungseinrichtungen durch verstärkte Kooperationen im Sinne einer bruchlosen Bildungskette optimal gestaltet werden, wozu eine verstärkte Kooperation der formellen Bildungsträger nötig ist, z.B. von Kindertagesstätte, Primarschule, Sekundarschule, Berufsbildung. Besonders wichtig erscheint dies – ebenso wie die horizontale Vernetzung – für Kinder und Jugendliche aus sozioökonomisch benachteiligten Familien, die leicht ins Hintertreffen geraten aufgrund der Fragmentarisierung der Bildungslandschaft und bei denen eine gewisse Kompensierung der fehlenden familiären Unterstützung nötig ist.

Dabei lassen sich theoretisch begründet nach Art und Grad der Vernetzung folgende Qualitäts-Stufen unterscheiden (Huber & Lohmann, 2009; Lehmpfuhl & Pfeiffer, 2008; Lohre, 2007; Minderop & Solzbacher, 2007):

- 1. Stufe: In einer Bildungsregion arbeiten mindestens zwei Partner bzw. Bildungseinrichtungen in der Kommune oder Region zeitlich begrenzt und ohne weitere Institutionalisierung der Kooperation zusammen, die bisher mehr oder weniger unvermittelt nebeneinander existierten.
- 2. Stufe: Mehrere Partner bzw. Bildungseinrichtungen in der Kommune oder Region arbeiten systematisch über einen längeren Zeitraum als Netzwerk institutionalisiert zusammen und sind verbindlicher organisiert.
- 3. Stufe: Die meisten oder alle Partner bzw. Bildungseinrichtungen in der Kommune oder Region, also Schulen und die kommunalen Dienstleister sowie die außerschulischen Bildungsanbieter und -angebote, sind aufeinander bezogen und miteinander horizontal und vertikal vernetzt, um Bildungsbiografien optimal zu fördern. Da Bildungseinrichtungen je nach biografischem Zeitpunkt von unterschiedlicher Bedeutung sind, helfen die Vernetzungen, horizontale und vertikale Übergänge zu schaffen, komplementäre Wirkungen zu entfalten und Friktionen zu reduzieren.

Konkrete Kooperationspartner der Schule sind (teils schon immer, teils verstärkt oder gar neu) vor allem (Huber & Hader-Popp, 2006a; Huber, Hader-Popp & Ahlgrimm, 2009):

- die Eltern, ebenfalls in informellen Gruppen, aber insbesondere die Elternvertretung (Klassenelternsprecher, Elternbeirat),
- der Schulträger,
- die vielerorts neu definierte Schulbehörde/Schulpflege/bzw. Schulrat,
- andere Personen und Gremien in der Gemeinde (z.B. Stadtteilgruppen),
- der Förderverein der Schule,
- Vertreter der Kirchen,
- Vertreter örtlicher Vereine,
- Vertreter lokaler und regionaler Medien,

- Behörden (Jugendamt, Polizei, Agentur für Arbeit, Gesundheitsamt etc.),
- Vertreter der regionalen Wirtschaft, ansässiger Firmen, die IHK, die Handwerkskammer etc., z.B. auch in entsprechenden Arbeitskreisen (Schule und Wirtschaft o.Ä.),
- Partnerschulen (in Netzwerken oder Austauschschulen),
- Vertreter anderer Schultypen und anderer Schulen gleichen Typs,
- Vertreter anderer Bildungseinrichtungen (auch der Universität etc.),
- Fortbildungsinstitute und freie Anbieter von Fortbildungsveranstaltungen,
- Beratungseinrichtungen (z.B. der Kinderschutzbund),
- wohltätige Organisationen,
- Stiftungen,
- Theater und Museen.

Aus der Perspektive der Kinder bzw. Jugendlichen lässt sich ihr Zusammentreffen mit institutionalisierten und individuellen Akteuren im Laufe ihrer Bildungsbiografie beispielsweise folgendermaßen darstellen (siehe Abbildung 1).

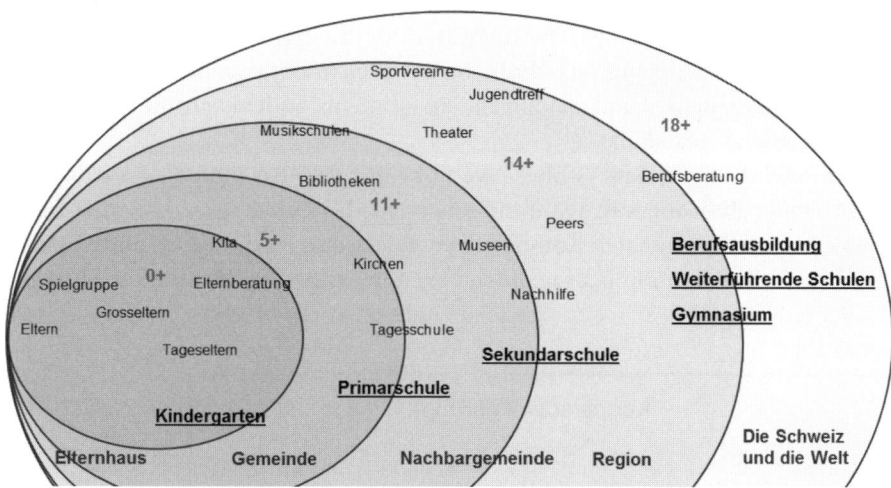

Abbildung 1:   Bildungsbiografien aus der Perspektive der Kinder und Jugendlichen (adaptiert nach Vorndran, 2008)

Verschiedene Projekte fördern das Thema Bildungslandschaften oder beschäftigen sich damit, z.B. das Projekt der Deutschen Kinder- und Jugendstiftung „Lokale Bildungslandschaften" und speziell, zusammen mit der Jacobs Foundation, das Projekt „Lernwelt Schule" in vier Modellregionen und vier Netzwerken oder das nationale Projekt „Lernen vor Ort", das vom Bundesministerium für Bildung und Forschung gefördert und von einem Stiftungsverbund koordiniert wird. Aber auch Projekte wie das der Robert Bosch Stiftung, „Schulmanagement in Bildungsregionen", können dazu gezählt werden, da auch hier die Intensivierung der Handlungskoordination im Bildungssystem gefördert wird.

In diesem Kalenderjahr wird noch ein spezieller Band erscheinen mit dem Titel „Kooperative Bildungslandschaften", dem Thema des Schulleitungssymposiums 2011 (www.Schulleitungssymposium.net).

2.4 Kooperative Führung

Wunderer und Grunwald (1980) beschreiben kooperative Führung als spezifische Gestaltqualität, die im Wesentlichen durch die Akzeptanz der Wertprämissen Wechselseitigkeit und Selbstverwirklichung entsteht. Liebel (1992) definiert nach Wunderer und Grunwald (1980) „kooperative Führung" als 1. zielorientierte soziale Einflussnahme zur Erfüllung gemeinsamer Aufgaben (Ziel-Leistungs-Aspekt), 2. in/mit einer strukturierten Arbeitssituation (Organisationsaspekt), 3. unter wechselseitiger, tendenziell symmetrischer Einflussausübung (partizipativer Aspekt) und 4. konsensfähiger Gestaltung der Arbeits- und Sozialbeziehungen (prosozialer Aspekt). Hier werden eine organisationale und eine kooperative Perspektive zusammengebracht. Kansteiner-Schänzlin (2002) konkretisiert: „Kooperative Führung basiert m.E. auf der Vorstellung, dass die Führungsfunktion dauerhaft im Miteinander mit den Mitarbeiterinnen ausgestaltet wird und eine hohe Intensität der Entscheidungsbeteiligung aufweist" (S. 47). Kooperative Führung im Schulkontext bezeichnet Rosenbusch (1990) als Führung durch Überzeugung und Beteiligen, sie ist nichts anderes als die Einladung, gemeinsam Schule zu gestalten.

Deutlich wird damit, dass kooperative Führung eher ein umfassendes Konzept ist denn ein bloßer Führungsstil. Während einerseits das Führungsverhalten auf der Basis entsprechender personaler Kompetenzen fokussiert wird, stehen andererseits die erforderlichen, Kooperation bedingenden bzw. fördernden Strukturen im Mittelpunkt.

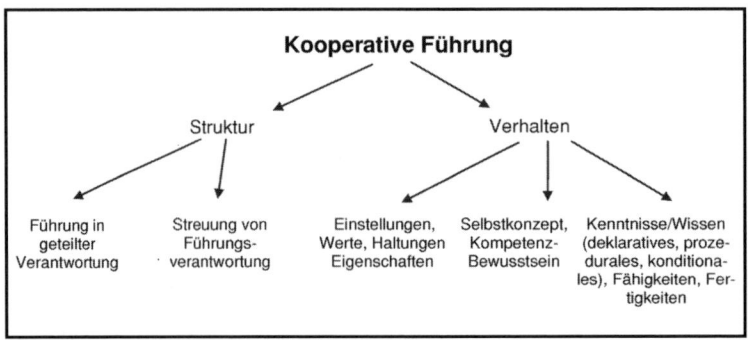

Abbildung 2: Differenzierung von kooperativer Führung

Kooperative Führung wird oft als ein bestimmtes Verhalten einer individuellen Führungsperson aufgefasst, das wiederum ein Amalgam von personalen Kompetenzen im umfassenden Sinn voraussetzt, die kooperativ Führende bei sich (weiter-)entwickeln sollten. Darunter sind bestimmte Einstellungen, Werte, Haltungen, Eigenschaften, Kenntnisse, deklaratives, prozedurales und konditionales Wissen, Fähigkeiten und

Fertigkeiten, ein entsprechendes Selbstkonzept und auch das erforderliche Kompetenzbewusstsein.

Zu kooperativer Führung im Sinne eines Amalgams personaler Kompetenzen und daraus resultierendem Verhalten gehören v.a.:

- die Einsicht, dass durch Kooperation eine Leistungssteigerung möglich ist,
- die Fähigkeit, die entsprechenden Anlässe und Situationen zu erkennen, in denen kooperative Führung besonders angebracht und in denen sie weniger angebracht ist,
- eine Reflexion der eigenen Rolle,
- die Anerkennung der Kollegen (mit ihrem jeweiligen Erfahrungs- und Wissensvorsprung),
- soziale Kompetenzen, u.a. Empathie/Einfühlungsvermögen sowie ein stimmiges, adressatengerechtes Kommunikationsverhalten,
- Zuversicht, Vertrauen und Glaubwürdigkeit,
- soziale Nähe und gegenseitiges Vertrauen,
- ein konstruktiver Umgang mit Konflikten,
- die Fähigkeit zur Moderation.

Über diese vorwiegend intrapersonalen Grundvoraussetzungen hinaus ist kooperative Führung zu erkennen an

- der Partizipation der Lehrkräfte und anderer an Schule Beteiligter an Entscheidungsprozessen (Empowerment und Einbindung der Mitarbeiter, Streuung von Führungsverantwortung, Abgeben und Annehmen von Führungsverantwortung),
- der Delegation von Verantwortung,
- einer gemeinsamen Zielermittlung/-vereinbarung.

Kooperative Führung ist mehr als Führung durch Zielvorgaben, nämlich Führung durch gemeinsame Zielvereinbarung. Dazu gehört auch eine Zielintegration (nämlich die Leistungsziele der Organisation und die eigenen aufeinander abzustimmen).

Nachhaltigkeit und Glaubwürdigkeit erreicht kooperative Führung allerdings erst dann, wenn sie sich in der Struktur manifestiert. Das heißt, zu kooperativem Verhalten Einzelner auf der Basis von deren Kompetenzen müssen die entsprechend notwendigen organisatorischen Strukturen kommen.

Geht es um die Struktur der Führungsorganisation, so kann kooperative Führung sich grundsätzlich einerseits als Streuung von Führungsverantwortung und andererseits als Führung in geteilter Verantwortung manifestieren.

Streuung von Führungsverantwortung ist an unseren Schulen recht häufig, vor allem an größeren Schulen: Zusätzlich zur Schulleiterin oder dem Schulleiter arbeiten andere Funktionsträger in Führungsaufgaben, etwa der Stellvertretende Schulleiter, die Mitglieder der Schulleitung, eventuell Fachbetreuer oder eine Steuergruppe etc. Dabei hat jeder (bzw. jede Gruppe) seine (ihre) Aufgaben und trägt die Verantwortung für das operative Geschäft in diesem Bereich. Die Gesamtverantwortung liegt allerdings immer bei der Schulleiterin bzw. dem Schulleiter selbst. Führungsaufgaben (und die Verantwortung für diese Teilbereiche) sind zwar breiter gestreut, aber die „Funktion Schulleiter/-in" bleibt übergeordnet und in den Händen einer einzelnen Person.

Anders ist Führung in geteilter Verantwortung: Hier wird die Funktion bzw. Rolle der Schulleitung nicht ein Einzelner innehaben, sondern zwei oder mehr Personen, die alle gleichberechtigt sind. Überlegungen gehen zum Beispiel in Richtung einer klaren Funktionsteilung zwischen einem Pädagogischen Leiter und einem Verwaltungsleiter (für die administrativen Aufgaben).

In der internationalen Fachdiskussion hat sich der einschlägige Begriff „distributed leadership" etabliert. Nach Gronn (2002), Spillane (2006), Harris und Spillane (2008) sowie Harris (2009) geht das Modell einer „distributed leadership" davon aus, dass „Führungshandeln" von vielen Mitgliedern einer Organisation ausgeübt wird. Die Grundidee von „distributed leadership" ist eine breite Aufteilung von Führungsaufgaben/Leitungsaufgaben und Führungsverantwortung auf die Mitglieder der Organisation Schule (vgl. dazu die Literaturübersicht von Woods et al., 2004). Gemeint ist dabei allerdings nicht, dass jedes individuelle Organisationsmitglied „führt", sondern, dass Führung als dynamischer Prozess der Einflussnahme auf die Praxis einer Organisation aufgefasst wird, der sich aus dem situativen Handeln und den Interaktionen vieler ergibt (Harris, 2008) und weniger als das Handeln einzelner Personen in formalen oder informellen Führungsrollen. Betont wird, dass nicht einfach neue Strukturen bei altem Denken der Handelnden gemeint sind, sondern eine fundiert „andere" Auffassung von Leitung/Führung, die eine andere Art zu denken voraussetzt. Das Konzept steht quer zu der Vorstellung von der Wahrnehmung von Führungsaufgaben durch den Träger einer formalen Rolle innerhalb einer Organisation, indem es von der Vorstellung ausgeht, dass Leitung/Führung eher eine Funktion oder eine „Kraft" einer Organisation ist denn eine Rolle. Im Gegensatz zur gängigen Auffassung, dass „Leitung bzw. Führung" sich in den Handlungsweisen von Individuen in bestimmten Positionen manifestiert, sieht „distributed leadership" in jeder Organisation (hier: in jeder Schule) eine Vielfalt von zielsetzenden, richtungsweisenden, Einfluss ausübenden, Entscheidungen treffenden Aktivitäten (ausgeübt durch unterschiedliche Individuen auf unterschiedlichen „Ebenen"). All diese Aktivitäten sind im Grunde „Leitung und Führung", ganz gleich ob die Handelnden nun eine formale Führungsrolle innehaben oder nicht. „Distributed leadership" ist also zu verstehen als konzertierte Aktion, das Gesamt der Expertise, der Entscheidungen, der Zielsetzungen und -umsetzungen in einer Schule. Als eine Art „Kleister" (englisch „glue"), der die innerschulische Kohärenz dieses vielfältigen Führungshandelns bewirkt, bezeichnet Harris (2002) die jeweilige Schulkultur und das (meist implizite) gemeinsame Wertesystem.

Daraus leitet sich zweierlei ab: Zum einen ist es eine Absage an rein funktionsbedingte Hierarchien, an ein System von Anordnung und Ausführung, bürokratisch-kleinschrittiger Kontrolle und Überwachung. Einem Lehrerkollegium als Gruppe aus im Wesentlichen gleichwertigen und gleich gut ausgebildeten Experten dürfte gerade diese Vorstellung entgegenkommen. Es ist ein Plädoyer für das Ernstnehmen von Mündigkeit, Expertise und Verantwortung. Zum anderen aber folgt daraus eine große Verantwortungsbereitschaft des Einzelnen, die die Selbstverpflichtung zu beruflicher Weiterentwicklung, zu Fortbildung, zu Reflexion und Selbstevaluation (in welcher Form auch immer) beinhaltet. Hinzukommen muss die Bereitschaft zum Austausch über Werte, Ziele und Methoden, zu kollegialer Kooperation, zum Abgleich des eigenen Handelns mit dem der anderen, zum Feedbackgeben und -annehmen, zu Vertrauen und Selbstvertrauen sowie die Bereitschaft, auch selbst für die Ergebnisse des Handelns geradezustehen, also „rechenschaftspflichtig" zu sein. Im Grunde bedeutet „distributed leadership" gemeinsames Lernen.

Verwandte Begriffe in der internationalen Literatur, die aber teilweise unterschiedlich verwendet werden, sind: "delegated leadership", "democratic leadership", "dispersed leadership", "consultative leadership", "supported leadership", "dual leadership", "shared leadership". In der Realität finden sich international vielfältige Mischformen.

2.5 System Leadership

In einigen Ländern gilt System Leadership als ein Konzept der Schulentwicklung, bei dem die Einzelschulen über ihre eigenen Schulgrenzen hinaus tätig werden, damit das Schulsystem der Region als Ganzes profitiert (Huber, 2010a,b; Huber et al., 2008; Huber & Rolff, 2010). Dabei soll dem Phänomen begegnet werden, dass die Schere zwischen den besonders guten und den schlechteren Schulen, die oft vielfachen Belastungen ausgesetzt sind, immer weiter auseinandergeht. Dazu sollen sich Schulen gegenseitig unterstützen zugunsten einer positiven Entwicklung aller Schulen. Eine zentrale Rolle dabei spielen die schulischen Führungskräfte. Schulleiterinnen und Schulleiter ergreifen funktional sinnvolle Kooperationsmöglichkeiten, um dieses Ziel zu erreichen. Neben der Kooperation innerhalb der Schule oder der Kooperation in der Schulleitung spielt die Kooperation zwischen und mit anderen benachbarten Schulen eine bedeutende Rolle.

Gemäß David Hopkins (2006, 2008, 2010), einem Vorreiter des Konzepts von System Leadership in England, sind System Leaders jene Schulleiter, die bereits sind, auf Systemebene in der Region Führungsaufgaben zu übernehmen, indem sie sich darum bemühen, dass andere Schulen ebenso wie ihre eigene Schule Erfolg haben. Es zeigt sich (Hopkins, 2006, 2008, 2010), dass System Leadership ein wichtiger Ansatz ist, um Schulleistungen zu verbessern, Schulentwicklung über mehrere Schulen hinweg zu unterstützen, Leitungs- und Führungsexpertise breiter zu streuen und Führungskräftenachwuchsentwicklung zu fördern. Notwendig dafür ist, dass das Verständnis von pädagogischer Führung sich von dem Bild eines Managements, das politische Vorgaben ausführt und vorgegebene Reformen umsetzt, zu dem Konzept einer Leadership entwickelt, die eigenverantwortlich innovative professionelle Lerngemeinschaften aufbaut.

Die dahinter stehende Annahme ist, dass das in vielen Ländern bildungspolitisch propagierte Ziel, jede Schule zu einer guten Schule werden zu lassen, nur erreicht wird, wenn sich die politischen Maßnahmen und die Praxis auf eine Verbesserung und Weiterentwicklung des ganzen Schulsystems in der jeweiligen Region ausrichten. Mit anderen Worten: Es wird davon ausgegangen, dass eine nachhaltige Entwicklung der Schulen nicht möglich ist, wenn sich nicht das ganze System entwickelt.

Zu beobachten ist eine große Bandbreite an Möglichkeiten für Führungskräfte von Bildungseinrichtungen, zusammen mit ihrer Institution mit anderen zu kooperieren. In der Praxis lassen sich unterschiedliche Formen und verschiedene Grade an Formalisierung und Intensität der Zusammenarbeit oder der Partnerschaften beobachten. In

England zum Beispiel sind formale Kooperationsformen (und entsprechend die Rollen, die Schulleitungen dabei übernehmen) aus nationalen Reformen und Programmen entstanden. Aus Perspektive der Schule lassen sich verschiedene Kooperationsmöglichkeiten innerhalb einer Bildungslandschaft unterscheiden (vgl. auch Hopkins, 2008):

- Mitwirkung an Schulentwicklungsprojekten und Modellvorhaben in anderen Schulen: Schulleiterinnen und Schulleiter mit besonderer Expertise engagieren sich in regionalen und landesweiten Schulentwicklungsprojekten und Modellvorhaben.
- Regionale Bildungslandschaften: Übernahme von Verantwortung, um Partnerschaften oder Netzwerke mit vielfältigen Beziehungen über Gemeindegrenzen hinweg aufzubauen, also Bildungsregionen zu etablieren, in denen verschiedene Institutionen und Handlungsträger vernetzt sind, um die Situation von Schülern und Schülerinnen zu verbessern. Schulleitungen sind hier „Community Leaders" und betonen eine gemeinsame kommunale Verantwortung für den Erfolg der Schülerinnen und Schüler in ihrer Region.
- Kooperation mit einer besonders belasteten Schule: Zusammenarbeit in einzelnen Aspekten mit einer Schule, die sich z.B. in einem besonders herausfordernden sozialen Umfeld befindet oder internen Belastungssituationen ausgesetzt ist. Solche Arrangements der Kooperation zwischen zwei oder mehr Schulleitern leben vom Vorbildcharakter der erfolgreicheren Schule. Hier werden effektiv und effizient sinnvolle Maßnahmen identifiziert und in den „schwächeren" Schulen zur Verbesserung ihrer Alltagspraxis und bzw. oder ihres Systems integriert.
- Bildungspartnerschaft im Sinne eines rechtlichen Zusammenschlusses von Schulen: Hierbei entstehen formale Arrangements in Form von „Schul-(Kon)Föderationen". Solche „Federations" besitzen eine gemeinsame Leitung und legen gemeinsam Rechenschaft über die Arbeit ihrer „Bildungsentwicklungspartnerschaft" ab.

Nun kann das aber nicht bedeuten, dass Schulleitungen endgültig zum „Heilsbringer" für die ganze Region und gar die Gesellschaft insgesamt werden sollen. Wie das Beispiel England zeigt, geht es vielmehr um eine geschickte Verknüpfung von professioneller Expertise und Engagement der Pädagogen einer Schule mit den entsprechenden staatlichen Reform- und Schulentwicklungsprogrammen zugunsten der Kinder und Jugendlichen der jeweiligen Region und im Sinn systemischer Schulentwicklung.

System Leadership wird als ein wichtiger und realistischer Schritt gesehen in Richtung regionale Bildungslandschaften, deren Sinn zwar unbestritten, aber deren Machbarkeit bei den schulischen Akteuren selbst oft als fraglich eingeschätzt wird.

3. Wirkungen von Kooperation

Wie bereits betont, ist in der Schule als „Institution des Lernens" Kooperation Ziel, da liegt es nahe, auch die Zieltätigkeit von Schule – das Lernen – kooperativ zu gestalten, und zwar unter allen Beteiligten, Schülern, Kollegium und Schulleitung. Zusammenarbeit zwischen schulischen und/ oder außerschulischen Bildungsakteuren kann sowohl die Akteure selbst und deren Arbeit, somit auch die Qualität des Unterrichts und dadurch schließlich auch die Lernergebnisse der Adressaten, nämlich der Kinder und Jugendlichen beeinflussen.

Ein Überblick über die Befundlage zur Wirksamkeit von schulischen Kooperationen auf die schulischen Akteure, auf Schulqualität und damit auch auf die Wirksamkeit von Unterricht wird in den folgenden Abschnitten gegeben.

3.1 Kooperatives Lernen der Schüler

Kooperatives Lernen findet statt, wenn sich zwei oder mehr Partner darin unterstützen, gemeinsam eine Aufgabe zu bewältigen oder ein gemeinsames Ziel zu erreichen. Es gibt Partnermodelle (z.B. Tutoring-Ansätze), Experten-Modelle (z.B. Gruppenpuzzle), Problemlösemodelle, Projektmodelle und Fraktale Modelle (Bildung von „Lerninseln" in der Art eines großen Gruppenpuzzles über mehrere Tage). Kooperatives Lernen bewirkt, dass sich Schülerinnen und Schüler gegenseitig bei der Arbeit unterstützen und gemeinsam zu Ergebnissen gelangen. In gut strukturierten Lerngruppen wird unter Zuhilfenahme von zahlreichen Methoden ein hohes Aktivierungsniveau der Lernenden erreicht. Grundvoraussetzung für erfolgreiches Arbeiten in Gruppen ist das Schaffen eines förderlichen sozialen Klimas mit positiven Abhängigkeiten[1] unter den Gruppenmitgliedern.

Formen kooperativen Lernens der Schüler bieten nach einer Reihe von Studien nachweisbare Vorteile (z.B. bereits bei Johnson & Johnson, 1994):

Kooperatives Lernen beeinflusst Einstellung und Motivation, denn es
- beteiligt Schülerinnen und Schüler an der Entwicklung von Unterrichtsplänen und Maßnahmen in der Klasse,
- steigert die Zufriedenheit der Schülerinnen und Schüler im Zusammenhang mit der Lernerfahrung,
- fördert eine positivere Einstellung zu Lehrerinnen und Lehrern, Schulleitung und Schule überhaupt und eine bessere Einstellung der Lehrerinnen und Lehrer gegenüber ihren Schülerinnen und Schülern,
- erhöht die Anwesenheitsrate von Schülerinnen und Schülern.

Kooperatives Lernen hat dabei positive Einflüsse auf die Entwicklung günstiger metakognitiver Strategien, denn es
- schafft eine Umgebung aktiven, engagierten und exploratorischen Lernens,
- entspricht konstruktivistischen Ansätzen,
- regt kritisches Denken an und hilft Schülerinnen und Schülern bei der gedanklichen Klärung durch Diskussionen und Debatten,
- hilft Schülerinnen und Schülern, alternative Problemlösungen in einer sicheren Lernumgebung zu entwickeln,
- entwickelt ein höheres Niveau von Denkfertigkeiten.

---

1 Positive Abhängigkeiten entstehen, wenn alle Mitglieder einer Gruppe sich miteinander darin verbunden fühlen, ein gemeinsames Ziel erreichen zu wollen. Damit die Gruppe Erfolg haben kann, muss jeder Einzelne erfolgreich sein.

Kooperatives Lernen beeinflusst auch die Ausbildung von Teamkompetenzen, denn es
- fördert mündliche Kommunikationsfertigkeiten,
- entwickelt soziale Interaktionsfertigkeiten,
- fördert Teambildung und den gemeinsamen Ansatz, ein Problem zu lösen, bei Aufrechterhaltung der individuellen Verantwortlichkeit,
- lässt Schülerinnen und Schüler Verantwortung füreinander übernehmen,
- fördert positive interkulturelle Beziehungen,
- fördert Interaktion und Vertrautheit innerhalb der Schülerschaft.

Kooperatives Lernen hat positive Auswirkungen auf das Selbstkonzept, denn es
- ermutigt Schülerinnen und Schüler, Verantwortung für ihr Lernen zu übernehmen,
- baut die Selbstachtung der Schülerinnen und Schüler auf,
- verbessert Fähigkeiten des Selbstmanagements.

Kooperatives Lernen beeinflusst darüber hinaus Schulleistungen positiv, denn es
- fördert den Lese- und Schreiberfolg,
- verbessert Mathematikleistungen.

Zu positiven Effekten von richtig durchgeführtem kooperativen Lernen auf affektive, motivationale, soziale, aber auch kognitive Verhaltensmerkmale kann man auf die Ergebnisse einer Vielzahl von Forschungsarbeiten verweisen (z.B. Dietrich, Kopp & Rosenbusch, 1974; Blaney, Stephan, Rosenfield, Aronson & Sikes, 1977; Diegritz, Dann & Rosenbusch, 1991; Slavin, 1995; Webb & Palincsar, 1996; Topping & Ehly, 1998; Dillenbourg, 1999; O'Donnell & King, 1999; Dann, Diegritz & Rosenbusch, 1999; Huber, 1999a; Pauli & Reusser, 2000; Konrad & Traub, 2001; Rohrbeck, Ginsburg-Block, Fantuzzo & Miller, 2003; Gillies, 2003; Ginsburg-Block, Rohrbeck & Fantuzzo, 2006; Jurkowski, 2010).

Verglichen mit anderen Unterrichtsformen (z.B. Einzelarbeit oder Frontalunterricht) zeigten kooperative Unterrichtsmethoden vor allem die folgenden positiven Wirkungen, wenn auch in unterschiedlicher Ausprägung:
- eine größere Zufriedenheit mit der Lernsituation,
- mehr Ausdauer im Unterricht,
- weniger störendes Verhalten, stärkere Konzentration auf die Aufgabe,
- weniger Angst und Stress,
- eine höhere intrinsische Motivation,
- eine größere Fähigkeit des Perspektivenwechsels,
- mehr Selbstachtung,
- eine positivere Einstellung zu Schule,
- eine größere Sympathie gegenüber Klassenkameraden,
- eine stärkere Gruppenkohäsion sowie eine intensivere Zusammenarbeit und gegenseitige Unterstützung der Gruppenmitglieder,
- bessere Leistungen im Unterricht,
- verbesserte kognitive Fähigkeiten,
- genaueres Verstehen.

Auch die Meta-Meta-Studie von Hattie (2009) attestiert mit einer Effektstärke von d=.41 einen positiven Effekt.

3.2 Lehrkräfte kooperieren: Teambildung im Kollegium und kollegiale Lernformen

Die Begriffsbestimmung von kooperativem Lernen trifft im Wesentlichen auch für das gemeinsame Lernen der Mitglieder in einem Kollegium zu: Kooperatives Lernen findet statt, wenn sich zwei oder mehr Partner darin unterstützen, gemeinsam eine Aufgabe zu bewältigen oder ein gemeinsames Ziel zu erreichen. Gerade Lehrkräfte können und sollen auch voneinander lernen, also die Chance nutzen, in einem Kollegium mit Experten für unterschiedliche Fächer und für Lernen und Lehren zu sein. Solches „Lernen von Kollegen" kann recht unterschiedlich gestaltet sein: Bei Verfahren wie „Peer-Assisted Learning", Lernpartnerschaften wie „Lerntandems" oder „kritischen Freundschaften", kollegialer Beratung, Intervision beraten sich die Teilnehmer gegenseitig und in ihrem Dialog entsteht „Wissen", das in dieser kontextreichen Form nirgendwo vorgegeben werden könnte. Dadurch wird das Selbstlernpotenzial der Beteiligten entfaltet. So entstehen kooperierende professionelle Lerngemeinschaften innerhalb der Schule.

Arbeiten in professionellen Lerngemeinschaften ist zunächst ganz allgemein eine hervorragende, sehr „erwachsene" Methode zu lernen (Huber, 2001; Huber & Hader-Popp, 2005), denn das Lernen in solchen Gemeinschaften bzw. Netzwerken erfüllt die meisten der Ansprüche, die erwachsene Lerner an Lerninhalte und Lernprozesse stellen:

- Erwachsene werden als selbstbestimmte Partner im Lernprozess ernst genommen, als Subjekte, nicht als Objekte in diesem Prozess behandelt. In professionellen Lerngemeinschaften können sie als selbstbestimmte, eigenmotivierte, aktive Gestalter ihres eigenen Lernprozesses fungieren und die Verantwortung für ihr Lernen selbst übernehmen.
- Die Wirklichkeit und die Erfahrungen der Teilnehmerinnen und Teilnehmer, ihre Bedürfnisse und Probleme bilden den Ausgangs- und Bezugspunkt (mit anderen Worten: Eine weitgehende Teilnehmerorientierung und Erfahrungsorientierung sind gewahrt[2]).
- Es kann so neues Wissen aus vorhandenem Wissen (Vorwissen) entstehen, und es wird damit berücksichtigt, dass das Lernen Erwachsener vor allem ein „Anschlusslernen" ist,[3] dass die Lernpartner in hohem Maß ihre persönlichen und beruflichen Erfahrungen, ihr Wissen und ihr eigenes Selbstverständnis in den Lernprozess mit einbringen.

---

2   Das erworbene Wissen und Verständnis soll ja ein Werkzeug darstellen, das in der spezifischen und äußerst komplexen Arbeits- (hier: Schul-)situation möglichst ohne allzu große transferbedingte Reibungsverluste einsetzbar ist. Es soll kein „Träges Wissen" (Renkl, 1996) entstehen, das im entsprechenden Anwendungsfall nicht adäquat nutzbar gemacht werden könnte (Whitehead, 1929, sprach in diesem Zusammenhang von „inert knowledge").

3   Vgl. Knowles, 1980; Siebert, 1996.

- Netzwerke bzw. Lerngemeinschaften bieten die Chance eines kommunikativ mediierten Wissenserwerbs – der „Ko-Konstruktion von Wissen".[4]
- Zudem ermöglichen sie, konkrete Erfahrungen mit der Arbeit in Teams zu machen.

Gerade für Lehrerinnen und Lehrer und ihre Schulen beinhalten solche Lerngemeinschaften gravierende positive Effekte. Nach Hord (1997) zeigt die internationale Forschung folgende Ergebnisse durch professionelle Lerngemeinschaften auf der Ebene des Kollegiums:
- eine Reduktion der Isolation von Lehrerinnen und Lehrern,
- die gemeinsame Übernahme der Verantwortung für das Lernen, die Entwicklung und den Erfolg von Schülerinnen und Schülern,
- wirkungsvolle Lernprozesse, die guten Unterricht definieren und neues Wissen sowie das Bewusstsein schaffen, eine lehrende und lernende Gemeinschaft zu sein,
- eine positive Wirkung auf die Bereitschaft zur Fortbildung,
- eine größere Berufszufriedenheit und eine höhere Motivation, an sinnvollen schulischen Veränderungen mitzuwirken,

auf der Ebene der Schülerinnen und Schüler:
- geringere Schulabgangsraten und weniger Absentismus bei den Schülern,
- größere Erfolge der Schüler in Mathematik, anderen naturwissenschaftlichen Fächern und beim Lesen,
- geringere Leistungsunterschiede zwischen Schülerinnen und Schülern unterschiedlichen sozialen und familiären Hintergrunds.

Rosenbusch (2005) bestätigt: „Diese Ergebnisse dürften plausibel sein, wenn zutrifft, dass Schülerinnen und Schüler im Mittelpunkt der Bemühungen von professionellen Lerngemeinschaften sind. Austausch über einzelne Schüler, gemeinsame Überlegungen für Entwicklungsmaßnahmen und Fördermöglichkeiten erlauben eine bessere berufliche Selbstwahrnehmung, eine stärkere Erfolgszuversicht und höhere Befriedigung im Beruf." (S. 147)

Ein Beruf mit einer derart hohen Interaktionsdichte wie der Lehrberuf kann nur an Berufszufriedenheit gewinnen, je mehr Interaktion bewusst inhaltlich reich und „kommunikationshygienisch" günstig (d.h. vor allem effektiv und effizient) gestaltet wird.

Auf der Ebene der Einzelschule können professionelle Lerngemeinschaften besonders in Sekundarstufenschulen bewirken, dass der Aufteilung in Fachbereiche und dem meist sehr ausgeprägten Fokus auf der Vermittlung von Fachwissen in einzelnen Disziplinen eine stärkere pädagogische Ausrichtung zur Seite gestellt wird. Es entsteht dabei eine „auf Unterricht bezogene Gesprächs- und Reflexionskultur" (Krainz-Dürr, 2000, S. 22) unter den Experten für einzelne Wissensgebiete.

Nach Lieberman und McLaughlin (1992) bewahren Netzwerke Individuen davor, sich isoliert zu fühlen. Sie bieten die Möglichkeit, einen professionellen Dialog zu führen, und die gemeinsame Basis geteilter Wertvorstellungen und Ziele gewährleistet eine Vertrauensgrundlage und eine psychologische Sicherheit, die für einen offenen

---

4   Vgl. Roschelle, 1992; vgl. auch Henninger & Mandl, 2000.

Dialog Bedingungen sind. Es entsteht eine nicht bedrohliche, von gegenseitigem Vertrauen und gegenseitiger Achtung und Anerkennung geprägte Lernumgebung. Individuelle Unterschiede und Kontextunterschiede garantieren dabei Lebendigkeit und gegenseitige Anregung. Diese Mischung aus Anregung und Herausforderung einerseits und einer sicheren Gruppierung andererseits ist eine gute Grundlage für persönliche Weiterentwicklung und auch für die Weiterentwicklung einer Organisation.

Die Schulforschung erkennt in Kooperationen zwischen Lehrpersonen meist ein Merkmal von effektiven Schulen, indem sie dazu beitragen, organisatorische Anforderungen effektiver und effizienter zu bewältigen und die schulischen Lernprozesse der Schülerinnen und Schüler zu verbessern (siehe u.a. Rolff, 1993; Steffens & Bargel, 1993; Rolff, 1994; Scheerens & Bosker, 1997; Huber, 1999b; Sammons, 1999; Scheerens, 2000; Huber, Hader-Popp & Ahlgrimm 2009; Maag Merki, Kunz, Werner & Luder, 2010). Bonsen und Rolff (2006) sehen die professionelle Lerngemeinschaft als „Kristallisationskern" (Terhart & Klieme, 2006, S. 165) im Zusammenhang von Schulqualität und Kooperation.

Andererseits wird fehlende Zusammenarbeit als negatives Merkmal von Schulen angesehen: „Schlecht ist eine Schule oder ein Lehrerkollegium vor allem dann, wenn zwischen den am Schulgeschehen beteiligten Personen – allen voran den Lehrerinnen und Lehrern – kein pädagogisch relevanter Erfahrungsaustausch stattfindet" (Eckert, 1997, S. 229 f). Daraus wurde immer wieder geschlossen, dass die Lehrerkooperation zur Wirksamkeit der Schule beiträgt. Gründlich und ausführlich werden die Paradigmen und Ergebnisse der Schulwirksamkeitsforschung zur Kooperation diskutiert bei Fussangel (2008, S. 44 ff).

Jedoch hat Lehrerkooperation gegenüber anderen Merkmalen geringeres Erklärungspotenzial für Schülerleistungen (siehe Marzano, 2003, S. 17). Der Forschungsbefund ist deshalb uneinheitlich und teilweise widersprüchlich; es finden sich „sowohl positive, negative als auch gar keine Zusammenhänge zwischen Lehrerkooperation und Schülerleistung" (Steinert et al., 2008, S. 427).

Berechtigter Weise und mit guten Argumenten wird darauf hingewiesen, dass überzogene Erwartungen an Kooperation in Schulen gestellt werden und dass Kooperation keineswegs ausschließlich positiv wirkt (Hargreaves, 1991; Friend, 2000; Hargreaves, 2000; Achinstein, 2002; Bauer, K.-O., 2004, 2008). So wird verschiedentlich darauf hingewiesen, dass Verhältnisse in Lehrerkollegien vielfach spannungs- und konfliktreich sind (siehe u.a. Hargreaves, 1994; Conley et al., 1995; Achinstein, 2002). Hertel und Scholl (2006, S. 184) beziehen sich auf Gruppenarbeit und schreiben ihr folgende potenzielle Vorteile, aber auch Risiken zu.

Vorteile	Risiken
• Komplexe und dynamische Aufgaben können besser gelöst werden • Fachwissen kann durch Bündelung unterschiedlicher Kompetenzen erhöht werden • Gemeinsame Entscheidungen werden besser akzeptiert • Bei schwierigen Aufgaben kann soziale Unterstützung geleistet werden • Arbeitsmotivation und Engagement von Mitarbeitern kann gesteigert werden • Arbeitszufriedenheit und Stress kann reduziert werden	• Hohe soziale Anforderungen an die Gruppenmitglieder • Schwierigkeiten bei der Integration neuer Teammitglieder • Mögliche Abschottung gegen externe Informationen und Einflüsse • Motivationsverluste der Mitglieder • Konflikte innerhalb der Gruppe und mit anderen organisationalen Einheiten • Zusätzlicher Bedarf an Zeit und Energie für die Koordination der Arbeit

Abbildung 3: Vorteile und Risiken von Gruppenarbeit (aus Hertel & Scholl, 2006, S. 184)

Steinert et al. (2006) finden professionelle Lerngemeinschaften nur an 2% der untersuchten Schulen. Little bezeichnet es einschränkend als „optimistic premise of professional community", dass professionelle Gemeinschaften zur beruflichen Entwicklung von Lehrkräften, zur Leistung der Schule sowie zu Verbesserungen in der Unterrichtspraxis beitragen (Little, 2003, S. 421 f). Kwakman (2003) kommt in ihrer niederländischen Studie zum dem Ergebnis, dass die Bereitstellung struktureller und organisationaler Voraussetzungen für Lehrerkooperation und professionelles Lernen zwar eine wichtige, aber keineswegs hinreichende Bedingung dafür ist, um Schulen in lernende Organisationen zu verwandeln.

Als Ergebnis der DESI-Studie findet sich kein signifikanter Zusammenhang zwischen Lehrerkooperation und Schülerleistungen in den Schulen; teilweise zeigt sich sogar, dass die Lehrkräfte dort mehr zusammenarbeiten, wo die Schülerleistungen erwartungswidrig niedrig sind (vgl. Steinert et al., 2008, S. 431f). Insgesamt lässt sich feststellen, dass die Lehrkräfte in wirksameren Schulen, d.h. in Schulen, in denen die Schüler überdurchschnittlich viel lernen, enger zusammenarbeiten. Eine der wenigen Studien, die explizit den Zusammenhang von Lehrerkooperation und Schülerleistungen untersuchen, belegt einen signifikanten, aber schwachen positiven Zusammenhang: „a one-standard-deviation increase in the extent to which teachers reported collaborating predicted just less than a .1 SD increase in differences among schools in student mathematics and reading achievement" (Goddard et al., 2007, S. 891). Die Autoren kommen zu dem Schluss: „the relationship between teacher collaboration for instructional improvement and student achievement is likely indirect" (ebd., S. 892). Ein Überblicksartikel über den empirischen Forschungsstand zum Einfluss von professionellen Lerngemeinschaften kommt zum Ergebnis: „studies which have been done clearly demonstrate that a learning community model can have positive impact on both teachers and students" (Vescio et al., 2008, S. 88). In einer Metaanalyse konnten Lomos et al. (2011) dieses Ergebnis eindrücklich belegen.

Zusammenhänge von Ursache und Wirkung sind bislang nicht hinreichend aufgeklärt. So schreibt Evans-Stout: „we still do not have much evidence suggesting which collaborative instructional practices lead to improved student learning" (Evans-Stout, 1998, S. 124). Fussangel konstatiert ebenfalls: „Die genaue Wirkungsweise auf die Schülerleistungen stellt eine weitere offene Fragestellung dar. Bisherige Befunde weisen darauf hin, dass die Zusammenarbeit über den Umweg der sozio-emotionalen Variablen wirkt. Insgesamt bedarf es einer differenzierteren Betrachtung von unterschiedlichen Kooperationsformen, um Effekte und Wirkungsweisen von Kooperation genauer beschreiben zu können." (Fussangel, 2008, S. 51f)

Wodurch kann die Zusammenarbeit von Lehrkräften zum Lernerfolg von Schülerinnen und Schülern beitragen? Mehrere Wege sind denkbar:

- Abstimmung von Inhalten und Regeln: Zum einen unterstützt die Vernetzung von Unterrichtsfächern und -inhalten vernetztes Lernen, mithin die Bearbeitung komplexer Phänomene im Unterricht. Die Schülerinnen und Schüler sehen sich abgestimmten und widerspruchsärmeren Unterrichtskonzepten und möglicherweise vereinheitlichten Verhaltens- und Arbeitsregeln gegenüber.
- Bereicherung des Angebots: Gewisse komplexe Unternehmungen wie größere Projekte, Schulaufführungen, Exkursionen, Fahrten etc. können aufgrund ihres Umfangs überhaupt nur durch die Zusammenarbeit mehrerer Lehrkräfte angeboten und gestaltet werden.
- Verbesserte Diagnostik: Intellektuelle, emotionale und soziale Bedürfnisse und Besonderheiten von Schülerinnen und Schülern können deutlich besser diagnostiziert werden, wenn Pädagogen mit unterschiedlichen Perspektiven zusammenwirken und sich austauschen; dazu gehören nicht allein die Lehrkräfte, sondern insbesondere auch Erzieher, SozialpädagogInnen etc.
- Differenzierte Angebote: Auf Grundlage der verbesserten Diagnostik können Angebote für die Schülerinnen und Schüler entsprechend differenziert werden.

Auch wenn diese Liste sich vermutlich ergänzen ließe, kann an dieser Stelle besonders festgehalten werden: Letztlich ist es nicht die intensivierte Kooperation unter den Lehrkräften, sondern ein verbessertes pädagogisches Angebot, das durch die Kooperation ermöglicht wird, das letztlich zu verbesserten Schülerleistungen beitragen kann. Little (1982; auf Deutsch 1991) stellt in einer ethnographischen Studie an sechs Schulen folgenden positiven Zusammenhang zwischen der Intensität der Lehrerkooperation und der Qualität der Schulen fest: „An einigen Schulen existiert eine Normenstruktur, die sowohl kollegiale Interaktion wie auch Reformbereitschaft verlangt. Kontinuierliche Verbesserung ist hier das gemeinsame Ziel, und genau diese Schulen sind die erfolgreichsten und anpassungsfähigsten, die wir gefunden haben." (Little, 1991, S. 96) Eine Interpretation könnte also lauten: Wenn bestimmte Normen existieren – nämlich Zielsetzungen und Schwerpunkte, die eine fortwährende Verbesserung des Angebots verlangen –, werden sowohl das pädagogische Angebot als auch die Zusammenarbeit – man darf vermuten: auch andere Aspekte der Schulorganisation – dementsprechend verändert und entwickelt. So postulieren Bryk, Camburn und Louis, dass vor allem die gemeinsame Konzentration auf Lernprozesse eine notwendige Grundlage für die professionelle Zusammenarbeit in Schulen darstellt:

> „A set of shared norms focused on student learning underlays the three practices discussed above and bring[s] coherence to a school-based professional community. Specifically, a focal attention on student learning is the anchoring content of such a workplace." (Bryk et al., 1999, S. 755)

Ob Personen zusammenarbeiten oder nicht, wirkt sich selbstverständlich nicht allein auf die Ergebnisse der Arbeit aus, sondern verändert die Arbeitsprozesse grundsätzlich. Daraus resultiert ein verändertes Erleben der Arbeit. So unterscheidet Hacker Auswirkungen von Kooperation auf die Leistung sowie auf das Erleben der Arbeit; dabei differenziert er zwischen sozial-kollektiven Wirkungen bzw. Gruppengewinnen einerseits und individuell-kognitiven bzw. individuell-motivationalen Wirkungen andererseits (vgl. Hacker, 2005, S. 157f).

Ein vielfach angeführtes Argument für Kooperation in der Schule ist, dass Lehrkräfte durch die Zusammenarbeit entlastet werden bzw. geringere Belastungen wahrnehmen. Dies ist vor allem vor dem Hintergrund besonders bedeutsam, als die Berufsgruppe der Lehrkräfte immer wieder als besonders belastet und gesundheitlich gefährdet beschrieben wird (van Dick, 1999; Böhm-Kasper et al., 2001; Schaarschmidt & Fischer, 2001; Schönwälder et al., 2003; Böhm-Kasper, 2004; Christ et al., 2004; Hillert & Schmitz, 2004; Rothland, 2004; Schaarschmidt, 2004; Bauer, J. et al., 2007; Rothland, 2007; Schaarschmidt, 2007; Unterbrink et al., 2007).

Als wichtigsten entlastenden Faktor findet Schaarschmidt die soziale Unterstützung; darunter versteht er intakte und intensive zwischenmenschliche Beziehungen. In unmittelbarem Zusammenhang mit der körperlichen und psychischen Verfassung von Lehrkräften steht demnach die erlebte Unterstützung durch die Schulleitung ebenso wie ein positiv erlebtes Klima im Kollegium. Die hohe Übereinstimmung beider Größen sei verständlich, da Führung und Klima Hand in Hand gingen und sich gegenseitig bedingten (Schaarschmidt, 2004, S. 78ff). Zu einem ähnlichen Ergebnis kommt van Dick, nach dessen Studien die Schulleitung die zentrale Rolle im Kontext von Arbeitszufriedenheit, Belastung und Beanspruchung einnimmt (van Dick, 2006, S. 263). Ebenso identifizieren Unterbrink et al. (2008) die Unterstützung durch Kollegen, durch die Schulleitung sowie im privaten Umfeld als protektive Faktoren gegen Stress und Burnout.

Studien, die sich detaillierter mit Fragen von Kooperation und Belastung auseinandersetzen, kommen zu dem Ergebnis, dass die Zusammenarbeit von Lehrkräften sowohl als be- als auch als entlastend wahrgenommen wird (vgl. Rothland, 2005). Ulich (1992, 1996) untersucht die Interaktionsbelastungen von Lehrkräften im Schulalltag. Er benennt dabei vier Bereiche von Interaktionsbeziehungen, auf die er eingeht: die Schüler, die Eltern, die Kollegen und die Vorgesetzten. Überraschenderweise äußern sich die Lehrer am wenigsten über die Schüler, während die Vorgesetzten am ausführlichsten zur Sprache kommen. Über die Zusammenarbeit mit Kollegen wird Gutes wie Schlechtes berichtet. Als Gründe für Unzulänglichkeiten und Schwierigkeiten werden genannt: schlechte Erfahrungen mit „schwarzen Schafen"; kein gemeinsamer Arbeitsplatz; zu wenig Zeit, es bleibt nur die Pause; zu viele Kollegen; zu wenig Gemeinsamkeiten mit den Kollegen; Kollegen, „die sich nicht in die Karten schauen lassen". Kontraproduktiv sei insbesondere auch das vielfach beobachtete Konkurrenzverhalten von Lehrkräften, das sich nicht allein nur um Posten oder Beförderungen entspinnen kann: Das Konkurrenzverhalten entsteht im Kontext eines sozialen Vergleichs, sei es bei Beurteilungen durch Vorgesetzte oder im Urteil der Schüler. Als Indikatoren für das Klima, die Integration des Kollegiums sowie die psychische Belastung einzelner Lehrerinnen und Lehrer nennt Ulich vor allem „die Offenheit, mit der über subjektive berufliche Schwierigkeiten gesprochen wird [...]. Ängste, Verschweigen oder Überdecken von Problemen, das Reinschlucken und Nichtzugeben von Schwierigkeiten signalisieren zweifellos einen nicht unbeträchtlichen Beziehungsstreß und Konkurrenzdruck im Kollegium [...]. Konflikte, wenig Kooperation, offenes oder verdecktes Konkurrieren erschweren den beruflichen Alltag vieler Lehrer/-innen" (Ulich, 1992, S. 198). Unter den Auswirkungen eingeschränkter kollegialer Zusammenarbeit nennt Ulich (1996) die berufliche Belastung und Unzufriedenheit. Während einerseits die weitgehende Isolation der Lehrkräfte im Unterricht selbst bereits einen Belastungsgrund darstelle (vgl. Hoffmann, 1988), werde andererseits weniger Unterrichtsstress festgestellt, je stärker die Lehrerinnen und Lehrer im Kollegium geachtet und akzeptiert werden (Behrens-Tönnies & Tönnies, 1986). Als Belastungsgründe und Gründe für Ausbrennen werden die kollegialen Beziehungen genannt, insbesondere mangelnde Kooperation, Unkollegialität, fehlende Zeit für Absprachen und Uneinigkeit in Erziehungsfragen. Die berufliche Zufriedenheit wird ebenfalls erheblich vom Einfluss des Kollegiums geprägt, obwohl die täglichen Kontakte mit Kollegen relativ wenig Zeit einnehmen. Nach den Ergebnissen von Kischkel (1984) hat der Faktor Konsens und Kooperation sogar das höchste Gewicht. Offenbar wirken sich jedoch negative Kollegiumserfahrungen stärker aus als positive: Divergenzen mit Kolleginnen und Kollegen werden viel häufiger als Grund für Unzufriedenheit genannt als Kooperation als Grund für Zufriedenheit (vgl. Peez & Lorenz, 1991). Insgesamt seien nur 30% der Lehrerinnen und 24% der Lehrer mit ihrem Verhältnis zu Kolleginnen und Kollegen zufrieden (so Terhart et al., 1994, S. 139). Zusammenfassend kommt Ulich zu folgenden Schlüssen: „In der Ausbildung der Lehrer/-innen kommt die Vermittlung von Interaktionskompetenzen erheblich zu kurz. [...] Auch die Möglichkeiten und Hindernisse kollegialer Kooperation bleiben im Studium und Referendariat weitgehend ausgeklammert [...]; konfliktarme und emotional positive Interaktionen werden im Schulalltag erschwert. Einzelarbeit als institutionell vorgegebene und vorherrschende Tätigkeitsform läßt keine intensivere Zusammenarbeit mehrerer Lehrer/-innen zu." (Ulich, 1992, S. 200)

Johnson (2003), der die Auswirkungen intensivierter Zusammenarbeit an vier australischen Schulen mit Fragebögen und Interviews untersucht, kommt ebenfalls zu dem Schluss, dass die Kooperation sowohl positiv als auch negativ wahrgenommen wird. Als Vorteile nennt er kollegiale Unterstützung *(moral support)*, verbesserte Arbeitsmoral *(morale)* sowie Lernen voneinander *(teacher learning)*, als Nachteile werden Arbeitszunahme *(work intensification)*, Autonomieverlust *(loss of autonomy)*, Konflikte *(interpersonal conflict)* und Cliquenbildung *(factionalism)* angeführt. Von der Mehrzahl der Lehrkräfte würden dabei die Vorzüge betont, während für einige Lehrpersonen die Belastungen überwogen.

Schönknecht (1997) berichtet in ihrer Studie, die auf der Befragung innovativer Grundschullehrkräfte basiert, dass das Feedback durch andere, seien es Kollegen oder Eltern, als sehr wichtig erachtet wird. Die befragten Lehrkräfte beschreiben jedoch überwiegend, dass Austausch und Kooperationsbeziehungen vor allem in Zeiten des Berufsanfangs stattfanden, später nur noch punktuell oder gar nicht mehr. Zugleich werden solche Kooperationsformen kritisch betrachtet, die mit einer Einschränkung der eigenen Gestaltungsfreiheit einhergehen. Als Gründe für mangelnde Kooperation gaben die befragten innovativen Lehrkräfte vor allem unterschiedliche Einstellungen von Erziehung und Unterricht an. Häufig fühlten sie sich in der Schule und in ihrer Arbeit isoliert. Schönknecht kommt zu dem Schluss, dass die „fachliche und persönliche Bestätigung als ein wesentliches Element fast aller unterstützender Faktoren im Berufsalltag" wirksam ist. Entsprechend zeigt sich, dass „als besonders kräftezehrend und belastend empfunden wird, was die LehrerInnen fachlich und / oder persönlich in Frage stellt und stark kritisiert" (Schönknecht, 1997, S. 182).

Allgemeiner lässt sich ableiten: Durch Feedback insbesondere von durch Kollegen kann eine realistischere Kompetenzwahrnehmung und daraus ein gesteigertes Selbstwertgefühl entstehen. Identische Befunde stellt Slavin in seiner Untersuchung zum kooperativen Lernen von Schülern fest:

> „Probably the most important psychological outcome of cooperative learning methods is their effect on student self-esteem. […] two of the most important components of students' self-esteem are the feeling that they are well liked by their peers and the feeling that they are doing well academically. […] students expressed less anxiety in the cooperative than in the control groups. […] the evidence concerning cooperative learning and self-esteem is not completely consistent." (Slavin, 1995, S. 60ff)

Insgesamt ist das Kompetenzerleben von Lehrkräften, das stark zur Berufszufriedenheit beiträgt, erheblich abhängig vom sozialen Klima, das an einer Schule herrscht (Schaarschmidt, 2007, S. 77ff).

Arbeiten Lehrerinnen und Lehrer in lernenden Gemeinschaften systematisch zusammen, verändert sich dadurch auch die Schule: Sie besteht nicht mehr in erster Linie (wie im Grunde sonst immer noch) aus dem Nebeneinanderarbeiten isolierter Lehrpersönlichkeiten in einzelnen Fächern mit einzelnen Klassen, sondern wird zu einer „Gemeinschaftsaufgabe, einer sozialen und pädagogischen Handlungseinheit, in der Aktivitäten, Zielvorstellungen, Kompetenzen und Planungen gebündelt und auf ein gemeinsames Ziel ausgerichtet sind" (Rosenbusch, 2005, S. 144). Die beteiligten Lehrkräfte stehen in einem reflexiven Dialog, der zu ihrer kontinuierlichen Professionalisierung beiträgt. Die Schulgemeinschaft besteht nicht mehr aus einer Gruppe Lernender, den Schülern, einer Gruppe Wissensvermittler, den Lehrkräften, und einer kleinen Gruppe, die die Schule als Ganzes im Blick behält, sie verwaltet und führt, also der Schulleitung, sondern sie entwickelt sich in der Tat in Richtung einer lernenden Organisation, in der Wissensgenerierung, Wissensaustausch und Wissensmanagement Alltagspraxis sind, ganz gemäß dem Slogan „Von ‚ich und meine Klasse' zu ‚wir und unsere Schule'".

Dabei lösen sich hierarchische Strukturen zumindest partiell auf, indem statt der Diensthierarchien Fachwissen, personale Kompetenzen und Praxiserfahrungen eine Rolle spielen. Schulleitung verändert sich unter diesen Bedingungen in Richtung auf kooperative Führung, eine breitere Aufteilung von Führungsverantwortung und Führungs- und Leitungsaufgaben über die Schule. Solche Konzepte führen weg von der Vorstellung einer „statischen" Leitungsaufgabe als Teil einer formalen Rolle und hin zu einer eher dynamischen Sichtweise, die Führung und Steuerungsprozesse eher in ihrer Komplexität und personellen Vernetztheit sieht. Führungshandeln ist eher eine konzertierte Aktion denn das Handeln isolierter Funktionsträger.

Indem die Kooperation zur professionellen Entwicklung von Lehrkräften beiträgt (vgl. Schwarz McCotter, 2001), können vom *peer learning* im Rahmen der Zusammenarbeit sowohl die individuelle Leistung als auch die Teamleistung und die Organisation als ganze profitieren. „Gut funktionierende und effektive Teamarbeit zeichnet sich dadurch aus, dass sich die Teammitglieder mit ihren Ressourcen in Form von Fähigkeiten, Wissen, Erfahrungen und Perspektiven ergänzen und diese Ressourcen im Team auch genutzt werden. Wichtig ist, wie individuelles, personales Wissen zu organisationalem Wissen wird. [...] Wissensmanagement sollte nicht nur auf der Teamebene erfolgen. Wichtig ist, dass die Schule als Ganzes eine Strategie und Maßnahmen bezogen auf den Umgang mit Wissen entwickelt." (Huber & Krey, 2009, S. 330) Wenn mehrere Personen zusammenarbeiten, ergeben sich Möglichkeiten des individuellen und organisationalen Lernens. Dalin und Rolff unterscheiden daher Stufen der Schulentwicklung unter anderem anhand von Kopplung und Zusammenarbeit (Dalin et al., 1996; Rolff, 1996; Dalin, 1999). Entsprechend bezeichnen sie sie als fragmentierte, projektorientierte und problemlösende oder lernende Schulen.

In jedem Fall ist professionelle Interaktion und Kooperation für die Schulentwicklung notwendig, sei es, damit (im Sinne von *bottom-up*-Prozessen) aus internen Impulsen Schulentwicklungsmaßnahmen entstehen können, sei es, damit (im Sinne von *top-down*-Prozessen) konzertierte Maßnahmen umgesetzt werden können. Ohne Konsens und Kooperation blieben Schulentwicklungsansätze fragmentarisch und ineffektiv.

In diesem Band werden unterschiedliche Formen und Ausprägungen von Lehrerkooperation und ihre Wirkungen in den Beiträgen von Steinwand, von Kullmann, von Vogt und Zumwald, von Ihme, Schwartz und Möller, von Baum, Bondorf und Idel sowie von Ahlgrimm thematisiert. Reh und Breuer sowie Boller berichten über interprofessionelle bzw. multiprofessionelle Teams.

3.3 Schulen kooperieren: Netzwerke mit anderen Schulen und mit außerschulischen Einrichtungen in der Bildungsregion/ Bildungslandschaft

Schulübergreifende Netzwerke verbinden Schulen untereinander und ermöglichen ihnen durch diese Vernetzung eine hierarchiefreie Unterstützung in einer Situation größerer Gestaltungsautonomie. Für die Akteure birgt schulübergreifende Netzwerkbildung sicher zunächst einen erhöhten Kommunikationsaufwand und erfordert den Umgang mit größerer Komplexität in Steuerungsprozessen und Entscheidungsfindung. Allerdings bringen Netzwerke auch spürbare Entlastungen: ein größeres Repertoire an Ideen und Problemlösungen, als es die Einzelschule erstellen könnte, Erfahrungsaustausch, Kennenlernen von „Best Practice", Transfer, Beratung, Fortbildung (vgl. z.B. Wilbers, 2004; Behr-Heintze & Lipski, 2004, 2005; Bell, Jopling, Cordingley, Fith, King & Mitchell, 2006).

Eine besondere Qualität bekommen Netzwerke, in die z.B. Betriebe oder soziale Einrichtungen der Gemeinde oder der Region einbezogen werden. Hier werden für die Schülerinnen und Schüler Lernorte erschlossen, die die Beschäftigung mit „realen Problemen" in wesentlich stärkerem Maße ermöglichen, als dies die Schule allein je könnte. Es ist sogar eine Art „Service Learning" denkbar, wie es vielfach in den USA praktiziert wird: Schülerinnen und Schüler übernehmen in ihrer Gemeinde soziale, kulturelle oder ökologische Aufgaben, wenden Wissen in authentischen Situationen an, entwickeln Kompetenzen und erleben, dass sie gebraucht werden.

Die Gemeinsamkeit für die jeweiligen Partner in Kooperationen besteht in den Synergien für ihre eigene Arbeit mit Kindern und Jugendlichen und einem vertieften Einblick in die pädagogische Arbeit der anderen Einrichtungen.

Bisher fehlt es weitgehend an empirisch basiertem Wissen zu den Wirkweisen und zur Wirksamkeit der verschiedenen Formen der Zusammenarbeit in Bildungslandschaften. Es besteht ein großer Bedarf an empirischen Befunden in diesem Bereich.

Verschiedene Befunde aus der jüngeren Forschung zur Unterrichtsqualität deuten auf einen tendenziell positiven Zusammenhang zwischen Kooperation und Netzwerkbildung für das Erreichen einer hohen Schulqualität hin (z.B. Czerwanski, 2003; Dedering, 2007; Halbheer, Kunz & Maag Merki, 2008; Johnson & Johnson, 2003; Krause, 2007; Maag Merki & Steinert, 2006; Muijs, West und Ainscow, 2010; Scheerens & Bosker, 1997; Steinert, Hartig & Klieme, 2008). Zudem ist in guten Schulen nicht nur das Ausmaß an Kooperation höher, sondern es werden anspruchsvollere Formen von Kooperation praktiziert (Terhart & Klieme, 2006). Allerdings kann daraus nicht auf einen kausalen Zusammenhang zwischen Kooperation und Unterrichtsqualität geschlossen werden. Möglicherweise führen nicht alle Formen von Kooperation zu einer Verbesserung der Schul- und Unterrichtsqualität, sondern vielmehr die richtige Balance zwischen Kooperation und Autonomie (Kelchtermans, 2006). Befunde legen nahe, dass Kooperation möglicherweise das Spektrum der Möglichkeiten und die Unterstützung der Förderung besonders bedürftiger Schülerinnen und Schüler vergrössert sowie dazu beiträgt, dass unmittelbar drängende Probleme gelöst werden können und eine Steigerung der Erwartung stattfindet (Muijs, West und Ainscow, 2010). Eine Metastudie (Curee, 2005) weist eine positive Wirkung auf Schülerleistungen (vorwiegend allerdings auf konkrete Zielgruppen, wie Schülerinnen und Schüler mit besonderem Förderbedarf) in immerhin neun der 14 einbezogenen Studien nach (u.a. bereits Greenberg, 1996; Bielefeldt, Moursund, Underwood & Underwood, 1999; Montgomery, 2001). Positive Wirkungen auf die Lehrpersonen (ein Zugewinn in Wissen und in Fertigkeiten, in manchen Fällen auch eine Verhaltensveränderung) werden in elf Studien konstatiert (u.a. bei Adler, 1995; Greenberg, 1996; Zetlin et al., 1998; Bielefeldt et al., 1999; Gettinger, Stoiber, & Lange, 1999; Thurlow & Johnson, 1999). Zu ähnlich vorsichtig positiven Ergebnissen kommen Evaluationen einzelner Programme (z.B. des Specialist Schools Improvement Programme des Specialist Schools Trust, Chapman & Allen, 2005 etc.). Offenbar sind Wirkungen eher sporadisch zu erkennen, nicht in einem umfassenden Sinn. Es zeichnen sich aber Vorteile von Netzwerkarbeit und Kooperation ab, die jene von anderen (eher extern gesteuerten) Maßnahmen der Schulentwicklung übertreffen: Es ist ein passgenaues Eingehen auf die spezifischen Bedarfe der einzelnen Schule möglich (Datnow, Hubbard & Mehan, 2002). Intensivere Lernerfahrungen sind möglich, und zwar dadurch, dass Handlungswissen generiert und nicht bloß übernommen wird (Ainscow, West & Nicolaidou, 2005). Auf Schulebene gibt es ebenfalls empirische Hinweise darauf, dass Netzwerklernen zu einer Verbesserung der Gesamtkompetenz einer Schule führt (Chapman & Allen, 2005), Schulen aus ihrer Isolation holt (Harris, Chapman, Muijs, Russ & Stoll, 2006), Transfer guter Praxis befördert (Harris et al., 2006). Stets muss aber betont werden, dass dies alles in sehr unterschiedlichem Ausmass geschieht und insgesamt als eher begrenzt bezeichnet werden muss. Es zeigt sich auch, dass Netzwerke von Schulen mit anderen Einrichtungen Vorteile für letztere generieren, etwa für Jugendhilfe, Gesundheitsfürsorge etc. (z.B. Cummings et al., 2008).

Auf Ebene der Kinder und Jugendlichen zeigt eine Übersicht über die bisherige Forschung, dass Kooperationen von Bildungsakteuren zu geringeren Schulabgangsraten und weniger Absentismus sowie einer Leistungssteigerung führen (Earl, Katz, Elgie, Jaafar & Foster, 2006; Greenberg, Machleit, Bartlett & Schlessmann-Frost, 1996; Hord, 1997) und dass die Leistungsunterschiede zwischen Kindern und Jugendlichen mit unterschiedlichen sozialen und familiären Hintergründen verringert werden konnten (Hord, 1997). Allerdings muss einschränkend konstatiert werden, dass eine Wirkung auf die Leistungen der Kinder und Jugendlichen nur dann zu erwarten ist, wenn durch die Netzwerkbildung auch eine entsprechende fachbezogene Intervention hervorgeht, wie beispielsweise im Projekt „Schulen im Team" (Berkemeyer, Bos, Järvinen & van Holt, 2011).

Auf gesellschaftlicher Ebene stellt sich die Frage, ob sich der Einsatz für eine bessere Bildungsqualität auch makroökonomisch als sinnvoll erweist, das heißt, ob die Kosten-Nutzen-Bilanz positiv ausfällt. Auf mikroökonomischer Ebene gibt es beispielsweise eine Fülle von Studien, die einen positiven Zusammenhang zwischen Bildungsjahren und dem späteren Einkommen nachweisen (z.B. Card, 1999; De la Fuente & Ciccone, 2003; Heckman, Lochner & Todd, 2006). Es kann aber auch eine positive Wirkung von Bildung auf die Produktivitätsentwicklung und das Wirtschaftswachstum gezeigt werden, sowohl mit quantitativen Bildungsmaßen (z.B. Wößmann, 2007; de la Fuente & Ciccone, 2003) als auch – und sogar noch stärker – mit qualitativen Maßen (kognitiven Fähigkeiten) gemessen (Coulombe et al., 2004; Hanushek & Wößmann, 2008). Bildungsökonomen sehen die höchsten Renditen im Bereich der frühkindlichen Bildung (Heckmann, 2008; Barnett, 2008). Sollte die Bildungsqualität durch kooperative Bildungslandschaften also tatsächlich ansteigen und sich entsprechend auf die kognitiven Fähigkeiten der Kinder und Jugendlichen auswirken, müsste sich dies längerfristig ebenfalls volkswirtschaftlich positiv auswirken.

Zusammengefasst lässt sich die Wirkung von Netzwerarbeit und Kooperation laut Muijs, West und Ainscow (2010) so bündeln:

Empirisch nachweisen lassen sich Wirkungen nicht global, sondern nur in sehr unterschiedlicher Art, in sehr unterschiedlicher Stärke und auf sehr unterschiedlichen Feldern, und zwar

- am stärksten (aber immer noch mäßig), dass Kooperation das Spektrum der Möglichkeiten für die Förderung besonders bedürftiger Schülerinnen und Schüler vergrößert,

- mäßig, dass Kooperation dazu beiträgt, dass unmittelbar drängende Probleme gelöst werden können,
- mäßig bis schwach, dass Kooperation Wirkung auf eine positivere Haltung und mehr Zutrauen in die Leistungsfähigkeit der Schüler und Lehrer hat.

Konstatiert werden muss jedoch: Der derzeitige Stand der Forschung zu Schulnetzwerken und -kooperationen lässt nur sehr begrenzt Aussagen über Wirksamkeit und Nachhaltigkeit zu, empirische Belege für die Wirksamkeit von Bildungslandschaften müssen in Zukunft noch erbracht werden. Sie stellen ein klares Forschungsdesiderat dar.

In diesem Band werden schulische Netzwerke in den Beiträgen von Huber und Krey, von West, von Manitius, Järvinen und Otto, von Huber und Schneider sowie von Killus, Gottmann, Horstkemper und Carl behandelt.

3.4 Schulleitung kooperiert schulintern und -extern: Kooperative Führung und System Leadership

Als Vorteile von „distributed leadership" kristallisieren sich heraus (vgl. Gronn, 2002):
- Reduktion von Stress und Isolation,
- Chance einer Professionalisierung vieler,
- Nutzen vielfältiger und unterschiedlicher personaler Ressourcen und Synergieeffekte,
- fundiertere und abgewogenere Entscheidungen,
- eine höhere Anzahl wirklich bis zu Ende durchgeführter Projekte,
- für den Einzelnen hilfreiche Supervisionsmöglichkeiten/Intervisionsmöglichkeiten.

Bedingungen dafür sind (vgl. Gronn, 2002):
- offene Kommunikation,
- ausreichende Zeitfenster dafür,
- Vereinbarungen über grundlegende pädagogische Vorstellungen und Strategien,
- kontinuierliche Reflexion,
- Bereitschaft zur Teilung von Verantwortung und auch dazu, den anderen im Team Rechenschaft zu geben,
- gegenseitiges Vertrauen und Achtung voreinander.

Forschung zu „distributed leadership" hat erst begonnen. Folglich gibt es noch wenig empirisch gewonnene Erkenntnisse, was es ganz konkret an Änderungen sowohl in der Definition und Selbstdefinition der (sicher weiter vorhandenen, aber anders auszugestaltenden) formalen Führungsrollen einerseits, im Selbstverständnis der Lehrkräfte andererseits und letztlich auch in den Strukturen der Schulen bedeutet. Ebenso sind auch Erkenntnisse über die Wirksamkeit dieser Konzepte noch in den Anfängen begriffen, aber die Ergebnisse können mit Spannung erwartet werden (Gronn, 2000; Harris, 2002, 2004; Spillane et al., 2001).

Positive Effekte von geteilter Führungsverantwortung auf Selbstwirksamkeitserleben und Motivation der Lehrkräfte mögen wenig überraschend sein (Greenleaf, 1966; MacBeath, 1998; Mitchell and Sackney, 2000). Es zeigt sich aber jetzt, dass die Forschung – und damit deren Ergebnisse – zwei Dimensionen ganz besonders in den Blick nehmen: zum einen die Wirkung von distributed leadership auf Veränderungsprozesse und Organisationsentwicklung, zum anderen die Wirkung auf die Ergebnisse, die Schülerinnen und Schüler erzielen, wenn ihre Schule kooperativ geführt wird (Harris, 2009).

Untersuchungen zur Verbesserung der Schülerleistungen durch kooperative Führung gibt es z.B. von Silins und Mulford (2002). Die Autoren können zeigen, dass „student outcomes are more likely to improve where leadership sources are distributed throughout the school community" (zitiert nach Harris, 2004, S. 14). Harris und Muijs (2004) sehen einen positiven Zusammenhang zwischen der Intensität der Beteiligung des Kollegiums an Entscheidungsprozessen, also einer Verbreiterung von Führung, und der Motivation und den Selbstwirksamkeitserfahrungen der Schüler.

Eine Wirkung auf die Schulentwicklung kann empirisch bereits etwas besser belegt werden (Harris 2008, S. 173). So kommt etwa Graetz (2000) zu dem Schluss, distributed leaderhip habe eine Art Katalysatoreffekt für positive Veränderungsprozesse. Glickman et al. (2001) führen in ihrer Kompilation von Merkmalen sich erfolgreich verbessernder Schulen geteilte Führungsverantwortung als eines der maßgeblichen Charakteristika auf. Auch zeigen Leithwood et al. (2007), dass unterschiedliche Realisierungen von distributed leadership über den Erfolg hinsichtlich Verbesserungen und Veränderungen entscheiden. Dies ist also nicht nur ein Beleg für den Einfluss von distributed leadership insgesamt, sondern differenziert stärker.

Darüber hinaus sind der Einfluss von kooperativer Führung auf professionelle Lerngemeinschaften (bspw. Morrisey, 2000) und auf die Leistung der Schule als Ganzes (Harris & Chapman, 2002) Gegenstand der empirischen Forschung.

Vorteile und (erhoffte) Wirkungen von System Leadership decken sich mit dem, was in der Forschung und in der Erfahrung in anderen Schulkontexten angegeben wird (Huber et al., 2008). Vorteile der Zusammenarbeit sind:

- Das Gefühl der Lehrkräfte, als isolierte Einzelkämpfer zu arbeiten, wird reduziert.
- Die Verantwortung für den Lernerfolg der Schüler, für die Entwicklung und für die Leistung der Schüler wird geteilt.
- Es entstehen wirksamere Lernprozesse.
- Man hat das Bewusstsein, Teil einer Lehr- und Lerngemeinschaft zu sein.
- Die Akzeptanz von professioneller Fort- und Weiterbildung wird erhöht.
- Die Arbeitszufriedenheit wird größer.
- Die Motivation, einen aktiven Beitrag zum Schulentwicklungsprozess der Schule zu leisten, wird ebenfalls erhöht.

Vor allem in sozial schwierigen und belasteten Umgebungen zeigt sich, dass System Leadership ein besonders effektives Werkzeug ist. Bekannt ist schon lange, dass der größere Anteil des Schulerfolgs durch Faktoren außerhalb der Schule bedingt ist. Bis jetzt allerdings hatten sich, so Fullan (2009), die Verbesserungsbemühungen auf die Schule selbst konzentriert und politische Entscheidungsträger scheuten eher davor zurück, z.B. elterliches Erziehungsverhalten und die Wahrnehmung der Erziehungsverantwortung offen infrage zu stellen. Fullan erwartet für die Zukunft eine Erweiterung und Vertiefung der Reformbemühungen, die dann nicht mehr nur das Bildungssystem, sondern die gesamte Gesellschaft in den Blick nehmen (ebd.). Außerschulische Faktoren haben eine so große Auswirkung auf den Schulerfolg, dass sie mit einbezogen werden müssen, zum Beispiel die frühe Kindheit, deren zentrale Bedeutung zwar erkannt, aber trotzdem vernachlässigt wurde, und andere außerschulische Einflussfaktoren. Das kann z.B. Elternarbeit in Form von Elterntrainings, abendlichen Erziehungskursen, politische Bemühungen der Armutsverringerung etc. umfassen (ebd.).

Bei System Leadership wird Führung funktional gesehen und nicht mehr personenorientiert oder -fokussiert, d.h. Schulleitung wird organisationsintern auf eine breitere Basis gestellt. Organisationsextern werden in den vielfältigen Formen der Zusammenarbeit mit anderen Schulen zielorientiert Ressourcen eingesetzt und dabei Synergieeffekte hergestellt. Beides erweist sich in der Konsequenz als ressourcenschonend. Das führt zu vielfältigen Schulentwicklungsprozessen, die – so konstatieren verschiedene Autoren – einen höheren Grad an Wirksamkeit und Nachhaltigkeit erreichen und in eine verbesserte Zielerreichung der Schule (Unterricht und Erziehung) münden.

Darüber hinaus können Schulkooperationen, z.B. die „Federations" auch Kosten sparen, indem sie Ausrüstung und Personal teilen, zum Beispiel was Putzpersonal oder Catering-Personal für die Mittagversorgung der Schüler betrifft und sogar, was das Kollegium betrifft. Zum Beispiel kann es mobile Reserven in verschiedenen Fächern geben, die für die einzelnen Schulen abrufbar sind. Die Schüler haben einen Vorteil davon, dass es spezifische Kurse gibt, die die einzelne Schule für sich gar nicht hätte anbieten können, zum Beispiel Abendkurse. Manchmal ermöglicht die Zusammenarbeit zwischen Schulen, aus bestimmten Fonds finanzielle Zuwendungen zu bekommen, zu denen sie alleine gar keinen Zugang hätten. Und letztendlich verbessert sich die Schulqualität dadurch, dass es Wissenspools gibt, die sich durch die Zusammenarbeit von Experten bilden, und dass eine Kultur des Austauschs und des Feedbacks gefördert und Wissen geteilt wird.

Durch eine weitere Verbreitung und Intensivierung von System Leadership werden laut Bericht des OECD-Expertenteams (Huber et al., 2008) folgende Ergebnisse erwartet:

1. eine breitere Ressource für Schulentwicklung: Möglich würde die Übertragung von „best practice" in andere Schulen.
2. eine angemessene Reaktion auf das Problem der „failing schools", also erfolgloser Schulen: Diese Schulen sind sonst in der Regel in einem Teufelskreis und sicher am wenigsten attraktiv für Bewerberinnen und Bewerber auf Schulleitungsstellen.
3. eine Lösung für das Dilemma, einerseits sinkende Schulanmeldungen für bestimmte Schulen zu haben (vor allem in Ländern wie England, wo es freie Schulwahl gibt) und andererseits die politische Verpflichtung, eine ausreichende schulische Versorgung überall im Land sicherzustellen.

4. eine nachhaltige Strategie, das Schulleiteramt attraktiv zu halten und neue Schulleiter anzuwerben: Nötig ist dies angesichts der gegenwärtigen und zukünftig erwarteten Lage auf dem Bewerbermarkt vieler Länder.

Fullan (2009) schließlich erwartet für das kommende Jahrzehnt, dass die wirksamsten und erfolgreichsten Schulen diejenigen sind, die mit ihren Umgebungen enge Kooperationsbeziehungen pflegen und aktiv Einfluss auf sie ausüben, sich aber wiederum auch beeinflussen lassen. In diesen Schulen arbeiten pädagogische Führungskräfte, die auch als „Community Leaders" über die eigene Schule hinaus in die Umgebung wirken, also System Leaders sind.

Elmore (2004) definiert als Ziel von ‚leadership' eine Verbesserung im Sinne einer zielgerichteten Veränderung, die nachhaltig ist und ganze Systeme bewegt, indem sie das durchschnittliche Niveau der Qualität und der Leistung insgesamt hebt und gleichzeitig die Niveauunterschiede innerhalb des Systems verringert und zudem die dabei Beteiligten in die Analyse und das Verständnis dessen involviert, warum manche Handlungen erfolgreich sind und andere nicht (vgl. Elmore, 2004, S, 66). Gemäß Fullan (2009) erfordert ein Fokus auf Systemreformen eine System Leadership auf allen Ebenen des Bildungssystems – seitens der Lehrpersonen, der Schulleitungen, der Schulaufsicht sowie der Ministeriums- und der gesamten Regierungsebene. Die dahinter stehende Annahme ist, dass wirksame Schulentwicklung nur erreicht wird, wenn sich die politischen Maßnahmen und die Praxis auf eine Verbesserung und Weiterentwicklung des ganzen Schulsystems einer Region ausrichten. Mit anderen Worten: Es wird davon ausgegangen, dass eine nachhaltige Entwicklung der Schulen nicht möglich ist, wenn sich nicht das ganze System entwickelt.

System Leadership flächendeckend möglich zu machen, ist für Hopkins (2008) eine Schlüsseltreibkraft, um sicherzustellen, dass jeder Schüler sein Potenzial entfalten kann und jede Schule eine gute Schule wird. Und darum geht es bei Schulentwicklung im Kern immer.

4. Gelingensbedingungen und Hemmnisse für Zusammenarbeit

Wie bereits erwähnt, funktionieren Kooperationen nicht kontextunabhängig, sondern sind an günstige Rahmenbedingungen gebunden.

Huber (2011b) und Huber et al. (2009) extrahierten aus einer Reihe von Studien Gelingensbedingungen zu Kooperation. Diese werden zur Übersicht drei Bereichen zugeordnet, und zwar dem institutionellen, dem personellen und dem umfassenderen organisationskulturellen Bereich (Huber und Ahlgrimm, 2008):

- Der institutionelle Bereich umfasst z.B. formale Organisationsstrukturen und Prozessabläufe, organisatorische Rahmenbedingungen, Aufgaben und Verantwortlichkeiten der Akteure.
- Der personelle Bereich umfasst z.B. Wissen, Fähigkeiten und Fertigkeiten, Einstellungen und (Wert-)Haltungen sowie Lebensumstände und (berufs-)biografische Hintergründe (auch Erfahrungen) der Akteure.

- Zum organisationskulturellen Bereich gehören zudem alle Aspekte der Organisationskultur bzw. des Organisationsklimas, der kollektiven Erfahrungen, Normen, Werte und Verhaltenskodizes einzelner Organisationen mit den ungeschriebenen Gesetzmäßigkeiten, den informellen Strukturen und Prozessen.

Als Gelingensbedingungen auf institutioneller Ebene können u.a. folgende Aspekte stichpunktartig benannt werden:
- die Beteiligung des Kollegiums an Entscheidungs- und Gestaltungsprozessen, ein Führungsstil der Schulleitung, der dies aktiv anstrebt,
- das Vorhandensein (oder die Bildung) von Teamstrukturen im Lehrerkollegium, zum Beispiel Klassenteams (die gemeinsam für die Erziehungsarbeit in einer Klasse verantwortlich sind), Jahrgangsteams (bestehend aus Lehrkräften von Parallelklassen), Arbeitskreisen für die Projekte der Schulentwicklung etc.,
- ein „echtes Thema", ein sinnvoller Anlass, der die Notwendigkeit und Zweckhaftigkeit der Zusammenarbeit erkennen lässt, eine konkrete, von allen Beteiligten akzeptierte Aufgabe, an deren erfolgreicher Bewältigung alle Beteiligten interessiert sind,
- ein erkennbarer Nutzen der Zusammenarbeit für alle Beteiligten,
- gemeinsam getragene Zielvorstellungen,
- Zielklarheit mit Transparenz,
- „Freiwilligkeit",
- die Übertragung einer gemeinsamen Verantwortlichkeit für das Gelingen der Zusammenarbeitsprozesse und für das Ergebnis,
- Anerkennung und Bewahrung der Autonomie des Einzelnen,
- Verbindlichkeit, klare Regeln der Zusammenarbeit,
- gemeinsame Zeitfenster,
- geeignete Räumlichkeiten,
- „Freiräume", auch im übertragenen Sinn,
- Ausstattung, Ressourcen (z.B. geeignetes Mobiliar, Arbeitsmaterial, EDV-Technik),
- interne Unterstützung (etwa durch die Schulleitung), gegebenenfalls auch externe Beratung,
- Transparenz der Vorgehensweise (dazu gehört auch Aufgabenklarheit bzw. eine klare Rollenaufteilung, die von der zusammenarbeitenden Gruppe getragen wird),
- eine gerechte Arbeitsaufteilung innerhalb der zusammenarbeitenden Gruppe,
- Rückkopplung aller Partner bei der Erreichung von Teilzielen bzw. dem Endziel,
- regelmäßiges Feedback,
- eine durchdachte Ergebnissicherung,
- Möglichkeit zur Präsentation von Ergebnissen,
- Würdigung und Anerkennung,
- Entlastung an anderer Stelle.

Auf personeller Ebene können u.a. folgende Aspekte stichpunktartig benannt werden:

- inhaltliche Kompetenzen (für das Thema der Zusammenarbeit),
- kommunikative und soziale Kompetenzen mit den dazugehörigen Fähigkeiten/Fertigkeiten und Einstellungen/Haltungen (z.B. die Kompetenz, Feedback zu geben und anzunehmen, Kritik konstruktiv zu formulieren und auch selbst zu akzeptieren, aber auch das Verfügen über Kooperationstechniken, Prozess- und Moderationskompetenzen etc.),
- die Bereitschaft zur Reflexion der eigenen Rolle,
- die Bereitschaft zur Vereinbarung von Regeln und Ritualen,
- das Erleben von Zufriedenheit, Effektivität und Effizienz durch konkrete Ergebnisse,
- positive Einstellungen, Mut und Kreativität (die Bereitschaft, anderen zu vertrauen),
- Initiative,
- ein grundsätzliches Interesse an Austausch und Verbesserungsmöglichkeiten,
- eine grundsätzliche Haltung der Anerkennung und des Respekts gegenüber den Kollegen,
- Selbstdisziplin (z.B. im eigenen Zeitmanagement, im Einhalten von Vereinbarungen, auch von Gesprächsregeln) und Verlässlichkeit.

Auf Ebene der Organisationskultur wiederum sind u.a. folgende Aspekte stichpunktartig zu nennen:

- ein professionelles Rollenverständnis im Kollegium,
- ein Klima der Unterstützung statt der Konkurrenz,
- eine solide Kritik- und Fehlerkultur sowie ein konstruktiver Umgang mit Konflikten im Kollegium,
- eine Führungskultur der Schatzsuche statt der Fehlerfahndung,
- gemeinsam getragene grundsätzliche Wert- und Zielvorstellungen über die Art kollegialer Arbeit,
- eine konstruktive Kultur der Kollegialität mit Respekt, Anerkennung und Vertrauen (gegenseitige Akzeptanz und Toleranz),
- ein Klima der Offenheit für Innovationen und der Veränderungsbereitschaft.

Eine große Rolle für das Gelingen von Kooperationen spielen Fragen der Machbarkeit. Diese Fragen lassen sich komprimieren auf vier Aspekte (Huber, 2009; 2011a,b), die einen Zusammenhang bilden (siehe Abbildung 3). Zu ihnen gehören zum einen Fragen des „Könnens", der Kompetenzen, also das Wissen sowie die Fähigkeiten und Fertigkeiten (fachliche, methodische, kommunikative etc.). Ein zweiter Aspekt ist das „Wollen", also die Motivation (wozu auch Haltungen und Einstellungen gehören). Einen dritten könnte man mit „müssen und dürfen" bezeichnen. Damit sind Entscheidungsbefugnisse gemeint, aber auch die (formale) Legitimation für das Handeln und Entscheiden und die (soziale) Akzeptanz bei den anderen an Schule Beteiligten. Ein vierter Aspekt beinhaltet die (zeitlichen, räumlichen, sächlichen, personellen) Ressourcen, die für die Arbeit nötig sind.

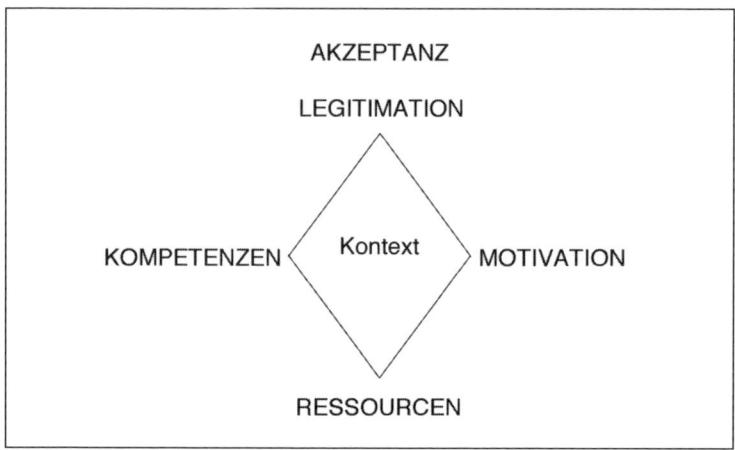

Abbildung 3: Aspekte der Machbarkeit

Argumentiert werden kann nun folgendermaßen:

Kompetenzen: Wenn Akteure zwar motiviert sind zu kooperieren, jedoch aufgrund von Defiziten an fachlichen oder methodischen Kompetenzen nicht sinnvoll zusammenarbeiten können, dann werden die Bemühungen nicht erfolgreich sein.

Motivation: Wenn die Akteure hoch kompetent sind, aber nicht motiviert, wird ebenfalls kein Erfolg eintreten, das ist offensichtlich.

Legitimation und Akzeptanz: Wenn nun Akteure hoch motiviert und sehr kompetent für ihre Arbeit sind, ihnen aber die Legitimation für ihre Arbeit fehlt, etwa in Form von Entscheidungsfreiräumen, dann ist der Erfolg ebenfalls gefährdet. Gerade damit kämpfen Akteure an manchen Einrichtungen. Wenn ihnen nun aber sogar Entscheidungsfreiräume eingeräumt sind, sie aber sozial im Kollegium/Team nicht akzeptiert sind, können sie die Entscheidungsspielräume auch nicht gut ausschöpfen. Es spielen folglich Fragen der Akzeptanz und Legitimation genauso eine Rolle wie Fragen der Kompetenz und Motivation.

Ressourcen: Die genannten Aspekte finden sich in der Literatur in unterschiedlicher Art. Was sehr wenig in der Literatur berücksichtigt wird, ist der letzte Aspekt: Auf der Basis der eigenen Erfahrungen mit der Qualifizierung von Schulleitungen, Steuergruppenmitgliedern und Lehrpersonen und der wissenschaftlichen Begleitung kann argumentiert werden, dass neben Motivation, Kompetenzen, Legitimation und Akzeptanz die Ressourcen eine wesentliche Rolle spielen. Wenn eine Akteursgruppe keine Zeitgefäße und keine räumliche Ausstattung für ihre gemeinsame Arbeit hat, kann die Arbeit kaum erfolgreich sein. Aber genauso kann man die Argumentation auch umdrehen: Wird argumentiert, es seien ausschließlich Fragen der Ressourcen entscheidend, muss dies verneint werden: Man kann eine Menge Ressourcen haben – wenn Kompetenzen, Motivation, Akzeptanz/Legitimation fehlen, ist die Frage des Arbeitserfolgs kritisch zu sehen.

Neben der Abhängigkeit der anderen Variablen für die Motivation der Beteiligten (z.B. das eigene Kompetenzerleben i.S. der Wahrnehmung der Effektivität des eigenen Handelns) sind weitere Aspekte als Gelingensbedingungen für Kooperation zu differenzieren (Huber, 2009), die sich auf die Motivation und das Gelingen insgesamt auswirken. Vor allem sind zu nennen:

- ein echtes Thema, die Relevanz, der angestrebte Nutzen und damit in Verbindung der Sinn der Aktivitäten,
- die Klärung der eigenen und der gemeinsamen Verantwortlichkeit sowie eine klare Rollenaufteilung, die von der Gruppe getragen wird, und eine gerechte Arbeitsaufteilung,
- die Wahrnehmung von Nutzen und positiven Ergebnissen bzw. das Erleben von Zufriedenheit und von Effizienz (einem positiven Aufwand-Nutzen-Verhältnis).

Natürlich steht die Handlungs- und Organisationseinheit der Einzelschule nicht im luftleeren Raum, sondern ist eingebettet in das Schulsystem, welches zusätzlich Bedingungen für das Gelingen bzw. die Machbarkeit von Zusammenarbeit schafft. Für andere Einrichtungen gilt das analog (etwa im Sozialsystem).

Als Gelingensbedingung lässt sich auch das Überwinden von Hemmnissen bezeichnen. Auf die Schule bezogen stehen aus der Perspektive der Lehrkräfte kooperativen Strukturen eine Reihe von Hemmnissen entgegen (u.a. Rosenbusch, 1990; Kansteiner-Schänzlin, 2002; Esslinger-Hinz, 2003; Huber, 2009; Huber, Hader-Popp & Ahlgrimm, 2009), vor allem psychologische und strukturelle:

- die zelluläre Einteilung in Klassen- und Lerngruppen,
- ungünstige strukturelle Rahmenbedingungen (fehlende gemeinsame Zeitfenster vor Ort, eine ungünstige räumliche Gestaltung vieler Schulgebäude),
- ein strukturell und oft auch mental bedingter „kooperationsabträglicher Lehrerindividualismus" (Rosenbusch, 1990), das „Autonomie-Paritäts-Muster"[5] (Lortie, 1975; Altrichter & Posch, 1999) und dadurch bedingte psychologische Barrieren, so etwa
- bestimmte Befürchtungen und Missverständnisse im Zusammenhang mit dem Begriff Kooperation (etwa als Gleichmacherei, bloße Einschränkung der pädagogischen (und eigenen) Freiheit, Aufgeben des eigenen individuellen Stils oder viel Rederei mit wenig Ergebnis),
- „hands-off-Verhaltensweisen" (Feiman et al., 1989), also eine eher passive Grundhaltung,
- Furcht vor einer Störung des gewohnten Ablaufs, vor Ungewissheit, Unbestimmtheiten, Chaos,
- ein eher enges Verständnis von Schule im Sinn von „ich und meine Klasse",
- eine mangelhafte Professionalisierung im Bereich Teamentwicklung,
- eine ungünstige Gestaltung der bereits vorhandenen Gremien (z.T. aufgrund fehlender Professionalisierung mit dem Ergebnis, dass die Arbeit als wenig effektiv und effizient erlebt wird).

---

5   Das für Schulen charakteristische „Autonomie-Paritäts-Muster" (Lortie, 1975; Altrichter & Posch, 1999) beruht auf der Annahme, dass alle Lehrenden gleich sind und Einmischung in die Arbeit eines anderen deshalb nicht geduldet wird.

Was speziell Netzwerkarbeit betrifft (hier: schulische Netzwerkarbeit), so geben Lohmann und Minderop (2004, S. 192 ff.) Folgendes zu bedenken:

1. „Gemeinsame Aktivitäten gleich zu Beginn der Netzwerkarbeit fördern nicht nur den Aufbau der Kommunikation, sondern helfen, die Netzwerkstruktur weiter zu knüpfen und zu pflegen" (ebd.). Dazu können vor allem gemeinsame schulübergreifende (und möglichst auch Schulverwaltungshierarchieebenen übergreifende) Fortbildungsangebote dienen, die dann Forum sind, geeignete zukünftige Netzwerkpartner zu finden. Am Ende einer solchen Fortbildungsveranstaltung sollten dann konkrete Vereinbarungen über die nächsten Schritte stehen.

2. Die Akteure sollten ihren Blick nicht mehr „nur" auf die Einzelschule richten, diese nicht mehr als „Einzelunternehmen" (ebd.) sehen, sondern als Teil einer gemeinsamen Entwicklungsrichtung. Die Chance dabei besteht darin, „quer zu den staatlichen Vorgaben, quer zur Schulaufsicht nach Wegen, Konzepten und Handlungsmöglichkeiten" (ebd.) zu suchen, gemeinsame Erfahrungen auszutauschen und Lösungen für Probleme zu erarbeiten.

3. Fortbildung wird anders sein (müssen) als in der vielleicht vertrauteren Teilnahme einzelner Lehrkräfte an Seminaren außerhalb der Schule. Der Fortbildungsbedarf der einzelnen Netzwerkpartner wird sich an dem unmittelbaren Problemzusammenhang orientieren. Weiterqualifizierung hat dann systemischen Charakter, bindet ganze Gruppen ein, findet an den Schulen statt, braucht externe Begleitung, antwortet aber auch direkt auf wahrgenommene Bedürfnisse und ist von daher erheblich motivierender und – hoffentlich – nachhaltiger.

Lohmann und Minderop (2004, S. 192 ff.) nennen als Voraussetzung für das Gelingen eine „Verständigung über folgende Kriterien für eine Arbeitskultur":

- „Netzwerkarbeit bedeutet Investition in Beziehungen. Deshalb legen die Netzwerkpartner (Schulen, Unterstützer, Begleiter von Schulbehörden und Ministerium) gemeinsam ihre Kooperations- und Arbeitsfelder fest und verständigen sich auf Leitgedanken.

- Der Aufbau von Netzwerkarbeit ist Sozialmanagement. Es lebt von ehrlicher Kommunikation und Feedback-Kultur. Die Schulpartner verständigen sich deshalb darauf, dass sie die Umsetzung ihrer Entwicklungsarbeit und ihres Schulprogramms untereinander offenlegen und mithilfe eines Logbuches dokumentieren.

- Netzwerke sind Lerngemeinschaften. Gegenseitige Schulbesuche und Hospitationen werden unbürokratisch und flexibel ermöglicht. Unmittelbarer Austausch braucht rasche Kommunikationswege: Die intelligente Nutzung der neuen Medien erleichtert die Verständigung über gemeinsame Lösungen und gestattet spontane Beiträge zur Gestaltung von Prozessen. Innovative Entwicklungsprozesse vollziehen sich dann in Lernschleifen, die für die Beteiligten jederzeit überschaubar sind und direkte Entscheidungen zulassen.

- Die Entwicklungsarbeit verläuft aufgrund der Verschiedenartigkeit der einzelschulischen Bedingungen unterschiedlich. Damit sich einzelne Partner in ihren Entwicklungsprozessen nicht abkoppeln, wird in zeitlich vereinbarten Abständen der Prozess offengelegt. Hierzu gehören neben den Schulbesuchen regelmäßige Reflexions- und Bilanzierungstagungen.

- Netzwerkarbeit bedeutet, voneinander, aber auch miteinander zu lernen. Deshalb verständigen sich alle Netzwerkpartner – je nach Bedarf der Schule – über ein gemeinsames Fortbildungs- und Coachingprogramm.
- Alle Partner legen Rechenschaft ab und dokumentieren ihre Prozesse durch Wanderausstellungen, Workshops für Außenstehende und landesweite Veröffentlichungen.
- Die Entwicklungsarbeit wird von Zeit zu Zeit selbst und zum Ende des Prozesses extern evaluiert."

In verschiedenen Bildungslandschaftsprojekten in Deutschland konnten in den letzten Jahren Erfahrungen dazu gesammelt werden, unter welchen Bedingungen eine solche Zusammenarbeit gelingen kann (u.a. Lohre, 2012). Beispielsweise zeigte sich bei der Evaluation des Projekts Lebenswelt Schule (Schubert, Rädler, Schiller & Schmager, 2011) als entscheidend, dass eine gut vernetzte, kompetente, handlungs- und entscheidungsfähige Steuergruppe eingesetzt wird, die die Partizipation der operativen Akteure gewährleisten kann (1). Weiter war in diesem Projekt zentral, dass alle Bildungsakteure, sowohl die schulischen als auch die außerschulischen, aktiv am Projekt beteiligt wurden und diese Beteiligung durch regelmäßige gemeinsame Anlässe und anerkennende Rückmeldungen längerfristig gesichert wurde (2). Darüber hinaus waren die regelmäßige (Selbst-)Evaluation und dadurch das Monitoring des Prozessfortschritts und eine kontinuierliche Fortbildung für Leitungspersonen und Teamentwicklung unabdingbar (3). Eine unabhängige Koordinationsstelle außerhalb der hierarchischen Verwaltungsstruktur war ein weiterer Schlüssel zum Erfolg (4). Zudem zeigte sich, dass der Wirkungsgrad der Bildungslandschaften erhöht werden konnte, indem die kommunalen Verwaltungsstrukturen entsprechend angepasst wurden, so dass schulische und außerschulische Bildungsakteure auch in der Verwaltung nicht isoliert voneinander behandelt werden (5). Darüber hinaus erwies sich als vorteilhaft, wenn die fachliche Planung der Bildungslandschaften mit der Gebietsplanung der Regionen verknüpft ist (6). Zudem zeigte sich, dass zur Sicherung von Nachhaltigkeit verbindliche Strukturen institutionalisiert und ein Qualitätsmanagement eingerichtet werden sollten, damit die Konzepte eingehalten, aber an künftige Anforderungen angepasst werden (7).

5. Fazit

Es gibt an allen Schulen Zusammenarbeit, so existiert eine Vielzahl von Gremien und Ausschüssen sowie Konferenzen innerhalb des Kollegiums, dazu kommen die alltäglichen, zahlreichen Kooperationskontexte mit anderen schulischen (etwa dem nicht unterrichtenden Personal, den Eltern, den Schülervertretungen) und außerschulischen Partnern. Lehrkräfte kooperieren in formalen (z.B. Arbeitsgruppen) und in informellen Kontexten (z.B. auf der Basis von kollegialen Freundschaften).

Unsere Erfahrungen aus der Arbeit mit Lehrkräften und Schulleitungen zeigen, dass Lehrkräfte Kooperation als wichtig empfinden, auch gut Bedingungen für erfolgreiche Zusammenarbeit benennen können, aber nach ihren eigenen Aussagen über die bereits existierenden kooperativen Arbeitskontexte hinaus nicht unbedingt weitere Kooperationen suchen. Meist geben sie als Gründe dafür eigene „schlechte Erfahrungen" an, die bei genauerem Blick darauf allesamt im Zusammenhang stehen mit der Nichteinhaltung von Gelingensbedingungen für erfolgreiche Kooperation.

So ist innerschulische Kooperation eine Voraussetzung, aber auch eine wünschenswerte Begleiterscheinung positiver Schulentwicklung, dadurch dass sie sich auf die Arbeitsatmosphäre einer Schule und letztendlich auf die Mitarbeiterzufriedenheit auswirkt. Dadurch wiederum wird der oben aufgeführte Nutzen generiert: Effektivität und Effizienz bzgl. Prozessen und Produkten/Leistungen sowie die Modellfunktion speziell im pädagogischen Kontext.

Zusammenarbeit innerhalb von Schulen zu fördern ist damit kein Selbstzweck, sondern soll der Entwicklung von Schule und Unterricht und damit letztlich den Schülerinnen und Schülern dienen. Die Bemühung lohnt also, Kooperationen in der Schule zu fördern, einerseits um ihrer selbst willen, um persönliche Ressourcen angesichts steigender Anforderungen an diesen Beruf zu schonen, und andererseits im Interesse der Schüler, die die Chance bekommen, Modelle gelingender Kooperation zu erleben.

Selbstverständlich ist, dass Vorschläge zur Verbesserung der Bedingungen für Zusammenarbeit je nach Situation ausgewählt, ggf. modifiziert und durch andere Maßnahmen ergänzt werden müssen. Hürden sind Strukturen und Prozessabläufe einerseits und Einstellungen und Verhalten der Bildungsakteure andererseits. Folglich ist die Arbeit am Professionsverständnis und an der Professionalität der Bildungsakteure sowie die Arbeit an Organisationsbedingungen, die sich auch auf die Organisationskultur auswirken, vonnöten.

Betont sei zweierlei:
1. Um mehr positive Erfahrung mit Kooperation zu ermöglichen, muss für die an der Kooperation beteiligten Personen ein persönlicher Nutzen der Zusammenarbeit sichtbar sein, „Die Zusammenarbeit muss etwas bringen!". Der Nutzen kann in einer Arbeitsentlastung bestehen, aber auch in einer größeren Zufriedenheit mit dem eigenen Unterricht bzw. in dem Nutzen für die Schülerinnen und Schüler.
2. Kooperation in der Schule würde – konsequent weitergeführt – in eine breite Verteilung von Verantwortung, auch von Führungsverantwortlichkeit, münden, also in kooperative Führungsstrukturen. Soll Schule eine lernende Organisation werden, impliziert dies die aktive, mitbestimmende und mitarbeitende Beteiligung aller.

Dieser Band zeigt zudem auf, dass die Forschung im Themenfeld der Kooperation in der Schule – bzw. genauer der Kooperation in und zwischen Schulen sowie mit anderen Partnern – in den letzten Jahren zugenommen hat, insbesondere in den deutschsprachigen Ländern. Desiderate sind aber laut Muijs, West und Ainscow (2010):

- eine stärkere Theoriebasierung für Forschung und Praxis, um den Grund für die so unterschiedliche Wirksamkeit von Netzwerkarbeit und Kooperation zu verstehen,
- mehr quantitative Forschung, um mit größerer Güte Wirkungen von Netzwerkarbeit und Kooperation auf diverse schulische Outcomes zu bestimmen und moderierende Faktoren zu erkennen,

- Forschung, die spezifische Faktoren im Detail untersucht, die Netzwerkarbeit und Kooperation wirksam(er) machen,
- mehr komparative Forschung.

Eine Forschungslücke betrifft den Gesamtblick auf Kooperationen zwischen verschiedenen Bildungsakteuren. Die bisherige deutschsprachige Literatur zu Kooperationen befasst sich fast überwiegend mit Kooperationen im schulischen Bereich, v.a. innerhalb von Schulen. Das hat sich zwar in den letzten Jahren verändert (Huber, 2011b, 2012b), aber dennoch liegt hier ein weiteres Desiderat. Es geht um den Erkenntnisgewinn zu situativen, organisatorischen, fachlichen und personenbezogenen Gelingensbedingungen von Kooperationen zwischen verschiedenen schulischen und außerschulischen Bildungsakteuren. Es sollen Erkenntnisse auf einer Metaebene gewonnen werden, die für den internationalen Forschungskontext genutzt werden können, wie auch spezifische handlungsbezogene Erkenntnisse, die für den praktischen Bildungskontext genutzt werden können. Die Forschungsdesiderate betreffen Handlungskoordination, Steuerung, Führung und Management, Strukturen, Prozesse, Kompetenzen, Motivationen, Verfahren, Instrumente, Verhalten, Ressourcen, die zum Gelingen von Kooperation beitragen, beziehungsweise diese hemmen.

Ein weiteres Forschungsdesiderat zeigt sich im Bedarf an systematischen Untersuchungen von Wirkungen von Kooperationen in Bildungslandschaften. Auch hier beziehen sich Ergebnisse vorwiegend auf innerschulische Kooperationen. Erkenntnisse zu Wirkungen von Kooperationen verschiedener Bildungsakteure, sowohl auf Ebene der Akteure selbst als auch insbesondere auf Adressatenebene, also auf die Kinder und Jugendlichen, fehlen weitgehend. Auf Ebene der Akteure ist zu ergründen, inwiefern sich das professionelle Selbstverständnis der Bildungsakteure durch vermehrte Zusammenarbeit verändert. Auf Ebene der Kinder und Jugendlichen soll herausgefunden werden, ob und wie die Zusammenarbeit von schulischen und außerschulischen Akteuren zu positiven psychosozialen Veränderungen führt.

Schließlich fehlt es derzeit in der Forschung an guten Projekten, die sich eines Mixed-Methods-Ansatzes bedienen. Ein weiteres Forschungsdesiderat besteht somit in der Verbindung von qualitativen und quantitativen Forschungsergebnissen. Diese Verbindung ermöglicht es beispielsweise, Kooperationsformen, die aufgrund qualitativer Daten ermittelt werden, mit den quantitativ gemessenen sozioemotionalen Entwicklungen der Kinder und Jugendlichen in Verbindung zu setzen.

Zusammenfassend kann man konstatieren, dass die Forschung zu Koooperation in und zwischen Schulen sowie mit anderen Partnern zugenommen hat, es allerdings noch weiterer Grundlagenforschung und anwendungsorientierter Forschung bedarf, die auf dem Fundament bisheriger theoretischer Überlegungen und empirischer Erkenntnisse aufbauen. Hier wären zwei Perspektiven hilfreich: zum einen fokussierte Forschung, die Einzelaspekte detailliert betrachtet, zum anderen übergreifende Forschung, die die verschiedenen fokussierten Einzelaspekte in Bezug setzt, also im Sinne eines Gesamtbilds versucht, eine komplexere Theorie empirisch zu modellieren und damit die vielfältigen Aspekte (Ebenen, Formate, Stufen etc.) mit den entsprechenden Operationalisierungen im Rahmen von Großprojekten umsetzt.

Für Forschungs- und Evaluationsprojekte können folgende Prämissen formuliert werden:

- Theorieorientierung: Ausrichtung der Fragestellungen an den jeweiligen Programmtheorien und den einschlägigen Theorien.
- Multidimensionalität und Mehrperspektivität: Ansetzen auf unterschiedlichen Ebenen: national, kantonal, regional/kommunal sowie auf der Ebene der Institutionen und Personen. Es sollten die Makroebene, Mesoebene und die Mikroebene berücksichtigt werden (vgl. Huber & Wolfgramm, 2012a,b), d.h. Einbezug verschiedener Perspektiven Diese intersubjektive Triangulation erlaubt es, stabilere (über mehrere Perspektiven gleich wahrgenommene Aspekte) von weniger stabilen Aspekten zu unterscheiden und führt so zu einer objektiveren und valideren Beurteilung etwa eines Programms.
- Multimethodik: Es sollte ein Mixed-Methods-Ansatz gewählt werden, d.h. quantitative und qualitative Erhebungsmethoden sollen kombiniert zum Einsatz kommen (Methodentriangulation).
- Wiederholungsmessung: Zudem soll eine Kombination aus Längs- und Querschnittdesign angewendet werden: Im Querschnitt können verschiedene Gruppen miteinander verglichen werden, im Längsschnitt kann die Entwicklung über den Projektverlauf hinweg abgebildet und somit können Prozess und Wirkungen betrachtet werden.
- Kontrollgruppendesign: Um kooperationsbedingte von unspezifischen Veränderungen unterscheiden zu können, sollte ein Kontrollgruppendesign gewählt werden.

Literatur

Achinstein, B. (2002). Conflict amid community: The micropolitics of teacher collaboration. *Teachers College Record, 104*(3), 421-455.

Adler, L. (1995). *The Los Angeles Area Business/Education Partnership. A study of the impact of a community based school to work program for high risk youth.* West Covina, CA: East San Gabriel Regional Occupational Program. 1995 (ED388851)

Ainscow, M., West, M. & Nicolaidou, M. (2005). Putting our heads together: A study of headteacher collaboration as a strategy for school improvement. In P. Clarke (Hrsg.), *Improving schools in difficulty* (S. 117-136). London: Continuum.

Altrichter, H. & Posch, P. (1999). *Wege zur Schulqualität: Studien über den Aufbau von qualitätssichernden und qualitätsentwickelnden Systemen in berufsbildenden Schulen.* Innsbruck: StudienVerlag.

Barnett, W. S. (2008). Why governments should invest in early education. *CESifo DICE Report, 2,* 9-14.

Bastian, J. (2008). In regionalen Bildungsnetzwerken lernen. Fragen für die Praxis. *Pädagogik, 60*(7-8), 6-11.

Bauer, J., Unterbrink, T., Hack, A., Pfeifer, R., Buhl-Grießhaber, V., Müller, U., Wesche, H., Frommhold, M., Seibt, R., Scheuch, K. & Wirsching, M. (2007). Working conditions, adverse events and mental health problems in a sample of 949 German teachers. *International Archives of Occupational and Environmental Health, 80*(5), 442-449.

Bauer, K.-O. (2004). Lehrerinteraktion und -kooperation. In W. Helsper & J. Böhme (Hrsg.), *Handbuch der Schulforschung* (S. 813-831). Wiesbaden: VS.

Bauer, K.-O. (2008). Lehrerinteraktion und -kooperation. In W. Helsper & J. Böhme (Hrsg.), *Handbuch der Schulforschung* (2., durchgesehene und ergänzte Auflage, S. 839-856). Wiesbaden: VS.

Behr-Heintze, A. & Lipski, J. (2004). *Schule und soziale Netzwerke*. München: Dt. Jugendinstitut.

Behr-Heintze, A. & Lipski, J. (2005). *Schulkooperationen*. Schwalbach/Ts: Wochenschau Verl.

Behrens-Tönnies, U. & Tönnies, S. (1986). Die Bedeutung des Kollegiums bei psychosozialer Belastung und Streß von Lehrern. In H. Heyse (Hrsg.), *Erziehung in der Schule – Eine Herausforderung für die Schulpsychologie* (S. 146-152). Bonn: Deutscher Psychologen Verlag.

Bell, M., Jopling, M., Cordingley, P., Fith, A., King, E. & Mitchell, H. (2006). *What is the impact on pupils of networks that include at least three schools? What additional benefits are there for practitioners, organisations and the communitiers they serve?* National College for School Leadership. (Phase II der externen Evaluation zum Projekt NLC; 90 S.; Literaturstudie/ Forschungsbericht zu 19 internationalen Studien zur Wirksamkeit schulischer Netzwerkarbeit).

Berkemeyer, N., Bos, W., Järvinen, H. & van Holt, N. (2011). *„Schulen im Team". Netzwerkbasierte Unterrichtsentwicklung. Ergebnisse der wissenschaftlichen Begleitforschung.* Münster: Waxmann.

Berkemeyer, N., Manitius, V., Müthing, K. & Bos, W. (2009). Ergebnisse nationaler und internationaler Forschung zu schulischen Innovationsnetzwerken. *Zeitschrift für Erziehungswissenschaft, 12*(4), 667-689.

Bielefeldt, T., Moursund, D., Underwood, S. & Underwood, D. (1999, April). *Connected learning communities: Findings from the Road Ahead Program, 1995–1997.* Paper presented at the Annual Meeting of the American Educational Research Association, Montreal, Quebec, Canada (Adapted from a report to the National Foundation for the Improvement of Education).

Blaney, N.T., Stephan, C., Rosenfield, D. Aronson, E. & Sikes, J. (1977). Interdependence in the classroom: A field study. . *Journal of Educational Psychology, 69,* 121-128.

Böhm-Kasper, O. (2004). *Schulische Belastung und Beanspruchung. Eine Untersuchung von Schülern und Lehrern am Gymnasium.* Münster [u.a.]: Waxmann.

Böhm-Kasper, O., Bos, W., Körner, S. C. & Weishaupt, H. (2001). *Sind 12 Schuljahre stressiger? Belastung und Beanspruchung von Lehrern und Schülern am Gymnasium.* Weinheim [u.a.]: Juventa.

Bonsen, M. & Rolff, H.G. (2006). Professionelle Lerngemeinschaften von Lehrerinnen und Lehrern. *Zeitschrift für Pädagogik, 2,* 167-184.

Bryk, A., Camburn, E. & Louis, K. S. (1999). Professional Community in Chicago Elementary Schools: Facilitating Factors and Organizational Consequences. *Educational Administration Quarterly, 35*(Supplement), 751-781.

Card, D. (1999). The causal effect of education on earnings. In O. Ashenfelter & D. Card (Hrsg.), *Handbook of Labor Economics, edition 1, volume 3A* (S. 1801-1863). Amsterdam [u.a.]: Elsevier.

Chapman, C. & Allen, T. (2005). *Partnerships for improvement: The specialist schools achievement programme.* Conventry: University of Warwick.

Christ, O., van Dick, R. & Wagner, U. (2004). Belastung und Beanspruchung bei Lehrern in der Ausbildung. In A. Hillert & E. Schmitz (Hrsg.), *Psychosomatische Erkrankungen bei Lehrerinnen und Lehrern* (S. 113-119). Stuttgart: Schattauer.

Conley, S., Bas-Isaac, E. & Scull, R. (1995). Teacher mentoring and peer coaching. A micropolitical interpretation. *Journal of Personnel Evaluation in Education, 9*(1), 7-19.

Coulombe, S.,Tremblay, J.-F. & Marchand, S. (2004). *International Adult Literacy Survey – Literacy scores, human capital and growth across fourteen OECD countries; Statis-*

tics Canada. Verfügbar unter: http://www.statcan.gc.ca/bsolc/olc-cel/olc-cel?catno=89-552-M2004011&lang=eng [20.12.11].

Cummings, C., Dyson, A., Muijs, D., Papps, I., Pearson, D. & Todd, L. (2008). *Evaluation of the Full Service Extended Schools Project*. Nottingham: DCSF Publications.

Curee (2005). *Systematic Research Review: The impact of networks on pupils, practitioners, organisations and the committees they serve*. Nottingham: NCSL.

Czerwanski, A. (2003). *Schulentwicklung durch Netzwerkarbeit*. Gütersloh: Verl. Bertelsmann-Stiftung.

Czerwanski, A., Hameyer, U. & Rolff, H.-G. (2002). Schulentwicklung im Netzwerk. Ergebnisse einer empirischen Nutzenanalyse von zwei Schulnetzwerken. In H.-G. Rolff, H. G. Holtappels, K. Klemm, H. Pfeiffer & R. Schulz-Zander (Hrsg.), *Jahrbuch der Schulentwicklung 12. Daten, Beispiele und Perspektiven* (S. 99-130). Weinheim/München: Juventa.

Dalin, P. (1999). *Theorie und Praxis der Schulentwicklung*. Neuwied: Luchterhand.

Dalin, P., Rolff, H.-G. & Buchen, H. (1996). *Institutioneller Schulentwicklungsprozess. Ein Handbuch. 3. Auflage*. Bönen: Verlag für Schule und Weiterbildung.

Dann, H.-D., Diegritz, Th. & Rosenbusch, H. S. (Hrsg.). (1999). *Gruppenunterricht im Schulalltag, Realität und Chancen. (Erlanger Forschungen, Reihe A, Bd. 90)*. Erlangen: Universitätsbund Erlangen-Nürnberg e.V.

Datnow, A., Hubbard, L. & Mehan, H. (2002). *Extending Educational Reform From One School to Many*. London: Routledge Falmer.

Dedering, K. (2007). *Schulische Qualitätsentwicklung durch Netzwerke*. Wiesbaden: VS Verlag.

de la Fuente, Á. & Ciccone, A. (2003). *Das Humankapital in der wissensbasierten globalen Wirtschaft* (Abschlussbericht). Europäische Gemeinschaften, 2003. Verfügbar unter: http://ec.europa.eu/employment_social/news/2002/jul/report_final_de.pdf [1.2.12]

Diegritz, T., Dann, H.-D. & Rosenbusch, H. S. (1991). *Gruppenunterricht aus Innen- und Außenperspektive. Forschungsanlage und Analyse eines exemplarischen Falles. DFG-Projekt „Unterrichtskommunikation". Arbeitsbericht 1*. Nürnberg: Erziehungswissenschaftliche Fakultät.

Dietrich, G., Kopp, F., Rosenbusch, H. S. u.a. (1974). *Kooperatives Lernen in der Schule. (2. Aufl.)*. Donauwörth: Auer.

Dillenbourg, P. (Hrsg.). (1999). *Collaborative learning. Cognitive and computational approaches*. Amsterdam: Pergamon.

Doolittle, G., Sudeck, M. & Rattigan, P. (2008). Creating Professional Learning Communities: The Work of Professional Development Schools. *Theory Into Practice, 47*(4), 303-310.

Earl, L., Katz, S., Elgie, S., Jaafar, S. B. & Foster, L. (2006). *How networked learning communities worked* (Online Report). Verfügbar unter: http://networkedlearning.ncsl.org.uk/collections/network-researchseries/reports/how-networked-learning-communities-work.pdf [23.03.12].

Eckert, T. (1997). Mangelnde Kommunikation und mangelnder Konsens im Lehrerkollegium als Entwicklungsbedingungen zum „schlechten Lehrer". In B. Schwarz & K. Prange (Hrsg.), *Schlechte Lehrer/innen. Zu einem vernachlässigten Aspekt des Lehrerberufs* (S. 219-246). Weinheim: Beltz.

Elmore, R. (2004). *School Reform from the Inside Out: Policy, Practice, and Performance*. PressCambridge, MA: Harvard Educationa.

Esslinger-Hinz, I. (2003). Kooperation ist nicht gleich Kooperation. *Schul-Management, 2*, 14-17.

Evans-Stout, K. (1998). Implications for collaborative instructional practice. In D. G. Pounder (Hrsg.), *Restructuring schools for collaboration: Promises and Pitfalls* (S. 121-134). Albany: State University of New York Press.

Feiman, S., Nemser, S. & Floden, R.E. (1989). The Culture of Teaching. In M.C. Wittrock (Hrsg.), *Handbook of Research on Teaching* (S. 505-526). Chicago: MacMillan Reference Books.

Friend, M. (2000). Myths and Misunderstandings About Professional Collaboration. *Remedial and Special Education, 21*(3), 130-132,160.

Fullan, M. (2009). Large-scale reform comes of age. *Journal of Educational Change, 10,* 101-113.

Fussangel, K. (2008). *Subjektive Theorien von Lehrkräften zur Kooperation. Eine Analyse der Zusammenarbeit von Lehrerinnen und Lehrern in Lerngemeinschaften. Dissertation.* Bergische Universität Wuppertal.

Gettinger, M., Stoiber, K.C. & Lange, J. (1999). Collaborative investigation of inclusive early education practices: A blueprint for teacher-researcher partnership. *Journal of Early Intervention, 22,* 257-265.

Gillies, R.M. (2003). The behaviors, interactions, and perceptions of Junior High School students during small group learning. *Journal of Educational Psychology, 95,* 137-147.

Ginsburg-Block, M.D., Rohrbeck, C.A. & Fantuzzo, J.W. (2006). A meta-analytic review of social, self-concept, and behavioral outcomes of peer-assisted learning. *Journal of Educational Psychology, 98,* 732-749.

Glickman, C., Gordon, S. & Ross-Gordon, J. (2001). *Supervision and Instructional Leadership: A Developmental Approach.* Boston, MA: Allyn & Bacon.

Goddard, Y. L., Goddard, R. D. & Tschannen-Moran, M. (2007). A Theoretical and Empirical Investigation of Teacher Collaboration for School Improvement and Student Achievement in Public Elementary Schools. *Teachers College Record, 109*(4), 877-896.

Graetz, F. (2000). Strategic change leadership. *Management Decisions, 38*(8), 550-62.

Gräsel, C., Fussangel, K. & Pröbstel, C. (2006). Lehrkräfte zur Kooperation anregen – eine Aufgabe für Sisyphos? *Zeitschrift für Pädagogik, 52*(2), 205-219.

Greenberg, K.H. (1996, June). *The cognitive enrichment network education model (COGNET).* Paper presented at the 3rd Head Start National Research Conference, Washington, DC.

Greenberg, K., Machleit, S., Bartlett, A. J. & Schlessmann-Frost, A. (1996, Juni). *The cognitive enrichment network education model (COGNET).* Artikel präsentiert an der dritten Head Start National Research Conference, Washington DC, USA.

Greenleaf, R.K. (1966). *Responsibility in a bureaucratic society: A convocation address.* Milburn, NJ: The Item Press

Gronn, P. (2000). Distributed properties: a new architecture for leadership. *Educational Management and Administration, 28*(3), 317-38.

Gronn, P (2002). Distributed leadership. In K. Leithwood, P. Hallinger (Hrsg.), *International Handbook in Educational Leadership and Management* (S. 653-696). Dorddrecht: Kluwer.

Hacker, W. (2005). *Allgemeine Arbeitspsychologie. Psychische Regulation von Wissens-, Denk- und körperlicher Arbeit. Schriften zur Arbeitspsychologie, Band 58. 2., vollständig überarbeitete und ergänzte Auflage.* Bern: Huber.

Halbheer, U., Kunz, A. & Maag Merki, K. (2008). Kooperation zwischen Lehrpersonen in Zürcher Gymnasien. Eine explorative Fallanalyse zum Zusammenhang zwischen kooperativen Prozessen in Schulen und schulischen Qualitätsmerkmalen. *Zeitschrift für Soziologie der Erziehung und Sozialisation, 28*(1), 19-35.

Hanushek, E. A. & Wößmann, L. (2008). The Role of Cognitive Skills in Economic Development. *Journal of Economic Literature, 46*(3), 607-668.

Hargreaves, A. (1991). Contrived collegiality: The micropolitics of teacher collaboration. In J. Blase (Hrsg.), *The politics of life in schools. Power, conflict, and cooperation* (S. 1480-1503). London: Sage.

Hargreaves, A. (1994). *Changing teachers, changing times. Teachers' work and culture in the postmodern age. Teacher development.* London: Cassell.

Hargreaves, A. (2000). Contrived collegiality: The micropolitics of teacher collaboration. In S. J. Ball (Hrsg.), *Sociology of Education. Major Themes* (Bd. III, "Institutions and Processes", S. 1480-1503). London: Routledge.

Harris, A. (2002). *Distributed Leadership in Schools: Leading or Misleading?* Vortrag und Manuskript für die Konferenz der British Educational Leadership, Management & Administration Society.

Harris, A. (2004). Distributed Leadership and School Improvement: Leading or Misleading? *Educational Management Administration & Leadership. 32*(1), 11-24.

Harris, A. (2008). Distributed leadership: according to the evidence. Journal of Educational Administration, Vol. 46 (2): 172-188.

Harris, A. (2009). *Distributed Leadership: Different Perspectives.* Dordrecht: Springer.

Harris, A. and Chapman, C. (2002). *Effective Leadership in Schools Facing Challenging Circumstances.* National College for School Leadership (NCSL), Nottingham.

Harris, A. & Muijs, D. (2004). *Improving Schools Through Teacher Leadership.* London: Oxford University Press.

Harris; A. & Spillane, J. (2008). Distributed leadership through the looking glass. *Management in Education, Vol 22*(1): 31-34.

Harris, A., Chapman, C., Muijs, D., Russ, J. & Stoll, L. (2006). Improving schools in challenging circumstances: Exploring the possible. *School Efectiveness and School Improvement, 17*, 409-424.

Hattie, J.A.C. (2009). *Visible Learning.* London: Routlege.

Heckman, J. J. (2008). Eary childhood education and care – the case for investing in disadvantaged young children. *CESifo DICE Report, 2*, 3-8.

Heckman, J. J., Lochner, L. J. & Todd, P. E. (2006). Earnings Functions, Rates of Return and Treatment Effects: The Mincer Equation and Beyond. In E. A. Hanushek & F. Welch (Hrsg.), *Handbook of the Economics of Education, 1* (S. 309-458). Amsterdam [u.a.]: Elsevier.

Henninger, M. & Mandl, H. (2000). Vom Wissen zum Handeln – ein Ansatz zur Förderung kommunikativen Handelns. In H. Mandl & J. Gerstenmaier (Hrsg.), *Die Kluft zwischen Wissen und Handeln. Empirische und theoretische Lösungsansätze* (S. 198-219). Göttingen: Hogrefe.

Hertel, G. & Scholl, W. (2006). Grundlagen der Gruppenarbeit in Organisationen. In B. Zimolong & U. Konradt (Hrsg.), *Enyklopädie der Psychologie* (Bd. Ingenieurpsychologie, S. 181-216). Göttingen: Hogrefe.

Hillert, A. & Schmitz, E. (Hrsg.). (2004). *Psychosomatische Erkrankungen bei Lehrerinnen und Lehrern. Ursachen – Folgen – Lösungen.* Stuttgart: Schattauer.

Hoffmann, E. (1988). „Die Zusammenarbeit müßte besser werden, aber …" Veränderung von Schulen durch Kollegiumsberatung? *Neue Sammlung, 28*, 387-403.

Hopkins, D. (2006). *Realising the potential of system leadership.* Vortrag beim SLS 2006 in Erfurt.

Hopkins, D. (2008). Raising the potential of System leadership. In B. Pont et. al. (Hrsg.), *Improving School Leadership*, (Vol. 2, S. 21-35). Paris: OECD.

Hopkins, D. (2010). Realising the potential of system Leadership. In S.G. Huber (Hrsg.), *School Leadership- International Perspectives* (S. 211-224). Dordrecht: Springer.

Hord, S. M. (1997). *Professional learning communities: Communities of continuous inquiry and improvement.* Austin, USA: Southwest Educational Development Laboratory.

Huber, S.G. & Ahlgrimm, F. (2008). Was Lehrkräfte davon abhält zusammenzuarbeiten – Bedingungen für das Gelingen von Kooperation. In A. Bartz, J. Fabian, S.G. Huber, C. Kloft, H. S. Rosenbusch & H. Sassenscheidt (Hrsg.), *PraxisWissen Schulleitung* (81.10). München: Wolters Kluwer.

Huber, S.G. & Hader-Popp, S. (2005). Lernen mit Praxisbezug: problemorientiertes Lernen. In A. Bartz, J. Fabian, S.G. Huber, C. Kloft, H. Rosenbusch, H. Sassenscheidt (Hrsg.), *PraxisWissen Schulleitung* (32.41). München: Wolters Kluwer.

Huber, S.G. & Hader-Popp, S. (2006a). Kooperation in der Schule: Schulleitung ist Vorbild, schafft Rahmenbedingungen und unterstützt die Umsetzung. In A. Bartz, J. Fabian, S.G. Huber, C. Kloft, H. Rosenbusch, H. Sassenscheidt (Hrsg.), *PraxisWissen Schulleitung* (81.12). München: Wolters Kluwer.

Huber, S.G. & Hader-Popp, S. (2006b). Von Kollegen lernen: Professionelle Lerngemeinschaften. In A. Bartz, J. Fabian, S.G. Huber, C. Kloft, H. Rosenbusch & H. Sassenscheidt (Hrsg.), *PraxisWissen SchulLeitung* (81.15). München: Wolters Kluwer.

Huber, S.G. & Krey, J. (2006). *Schulnetzwerke – Stand der Forschung und Praxis in den deutschsprachigen Ländern.* Zug: IBB.

Huber, S.G. & Krey, J. (2007, Aktualisierung von 2006). *Schulnetzwerke – Stand der deutschsprachigen und internationalen Forschung und Praxis.* Zug: IBB.

Huber, S.G. & Krey, J. (2009). Wissensmanagement in Teams. In S.G. Huber (Hrsg.), *Handbuch für Steuergruppen* (S. 327-340). Köln [u.a.]: Wolters Kluwer.

Huber, S.G. & Lohmann, A. (2009). *Systemische Schulentwicklung durch schulische Kooperation.* Studienbrief für den Fernstudiengang Schulmanagement der Universität Kaiserslautern.

Huber, S.G. & Rolff, H.-G. (2010). Delegation und System Leadership. In H.-G. Rolff (Hrsg.), *Führung, Steuerung, Management, In der Reihe: Schule weiterentwickeln – Unterricht verbessern* (S. 43-58). Seelze: Klett Kallmeyer.

Huber, S.G. & Schneider, N. (2009). Netzwerk Erfurter Schulen (NES) – Professionalisierung Schulischer Akteure und Schulentwicklung durch Kooperation. In N. Berkemeyer, H. Kuper, V. Manitius & K. Müthing (Hrsg.), *Schulische Vernetzung. Eine Übersicht zu aktuellen Netzwerkprojekten* (S.135-148). Münster: Waxmann.

Huber, S.G. & Wolfgramm, C. (2012a). *Bildungslandschaften Schweiz: Forschungs- und Evaluationskonzeption.* Zug: IBB PHZ Zug.

Huber, S.G. & Wolfgramm, C. (2012b, im Druck). Bildungslandschaften Schweiz: Zukunft der Bildung – Bildung der Zukunft. In S.G. Huber (Hrsg.), *Kooperative Bildungslandschaften.* Köln: Wolters Kluwer.

Huber, S. G. (1999a). Interaktive Prozesse des Gruppenunterrichts. *Teamgeist, 4,* 2-7.

Huber, S.G. (1999b). School Effectiveness: Was macht Schule wirksam? Internationale Schulentwicklungsforschung (I). *Schul-Management, 2,* 10-17; School Improvement: Wie kann Schule verbessert werden? Internationale Schulentwicklungsforschung (II). *Schul-Management, 3,* 7-18; Effectiveness & Improvement: Wirksamkeit und Verbesserung von Schule – eine Zusammenschau. Internationale Schulentwicklungsforschung (III). *Schul-Management, 5,* 8-18.

Huber, S.G. (2001). Vom Wissen zum Handeln – Problemorientiertes Lernen in der Qualifizierung von Schulleiterinnen und Schulleitern. *Journal für LehrerInnenbildung, 2,* 49-55.

Huber, S.G. (2009). Spannungsfelder, Machbarkeit und Gelingensbedingungen von Steuergruppenarbeit. In S.G. Huber (Hrsg.), *Handbuch für Steuergruppen. Grundlagen für die Arbeit in zentralen Handlungsfeldern des Schulmanagements* (S. 35-43). Köln: Link-Luchterhand.

Huber, S.G. (2010a). System Leadership. In A. Bartz, J. Fabian, S.G. Huber, C. Kloft, H. Rosenbusch & H. Sassenscheidt (Hrsg.), *PraxisWissen Schulleitung* (90.26). München: Wolters Kluwer.

Huber, S.G. (2010b). System Leadership. *Journal für Schulentwicklung, 2*, 8-21.

Huber, S.G. (2011a). *Kooperative Bildungslandschaften: Überlegungen zur Entwicklung der Bildungssysteme auf Basis von fünf Fallstudien in der Schweiz-Basel-Stadt, Bern, Waadt, Zug, Zürich-und eines internationalen Literaturreviews.* Vortrag beim Jahreskongress der Schweizerischen Gesellschaft für Bildungsforschung (SGBF) vom 20.-22. Juni 2011, Basel, Schweiz.

Huber, S.G. (2011b). *Kooperative Bildungslandschaften – Führung im und mit System.* Vortrag beim Schulleitungssymposium 2011, Zug, Schweiz.

Huber, S.G. (2012a). Von Kollegen lernen. *Pädagogische Führung, 2*, 54-57.

Huber, S.G. (Hrsg.). (2012b, in Druck). *Kooperative Bildungslandschaften.* Köln: Wolters Kluwer.

Huber, S.G., Hader-Popp, S. & Ahlgrimm, F. (2009). Kooperation in der Schule. In S.G. Huber (Hrsg.), *Handbuch für Steuergruppen* (S. 211-239). Köln: Link-Luchterhand.

Huber, S.G., Moormann, H. & Pont, B. (2008). The English Approach to System Leadership. In B. Pont, D. Nusche & D. Hopkins (Hrsg.), *Improving School Leadership, Volume 2: Case Studies on System Leadership.* OECD, Specialists Schools and Academies Trust. (S. 111-152). OECD Publishing. Münster u.a.: Waxmann.

Johnson, B. (2003). Teacher Collaboration: good for some, not so good for others. *Educational Studies, 29*(4), 337-350.

Johnson, D. W. & Johnson, R. T. (2003). Training for cooperative group work. In M. A. West, D. Tjosvold & K. G. Smith (Hrsg.), *International Handbook of Organizational Teamwork and Cooperative Working* (S. 167-184). West Sussex: Wiley.

Johnson, R. T. & Johnson, D. W. (1994). An Overview of Cooperative Learning. In J. Thousand, A. Villa, A. Nevin (Hrsg.), *Creativity and Collaborative Learning* (S. 31-44). Baltimore: Brookes Press.

Jurkowski, S. (2010). *Soziale Kompetenzen und Lernerfolg beim kooperativen Lernen.* Kassel: kassel university press GmbH.

Kansteiner-Schänzlin, K. (2002). *Personalführung in der Schule – Übereinstimmungen und Unterschiede zwischen Frauen und Männern in der Schulleitung.* Bad Heilbrunn: Klinkhardt.

Kelchtermans, G. (2006). Teacher collaboration and collegiality as workplace conditions. A review. *Zeitschrift für Pädagogik, 52*(2), 220-237.

Kirchhöfer, D. (2004). *Lernkultur Kompetenzentwicklung. Begriffliche Grundlagen.* Berlin: Arbeitsgemeinschaft Betriebliche Weiterbildungsforschung.

Kischkel, K.-H. (1984). *Zur Arbeitssituation von Lehrern.* Frankfurt: Peter Lang.

Knowles, M. (1980). *The modern practice of adult education. From pedagogy to andragogy.* New York: The Adult Education Company.

König, E. (1991). Kooperation: Pädagogische Perspektiven für die Schulen. In J. Wissinger & H.S. Rosenbusch (Hrsg.), *Motivation durch Kooperation. Schulleiter-Handbuch* (Band 58, S. 7-17). Braunschweig: SL Verlag.

Konrad, K. & Traub, S. (2001). *Kooperatives Lernen. Theorie und Praxis in der Schule, Hochschule und Erwachsenenbildung.* Baltmannsweiler: Schneider-Verlag Hohengehren.

Krainz-Dürr, M. (2000). Wie entstehen Netzwerke? Fortbildung als Netzwerkarbeit. *Journal für Schulentwicklung, 3*, 20-25.

Krause, U.-M. (2007). *Feedback und kooperatives Lernen.* Münster: Waxmann.

Kwakman, K. (2003). Factors affecting teachers' participation in professional learning activities. *Teachers and Teacher Education, 19*, 149-170.

Leithwood, K., Mascall, B., Strauss,T., Sacks, R., Memon, N. & Yashkina, A. (2007) *Distributing leadership to make schools smarter.* University of Toronto, OISE.

Lehmpfuhl, U. & Pfeiffer, H. (2008). Regionale Schul- und Bildungslandschaften, Regionale Kooperations- und Unterstützungsstrukturen. In H.-G. Holtappels, K. Klemm & H.-G. Rolff (Hrsg.), *Schulentwicklung durch Gestaltungsautonomie: Ergebnisse der Begleitforschung zum Modellvorhaben ‚Selbstständige Schule' in Nordrhein-Westfalen* (S. 195-224). Münster: Waxmann.

Liebel, H. (1992). Psychologie der Mitarbeiterführung. In E. Gabele, W. Oechsler & H. Liebel (Hrsg.), *Führungsgrundsätze und Mitarbeiterführung: Probleme erkennen und lösen* (S. 109-161). Wiesbaden: Gabler.

Liebermann, A. & Mc Laughlin, M.W. (1992). Network for educational change: Powerful and problematic. *Phi Delta Kappan, 73*(9) (S. 673-677).

Little, J. W. (1982). Norms of Collegiality and Experimentation: Workplace Conditions of School Success. *American Educational Research Journal, 19*, 325-340.

Little, J. W. (1991). Kollegialität und Reformbereitschaft. In E. Terhart (Hrsg.), *Unterrichten als Beruf* (S. 85-98). Köln: Böhlau.

Little, J. W. (2003). Inside Teacher Community: Representations of Classroom Practice. *Teachers College Record, 105*(6), 913-945.

Little, J. W. (2006). *Professional community and professional development in the learning centered school.* Prepared for the National Education Association. http:// www.nea.org/ assets/docs/mf_pdreport.pdf

Lohmann, A. & Minderop, D. (2004). *Führungsverantwortung der Schulleitung. Handlungsstrategien für Schulentwicklung im Reißverschlussverfahren.* München: Wolters Kluwer/Luchterhand.

Lohmann, A. & Rolff, H.-G. (2007). Qualitätsentwicklung in Netzwerken. In C. Solzbacher & D. Minderop (Hrsg.), *Bildungsnetzwerke und Regionale Bildungslandschaften. Ziele und Konzepte, Aufgaben und Prozess* (S. 61-69). Köln: Link-Luchterhand.

Lohre, W. (2007). Über das Netzwerk hinaus – Entwicklung und Steuerung lokaler Bildungslandschaften. In C. Solzbacher & D. Minderop (Hrsg.), *Bildungsnetzwerke und Regionale Bildungslandschaften. Ziele und Konzepte, Aufgaben und Prozess* (S. 43-50). Köln: Link-Luchterhand.

Lohre, W. (2012). Lernen vor Ort. In S. G. Huber (Hrsg.), *Kooperation Bildungslandschaften* (in Druck). Köln: Wolters Kluwer.

Lomos, C., Hofman, R. H. & Bosker, R. J. (2011). Professional communities and student achievement – a meta-analysis. *School Effectiveness and School Improvement, 22*(2), 121-148.

Lortie, D. (1975). *Schoolteacher. A sociological study.* Chicago: The University Press.

Luthe, E.-W. (2009). *Kommunale Bildungslandschaften, Rechtliche und organisatorische Grundlagen.* Berlin: Erich Schmidt Verlag.

Maag Merki, K. (Hrsg.), (2009). *Kooperation und Netzwerkbildung. Strategien zur Qualitätsentwicklung in Schulen.* Seelze: Klett-Kallmeyer.

Maag Merki, K., Kunz, A., Werner, S. & Luder, R. (2010). *Professionelle Zusammenarbeit in Schulen* (Schlussreport). Zürich: Universität Zürich, Institut für Erziehungswissenschaft.

Maag Merki, K. & Steinert, B. (2006). Die Prozessstruktur von teilautonomen Schulen und ihre Effektivität für die Herstellung optimaler Lernkontexte für schulische Bildungsprozesse. *Schweizerische Zeitschrift für Bildungswissenschaften, 28* (Sondernummer), 103-122.

MacBeath, J. (Hrsg.). (1998). *Effective School Leadership: Responding to Change.* London: Paul Chapman.

Marzano, R. J. (2003). *What works in schools: Translating Research Into Action.* Alexandria, VA: Association for Supervision and Curriculum Development (ASCD).

Minderop, D. & Solzbacher, C. (2007). Ansätze und Dimensionen – eine Einführung. In C. Solzbacher & D. Minderop (Hrsg.), *Bildungsnetzwerke und Regionale Bildungslandschaften. Ziele und Konzepte, Aufgaben und Prozesse* (S. 3-13). Köln: Link-Luchterhand.

Mitchell, C. & Sackney, L. (2000). *Profound Improvement: Building Capacity for a Learning Community.* Lisse: Swets & Zeitlinger.

Montgomery, D. (2001). Increasing Native American Indian involvement in gifted programs in rural schools. *Psychology in the Schools, 38,* 467-475.

Morrisey, M. (2000). *Professional learning communities: An ongoing exploration.* Austin, TX: Southwest Educational Development Laboratory.

Muijs, D., West, M. & Ainscow, M. (2010). Why network? Theoretical perspectives on networking. *School Effectiveness and School Improvement, 21*(1), 5-26.

O'Donnell, A.M. & King, A. (1999). *Cognitive perspectives on peer learning.* Mahwah, NJ: Erlbaum.

Pauli, C. & Reusser, K. (2000). Zur Rolle der Lehrperson beim kooperativen Lernen. *Schweizerische Zeitschrift für Bildungswissenschaften, 22*(3), 421-442.

Peez, H. & Lorenz, U. (1991). 70 Prozent würden wieder Lehrer werden. *Bayerische Schule, 44,* 6-8.

Renkl, A. (1996). Träges Wissen: Wenn Erlerntes nicht genutzt wird. *Psychologische Rundschau, 47,* 78-92.

Rohrbeck, C.A., Ginsburg-Block, M.D., Fantuzzo, J.W. & Miller, T.R. (2003). Peer-assisted learning interventions with elementary school students: a meta-analytic review. *Journal of Educational Psychology, 95,* 240-257.

Rolff, H.-G. (1993). *Wandel durch Selbstorganisation. Theoretische Grundlagen und praktische Hinweise für eine bessere Schule.* Weinheim: Juventa.

Rolff, H.-G. (1994). Schule als lernende Organisation. In B. L. K. f. B. u. Bildungsförderung (Hrsg.), *Was können Schulen für die Schulentwicklung leisten?* (S. 95-116) Bonn-Buschdorf: Köllen.

Rolff, H.-G. (1996). Schulentwicklung als Entwicklung von Einzelschulen? Theorien und Indikatoren von Entwicklungsprozessen. *Zeitschrift für Pädagogik, 37,* 865-886.

Roschelle, J. (1992). Learning by collaboration. Convergent conceptual change. *Journal of the Learning Society, 2,* 235-276.

Rosenbusch, H. S. (1990). Die kommunikative Alltagspraxis als das Proprium erziehenden Unterrichts. In H. Hacker & H. S. Rosenbusch (Hrsg.), *Erzieht Unterricht? Aktuelle Beiträge zu einem klassischen pädagogischen Thema* (S. 71-88). Baltmannsweiler: Pädagogischer Verlag Burgbücherei Schneider.

Rosenbusch, H. S. (2005). *Organisationspädagogik der Schule. Grundlagen pädagogischen Führungshandelns.* München: Wolters Kluwer.

Rothland, M. (2004). Interaktion in Lehrerkollegien. In A. Hillert & E. Schmitz (Hrsg.), *Psychosomatische Erkrankungen von Lehrerinnen und Lehrern* (S. 161-170). Stuttgart: Schattauer.

Rothland, M. (2005). Belastung oder Unterstützung? Die Bedeutung des Kollegiums im Berufsalltagvon Lehrerinnen und Lehrern. *Die Deutsche Schule, 97*(2), 159-173.

Rothland, M. (2007). *Belastung und Beanspruchung im Lehrerberuf. Modelle, Befunde, Interventionen.* Wiesbaden: VS.

Sailmann, G. (2005). *Schulische Vernetzung – Slogan oder Schlüsselkonzept der Schulentwicklung?* Berlin: Wiku Verlag.

Sammons, P. (1999). *School effectiveness: coming of age in the twenty-first century.* Lisse [u.a.]: Swets & Zeitlinger.

Schaarschmidt, U. (Hrsg.). (2004). *Halbtagsjobber? Psychische Gesundheit im Lehrerberuf – Analyse eines veränderungsbedürftigen Zustandes.* Weinheim [u.a.]: Beltz.

Schaarschmidt, U. (Hrsg.). (2007). *Gerüstet für den Schulalltag: psychologische Unterstützungsangebote für Lehrerinnen und Lehrer.* Weinheim [u.a.]: Beltz.

Schaarschmidt, U. & Fischer, A. W. (2001). *Bewältigungsmuster im Beruf. Persönlichkeitsunterschiede in der Auseinandersetzung mit der Arbeitsbelastung.* Göttingen: Vandenhoeck & Ruprecht.

Scheerens, J. (2000). *Improving school effectiveness. UNESCO, International Institute for Educational Planning.* Verfügbar unter: http://www.unesco.org/iiep.

Scheerens, J. & Bosker, R. J. (1997). *The Foundations of Educational Effectiveness.* Oxford: Pergamon.

Schönknecht, G. (1997). *Innovative Lehrerinnen und Lehrer. Berufliche Entwicklung und Berufsalltag.* Weinheim: Deutscher Studien Verlag.

Schönwälder, H.-G., Berndt, J., Ströver, F. & Tiesler, G. (2003). *Belastung und Beanspruchung von Lehrerinnen und Lehrern.* Bremerhaven: NW Verlag.

Schubert, H., Rädler, M., Schiller, K. & Schmager, S. (2011). *Abschlussbericht der externen Evaluation des Programms „Lebenswelt Schule" – Evaluationsphase 2010 bis 2011.* Köln: Fachhochschule Köln.

Schwarz McCotter, S. (2001). Collaborative groups as professional development. *Teaching and Teacher Education, 17*(6), 685-704.

Siebert, H. (1996). *Didaktisches Handeln in der Erwachsenenbildung: Didaktik aus konstruktivistischer Sicht.* Neuwied: Luchterhand.

Silins, H. & Mulford, B. (2002). Leadership and School Results. In K. Leithwood und P. Hallinger (Hrsg.), *International Handbook of Educational Leadership and Administration* (S. 561-612). Dordrecht: Kluwer.

Slavin, R. E. (1995). *Cooperative learning: Theory, research, and practice. 2nd ed.* Boston: Allyn & Bacon.

Solzbacher, C. & Minderop, D. (2007). *Bildungsnetzwerke und Regionale Bildungslandschaften.* München: Luchterhand.

Spieß, E. (2004). Kooperation und Konflikt. In H. Schuler (Hrsg.), *Enzyklopädie der Psychologie/ Organisationspsychologie* (Band 4: Organisationspsychologie – Gruppe und Organisation, S. 193-250). Göttingen: Hogrefe.

Spillane, J.P. (2006). *Distributed Leadership.* San Francisco CA: Jossey-Bass.

Spillane, J.P., Halverson, R. & Diamond, J.B. (2001). *Towards a theory of leadership practice: A distributed perspective, Institute for Policy Research Working Article.* Northwestern University.

Steinert, B., Hartig, J. & Klieme, E. (2008). Institutionelle Bedingungen sprachlicher Kompetenzen. In DESI-Konsortium (Hrsg.), *Unterricht und Kompetenzerwerb in Deutsch und Englisch. Ergebnisse der DESI-Studie* (S. 411-450). Weinheim: Beltz.

Steinert, B., Klieme, E., Maag Merki, K., Döbrich, P., Halbheer, U. & Kunz, A. (2006). Lehrerkooperation in der Schule. Konzeption, Erfassung, Ergebnisse. *Zeitschrift für Pädagogik, 52*(2), 185-204.

Stern, C. & Vaccaro, E. (2007). Das internationale Netzwerk innovativer Schulsysteme (INIS) als Motor für Schulentwicklung. In C. Solzbacher & D. Minderop (Hrsg.), *Bildungsnetzwerke und Regionale Bildungslandschaften. Ziele und Konzepte, Aufgaben und Prozess* (S. 98 ff.). Köln: Link-Luchterhand, Köln.

Stoll, L., Bolam, R., McMahon, A., Thomas, S., Wallace, M., Greenwood, A. & Hawkey, K. (2006). *What is a professional learning community?* A summary. http:// networkedlearning.ncsl.org.uk/knowledge-base/programme-leaflets/professional-learningcommunities/professional-learning-communities-04-summary.pdf

Stoll, L. & Louis, K. S. (Hrsg.). (2007). *Professional Learning Communities: Divergence, Depth and Dilemmas.* Maidenhead: Open University Press.

Terhart, E., Czerwenka, K., Ehrich, K., Jordan, F., & Schmidt, H. J. (1994). *Berufsbiographien von Lehrern und Lehrerinnen.* Frankfurt am Main: Peter Lang.

Terhart, E. & Klieme, E. (2006). Kooperation im Lehrerberuf: Forschungsprobleme und Gestaltungsaufgaben. *Zeitschrift für Pädagogik, 52*(2), 163-166.

Thurlow, M. L. & Johnson, D. R. (1999). High stakes testing of students with disabilities. *Journal of Teachers Education, 51,* 305-314

Toole, J.C. & Seashore Louis, K. (2002). The Role of Professional Learning Communities in International Education. In K. Leithwood & P. Hallinger (Hrsg.), *International Handbook of Educational Leadership and Administration* (S. 245-279). Dordrecht: Kluwer Academic Press.

Topping, K. & Ehly, S. (Hrsg.). (1998). *Peer-assisted learning.* Mahwah, NJ: Erlbaum.

Ulich, K. (1992). Im Spannungsfeld sozialer Beziehungen. Eine qualitative Untersuchung der Interaktionsbelastungen von Lehrerinnen und Lehrern im Schulalltag. *Pädagogische Welt, 46*(5), 194-200.

Ulich, K. (1996). *Beruf Lehrer/in. Arbeitsbelastungen, Beziehungskonflikte, Zufriedenheit.* Weinheim [u.a.]: Beltz.

Unterbrink, T., Hack, A., Pfeifer, R., Buhl-Grießhaber, V., Müller, U., Wesche, H., Frommhold, M., Scheuch, K., Seibt, R., Wirsching, M. & Bauer, J. (2007). Burnout and effort-reward-imbalance in a sample of 949 German teachers. *International Archives of Occupational and Environmental Health, 80*(5), 433-441.

Unterbrink, T., Zimmermann, L., Pfeifer, R., Wisching, M., Brähler, E. & Bauer, J. (2008). Parameters influencing health variables in a sample of 949 German teachers. *International Archives of Occupational and Environmental Health, 82,* 117-123.

van Dick, R. (1999). *Streß und Arbeitszufriedenheit im Lehrerberuf. Eine Analyse von Belastung und Beanspruchung im Kontext sozialpsychologischer, klinisch-psychologischer und organisationspsychologischer Konzepte.* Marburg: Tectum.

Vescio, V., Ross, D. & Adams, A. (2008). A review of research on the impact of professional learning on teaching practice and student learning. *Teaching and Teacher Education, 24*(1), 80-91.

Vorndran, O. (2008). Regionale Bildungsberichte als Steuerungsinstrumente für die Bildungsregion. In C. Stern, C. Ebel, V. Schönstein & O. Vorndran (Hrsg.), *Bildungsregionen gemeinsam gestalten* (S. 170-175). Gütersloh: Verlag Bertelsmann Stiftung. (2008).

Webb, N.M. & Palincsar, A. S. (1996). Group processes in the classroom. In D.C. Berliner & R.C. Calfee (Hrsg.), *Handbook of Educational Psychology* (S. 841-873). New York: MacMillan.

Weiß, W. (2009). Kommunale Bildungspolitik – Entwicklungen, Begrifflichkeiten und Perspektiven. *Deutsche Zeitschrift für Kommunalwissenschaften, 48*(1), 11-36.

Weyer, J. (2000). *Soziale Netzwerke.* München: Oldenbourg.

Whitehead, A. N. (1929). *The aims of education.* New York: Macmillan.

Wilbers, K. (2004). *Soziale Netzwerke an Berufsbildenden Schulen.* Paderborn: Eusl.

Woods, P-A., Bennett, N., Harvey, J.A. & Wise, C. (2004). Variabilities and Dualities in Distributed Leadership: Findings from a Systematic Literature Review. *Educational Management Administration & Leadership, 32*(4), 439-457.

Wößmann, L. (2007). Die volkswirtschaftliche Bedeutung der Bildung: Empirische Evidenz. *Wirtschaftswissenschaftliches Studium, 36*(1), 31-37.

Wunderer, R. & Grunwald, W. (1980). *Führungslehre, Band II: Kooperative Führung.* Berlin/New York : De Gruyter.

Zetlin, A. G., MacLeod, E. & Machner, D. (1998, April). *Professional development of teachers of language minority students through university-school partnerships.* Paper presented at the Annual Meeting of the American Educational Research Association, San Diego, CA.

Frederik Ahlgrimm & Stephan Gerhard Huber

Abschließende Betrachtungen

Die Kapitel dieses Buches leisten in ganz unterschiedlicher Weise innovative Beiträge zum Thema Kooperation in Schulen. So werden unterschiedliche methodische Zugänge gewählt: Es finden sich konzeptionelle Überlegungen, qualitative Analysen teilnehmender Beobachtungen und Interviews, Ergebnisse experimenteller Forschung, eine sprachdiskursive Analyse, quantitative Analysen von Fragebögen sowie Fallanalysen. Damit soll einerseits die Breite des Feldes und des wissenschaftlichen Erkenntnisinteresses, insbesondere der deutschsprachigen Forschung, in inhaltlicher wie methodologischer Hinsicht abgebildet werden; andererseits bietet sich so die Möglichkeit, übergreifende Aspekte zu erkennen.

Welche Beiträge zum Diskurs lassen sich nun aus der Lektüre der vorigen Kapitel ableiten? Wir möchten an dieser Stelle auf einige grundlegende inhaltliche Aspekte eingehen, die uns besonders relevant erscheinen.

Welchen Nutzen bringt die Kooperation von Lehrkräften mit sich?
In den meisten der hier in dem vorliegenden Band vorgestellten Beiträge werden Wirkungen für die Lehrkräfte selbst thematisiert. Goddard et al. (2007) kritisieren, es werde zwar vielfach untersucht, welche Bedeutung die Zusammenarbeit für die Lehrkräfte selbst, nicht aber welche sie für die Schülerinnen und Schüler habe. Wir sehen uns aufgrund der vorliegenden empirischen Ergebnisse bestätigt in der Annahme, dass letztlich alle Lernenden in der Schule von Kooperation profitieren können. Mit einer funktionalen Kooperation gehen bessere Schülerleistungen einher, wie Huber, Ahlgrimm und Hader-Popp für die verschiedenen Ebenen der Kooperation in und zwischen Schulen sowie mit anderen Bildungseinrichtungen und Lomos, Hofman und Bosker speziell für Professionelle (Lern-)Gemeinschaften zeigen.

Diese mittelbare Wirkung hat ihre Ursache aus unserer Sicht vor allem in der professionellen Entwicklung der einzelnen Lehrkräfte, die die Auseinandersetzung mit Kollegen bei der gemeinsamen Planung, Durchführung oder Reflexion von Unterricht ermöglicht; deutlich wird dies in vielen der hier versammelten Beiträge. Besonders interessant ist in diesem Kontext, wie Ihme, Schwartz und Möller experimentell nachweisen konnten, dass Lernende, die von zwei Personen gemeinsam unterrichtet wurden, mehr hinzulernten als Lernende, die von einer Einzelperson unterrichtet wurden. Für den spezifischen Kontext Schule könnten *lesson studies*, die in Japan weit verbreitet sind und in diesem Buch von Kullmann vorgestellt werden, möglicherweise wegweisend sein. Anders als bei kollegialen Hospitationen, die an einigen Schulen praktiziert werden, entsteht hier die Möglichkeit, gemeinsam und systematisch an der Entwicklung von Unterrichtskonzepten und -praktiken zu arbeiten, anstatt allein Stärken und Schwächen einzelner Stunden, somit ggf. auch einzelner Kollegen, zu besprechen. Ganz im Sinne des kooperativen Lernens entstehen durch gemeinsame Arbeit Gelegenheiten zum Lernen von- und miteinander.

In der Konsequenz wird die Unsicherheit im Lehrerberuf reduziert (vgl. dazu Ahlgrimm), es können sich gemeinsame pädagogische Normen in Schulen entwickeln, schulinterne und externe Wissenstransfers werden möglich, wie Killus, Gottmann, Horstkemper und Karl sowie Manitius, Järvinen und Otto anhand von Beispielen aus Schulnetzwerken aufzeigen und West an Fallbeispielen englischer Schulkooperationen illustriert. Dabei wird deutlich, dass die Vernetzung von Lehrpersonen inner- und außerhalb von Schulen einander bedingt und fördert (vgl. auch Huber und Schneider). Für zukünftige Forschung wird es interessant sein, das Ineinandergreifen und die Wechselwirkungen schulinterner und schulübergreifender Strukturen der Zusammenarbeit noch genauer zu untersuchen.

Wovon hängt ab, ob Lehrkräfte (und anderes pädagogisches Personal) miteinander kooperieren?

In zahlreichen Publikationen wird die Aussage wiederholt, dass Lehrkräfte zu wenig zusammenarbeiteten. Zugleich werden immer wieder Schulen oder Teams beschrieben, in denen Pädagogen in Schulen sehr intensiv und erfolgreich kooperieren. Es stellt sich daher die Frage, wovon es abhängt, ob sich erfolgreiche Formen der Zusammenarbeit entwickeln oder nicht. Die Beiträge in diesem Buch bieten zu dieser Frage einige Antworten.

Sind es die Einstellungen von Lehrkräften, die die Zusammenarbeit in Schulen verhindern, wie es das von Lortie in den 1970er Jahren beschriebene Autonomie-Paritäts-Muster nahelegt? Soltau, Berthe und Mienert weisen in ihrem Beitrag nach, dass das Autonomie-Paritäts-Muster (APM) keineswegs allgemein gültig ist. Vielmehr scheint nur ein Teil der Lehrpersonen einer Öffnung ihrer Unterrichtspraxis ablehnend gegenüberzustehen, und zwar sind es diejenigen, die sich als eher unsicher hinsichtlich ihrer eigenen Wirksamkeit in der Schule beschreiben bzw. die weniger gute personale oder situative Voraussetzungen aufweisen, wie Eder, Dämon und Hörl (2011) an andere Stelle belegen. Diese Ergebnisse deuten darauf hin, dass Personen, die eher ungünstige Voraussetzungen für den Lehrerberuf mitbringen oder die aus anderen Gründen in ihrer beruflichen Rolle besonders unsicher sind, ihre Autonomie besonders betonen und der Kooperation mit Kollegen kritisch gegenüberstehen. Wir möchten uns der Einschätzung von Eder, Dämon und Hörl anschließen, dass das APM als „Bewältigungsstrategie" einzuschätzen ist. Es scheinen weder grundsätzliche Einstellungen von Personen, die in Schulen arbeiten, noch eine etwaige Konkurrenzsituation zu sein (dazu Killus et al.), sondern vor allem Erfahrungen von Unsicherheit im Beruf, die zu einem Bemühen um Abschottung führen können.

Die in diesem Buch vorgestellten Fälle von Zusammenarbeit von Lehrkräften in Schulen verweisen darauf, dass Pädagogen in Schulen gegebenenfalls durchaus gern und sehr erfolgreich zusammenarbeiten. Als entscheidend erweisen sich hier das Schulmanagement, schulorganisatorische Rahmenbedingungen und eine entsprechende Prozessbegleitung, wie Horstkemper et al. und Boller in ihren Beiträgen zeigen. Aspekte der kooperativen Führung und von System Leadership werden bei Huber und bei Huber, Ahlgrimm und Hader-Popp expliziert. Mit gutem Grund weist Boller in seinem Text zudem darauf hin, dass Lehrerkooperation ebenso wie andere Aspekte von Schulentwicklung nicht ausschließlich als technisch-rationale Prozesse verstanden werden dürfe und normative, soziale und emotionale Orientierungen und Einstellungen bislang zu wenig berücksichtigt wurden. In diesem Sinne betonen auch Järvinen, Manitius & Otto, wie bedeutsam Vertrauen für die erfolgreiche Arbeit in Netzwerken ist.

Wir gelangen zu der Auffassung, dass Lehrpersonen der Zusammenarbeit mit anderen grundsätzlich positiv gegenüberstehen. Ungünstige Rahmenbedingungen und schlechte Erfahrungen erschweren es jedoch anscheinend vielfach, dass es zur Kooperation in und zwischen Schulen kommt. Wo hingegen Formen regelmäßiger Zusammenarbeit etabliert und akzeptiert sind, bieten diese eine hervorragende Grundlage für individuelle und gemeinsame Entwicklungsprozesse in Schulen und werden als Erleichterung und Unterstützung der Arbeit wahrgenommen.

Kann es gelingen, die Zusammenarbeit in Schulen zu intensivieren? Wenn ja, wie?

Beiträge in diesem Buch geben auf die erste Frage eine deutlich positive Antwort. Dass dabei unterschiedliche Rahmenbedingungen entsprechend unterschiedliche Formen von Zusammenarbeit hervorbringen, ist selbstverständlich.

Was aber verbindet die dargestellten Beispiele von Kooperation in Schulen? Aus unserer Sicht sind es wenige zentrale Bedingungen, die eine professionelle Zusammenarbeit in Schulen wahrscheinlich werden lassen. Als „interdependence and opportunity" hat Inger (1993) zwei Bedingungen bezeichnet. Wir möchten diese Begriffe übersetzen als „gemeinsame Verantwortung" und „Gelegenheit zur Zusammenarbeit". Es geht also um das Erkennen des Sinns und des Ziels der Kooperation einerseits und um die Machbarkeit der Kooperation andererseits.

Ersteres bedeutet, dass Kooperation dann notwendig und sinnvoll ist, wenn mehrere Pädagogen im Team einen Aufgabenbereich verantworten. In diesem Fall ergibt sich konkreter Bedarf an Abstimmung, Austausch und Reflexion, sei es, dass Lehrerin und Erzieherin gemeinsam für Hausaufgaben verantwortlich sind, dass eine Steuerungsgruppe Fortbildungskonzepte entwickelt, dass ein Jahrgangsteam die Angelegenheiten einer Klassenstufe im Team berät oder dass Lehrkräfte im Sinne von *lesson studies* Unterricht gemeinsam planen und auswerten.

Die zweite Bedingung weist darauf hin, dass es in Schulen keineswegs selbstverständlich ist, dass entsprechende Aspekte der Machbarkeit berücksichtigt werden, beispielsweise Ressourcen (wie geeignete Räume und Zeitfenster für Teamarbeit) vorhanden sind (vgl. Huber, Ahlgrimm & Hader-Popp).

Hier zeigt sich die besondere Rolle der Schulleitung. Diese kann die Zusammenarbeit im Kollegium einerseits erheblich erschweren, andererseits erheblich unterstützen, vor allem, indem sie mögliche Initiativen aus dem Kollegium aufgreift, die genannten gemeinsamen Verantwortungen schafft und entsprechende organisatorische Rahmenbedingungen der Machbarkeit berücksichtigt.

Nicht zuletzt wurde in verschiedenen Beiträgen darauf hingewiesen, dass durch Führung und Management, Moderation sowie ggf. (externe) Prozessbegleitung Kooperationen zum Erfolg verholfen werden kann. Auch dies erscheint uns als wichtiger Aspekt. Durch professionelles Schulmanagement (insbesondere durch Schulleitung und System Leadership, aber auch durch Steuergruppen, Fachschaftsarbeit und entsprechendes Projektmanagement) werden kooperative Arrangements auf allen Ebenen hinsichtlich ihrer Formen an den entsprechenden Zielen ausgerichtet. Ziel ist im schulischen Kontext stets die Verbesserung von Lernen, sowohl bei den professionell Tätigen wie letztendlich bei den Schülerinnen und Schülern.

Literatur

Eder, F., Dämon, K. & Hörl, G. (2011). Das „Autonomie-Paritäts-Muster": Vorberuflich erlerntes Stereotyp, Bewältigungsstrategie oder Ergebnis der beruflichen Sozialisation? *Zeitschrift für Bildungsforschung, 1*, 199-217.

Goddard, Y. L., Goddard, R. D. & Tschannen-Moran, M. (2007). A Theoretical and Empirical Investigation of Teacher Collaboration for School Improvement and Student Achievement in Public Elementary Schools. *Teachers College Record, 109*(4), 877-896.

Inger, M. (1993). *Teacher Collaboration in Secondary Schools. centerfocus 2.* National Center for Research in Vocational Education, University of California at Berkeley 1-4. Verfügbar unter: http://vocserve.berkeley.edu/centerfocus/CF2.html

Lortie, D. (1975). *Schoolteacher. A sociological study.* Chicago: The University Press.

Autorinnen und Autoren

Dr. Frederik Ahlgrimm
Dozent an der Universität Potsdam und kooptiertes Mitglied am Institut für Bildungsmanagement und Bildungsökonomie (IBB) der Pädagogischen Hochschule Zentralschweiz (PHZ) Zug; berät und moderiert regelmäßig Entwicklungsprozesse in Bildungseinrichtungen; als Geschäftsführer leitet er democaris, eine Gesellschaft zur Förderung von Bildung und Erziehung mit Sitz in Berlin.

Dipl.-Päd. Elisabeth Baum
Wissenschaftliche Mitarbeiterin im Projekt „Auf dem Weg zur Profession – Ein Studieneingangsprojekt für Lehramtsstudierende" am Institut für Allgemeine Pädagogik und Berufspädagogik, TU Darmstadt; zuvor wissenschaftliche Mitarbeiterin im Projekt „Lehrerkooperation" sowie der AG Sozialpädagogik am Institut für Erziehungswissenschaft der Johannes Gutenberg-Universität Mainz; Arbeitsschwerpunkte: Lehrerkooperation, Lehrberuf als Profession.

Dipl.-Psych. Sarah Berthe
Wissenschaftliche Mitarbeiterin am Regionalen Beratungs- und Unterstützungszentrum Bremen (ReBUZ); zuvor Mitarbeiterin im „Rauhen Haus" (Hilfe für Familien mit behinderten Kindern), Weiterbildung in personenzentrierter Beratung am Institut für Personenzentrierte Beratung; Arbeitsschwerpunkte: sozial-emotionale Entwicklung, Krisen und Notfälle.

Dr. Sebastian Boller
Wissenschaftlicher Mitarbeiter an der Wissenschaftlichen Einrichtung Oberstufen-Kolleg der Fakultät für Erziehungswissenschaft (Universität Bielefeld/Arbeitsgruppe Schulentwicklung und Schulforschung); Forschungsschwerpunkte: Schulentwicklung, Heterogenität, Lehrerkooperation, Projektunterricht.

Dr. Nadine Bondorf
Wissenschaftliche Mitarbeiterin am Gutenberg Lehrkolleg (GLK) der Johannes Gutenberg-Universität Mainz und freiberufliche Trainerin im Bereich Schlüsselqualifikationen; zuvor wissenschaftliche Mitarbeiterin im Praxisforschungsprojekt Lehrerkooperation am Institut für Erziehungswissenschaft der Universität Mainz, Projektleiterin im Ada-Lovelace-Projekt, einem Mentorinnen-Netzwerk zur Förderung von Mädchen und Frauen in Naturwissenschaft und Technik; Arbeitsschwerpunkte: Förderung der akademischen Lehrkompetenz und Weiterentwicklung der akademischen Lehre an der JGU.

Prof. Dr. Roel J. Bosker

Professor of Education, Director of GION, Groningen Institute for Educational Research at the University of Groningen. His publications are on equity issues in education, comparative education, school leadership, educational effectiveness, quality care and school self-evaluation, program evaluation, comparative education, and multilevel modeling.

Anne Breuer

Wissenschaftliche Mitarbeiterin am Institut für Erziehungswissenschaft, Arbeitsbereich Allgemeine und Historische Erziehungswissenschaft an der Technischen Universität Berlin; Arbeitsschwerpunkte: Rekonstruktive Schul- und Unterrichtsforschung (insbesondere an Ganztags- und Gemeinschaftsschulen), pädagogische Ethnographie, Professionsforschung, Kooperation verschiedener Berufsgruppen an Schulen.

Franziska Carl

Wissenschaftliche Mitarbeiterin im Fachbereich Erziehungswissenschaft an der Universität Hamburg; Arbeitsschwerpunkte: Grundfragen des Lehrens und Lernens, Lehrerkooperation, Umgang mit Heterogenität.

Dipl.-Psych. Corinna Gottmann

Wissenschaftliche Mitarbeiterin am Department für Erziehungswissenschaft an der Universität Potsdam; Arbeitsschwerpunkte: Schul- und Unterrichtsforschung, Lehrerkooperation, Professionalisierung von Lehrkräften.

StDin Sigrid Hader-Popp

Nach dem Studium der Germanistik und Anglistik an der Universität Erlangen Gymnasiallehrerin für Deutsch und Englisch, nach einem Erweiterungsstudium der Psychologie mit schulpsychologischem Schwerpunkt an der Universität Bamberg zudem als Staatliche Schulpsychologin tätig.

Dr. Roelande H. Hofman

Associate Professor and project/theme coordinator at GION, Groningen Institute for Educational Research of the University of Groningen, The Netherlands. This research institute is part of the Faculty of Behavioral and Social Sciences/Department of Educational Sciences of the University of Groningen. Next to this, she is the Director of the International Master of Science in Education at the same university.

Prof. Dr. Marianne Horstkemper

Professorin (em.) für Allgemeine Didaktik und Empirische Unterrichtsforschung an der Universität Potsdam; Arbeitsschwerpunkte: Schul- und Unterrichtsforschung, Aus- und Fortbildung von Lehrerinnen und Lehrern, Schule und Gender.

Prof. Dr. Stephan Gerhard Huber

Leiter des Instituts für Bildungsmanagement und Bildungsökonomie (IBB) der Pädagogischen Hochschule Zentralschweiz (PHZ), Zug, Mitglied der Erfurt School of Education (ESE) der Universität Erfurt, Honorary Research Fellow der School of Education in der Faculty of Humanities, University of Manchester, sowie Senior Research Fellow des Center for Leadership and Change des Hong Kong Institute of Education; Arbeitsschwerpunkte: Organisationspädagogik, Systemberatung, Bildungsmanagement, Schulqualität, Schulentwicklung, Schulmanagement, Professionalisierung von Lehrkräften und von pädagogischem Führungspersonal (Wirksamkeit von Personalentwicklung).

Prof. Dr. Till-Sebastian Idel
Professor für Schultheorie und empirische Schulforschung am Fachbereich 12: Erziehungs- und Bildungswissenschaften der Universität Bremen; zuvor wissenschaftlicher Mitarbeiter und Akademischer Rat/Oberrat an der Johannes Gutenberg-Universität Mainz, Vertretung einer Professur für Schulpädagogik an der Pädagogischen Hochschule Heidelberg; W 2-Professur für „Schultheorie und empirische Schulforschung" an der Universität Bremen; Arbeitsschwerpunkte: Transformation von Schule, Unterricht und pädagogischer Professionalität; Umgang mit Heterogenität; Ethnographie pädagogischer Ordnungen; rekonstruktive Bildungsforschung.

Dr. Toni Alexander Ihme
Wissenschaftlicher Mitarbeiter im Lehrgebiet Sozialpsychologie, Institut für Psychologie, Fernuniversität in Hagen; Arbeitsschwerpunkte: Diversity Inclusion, Kooperation, Kooperative Lehre, Stereotype.

Dipl.-Päd. Hanna Järvinen
Wissenschaftliche Mitarbeiterin am Institut für Schulentwicklungsforschung der TU Dortmund, Projektleitung „Schulen im Team – Übergänge gemeinsam gestalten"; Arbeitsschwerpunkte: Schulentwicklungsforschung, Netzwerke im Bildungsbereich, Lehrerprofessionalisierung.

Prof. Dr. Dagmar Killus
Professorin an der Universität Hamburg, Fachbereich Erziehungswissenschaft, Arbeitsbereich ‚Schulpädagogik/Schulforschung'; zuvor wissenschaftliche Assistentin an der Universität Potsdam, wissenschaftliche Mitarbeiterin am Institut für Schulentwicklungsforschung der Universität Dortmund sowie Promotionsstipendiatin am Max-Planck-Institut für Bildungsforschung in Berlin; Arbeitsschwerpunkte: Evaluation von Lehr- und Lernprozessen, Professionalisierung von Lehrkräften, Unterrichts- und Schulentwicklung, Elternarbeit.

Jens Krey M.A.
Freiberuflicher Dozent in der Erwachsenenbildung und Pädagogischer Mitarbeiter im Diakonischen Werk Hannover; zuvor wissenschaftlicher Mitarbeiter am Institut für Berufspädagogik und Erwachsenenbildung, Leibniz Universität Hannover und am Zentrum für Lehr-, Lern- und Bildungsforschung, Universität Erfurt; Arbeitsschwerpunkte: Kollegiale Beratung und Coaching (für Hochschullehrende, Schulleitungen

und Lehrkräfte, Fach- und Führungskräfte in verschiedenen Non-Profit-Organisationen), Betriebliche Suchtprävention und Suchtberatung

Dr. Harry Kullmann

Vertretung der Professur für Lehr-/Lernforschung unter besonderer Berücksichtigung von Diversität in Schule und Hochschule am Dortmunder Kompetenzzentrum für Lehrerbildung und Lehr-/Lernforschung (DoKoLL), TU Dortmund. Arbeitsschwerpunkte: Schulforschung, v.a. in Bezug auf Problemlösungsprozesse in Einzelschulen; Unterrichtsforschung, v.a. zum Zusammenhang von Diversität und Bildungserfolg; Lehrerprofessionalität, v.a. deren Entwicklung auf der Basis kollegialer Strukturen in allen drei Phasen, Lehrerpraxisforschung am Beispiel der Laborschule Bielefeld, Versuchsschule des Landes Nordrhein-Westfalen an der Universität Bielefeld

Dr. Catalina Lomos

At present: Assistant Professor/Postdoctoral researcher, CEPS/INSTEAD Luxembourg; previous work institutions: University of Groningen, the Netherlands – GION research institute; main fields of research interest: school effectiveness and school improvement research, teacher collaboration and learning, cross-sectional studies in educational achievement, use of the datasets TIMSS, PIRLS, and ICCS.

Dipl.-Päd. Veronika Manitius

Wissenschaftliche Mitarbeit am Lehrstuhl für Schulpädagogik und Schulentwicklung der Friedrich-Schiller-Universität Jena. Projektleitung „Chancenspiegel" (Kooperationsprojekt mit dem IFS Dortmund und der Bertelsmann Stiftung). Arbeitsschwerpunkte: Bildungsgerechtigkeit, Regionalisierung, Schulentwicklung, Schulsystemvergleiche.

Prof. Dr. rer. nat. Malte Mienert

Professor für Hochschulbildung und Dekan des Fachbereichs Humanities and Social Sciences an der European New University, Kerkrade (NL); zuvor wissenschaftlicher Mitarbeiter am Institut für Psychologie der Humboldt-Universität Berlin (Lehrstuhl Entwicklungspsychologie) und Juniorprofessor für Entwicklungs- und Pädagogische Psychologie an der Universität Bremen; Arbeitsschwerpunkte: Identitäts- und Werteentwicklung im Jugendalter, Selbstreflexion von Pädagogischen Fachkräften, Verkehrspsychologie.

Prof. Dr. Jens Möller

Leiter der Arbeitseinheit Psychologie für Pädagogen, Institut für Psychologie, Christian-Albrechts-Universität zu Kiel; zuvor wissenschaftlicher Mitarbeiter (Pädagogische Psychologie) am Institut für Psychologie der Universität Kiel und Professor für Psychologie an der Universität Bielefeld, Arbeitseinheit Lernen und Kognition; Arbeitsschwerpunkte: Kooperative Lehre, Selbstkonzept, Lesen.

Johanna Otto, M.A.

Wissenschaftliche Mitarbeiterin im Projekt „Schulen im Team – Übergänge gemeinsam gestalten" am Institut für Schulentwicklungsforschung der TU Dortmund; Arbeitsschwerpunkte: Schulentwicklungsforschung, Kommunale Schullandschaft, Netzwerke im Bildungsbereich.

Prof. Dr. Sabine Reh

Professorin für Allgemeine und Historische Erziehungswissenschaft an der Technischen Universität Berlin; Arbeitsschwerpunkte: Ethnographie pädagogischer Praktiken und pädagogischer Ordnungen, Professionsforschung, Sozialgeschichte pädagogischer Institutionen und Berufe, Grundlagentheorie und Methodologie rekonstruktiver Bildungsforschung.

Nadine Schneider, M.A.

Wissenschaftliche Mitarbeiterin in der Arbeitsgruppe „Bildungsmanagement" der Erfurt School of Education (ESE) an der Universität Erfurt und freie Projektmitarbeiterin am Institut für Bildungsmanagement und Bildungsökonomie der Pädagogischen Hochschule Zug sowie Doktorandin bei Prof. Dr. Huber; zuvor: Magisterstudium an der Friedrich-Schiller-Universität Jena, Ausbildung zur Trainerin für Teamentwicklungsprozesse und zur Problem- und Konfliktbearbeitung. Als freie Trainerin und Prozessmoderatorin für individuelle und gruppenbezogene Kommunikationsprozesse ist sie vorwiegend im Bereich der Lehrer(fort)bildung und Schulleiterqualifizierung tätig.

Dipl.-Psych. Katja Schwartz

Wissenschaftliche Mitarbeiterin in der Arbeitseinheit Psychologie für Pädagogen, Institut für Psychologie, Christian-Albrechts-Universität zu Kiel; Arbeitsschwerpunkte: Lehrerkooperation, kooperative Lehre, soziale Unterstützung, Burn-out und Wohlbefinden von Lehrkräften.

Dr. phil. Andreas Soltau

Referent für Qualitätsentwicklung & Systemakkreditierung an der Leuphana Universität Lüneburg; zuvor Stipendiat in der Arbeitsgruppe Entwicklungs- und Pädagogische Psychologie der Universität Bremen sowie selbstständiger Fortbildner in den Bereichen Lehrerbildung, Jugend- und Behindertenhilfe; Arbeitsschwerpunkte: QM-Management, Lehrerkooperation, Evaluationsberatung.

Julia Steinwand, M.A.

Wissenschaftliche Mitarbeiterin an der Georg-August-Universität Göttingen, Pädagogisches Seminar, Arbeitsbereich Schulpädagogik/Empirische Unterrichtsforschung und Schulentwicklung im vom BFMF geförderten Forschungsprojekt „Gemeinschaft und Soziale Heterogenität in Eingangsklassen an reformorientierten Sekundarschulen – Ethnographische Fallstudien zu Anerkennungsverhältnissen in individualisierenden Lernkulturen" (GemSe); Arbeitsschwerpunkte: Methodologie und Methoden der rekonstruktiven Sozialforschung, (Video-)Ethnographie pädagogischer Praktiken, Diskursanalyse, Schulentwicklung und Lehrerkooperation, individualisierender Unterricht und Anerkennung

Prof. Dr. Franziska Vogt
Leiterin des Instituts für Lehr- und Lernforschung der Pädagogischen Hochschule St. Gallen, Schweiz; davor als Forscherin und Dozentin in der Lehrerinnen- und Lehrerbildung in St. Gallen tätig; Promotion an der Universität in Lancaster, England, mit einer ethnographischen Forschungsarbeit zum Thema Bildungsreform und Teamarbeit von Lehrpersonen; Arbeitsschwerpunkte: Schuleingangsstufe und frühe Bildung, Bildungsreform, Zusammenarbeit der Lehrpersonen, Lehrkompetenz sowie selbstreguliertes Lernen

Prof. Mel West
Professor of Educational Leadership and Head of the School of Education at Manchester University; one of the architects of the influential Improving the Quality of Education for All (IQEA) programme; he is co-directing the Leadership Development Unit, set up by the DfES and the National College for School Leadership, to support schools and LEAs facing challenging circumstances; he has contributed to school improvement and management development programmes in Iceland, Laos, Chile, Hong Kong, China, Puerto Rico and Malawi, and has worked with a number of international agencies including the British Council, DfID, OECD, UNESCO and Save the Children. He has a particular interest in education reform in China where he holds visiting professorships at Beijing Normal and East China Normal Universities.

Bea Zumwald, lic. phil.
Wissenschaftliche Mitarbeiterin des Instituts für Lehr- und Lernforschung der Pädagogischen Hochschule St. Gallen, Schweiz; ausgebildete Primarlehrerin und schulische Heilpädagogin; Mitarbeit bei der formativen Evaluation der Grund-/Basisstufe und zusätzlich Tätigkeit als schulische Heilpädagogin in einem integrativen Modell; Forschungsinteressen: Schuleingangsstufe, frühe Bildung, schulische Integration und Kooperation von Lehrpersonen